JN451846

『月印千江之曲』의 국어학적 분석

『月印千江之曲』의 국어학적 분석

2021년 2월 10일 인쇄
2021년 2월 25일 발행

저자 성환갑(成煥甲) · 조재형(趙宰亨)
발행인 정성택
발행처 전남대학교출판문화원

등록 1981. 5. 21. 제53호
주소 61186 광주광역시 북구 용봉로 77
전화 062-530-0571～3
팩스 062-530-0579
홈페이지 http://www.cnup.co.kr
이메일 cnup0571@hanmail.net

값 38,000원

ISBN 978-89-6849-782-7 (93700)

* 잘못된 책은 바꿔드립니다.

* 이 책의 전부 또는 일부 내용을 재사용하려면 사전에 반드시
저작권자와 전남대학교출판문화원의 동의를 받아야 합니다.

月印千江之曲의 국어학적 분석

成煥甲 · 趙宰亨 공저

전남대학교출판문화원

서문

내 36년 교수 생활의 마지막 제자라 할 조재형 교수로부터 1년 여전, 어떤 학술대회 자리에서 '『月印千江之曲』의 국어학적 분석'을 나와 공저로 출판하고 싶다는 말을 들었다. 이 말을 듣고서는 예전의 추억이 떠올랐다.

1975년 2월 전주 지역에 초임교수를 가는 필자에게 은사(恩師)이신 난정(蘭汀) 남광우(南廣祐) 선생님께서 『月印千江之曲』의 주역(註譯)을 하명(下命)하시어, 꼭 3년 6개월의 노력 끝에 1978년 9월 『月印千江之曲』(南廣祐·成煥甲 共註, 螢雪出版社)을 출간한 기억이 새롭게 다가왔다.

나는 청년 시절에 착수하여 『月印千江之曲』 주역이 완결될 때에는 4년 만에 대머리가 되고 말았다. 그만큼 옛 문헌을 국어학적으로 분석하고 주석을 다는 일이 얼마나 힘든 일인지를 잘 알고 있다. 당시 필자의 수준과 능력 탓이겠지만, 나중에 출간된 책을 보니 내용이 지나치게 분석 일변도였고, 부족한 점도 많아 보였다. 그런데 그로부터 42년의 세월이 흐르도록 수정(修訂)이나 보완(補完)은 꿈도 꾸지 못했다. 내 성정(性情)이 게을러서이겠지만, 대학 보직이나 학회 일 등으로 바빴던 탓이기도 하다. 뒤돌아보면 후회막급(後悔莫及)의 일이었다.

그러던 차에 조재형 교수로부터 이 제안을 듣고서는, 한편으로는 지금까지 못해왔던 전작(前作)의 수정·보완을 하고자 하는 의욕이 생기기도 하면서도, 한편으로는 그 젊은 날의 고통을 다시 마주하려 하니 눈앞이 깜깜해졌다.

원고 작업은 대략 1년 정도 걸린 듯하다. 조재형 교수는 그동안의 선행연구를 세밀히 조사하면서 원고의 내용을 풍부히 하는 데 기여한 바가 크다. 원고를 작성함에 있어 예전의 실수를 다시 하지 않고자 서울과 광주에서 각자 맡은 바 일을 충실히 하기 위해 많은 노력을 했음을 부인할 수 없는 사실이다.

한편으로는 『月印千江之曲』은 나와 인연이 깊은 듯하다. 초보 학자 시절, 은사이신 남광우(南廣祐) 선생님과 이 책의 주해 작업을 하였는데, 40여 년이 지난 지금 이제는 제자와 이 일을 다시 할 줄 누가 알 수 있었을까?

알려진 바와 같이 『月印千江之曲』은 15세기 중엽 효령대군에 의해 전북 부안 실상사(實相寺) 불복장(佛腹藏)되었는데, 1894년 동학 농민들에 의해 불상이 파괴되면서 발견이 되었다. 불복장 안에 있던 고서 중에서 부안 내소사(來蘇寺)의 백학명(白鶴鳴) 스님에 의해 『月印千江之曲』이 발견되고, 이를 1918년 10월, 국묵담(鞠默潭) 스님이 당시의 실상사 주지 김성연(金性連) 스님에게서 인수하였고, 이를 다시 1961년 당시 광주체신청장이었던 진지홍(陳錤洪) 씨가 인수하였다. 이때 전남대학교에서 『月印千江之曲』을 등사판으로 원형대로 복사하여 학계에 공개한 바가 있다. 어찌 보면 『月印千江之曲』을 학계에 최초로 공개하여 이 책에 대한 연구를 촉발시킨 것은 전남대학교의 업적이라 할 수 있는데, 이번에 전남대학교에서 근무하는 제자와 함께 전남대학교출판문화원에서 '『月印千江之曲』의 국어학적 분석'을 출판하게 된 것은 정말 뜻깊은 일이라 생각한다.

그동안 『月印千江之曲』을 국어학적으로 다룬 서적은 그리 많지 않으며, 대부분이 출판한 지 약 40년이 지났다. 이러한 점이 사실상 이번에 새롭게 『月印千江之曲』에 대한 원고를 쓰게 된 동기라 해도 무방할 것이다. 많은 학문 후속 세대들에게 도움을 주어야 하건만, 『月印千江之曲』 관련 서적들이 오래전에 출판되었기 때문에 학문 후속 세대들이 이용하기에는 많은 부족함이 있다고 생각했으며, 이번 기회에 그러한 부족함을 채워 놓고자 하였다. 그러나 모든 글이라는 것이 다음에 보면 흠이 드러나고, 맨몸으로 대중 앞에 나서는 것 같아 부끄러울 때가 자주 있다. 이번에 대중은 물론 학문 후속 세대들에게 이 책이 도움을 주기를 바라면서도 행여나 부족한 면이 드러나 도움은커녕 비판받지 않을까 염려가 크다.

이 책을 완성하기까지 조재형 교수는 물론이고, 전남대학교 국어국문학과 구성원들에게 큰 도움을 받았다. 이수진 박사는 이 책의 초고에 많은 도움을 주었고, 정다미·최하영 석사들은 원고 수정에 많은 도움을 주었다. 코로나로 인해 밥 한 끼 나누지도 못한 채 멀리서 고마움을 표해야 하는 지금의 현실이 다소 원망스럽게 느껴진다.

이 책이 출판되는 데 있어 여러모로 도움을 주신 전남대학교출판문화원 성승현 원장님을 비롯한 출판문화원 직원분들께도 심심한 감사의 마음을 전한다.

2020. 12. 14.

東民 成煥甲 序

목차

〈상세 문법 설명〉

일러두기

1. 이 책에서 『月印千江之曲』의 기본 자료로 참고한 것은 2013년부터 한국학중앙연구원 장서각에서 위탁 관리를 하고 있는 『월인천강지곡(月印千江之曲)』 권 상의 영인본(허웅·이강로(1962/1999)에서 부록으로 제공)과 '국가문화유산포탈(www.heritage.go.kr)'에서 제공하고 있는 영인본 이미지이다. 이외에 2011년에 공개된 '21세기 세종계획' 네 번째 배포판 말뭉치 자료와 '고성익·이토 다카요시(2014), 국어사 원문 전산 입력자료 1 – 15·16세기 편 ver.1.0' 말뭉치 자료를 참고하되, 앞에서 언급한 영인본 이미지를 일일이 대조하여 방점 및 한자음 표기 등을 수정하였다.

2. 주해의 예문에 제시한 문헌 약호는 '南廣祐 編(2008), 『古語辭典』, 교학사.'의 것을 따랐다.

3. 형태 분석에 나타나는 문법 용어에 대해서는 다음과 같이 정리한다.

   1) 관형사절에 나타나는 '-오-/-우-'는 '대상 활용의 선어말어미'로 표기하고, 서술어에 나타나는 '-오-/-우-'는 '의도의 선어말어미'로 표기한다.

   2) 매개모음의 경우, 활용형에서 매개모음 'ᄋᆞ/으'가 실현되는 경우에는 괄호 안에 넣어 표시한다.

   3) 조사의 경우, '격조사, 보조사, 접속조사'의 용어를 사용하고, '격조사'는 학교 문법상의 용어를 사용한다. 한편, 관형격조사의 기능을 하는 '앳/엣/옛, 읫/읫'은 '부사격조사 + 관형격조사'로 형태소 분석을 하지 않고 '관형격조사'로만 설명한다.

   4) '-거-, -ᄂᆞ-, -더-'는 일반적인 경우, '시상의 선어말어미'로 처리하고 '-리-'는 문맥에 따라 '추측의 선어말어미' 또는 '의지의 선어말어미'로 처리한다. 또한, '-시-', '-숩-', '-이-'는 각각 '주체 높임의 선어말어미', '객체 높임의 선어말어미', '상대 높임의 선어말어미'로 그 용어를 통일한다.

   5) 모든 연결어미는 단순히 '연결어미'라는 용어로 표기하고, '부사형 어미'로는 표기하지 않는다.

   6) 전성어미는 '관형사형 어미'와 '명사형 어미'만을 제시한다.

   7) '종결어미'의 경우, 그 기능을 명확히 나타내도록 '평서형 종결어미, 의문형 종결어미, 명령형 종결어미, 의도형 종결어미, 감탄형 종결어미'로 구분하여 제시한다.

8) 이 책에서의 '접사'는 '파생 접사'를 가리킨다. 품사 파생 접사는 '명사 파생 접사', '형용사 파생 접사', '동사 파생 접사', '부사 파생 접사'로 구분하여 제시한다. 사동형과 피동형을 만드는 접사는 각각 '사동 접사'와 '피동 접사'로 제시한다. 그 외에 '존칭 접사'와 '복수 접사' 등이 있으며, '접사'가 붙는 대상은 모두 '어근'으로 표기한다.

9) '합성어' 등의 형태소 분석 기준은 『표준국어대사전』을 따르고, 후기중세국어의 형태소 분석 기준은 『우리말샘』을 따르는 것을 원칙으로 한다. 다만, 문제가 있다고 판단할 경우에는 관련 자료나 의견 등을 제시하고 『표준국어대사전』과 『우리말샘』에서의 판별 기준 등을 따르지 않는다.

10) 형태 분석에서 서술격조사, X*ᄒᆞ*-, 용언의 사동형, 선어말어미의 불연속 형태의 경우에 다음과 같이 표기한다.

(1) 서술격조사에 의해 활용하는 경우 '[체언 + 이]-'로 표기한다.

(2) '爲ᄒᆞ-'와 같이 '한자ᄒᆞ-'의 분석은 『표준국어대사전』을 따르는 것을 원칙으로 한다. 『표준국어대사전』에 해당 어휘 구성이 등재되어 있으면 'ᄒᆞ'를 접사로 파악하고, 그렇지 않으면 어절 경계를 둔다.

(3) '셰-', '니피-'와 같이 용언의 사동형의 경우 '[셔-(어근) + -이(사동 접사)]-', '[닙-(어근) + -히(사동 접사)]-'와 같이 표기한다. 용언의 피동형도 동일한 방법으로 표기한다.

(4) '-거시늘', '-거시든'과 같이 '-시-'가 통합할 때 불연속 형태로 나타나는 형태는 '-시- + -거늘'과 같이 분석하여 제시한다. 다만, '-거니/-어니' '-거ᅀᅡ/-어ᅀᅡ' 등은 각각 형태들이 후기중세국어 시기에 공시적으로 활발하게 사용되었다는 점에서 '-거늘/-어늘', '-거든/-어든' 등과는 다르게 '-거- + -니', '-거- + -ᅀᅡ(ᅀᅡ)' 등으로 분석하고자 한다.

4. 동사와 형용사의 형태는, 'XXX-(예: 가-)'와 같이 표기하고 해당 동사와 형용사의 의미를 제시할 경우에는 'XXX다(예: 가다)'와 같이 표기한다.

5. 현대역의 경우, 원문에 없는 내용을 삽입할 경우에는 'XXX [xxx] XXX(예: 헤아려 보면 [부처께] 무슨 자비가)'로 표기하고, 의역의 경우에는 'XXX(xxx) XXX(예: 자비하겠다(자비를 베풀시겠다) 하시니)'로 표기한다.

6. 한자어(漢字語)나 한자(漢字)의 경우에는 한글을 먼저 표기하고 괄호 안에 해당 한자를 표기한다[예: 세존(世尊), 인(人)은]. 다만, 한문(漢文) 등의 원문을 제시할 경우에는 한자를 먼저 표기하고 괄호 안에 한글로 한자음을 제시한다[예: '崖斷如杵臼(애단여저구)]. 또한 각주에서 해당 어휘를 설명할 경우에는 본문에서는 한자를 제시하지 않고 각주에만 괄호 안에 제시한다.

7. 『月印千江之曲』에서의 설명 형식은 다음과 같다.

<끠其·ᅙᆞᇙ一>
[현대역]
[배경]
[어절 분석]
[주석]

각 주해에서 '[주석]'의 '①'은 설명 대상 어절이며, '⇒'에서는 설명 대상 어절의 형태소 분석을 제시하며, '◎'에서는 설명 대상 어절에 대한 풀이와 설명과 여러 이론 등을 제시한다.
한편, '⇒'에서 제시하는 형태소 분석에서는 가급적 각 형태소의 대표형을 제시하며, '◎'에서는 실제 문헌에서 사용된 이형태를 제시한다.

8. 이 책의 '[배경]'에 해당하는 내용은 남광우·성환갑 역주(1978/1982) '[解說]' 부분을 대부분 참조하되, 맞춤법을 현재의 맞춤법에 맞게 수정하였고, 내용도 좀 더 이해하기 쉽게 수정하였다.

9. 본문의 '[현대역], [배경]' 등에서 제시한 불교 용어 등의 설명에는 주로 남광우·성환갑 역주(1978/1982)의 설명을 참조하였고, 이외에도 다음의 인터넷 사이트에서 제공하는 설명을 참고하였음을 밝힌다.

규장각 한국학연구원 (www.kyujanggak.snu.ac.kr)
두산백과 (http://www.doopedia.co.kr)
디지털한글박물관 (www.hangeulmuseum.org)
문화콘텐츠닷컴 (http://www.culturecontent.com)
시공 불교사전 (http://www.sigongsa.com)
한국고전용어사전 (http://www.sejongkorea.org)
한국민족문화대백과 (http://encykorea.aks.ac.kr)

1.『月印千江之曲』 해제(解題)

1) 간행 기록(月印釋譜)

『월인석보(月印釋譜)』에 전하는 ‘석보상절(釋譜詳節) 서(序)’에 의하면, 『월인천강지곡(月印千江之曲)』은 1447년에 왕명에 따라 수양대군(首陽大君)이 소헌왕후(昭憲王后)의 명복을 빌기 위하여 『석보상절(釋譜詳節)』을 지어 올리자 이를 본 세종이 『석보상절(釋譜詳節)』의 내용에 맞추어 부처의 공덕을 칭송하여 읊은 것이라고 한다.

이런 사실에 비추어 『월인천강지곡(月印千江之曲)』은 『석보상절(釋譜詳節)』의 완성 시기인 세종 29년 7월 25일 이후에 이루어진 것은 분명하나, 확실한 소성연대(所成年代)는 알 수가 없다. 다만 남광우·성환갑(1978/1982: 14～16)에서는 다음과 같은 점을 근거로 그 연대를 추정하고 있다.

첫째, 세종이 승하한 것이 세종 32년(1450년) 2월 17일이라는 점.

둘째, 국립중앙도서관 보장(寶藏) 『석보상절(釋譜詳節)』 권9 뒤의 표지 안쪽에 붓글씨로

正統拾肆年貳月初肆日

嘉善大夫黃海道都觀察黜陟使兼 兵馬都節制使兼判海州牧事臣申

이란 기록이 있어 『석보상절(釋譜詳節)』이 늦어도 정통(正統) 14년 즉 세종 31년까지는 간행되었을 것이라는 점.

셋째, 『월인천강지곡(月印千江之曲)』은 그 상권에 194곡이 실려 있으니 전권(全卷)에 실린 곡수를 580곡 내외로 추정한다면 그 제작에 상당한 시일이 소요되었을 것이라는 점.

넷째, 그러나 『석보상절(釋譜詳節)』의 완성이 세종 29년 7월 25일이라고는 하지만, 그 이전 즉 미완성인 상태에서도 세종이 『석보상절(釋譜詳節)』의 진행 과정을 지켜보았을 것이 확실하며, 따라서 『월인천강지곡(月印千江之曲)』 제작에도 유념하였을 뿐 아니라 한편으로 그 제작이 추진되었을 것으로 추측된다는 점.

다섯째, 『석보상절(釋譜詳節)』은 수양대군이 작성하고, 『월인천강지곡(月印千江之曲)』은 세종대왕의 어제(御製)라 하지만 이는 주관자라는 뜻으로 보이며, 이 사업에 협찬한 인물이 있었을 것이라는 점.

여섯째, 소헌왕후의 기세(棄世)가 세종 28년 3월인데, 그 이듬해 7월에는 이미 『석보상절(釋譜詳節)』이 완성되었다는 점.

일곱째, 이 사업은 세종대왕이 몸소 주관한 것으로, 절대적인 왕권하에서의 일이기 때문에 그 간행은 오히려 『석보상절(釋譜詳節)』보다 더 급속히 추진되었을 것이라는 점.

여덟째, 무엇보다도 받침소리가 없는 '之, 巍, 迦, 無' 등 한자음에 'ㅇ'자가 붙어있지 않다는 사실은 『석보상절(釋譜詳節)』 이후 문헌에 'ㅇ'자가 붙어있는 사실을 고려하면 『월인천강지곡(月印千江之曲)』의 간행이 먼저이고, 『석보상절(釋譜詳節)』의 간행이 뒤일 것이라는 추측이 가능하다는 점.

아홉째, 한자어의 표기에 있어 먼저 훈민정음 문자를 크게 쓰고 한자를 작은 활자로 달아 놓은 것과 'ㅈ, ㅊ, ㅌ, ㅍ' 등의 받침이 종성으로 사용된 것이 『용비어천가(龍飛御天歌)』와 비슷하다는 점.

이러한 점을 근거로 남광우·성환갑(1978/1982)에서는 『월인천강지곡(月印千江之曲)』의 제작 완료는 세종 29년 7월 25일 즉, 『석보상절(釋譜詳節)』이 완성된 때로부터 그리 오래지 않은 때에 완성되었을 것으로 추정하고 있다. 다만 『월인천강지곡(月印千江之曲)』의 간행은 늦어도 그 이듬해인 세종 30년까지 『석보상절(釋譜詳節)』의 간행보다 먼저 이루어진 것으로 추정하고 있다.

2) 서지 사항

활자본으로 상·중·하 3권으로 되었으나, 현재 상권 1책과 중권의 낙장(落張)이 전할 뿐이다.

『월인천강지곡(月印千江之曲)』의 원간본의 발견과 지금까지의 소장 이력은 안승준·유학영(2014)에서 자세히 설명하고 있다. 안승준·유학영(2014: 49～50)에 따르면, 15세기 중엽 효령대군에 의해 부안 실상사에 『월인천강지곡(月印千江之曲)』이 불복장(佛腹藏) 되었다. 1894년 동학농민들이 실상사 불상에 금은보화가 숨겨져 있다는 말을 믿고 불상을 파괴하였는데, 이때 금은보화는 발견되지 않고 『월인천강지곡(月印千江之曲)』을 포함한 다수의 고서와 고문서가 불복장 속에서 쏟아져 나왔으나, 『월인천강지곡(月印千江之曲)』을 알아보는 사람은 없었다고 한다. 이후 백학명 스님이 불상의 부장에 봉안된 『월인천강지곡(月印千江之曲)』 권 상을 발견하였다. 이를 1918년 국묵담 스님이 인수하였고, 이후 1961년 당시 광주 체신청장 진기홍 씨가 인수하였고, 1963년 문화재청에서 진기홍 씨 소장 『월인천강지곡(月印千江之曲)』 권 상을 보물 398호로 지정하였다. 이후 1972년 대한교과서 주식회사 김광수 사장이 인수하여 회사에서 수장하였다가 2013년부터 한국학중앙연구원 장서각에서 위탁 관리를 하고 있다.

한편, 『월인천강지곡(月印千江之曲)』과 『석보상절(釋譜詳節)』이 발견되기 전까지 두 책이 따로 간행되지 않았다는 주장도 한때 있었으나 1929년에 『석보상절(釋譜詳節)』 4책이 황해도에서 발견되면서 그 존재를 확인하게 되었다. 이때 발견한 『석보상절(釋譜詳節)』 책장 사이에 『월인천강지곡(月印千江之曲)』 권 상과 권 중의 단간이 끼어 있어서 『월인천강지곡(月印千江之曲)』과 『석보상절(釋譜詳節)』이 『월인석보(月印釋譜)』보다 먼저 따로따로 간행된 사실과 함께 『월인천강지곡(月印千江之曲)』은 상·중·하 3권의 책임을 알게 되었다. 현재 한국학중앙연구원에 소장되어 있으며, 상권과 중권의 낙장은 국립중앙도서관 소장의 『석보상절(釋譜詳節)』에 끼어 전한다. 권 상에 실린 노래가 모두 194곡이므로 전체로는 모두 580여 곡의 노래가 있었던 것으로 추정된다. 여기에 『월인석보(月印釋譜)』에 실린 노래까지 합하면 지금까지 모두 약 440곡의 노래가 전하여 알려져 있다.

『월인천강지곡(月印千江之曲)』 권 상은 전남대학교에서 등사판으로 원형대로 복사하여 공개한 바가 있고, 통문관(1961)에서 원본과 같은 크기의 사진판본으로 영인본을 출판하였다. 또한, 국어학회 『국어학』 1집(1962)에서 축쇄 사진판본을 부록으로 소개하였고, 또 '허웅·이강로(1962/1999), 『주해 월인천강지곡상』, 신구문화사'에 부록으로 축쇄 사진판본이 소개되었다.

3) 내용상의 특징

'월인천강지곡(月印千江之曲)'이란, 부처가 인간세계에 태어나서 중생들을 교화한 자취를 칭송한 노래라는 뜻으로, 『월인천강지곡(月印千江之曲)』은 석가모니의 전생에서부터 도솔천에 하강하여 왕자로 태어나 성장(成長)하고, 화려한 결혼생활을 하면서 인생에 대한 번민으로 출가·수도하여 불도를 깨치고, 장엄한 권능으로 중생을 교화·제도하다가 열반하여 그 전신 사리를 신중들이 봉안하고, 믿고 받들기까지의 전 생애를 소설적인 구조로 서사화한 책이다. 불교의 심오한 진리를 예술적으로 승화시키고 석가모니의 인격과 권능을 신화적으로 미화함으로써, 이 작품은 영웅의 일생을 찬탄하는 전형적인 서사시의 구조를 지니고 있다.

4) 표기상의 특징

후기중세국어의 일반적인 표기법은 음소적 표기법인데, 『월인천강지곡(月印千江之曲)』의 표기법은 부분적으로 형태음소적 표기법을 운용(예: 다ᄉᆞ곶, 낮과, 곶우희, 맞나ᅀᆞᄫᆞ며)했다는 점에서 비교적 현대 표기법과 가깝다. 또한, 『석보상절(釋譜詳節)』 등에서는 전형적인 연철 표기법(예: 눈 + 에 > 누네)이 사용되었으나, 『월인천강지곡(月印千江之曲)』에서는 예를 들어, '체언 + 조사'의 환경에서 체언의 말음절 종성이 공명음(ㄴ, ㄹ, ㅁ, ㆁ, ㅿ)이고 모음으로 시작하는 조사가 붙을 경우 분철(예: 눈 + 에 > 눈에)로 표기되었다. '용언 어간 + 어미'의 환경에서도 어간 말음절의 종성이 'ㄴ, ㅁ'이고 모음으로 시작하는 어미가 붙으면 분철(예: 담아, 안아)로 표기되었다. 한자음의 처리도, 『석보상절(釋譜詳節)』에서는 한자(漢字)를 크게 쓰고 우측 하단에 훈민정음으로 해당 한자음을 작게 부기하였는데, 『월인천강지곡(月印千江之曲)』에서는 이와 반대로 훈민정음으로 해당 한자음을 크게 쓰고 우측 하단에 작게 해당 한자(漢字)를 부기하였다. 또한 『석보상절(釋譜詳節)』에서는 동국정운식(東國正韻式) 한자음을 이용하여 음가(音價) 없는 종성에 'ㅇ'를 표기하였으나, 『월인천강지곡(月印千江之曲)』에서는 이와 달리 음가(音價) 없는 종성에 'ㅇ'를 표기하지 않았다(예: 셕釋가迦).

한편, 『용비어천가(龍飛御天歌)』에서는 사잇소리를 다양한 자음자를 이용하여 표기했으나, 『월인천강지곡(月印千江之曲)』에서는 사잇소리 표기를 모두 'ㅅ'로 통일하였다. 그 외에, 중성자(中聲字)의 자형(字形)은 'ㆍ', 'ㅓ'의 경우 원형을 유지하고 있다.

한편, 당시의 다른 문헌들과는 달리 '일이시나, 눈에, 몸앳필' 등 분철 표기가 자주 나타나는 점으로 미루어 보아 세종은 문법적 분석의 식견이 훨씬 현대적이었음을 짐작하게 한다.

『월인천강지곡(月印千江之曲)』에는 다음과 같이 간행된 뒤 수정을 가한 흔적이 보인다.

첫째, '곳→곶, 낫→낮, ᄌᆞᆺ→ᄌᆞᇫ, 낟→낱, ᄂᆞᆺ→ᄂᆞᆾ, 빗→비ᇫ, 첫→처ᇫ, 붓→부ᇫ, 맛→맞, 웃→우ᇫ'과 같이 그대로 수정이 가능한 것은 붓으로 수정으로 가했다.

둘째, '붑→붚, 앏→앒, 놉→높, 비→ᄫᅵ'와 같은 것은 종이를 오려 붙이고 개날(改捺)하여 있다.

이러한 점을 미루어 보면 표기에 있어 상당히 그 어원을 밝히려고 노력했음을 알 수 있다.

2. 『月印千江之曲』 주해(註解)

1)·ᅌᅯᇙ月·ᅙᅵᆫ印쳔千강江지之·콕曲·썅上

[원문]

ᄁᆜᆼ其·ᅙᅵᇙ一
외巍외巍·셕釋가迦·ᄲᅮᇙ佛무無·량量무無변邊공功·득德·을·겁劫·겁劫·에어·느:다ᄉᆞᆲ·ᄫᆞ·리

[현대역]

외외2) 석가3)모니 불4)의 무량무변5) 공덕을 어느 겁겁6)에 어찌 다 말씀드리리(말씀드릴 수 있겠습니까)?

[배경]

'기일'의 내용은 거룩하게 성도7)하여, 많은 창생을 구제한, 더할 수 없이 큰 석가모니의 공덕을 기리고자 하는 것으로 일종의 머리말이라고 할 수 있다.

[어절 분석]

외巍외巍#·셕釋가迦·ᄲᅮᇙ佛#무無·량量무無변邊#공功·득德·을#·겁劫·겁劫·에#①어·느#②:다#③ᄉᆞᆲ·ᄫᆞ·리

---

1) <月印 上:1a>
2) 외외(巍巍): 높고 큼.
3) 석가(釋迦): 인도 종족의 하나로, 본디 구담(瞿曇) 씨(氏)에서 분족(分族)하였다고 함.
4) 불(佛): '깨달은 사람, 슬기 있는 사람'이라는 뜻으로, 범어 'Buddha'를 한자로 음사(音寫)한 '불타(佛陀)'의 약칭.
5) 무량무변(無量無邊): 헤아릴 수 없고 끝도 없이 많음.
6) 겁(劫): 어떤 시간의 단위로도 계산할 수 없는 무한히 긴 시간. 하늘과 땅이 한 번 개벽한 때에서부터 다음 개벽할 때까지의 동안이라는 뜻.
7) 성도(成道): 깨달음을 얻어 부처가 되는 일. 특히 석가모니가 음력 12월 8일에 보리수 아래서 큰 도를 이룬 일을 말함.

[주석]

① 어·느

⇒ 어느(부사)

◎ '어느'는 부사로서 '어찌'를 의미한다. 후기중세국어의 '어느'는 '어ᄂᆞ, 어ᄂᆡ, 어누' 등의 형태로도 사용되었다. 현대국어에서는 관형사로만 쓰이지만, 후기중세국어에서는 관형사뿐만 아니라 부사, 명사로도 사용되었다.

현대국어의 부사 '어찌'는 '엇디'가 구개음화를 거친 형태이며, '어느' 형태는 현대국어로 오면서 모두 관형사로 고정되었다(박병채, 1974: 76~77).

한편 차현실(2000: 30)에서는 '술ᄫᆞ리'의 '-리-'가 추측의 서법을 나타내는 선어말어미로, 이것이 의문부사 '어느'와 호응하면서 의문문을 구성한다고 보았다. 또한 부사 '다'와도 통합되어 수사의문문을 구성하여 '어찌 다 말로 설명할 수 있을 것인가'라는 화자의 내면적 감격을 나타내는 언어 수반 효과를 나타내는 것으로 보았다.

② :다

⇒ 다ᄋᆞ-(동사 어간) + -아(연결어미)

◎ '다ᄋᆞ-'에 부사형 어미 '-아'가 붙어 '다ᄋᆞ아'가 되고, 모음 사이에서 'ᄋᆞ'가 탈락되어 '다아'가 된 후에 음절 축약을 거쳐 용언의 부사형 '다'가 되었다. '다-'의 성조가 평성[L]이고, '-아'의 성조가 거성[H]이기 때문에 음절 축약을 거친 '다'의 성조는 상성[R]이다. 이 부사형이 화석화되어 현대국어의 부사 '다'가 되었다.

※ 후기중세국어 시기의 성조와 방점

현대국어 표준어의 성조는 장단음의 차로만, 그것도 단어의 첫 음절에만 극히 한정되어 남아 있다. 그러나 15세기 국어의 성조는 음의 고저로 구별되어 다음과 같이 평성·상성·거성·입성을 각각 방점으로 구분하였다. 한편 이기문(1961/1998: 134)에 따르면, 훈민정음 체계에서 방점은 후기중세국어의 성조(聲調)를 표기한 것으로 이는 중국 음운학에서 성조가 중시된 것과 관련이 있는 것으로 보인다. 『훈민정음 해례본(訓民正音 解例本)』의 본문이나 해례에서 사용된 술어들인 '평성(平聲), 상성(上聲), 거성(去聲), 입성(入聲)'이 이 사실을 뒷받침해준다. 그러나 중국어의 사성(四聲) 체계를 그대로 받아들이지는 않았고

국어의 성조 체계를 정확히 파악하여 그에 적합한 표기를 마련했던 것으로 보인다. 즉, 15세기의 국어에는 저조(평성)와 고조(거성) 그리고 이들의 병치(상성)가 있었는데, 이것을 각각 무점, 1점, 2점으로 표기하도록 하였다.

예1) ㉮ 평성(平聲): 平聲은 뭇늦가ᄫᆞᆫ 소리라
　　㉯ 거성(去聲): 去聲은 뭇노폰 소리라
　　㉰ 상성(上聲): 上聲은 처ᅀᅥ미 늦갑고 乃終이 노폰 소리라

예1)의 내용은 『훈민정음 언해본(訓民正音 諺解本)』에 기술된 것으로, 이기문(1961/1998: 154~155)에서는 이 설명에 따라 평성은 저조, 거성은 고조를 가리켰음을 알 수 있으며, 상성을 처음이 낮고 나중이 높다고 설명한 사실과 이의 표기를 2점으로 한 사실은 이것이 저조와 고조의 복합이었음을 암시하고 있다고 기술하였다. 상성이 평성과 거성의 복합임은 15세기의 자료에서 실증된다. 예를 들면, '부텨(佛)'는 두 음절이 다 평성이었는데 그 주격형은 '부:톄'였다. 이 ':톄'의 상성은 '텨'(평성)와 주격조사(거성)가 병치된 결과였고 '다리'(橋)의 주격형이 '다:리'가 된 것도 동일한 이유에 의한 것이었다.

이러한 용례를 바탕으로 이기문(1961/1998)에서는 후기중세국어의 성조 체계는 저조와 고조의 두 평판조(平板調)로 이루어진, 매우 단순한 것으로 보았다.

한편 후기중세국어에서의 성조의 기능 부담량은 많은 단어가 오직 성조에 따라서 변별되었다는 점에서 매우 컸다고 말할 수 있을 것이다. 일반적으로 명사의 성조는 고정적이었지만 동사의 그것은 고정적인 것보다 변동적인 것이 더 많았다. 가령 '쓰-(書)'는 언제나 고조였는데, '가-(行)', '오-(來)', '보-(見)' 등은 어미에 따라 저조와 고조로 변동되었다(예: ·쓰·라/ ·쓰·고, 가·라/·가시·면, 오·라/·오나·놀, 보·리·라/·보·아 등). 성조의 관점에서 볼 때, 약간의 예외가 있기는 하나, '앗-(奪)', '곱-(麗)' 등 'ㅿ'과 'ㅸ'을 가진 어간들이 상성인 사실은 주목할 만하다. 상성의 어간 대부분은 일정한 어미가 오면 평성으로 변동하였다[예: 앗·디/아·ᅀᅡ(奪), :돕논/도·ᄫᅡ(助), :알·면/아·라(知) 등].

15세기부터 16세기 전반까지 문헌의 방점 표기는 매우 정연한 편이었으나 16세기 말엽으로 올수록 방점 표기가 점차 문란해져서 거의 아무런 규칙성도 찾아볼 수 없다. 이것은 이때에는 이미 완전히 성조 체계가 소멸되었음을 보여주는 것으로 해석할 수 있다.

한편 입성(入聲)은 소리의 높이는 거성과 같으나 빨리 끝닫리는 소리로, 즉 폐쇄음 [k, t, p]를 종성으로 가진 소리는 모두 입성음이 된다. 입성에 대한 방점의 표기 방식은 대상이 한자음이냐 고유어이냐에 따라 다음과 같이 구별되었다.

예2) ㉮ 한자음 입성: 1점
㉯ 고유어 입성: 무점, 1점, 2점

즉 한자음에서의 입성은 거성과 동일한 취급을 받았으나 고유어의 경우에는 입성은 별다른 기능을 하지 못했고 사실상 고유어의 성조는 평성·거성·상성의 3성조 체계였던 셈이었다.

③ 솔·ᄫᆞ·리
⇒ ᄉᆞᆲ-(동사 어간) + -(ᄋᆞ)리(의문형 종결어미)

◎ 'ᄉᆞᆲ-'의 현대 의미는 '말하다, 설명하다'이다.

◎ 객체인 '돌아가신 왕후'에 대한 높임을 나타내는 말로, 용언 어간에 매개모음이 결합된 'ᄉᆞᆲ- + -(ᄋᆞ)리'의 구조이다. 이때 '리'는 일반적으로 '추측' 또는 '미래'를 나타내는 선어말어미로 설명한다. 그러나 현재 학계에서는 후기중세국어 문법 체계에서 일반적으로 선어말어미는 어말어미의 기능이 없다고 설명하므로 '솔ᄫᆞ리'의 '리'에 대해서는 몇 가지 이견이 존재한다.
첫째, 선어말어미 '-리-' 뒤에 어말어미가 생략되어 있다는 의견이 있다. 만약 어말어미의 생략과 수사의문문이라는 점을 감안하면 생략된 어말어미는 의문형 종결어미 '-잇가' 또는 '-잇고'일 것이다. 그러므로 이들이 결합된 모습은 '솔ᄫᆞ리잇가' 또는 '솔ᄫᆞ리잇고'일 것이다. 그런데 서술어 앞에 의문부사 '어느'가 있으므로 생략된 종결어미로는 '-잇고'가 적절하다. 다만, 국어의 문장 규칙상 선어말어미 뒤에 어말어미가 생략된 채로 문장이 종결되는 것이 가능한가에 대해서는 적절한 설명을 제시하지 못한다는 단점이 있다.
둘째, '리'를 선어말어미 '-리-'가 아닌, 종결어미 '-리'로 보는 견해가 있다. 이 견해는 후기중세국어 문법 체계를 현대국어 문법 체계에 의지하여 설명한다는 입장에서 출발한다. 즉, 현대국어에서 '돌아가리. / 하리?'와 같은 예에서 '리'를 종결어미로 설명하기 때문이다. 다만, 현대국어와 후기중세국어 간의 문법적 차이를 고려하지 않는 것이 적절한가에 대해서는 충분한 설명을 제시하지 못한다는 단점이 있다.
그 외에 문법 설명의 측면에서 후기중세국어의 선어말어미 '-리-'의 기능에는 어말어미의 기능이 있다고 설정할 수도 있고, 또는 현대국어의 '고마우이'와 같은 예에 착안하여 후기중세국어 어미 체계에 어말어미 '-이/-ㅣ/-zero형'을 설정하고 선어말어미 '-리-' 뒤에서 어말어미 '-이'의 이형태 'zero형 어말어미'가 사용되었다고 설명할 방법도 있다.

한편, 『석보상절(釋譜詳節)』과 『월인천강지곡(月印千江之曲)』과, 이들의 합본인 『월인석보(月印釋譜)』는 산문이면서 문장이 의미상 종결되지 않고 계속 이어지는 모습을 띠고 있기 때문에 '술ᄫᆞ리'와 같은 경우가 많이 발견된다.

현재로서는 첫 번째 의견이 우세한 편이지만, 이 책에서는 현대국어 문법 체계를 그대로 수용하여 문말에 쓰인 '리'와 '니'를 어말어미로 보고자 한다.

한편 남광우·성환갑(1978/1982: 22)에서는 '-리'는 감탄형 종결어미와 의문형 종결어미의 양쪽으로 모두 풀이가 가능하나 여기에서는 감탄형으로 풀이하는 것이 더 적절하다고 보았다.

※ 후기중세국어 시기의 종결형 문장에서의 '-니', '-리'에 대한 논의들

'장윤희(1997: 108~109)에서는 15세기 국어에서 '-니', '-리' 종결형 문장이 흔하게 발견되는 것은 아니고 『용비어천가(龍飛御天歌)』, 『월인천강지곡(月印千江之曲)』 등에서 대부분 보이며 불경 언해 자료 가운데에서 간혹 나타난다고 밝혔다.

또한 장윤희(1997: 109)에서는 『월인천강지곡(月印千江之曲)』에서 보이는 '-니' 종결형은 『용비어천가(龍飛御天歌)』나 다른 언해 자료들에서 보이는 '-니' 종결형과 완전히 동일하게 처리할 수는 없다고 보았다. 『용비어천가(龍飛御天歌)』는 각 장의 내용이 독립된 이야기를 이루므로 '곶 됴코 여름 하ᄂᆞ니 <龍歌 2>'의 '-니'는 종결형이 분명하다고 보았다. 그렇지만 『월인천강지곡(月印千江之曲)』은 부처의 일대기를 적은 서사시로서 각 장이 완결된 하나의 이야기를 이룬다고 보기는 어렵다고 기술하면서, 국어에서 선어말어미가 문장을 끝맺는 것은 부자연스러운 것이기 때문에 위의 '-니'를 선어말어미와 종결어미가 통합된 것으로 분석해야 한다고 보았다. 이때 분석할 수 있는 종결어미로 '-(으)이'를 들었는데, 이는 16세기에 '업싀, 아릐' 등과 같은 어형이 나타나기 때문에 16세기의 종결어미와 동질적인 것이라고 본다면 '-(으)이'로 분석해야 한다고 보았다.

장윤희(1997: 111~113)에서는 종결어미 '-(으)이'는 '-니', '-리' 종결형에서만 발견되는 것은 아니고 드물게 나타나긴 하지만 '숣뇌'에서도 나타난다고 밝혔다. '숣뇌'를 허웅(1975/1995: 495), 김영욱(1995: 148~153)에서는 '숣노이다'의 '노'가 '-이-'에 의해 '뇌'로 동화된 '숣뇌이다'에서 '-이다'가 생략되어 형성된 것으로 파악했는데, 장윤희(1997)에서는 결코 '-이다'의 생략으로 볼 수 없다고 밝혔다. 오히려 '숣- + -ᄂᆞ- + -오-'의 통합체에 종결어미 '-(으)이'가 결합된 것으로 분석하는 것이 합리적이라고 보았다. 그 이유로 '숣뇌'가 나타난 『월인천강지곡(月印千江之曲)』은 훈민정음 창제 초기 자료로 이 시기에는 'ᄒᆞ

ᄂᆞ이다'에서 동화된 'ᄒᆞᄂᆡ이다' 형이 일반화되지 않은 시기였다는 점을 들었다. 또한 'ᄒᆞᇝ뇌'가 '-이다'의 생략에 의한 것이라면 왜 '-이다'의 생략이 동화형 'ᄒᆞᇝ뇌이다'에만 적용되고 동화 이전 형태인 'ᄒᆞᇝ노이다'에는 적용되지 않는지를 설명해 줄 수 없다고 하였다. 그러므로 'ᄒᆞᇝ뇌'는 '-이다'의 생략형이 아니고 또 다른 종결어미를 가진 문장으로 보아야 한다고 주장하였다. 그리고 이때 분석되어 나올 수 있는 종결어미가 '-(으)이'라고 밝혔다. 또한 장윤희(1997)에서는 16세기 한글 간찰 자료 검토를 통해 구어를 반영한 것들에서 종결어미 '-(으)이'가 결합된 형태가 활발하게 나타난다는 것을 밝혔다. 한편, 15세기 국어의 주요 문헌인 불경 언해들은 전통적인 구결법에 따른 구결문에 의거하여 이루어진 것이 일반적이기 때문에 구어가 반영되기가 어렵다는 점을 근거로 15세기 언해문에서 종결어미 '-(으)이'가 드물게 나타나는 이유를 설명하였다. 반면, 『용비어천가(龍飛御天歌)』나 『월인천강지곡(月印千江之曲)』은 실제 가창(歌唱) 되었던 시가의 가사였다는 점에서 어느 정도 구어적인 요소가 나타날 수 있었던 것으로 보았다.

배석범(1994)에서는 『용비어천가(龍飛御天歌)』에서 '-니-, -리-'로 끝나는 '-니, -리' 등을 '[i]' 계통, '-잇가, -잇고' 등을 종결어미로 보고 이들의 상관 관계에 대해 살펴보았다. 배석범(1994: 118)은 이에 대한 기존의 논의를 세 가지로 정리하였는데, 이는 다음과 같다.

예1) ㉮ '-니-', '-리-'는 '-니이다', '-리잇가'의 생략형
: 허웅(1955/1984), 김상억(1975), 정병욱(1980) 등
㉯ '-니-', '-리-'는 연결의 성질을 가진 어미
: 방종현(1949), 김형규(1950), 김사협(1956) 등
㉰ '-니-', '-리-'는 종결형
: 이숭녕(1961/1997), 고영근(1981/2011, 1987/2010)

위와 같이 다양한 논의가 이루어졌음에도 여전히 이들에 대한 논의에는 한계가 있다고 보았고, 『용비어천가(龍飛御天歌)』의 운율적인 조건이 문헌의 형식을 제약했을 가능성을 대안으로 제시하였다. 배석범(1994)에서는 『용비어천가(龍飛御天歌)』에서 종결어미가 생략되지 않은 용례들을 검토하여 마지막 권점 이하의 음절수가 7음절을 넘지 않는다는 공통점을 발견하였다. 배석범(1994: 138)에서는 여섯 차례의 가정과 검증의 절차를 거쳐 다음과 같은 규칙과 조건을 설정하였다.

예2) ㉮ 규칙: ᄒᆞ쇼셔체 종결어미(-이다 등)가 생략되지 않은 시행에서 마지막 권점 이하 음수율이 7음절 이상이 될 경우에 ᄒᆞ쇼셔체 종결어미(-이다 등)는 생략이 된다.

㉯ 조건

㉠ ᄒᆞ쇼셔체 의문형 어미, '-잇가'는 생략되지 않는다.

㉡ 의미의 변화가 생기지 않는 한 총 7음절을 넘지 않는다.

㉢ 두 번째 권점 이하 음수율이 3음절일 때에는 음수율의 조화를 위해 마지막(세 번째) 권점 이하 음수율이 종결어미가 생략되지 않은 상태에서 7음절 이상이 되지 않아도 ᄒᆞ쇼셔체 종결어미가 생략된다.

㉣ 어떠한 경우에도 마지막 권점 이하 음수율은 3음절 이하가 될 수 없다.

배석범(1994)에서는 위와 같은 규칙과 조건에 따라 『용비어천가(龍飛御天歌)』의 문체에 대해 마지막 권점 이하의 음절 수 선택이 일정한 규칙의 지배를 받아 문법형태소의 생략이 일어났다고 보았다.

한편, 후기중세국어 시기의 연결어미 '-니'에 대한 선행 연구들에서는 대개 설명이나 이유, 원인을 나타낼 때 쓰인 것으로 설명하고 있다.

연결어미 '-니' 앞에서는 종결어미에 가까울 정도로 대부분의 선어말어미들이 자유롭게 결합될 수 있었다. 예를 들어 높임의 선어말어미(-시-, -ᅀᆞᆸ-), 시상의 선어말어미(-거-, -더-, -ᄂᆞ-, -리-), 인칭 대상·의도의 선어말어미(-오-/-우-), 감동의 선어말어미(-돗-, -옷-) 등이 올 수 있었다. 그러나 전병용(1995)에 따르면 이러한 선행 요소와의 활발한 결합에 비해, 후행 요소와의 결합은 다른 연결어미에 비해 많은 제약을 받은 것으로 보인다. 이러한 모습은 종결어미의 결합 제약과 유사하다. 고영근(2004)에서도 후기중세국어의 연결어미 '-니'는 독립된 개별 사건을 연결하는 것으로, 현대국어의 종결어미에 가까운 기능을 가졌다고 설명하고 있다.

이러한 특징에 주목하여 이숭녕(1961/1997), 고영근(1987/2010)에서는 후기중세국어의 '-니'는 연결어미의 기능 이외에 종결어미의 기능도 있다고 보았다.

예3) ㉮ 시가(詩歌)의 종결에 쓰이는 '-니'

㉠ 곶 됴코 여름 ᄒᆞᄂᆞ<u>니</u> <龍歌 2>

㉡ 娑婆界계 妙法을 펴시ᄂᆞ<u>니</u> <月釋 14:6a>

㉯ 반말의 종결에 쓰이는 '-니'

㉠ 부텨긔 받ᄌᆞ바 므슴호려 ᄒᆞ시ᄂᆞ<u>니</u> <月釋 1:10b>

특히 이숭녕(1961/1997)에서는 '-니'의 종결어미 기능을 ㉮ 시가의 종결에 쓰이는 '-니와 ㉯ 반말의 종결에 쓰이는 '-니'로 구분하기도 하였고, 고영근(1987/2010)에서는 ㉮와 ㉯의 '-니'를 서법의 범주에서 모두 반말체로 처리하고 있다.
한편, 허웅(1975/1995)에서는 '-니'는 종결어미의 기능이 없지만 선어말어미 '-니-'가 종결의 기능을 수행한다고 보기도 하였다. 특히 허웅(1975/1995)에서는 선어말어미 '-니-' 뒤에 붙을 종결요소 '-이다'가 생략되어 종결의 기능을 '-니'가 대신하는 것으로 분석하였다.
전병용(1995)에서는 '-니'의 처리에 있어 이숭녕(1961/1997)의 기술을 따르지만 ㉯의 '-니'를 이숭녕(1961/1997)과 달리 '-ㄴ(관형사형 어미) + 이(의존명사)'로 분석하고, 이러한 종결 양식은 명사문 종결로 보았고, 이러한 명사문의 종결 양식의 경우는 반복 구성의 의미도 갖는 것으로 보았다. 즉 '-니 …… -니'의 반복 구성은 이런 일 저런 일을 '나열'하는 뜻을 나타내기 위해서 어미를 반복하는 것으로, 용언의 어간에 직접 붙기도 하고, 선어말어미를 앞세우기도 하며, 대개 보조동사 'ᄒᆞ-'가 연결된다는 것이다. 또한, 이때의 '-니'는 보조동사 'ᄒᆞ-'의 내포문을 이루는 종결어미에서 접속어미로 변화된 것으로 보았다.

☞ 이 책에서는 『월인천강지곡(月印千江之曲)』에서의 문말의 '-리, -니'를 모두 종결어미로 처리한다.

[원문]

끠其·ᅀᅵ二
·셰世존尊ㅅ:일ᄉᆞᆯ·ᄫᅩ리·니·먼萬:리里·외外ㅅ:일·이시·나눈·에·보논·가너·기ᅀᆞ·ᄫᆞ[8]쇼·셔
·셰世존尊ㅅ:말ᄉᆞᆯ·ᄫᅩ리·니쳔千·ᄌᆡ載·썅上ㅅ:말·이시·나귀·예듣·논·가너·기ᅀᆞ·ᄫᆞ쇼·셔

[현대역]

세존[9]의 일을 말씀드릴 것이니 [우리나라에서] 만 리나 [떨어져 있는] 먼 곳(인도)의 일이시나 눈에 보는가(보는 것같이) 여기소서.

---

8) <月印 上:1b>
9) 세존(世尊): 부처를 높여 일컫는 이름으로 범어 'βhagavat'의 한역으로, '바가범(婆伽梵)'이라 음사(音寫)하기도 함. 부처님 10호의 하나로, 부처는 만덕(萬德)을 구유(具有: 성질·재능·자격 따위를 갖추고 있음)하여 세간의 존중을 받으므로 세존이라 함.

세존의 말씀을 말씀드릴 것이니 천재[10] 전의 말씀이시나 [그 말씀을 지금] 귀에 듣는가(듣는 것같이) 여기소서.

[배경]

‘기이’에서는 석가모니께서 우리나라에서 수천 리 떨어져 있는 인도에서 태어나신 분이라는 점과 약 천 년 전에 석가모니께서 말씀하신 것을 기록하되, 그 공덕이 너무나 두드러져 직접 보고, 직접 듣는 것처럼 뚜렷하다는 점을 강조하고 있다.

[어절 분석]

①<u>·셰世존尊ㅅ</u>#:일#②<u>술·보리·니</u>#·먼萬#:리里#·외外ㅅ#③<u>:일·이시·나</u>#눈·에#④<u>·보논·가</u>#⑤<u>너·기ᄉᆞ·ᄫᆞ쇼·셔</u>

·셰世존尊ㅅ#:말#술·보리·니#쳔千·지載·쌍上ㅅ#:말·이시·나#⑥<u>귀·예</u>#④<u>듣·논·가</u>#너·기ᄉᆞ·ᄫᆞ쇼·셔

[주석]

① ·셰世존尊ㅅ

⇒ 셰존(명사) + ㅅ(관형격조사)

◎ 관형격조사 ‘ㅅ’는 선행 체언이 무정 체언이거나 존칭의 유정 체언일 때 사용되었다. ‘먼리 외ㅅ’와 ‘쳔지쌍ㅅ’의 ‘ㅅ’도 관형격조사이다.

※ 후기중세국어 시기의 관형격조사

문장 내에서 체언으로 하여금 후행 체언을 수식하는 관형어의 구실을 하게 하는 격조사로 ‘ᄋᆡ/의’, ‘ㅅ’, ‘ㅣ’ 등이 사용되었다. 이들은 다음과 같이 사용되었다.

1) ᄋᆡ/의: 선행 체언이 유정물의 평칭일 경우에 사용되었고, 이때 선행 체언의 말음절 모음이 양성모음일 때는 ‘ᄋᆡ’가, 음성모음일 때는 ‘의’가 사용되었고, 중성모음일 때는 ‘의’가 주로 사용되었다. 특히 선행 체언의 말음이 ‘이’일 때는 ‘이’가 탈락되었다.

---

10) 천재(千載): 천 년.

예1) ㉮ 도ᄌᆞᄀᆡ 알ᄑᆡ <龍歌 60>
㉯ 가야ᄆᆡ(가야미+ᄋᆡ) 맛나몰 <初杜解 17:13b>

예2) ㉮ 저의 늘구믈 <月印 上:12a>
㉯ 어믜(어미+의) 恩慈ᄅᆞᆯ 울워렛ᄂᆞ니 <初杜解 8:47a>

2) ㅅ: 선행 체언이 무정물일 때에 주로 쓰이고, 유정물인 경우에는 존칭의 대상일 때에 사용되었다.

예3) ㉮ 東海ᄉ ᄀᆞᅀᅵ <龍歌 6>
㉯ 아바닚 뒤헤 셔샤 <龍歌 28>

3) ㅣ: 체언 말음이 모음으로 끝났을 때에 쓰이던 조사로 어원적으로는 'ᄋᆡ/의'에서 'ᄋᆞ/으'가 탈락된 형태로 보인다. 이 경우, 주격조사와 같은 형태가 되어 방점으로 구별할 수 있다.

예4) ㉮ 내 님금 <龍歌 50>
㉯ 長者ㅣ 아ᄃᆞ리 <月釋 12:22b>

예5) ㉮ 내(평성 - 관형격), ·내(거성 - 주격)
㉯ 네(평성 - 관형격), :네(상성 - 주격)

☞ 후기중세국어의 관형격조사 'ᄋᆡ/의'와 'ㅅ'는 선행 체언의 의미 자질에 따라 구분되어 선택된다는 것이 정설이나 항상 그렇지 않는다는 점에서 좀 더 많은 고민이 필요하다.

☞ 이외에 부사격조사 '애/에/예, ᄋᆡ/의'와 관형격조사 'ㅅ'의 결합 형태로 관형격조사의 기능을 수행한 '앳/엣/옛, ᄋᆡᆺ/읫'도 있다.

② ᄉᆞᆯ·ᄫᅩ리·니
⇒ ᄉᆞᆲ-(동사 어간) + -오-(의도의 선어말어미) + -리-(의지의 선어말어미) + -니(연결어미)

◎ 선어말어미 '-오-'는 근대국어나 현대국어에서는 찾아볼 수 없는 후기중세국어만의 특징적인 형태소이다. 그 기능이나 의미는 명확한 해명이 불가능한 것이어서 다양한 이견이 존재한다. 이 중 허웅(1958, 1959, 1963, 1964, 1965, 1973, 1975/1995)의 '인칭대상 활용설'과 이

숭녕(1959, 1960, 1964ㄱ, 1964ㄴ, 1976)의 '의도의 선어말어미설'이 가장 대표적이다.

③ :일·이시·나
⇒ [일(명사) + 이(서술격조사)]- + -시-(주체 높임의 선어말어미) + -나(연결어미)

◎ '일이시나'에 주체 높임의 선어말어미 '-시-'가 사용된 이유는 '먼 리 외ㅅ 일'의 '일'이 가리키는 것이 '셰존ㅅ 일'이기 때문이다. 같은 이유로 두 번째 행의 '말이시나'에 주체 높임의 선어말어미 '-시-'가 사용된 이유는 '쳔지 썅ㅅ 말'의 '말'이 가리키는 것이 '셰존ㅅ 말'이기 때문이다.

④ ·보논·가 / 듣·논·가
⇒ 보-(동사 어간) + -ᄂᆞ-(시상의 선어말어미) + -오-(의도의 선어말어미) + -ㄴ가(의문형 종결어미)
⇒ 듣-(동사 어간) + -ᄂᆞ-(시상의 선어말어미) + -오-(의도의 선어말어미) + -ㄴ가(의문형 종결어미)

◎ '보논가'와 '듣논가'의 '-논가'는 '-ᄂᆞ- + -오- + -ㄴ가'로 분석되는데, 이때 '-오-'가 들어간 것은 주어가 화자 자신이라는 것을 나타낸다. '눈에 보논가, 귀에 듣논가'는 이것을 쓴 사람이 청자의 입장에서 말하는 '직접 인용문'으로 해석해야 한다(허웅·이강로, 1962/1999: 23). 다만, 허웅(1975/1995)에서는 이러한 '-오-'를 '인칭·대상의 선어말어미'로 설명하고 있으나 여기에서는 서술어에 사용되었다는 점에서 여기에서의 '-오-'를 '의도의 선어말어미'로 설명하고자 한다.

⑤ 너·기ᅀᆞ·ᄫᅡ쇼·셔
⇒ 너기-(동사 어간) + -ᅀᆞᆸ-(객체 높임의 선어말어미) + -(ᄋᆞ)쇼셔(명령형 종결어미)

◎ '너기-'의 현대 의미는 '여기다'이다. 홍사만(1998)에서는 '너기-'의 현대국어 어형 '여기-'는 목적어와 그에 따른 보충적 논항을 요구하는 타동사이며, 후기중세국어 어형 '너기-' 또한 현대국어와 마찬가지로 '무엇을 어떻게 여기다', '무엇을 무엇으로 여기다', '무엇을 무엇이라고 여기다'가 일반적인 문형이었다고 한다.

◎ '너기ᅀᆞᄫᅡ쇼셔'는 '너기- + -ᅀᆞᆸ- + -(ᄋᆞ)쇼셔'로 분석할 수 있다. 이때 '-ᅀᆞᆸ-'는 '눈에/귀에 보논가/듣논가 너기-'의 대상인 '셰존ㅅ 일'과 '셰존ㅅ 말'을 높이기 위해서 쓰였다.

◎ 객체 높임의 선어말어미 '-ᄉᆞᆸ-'의 변이형으로 '-ᄉᆞᆸ-, -ᅀᆞᆸ-, -ᄌᆞᆸ-, -ᄉᆞᇦ-, -ᅀᆞᇦ-, -ᄌᆞᇦ-'이 있는데 이들의 실현 환경은 아래와 같다.

예) ㉮ -ᄉᆞᆸ-: 용언 어간 끝소리가 'ㄱ, ㅂ, ㅅ, ㅎ'일 때.
㉯ -ᄌᆞᆸ-: 용언 어간 끝소리가 'ㅈ, ㅊ, ㄷ'일 때.
㉰ -ᅀᆞᆸ-: 용언 어간의 끝소리가 모음이거나 공명음 'ㄴ, ㅁ, ㄹ'일 때.
㉱ -ᄉᆞᇦ-/-ᄌᆞᇦ-/-ᅀᆞᇦ-: ㉮~㉰의 형태가 모음으로 시작하는 어미나 매개모음을 취하는 어미 앞에서 'ㅂ' 불규칙 활용을 한 것.

※ 후기중세국어 시기의 '-ᄉᆞᆸ-'의 형태

'-ᄉᆞᆸ-'은 음운론적 환경에 따라 다음과 같은 이형태를 갖는다.

'-ᄉᆞᆸ-'의 이형태 출현 환경

	자음 어미	모음 어미(혹은 매개모음)
어간 말음이 'ㄱ, ㅂ, ㅅ, ㅎ'	-ᄉᆞᆸ-(-ᄊᆞᆸ-)	-ᄉᆞᇦ-(-ᄊᆞᇦ-)
어간 말음이 'ㅈ, ㅊ, ㄷ'	-ᄌᆞᆸ-(-ᄍᆞᆸ-)	-ᄌᆞᇦ-(-ᄍᆞᇦ-)
어간 말음이 모음이나 유성자음(ㄴ, ㅁ, ㄹ)	-ᅀᆞᆸ-	-ᅀᆞᇦ-

이러한 '-ᄉᆞᆸ-'의 이형태 중 후기중세국어 이후 소멸된 'ㅸ', 'ㅿ'을 가진 경우 각각 'ㅗ(/w/)', 'ㅇ'(zero)으로 대체되었다. 위 표에서는 각자병서 형태의 이형태도 제시해 두긴 했지만 이에 대해 경음 여부 등은 판단하지 않기로 한다. 다만 '-ᄉᆞᆸ-'은 후기중세국어 이후 형태와 기능상의 변화를 입었는데 박부자(2011)에 따르면 후기중세국어 시기의 다양한 이형태가 나타나는 것에 비해 17세기 이후 화자겸양으로 변한 경우 '-ᄌᆞᆸ-', '-ᄌᆞ오-' 등이 거의 나타나지 않는다. 이와 동일한 관찰에 기초한 김현주(2005, 2010)의 논의에서는 '-ᄉᆞᆸ-'의 이형태 '-ᄌᆞᆸ-', '-ᄌᆞ오-' 등이 근대국어에서는 존재하지 않는데, 이들은 이미 후기중세국어 시기에 '듣-', '받-(奉)', '받-(受)' 등의 특정 어간에 집중되면서 어휘화한 것으로 파악하였다.

◎ 명령형 종결어미 '-쇼셔'는 근대국어 시기에 단모음화를 거쳐 '-소서'로 그 형태가 변하였다.

⑥ 귀·예

⇒ 귀(명사) + 예(부사격조사)

◎ 부사격조사 '애, 에, 예'는 선행 체언의 음성 환경에 따라 선택되었다.

※ 후기중세국어 시기의 부사격조사

문장 내에서 체언으로 하여금 부사어의 구실을 하게 하는 격조사로 부사어의 의미범주에 따라 '시간, 장소, 출발, 도착, 원인, 비교, 공동 등'으로 하위분류가 가능하다.
후기중세국어 시기의 부사격조사로는 '애/에/예, 익/의, 로/으로/으로, 와/과' 등이 쓰였다.

1) 애/에/예: 선행 체언이 '시간, 장소, 출발, 도착, 원인' 등의 의미를 가질 때 주로 사용되었던 부사격조사로 선행 체언 말음절의 모음이 양성, 음성인 경우에 따라 각각 '애'와 '에'가 구별되어 쓰였다. 선행 체언의 말음절 모음이 단모음 'i'나 반모음 'y'처럼 'i'계 모음일 경우, '예'가 사용되었다.

예1) ㉮ 브르매 아니 뮐씨 <龍歌 2>
㉯ 눈에 보논가 <月印 上:1a>
㉰ 귀예 듣논가 <月印 上:1b>

2) 익/의: 몇몇 선행연구에서는 '애/에/예'가 일반적인 형태이고, '익/의'는 선행 체언이 고유어 등의 특수명사일 경우에 쓰이던 형태로 보아 부사격조사 '익/의'를 소위 '특이처격조사'로 명명한 바가 있으나, '애/에/예'와 '익/의'의 변별에 대하여는 분명히 밝혀진 바가 없다. 오히려 '익/의'는 구형의 부사격조사로, '애/에/예'는 신형의 부사격조사로 보는 것이 타당할 것으로 보인다.

예2) ㉮ ᄀᆞ술ᄒᆡ <月釋 序:16a>
㉯ 지븨 가샤 <龍歌 28>

3) 로/으로/으로: '도구, 수단, 방향' 등을 나타내는 부사격조사로 선행 체언이 모음으로 끝날 경우에는 '로'가, 자음으로 끝날 경우에는 모음조화에 따라 '으로/으로'가 구별되어 쓰였다.

예3) ㉮ 디나건 일로 혜야 <月印 上:4a>

㉯ 精舍ㅅ 겨ᄐᆞ로 디나가니 <月釋 1:6b>

㉰ ᄭᅮ므로 뵈아시니 <龍歌 13>

㉱ 種種 因緣으로 부텻 道理 <釋譜 13:18b>

4) 과/와: '공동'의 의미를 나타내는 부사격조사로 선행 체언이 모음으로 끝나면 '와'가, 자음으로 끝나면 '과'가 쓰였다. 한편 선행 체언의 종성이 'ㄹ'로 끝날 경우에는 '과'의 'ㄱ'가 약화된 형태인 '와'가 사용되었으나 16세기 후반의 『소학언해(小學諺解)』(1586) 등에서 'ᄒᆡᇰ실과, 말(言)과, 솔(松)과, 글월과' 등의 예로 인해 이 시기부터 'ㄹ' 뒤에서 'ㄱ'가 약화되지 않은 '과'가 쓰이기 시작한 것으로 볼 수 있다.

예4) 나모와 곶과 果實와ᄂᆞᆫ 祇陀ᄋᆡ 뒷논 거시니 <釋譜 6:40a>

※ 후기중세국어 시기의 소위 특이처격조사인 부사격조사 'ᄋᆡ/의'

박병채(1965)에서는 처격의 시원(始原)을 속격으로 보았으며, 이숭녕(1961/1997: 113~115)에서는 관형격조사 'ᄋᆡ/의'가 부사격으로 전용되었다고 하였고, 허웅(1975/1995: 345)에서도 부사격조사 'ᄋᆡ/의'를 매김자리토씨 즉, 관형격조사가 부사격으로 전용된 것으로 보았다. 이러한 주장은 홍종선(1984)에서 좀 더 구체화 되었다. 홍종선(1984: 281~283)에서는 어떤 사물이 속해 있는 위치를 볼 때, 귀속 개념으로 보면 '속격'이고, 위치 개념으로 보면 '처격'이 되며, 속격과 처격이 같은 의미의 미분화 상태로 오다가 개념이 구체적으로 세분되면서 분리되었다고 하였다.

지금까지의 후기중세국어 시기의 특이처격(特異處格)과 관련된 연구는 그 논의 태도에 따라 크게 3가지로 분류(分類)할 수 있다. 첫 번째는 '애/에'를 '일반처격', 'ᄋᆡ/의'를 '특이처격'으로 분류하면서, 이는 'ᄋᆡ/의'에 '유표성', 즉 어떤 의미·용법상의 '특이성'을 부여하고 있으며, 대표적인 연구로는 이숭녕(1961/1997), 최세화(1964), 홍윤표(1969) 등이 있다. 이들 연구의 가장 큰 특징은 'ᄋᆡ/의'를 취하는 명사의 목록을 제시한다는 점이다. 이들 연구에서 제시한 목록은 'ᄋᆡ/의'를 취하는 명사를 한눈에 확인할 수 있다는 점에서 의의가 있지만, 시대별로, 또는 문헌별로 세분화하지 않았다는 점에서 아쉬움이 있다. 또한, '애/에'를 취하는 명사의 목록을 제시하지 않았다는 점에서 논의의 한계가 있다고 할 수 있다. 이러한 한계점은 'ᄋᆡ/의'와 '애/에'가 어떤 이유로 서로 다른 선행 명사를 취하는지를 설명하지 못한다는 문제점을 야기(惹起)하였다. 두 번째는 '이/의'와 '애/에'를 이형태 관계로 보는 관점이 있으며, 이와 관련한 대표적인 연구로는 허웅(1975/1995), 안병희·이광호(1990/2005), 구본관(1996ㄴ), 고영근(1987/2010) 등이 있다. 그러나 이러한 관점의 연구들에서는 '이/의'와 '애/에'가 상보적 분포를 이루는 조건을 자세히 기술하지 않았고, 이숭녕(1961/1997) 등에서 제시한 목록을 그 근거로 삼고 있다. 따라서 이숭녕(1961/1997) 등의 문제점을 그대로 가지고 있다고 할 수 있다. 세 번째는 '이/의'와 '애/에'의 관계에 대해 유보적인 입장을 취하는 연구들로서 성환갑(1976), 이기문(1961/1998), 김동소(2003), 김무림(2004) 등이 대표적이다. 이 연구들은 허웅(1975/1995) 등과는 다르게 이들의 관계를 이형태 관계로 단정하지는 않았고, 다만 어느 정도 '이/의'와 '애/에'가 나뉘어 쓰이지만, 혼용례도 있음을 밝히고 있다.

한편, 상술한 연구들은 처음에는 '이/의'만을 취하는 명사 목록을 제시하면서 '이/의'가 사용되는 환경에 대해서 언급하였고, 이를 전제로 '이/의'와 '애/에'를 이형태 관계로 규정하였다가, 그 분류의 정확한 원인을 기술하지 못한 채, 이들 조사의 출현 상황만을 제시하는 것으로 바뀌어 갔으며, 근래의 논저에서는 '이/의'만을 처소 부사격조사로 취하는 명사의 존재를 인정하나, '애/에'와의 상보적 분포 조건을 명확히 밝히지 못하고 있다. 박형우(2010)에서는 15세기의 말뭉치 자료를 중심으로 특이처격어로 구분된 명사들의 처격조사 선택의 경향성을 파악하고 선택 관계에 따라 일정한 유형으로 분류하여 정리하였다. 박형우(2010)에 따르면 15세기 자료에서 소위 특이처격어로 분류된 명사 중에서도 33개의 명사는 일반적인 처격조사를 취하는 경우가 훨씬 더 많기 때문에 특이처격어로 보는 데에 문제가 있다고 지적하였고, 전형적인 특이처격어로 볼 수 있는 목록이 일부 예외를 포함하여 37개 정도임을 고려한다면, 이렇게 특이처격어로 분류되었음에도 특이처격과 관련이 없어 보이는 목록도 15세기 자료에서는 33개나 있다는 점에서 거의 그 수에 차이가 없다고 기술하였다. 특히 이숭녕(1961/1997)에서 특이처격어로 분류되었으나 특이처격과 일반처격을 취하는 용례를 비교할 때 양쪽의 형태를 일정 비율 이상 취하는 형태들도 있다고 지적하였다.

한편, 조재형(2013: 317~318)에서는 상술한 논저에서 이런 공통점을 취하는 가장 큰 원인은 '이/의'와 '애/에'를 분리하여 설명하려는 연구 태도에서 기인한다고 보았다. 그러나 상술한 논의들에 의해서는 어떤 뚜렷한 결과를 제시하지 못한다는 점에서 이는 재고되어야 할 것으로 보인다. 조재형(2013)에서 언급한 또 하나의 공통점은 '이/의'와 '애/에'의 관계에 논의의 초점을 맞추고 있을 뿐, 그 형태적 변화에 대해서는 거의 언급한 바가 없다는 것이다. 이러한 연구 태도의 원인은 후기중세국어 시기에 존재한 처소 부사격조사 '애/에'와 'ᄋᆡ/의'가 고대국어 시기부터 동일한 형태로 존재했다는 견해를 무비판적으로 수용한 것에서 비롯된 것으로 보인다. 따라서 이런 관점을 버리고, 단순히 'ᄋᆡ/의'와 '애/에'의 선행 명사에 따른 분류 태도를 지양하고 이들 조사와 선행 체언, 서술어 등의 관계를 고려한 종합적인 면을 고찰해야 이들 조사 간의 관계를 밝힐 수 있을 것으로 보인다.

[원문]

끠其삼三
하阿승僧끼祇쪈前·셰世·겁劫·에:님·금·위位ㄹ ᄇᆞ·리·샤졍精·샤舍·애안·잿·더시·니
11):오五·빅百쪈前·셰世원怨쓩讐ㅣ 나·랏:쳔일버·ᅀᅡ졍精·샤舍·ᄅᆞᆯ:디·나·아가·니

[현대역]

아승기12) 전세겁13)에 [한 보살이] 임금의 자리를 버리시어, [도를 닦기 위하여] 정사14)에 앉아 계시더니.
[그 보살의] 오백 전세의 원수가 [도둑으로 태어나] 나라의 재물을 훔쳐, 정사를 지나가니.

[배경]

'기삼'에서는 석가모니께서 태어나기 수십만 겁 이전 세상의 전생에 대한 이야기를 다루고 있다. 한 임금이 그 나라를 자기 동생에게 맡기고 구담 바라문에게서 도를 배우면서 수도승이 되었고, 구담 씨와 옷을 바꿔 입고 있었는데 모두 예전의 임금인 줄 모르고 소구담이라 불렀다. 하루는 성 밖 감자원에 정사를 짓고 혼자 앉아 있었다. 그때 도둑 오백 명이 공물을 훔쳐서 정사 앞으로 지나간 일이 있었는데, 이 도둑이 바로 보살과 오백 겁 전 세상의 원수였다. 다음날 나라의 군사들이 도둑의 뒤를 밟아 정사까지 와서 예전의 왕이었던 소구담을 몰라보고 도둑으로 오인하여 소구담을 잡아서 나무에 꿰어 두었다.

---

11) <月印 上:2a>
12) 아승기(阿僧祇): 헤아릴 수 없이 많은 수. 십진급수(十進級數)로 따져서 일, 십, 백, 천, 만, 십만, 백만, 천만, 억, 조, 경, 해, 자, 양, 구, 간, 정, 재, 극, 항하사, 아승기, 무량수, 불가사의 중 끝에서 세 번째에 해당하는 수의 단위.
13) 전세겁(前世劫): 전생, 곧 이 세상에 태어나기 전 세상의 겁. 즉, 헤아릴 수 없을 정도로 긴 시간 동안 윤회를 해오던 전생을 의미함.
14) 정사(精舍): 수도하는 집. 또는 수도자가 거처하는 집.

[어절 분석]

하阿승僧끼祇#쪈前·셰世·겁劫·에#①:님·금#·위位ㄹ#ᄇᆞ·리·샤#졍精·샤舍·애#②안·잿·더시·니

:오五·ᄇᆡᆨ百#쪈前·셰世#③ᅙᅯᆫ怨쓯讐ㅣ#④나·랏#:쳔#일버·ᅀᅡ#졍精·샤舍·롤#⑤:디·나·아#가·니

[주석]

① :님·금#·위位ㄹ#ᄇᆞ·리·샤

⇒ 님금(명사) # 위(명사) + ㄹ(목적격조사) # ᄇᆞ리-(동사 어간) + -시-(주체 높임의 선어말어미) + -아(연결어미)

◎ 훈민정음 표기 자료에서 '임금'이 소급하는 최초의 형태는 15세기의 '님금'이다. 18세기에 나타나 현대어로 이어지는 '임금'은 '님'의 'ㄴ'가 경구개음으로 발음된 후에 탈락한 결과이다.

◎ 여기에서의 '위'는 '자리' 또는 '지위'를 의미한다.

◎ 목적격조사 'ㄹ'는 목적격조사 '롤, 를' 대신에 수의적으로 쓰이기도 하였다.

◎ '버리-'의 15세기 형태는 'ᄇᆞ리-'이다. 16·17세기에는 'ᄇᆞᆯ이-'로도 표기되었다. 'ㆍ'가 비음운화 되어 어두음절에서 'ㅏ'로 합류하면서 나타난 형태가 18세기의 '바리-'이다. '바리-'는 19세기 발에 '버리-'로 변화하여 현대국어에 이르고 있다.

◎ 안병희·이광호(1990/2005: 223)에 따르면 주체 높임의 선어말어미 '-시-'는 후행하는 어미가 '-아X, -오X'의 형태일 때 '-(ᄋᆞ/으)샤'로 교체된다. 이때 후행하는 어미의 모음은 축약되거나 탈락한다. 즉, 어미 '-아/-어, -오ᄃᆡ/-우ᄃᆡ, -옴/-움' 등과 결합한 활용형은 아래와 같이 '-샤, -샤ᄃᆡ, -샴'으로 나타난다.

예) ㉮ 海東 六龍이 ᄂᆞᄅᆞ샤 일마다 天福이시니 <龍歌 1>

㉯ 부톄 目連이ᄃᆞ려 니ᄅᆞ샤ᄃᆡ <釋譜 6:1a>

㉰ 글ᄫᅪᆯ로 말이ᅀᆞᄫᆞᆫᄃᆞᆯ 가샴 오ᄂᆞᆯ 다ᄅᆞ리잇가 <龍歌 26>

한편, 고영근(1987/2010: 139~140)에서는 '-샤'가 모음으로 시작하는 어미 앞에서 실현된다고 보면서 '-샤'를 '-시-'와 '-아(-), -오(-)'의 결합으로 해석하거나 '-오(-)'의 이형태로서 '-아(-)'를 세워 '-샤'를 설명하는 일에 대해 비판을 가했다.

이러한 해석은 후기중세국어의 일반적인 '시'의 음운 현상에 어긋나기 때문이라는 것이다. 이른바 존재사 '이시-'가 어미 '-아, -옴, -오딕, -오라'와 결합하면 '*이샤, *이샴, *이샤딕, *이샤라'가 되지 않고, '이셔, 이숌, 이쇼딕, 이쇼라'로 바뀌기 때문에 '-시- + -아, -오(-) → -샤'라는 방식의 설명이 적절하지 않다고 보았다.

☞ 일부 선행 연구들에서는 명사형 어미를 '-(으)ㅁ'로 설정하고 명사형 어미에는 반드시 '-오-/-우-'가 선접하여 그 형태가 '-옴/-움'이 된다고 설명한다. 그러나 이때의 '-오-/-우-'의 기능을 명확히 설명할 수 없기 때문에 대부분의 논의들에서는 명사형 어미의 형태를 '-옴/-움'으로 설정하고 있다.

② 안·잿·더시·니

⇒ 앉-(동사 어간) + -아(연결어미) # 잇-(동사 어간) + -더-(시상의 선어말어미) + -시-(주체 높임의 선어말어미) + -니(평서형 종결어미)

◎ '안잿더시니'는 '앉- + -아 # 잇- + -더- + -시- + -니'로 분석되며, '안잿-'은 '앉아 잇-'의 음절 축약형이다.

◎ '-아 # 잇-'은 후기중세국어에서 '잇-'이 원래 가졌던 '존재'의 의미에서 변화한 '지속(상태의 지속, 결과 상황의 지속)' 또는 '진행'의 의미로 사용되었다. 또한, 문맥에 따라 과거를 나타내는 것으로 해석되는 경우도 있었다. 이들은 문법화가 진행됨에 따라 근대국어 시기에 동작의 완료와 과거 시제를 표시하는 형태소로 발전하였고, 형태적으로는 현대국어의 과거 시제 선어말어미 '-았-/-었-'에 이르게 되었다.

◎ 후기중세국어의 동사 '잇-'은 보조용언으로서 선행하는 본동사 '닙-'과 연결어미 '-어'에 의해 결합되어 상적 기능을 하였다. 고영근(2004)에서는 후기중세국어의 상 체계가 '본동사 + 연결어미 # 보조동사'로 구성되었다는 점에서 현대국어와 큰 차이가 없다고 하였다. 그러나 '-어 잇-'의 경우, 현대국어에서는 결과의 지속을 나타내는 '완료상'의 기능만을 하는 반면, 후기중세국어에서는 '(결과 지속의) 완료상'과 '진행상'으로 두루 쓰였고, 진행상의 구성 '-고 잇-'과 '-어 ᄒᆞ-'를 부분적으로 대체하는 경우가 있었다고 하였다.

◎ '-더시-'는 현대국어에서 '-시더-'로 '-시-'와 '-더-'의 위치가 바뀌었다. 이러한 형태소의 위치 바꿈을 '전위'라고 한다.

◎ 어휘 내부에서 음절 형태소 간의 위치가 바뀌거나, 음절 내부에서 음운의 위치가 바뀌는 일이 있는데, 이를 통틀어 '전위' 또는 '음운도치'라 한다.

예) ㉮ 음절 내에서의 음운 도치: ㉠ 빗복(臍) > 빗곱 >배꼽
　　　　　　　　　　　　　　　㉡ 하야로비(鷺) > 해야로비 > 해오라비 > 해오라기
　　　　　　　　　　　　　　　㉢ 이륵이륵하다 > 이글이글하다

㉯ 음절과 음절 간의 음절 도치: ㉠ 시혹 > 혹시
　　　　　　　　　　　　　　　㉡ 호상(互相) > 상호(相互)
　　　　　　　　　　　　　　　㉢ ᄒᆞ더시니 > 하시더니, ᄒᆞ거시ᄂᆞᆯ > 하시거늘

③ ᅙᅯᆫ怨쓔ᇢ讐ㅣ
⇒ ᅙᅯᆫ쓔ᇢ(명사) + 이(주격조사)

◎ 'ᅙᅯᆫ쓔ᇢㅣ'의 'ㅣ'는 주격조사이다.

※ 후기중세국어 시기의 주격조사

문장 내에서 주어를 표시하는 격조사로서, 후기중세국어 시기에는 선행 체언의 음성 환경에 따라 다음 세 종류의 주격조사가 사용되었다.

1) 이: 체언 말음이 자음일 때, 즉 받침이 있는 음절일 때 사용된다. 반드시 독립된 음절을 형성한다. 고유어 뒤에서는 체언 말음이 후행 주격조사에 연철되는 것이 일반적이나 분철로도 나타난다.

예) ㉮ 나랏말ᄊᆞ미 中國에 달아 <訓諺 1a>
　　㉯ 海東 六龍이 ᄂᆞᄅᆞ샤 <龍歌 1>
　　㉰ 두 ᄡᆞᆯ이 갈ᄀᆞᆮ 놀캅고 <月印 上:59b>

2) ㅣ: 체언 말음절에 받침이 없고 체언 말음절의 모음이 일반 모음(非 'i'계모음인 '아, 어, 오, 우' 등)일 때 쓰이며, 독립된 음절을 형성하지 못하고 체언 말음절의 모음에 융합되어 나타난다. 다만 한자(漢字)로 표기된 체언 아래에서는 'ㅣ'가 독립되어 표기된다.

예) ㉮ 니르고져 홇 배 이셔도 <訓諺 2a>
㉯ 부텨 도녀 <釋譜 9:1a>
㉰ 婇女ㅣ 기베 안ᄋᆞ바 <月印 上:9a>

3) 무표기(zero): 'i'계 모음(ㅣ, ㅐ, ㅔ, ㅚ, ㅟ 등)으로 끝날 때 쓰인다. 이 경우에는 주격조사가 표기상으로 보이지 않으며, 성조의 변화가 발생하기도 한다. 즉, 체언 말음절이 평성(무점)일 때 이 조사가 사용되면 체언 말음절의 방점이 상성(2점)으로 성조가 변하고, 거성(1점)일 때에는 성조의 변화가 없다. 한편, zero형은 '생략'이 아니다. 국어의 구어상에서는 격조사가 자주 생략되는데, zero형은 특정 음운 환경에서 나타나는 것이므로 '생략'과는 구별되어야 한다.

예) ㉮ 소리 이ᄂᆞ니 <訓諺 13b>
㉯ ᄃᆞ리 업건마ᄅᆞᆫ <龍歌 34>
㉰ 如來 太子ㅅ 時節에 나ᄅᆞᆯ 겨집 사ᄆᆞ시니 <釋譜 6:4a>

④ 나·랏#:쳔#일버·ᅀᅡ
⇒ 나라(명사) + ㅅ(관형격조사) # 쳔(명사) # 일벗-(동사 어간) + -어(연결어미)

◎ '나라'는 무정명사이므로 관형격조사로 'ㅅ'가 선택되었다.

◎ '쳔'은 '돈, 보물'을 의미한다.

◎ '일벗-'은 '훔치다, 횡령하다'의 의미를 갖는 후기중세국어 어휘로, 모음으로 시작하는 어미 앞에서는 '일벙-'의 형태로 나타났다. 『분류두공부시언해(分類杜工部詩諺解)』 중간본(1632년)까지만 그 용례를 확인할 수 있다.

예) ㉮ 能히 겨르ᄅᆞ외욤 일버ᅀᅥ 이ᄅᆞᆯ 向ᄒᆞ야 <南明上 59a>
㉯ 碧海ㅅ 보뫼 일버엣도다 <中杜解 23:20b>

◎ 용언 어간과 어미의 모음조화를 고려하면 '일버ᅀᅥ'로 표기되어야 한다. 『월인석보(月印釋譜)』와 『분류두공부시언해(分類杜工部詩諺解)』 초간본 등에서는 다음과 같이 '일버ᅀᅥ'로 표기되어 있다. 한편 『월인석보(月印釋譜)』에서는 '일버ᅀᅡ'와 '일버ᅀᅥ'의 두 표기를 모두 확인할 수 있다.

예) ㉮ 그윗 거슬 일버ᅀᅥ <月釋 1:6a>

㉯ 나랏 쳔 일버ᅀᅡ <月釋 1:2a>

㉰ 艶陽天에셔 일버ᅀᅥ 보놋다 <初杜解 15:29b>

⑤ :디·나·아#가·니

⇒ [{디나-(동사 어간) + -아(연결어미)} + 가-(동사 어간)]- + -니(평서형 종결어미)

◎ 현대국어 어형 '지나가-'를 고려하면 '디·나·아가·니'는 '디나아가- + -니'로 분석할 수 있다. 그런데 이와 관련하여 다음의 용례를 참고할 만하다.

예) ㉮ 디나아 가니<月印 上:2a>

㉯ 디나가니 <月釋 1:6a>

㉰ 디나건 <釋詳 6:8a>

㉯의 '디나가니'는 ㉮『월인천강지곡(月印千江之曲)』의 '디나아가니' 부분에 대한『월인석보(月印釋譜)』의 표기이다. 즉 '디나아가니 > 디나가니'로의 동일 모음 축약에 따른 표기 변화라고 볼 수 있다. 그런데 이러한 표기 변화로는 '디나아가-'가 합성동사인지 아닌지를 판단할 수 없다. 한편, ㉰ '디나건'의 용례를 감안하고 ㉮ '디나아가니'에서 여전히 연결어미에 해당하는 '아'가 표기된 것으로 보아, 적어도『월인천강지곡(月印千江之曲)』의 '디나아가-'는 합성동사로 형성되지 않았다고 생각할 수 있다. 다만, '니나아 # 가- > 디나 # 가-'의 과정을 겪으면서 이후에 합성동사가 된 것이 아닌가 한다. 한편『우리말샘』에서 '나아가-'를 통사적 합성어로 설명하기 때문에 여기에서는 이를 수용하여 '디나가-'를 어간으로 분석하고자 한다. 한편 '디나가- > 지나가-'의 형태 변화는 근대국어 시기의 구개음화에 의한 결과이다.

☞ 일부 논의에서 '디나-'를 '디-(落)'와 '나-(出)'의 복합동사(박병채, 1974/1991: 81) 등으로 파악하는 경우가 있으나, '디나-'에 '디-(落)'의 의미가 있다고 볼 수 없다는 점에서 이를 수용하기가 어렵다.

[원문]

끠其·ᄉᆞ四

훵兄:님·올모·ᄅᆞᆯ·ᄡᅵ·발자·쵤바·다남·ᄀᆡ:ᄢᅨ·여·셩性·명命·을ᄆᆞᄎᆞ·시·니

:ᄌᆞ子·식息:업·스실·ᄡᅵ몸·앳·필뫼·화그·르·세담·아남男:녀女·를:내·ᅀᆞᄫᆞ·니

[현대역]

[지금의 왕이 정사에 앉았던 사람이 자기의] 형님인 것을 몰라봤기 때문에 [도둑의] 발자취를 밟아 가서 [진짜 도둑은 놓치고 자기의 형을 도둑으로 오인하여 보살을] 나무에 꿰어 [그 보살이] 성명15)을 마치시니.

[죽은 소구담이] 자손이 없으므로 [대구담이 억울하게 죽은 소구담의] 몸의 피를 모아 그릇에 담아서 남자와 여자를 나게 하니(만들어내니).

[배경]

'기사'에서는 '기삼'에 이어 계속해서, 석가모니의 아승기 겁의 전생인 보살(소구담)에 대한 이야기를 다루고 있다. 보살이 왕위를 버린 후, 보살의 동생이 뒤를 이어 임금이 되었다. 도둑들이 나라의 보물을 훔쳐 달아났고, 그 뒤를 쫓던 왕은 스승인 구담 바라문의 옷을 입고 있던, 자기의 형님인 보살을 못 알아보고 도둑으로 오인하여 그 보살을 죽게 하였다. 보살은 오백 겁 전에 지은 죄로 인해 참혹하게 목숨을 마치었다. 대구담16), 곧 보살의 스승이 이 사실을 알고서 보살이 억울하게 자식도 없이 죽음을 불쌍하게 여기어 죽은 보살의 피를 한 그릇은 오른쪽에, 또 한 그릇은 왼쪽에 담아 놓고 정성을 들였더니 열 달만에 왼쪽 피는 남자가 되고, 오른쪽 피는 여자가 되었다. 이 두 남녀를 구담 씨라는 성을 붙여 부르게 되었으니, 구담 씨는 곧 석가 씨의 전세 겁의 성이다.

[어절 분석]

훵兄:님·ᄋᆞᆯ#①<u>모·ᄅᆞᆯ·씨</u>#②<u>·발자·쵤#바·다</u>#③<u>남·ᄀᆡ#:ᄢᅦ·여</u>#·셩性·명命·을#④<u>ᄆᆞᄎᆞ·시·니</u>
:ᄌᆞ子·식息#:업·스실·씨#⑤<u>몸·앳#·필#뫼·화</u>#⑥<u>그·르·세#담·아</u>#남男:녀女·를#⑦<u>:내·ᅀᆞᄫᆞ·니</u>

[주석]

① 모·ᄅᆞᆯ·씨

⇒ 모ᄅᆞ-(동사 어간) + -ㄹ씨(연결어미)

◎ '-ㄹ씨'는 이유를 나타내는 연결어미이며, '~므로'로 해석된다. 박병채(1974/1991: 82)에

15) 성명(性命): 인성과 천명을 아울러 이르는 말. 또는 '목숨'이나 '생명(生命)'을 달리 이르는 말. 여기에서는 후자의 의미임.

16) 대구담(大瞿曇): 보살이 정사에서 수도할 때 가르침을 받던 구담(瞿曇) 바라문(婆羅門). 보살을 소구담(小瞿曇)이라 하므로 바라문을 대구담(大瞿曇)이라 말함.

서는 '-ㄹ씨'를 원시적 추상명사 '*ᄉᆞ'와 처격접미사 '-ᄋᆡ'가 결합하여 접미사화한 형태로 보았다. 또는 이와 달리 '-ㄹ(관형사형 어미) # *ᄉᆞ(명사) + ᄋᆡ(원인의 부사격조사)'의 구성으로 보는 견해도 있다. 그러나 의존명사 '*ᄉᆞ'가 단독으로 쓰이는 용례가 발견되지 않기 때문에 현재는 『우리말샘』에서처럼 '-ㄹ씨'를 형태소 분석하지 않고 하나의 형태소로 처리하는 편이다.
다만, '-ㄹ씨'를 하나의 어미로 처리하는 의견에서도 '-ㄹ씨'는 통시적으로 '-ㄹ(관형사형 어미) # *ᄉᆞ(명사) + ᄋᆡ(원인의 부사격조사)'의 구성에서 온 것으로 본다.

② ·발자·쵤#바·다
⇒ [발(명사) + 자최(명사)] + ㄹ(목적격조사) # 받-(동사 어간) + -아(연결어미)

◎ '발자쵤'은 '발자최 + ㄹ'로 분석할 수 있다. '2007 한민족 언어 정보화 통합 검색 프로그램'에 따르면 '발자취'라는 단어는 15세기 '발자최'를 비롯하여, '발자최(17세기)', '바자최, 발ᄌᆞ최, 발자최(18세기)', '바ᄌᆞ최, 발ᄌᆞ최, 볼ᄌᆞ최, 발잣최, 발자취, 발자최(19세기)', 20세기에는 '발자최, 발자취'가 공존하였으나, '발자취'만이 표준어로 인정되었다.

◎ '발자최'는 '사람이나 동물의 다리 맨 끝부분'을 뜻하는 '발'과 '어떤 것이 남긴 표시나 자리'를 뜻하는 '자최'가 결합한 합성어로 볼 수 있다. '자최'가 단독으로 쓰인 용례가 확인된다.

예) <u>자최</u> 바다 가아 <月釋 1:6b>

◎ 여기에서의 '받-'은 '受(수)'의 의미가 아니라 '從(종)'의 의미로 '좇다, 밟다'를 뜻한다.

③ 남·ᄀᆡ#:ᄢᅦ·여
⇒ 낢(명사) + ᄋᆡ(부사격조사) # ᄢᅦ-(동사 어간) + -어(연결어미)

◎ '낢, 나모'의 현대 의미는 '나무'이다.

◎ 현대국어에서는 명사가 환경에 따라 형태를 바꾸는 일이 없는데 후기중세국어에서는 이런 교체를 보여 주는 명사가 많다. 후기중세국어의 '나모'는 이 시기 명사의 비자동적 교체를 보여 주는 대표적인 어휘이다. 휴지나 자음(반모음 포함) 앞에서는 '나모'로, 모음으로 시작되는 격조사 앞에서는 '낢'(남기, 남ᄀᆞᆫ, 남ᄀᆞᆯ 등)으로 교체되었다. 이러한 교체는 20세기 문헌에도 나타나는데, 모음 앞에서 '낢'으로 실현되지 않는 예는 19세기부터 나타난다.

16세기에 나타나는 '나무'는 '나모'의 제2음절 모음 'ㅗ'가 'ㅜ'로 바뀐 것인데, 이러한 변화는 15세기 말부터 나타나기 시작한다. 17세기와 19세기에 나타나는 '남우'는 '나무'를 분철한 표기이며, 19세기에 나타나는 'ᄂᆞ무'는 'ㆍ'의 과도 교정에 의한 표기로 볼 수 있다.

◎ 'ᄢᅦ-'에 대해 『우리말샘』에서는 '꿰다'와 '꿰어지다'로 그 의미를 설명하고 있다. 여기에서는 '보살의 동생인 왕이 도적의 뒤를 쫓다가 보살을 도적으로 오인해 보살을 나무에 꿰어'로 해석하는 것이 적절하므로 '꿰다'로 그 의미를 파악함이 옳을 것이다.

◎ 'ᄢᅦ여'는 'ᄢᅦ- + -어'로 분석할 수 있다. 이때 '-어'가 '-여'로 표기되는 이유는 동사 어간 'ᄢᅦ-'의 마지막 모음인 'ㅔ'가 당시에 하향이중모음이었고, 'ㅔ'의 반모음 'y'로 인해 '-어'에 반모음 'y'가 삽입되었기 때문이다.

◎ 'ᄢᅦ-'와 관련하여 다음의 형태를 참고할 수 있다.

예) 힌 머리로 즌홁 ᄢᅢ여 <初杜解 21:22b>

『고어사전』에서는 'ᄢᅢ여'를 '꿰어'로, 『우리말큰사전』에서는 'ᄢᅢ이-'를 'ᄢᅦ-'와 동일 단어로 설명하고 있다. 좀 더 이른 형태가 보이는 『분류두공부시언해(分類杜工部詩諺解)』의 특징을 감안하면 'ᄢᅢ이- > ᄢᅦ-'의 변화를 추정할 수 있다. 한편 '꿰어지다'의 의미를 고려하면 'ᄢᅢ이-'는 '*ᄢᅢ-(어근) + -이(피동 접사)'의 분석이 가능하지만, '꿰다'의 의미로 쓰인 '*ᄢᅢ-'가 문증되지 않기에 이러한 분석은 불가능하다.

◎ 'ᄢᅦ-'는 근대국어 시기에 'ᄢᅦ- > ᄭᅦ-'로 그 형태가 변하였다가 1933년 '한글마춤법통일안'에서 초성에서의 합용병서를 폐지하고 대신에 각자병서자를 쓰기로 결정함에 따라 '꿰-'의 형태로 변하였다.

④ ᄆᆞᄎᆞ·시·니
⇒ ᄆᆞᄎᆞ-(동사 어간) + -시-(주체 높임의 선어말어미) + -니(평서형 종결어미)

◎ 현대국어 '마치-'의 후기중세국어 어형은 'ᄆᆞᆾ-'이다. 『우리말샘』에 따르면 'ᄆᆞᆾ-'은 자음으로 시작하는 어미 앞에서는 'ᄆᆞᆺ-'으로, 모음으로 시작하는 어미 앞에서는 'ᄆᆞᆾ-'으로 나타났다. 'ᄆᆞᆾ-'의 중철 표기 'ᄆᆞᆺㅊ-'는 16세기부터 나타나며, 'ᄆᆞᆺㅊ-'는 'ᄆᆞᆺ츠- > 맛츠- > 맛치- > 마치-'의 변화 과정을 겪었다. 중간 단계의 'ᄆᆞᆺ츠-, 맛츠-, 맛치-'는 모두 근대국어 시기인 18세기에 나타났다. 'ᄆᆞᆺ츠-'는 'ᄆᆞᆺㅊ-'에 'ㅡ'가 추가되면서 형성된 형태이고, 18세기에 제1음절에서

의 '·'의 소멸로 'ᄆᆞᆺᄎᆞ- > 맛ᄎᆞ-'의 변화가 일어났다. 또한, 전설모음화(구개모음화)를 겪으면서 '맛츠- > 맛치-'의 변화가 발생했다. 이후 '맛치-'의 종성 'ㅅ'가 탈락하여 '마치-'의 형태로 변하여 현재에 이르고 있다.

⑤ 몸·앳#·필#뫼·화
⇒ 몸(명사) + 앳(관형격조사) # 피(명사) + ㄹ(목적격조사) # 뫼호-(동사 어간) + -아(연결어미)

◎ '앳'은 부사격조사 '애'와 관형격조사 'ㅅ'가 결합한 소위 복합조사로서 관형격조사의 기능을 수행하였다. 대개 '~에 있는' 정도로 해석된다.
부사격조사 '애/에/예'는 선행 체언의 음성적 조건에 의해 교체되었기에 '앳/엣/옛'도 동일한 조건에 의해 교체되었고, 'ᄋᆡᆺ/읫'의 형태도 사용되었다.

◎ 현대국어 '모으-'의 후기중세국어 어형은 '뫼호-'이다. 근대국어 시기인 17세기에 제1음절의 이중모음 'ㅚ'에서 반모음 'y'가 탈락한 '모호-'의 어형이 등장하였고, 18세기에는 '모호-'에서 제2음절의 원순모음 'ㅗ'가 비원순모음 'ㅡ'로 변하여 '모흐-'가 되고, 다시 모음 사이에서 'ㅎ'가 탈락하여 '모으-' 형태가 되어 현대국어로 이어졌다.

⑥ 그·르·세#담·아
⇒ 그릇(명사) + 에(부사격조사) # 담-(동사 어간) + -아(연결어미)

◎ 이기문(1961/1998: 141)에 따르면, 'ㅿ'는 『훈민정음(訓民正音)』 해례에서 불청불탁의 반치음(半齒音)이라고 규정하였다. 즉 중국 자모의 일모(日母)에 대당되는 것이었다. 이런 사실들과 여러 용례 등으로 인해 'ㅿ'가 [z]로 실현되었다고 볼 수 있다. 한편 분포는 'ㅁ'와 모음 사이, 모음과 'ㅸ' 또는 'ㆁ' 사이에 국한되어 있었고, 의성어와 중국어 차용어의 경우에는 간혹 어두에 표기된 일도 있었다. 한편 다음의 용례는 'ㅿ'가 'ㅅ'의 유성음화에 의한 것으로 볼 근거가 된다.

예) 나라 <u>니ᅀᅳ리</u>ᄅᆞᆯ 굳게 ᄒᆞ시ᄂᆞ니 <釋詳 6:7b>

위 '니ᅀᅳ리'는 '닛-'의 활용형으로 '닛- + -(으)ㄹ # 이'로 분석되며, '닛-'의 종성 'ㅅ'가 모음과 'ㆁ' 사이에서 'ㅿ'로 교체된 것으로 볼 수 있다. 그러나 '그르세'의 경우는 모음과 'ㆁ' 사이에서 'ㅅ'가 'ㅿ'로 교체되지 않았음을 보여 주며, 이와 동일한 용례를 후기중세국어 문헌에서 쉽게 발견할 수 있다. 이러한 용례는 후기중세국어 시기에 모음 사이의 'ㅅ'가 모두 유성음화가 되는 것은 아니며 이러한 교체는 수의적인 현상임을 보여준다고 할 수 있다.

⑦ :내·ᅀᆞᄫᆞ·니
⇒ [나-(어근) + -이(사동 접사)]- + -ᅀᆞᆸ-(객체 높임의 선어말어미) + -(ᄋᆞ)니(평서형 종결어미)

◎ '내ᅀᆞᄫᆞ니'에서 '-ᅀᆞᆸ-'는 '내-'의 객체가 '남녀'인데, 이 '남녀'가 석가모니의 아승기 전세겁의 조상이며, 그러한 '남녀'를 높이기 위해 사용되었다.

※ 후기중세국어 시기의 사동 접사

고영근(1987/2010: 184~185)에서는 다음과 같이 후기중세국어의 사동 접사와 그 용례를 제시하고 있다.

예) ㉮ 어근 + 사동 접사 -이-: 그치-, 조치-, 놀이-, 넘이-, 셰- 등
㉯ 어근 + 사동 접사 -히-: 도티-, 무티-, 자피- 등
㉰ 어근 + 사동 접사 -기-: 벗기-, 빗기-, 싯기- 등
㉱ 어근 + 사동 접사 -오-/-우-: 도도-, 거두-, 기울우-, 씨오- 등
㉲ 어근 + 사동 접사 -호-/-후-: 나토-, 머추- 등
㉳ 어근 + 사동 접사 -고-/-구-: 솟고-, (*일구- >) 일우- 등
㉴ 어근 + 사동 접사 -ᄋᆞ-/-으-: 사ᄅᆞ-, 도ᄅᆞ-, 이르- 등
㉵ 자피-, 들이-(入), 들이-(聞), 싯기-, 디-(落), 뵈-(見)

다만 고영근(1987/2010)에서는 ㉳의 '-구-' 형태를 제시하지 않고 있다.
한편 후기중세국어 문헌에서 볼 수 있는 '일우-'는 '*일구-'의 'ㄱ'가 약화된 형태일 가능성이 있다. '(일우- >)이루-'의 함경도 방언형 '일구-'에 그 흔적이 남아 있다는 점과, 일반적으로 후기중세국어 시기에 'ㄹ'의 뒤 'ㄱ'는 약화되어 후음 'ㅇ'로 표기되었다는 점이 그 근거라 할 수 있다. 즉 현대국어의 '이루-'는 '*일구- > 일우- > 이루-'의 형태 변화 과정을 겪은 것으로 볼 수 있다. 따라서 이 책에서는 후기중세국어의 사동 접사로 '-구-'를 더 제시하고자 한다. 한편 위 ㉵에서 제시하는 어휘들은 사동사와 피동사로 공용되는 것들이다.

[원문]

끠其:오五

:어·엿브·신·명命즁終·에감甘·쟈蔗:씨氏:니·ᅀᆞ샤·ᄆᆞᆯ·때大꾸瞿땀曇·이일·우·니이·다

·아·ᄃᆞᆨᄒᆞᆫ:ᅘᅮᇢ後·셰世·예·셕釋가迦·뿛佛ᄃᆞ외·ᄉᆞᆶ·ᄃᆞᆯ:포普광光·뿛佛·이니ᄅᆞ·시·니이·다

[현대역]

[소구담의] 불쌍하신 명종[17]에 [그 피가 변하여] 감자 씨[18]가 [뒤를] 이으심을 대구담이 이루었습니다.

아득한 후세에 [소구담이] 석가불이 되실 것을, [아승기 겁 전에 나신 부처] 보광불[19]이 [그 당시에] 말씀하셨습니다.

[배경]

'기오'에서는 소구담의 죽음 이후의 이야기를 다루고 있다.

도둑으로 몰려 억울하게 죽은 소구담의 피가 대구담의 정성으로 남자와 여자가 되었는데, 남자는 감자 씨를 성으로 삼았으니 이분이 석가모니의 전세 겁의 조상이다. 2행의 내용은 1행에서 다룬 사건보다 몇 겁이 지난 시간의 이야기를 다루고 있다.

선혜(善慧)라는 선인이 외도인 오백 명을 가르치고 있었는데, 그 당시의 왕인 등조왕(登照王)이 당시의 부처인 보광불께 공양[20]하려고 온 나라에 명을 내려 좋은 꽃을 구하게 하였다.

선혜도 보광불께 공양하려고 좋은 꽃을 구하러 가던 중에 꽃 일곱 송이를 가지고 있는 구이(俱夷)라는 여자를 길에서 스쳐 지나가게 되었다. 구이가 꽃을 가지고 있던 것을 알게 된 선혜는 구이와 후세에 서로 부부가 되겠다는 약속을 하고 구이에게서 일곱 송이의 꽃을 얻었고, 그 꽃을 보광불께 공양드렸다. 그때 꽃 다섯 줄기를 공중에 뿌리니 다섯 송이의 꽃이 받침대가 되고, 나머지 두 송이도 마저 뿌리니 공중에 머물러 있었다. 이 광경을

---

17) 명종(命終): 생(生)을 마침. 죽음.

18) 감자 씨(甘蔗 氏): 죽은 보살의 대를 이은 성씨로, 석가모니 종족의 선조.

19) 보광불(普光佛): 태어날 적에 몸의 빛이 등불처럼 밝았다는 부처. 연등불(燃燈佛), 정광불(錠光佛) 등의 다른 이름이 있음.

20) 공양(供養): 범어 'Pujana'의 한역으로, '공시(供施)·공급(供給)'이라고도 하며, 줄여서 '공(供)'이라고도 함. 원래 인도의 브라만교에서 동물을 신에게 제물로 바치던 공희(供犧)에 대하여, 살생을 금하는 불교에서 행한 제의형식(祭儀形式)을 가리킴.

본 천룡팔부가 전에 보지 못한 일이라고 칭송하였고, 보광불은 아승기(阿僧祇) 겁을 지난 후에 선혜는 석가모니라는 부처가 될 것이라고 예언을 하였다.

[어절 분석]

①:어·엿브·신#·명命즁終·에#감甘·자蔗#:씨氏#②:니·ᄉᆞ샤·ᄆᆞᆯ#·때大꾸瞿땀曇·이#③일·우·니이·다·아·득ᄒᆞᆫ#:ᅘᅮᇢ後·셰世·예#·셕釋가迦·뿛佛#④ᄃᆞ외·싫#·ᄃᆞᆯ#:포普광光·뿛佛·이#⑤니ᄅᆞ·시·니이·다

[주석]

① :어·엿브·신
⇒ 어엿브-(형용사 어간) + -시-(주체 높임의 선어말어미) + -ㄴ(관형사형 어미)

◎ 현대국어 '어여쁘-'의 후기중세국어 어형은 '어엿브-'이고, 이 어휘는 17세기까지 '불쌍하다(憐)'의 의미를 뜻하다가 18세기부터 '아름답다(美)'의 의미로 변하였다.

② :니·ᄉᆞ샤·ᄆᆞᆯ
⇒ [닛-(동사 어간) + -(ᄋᆞ)시-(주체 높임의 선어말어미) + -옴(명사형 어미)] + ᄋᆞᆯ(목적격 조사)

※ 후기중세국어 시기의 '-시-'의 기능

후기중세국어의 선어말어미 '-시-'는 주격 대상 인물과 관련한 높임 표현에 사용된다. 이러한 용법에 대해 정렬모(1946)에서는 '주체 존대'라는 용어를 사용하였으며 이를 허웅(1954), 성기철(1985)에서 수용하여 사용하였다. 허웅(1975/1995: 673)에서는 이를 '주체 높임'이라는 용어로 수정하였으며 주어로 지시되는 사람이나 일, 물건을 높이는 문법적 방법이라고 설명한다. 또한 경우에 따라서 주어가 등장하지 않더라도 의미상 주체가 될 경우에도 주체 높임이 사용된다고 하였다. 허웅(1975/1995: 678)에서 지적하였듯이 '-시-'는 선어말어미 '-오-/-우-', '-ᄂᆞ-', '-니-', '-리-', '-더-/-다-', '-이-', '-아-/-어-', '-거-' 등의 느낌을 나타내는 선어말어미 및 이들의 결합체가 후행할 수 있는데 이러한 여러 어미 형태소와 통합할 때에도 '-시-'의 용법에 변화는 일어나지 않는다고 하였다. 하지만 모든 '-시-'가 주체를 높이는 것은 아니므로 주의가 필요하다. 이러한 예들은 모두 '-거시니

/-어시니'와 관련되어 있다. 허웅(1975/1995: 688)에서는 이때 나타나는 '-시-'의 용법이 무엇인지 알 수 없다 하였고, 이들이 모두 '-니'에 앞서 있는데 그 이유도 알 수 없다고 하였다. 이러한 '-거시니/-어시니'의 '-시-'가 높임의 뜻이 없기 때문에 주체를 높이는 경우에 다시 '-시-'가 겹친다고 지적하였다.
이러한 '-시-' 중복형에 대해서 박부자(2006: 221~222)에서는 언해문과 구결문을 대조하여 '-시거시든' 형의 구결이 'X이어시든'임을 지적하고 있다. 이때 후행하는 '-시-'가 주체 높임의 선어말어미인지 존재동사 '시-'의 어간인지 판단하기는 어렵다고 하였으나 동사 어간 '시-'로 볼 수 있는 예들이 있다고 하였다. 그러나 박부자(2006: 222)에서는 동사 어간의 '시-'가 아닌 주체 높임의 선어말어미 '-시-'로 파악하는 것에 좀 더 무게를 두고 있다. 또한 '-시거시놀', '-시거시든' 등의 형태에 대해서는 '-거-'의 어말어미화로 인해 야기된 변화라고 보았다.

③ 일·우·니이·다
⇒ [일-(어근) + -구(사동 접사)]- + -시-(주체 높임의 선어말어미) + -니이다(평서형 종결어미)

◎ '일우-'는 '*일구-'의 'ㄱ' 약화형일 가능성이 높다. 이와 관련해 장윤희(2015: 50)에서는 '일우-, 져믈우-'와 같이 'ㄹ' 말음 어간을 어근으로 한 '오'계 접미시 파생 사동사는 접미사 '-고-/-구-'가 통합하면서 그 접미사가 형태음운론적 교체를 통해 '-오-(ɦo)/-우-(ɦu)'로 실현되었다고 보았다. 또한, 구본관(1996ㄱ)에서도 '일우-'에 자음적인 접미사 '-오-(ɦo)/-우-(ɦu)'가 통합한 것으로 보았다.
한편, '일우-'의 함경도 방언형으로 '일구-'가 있으며, 후기중세국어 시기에는 'ㄹ' 뒤에서 'ㄱ'가 약화되어 'ㅇ'가 되는 것이 일반적이었다는 점을 감안하면 장윤희(2015)의 의견이 좀 더 논리적이라고 할 수 있다.

※ 후기중세국어 시기의 '-니이다', '-니잇가/-니잇고'의 형태소 분석

'-니이다'와 '-니잇가/-니잇고'는 연구자에 따라서 각각 '-니- + -이- + -다'와 '-니- + -잇- + -가 / -니- + -잇- + -고'로 분석하기도 한다. 그러나 현재 『우리말샘』에서는 '-니이다'를 용언 어간이나 어미 뒤에 붙는 종결어미로 처리하고 있으며, 현대국어의

'-ㅂ니다'로 해석하고 있다. 또한 '-니잇가'를 동사, 형용사 어간 뒤에 붙고, 의문사가 없는 의문문에 쓰이며, 'ᄒᆞ쇼셔' 할 자리에 쓰이면서 물음을 나타내는 종결 어미로, '-니잇고'는 '-니잇가'와는 다르게 의문사가 있는 의문문에 쓰이는 것으로 설명하고 있다. 그런데 『우리말샘』에서는 '-이-'와 '-잇-'을 후기중세국어 시기에 'ᄒᆞ쇼셔' 할 자리에 쓰이면서 상대편을 매우 높이는 종결형으로, 평서형은 선어말어미 '-이-'에, 의문형은 선어말어미 '-잇-'에 기대어 표시한다고 설명하고 있다. 또한 '-다'를 종결어미로 '-가'와 '-고'를 종결어미 또는 조사로 기술하고 있다는 점에서 '-니이다'와 '-니잇가/-니잇고'를 하나의 형태소를 처리하는 것이 다소 적절해 보이지 않는다. 그러나 이러한 분석의 가장 큰 원인은 '-니-'를 하나의 형태소로 처리하기에 어려움이 있다는 것이다.

'-니-'는 학자에 따라 시상 형태소로 보기도 하고 서법 형태소로 보기도 한다. 문례들을 통해 어미의 의미를 추려내면서, 대립되는 선어말어미 형태소를 어떻게 보느냐에 따라 국어의 시상법 체계 해석이 달라질 수 있기 때문이다. 지금까지의 선행 연구에 따르면 '-니-'에 대해서는 '이원론적 관점'에 의한 설명이 우세한 것으로 보인다.

고영근(1981/2011)에서는 의문문의 '니'와 평서문의 '니'를 구분하고, 의문문의 '니'를 형태소로 설정하지 않았다. 또한, 평서문의 '니'를 시제와는 무관한 서법의 형태소로 파악하면서 그것의 의미 기능을 '원칙법'으로 처리하였다.

예) ㉮ 舍利弗아 너희 부텻 마롤 고디 드르라 거츠디 아니ᄒᆞ니라 <釋譜 13:47>
㉯ 市橋ᄂᆞᆫ 花成都西南ᄒᆞ다 <初杜解 7:6>
㉰ 碧鷄坊은 在成都ᄒᆞ니라 <初杜解 7:5>

고영근(1981/2011)에서는 예) ㉮에서 볼 수 있듯이 사태에 대한 화자의 원칙적인 태도가 '-니-'에 의해서 문법적으로 표시되었다고 보았기 때문에 '-니-'를 서법의 기능을 가진 형태소로 처리하고, 이를 '원칙법'이라고 하였다.

한편, 예) ㉯ '-다'와 예) ㉰의 '-니라' 간의 의미상 차이를 확인하기가 어렵다. 이에 대해 고영근(1981/2011)에서는 예) ㉰의 '-니라'를 더이상 분석하지 않고, 하나의 단위로 간주하면서 설명법 어미 '-다'와 문법적 기능이 동일한 것으로 파악하고 이것을 '둘째 설명법 어미'라고 하였다. 김영욱(1989)에서는 고영근(1981/2011)과 같이 두 형태소의 문법적 의미가 같다고 보았으나, 형태 분석의 입장에서 보면 '-니라'는 '-니-'와 '-다'로 분석되고, 이때의 '-니-'는 아무런 문법적 기능을 가지지 못하는 '공형태소'로 처리할 것을 제안하였다. 즉, 공형태소의 설정으로 '-니라'를 구조적인 분석 기준에 따라 '-니-' 와 '-다'로 분석하고, 이때의 '-니-'가 원칙법의 '-니-'와는 그 기능이 다르다는 것을 밝힘으로써 '둘째 설명법 어미'의 설정에 따른 구조적인 문제를 해결할 수 있다는 것이다.

☞ 여기에서는 '-니이다', '-니잇가/-니잇고'에 대해 『우리말샘』에서의 처리에 따라 분석하고자 한다.

◎ ᄒᆞ쇼셔체는 후기중세국어에서 상대편을 매우 높이는 상대 높임의 하나로, 평서형어미 '-다' 앞에서는 '-이-'로 표시되지만 의문형어미 '-니 … 가' 사이에서는 '-잇-'으로 표시되었다. 학자에 따라서는 의문형을 '-이- + -ᄭᅡ'로 분석하기도 하지만 '-잇- + -가'로 보는 것이 일반적이다. ᄒᆞ쇼셔체보다 한 등급 낮은 ᄒᆞ야쎠체에서는 'ㅣ' 모음 뒤에서는 'ㆁ'으로, 그 밖의 모음 뒤에서는 '-ᅌᅵ-(예: ᄒᆞᄫᅌᅵ다, ᄒᆞᄃᆡᆼ다, ᄒᆞᄂᆞᅌᅵ다)'으로 실현되었다.

④ ᄃᆞ외·싫#·ᄃᆞᆯ

⇒ 다음과 같이 두 가지 방식의 형태소 분석이 가능하다.

예) ㉮ ᄃᆞ외-(동사 어간) + -시-(주체 높임의 선어말어미) + -ᄚᄃᆞᆯ(연결어미)

㉯ ᄃᆞ외-(동사 어간) + -시-(주체 높임의 선어말어미) + -ᄚ(관형사형 어미) # ᄃᆞ(의존명사) + ㄹ(목적격조사)

◎ 위 ㉮의 형태소 분석은 '-ᄚᄃᆞᆯ'을 하나의 연결어미로 처리하는 입장을 반영한 것이고 ㉯의 형태소 분석은 '-ᄚᄃᆞᆯ'을 하나의 연결어미로 처리하지 않고, '-ᄚ(관형사형 어미) # *ᄃᆞ(명사) + ᄋᆞᆯ(목적격조사)'로 분석하는 입장을 반영한 것이다. 이러한 차이는 의존명사 '*ᄃᆞ'에 대한 입장이 다르기 때문이다. 후기중세국어 문헌에서 의존명사 '*ᄃᆞ'가 단독으로 쓰인 경우가 문증되지 않기 때문에 『우리말샘』 등에서는 '-ㄴᄃᆞᆯ, -ᄚᄃᆞᆯ'을 하나의 형태소로 처리하고 있다.

※ 후기중세국어 시기의 '-ㄴᄃᆞᆯ, -ᄚᄃᆞᆯ'

후기중세국어의 'ㄴ/ㄹ(ㆆ)ᄃᆞᆯ'을 목적격조사 'ᄋᆞᆯ'과 통합한 'ᄃᆞ' 명사구 보문구성 [[[-ㄴ/ㄹ(ㆆ)] # ᄃᆞ] + ᄋᆞᆯ(ㄹ)]과 [[[-ㄴ/ㄹ(ㆆ)] # ᄃᆞ] + ᄋᆞᆯ(ㄹ)]의 통합 구조체가 문법화해 생성된 통합형 연결(또는 접속)어미 '-ㄴ/ㄹ(ㆆ)ᄃᆞᆯ'의 구문으로 나누어 보기도 한다.

'-ㄴ/ㄹ(ㆆ)돌'은 기원적으로 통사적 구성인 명사구 보문 구성 [[[-ㄴ/ㄹ(ㆆ)] # ᄃᆞ] + ᄋᆞᆯ(ㄹ)]이 특정 환경에서 의존명사 'ᄃᆞ'의 비자립성과 의미 기능, 구성 요소들 간 통합관계의 긴밀성 등으로 인해 통합 구조체로 인식되고, 그 내부에 존재했던 단어, 형태소 경계가 소멸되어 연결어미로 굳어진 것이다. 이런 문법화 과정에서 그 의미 기능도 변하게 되었는데, 이러한 문법화 현상은 일반적으로 제한되거나 특수한 통사구조 안에서의 한 기능이 고유한 의미 기능의 잠재성을 발휘해 새로운 기능을 수행하는 하나의 문법 형태로 변화한 것을 말한다.

1) 명사구 보문 구성 '-ㄴ/ㄹ(ㆆ) ᄃᆞᆯ'

[[[-ㄴ/ㄹ(ㆆ)] # ᄃᆞ] + ᄋᆞᆯ(ㄹ)]은 'ᄃᆞ' 명사구 보문 구성의 내포문으로 상위문 서술어의 목적어로 사용된다.

예) ㉮ 念覺支ᄂᆞ 一切 法의 性이 다 뷘 ᄃᆞᆯ 볼씨오 <月釋 2:37a>

㉯ 밧 아닌 ᄃᆞᆯ ᄀᆞᆯᄒᆡ시니라 <楞解 1:55a>

㉰ 그 比丘ㅣ ᄒᆞ마 주긇 ᄃᆞᆯ 알오 <釋譜 24:15a>

목적격조사 'ᄋᆞᆯ(ㄹ)'과 통합한 'ᄃᆞ' 명사구 보문 구성에서 보문소 '-ㄴ', '-ㄹ(ㆆ)'와 의존명사 '*ᄃᆞ' 사이의 통합제약은 보이지 않는다. 이러한 구성에는 시상의 선어말어미 '-ᄂᆞ-'와 통합된 보문소 '-ᄂᆞᆫ', 서법의 '-더-'가 결합한 '-던'의 용례도 있다. 또한, 내포문 서술어, 선어말어미와의 통합에도 큰 제약이 없다.

2) 연결어미 '-ㄴ/ㄹ(ㆆ)ᄃᆞᆯ'

통합형 연결(접속)어미 '-ㄴ/ㄹ(ㆆ)ᄃᆞᆯ'은 상위문의 목적어로 사용되는 것이 아니라 연결어미로 사용된다. '-ㄴ/ㄹ(ㆆ)ᄃᆞᆯ'은 단순한 의미상의 대립이나 대조가 아닌, 전제된 명제 내용인 발화 내용에서 일반적으로 기대되는 결과가 후행문에서는 그 기대에 어긋나는 것으로 해석되는 내용이 나타날 때에 두 선행문과 후행문을 연결하는 연결어미이다. 즉 'ᄃᆞ' 명사구 보문 구성에서 생성된 후기중세국어 연결어미 '-ㄴ/ㄹ(ㆆ)ᄃᆞᆯ'은 이런 의미에서 양보의 접속 기능을 가진 것으로 보인다. 이러한 의미 기능으로 인해 '-ㄴ/ㄹ(ㆆ)ᄃᆞᆯ' 접속문 전체는 화용론적으로 화자의 주장이나 판단, 생각을 강하게 뒷받침하는 강조 형식을 가진 것으로 판단할 수 있다.

☞『월인천강지곡(月印千江之曲)』에서의 '-ㄴᄃᆞᆯ'과 '-ㅭᄃᆞᆯ'의 용례들을 살펴보면 '-ㄴᄃᆞᆯ'은 통합형 연결어미로서 양보의 접속 기능을 가진 것으로 판단되며, '-ㅭᄃᆞᆯ'은 그 의미상 명사구 보문 구성을 하며 상위문 서술어의 목적어로 사용된다고 판단된다. 따라서 이 책에서는 '-ㄴᄃᆞᆯ'은 일괄적으로 연결어미로, '-ㅭᄃᆞᆯ'은 관형사형 어미가 후행하는 목적격조사 'ᄋᆞᆯ'과 통합한 'ᄃᆞ' 명사구 보문을 수식하는 것으로 판단하고자 한다. 다만, 기109의 '노ᄑᆞ신 ᄃᆞᆯ'과 기115의 '드르샨 ᄃᆞᆯ'과 기138의 '오ᄂᆞᆫ ᄃᆞᆯ'과 기167의 '거스ᄂᆞᆫ ᄃᆞᆯ', '겻구던 ᄃᆞᆯ'과 기170의 '모ᄅᆞᄂᆞᆫ ᄃᆞᆯ', 기180의 '궁ᄒᆞ신 ᄃᆞᆯ'은 예외적으로 관형사형 어미 '-ㄴ'가 후행하는 목적격조사 'ᄋᆞᆯ'과 통합한 'ᄃᆞ' 명사구 보문을 수식하는 것으로 판단하고자 한다.

◎ 전정례(1994: 125～139)에 따르면, 'ᄃᆞ' 계열의 의존명사 '디, ᄃᆡ, ᄃᆞᆯ, ᄃᆞᆫ, ᄃᆞᆺ' 등은 후기중세국어에서 이미 어미화의 문법화가 진행되고 있으며, 이러한 과정에서 관형사형 어미의 탈락이 관찰된다.

예) ㉮ 서르 보ᄂᆞᆫᄃᆞᆫ 恭敬ᄒᆞ야 <內訓 1:69b>
　　㉯ 됴ᄒᆞᆫ 法이 오나ᄃᆞᆫ <月釋 7:45a>

위 용례는 각각 의존명사의 어미화 과정에서 관형사형 어미가 탈락되었음을 보여준다. ㉮는 관형사형 어미가 의존명사 '*ᄃᆞ' 앞에 오지만, ㉯에서의 'ᄃᆞᆫ'은 이미 어미화가 되어 의존명사로서 기능하지 않으며, 관형사형 어미를 취하지도 않는다.

◎『용비어천가(龍飛御天歌)』에서는 'ᄃᆞᄫᆡ싫 ᄃᆞᆯ'로 표기되어 있다. 또한, 모음 사이에서 'ㅂ > ㅸ'의 변화를 감안하면 '*ᄃᆞ비- > ᄃᆞᄫᆡ- > ᄃᆞ외- > 도외- > 되-'의 형태 변화를 겪은 것으로 볼 수 있다.

⑤ 니ᄅᆞ·시·니이·다
⇒ 니ᄅᆞ-(동사 어간) + -시-(주체 높임의 선어말어미) + -니이다(평서형 종결어미)

◎ 후기중세국어 시기의 '니르-'는 다음과 같이 구분할 수 있다.

예) ㉮ 말하다(言, 이르다): 니르-, 니ᄅᆞ-
　　㉯ 이르다(至, 도착하다): 니르-, 니ᄅᆞ-, 니를-

※ 후기중세국어 시기의 서법과 시제

고영근(1987/2010: 275~276)에 따르면, 후기중세국어에는 일정한 형태가 없이 과거시제를 표시하는 일이 매우 보편적으로 확인되며, 형용사와 서술격조사에 어미가 붙을 때는 부정법 'ø'가 회상법과 계열관계를 형성하여 현재시제를 표시한다. 동사에서는 직설법 '-ᄂᆞ-', 회상법 '-더-'와 계열관계를 형성하여 과거시제를 표시한다.

예1) ㉮ 世尊 … 世間애 샹녜 이셔 내 正法을 護持ᄒᆞ라 ᄒᆞ시이다 <釋詳 24:45b>
㉯ ᄀᆞᄅᆞᆳ ᄀᆞᅀᅢ 자거늘 밀므리 사ᄋᆞ리로ᄃᆡ 나거ᅀᅡ ᄌᆞᄆᆞ니이다 <龍歌 67>
㉰ ᄆᆞᄉᆞᄆᆞ라 오시니잇고 <釋詳 6:3a>

㉮의 'ᄒᆞ시이다'는 직설법 'ᄒᆞ시ᄂᆞ이다', 회상법 'ᄒᆞ시더이다'와 계열관계를 이루어 과거시제를 표시하며, 현대국어의 '하셨습니다'에 해당한다. 동사의 부정법도 앞의 직설법과 같이 [+사실성]의 의미를 포함한다. ㉯의 'ᄌᆞᄆᆞ니이다'는 'ᄌᆞᄆᆞ니라'의 ᄒᆞ쇼셔체인데 역시 과거시제이며 '잠겼습니다'로 해석할 수 있다. ㉰의 '오시니잇고'는 '오시ᄂᆞ니잇고, 오시더니잇고'와 비교하면 사건시가 발화시에 선행하는 과거시제임이 분명하다.
한편 고영근(1987/2010: 269~285)에서는 후기중세국어 시기의 시제를 서법에 의거하여 다음과 같이 설명하고 있다.

예2) ㉮ 아이가 지금 밥을 먹는다
㉯ 아이가 벌써 밥을 먹었느냐
㉰ 아이가 곧 밥을 먹겠느냐

예2) ㉮의 '먹는다'는 선어말어미 '-는-'에 기대어 현재시제가 표시된 것이고 ㉯의 '먹었느냐'는 과거시제와 직설법이 '-었-'과 '-느-'에 기대어 나타난 것이다. ㉰의 '먹겠느냐'는 미래시제와 직설법이 '-겠-'과 '-느-'에 기대어 표시되어 있다.
예3)은 예2)를 후기중세국어의 문법 규칙에 따라 바꾼 것이다.

예3) ㉮ 아ᄒᆡ 이제 바ᄇᆞᆯ 먹ᄂᆞ다
㉯ 아ᄒᆡ ᄒᆞ마 바ᄇᆞᆯ 머그녀
㉰ 아ᄒᆡ ᄒᆞ마 바ᄇᆞᆯ 머그려

예3) ㉮는 예2) ㉮에서 선어말어미 '-는-'에 기대던 현재시제가 직설법 '-ᄂᆞ-'로 표시되는 것이고 예3) ㉯는 예2) ㉯에서 선어말어미 '-었-'에 기대던 과거시제가 부정법(부정법이란 일정한 형태가 없으면서도 일정한 시제가 표시되는 경우를 가리킴)으로 표시되는 것이다. 한편, 예3) ㉰는 예2) ㉰에서 선어말어미 '-겠-'에 기대던 미래시제가 추측법 '-리-'로 표시되는 것이다. 예2) ㉯, ㉰를 보면 현대국어는 직설법 '-느-'와 같은 서법 형태소를 바탕으로 하여 시제가 표시된다. 따라서 예3)을 고려하면 후기중세국어는 서법 형태소가 바로 시제를 표시한다는 사실을 알 수 있다.

후기중세국어 시기의 기본서법에는 직설법, 부정법, 회상법, 추측법, 추측회상법의 5가지가 있다. 후기중세국어의 직설법 형태소는 '-ᄂᆞ-'이다. 이 형태소는 선어말어미 '-오-'와 결합되면 '-ㄴ-'로 바뀌기도 하는데, 종결형의 모든 존비법은 물론, 연결형과 관형사형에서도 확인된다. 동사에서는 직설법 '-ᄂᆞ-'에 기대어 현재시제가 표시되지마는 형용사와 서술격조사에서는 특별한 형태가 발견되지 않는다. 겉으로 보기에는 어말어미가 시제를 표시하는 것 같지만 사실은 다른 서법형태소와 계열관계를 형성함으로써 나타나는 'ø' 형태가 시제를 표시한다. 이러한 형태를 '부정법(不定法, aorist)'이라고 한다.

후기중세국어에는 일정한 형태가 없이 과거시제를 표시하는 일이 매우 보편적으로 확인된다. 형용사와 서술격조사에 어미가 붙을 때는 부정법 'ø'가 회상법과 계열관계를 형성하여 현재시제를 표시하는데, 동사에서는 직설법 '-ᄂᆞ-', 회상법 '-더-'와 계열관계를 형성하여 과거시제를 표시한다.

후기중세국어의 회상법 형태소는 '-더-'이다. 이는 선어말어미 '-오-'와 결합되면 '-다-'로 바뀌기도 하는데, '-ᄂᆞ-'와 마찬가지로 종결형과 비종결형에 걸쳐 확인된다. 회상법 '-더-'의 시제는 두 가지 관점에서 설명될 수 있다. 발화시를 기준으로 하면 과거시제로 해석되고 경험시를 기준으로 하면 현재시제가 된다. 이는 현대국어와 차이가 없다.

후기중세국어의 추측법은 종결형과 연결형에서는 '-리-'로 실현되고 관형사형 어미에서는 '-ㄹ'로 나타난다. 직설법 '-는-', 부정법 '-ㄴ', 회상법 '-던'과 비교해 보면 '*-린'으로 실현되어야 할 것이나 실제 자료에서는 대부분 '-ㄹ'로 나타난다. 중세국어에는 추측법과 회상법이 결합된 '-리러-'가 나타나며, 현대국어의 '-겠더-'와 큰 차이가 없다.

[원문]

끠其·륙六

·외外:ᄹᅩᇢ道신人:오五·ᄇᆡᆨ百·이:쎤善·ᅘᅰᆼ慧[21]ㅅ·득德닙ᄉᆞ·ᄫᅡ:뗴弟:ᄌᆞ子ㅣ ᄃᆞ외·야은銀:돈·올받ᄌᆞ·ᄫᆞ·니

·매賣화花:녀女구俱이夷:쎤善·ᅘᅰᆼ慧ㅅ·ᄠᅳᆮ:아ᅀᆞ·ᄫᅡ부夫쳬妻·원願·으·로고·ᄌᆞᆯ받ᄌᆞ·ᄫᆞ시·니

[현대역]

외도인[22] 오백이 선혜[23]의 공덕을 입어 제자가 되어 은돈을 바치니.
매화녀(꽃을 파는 여자) 구이[24]가 선혜의 뜻을 알아 [장차] 부처원[25]으로(부부가 될 것을 빌며) 꽃을 바치시니.

[배경]

'기육'에서는 '기오'의 2행과 동일한 시기의 이야기를 다루고 있다.
소구담이 죽은 세상으로부터 몇 겁이 지난 후에 선혜라는 선인이 불도를 따르지 않는 오백 명의 사람들에게 불도를 가르쳤고, 이들은 제자가 되어 선혜에게 은돈을 바치어 고마움을 표하였는데, 이 선혜라는 선인이 후세에 석가모니가 되시는 분이다. 이 당시의 왕인 등조왕이 보광불께 공양할 좋은 꽃을 구한다는 소식을 선혜가 듣고 꽃을 구하러 가다가 꽃을 파는 여자인 구이와 길에서 스쳐 지나가게 되었다. 이때, 선혜의 공덕이 지극하여, 구이가 병 속에 감추었던 꽃이 저절로 병 밖으로 솟아나왔다. 이를 본 선혜가 제자들로부터 받은 오백 은돈으로 그 꽃 다섯 송이를 사려고 하였다. 구이가 선혜에게 꽃을 어디에 쓸 것인지를 물었고, 선혜가 보광불께 공양하여 일체중생[26]을 제도[27]하겠다고 말하였다. 이 말은 들은 구이가 선혜의 뜻에 탄복하였고, 후생에 부부의 인연을 맺어 준다면 꽃을 주겠다고 말하였다. 선혜는 처음에는 자신의 신념을 이유로 거절하였으나, 구이의 뜻을 거절하

---

21) <月印 上:3a>

22) 외도인(外道人): 불도를 따르지 않는 사람.

23) 선혜(善慧): 전세겁의 석가모니의 이름으로, 등조왕(燈照王) 때에 구이(俱夷)에게서 꽃을 얻어 보광불(普光佛)께 바친 사람.

24) 구이(俱夷): 꽃 일곱 줄기를 선혜(善慧)에게 준 여자로, 선혜에게 꽃을 준 인연으로, 후생에 석가모니의 부인이 됨.

25) 부처원(夫妻願): 부부가 되기를 빌고 원함.

26) 일체중생(一切衆生): 이 우주 안에 생명이 있는 모든 것으로, 불교에서는 깨치지 못한 범부 중생 또는 부처님의 구제대상이 되는 모든 생령을 가리킴.

27) 제도(濟渡/濟度): 미혹한 세계에서 생사만을 되풀이하는 중생을 건져 내어 생사 없는 열반의 언덕에 이르게 함.

지 못하고 후생에 부부의 연을 맺겠다고 약속을 하고, 구이에게서 꽃을 얻어서 보광불께 공양하였다. 선혜가 공양하는 모습을 본 보광불께서는 선혜가 후세에 석가모니라는 부처가 될 것을 수기[28]하셨다.

[어절 분석]

·외外:뚫道신人#:오五·빅百·이#①:쎤善·훼慧ㅅ#·득德#닙ᄉ·바#②:뗴弟:ᄌ子ㅣ#ᄃ외·야#은銀:돈·올#③받ᄌ·ᄫ·니

·매賣화花:녀女#구俱이夷#:쎤善·훼慧ㅅ#·쁟#④:아ᅀ·바#부夫쳬妻#·원願·으·로#고·졸#⑤받ᄌ·ᄫ시·니

[주석]

① :쎤善·훼慧ㅅ#·득德#닙ᄉ·바

⇒ 쎤훼(명사) + ㅅ(관형격조사) # 득(명사) # 닙-(동사 어간) + -ᄉᆸ-(객체 높임의 선어말어미) + -아(연결어미)

◎ '쎤훼'가 높임의 유정명사이기 때문에 관형격조사로 'ㅅ'가 선택되었다.

◎ '닙-'은 근대국어 시기에 'ㄴ' 관련 두음법칙에 따라 '입-'으로 그 형태가 변하였다.
남광우·성환갑(1978/1982: 43)에 따르면, 두음법칙은 어두에서의 'ㄹ'와 구개음 'ㄴ'의 회피 및 탈락의 음운규칙으로 아래 ㉮에서 볼 수 있는 것처럼 15세기에는 전혀 나타나지 않았던 현상이다. 두음법칙에 의한 'ㄴ'의 탈락은 ㉯와 ㉰에서 볼 수 있듯이 16세기 초부터 있었던 것으로 보인다.

예) ㉮ 라온, 랑군(郎君), 량식(糧食), 녀름, 녑, 녜, 니블, 녀-, 녙-, 닛- 등
㉯ (리력(履歷) > 니력 >) 이력
㉰ (녇가온 >) 엳가온

㉯와 ㉰의 '이력, 엳가온'은 16세기 초에 완성된 것으로 추정되는 『번역노걸대(飜譯老乞大)』에서 그 용례를 확인할 수 있다. 16세기 이후 광범위하게 진행되어 국어 변천사의 중요 요인이 된 두음법칙은 현대에 와서 서구 외래어의 침투 등으로 인해 조금씩 무너져 가는 듯하다.

28) 수기(授記): 부처가 수행자에게 미래의 증과(證果, 깨달음)에 대하여 미리 지시하는 예언과 약속.

◎ '-ᄉᆞᇦ-'가 사용된 이유는 '닙-'의 대상인 '쎤鞸ㅅ 득'을 높이기 위해서이다.

◎ '-ᄉᆞᆸ-'의 'ㅂ'가 '-아'의 초성 자리로 연음되어 '-ᄉᆞ바'가 되고, 모음 사이에서 '바'의 'ㅂ'가 유성음화 되어 'ㅸ'가 되었다. 다만, 후기중세국어 시기에 모음 사이의 'ㅂ'가 모두 유성음화가 되는 것은 아니므로 이러한 교체는 수의적인 현상으로 볼 수 있다.

◎ 남광우·성환갑(1978/1982: 52)에 따르면, 국어사에서 음소 'ㅂ'가 다음과 같이 모음 간, 'ㄹ' 뒤, 'ㅇ' 뒤에서 'ㅸ'로 약화되었다가 '오/우'로 변화하는 용례(ㅂ > ㅸ > 오/우)가 흔히 발견된다고 하였다.

예) ㉮ 모음 간: 가비 > 가ᄫᅵ > 가외 > 가위
　　　　　　두블 > 두ᄫᅳᆯ > 둘
　　　　　　호박 > 호ᄫᅡᆨ > 호왁 > 확
　㉯ 'ㄹ' 뒤: 글발 > 글ᄫᅡᆯ > 글왈/글월
　　　　　　진ᄃᆞᆯ비 > 진ᄃᆞᆯᄫᅵ > 진ᄃᆞᆯ외 > 진달래
　㉰ 'ㅇ' 뒤: 홍졍바지 > 홍졍바치 > 홍졍와치 > 홍정아치
　　　　　　공장바지 > 공장와치 > 공장아치

후기중세국어 시기에는 'ㅂ > ㅸ > 오/우'의 변화 과정을 쉽게 찾아볼 수 있다. 그러나 모음 간의 'ㅂ'의 약화는 상술한 바와 같이 수의적인 현상으로 파악해야 할 것이다.

② 떼弟:ᄌᆞ子ㅣ #ᄃᆞ외·야
⇒ 떼ᄌᆞ(명사) + 이(보격조사) # ᄃᆞ외-(동사 어간) + -아(연결어미)

◎ 현대국어 '되-'의 대표적인 후기중세국어 어형은 'ᄃᆞ외-'이다. 그런데 『용비어천가(龍飛御天歌)』에서는 다음과 같이 'ᄃᆞᄫᅵ-'의 형태가 보인다.

예) 軍馬ㅣ <u>ᄃᆞᄫᅵ니이다</u> <龍歌 98>

'ᄃᆞᄫᅵ-'의 'ㅸ'는 모음 사이에서 'ㅂ'가 유성음화된 결과로 보이기 때문에 'ᄃᆞᄫᅵ-'의 이전 형태로 '*ᄃᆞ비-'의 형태를 재구할 수 있다. 다만, 이 형태는 문증되지 않는다.
현대국어 '되-'는 '*ᄃᆞ비- > ᄃᆞᄫᅵ- > ᄃᆞ외- > 도외- > 되-'의 변천 과정을 겪은 것으로 보인다.

◎ '뗴弟ᄌᆞ子 ㅣ'의 'ㅣ'는 보격조사이다.
고영근(1987/2010: 220)에 따르면 현대국어의 보어 설정에 따라 후기중세국어에서의 '아니라, ᄃᆞᄫᆡ다(>ᄃᆞ외다)' 앞에 오는 성분을 보어로 본다.

예) ㉮ 이ᄂᆞᆫ 우리 허므리라 世尊ㅅ 다시 아니시다ᄉᆞ이다 <法華 2:5b>
㉯ 다 威王ᄋᆡ 나ᄆᆞᆫ 功 아니가 <法華 序:17a>

한편 후기중세국어의 '아니'는 위 용례에서 볼 수 있듯이 명사의 용법도 지니고 있었다. 현대국어에서 '아니-'를 형용사로 보고 '아니-' 앞에 오는 성분을 보어로 보듯이, 현대국어의 처리에 따라 일반적으로 후기중세국어의 명사 '아니'에 서술격조사가 결합한 '아니라'의 앞에 오는 말도 보어로 처리한다.

※ 후기중세국어 시기의 보격조사

문장 내에서 보어를 표시하는 격조사이다. 격조사의 형태에 있어서 원천적으로 보격으로만 쓰이는 고유 형태는 없고 다른 격형(주로 주격형)이 보격으로 전용되며 그 형태와 용법은 주격조사의 경우와 동일하다.

◈ 후기중세국어 시기의 주격조사에 대한 자세한 설명은 p.39를 참조.

③ 받ᄌᆞ·ᄫᆞ·니
⇒ 받-(동사 어간) + -ᄉᆞᇦ-(객체 높임의 선어말어미) + -(ᄋᆞ)니(평서형 종결어미)

◎ 여기에서의 '받-'의 의미는 '바치다, 드리다'이다.

◎ '-ᄌᆞᇦ-'가 사용된 이유는 '은돈'을 바치는 대상인 '썬뼤'를 높이기 위해서이다.

④ :아ᅀᆞ·ᄫᅡ
⇒ 알-(동사 어간) + -ᄉᆞᇦ-(객체 높임의 선어말어미) + -아(연결어미)

◎ '알-'의 말음 'ㄹ'는 'ㅿ' 앞에서 탈락하였기 때문에 '아ᅀᆞᄫᅡ'와 같은 형태를 갖추게 되었다. 현대국어에서 어간말 'ㄹ'는 'ㄴ, ㄹ, ㅂ, 오, 시' 앞에서 탈락하지만 후기중세국어 시기에는 현대국어와 달리 'ㄷ, ㅈ, ㅿ'로 시작하는 어미 앞에서도 'ㄹ'가 탈락되며 '-시-' 앞에서는 'ㄹ'

가 탈락되지 않는다.

◎ '-ᄉᆞᇦ-'가 사용된 이유는 '알-'의 대상인 '션ᄒᆌㅅ ᄠᅳᆮ'을 높이기 위해서이다.

⑤ 받ᄌᆞ·ᄫᆞ시·니
⇒ 받-(동사 어간) + -ᅀᆞᆸ-(객체 높임의 선어말어미) + -(ᄋᆞ)시-(주체 높임의 선어말어미) + -니(평서형 종결어미)

◎ '-ᄌᆞᇦ-'가 사용된 이유는 '곶(꽃)'을 바치는 대상인 '션ᄒᆌ'를 높이기 위해서이다.

◎ ③ '받ᄌᆞᄫᆞ니'에는 '받ᄌᆞᄫᆞ니'의 주체가 '외ᄠᆞᆼ신 오ᄇᆡᆨ'이기 때문에 주체 높임의 선어말어미 '-(ᄋᆞ)시-'가 사용되지 않았지만, ⑤ '받ᄌᆞᄫᆞ시니'의 주체는 후세에 '션ᄒᆌ'의 부인이 되는 '구이'이고, '구이'를 높이기 위해 '-(ᄋᆞ)시-'가 사용되었다. 이렇듯 후기중세국어에서는 상황에 따라 객체 높임의 선어말어미 '-ᅀᆞᆸ-'과 주체 높임의 선어말어미 '-시-'가 같이 쓰일 수 있었다.

※ 후기중세국어 시기의 '-ᅀᆞᆸ-'의 기능

'-ᅀᆞᆸ-'은 본래 용언 어간 'ᄉᆞᆲ-'에서부터 문법화하여 선어말어미로 쓰였다. 'ᄉᆞᆲ-'의 차자표기 '白'은 대개 화법동사 'ᄉᆞᆲ-'을 표기한 것인데 박진호(1997: 130)에서 지적하였듯이 겸양의 의미와 관련하여 나타날 때에는 내포문의 존귀한 주어를 대우하는 예에서 보인다. 후기중세국어의 '-ᅀᆞᆸ-'에 대한 연구사는 김충회(1990)에 망라되어 있으며 핵심적인 부분을 간소하게 추려내었다. '-ᅀᆞᆸ-'의 기능에 대한 그간의 주장은 크게 다섯 가지로 분류할 수 있다. 이 다섯 가지는 '㉮ 청자에 대한 화자의 겸양, ㉯ 객체에 대한 화자의 겸양, ㉰ '-시-'의 대립짝으로서 하위자인 주어의 동작을 표시함, ㉱ 화자와 주체보다 상위자인 객체에 대한 주체의 겸양 표시, ㉲ 주체의 겸양을 통해 객체를 높임'이다.
㉮의 경우 '객체'에 대해 고려하지 못했다는 한계가 있다. ㉯는 허웅(1954)의 논의인데 허웅(1954)에 와서야 화자, 청자와 주체, 객체의 4절점 체계가 상정되어 이후 국어 대우법 논의에서 중요한 발판이 되었다고 할 수 있다. 허웅(1961, 1963)에서 객체의 정의는 '어떤 행동이나 상태가 미치거나 지향하는 대상 상대'이다. ㉰에 해당하는 논의로 전재관(1958), 이숭녕(1962, 1964ㄱ), 김형규(1975)를 들 수 있다. 이들은 '-ᅀᆞᆸ-'에 이해에 '-시-'를 관련지었는데, 이 논의의 결정적인 문제는 상위자와 하위자의 상대적 관계를 설정하게 되면

'-시-'와 '-숩-'이 동시에 출연하는 경우를 설명할 수 없다는 한계가 있다는 것이다. ㉣의 논의는 안병희(1961, 1982)를 들 수 있다. 이 논의에서 '-숩-'은 주체와 화자보다 객체가 더 상위자인 경우로 하위자인 주체의 동작에 겸양을 표시한다고 보았으며 이를 '주체 겸양법' 혹은 '겸양법'으로 명명하였다. 특기할 것은 경어법 선어말어미가 쓰이지 않으면 인물 간의 상하관계를 중립적으로 파악한 점이다. 마지막으로 ㉤에는 이승욱(1973), 이익섭(1974)을 들 수 있는데 이들의 주장은 화자의 역할이나 관계가 명시적으로 나타나지 않는다는 한계가 있다. 특히 이익섭(1974)은 화자와 객체의 상하위 관계는 부차적인 것이며 객체는 화자가 아닌 주체와 대비된다고 보았다.
남광우·성환갑(1978/1982: 35)에 따르면, 임진왜란 이후의 문헌에서는 어간말 자음 'ㄴ, ㅁ' 뒤에서는 '-숩-'이 유지되었으나 '-숩-'은 '-옵-'으로 그 형태가 바뀌었고, 현대어에서는 '-옵- > -옵-(예: 공부하옵고)', '-숩- > -삽-(예: 하겠사오니)', '-줍- > -잡-(예: 글월 받잡고)' 등과 같이 주로 문장어에 그 자취를 남기고 있다.

[원문]

끠其·칧七
다·ᄉᆞᆺ곶:두고·지콩空듕中·에머·믈어·늘텬天룡龍·밣八:뿡部ㅣ·잔讚·탄嘆·ᄒᆞ·ᅀᆞ[29]ᄫᆞ·니
·옷·과마·리·ᄅᆞᆯ·로路듕中·에·펴·아시·늘:포普광光·뿛佛·이·ᄯᅩ·쓩授·긔記·ᄒᆞ시·니

[현대역]

[선혜가 뿌린] 다섯 송이의 꽃과 두 송이의 꽃이 공중에 머무르거늘, [그 모습을 본] 천룡팔부[30]가 찬탄[31]하니.
[보광불이 돌아가시는 길에 선혜가] 옷과 머리카락을 길 가운데 펴시거늘 보광불이 또 [선혜가 후세에 부처가 되실 것을] 수기하시니.

---

29) <月印 上:3b>
30) 천룡팔부(天龍八部): 불법을 지킨다는 천신과 용신 등 8명의 호법신을 합쳐 부르는 불교 용어로 용신팔부(龍神八部)라고도 함. 천룡팔부 중의 첫째는 천중(天衆), 둘째는 용중(龍衆), 셋째는 야차(夜叉), 넷째는 건달바(乾闥婆), 다섯째는 아수라(阿修羅), 여섯째는 가루라(伽樓羅), 일곱째는 긴나라(緊那羅), 여덟째는 마후라가(摩睺羅迦)이며, 사람의 눈으로 볼 수 없으므로 명중팔부(冥衆八部)라고도 함. 여덟 부중(部衆) 가운데 제2부중으로 천룡의 신험(神驗)이 가장 두드러지므로 '천룡팔부'라는 명칭이 붙었음.
31) 찬탄(讚歎): 칭찬하며 감탄함.

[배경]

'기칠'에서는 선혜가 보광불께 꽃을 공양드리는 장면에 대한 내용을 담고 있다.
선혜가 구이에게서 얻은 꽃 일곱 송이 중 먼저 다섯 송이를 보광불께 공양드리고자 공중에 뿌리니, 이 다섯 송이가 모두 공중에 머물러 꽃받침이 되고, 구이를 위한 나머지 두 송이를 공중에 뿌리니, 이 꽃들마저 공중에 머물러 있었다. 이 광경을 본 천룡팔부가 모두 지금까지 보지 못한 일이라고 감탄하며 칭찬하였다. 보광불께서는 이 광경을 보시고 선혜의 덕이 매우 높음을 찬탄하시고, 선혜가 아승기 겁을 지나 석가모니라는 부처가 될 것을 수기하셨다.
보광불께서 돌아가시려고 하는데 마침 길이 매우 질었다. 이에 선혜가 자기가 입고 있던 옷을 벗어 땅에 깔고, 머리를 풀어 땅에 조아려 보광불께서 질척한 땅을 밟지 않으시도록 하였다. 보광불께서 선혜의 옷과 머리카락을 밟고 질척한 땅을 지나신 후에, 후세에 선혜가 부처가 되어 오탁악세[32]에서 천인을 제도하기를 마치 자신과 같을 것이라고 예언하셨다.

[어절 분석]

다·ᄉᆞᆺ#곶#:두#고·지#콩空듕中·에#①머·믈어·늘#텬天룡龍·바ᇙ八:뿡部ㅣ#②·잔讚·탄嘆·ᄒᆞ·ᅀᆞᄫᆞ·니
·옷·과#③마·리·ᄅᆞᆯ#·로路듕中·에#④·펴·아시·ᄂᆞᆯ#:포普광光·뿛佛·이#·ᄯᅩ#·쓩授·긔記·ᄒᆞ시·니

[주석]

① 머·믈어·늘
⇒ 머믈-(동사 어간) + -거늘(연결어미)

◎ '머믈-'은 'ㄷ, ㄴ'로 시작하는 어미 앞에서는 '머므-'로, 그 외의 어미 앞에서는 '머믈-'로 교체되었다. 근대국어 시기에 원순모음화를 겪으면서 '머물-'로 그 형태가 바뀌었고, 18세기 이후 '머물-'에 'ㅡ'가 추가되면서 '머무르-'로 그 형태가 바뀌어 현재에 이른다.

◎ '-거늘'의 'ㄱ'가 '머믈-'의 'ㄹ' 뒤에서 약화되어 '-어늘'로 교체되었다. 만약 'ㄱ'가 탈락되었다면, 그 형태가 '*머므러늘'이 되었을 것이다.

32) 오탁악세(五濁惡世): 오탁(五濁)으로 가득 찬 죄악의 세상으로, 오탁은 겁탁(劫濁), 번뇌탁(煩惱濁), 중생탁(衆生濁), 견탁(見濁), 명탁(命濁)을 말함.

◎ 김유범(2007: 128)에 의하면 15세기 국어의 문법형태소 중 선어말어미 '-거-', 그리고 통시적으로 이 선어말어미 '-거-'가 통합되어 발달한 일련의 어말어미들 '-거X'의 경우에는 '타동성'과 '비타동성'이라는 용언의 문법 범주가 이형태 교체의 주된 조건으로 작용하고 있는 것으로 보인다. 여기에서 '주된 조건'이라고 말한 것은 이러한 교체 조건이 절대적이지 않다는 점을 의미한다. 그리고 '타동성'과 '비타동성'을 선어말어미 '-거-'와 어말어미 '-거X'의 이형태교체 조건으로 처음 언급한 고영근(1980: 95~98)에서는 교체 조건의 예외들에 대해 15세기 이후에 '-거X'형 어미들이 어느 형태 쪽으로 변화하는가를 고려하는 교체 양상의 동적 측면에서 설명하였다. 예를 들어, '-거ᅀᅡ'와 '-어ᅀᅡ'는 '-어ᅀᅡ' 쪽으로 합류되는 양상을 보이므로 자동사류에도 '-어ᅀᅡ'가 결합된 예들이 많이 나타나지만 반면, '-거늘'과 '-어늘'의 경우에는 '-거늘' 쪽으로 합류되는 양상을 보이므로 타동사류에도 '-거늘'이 결합된 예들이 많이 나타난다는 것이다. 그렇더라도 선어말어미 '-거-'와 어말어미 '-거X'의 이형태교체는 비록 완전하지는 않지만 1차적으로 그것이 통합되는 용언 어간의 문법 범주, 즉 '타동성'과 '비타동성'이라는 조건에 의한 것임을 인정하였다.

※ 후기중세국어 시기의 '-거-'의 기능

선어말어미 '-거-'는 지금은 쓰이지 않는 것으로 대부분의 연구자들이 이를 어미의 일부로 보고 있다. 후기중세국어 시기에 이미 '-거-'는 선어말어미로서의 위상이 약했던 것으로 보인다. '-거-'를 설명할 때의 난점은 '-거-'의 기능을 무엇으로 볼 것이냐이다. 국어의 시제, 상, 서법은 엄격히 분리되지 않는 경우가 많은데 현대의 직관으로 판단이 어려운 '-거-'의 기능은 여전히 명확한 결론을 내리기는 어렵다.

'-거-'의 기능에 대한 논의는 크게 강조 및 확인법, 과거 및 완료의 시상, 시점과 관련된 논의로 나눌 수 있다. '-거-'를 시제와 상 범주로 파악하는 논의는 '-더-'와의 대립관계 속에서 '-거-'의 기능을 파악하고 있다. 백화문 '了'의 번역에 '-거-'가 사용되었다는 점과 후대 문헌에서 '-앗-/-엇-'에 대응한다는 점 등이 '-거-'를 '과거'나 '완료(상)'으로 파악하는 논의의 근거이다.

예) ㉮ ᄒᆞ마 너희 ᄎᆞᄌᆞ라 가려 ᄒᆞ다니 네 ᄯᅩ 오나다(待要尋你去來 你却來了) <飜老 上:68b>

㉯ ᄒᆞ마 너희 ᄎᆞᄌᆞ라 가려 ᄒᆞ더니 네 ᄯᅩ 오나다(恰待要尋恁去來 你却來了) <老解 上:62a>

㉰ 뎡이 너를 ᄎᆞᄌᆞ라 가려 ᄒᆞᆯ 졔 네 ᄯᅩ 왓다 <蒙老 4:17b>

위 예는 노걸대 언해류의 동일 부분을 대비한 것이다. '來了'에 해당하는 '오나다'가 『몽어노걸대(蒙語老乞大)』에서는 '왓다'로 대응되었다는 점에서 '-거-'가 시상의 '-앗-'과 거의 같은 기능을 한다고 볼 수 있다.

'-거-'를 확인법 등의 서법으로 보는 입장은 '-거-'가 쓰인 문장이 주로 확정된 사실이라는 점에 근거하지만, 이러한 문장은 특정 시제 범주로 파악할 수 없다는 점이 서법 범주로 보는 논의를 뒷받침한다. '-거-'가 '-돗-'이나 '-ᄂᆞ-'에 대응하는 예가 있고, 현재를 의미하는 부사와 같이 나타나 과거로 보기에는 어려운 점 등이 있다. 또한 '-거-'가 가정이나 명령문에서도 나타난다는 점은 '-거-'의 기능을 시상으로 보기 어렵게 한다.

'-거-'의 기능을 시점과 관련하여 설명하는 논의는 석주연(2003)과 한재영(2002)을 들 수 있다. 석주연(2003: 129~137)에서는 '-거다/-어다'가 현재 관여적인 '완료'적 성격을 가진다고 하였고, 노걸대류의 '-거다/-어다'가 후기 문헌에서는 '-앗-/-엇-'으로 번역된다는 점에서 완료적 의미를 가진 것으로 파악하였다. 한편 연결어미 '-거니', '-거든'의 '-거-'는 동일한 기능으로는 파악하기 어려운데 이에 대해 특정 시점 관여성이라는 특징이 '-거-'가 기본적으로 시상 범주나 확인법, 확정법, 강조법 등의 서법적 의미를 갖게 하는 요소가 된다고 이해할 수 있다.

한재영(2002)에서는 '시점(時點)'과 '시점(視點)'을 기준으로 '-거-', '-더-', '-∅-'의 기능 분석을 시도하였는데 '-거-'와 '-더-'의 공통점은 '시점시제체계(視點時制體系)'로 '장면의 상정'이라는 기능을 제시하였다.

후기중세국어 시기의 '-거-'의 기능을 언급한 논의는 아래 표와 같다.

'-거-'의 기능 정리(이병기 2014: 44~45 재인용)

논저	기능	비고
유창돈(1963)	강조	-가-/-거-, -아-/-어-, -나-
최태영(1965: 158)	과거, 완료 > 가상, 조건	{-거-}, {-어-}
이승욱(1967, 1973: 199~210)	과거, 완료상, 객관적인 가상의 분위기	'-가-/-거-, -아-/-어-'
안병희(1967: 209~210)	과거(현재에 있어서 완료된 동작의 가상)	'-거-'동작의 가상 '-아-/-어-'동작의 완료
나진석(1971: 257)	'끝남'의 '상'	'-거-/-어-/-나-/-(가-/-과)-'

논저	기능	비고
허웅(1975/1995: 887, 923~944)	확정법(기정법)	-과-/-와-('-으니-'에 대한 일인칭 안맺음씨끝)
	강조-영탄법	-아-/-어-, -애-/-에-, -앳-/-엣-, -거-/-어-/-나-, -가-/-아-, -게-, -것-
허웅(1989: 377~8)	확정법(과거), 강조법	'-아-/-어-, -거-, -나-' 중 '-니'나 '-다'에 선행하는 일부 예들을 확정법으로 나머지는 강조법으로 설명
임홍빈(1977)	대상성	-거-, -거든, -거늘, -거니와, -거나, -건만, -거니, -게, -겠-
고영근(1981/2011)	확인법	'-거-/-어-'
안병희·이광호(1990/2005)	과거	'-거-/-어-/-나-'
차재은(1992)	완료	'-거-': 현재와 더 많은 관련을 가지는 '상태지속', '-어-': 과거와 관련을 가지는 '완결'
구재희(1994)	확인법	타동사에 결합하는 '-어-$_2$'는 분포적 특성으로 '완료'의 상범주로 해석
최동주(1996: 203)	확인법	
이금영(2000)	서법(화자의 사태에 대한 확인이나 확신)	'-느-', '-더-'와 대립
한재영(2002)	장면 상정	'-거-/-어-'
석주연(2003: 129~168)	사태를 일정한 기준시점(발화시 이후 포함)에 관여시킴	'-거다/-어다, -거든, -거니'에서의 '-거-'

이기문(1961/1998: 163~164)에서는 '-더-'와 '-거-', '-어-'를 과거의 선어말어미로 보면서, '-더-'는 과거에 완료되지 않은 동작의 회상으로 보았으며, '-거-', '-어-'는 과거에 완료된 동작을 나타낸다고 보았다. 그러나 최동주(1995), 이금영(2000) 등에서는 '-거-/-어-'는 이미 후기중세국어 시기 이전에 '-더-'와 이루던 상적 대립이 사라지고 어말어미화 한 것으로 보았다.

② ·잔讚·탄嘆·ᄒᆞ·ᅀᆞᄫᆞ·니
⇒ [잔탄(어근) + -ᄒᆞ(동사 파생 접사)]- + -ᅀᆞᆸ-(객체 높임의 선어말어미) + -(ᄋᆞ)니(평서형 종결어미)

◎ '-ᅀᆞᇦ-'가 사용된 이유는 찬탄하는 대상인, 꽃송이들을 공중에 머무르게 하는 '선혜의 법력'을 높이기 위해서이다.

③ 마·리·ᄅᆞᆯ
⇒ 마리(명사) + ᄅᆞᆯ(목적격조사)

◎ 후기중세국어 시기에는 양성모음과 음성모음의 대립에 따른 어형과 의미의 대립이 있었다. 대표적인 경우가 '마리'와 '머리'이다. 이 두 어형은 제1음절의 모음교체에 의해 그 의미가 분화되었다. 즉, '마리'는 '머리카락(頭髮)'이나 '머리카락을 포함한 머리통'을 의미하였고, '머리'는 오늘날의 '머리(頭)'를 의미하였다.
한편, 오늘날 동물의 수를 셀 때 사용하는 '마리'의 15세기 어형은 '머리'였는데, 16세기부터는 '마리'도 동일한 의미를 가지게 되었다. 이와 같은 상태가 19세기까지 지속되다가 20세기에 와서 '머리카락(頭髮)'이나 '머리(頭)'는 '머리'로 그 형태가 통일되고, '마리'는 '동물을 세는 단위'의 뜻만 가지게 되었다.
박영섭(2008: 109)에 의하면 '머리'는 '발(髮)'에 대한 대역으로 초간본 『분류두공부시언해(分流杜工部詩諺解)』에는 '머리, 머리털'로 『구급방언해(救急方諺解)』 하(下), 『태산집요(胎産集要)』에는 '마리, 머리털, 털'로 『훈몽자회(訓蒙字會)』, 『광주판 천자문(光州版 千字文)』, 『석봉천자문(石峯 千字文)』에는 '터럭'으로, 『신증유합(新增類合)』에는 '머리털'로 자석(字釋)되었다.

※ 후기중세국어 시기의 목적격조사

문장 내에서 목적어를 표시하는 격조사로 기본 형태는 'ㄹ'로 보이며 실제 표기에서는 선행 체언의 음운적 환경에 따라 다음의 이형태들이 구분되어 사용되었다.

체언 말음 / 체언 말음절 모음	자음	모음
양성모음	ᄋᆞᆯ	ᄅᆞᆯ, ㄹ(축약형)
음성모음	을	를, ㄹ(축약형)
중성모음	ᄋᆞᆯ, 을	ᄅᆞᆯ, 를, ㄹ(축약형)

이들 중, ‘ᄋᆞᆯ/을’, ‘ᄅᆞᆯ/를’은 선행 체언의 음운적 조건으로 선택이 규정되므로 한 형태소의 이형태 관계에 있으며, ‘ㄹ’과 ‘ᄅᆞᆯ/를’은 변동 조건이 없는 수의적 이형태 관계이다. 15세기 문헌에서는 모음조화 규칙에서 벗어난 예도 발견되며, 중성모음 아래에서는 ‘를/을’보다 ‘ᄅᆞᆯ/ᄋᆞᆯ’이 더 우세하게 쓰였다.

예1) ㉮ 여슷 ᄒᆡᄅᆞᆯ 苦行ᄒᆞ샤 <釋譜 6:4b>
㉯ 스믈여듧 字ᄅᆞᆯ ᄆᆡᇰᄀᆞ노니 <訓諺 3a>

예2) ㉮ 누를 더브르시려뇨 <月印 上:19a>
㉯ 부텨를 맛나 잇ᄂᆞ니 <釋譜 6:11a>

예3) ㉮ 발자쵤 바다 <月印 上:2a>
㉯ 날 위ᄒᆞ야 <釋譜 6:29a>

예4) ㉮ 쳔랴ᅌᆞᆯ 만히 뫼호아 <釋譜 9:12a>
㉯ 精卒ᄋᆞᆯ 자ᄫᆞ시니 <龍歌 24>

예5) ㉮ 녯 ᄠᅳ들 고티라 <月印 上:11b>
㉯ ᄒᆞᆫ 点을 더으면 <訓諺 13b>

④ ·펴·아시·ᄂᆞᆯ
⇒ 펴-(동사 어간) + -시-(주체 높임의 선어말어미) + -어늘(연결어미)

◎ ‘-거ᄂᆞᆯ/-거늘’, ‘-어ᄂᆞᆯ/-어늘’은 확인의 선어말어미 ‘-거-’, ‘-어-’에 ‘*-ᄂᆞᆯ/-늘’이 결합한 형태로 분석할 수 있다. 다만, 후기중세국어 시기에 ‘*-ᄂᆞᆯ/-늘’이 단독으로 쓰이는 용례가 없기 때문에 ‘*-ᄂᆞᆯ/-늘’을 하나의 형태소로 처리하기가 어렵다.
그러나 ‘-거시ᄂᆞᆯ/-거시늘’과 ‘-어시ᄂᆞᆯ/-어시늘’의 용례는 공시적으로 ‘-거- + *-ᄂᆞᆯ/-늘’, ‘-어- + *-ᄂᆞᆯ/-늘’이 하나의 형태소로 변해가는 문법화의 과정을 보여준다고 할 수 있다. 한편, ‘-거시ᄂᆞᆯ/-거시늘’과 ‘-어시ᄂᆞᆯ/-어시늘’은 현대국어로 오면서 ‘-시- + -거늘’의 형태로 바뀌었는데, 이렇게 병렬로 놓인 형태소들의 순서가 바뀌는 것을 ‘전위(轉位)’라고 한다. 또한, ‘-거시늘’이 ‘-시거늘’로 전위의 모습을 보여준다는 것은 ‘-거늘’이 하나의 형태소로 굳어졌음을 의미한다.

☞ 『우리말샘』에서는 '-거시놀/-거시늘'과 '-어시놀/-어시늘'을 하나의 형태소로 처리하고 있다. 그러나 일반적으로 '-거시놀/-거시늘'과 '-어시놀/-어시늘'은 '-시- + -거놀/-거늘', '-시- + -어놀/-어늘'로 분석된다. 즉, 공시적으로 '-거놀/-거늘', '-어놀/-어늘'을 하나의 형태소로 처리하지만 '-거시놀/-거시늘'과 '-어시놀/-어시늘'과 같이 '-거놀/-거늘', '-어놀/-어늘'에 '-시-'가 통합할 때는 이들을 '-거……놀/늘', '-어……놀/늘'처럼 불연속 형태로 설명한다.

◎ 후기중세국어 시기에 확인의 선어말어미 '-거-', '-어-'와 이들이 포함된 '-거X', '-어X' 등은 각각 자동사 표지와 타동사 표지로 구별되어 쓰이는 것으로 알려져 있다.
한편, '-거-'와 '-거X'의 '거'는 결합하는 어간 말음이 'ㄹ', 단모음 '이', 반모음 'y'인 경우에 '거'의 'ㄱ'가 약화되어 '-어-'와 '-어X'의 형태로 쓰였다.
그런데 본문의 '펴-'는 목적어 '옷과 마리롤'을 수반하기 때문에 '펴아시놀'의 '-어늘'은 '-거늘'의 'ㄱ' 약화 형태가 아니라 타동사 표지 '-어늘'이다.

※ 후기중세국어 시기의 '-거-'의 이형태

'-거-'의 이형태에 대해서는 유창돈(1963: 33)에서 '-거-, -어-, -나-'를 같은 성격으로 묶일 수 있다고 주장한 이래로 이들의 관계를 교체의 관점에서 설명하려는 논의가 진행되었다. 최태영(1965)에서는 '-거-', '-어-', '-나-', '-가-'를 이형태 관계에 있다고 보고 '-어-'는 '-거-'의 'ㄱ'가 약화된 이형태이고 '-나-'는 '오-'에 한하여 나타나는 형태론적 이형태로 보았다. 그리고 '-거-'의 'ㄱ' 약화형 '-어-'가 아닌 '-어-'를 따로 설정하여 '-어-/-아-/-야-'의 이형태를 가진다고 설명하였다.
고영근(1980)에 와서야 '-거-'의 이형태들 간의 출현 환경이 정밀하게 기술되었다. 고영근(1980: 57)의 가설은 '-거-'는 자동사, 형용사나 지정사 곧 비타동사에, '-어-'는 타동사에, '-나-'는 '오-' 밑에 쓰인다고 하여 그 출현 환경을 제시하였다. 또한 고영근(2005: 23)에서는 '-과-'(종결형에서), '-가-'(연결형에서)가 비1인칭의 확인법 '-거-'에 화자 표지의 '-오-'가 화합 내지 융합을 일으킨 것이지 문법적으로 조건된 이형태는 아니라고 밝혔다.
고영근(1980)의 '-거-' 교체에 대한 설명은 이후 큰 비판 없이 수용되었다.
안병희·이광호(1990/2005: 227)에서도 '-거-'가 'y, ㄹ, 계사' 뒤에서 '-어-'로 나타나고, 자동사 '오-' 뒤에서는 '-나-'로, 타동사 뒤에서는 어말어미의 종류에 따라 '-아-/-어-'로 교체된다고 설명하였다. 그리고 이들 어미와 선어말어미 '-오-/-우-'가 결합하면 '-가-/-아-'로 교체된다고 보았으며 '-다' 앞에서는 '-과-'로 교체된다고 설명하였다.

☞ '펴아시놀'은 '펴- + -어늘'의 구조에 '-시-'가 삽입된 것으로 분석할 수 있다. 그런데 후기중세국어 시기에는 '체언 + 조사'와 '용언 어간 + 어미'의 결합에서 모음조화가 철저히 지켜진 편이다. 따라서 '펴아시늘'은 '펴어시늘'로 표기되는 것이 적절하다고 할 수 있다.

[원문]

끠其·밣八

닐·굽고·ᄌᆞᆯ힌因·ᄒᆞ·야·신信·쎼誓기프·실·ᄊᆡ·셰世·셰世·예쳐妻·권眷·이ᄃᆞ외·시·니

다·ᄉᆞᆺ·ᄭᅮᆷ·을힌因·ᄒᆞ·야·쓩授·긔記ᄇᆞᆯᄀᆞ·실·ᄊᆡ금今·ᅀᅵᇙ日·에·셰世존尊·이ᄃᆞ외·시·니

[현대역]

[구이가 선혜에게 바친] 일곱 송이의 꽃으로 인하여, [부부가 되겠다는] 신서33)가 깊으시므로 세세34)에 [구이는 선혜의] 처권35)이 되시니.

[선혜가 꾼] 다섯 가지 꿈으로 인하여 [보광불의] 수기가 밝으시므로(명확하시므로) [여러 겁의 세상을 지나] 오늘날에 세존이 되시니.

[배경]

'기팔'은 선혜와 구이의 인연과 선혜에 대한 보광불의 수기를 이야기하고 있다.

선혜는 보광불께 공양할 좋은 꽃을 구하러 가다가 꽃을 파는 여자인 구이와 길에서 스쳐 지나가게 되었다. 이때 선혜의 공덕이 지극하여, 구이가 병 속에 감추었던 꽃이 저절로 병 밖으로 솟아나왔다. 이를 본 선혜가 오백 은돈으로 그 꽃 다섯 송이를 사려고 하였다. 구이가 선혜에게 꽃을 어디에 쓸 것인지를 물었고, 선혜가 보광불께 공양하여 일체중생을 제도하겠다고 말하였다. 이 말은 들은 구이는 선혜가 평범한 사람이 아닌 것을 알아차리고 후생에 부부의 인연을 맺어 준다면 다섯 송이의 꽃을 주겠다고 말하였다. 또한, 나머지 두 송이도 자신을 위해 공양한다면 주겠다고 하였다. 선혜는 처음에는 자신의 뜻을 이유로 거절하였으나, 구이의 뜻을 거절하지 못하고 후생에 부부의 연을 맺겠다고 약속을 하고, 구이에게서 꽃을 얻었다.

---

33) 신서(信誓): 성심으로 맹세함. 또는 그 맹세.

34) 세세(世世): 일반적으로 '대대(代代, 거듭된 여러 대)'를 의미하나 여기에서는 '윤회로 다시 태어날 때' 정도로 해석할 수 있음.

35) 처권(妻眷): 일반적으로 아내와 친족을 통틀어 이르는 말이나 여기에서는 '아내'만을 의미함.

보광불께서 수기를 하신 뒤에 선혜는 출가하여 중이 되었다. 하루는 세존불께 자신의 꿈 이야기를 하였다. 꿈에서 첫째, 바다에 누웠고, 둘째, 수미산[36]을 베고 누웠고, 셋째, 모든 중생들이 선혜의 몸 안에 들어오며, 넷째, 해를 손으로 잡으며, 다섯째, 손으로 달을 잡았다 하였다. 이 꿈 이야기를 들은 세존불께서는 선혜의 꿈은 모두 선혜가 장차 부처가 될 징조라고 하셨다.

[어절 분석]

①닐·굽#고·ᄌᆞᆯ#힌因·ᄒᆞ·야#·신信·쎄誓#기프·실·씨#·셰世·셰世·예#②쳬妻·권眷·이#ᄃᆞ외·시·니
③다·ᄉᆞᆺ#·ᄭᅮᆷ·을#힌因·ᄒᆞ·야#④·ᄊᆖᇢ授·긔記#ᄇᆞᆯᄀᆞ·실·씨#금今·ᅀᅵᇙ日·에#·셰世존尊·이#ᄃᆞ외·시·니

[주석]

① 닐·굽#고·ᄌᆞᆯ
⇒ 닐굽(수관형사) # 곶(명사) + ᄋᆞᆯ(목적격조사)

◎ '닐굽'은 16세기에 '닐곱'의 형태가 보이지만, 19세기까지 '닐굽'과 '닐곱'의 형태가 양존하였으며, 두음법칙에 의해 어두 'ㄴ'가 탈락하며 '일곱'의 형태가 만들어졌다.

② 쳬妻·권眷·이#ᄃᆞ외·시·니
⇒ 쳬권(명사) + 이(보격조사) # ᄃᆞ외-(동사 어간) + -시-(주체 높임의 선어말어미) + -니(평서형 종결어미)

◎ '-시-'가 사용된 이유는 'ᄃᆞ외-'의 주체가 세세마다 '선혜'의 부인이 되는 '구이'이기 때문이다. 따라서 'ᄃᆞ외시니'의 주어는 '구이'이고, '쳬권이'는 보어이다.

◎ 2행의 '셰존이 ᄃᆞ외시니'의 주체는 '선혜'이다.

③ 다·ᄉᆞᆺ
⇒ 다ᄉᆞᆺ(수관형사)

36) 수미산(須彌山): 고대 인도의 우주관에서 세계의 중심에 있다는 상상의 산으로, 불교에 수용되었음. 불교의 세계관에는 세상은 아홉 산과 여덟 바다가 겹쳐져 있는데 그중에서 가장 높은 산이 수미산으로, 세계의 중앙에 있는 이 산의 중턱에는 사천왕이 있고 그 꼭대기에는 제석천(帝釋天)이 산다고 함. 수미산은 4보(寶), 즉 황금·백은(白銀)·유리(瑠璃)·파리(璃)로 이루어졌고, 해와 달은 수미산의 허리를 돈다고 하며, 여덟 바다 중 가장 바깥쪽 바다의 사방에 섬이 있는데, 그중 남쪽에 있는 섬, 즉 남염부제(南閻浮提)에 인간이 살고 있다고 함.

◎ 여기에서의 ‘다ᄉᆺ’은 수관형사이다. 현대국어 ‘다섯’은 ‘다ᄉᆺ > 다슷 > 다섯’의 어형 변화를 겪었고, 현대국어 ‘셋, 넷’은 ‘다ᄉᆺ, 여슷’의 형태를 유추하여 만들어진 형태이다.

④ ·쓩授·ᄀᆡ記#ᄇᆞᆯᄀᆞ·실·씨
⇒ 쓩ᄀᆡ(명사) + 이(주격조사) # ᄇᆞᆰ-(형용사 어간) + -(ᄋᆞ)시-(주체 높임의 선어말어미) + -ㄹ씨(연결어미)

◎ ‘쓩ᄀᆡ’가 ‘i’계 모음(ㅣ, ㅐ, ㅔ, ㅚ, ㅟ 등)으로 끝났기에 주격조사로 무표기(zero) 형이 쓰였다.

◎ ‘쓩ᄀᆡ ᄇᆞᆯᄀᆞ실씨’에서 ‘ᄇᆞᆰ-’의 의미는 문맥상 ‘불빛 따위가 환하다’의 뜻이 아니라 ‘예측되는 미래 상황이 긍정적이고 좋다’의 의미로 쓰였다. 즉, 선혜가 꾼 꿈으로 인해 ‘보광불의 수기가 수기대로 이루어질 것이다.’라고 의역할 수 있다.

[원문]

37)끠其:궁九
명名현賢·겁劫·이:엻·제:ᅘᅮᇢ後ㅅ:일·ᄋᆞᆯ:뵈·요리·라·ᅙᅵᇙ一천千쳥青련蓮·이도·다·펫더·니
·ᄉᆞ四션禪텬天·이보·고:디·나건:일·로:혜·야·ᅙᅵᇙ一천千·셰世존尊·이·나싫·ᄃᆞᆯ:아·니

[현대역]

[일천 부처님이 나타나시는] 현겁이란 이름의 대겁(명현겁38))이 열릴 때에 후세의 일을 [미리] 보이리라(보이려고) [하여] 일천 송이 청련39)이 돋아 피어 있더니.
사선천40)이 보고 지난 일로 헤아려 일천 세존이 [이 세상에] 나실 것을 아니.

---

37) <月印 上:4a>

38) 명현겁(名賢劫): ‘현겁(賢劫)’이라고도 하며, 현재의 주겁(住劫)의 다른 이름. 삼겁(三劫)의 하나로 현세(現世)의 대겁(大劫)을 말하며, 현재의 주겁 중에 일천 부처님이 출현하여 중생을 구제하므로 ‘현겁(賢劫)’ 또는 ‘선겁(善劫)’이라고도 함. 불교에서 세계는 이루어져(成), 그 상태로 머물러 있다가(住), 무너져서(壞) 텅 비어 있는(空) 네 가지 유전을 되풀이하는데, 이 한 주기를 대겁(大劫)이라 하고 이러한 대겁 중에서 과거의 대겁을 ‘장엄겁(莊嚴劫)’, 현재의 대겁을 ‘현겁(賢劫)’, 미래의 대겁을 ‘성수겁(星宿劫)’이라 함. 현재의 대겁인 현겁(賢劫)의 주겁(住劫) 때에는 일천 부처님이 출현하여 세상의 모든 중생을 구제한다고 하여 ‘현겁(賢劫)’이라 함.

39) 청연(青蓮): 푸른 빛깔의 연꽃. 수미산 밖의 일곱 산 사이에 있는 향수 바다에 핀다고 함. ‘우발라화(優鉢羅花)’라고도 함. 수미산은 일소세계(一小世界)의 중심이 되는 산 이름. 세계의 최하를 ‘풍륜(風輪)’이라 하고, 그 위가 ‘수륜(水輪)’, 또 그 위가 ‘금륜(金輪)’, 곧 ‘지륜(地輪)’이고, 그 위에 ‘구산팔해(九山八海)’가 있는데 그 중심이 되는 산이 수미산임.

[배경]

'기구'는 '현겁'에 대한 내용을 담고 있다.
세상에는 지륜41) 아래 금륜42)이 있고, 금륜 아래 수륜이 있고, 수륜 아래 풍륜이 있다. 이 때 허공에는 금륜 위에 큰 비와 물이 가득하고 일천 송이의 푸른 연꽃이 돋아 있었는데, 사선천에서 이 아래 겁의 일을 보고 심중에 말하기를 이 세계에는 장차 일천 부처가 날 것이므로 이 겁의 이름을 '현겁'이라 하였다.

[어절 분석]

명名현賢·겁劫·이#①:여ᇙ#·제#:ᅘᅮᇢ後ㅅ#:일·올#②:뵈·요리·라#·ᅙᅵᇙ一쳔#千쳥靑련蓮·이#도·다#③·펫더·니

·ᄉᆞ四쎤禪텬天·이#보·고#④:디·나건#:일·로#⑤:혜·야#·ᅙᅵᇙ一쳔#千·셰世존尊·이#⑥·나시ᇙ#·ᄃᆞᆯ#⑦:아·니

[주석]

① :여ᇙ#·제

⇒ 열-(동사 어간) + -ᇙ(관형사형 어미) # 제(명사)

◎ 전청 계열의 'ㆆ'는 관형사형 어미 '-ㄹ' 아래 쓰이거나(예: 니르고져 ᄒᆞᇙ 배), 사잇소리로 쓰이거나(예: 快ㆆ字), 때로는 동국정운식 교정음인 영모(影母, 예: 音ᅙᅳᆷ)로도 표기되었다. 그리고 'ㄹ'에 입성의 효과를 주기 위한 이영보래(以影補來)의 표기(예: 不ᄫᅮᇙ)로도 쓰였다.
한편, 고영근(1987/2010: 17)에서는 관형사형 어미 '-ㄹ' 아래에서 사용된 'ㆆ'는 된소리부호의 기능을 표시했던 것으로 보았고, 이익섭(1992)에서는 이 시기의 'ㆆ'를 단순한 된소리 부호가 아닌 성문 파열음 '/ʔ/'으로 파악하고 있다.

---

40) 사선천(四禪天): 불교의 '삼계(三界)', 곧 '욕계(欲界)', '색계(色界)', '무색계(無色界)' 가운데 '색계'에 속하는 네 하늘을 말함. 사선(四禪)을 닦는 사람이 태어나는 색계(色界)의 네 하늘에는 '초선천(初禪天), 제이선천(第二禪天), 제삼선천(第三禪天), 제사선천(第四禪天)'이 있음.

41) 지륜(地輪): 지(地)는 땅이니, 땅에 여러 물건 실음이 수레에 물건을 실음과 같으므로 지륜(地輪)이라 함. 사륜(四輪)의 첫째. 사륜은 '지륜(地輪), 금륜(金輪), 수륜(水輪), 풍륜(風輪)'을 말함.

42) 금륜(金輪): 불교에서 말하는 삼륜(三輪)의 하나. 세계(世界)의 지층(地層)을 이름. 맨 아래에 풍륜(風輪)이 있고, 그 위에 수륜(水輪)이 있고, 그 위에 금륜(金輪)이 있으며, 이것이 지륜(地輪), 즉 대지(大地)를 이룬다고 함.

◎ '-ㅭ + 평음'의 표기는 이후 'ㆆ'가 없는 '-ㄹ + 각자병서'의 표기로 점차 바뀌다가 각자병서가 폐기된 『원각경언해(圓覺經諺解)』 이후부터는 '-ㄹ + 평음'의 표기로 바뀌었다.

◎ 신승용(2007: 416)에서는 'ㅭ'의 'ㆆ'의 소멸이 각자병서의 폐기와 함께 이루어진 사실에 주목하여 '-ㅭ + 평음'의 표기와 '-ㄹ + 평음'의 표기가 무관하다고 보기는 어렵다고 하였다. 기존 논의들에서는 '-ㅭ + 평음', '-ㄹ + 각자병서'를 근거로 들어 각자병서의 음가가 경음이라는 측면을 뒷받침하고자 하였다. 이에 반해, 신승용(2007)에서는 각자병서의 폐기는 단순한 문자의 폐기일 뿐이며 '-ㅭ + 평음', '-ㄹ + 각자병서'가 모두 '-ㄹ + 평음'으로 대체되었다는 사실로 각자병서의 경음설에 대한 반론 가능성을 제기하였다. 결과적으로 신승용(2007)에서는 '-ㅭ + 평음', '-ㄹ + 각자병서', '-ㄹ + 평음'의 표기는 동일한 음운론적 사실의 서로 다른 이표기(異表記)로 파악하였다.

② :뵈·요리·라
⇒ [보-(어근) + -이(사동 접사)]- + -오-(의도의 선어말어미) + -리-(의지의 선어말어미) + -다(평서형 종결어미)

◎ 후기중세국어에서 의도의 선어말어미 '-오-/-우-'는 단모음 'i'나 반모음 'y' 뒤에서는 '-요/유-'로 변했다. 따라서 '뵈요리라'의 '뵈-'의 반모음 'y'에 의해 의도의 선어말어미 '-오-'가 '-요-'로 교체되었다.

◎ 후기중세국어에서 서술격조사 '이-', 추측의 선어말어미 '-리-', 형용사 '아니-' 뒤에서 'ㄷ'로 시작하는 어말어미 '-다', 선어말어미 '-더-, -다-, -도-' 등은 각각 '-라', '-러-, -라-, -로-'로 교체되었다. 따라서 '뵈요리라'의 '라'는 어말어미 '-다'가 '-리-' 뒤에서 '-다 > -라'로 교체된 것이다.

☞ 『우리말샘』에서는 '-리라'를 하나의 종결어미로 처리하고 있다. 그러나 '-리라'를 추측 또는 의지의 선어말어미 '-리-'와 평서형 종결어미 '-다'로 각각 분석할 수 있다. 『우리말샘』의 분석 방법을 수용하여 '-리라'를 하나의 종결어미로 처리할 수도 있지만, 공시적으로 '-리-'가 생산적으로 쓰이고 통시적으로도 '-리-(추측 또는 의지의 선어말어미) + -다(평서형 종결어미)'의 구성으로 볼 수 있다는 점에서 이 책에서는 '-리라'를 '-리- + -다'로 분석하여 제시하고자 한다.

※ 후기중세국어 시기 어미에서의 'ㄷ → ㄹ' 교체 현상

조창규(1994: 523~526)에 따르면, 후기중세국어 시기에는 서술격조사 '이-'(예: 다라기라 <釋譜 6:2b>), 추측의 선어말어미 '-리-'(예: ᄃᆞ외리러라 <釋譜 19:34a>), 형용사 '아니-'(예: 아니러라 <法華 2:77a>) 뒤에서 'ㄷ' 첫소리를 가진 어말어미 '-다', 선어말어미 '-더-, -다-, -도-' 등은 각각 '-라, -러-, -라-, -로-'로 교체되는 현상이 일어났다. 이러한 현상은 의도의 선어말어미 '-오-/-우-' 뒤에서도 보인다.

그런데 어미에서 일어나는 'ㄷ → ㄹ' 교체 현상이 어간의 끝소리가 '이'일 때(예: 뻐러ᄇᆞ리다 <月釋 7:31a>)나 주체 높임의 선어말어미 '-시-'(예: 得ᄒᆞ시다 <釋譜 13:30b>)와 사동 접사 '-이-'나 피동 접사 '-이-'(예: 길이더시니 <月釋 8:91b>) 뒤에서는 일어나지 않았으므로 어미에서 일어나는 'ㄷ → ㄹ' 교체는 음운론적으로 조건 지어진 것이라기보다는 형태론적으로 조건 지어진 교체 현상임을 알 수 있다.

③ ·펫더·니

⇒ 프-(동사 어간) + -어(연결어미) # 잇-(동사 어간) + -더-(시상의 선어말어미) + -니(평서형 종결어미)

◎ 현대국어 '피-'의 후기중세국어 어형으로는 '프-'와 '픠-'와 '퓌-'가 있었다. 후기중세국어 문헌에서는 주로 '프-'의 형태가 쓰였고, 후기중세국어 문헌 중 『분류두공부시언해(分類杜工部詩諺解)』에서 '픠-(예: 곧 고ᄌᆞ로 히여 픠게 ᄒᆞ몰 <初杜解 10:7a>)'의 형태가 보이고, 16세기 문헌인 『번역박통사(飜譯朴通事)』에서 '퓌-(예: 수울 이시며 고지 퓌여신 저기 어든 <飜朴 7b>)'의 형태가 보인다.

『우리말샘』에 따르면 근대국어 시기 이후로는 '프-'가 사라지고 '픠-'와 '퓌-'가 남았으나, 19세기에 자음 뒤에서 모음 'ㅢ'가 'ㅣ'로 발음되는 경향에 따라 '픠- > 피-'의 형태 변화를 겪으면서 '픠-, 퓌-, 피-'가 공존하다가 현대국어로 오면서 '피-'로 형태가 통일되었다.

◎ '펫-'은 '프- + -어 # 잇-'의 결합 과정에서 용언 어간 '프-'의 'ㅡ'가 '-어' 앞에서 탈락하여 '프- + -어'가 '퍼'가 되고 이것이 '잇-'과 음절 축약을 거쳐 '펫-'이 되었다. 음절 축약 과정에서 '잇-'의 단모음 '이'가 활음화(반모음화)로 인해 반모음 'y'로 교체되었다. 이러한 '-어 # 잇- > -엣-'의 음절 축약은 결과적으로 과거를 의미하는 시상의 선어말어미 '-았/었-'의 문법화로 이어졌다.

④ :디·나건

⇒ 디나-(동사 어간) + -거-(시상의 선어말어미) + -ㄴ(관형사형 어미)

◎ 선어말어미 '-거-'는 지금은 쓰이지 않는 것으로 후기중세국어 시기에 이미 '-거-'는 선어말어미로서의 위상이 약했던 것으로 보인다. 현재까지 논의된 '-거-'의 기능은 크게 강조 및 확인법, 과거 및 완료의 시상 등으로 나눌 수 있다.

'-거-'를 시제와 상 범주로 파악하는 논의는 '-더-'와의 대립관계 속에서 '-거-'의 기능을 파악하고 있다. '-거-'를 확인법 등의 서법으로 보는 입장에서는 '-거-'가 쓰인 문장이 주로 확정된 사실을 나타낸다는 점과 '-거-'가 쓰인 문장의 경우 특정 시제 범주로 파악할 수 없다는 점을 논의의 근거로 삼을 수 있다.

이기문(1961/1998: 163～164)에서는 '-더-'와 '-거-', '-어-'를 과거의 선어말어미로 보았고 '-더-'는 과거에 완료되지 않은 동작의 회상으로 보았으며, '-거-', '-어-'는 과거에 완료된 동작을 나타낸다고 보았다. 그러나 최동주(1995), 이금영(2000) 등에서는 '-거-', '-어-'는 이미 후기중세국어 이전에 '-더-'와 이루던 상적 대립이 사라지고 어말어미화한 것으로 보았다. 이렇듯이 '-거-'를 설명할 때의 난점은 '-거-'의 기능을 무엇으로 볼 것인가이다. 국어의 시제, 상, 서법이 엄격히 분리되지 않고 논의되는 경우가 많다는 점에서 현대의 직관으로 판단이 어려운 '-거-'의 기능은 여전히 명확한 결론을 내리기 어려운 문제이다.

◎ 다음의 문장에서 '디나건 뉘'라는 어휘를 참고할 수 있다.

예) <u>디나건 뉘</u>예 호 겨지비 일후미 提爲러니 <釋譜 20:12b>

후기중세국어 관련 사전들에서는 '디나건 뉘'를 '과거'로 해석하고 있다. 현재로서는 이 어휘를 하나의 단어로 취급하지만, 공시적으로는 '디나- + -거- + -ㄴ # 뉘'로 분석할 수 있다.

◎ '디나-'는 근대국어 시기에 구개음화를 겪으면서 '지나-'의 형태로 바뀌었다.

⑤ :헤·야

⇒ 혜-(동사 어간) + -어(연결어미)

◎ '혜-'는 '생각하다, 세다'의 의미를 가지고 있다. 여기에서는 문맥상 '헤아리다'로 해석할 수 있다.

☞ '-아'는 '혜-'의 반모음 'y'로 인해 반모음 'y'가 삽입되어 '-야'로 교체되었다. 그런데 용언 어간과 어미와의 모음조화를 고려하면 '-여'로 표기되었어야 했다.

⑥ ·나시ᇙ#·ᄃᆞᆯ

⇒ 다음과 같이 두 가지 방식의 형태소 분석이 가능하다.

예) ㉮ 나-(동사 어간) + -시-(주체 높임의 선어말어미) + -ㅭᄃᆞᆯ(연결어미)

㉯ 나-(동사 어간) + -시-(주체 높임의 선어말어미) + -ㅭ(관형사형 어미) # *ᄃᆞ(명사) + ㄹ(목적격조사)

◎ 여기에서는 ㉯의 분석 방법을 따르고자 한다.

◈ 후기중세국어 시기의 '-ㄴᄃᆞᆯ, -ㅭᄃᆞᆯ'에 대한 자세한 설명은 p.51을 참조.

⑦ :아·니

⇒ 알-(동사 어간) + -니(평서형 종결어미)

◎ '알-'의 'ㄹ'가 '-니'의 'ㄴ' 앞에서 탈락했다.

현대국어의 음소 배열 제약에는 'ㄹ' 뒤에는 'ㄴ'가 올 수 없다는 제약이 있다. 만약 이 제약을 어기는 형태가 만들어지면 다음과 같이 'ㄴ'를 'ㄹ'로 바꾸거나 'ㄹ'를 탈락시킨다.

예) ㉮ 달 + 님 → [달림]

㉯ 칼 + 날 → [칼랄]

㉰ 알 + 는 → [아:는]

㉱ 살 + 느냐 → [사:느냐]

그런데 이러한 제약이 '아니'의 경우에서 확인할 수 있듯이 후기중세국어에도 존재했다.

[원문]

ᄭᅴ其·씹十

·즁衆ᄉᆡᆼ生·이ᄃᆞ·ᄐᆞᆯ·ᄊᆡ뼝平:등等왕王·ᄋᆞᆯ[43]:셰·ᅀᆞᄫᆞ·니꾸瞿땀曇:씨氏그·셩姓·이시·니

:겨지·비하·라·ᄂᆞᆯ니尼룽樓ㅣ·나·가시·니·셕釋가迦:씨氏·일로·나시·니

43) <月印 上:4b>

[현대역]

중생[44]들이 [먹고 입을 것을 더 얻고자] 다투므로 [서로 떠받들어] 평등왕[45]을 세우니 그 성이 바로 [석가 씨의 조상] 구담 씨이시니.
여자가(고마왕의 첫째 부인이 둘째 부인의 네 아들을) 헐뜯어 말하므로 [넷째 아들] 니루[46]가 [이런 이유로] 나가시니, 석가 씨가 이로부터 나시니.

[배경]

'기십'은 석가모니 전세겁의 조상 '평등왕'과 석가모니의 아버지 정반왕의 조상 '니루'에 대한 내용을 담고 있다.
바람이 물을 일으켜 지륜의 소관으로 옮으면서, 하늘과 땅이 옛 모양대로 되고, 하늘에서 복광음천이 내려와 사람이 되었다. 초기에는 기쁨과 광명만이 가득하고 남자와 여자의 구별이 없었다. 그 뒤로 먹을 것이 생기고 남자와 여자의 구별이 생기고 집을 짓고 살며, 아기를 낳으며, 성을 쌓아서 땅을 구분하여 맡게 되었다. 그때에는 벼에 쌀이 열리되, 아침에 벼를 베면 점심에 다시 자라 쌀이 열리고, 점심에 벼를 베면 저녁에 다시 나더니, 사람의 마음이 게을러진 이후로는 꺼풀도 생기고 죽는 벼도 있었다. 따라서 점점 각자의 몫을 정하더니 서로 욕심을 내 남의 것을 훔치는 일이 생기기 시작하였다. 그러나 옳고 그른 일을 판결할 사람이 없었으므로 모두 구담 씨를 평등왕으로 삼아 옳고 그른 일을 공평하게 판단하게 되었다.
석가모니의 아버지 정반왕의 백 대 조상 고마왕에게는 두 아내가 있었다. 첫째 부인은 아들 장생(長生)을 두되, 성질이 모질고 나빴으며, 둘째 부인에게는 맏아들 조목(照目)과 둘째 아들 총목(聰目)과 셋째 아들 조복상(調伏象)과 넷째 아들 니루(尼樓)가 있었는데, 모두 어질고 착하였다. 첫째 부인이 자기 아들 장생을 위하여 둘째 부인의 네 아들을 모두 내쫓았고, 네 명의 아들들은 어머니와 누이를 모시고 함께 설산 북쪽에 가서 살았다. 이들 가운데 넷째 니루의 후손이 석가 씨가 되었다.

[어절 분석]

①·즁衆싱生·이#②ᄃᆞ·톨·씨#뼝平:등等왕王·ᄋᆞᆯ#③:셰·ᅀᆞᄫᆞ·니#꾸瞿땀曇#:씨氏#그#·셩姓·이시·니
:겨지·비#④하·라·ᄂᆞᆯ#니尼륳樓ㅣ#·나·가시·니#·셕釋가迦#:씨氏#⑤·일로#·나시·니

44) 중생(衆生): 생명이 있고, 많은 법가(法假) 밑에서 사는 모든 생명체. 여기에서는 그중에서 '사람'만을 가리킴.
45) 평등왕(平等王): 염마왕(閻魔王)의 다른 이름. 죄복(罪福)의 업(業)을 공평하게 맡아보기 때문에 평등왕이라 함.
46) 니루(尼樓): 석가여래의 백 대 조상이 되는 고마왕(鼓摩王)의 둘째 부인의 넷째 아들.

[주석]

①·즁衆싱生·이

⇒ 즁싱(명사) + 이(주격조사)

◎ 남광우·성환갑(1978/1982: 39)에 따르면, 후기중세국어에서 한자로 표기된 '衆生'과 한글로 표기된 '즁싱'은 다음과 같이 그 의미가 구별되었다.

예) ㉮ 衆生: 모든 생명체, 즉 중생
㉯ 즁싱: 짐승
㉰ 즁싱(15세기~16세기) > 즘싱(15세기~19세기) > 즘승(16세기~19세기) > 짐승(19세기~현재)

『우리말샘』에 따르면, 현대국어 '짐승'의 후기중세국어 어형 '즁싱'은 불교 용어인 한자어 '衆生'에서 기원한 것으로서 본래 '살아 있는 모든 무리'를 가리켰으나, 한글로 표기된 '즁싱'은 한자어 '衆生'과는 별도의 어휘로 발전하여 '동물'로 그 의미가 축소되었다. 이미 15세기 문헌에서부터 '즁싱'과 함께 첫 음절의 모음이 'ㅡ'로 바뀌고 종성이 'ㅁ'으로 바뀐 '즘싱'의 형태가 나타났으며, 16세기에는 제2음절의 모음 'ㆎ'가 'ㅡ'로 바뀐 '즘승'이 나타난다. 근대국어 후기에 'ㅈ' 아래에서 모음 'ㅡ'가 'ㅣ'로 바뀌는 전설모음화에 따라 19세기에 현대국어 어형인 '짐승'이 등장하면서 현재에 이르렀다.

② ᄃᆞ·톨·씨

⇒ ᄃᆞ토-(동사 어간) + -ㄹ씨(연결어미)

◎ 'ᄃᆞ토-'는 'ᄃᆞ토-(15세기~19세기) > 다토-(18세기~19세기) > 다투-(19세기~현재)'의 과정을 거쳐 '다투-'의 어형으로 정착했다.

③ :셰·ᄉᆞᄫᆞ·니

⇒ [셔-(어근) + -이(사동 접사)]- + -ᄉᆞᆸ-(객체 높임의 선어말어미) + -(ᄋᆞ)니(평서형 종결어미)

◎ '셰-'는 동사 어근 '셔-'에 사동 접사 '-이-'가 붙은, '셔-'의 사동형이이고, '셰-'의 현대국어 어형은 '세우-'이다.

☞ 『표준국어대사전』에서는 '-이우-'를 하나의 사동 접사로 설명하고 있다. 이러한 설명에

따르면 '세우-, 씌우-, 재우-, 채우-, 태우-' 등은 각각 '서- + -이우-, 쓰- + -이우-, 자- + -이우-, 차- + -이우-, 타- + -이우-'로 분석할 수 있다. 이러한 배경에는 현대국어에서 사동 접사 '-이-'와 '-우-'가 여전히 생산적이라는 관점이 포함된 것으로 보인다. 그러나 이들 어휘의 통시적 변화상을 고려하면 이러한 설명은 적절하지 않다.

예를 들어, '세우-'의 경우는 '셔- + -이- > 셰- > 세- + -우- > 셰우- > 세우-'의 변천 과정을 겪었다. 즉, 통시적인 어형 변화의 경우를 고려하면 '서- + -이우-'의 분석은 적절하지 않다는 것이다.

'셔- + -이- > 셰-'의 과정을 거쳐 만들어진 사동형 '셰-'는 언중들에 의해 그 사동의 의미가 퇴색해지면서 오히려 '셰-'를 기본형으로 인식하게 되고, 따라서 사동형을 만들기 '셰-'에 사동 접사 '-우-'를 결합하여 새로운 사동형 '셰우-'를 만들게 된 것으로 보는 것이 적절할 듯하다. 결과적으로는 형태소 분석에 따르면 이중 사동형이 되었지만, 의미적으로는 단일 사동을 의미하는 것으로 보아야 할 것이다.

◎ '셰ᅀᆞᄫᆞ니'에 '-ᅀᆞᆸ-'가 사용된 이유는 '셰-'의 대상인 석가 씨의 조상 '뼝둥왕'을 높이기 위해서이다.

④ 하·라·ᄂᆞᆯ
⇒ 할-(동사 어간) + -아ᄂᆞᆯ(연결어미)

◎ 김진규(1995: 110)에서는 『월인천강지곡(月印千江之曲)』의 '할-'에 대해 '참소하다, 헐뜯다, 고자질하다(讒, 謗)'를 의미한다고 설명하였다. 그러나 『우리말샘』에서는 '할-'이라는 어형 대신 '할아-'라는 어형을 동일한 의미로 제시하고 있다.

예1) ㉮ 하로미 ᄌᆞ모 ᄀᆞᆽ도다 <初杜解 16:6b>
㉯ 물 효ᄀᆞᆫ 사라ᄆᆡ 하로미 能히 깁도다 <初杜解 21:35b>
㉰ 다ᄉᆞᆷ어미 朱氏 아비그에 하라 每常 쇠ᄯᅩᇰ ᄎᆞ이거늘 <三綱 孝17>

예2) ㉮ 如來 외다 ᄒᆞ샤ᄆᆞᆫ (중략) 고ᄅᆞ디 아니타 ᄒᆞ논 疑心과 할아ᄂᆞ니ᄅᆞᆯ <楞解 1:34b>
㉯ 시혹 大小便이 두터운 石蜜 ᄀᆞᆮᄒᆞ리니 戒律ᄋᆞᆯ 할아고 <楞解 9:111b>
㉰ 사ᄅᆞᄆᆡ 가ᄉᆞ멸며 귀호ᄆᆞᆯ 보고 브러ᄒᆞ며 할아미 올티 아니ᄒᆞ니라 <飜小 8:23b>

김진규(1995)에서는 예1)의 용례를 참고한 듯하고, 『우리말샘』에서는 예2)의 용례를 제시하고 있다. 따라서 어느 한 어형을 기본형으로 보는 것보다는 두 어형을 쌍형어 관계로 보는 것이 적절할 듯하다. 다만, '할아-'의 어형은 좀 더 고민할 필요가 있다.

후기중세국어 표기법이 일반적으로 음소적 표기법임을 감안하면 예2)의 '할아-'형은 '하라-'형으로 표기되어야 한다. 즉, '할아-'형은 '할'의 'ㄹ' 뒤에서 '가'의 'ㄱ'가 약화된 표기로 보아야 한다는 것이다. 따라서 후기중세국어 시기의 '참소하다, 헐뜯다, 고자질하다'의 의미를 갖는 어형은 '할-'과 '*할가-'의 'ㄱ' 약화 형태인 '할아-'라고 말할 수 있다.

⑤ ·일로

⇒ 이리(명사) + 로(부사격조사)

◎ '일로'와 관련하여 다음의 '일록'을 참고할 수 있다.

예) ㉮ 즁싱도 孝道홀쎠 일록 後에 疑心 마오 <月釋 2:13a>

㉯ 일록 후에 다시 서르 보면 <飜老 下73a>

위 예에 볼 수 있는 '일록'은 '이로부터'의 의미를 가지는 어휘이다. '일록'은 '일로'의 경우를 고려하면 '[이리(명사) + 로(부사격조사)] + ㄱ(강조의 첨사)'로 분석이 가능하다. 'ㄱ'는 구결 자료에서 볼 수 있는 '八(ㄱ)'의 훈민정음 표기로 파악할 수 있다. 구결의 '八'나 'ㄱ'는 모두 강조의 의미를 가지는 첨사로 알려져 있다. 따라서 '일록'에서 'ㄱ'를 제외하면 '일로'를 얻을 수 있으며, '일로' 또한, '이로부터'의 의미를 가진다고 할 수 있다. 실제 '일로 나시니'의 문맥 의미도 '니루가 나가시고, 석가 일족이 니루로부터 나오시니' 정도로 이해할 수 있다는 점에서 더욱 그러하다.

◎ 『고어사전』에서는 '일로'를 '이로'의 의미를 가진 대명사로 처리하고 있다. 그러나 '일로'에 대해 현대국어 어휘 '일로('이리로'의 준말)'를 고려하거나 후기중세국어 어휘 '이리'를 고려하면 하나의 단어로 처리하는 것보다는 '이리 + 로'로 처리하는 것이 타당할 듯하다. 물론 현대국어 어형을 기반으로 설명하는 것이 적절하지 않지만 후기중세국어 시기의 다른 부사들의 경우를 보더라도 '이리(부사)'가 후기중세국어 시기에 부사로만 전용되었다고 볼 수는 없다는 점에서 위의 분석은 적절할 것으로 보인다.

◎ 고영근(1987/2010: 187~191)에서는 부사 파생법에서 '뎌로, 나날로, 고대, 卽時예, 萬一에' 등은 '부사 + 부사 파생 접사(조사)'에 의한 어휘적 파생법으로, '진실로, 날로, 새로' 등은 '명사 + 부사 파생 접사(조사)'에 의한 통사적 파생법으로 설명하고 있다. 이러한 고영근(1987/2010)의 설명에 따르면 '일로'는 '이리(어근) + -로(부사 파생 접사)'에 의한 어휘적 파

생법으로 설명해야 한다. 그러나 후기중세국어에서 부사격조사 '로'가 생산적으로 쓰였다는 점에서 굳이 '로'를 부사 파생 접사로 설명하는 것이 타당한지는 의문이다.
여기에서는 '일로'를 위 분석대로 '이리(명사) + 로(부사격조사)'의 구성으로 보고자 한다.

[원문]

끵其·씹十·힗一
:댱長ᄉᆡᇰ生·인·붏不·숗肖ᄒᆞᆯ·씨·놈·이·나·아간·ᄃᆞᆯ·ᄇᆡᆨ百·셩姓·ᄃᆞᆯ·히·놈·ᄋᆞᆯ:다조·ᄎᆞ·니
니尼릏樓·는현賢ᄒᆞᆯ·씨·내·나·아간·ᄃᆞᆯ아47)·바:님·이:나·ᄅᆞᆯ·올타·ᄒᆞ시·니

[현대역]

장생48)은 불초49)하므로 남(둘째 부인의 네 아들)이 [나라 밖으로] 나간들 백성들이 남(둘째 부인의 네 아들)을 다 좇으니.
니루는 덕행이 뛰어나므로 "내(니루)가 [나라 밖으로] 나간 것을 아버님(고마왕)이 나(니루)를 옳다."고 하시니.

[배경]

고마왕의 첫째 부인이 낳은 아들이 장생인데, 어질지 못했다. 이에 반해 둘째 부인이 낳은 네 아들은 모두 어질고 총명하였다. 고마왕의 첫째 부인은 둘째 부인의 네 아들을 시기하여 왕에게 이들을 모함하여 쫓아낼 것을 요구하였다. 고마왕은 첫째 부인의 시기를 걱정하여 네 아들을 그냥 두면 화가 미칠 것을 염려하여 네 아들들에게 나라 밖으로 도망가라고 말하였다. 이에 네 아들들은 나라 밖으로 도망가는데, 나라 안 백성들이 장터로 가듯이 네 아들을 좇아갔다.
고마왕의 둘째 부인의 넷째 아들이 니루였는데, 매우 어질고 똑똑하였으나 첫째 부인의 시기로 인해 내쫓기는 신세가 되었다. 그러나 고마왕도 니루의 성품을 잘 알던 터이므로 나라 안에 머물다가 첫째 부인에 의해 화를 입는 것보다 오히려 니루가 나라 밖으로 도망가는 것이 옳다고 말씀하시었다.

---

47) <月印 上:5a>
48) 장생(長生): 고마왕과 첫째 부인 사이의 장남으로 성격이 완고하고 누추하며 외모는 천박했음.
49) 불초(不肖): 못나고 어리석음, 또는 그런 사람.

[어절 분석]

①:댱長ᄉᆡᆼ生·인#·붏不·숑肖ᄒᆞᆯ·ᄊᆡ#·ᄂᆞᆷ·이#②·나·아간·ᄃᆞᆯ#·ᄇᆡᆨ百·셩姓·ᄃᆞᆯ·히#·ᄂᆞᆷ·ᄋᆞᆯ#:다#③조·ᄎᆞ·니

니尼룽樓·는#ᅘᅧᆫ賢ᄒᆞᆯ·ᄊᆡ#④·내#·나·아간·ᄃᆞᆯ#⑤아·바:님·이#:나·ᄅᆞᆯ#·올타#·ᄒᆞ시·니

[주석]

① :댱長ᄉᆡᆼ生·인

⇒ [댱ᄉᆡᆼ(어근) + -이(명사 파생 접사)] + ㄴ(보조사)

◎ '-이'는 이름 뒤에 붙는 접미사이다. 현대국어에서 '영민이'의 '-이'와 같은 것으로, 자음으로 끝나는 체언 뒤에 붙는다.

② ·나·아간·ᄃᆞᆯ

⇒ [{나-(동사 어간) + -아(연결어미)} + 가-(동사 어간)]- + -ㄴᄃᆞᆯ(연결어미)

◎『고어사전』에 따르면, '나아가-'는 두 개의 단어로 구분된다. 하나는 [HHL]의 성조를 가지는 '나아가-'이고 다른 하나는 [LHL]의 성조를 가지는 '나아가-'이다. 전자는 '나가다'의 의미를 지니고 후자는 '나아가다'의 의미를 지닌다. 현대국어의 '나아가-'는 '나ᅀᅡ가- > 나아가-'의 변화를 거친 어형이며, ②의 '나아가-'는 후기중세국어 시기에 '나아가- > 나가-'의 음절 축약을 겪었고 그대로 현대국어의 '나가-'로 이어졌다.

◈ 후기중세국어 시기의 '-ㄴᄃᆞᆯ, -ᇙᄃᆞᆯ'에 대한 자세한 설명은 p.51을 참조.

③ 조·ᄎᆞ·니

⇒ 좇-(동사 어간) + -(ᄋᆞ)니(평서형 종결어미)

◎ '-(ᄋᆞ)니'는 체언의 마지막 음절의 모음이 양성모음 또는 음성모음인 것에 따라 '-(ᄋᆞ)니', '-(으)니'로 교체된다.

④ ·내

⇒ 나(대명사) + 이(주격조사)

◎ 후기중세국어 시기의 1인칭 대명사 '나', 2인칭 대명사 '너', 3인칭 대명사 '저', 3인칭 미지

칭 대명사 '누' 뒤에는 'ㅣ' 형태의 격조사가 붙었다. 그런데 이 시기의 주격조사 'ㅣ'와 관형격조사 'ㅣ'의 형태가 동일하였다. 따라서 형태로는 격을 구분할 수 없고, 방점에 따라 구분할 수 있었다.

'내, 네, 제'와 같이 평성의 방점이 사용된 경우의 격조사 'ㅣ'는 관형격의 기능을 수행하였고, '·내, :네, :제'와 같이 거성점이나 상성점이 사용된 경우의 격조사 'ㅣ'는 주격의 기능을 수행하였다. 다만, '뉘'는 'ㅣ'가 관형격일 때는 ':뉘'처럼 상성점이 쓰였고, 주격일 경우에는 '·뉘'처럼 거성점이 쓰였다.

이러한 성조에 의한 구별은 15세기 말부터 무너지기 시작하여 16세기 말 무렵에는 완전히 없어진 것으로 보인다.

⑤ 아·바:님·이

⇒ [{아비(명사) + 아(호격조사)} + -님(명사 파생 접사)] + 이(주격조사)

◎『우리말샘』에 따르면, '아바님'은 15세기 문헌(아바님 <龍歌 90>)에서부터 나타난다. '아바님'은 '아비'에 호격조사 '아'가 결합한 '아바'에 접미사 '-님'이 결합한 존칭어이다. '아바'는 '父'를 뜻하는 평칭의 호칭어로 또 다른 평칭의 지칭어인 '아비'와 쌍을 이룬다.

'아바'를 포함하고 있다는 점에서 '아바님'의 일차적인 기능은 호칭이었으나 지칭의 기능도 겸하였다. 존칭 체계에는 지칭 기능의 다른 친족 어휘를 두지 않은 것이 평칭 체계와 다른 점이다.

19세기까지는 문헌에 '아바님'만 나타나는데, 여기에서 제2음절 모음 'ㅏ'가 'ㅓ'로 바뀌어 현대국어의 '아버님'이 되었다. 18~19세기 문헌에는 '아바님'의 끝소리 'ㅁ'이 탈락한 '아바니' 형태도 보이나, 20세기 초를 지나면서 '아바니'는 자취를 감추었다. 이는 '아바니'가 평칭으로 쓰이게 되면서 19세기 새로 등장한 평칭어 '아바지 > 아버지'와 경쟁을 하다 도태되었기 때문으로 보인다.

[원문]

끵其·씹十·ᅀᅵ二

:보補·쳐處ㅣ ᄃᆞ외·샤듀ᇰ兜·ᄉᆔᇙ率텬天·에:겨·샤·씹十방方·셰世·개界·예·법法·을니ᄅᆞ·더시·니

·셕釋:죵種·이·쎵盛ᄒᆞᆯ·씨가迦이夷·귁國·에ᄂᆞ·리·샤·씹十방方·셰世·개界·예·법法·을:펴려·ᄒᆞ시·니

[현대역]

[선혜께서] 보처50)가 되시어 [이 세상에 내려오시기 전] 도솔천51)에 계시어(머무르시면서) 시방세계52)에 법을 이르시더니.

[가비라국에] 석종53)이 번성하므로 [선혜께서] 가비라국54)에 내려오시어 시방세계에 불법을 펴려 하시니.

[배경]

석가모니께서 부처가 되시기 아승기 겁 전의 이름은 선혜이셨다. 부처가 될 공덕이 가득하시어 보처가 되어, 도솔천에 머무르셨다. 그때의 이름은 성선(聖善) 또는 호명대사(護明大士)이셨는데, 모든 하늘을 위하여 설법하시다가 운(運)이 다 돌아온 뒤에야 세상에 내려가셔서 부처가 될 것이라고 하시었다.

그때에 육십 육억이나 되는 많은 하늘이 모여 부처를 내려보낼 땅을 의논하였으나 정하지 못하였다. 선혜께서 말씀하시기를 "염부제 가운데 가비라국이 있는데, 그 나라에 석가 씨가 가장 번성하고 감자 씨의 자손이며, 정반왕도 전생에 인연이 있으므로 그곳으로 내려가겠노라."라고 말씀하셨다.

[어절 분석]

:보補·쳐處ㅣ#①ᄃᆞ외·샤#둫兜·숋率텬天·에#:겨·샤#·씹十방方#·셰世·개界·예#·법法·을#②니ᄅᆞ·더시·니

·셕釋:죵種·이#·쎵盛ᄒᆞᆯ·씨#가迦이夷·귁國·에#ᄂᆞ·리·샤#·씹十방方#·셰世·개界·예#·법法·을#③:펴려#·ᄒᆞ시·니

---

50) 보처(補處): 앞의 부처가 이미 멸한 뒤에 성불하여 전불(前佛)의 자리를 깁는 것을 이름.

51) 도솔천(兜率天): 욕계육천(欲界六天)의 가운데 넷째 하늘. 야마천(夜摩天)의 위, 낙변화천(樂變化天)의 아래에 있다 함.

52) 시방세계(十方世界): 사방(四方: 동·서·남·북), 사유(四維: 북서·남서·남동·북동)와 상·하의 열 방향을 나타냄. 시간의 구분인 삼세(三世: 과거·현재·미래)까지를 통칭하여 전우주를 가리키기도 하며, 대승불교에서는 시방에 무수한 세계가 있으며, 그 안에는 수많은 부처가 두루 존재한다고 함.

53) 석종(釋種): 석가(釋迦)의 종족.

54) 가비라국(迦毗羅國): 범어 'Kapila-vastu'의 음역인 가비라바소도(迦毘羅婆蘇都)의 준말로, 가이라국(迦夷羅國), 가이국(迦夷國)이라고도 함. 석가모니의 탄생지이며 지금 네팔의 Tarai 지방임.

[주석]

① ᄃᆞ외·샤

⇒ ᄃᆞ외-(동사 어간) + -시-(주체 높임의 선어말어미) + -아(연결어미)

◎ 'ᄃᆞ외샤'는 'ᄃᆞ외- + -시- + -아'로 분석할 수 있다. 존경의 선어말어미는 후행하는 어미가 모음으로 시작하는 '-아, -오'이면 '-(ᄋᆞ/으)샤'로 교체된다. 이외에도 어미 '-아/-어, -오ᄃᆡ/-우ᄃᆡ, -옴/-움, -ᄶᅡ'와 결합된 활용형은 '-샤, -샤ᄃᆡ, -샴'으로 나타난다(안병희·이광호, 1990/2005: 223).

※ 후기중세국어 시기의 '-시-'의 형태

'-시-'가 활용할 때의 형태로는 '-시-'와 '-샤-'를 확인할 수 있다. 이러한 이형태에 대해서는 크게 세 가지 해석이 존재한다. 하나는 '-샤-'가 '-시-' 이전에 기원적으로 존재했을 가능성(허웅, 1961), 하나는 모음어미 앞에서 교체되는 것이다. 모음어미 앞에서 교체될 때 이것이 '-시-'와 모음어미의 축약으로 나타나는 형태인지, 아니면 모음어미라는 음운론적 환경에서 나타나는 이형태인지에 대해 이견이 존재한다.

'-샤-'가 '-시-'의 고형이었다는 관점은 허웅(1961)에서 확인할 수 있는데 이 논의에 따르면 역사적으로 '-시-'의 고형 '*-샤-'가 자음 어미 앞에서는 '-시-'로 변했으나, 모음 어미 앞에서는 여전히 '-샤-' 형태 그대로 유지되었다고 보았다. 이러한 연유로 15세기에 '-시-'와 '-샤-' 형태가 공존하여 나타났다고 하였다. 임동훈(1994: 145)에서는 이 논의에 공시적·통시적 문제가 존재한다고 지적한다. 15세기의 공시적 측면에서 '-샤-'가 기원적으로 '*-샤오-, *-샤아'에서 왔다면 15세기의 '-샤ᄃᆡ, -샴' 형은 그 형태 분석이 '-샤-(<-샤오-) + -ᄃᆡ', '-샤-(<-샤오-) + -ㅁ'으로 되어야 할 것인데, 이러한 분석은 용인하기 어렵다는 것이다. 또 하나는 통시적 측면에서 '*-샤-'를 '-시-'의 고형으로 설정할 수 있느냐 하는 문제가 있다고 지적한다. 이에 대한 근거를 향가에서 찾아 제시하였는데 15세기의 '-시-'에 해당하는 형태는 향가에서 '賜'로 표기되었다. 이 '賜'는 음독자로서 그 음가가 중고한음(中古漢音)에서 지섭(止攝)에 속하는 다른 한자들과 마찬가지로 그 주모음이 '-i'인 /*si/로 볼 수 있을 듯하여 '-샤-'라는 근거는 찾기 어렵다는 점을 들고 있다.

안병희(1963)와 허웅(1975/1995)에서는 '-샤-'를 '-시-'의 이형태로 파악하였다. 이들에 따르면 '-시-' 뒤에 어미 '-아/-어', '-오-/-우-'가 오면 '-시-'는 '-샤-'로 교체되고 후행하는 어미가 없어져서 무형의 변이 형태를 취하게 된다. 이는 '시→샤/___아/어, 오/우'와 같이 도식화할 수 있으며 이때 후행 모음은 'Ø'가 된다. '-샤-'를 '-시-'의 이형태로 보는 근거는 음운론적 환경이 동일한 어간의 활용형과 다른 형태로 나타나기 때문이다. 15세기의 '다히-, 말이-, 주기-, 너기-' 등과 '-아/-어'의 활용형은 '다혀, 말여, 주겨, 너겨' 등으로 나타나는데 이와는 달리 '-시- + -아'는 '-샤-'로 나타나 축약형이라고 볼 수 없다는 것이다. 어간 말음이 '이'인 다른 용언과 마찬가지로 '-시-' 뒤에는 '-어'가 오는 것이 일반적이라고 보기 때문이다.

고영근(1987/2010: 139)에서는 '-샤-'는 모음어미 앞에서 실현되며 '가샤'는 '가샤아'에서 연결어미 '-아'가 탈락된 것으로 보았다. 고영근(1987/2010: 139~140)에서는 종전에는 '샤'를 '-시-'와 '-아(-), -오(-)'의 결합으로 해석하였고 최근에는 '-오(-)'의 이형태로서 '-아(-)'를 세워 '샤'를 설명하는 일에 대해 비판을 가했다. 이러한 해석은 후기중세국어의 일반적인 '시'의 음운현상에 어긋난다는 것이다. 이른바 존재사 '이시-'가 어미 '-아, -옴, -오듸, -오라'와 결합되면 '*이샤, *이샴, *이샤듸, *이샤라'가 되지 않고, '이셔, 이숌, 이쇼듸, 이쇼라'로 바뀌는 것을 보면 '-시- + -아, -오 → -샤'라는 방식의 설명에 무리가 있다고 보았다.

안병희·이광호(1990/2005: 223)에서는 '-시-'에 후행하는 어미가 '아, 오'로 시작하면 '-(ᄋ/으)샤-'로 교체된다고 파악하였다. 어미 '-아/-어', '-오듸/-우듸', '-옴/-움' 등의 어미가 '-시-'에 후행할 때 어미의 모음은 축약되거나 탈락되어 '-샤, -샤듸, -샴' 등으로 나타난다고 보았다.

임홍빈(1980)에서는 '-시-'의 이형태 문제를 선어말어미 '-오-'의 이형태와 관련하여 설명하고 있다. 안병희(1963)에서의 논의는 '-시-'를 '-샤-'로 교체시키는 후행 모음 어미의 두음은 필수적으로 사라지기 때문에 추상적인 존재로 설정된다는 한계가 있다. 또한 이기문(1961/1998)에서처럼 '-시- + -오-/-우-'가 '-샤-'가 된다는 설명은 15세기의 공시적 음운론의 질서에 위배되므로 이를 극복할 방안으로 선어말어미 '-오-'의 이형태 '-아-'를 설정한 것이다. 그러나 위와 같은 설명은 그 근거로 삼은 '-과라'형의 분석이 문제가 된다. 즉, '-아-'가 '-오-'의 이형태라는 근거를 찾기가 어렵다는 문제점을 내포하고 있다.

② 니르·더시·니

⇒ 니르-(동사 어간) + -더-(시상의 선어말어미) + -시-(주체 높임의 선어말어미) + -니(평서형 종결어미)

◎ 주체 높임의 선어말어미 '-시-'는 객체 높임의 선어말어미 '-숩-'이나 시상의 선어말어미 '-거-, -더-'에 후행하지만 다른 어미보다는 선행한다(예: ᄒᆞ거시니, ᄒᆞ숩더시니, ᄒᆞ샤, ᄒᆞ샴 등). 시상의 선어말어미 '-거-, -더-'와의 배열이 뒤바뀌는 현상은 이미 15세기 국어에 나타나지만 '-시거-, -시더-'로 굳어진 것은 근대국어에서의 일이다. 이와 연관된 변화는 교체와 형태소 배열에 관한 것으로, 후기중세국어 말에 '-샤-'가 소멸되고 겸양의 선어말어미 '-숩-'과 시상의 선어말어미 '-거-, -더-'와 배열을 바꾼 것에 국한될 뿐이다(안병희·이광호, 1990/2005: 223～224).

※ 후기중세국어 시기의 '-시-'의 통합순서

'-시-'는 일반적으로 '-숩-', '-거-', '-더-'에 후행하여 통합한다. 다만 '-거-', '-더-'와 통합할 때 그 순서가 일정하지 않은 모습을 보여준다. 대표적으로 '-거늘', '-거든'과 통합할 때 '-시-'가 '-거-'에 선행하기도 하고 후행하기도 하는데 '-거-'에 후행하는 경우, 즉 '-거시늘', '-거시든'과 같이 통합할 때 이들의 분석이 문제가 된다. 고영근(1981/2011: 50)에서는 '-거늘', '-거든'을 하나의 어미로 보되 '-시-'와 통합하는 경우 '-거시늘', '-거시든'과 같은 형태를 구성하게 되는데 이러한 '-거늘', '-거든'을 '불연속 형태'라는 용어를 사용하여 이 문제를 해소하고자 하였으나, '형태소'의 정의를 생각한다면 '불연속 형태'라는 개념에 대해서는 재고가 필요하다.

③ :펴려
⇒ 펴-(동사 어간) ＋ -오려(연결어미)

◎ '-려'는 현대국어에서와 같이 '의지'나 '의향'을 나타내는 어미이다. 후기중세국어에서는 아래와 같이 항상 '-오-/-우-'를 수반하는 특징이 있다(안병희·이광호, 1990/2005: 254).

예1) ㉮ 올모려 님금 오시며 <龍歌 16>
㉯ 世亂ᄋᆞᆯ 救호려 나샤 <龍歌 29>

그런데 위의 예와는 달리 본문의 '펴려'에는 '-오-/-우-'의 형태가 보이지 않는다. 한편 '펴-'가 '-오-/-우-'를 취할 때에는 '-오-/-우-'가 바로 붙지 않고, 어간이 상성으로 변한다.

예2) ㉮ 伸ᄋᆞᆫ 펼 ·씨·라 <訓諺 2a>
㉯ 큰 威光을 ·펴·샤 <月釋 序:7a>

예2)에서 '펴-'는 평성이 되거나 거성이 되는데, '-오-/-우-'를 취한 형태는 다음과 같이 상성(:)을 취한다(허웅·이강로, 1962/1999: 45~46).

예3) ㉮ 말 :펴·몰 <永嘉 上:13b>
㉯ 구브며 :펴미 <初杜解 16:24b>

따라서 ':펴려'의 성조를 감안하면 '펴- + -오려'로 분석할 수 있다.

[원문]

55)끵其·씹十삼三
:오五쉬衰:오五·쒸瑞·롤:뵈·샤염閻뿡浮뗴提·나·시릴·씌져諸텬天·이:다ᄎᆞ기너·기·니
·법法뙁幢·법法·쾽會·롤:셰·샤텬天신人·이모·ᄃᆞ릴·씌져諸텬天·이:다깃ᄉᆞ·ᄫᆞ·니

[현대역]

[선혜께서] 오쇠56)와 오서57)를 보이시어 염부제58)에 나시려 하시매 제천59)이 모두 측은히 여기니.
[선혜께서] 법당60)과 법회를 세우시어(여시어) 천인이 [장차] 모일 것이므로 제천이 모두 기뻐하니.

[배경]

선혜께서 보처(補處)로서 설법하시다가 운이 다 되어 장차 염부제 가운데 가비라국의 석가 씨 가문에 태어나시려 할 때, 그 조짐으로 다섯 가지의 쇠상이 나타났다. 이때, 모든 하늘을 관장하는 신불이 선혜께서 염부제에 내려가시지 말고 오래 계시기를 간청드렸고, 제천이 이를 측은히 여겼다. 이에 선혜께서는 하늘과 땅에 염부제에 내려가실 다섯 가지 쇠상을 보이시며 다음과 같이 말씀하셨다.

---

55) <月印 上:5b>

56) 오쇠(五衰): 천인이 세상을 떠날 무렵 나타나는 다섯 가지 쇠상. 곧 머리에 있는 꽃이 시들고, 겨드랑이 아래에서 땀이 나며, 몸에서 냄새가 나고, 옷에 때가 묻고, 본좌(本座)를 즐기지 않는 것 등을 말함.

57) 오서(五瑞): 좋은 일이 있을 조짐을 보이는 다섯 가지 상서(祥瑞). 곧 광명이 대천세계(大千世界)를 비추며, 땅이 열여덟 상(相)으로 움직이며, 마왕궁(魔王宮)이 가리어지며, 해와 달과 별이 다 밝지 아니하며, 팔부(八部)가 모두 놀라는 일.

58) 염부제(閻浮提): 수미산 밖 함수(鹹水) 바다의 남쪽에 있는 섬의 이름. 곧 인간 세상을 가리킴.

59) 제천(諸天): 모든 하늘. 불교에서는 하늘이 여덟으로 되어 있는데, 그 여러 하늘은 마음을 수양하는 경계를 따라서 나뉘어 있으며, '제천'은 이 여덟의 모든 하늘을 말함.

60) 법당(法幢): 묘법(妙法)이 높이 솟음이 깃발이 높이 솟음과 같다는 뜻에서 이르는 말. 또는 맹장(猛將)이 당기(幢旗)를 세우듯이 불보살의 설법이 능히 마군(魔軍)을 항복하고 승리를 거둠의 비유.

"내가 장차 석가 씨의 가문에 태어나 출가하여 부처가 되어 큰 법당을 세우고 큰 법회를 열어 천인을 모두 청할 것이니, 너희들도 법식을 먹게 될 것이다."
이 말을 들은 제천이 기뻐하였다.

[어절 분석]

:오五쉬衰#:오五·쒸瑞·ᄅᆞᆯ#①:뵈·샤#염閻뿧浮뗴提#②·나·시릴·씨#져諸텬天·이#:다#ᄎᆞ기#너·기·니
·법法뙁幢#·법法·ᅘᅬᆼ會·ᄅᆞᆯ#③:세·샤#텬天ᅀᅵᆫ人·이#②몯·ᄃᆞ릴·씨#져諸텬天·이#:다#④깃ᄉᆞ·ᄫᆞ·니

[주석]

① :뵈·샤
⇒ [보-(어근) + -이(사동 접사)]- + -시-(주체 높임의 선어말어미) + -아(연결어미)

◎ 본문의 '뵈-'는 사동사인 것으로 해석할 수 있다. '뵈-'가 사동사로 쓰인 용례는 아래와 같다.

예1) ㉮ 本願威力으로 알ᄑᆡ 뵈샤 일후믈 잠ᄭᅡᆫ 들이시면 <釋譜 9:14b>
㉯ 閻浮에 ᄂᆞ려 나샤 正覺 일우샤ᄆᆞᆯ 뵈샤 <月釋 序:6a>

후기중세국어의 사동사 '뵈-'에 대응하는 현대국어 형태는 '보이-'인데, 이때 사동사 '보이-'는 'A에게 B를', 'A에게 B를 C를'과 같은 문장 성분을 필요로 한다. 다음의 현대국어의 용례에서 전자의 구조는 ㉮~㉱, 후자는 ㉲에 해당한다.

예2) ㉮ 그는 나에게 사진첩을 보였다.
㉯ 친구에게 영화를 보였다.
㉰ 회의 분위기가 이상해지자 회장은 그만하자는 눈치를 보였다.
㉱ 나 때문에 식구들에게 욕을 보이고 싶지 않다.
㉲ 미리 점찍어 둔 아가씨에게 아들을 선을 보였다.

② ·나·시릴·씨 / 몯·ᄃᆞ릴·씨
⇒ 나-(동사 어간) + -시-(주체 높임의 선어말어미) + -ㄹ씨(연결어미)
몯-(동사 어간) + -(ᄋᆞ)리-(추측의 선어말어미) + -ㄹ씨(연결어미)

◎ '-ㄹᄊᆡ'는 과거에는 '-ㄹ(관형사형 어미) # *ᄉᆞ(의존명사) + ᄋᆡ(원인의 부사격조사)'로 분석하였다. 그러나 의존명사 '*ᄉᆞ'가 문증되지 않는다는 점에서 이러한 분석에 대해 문제점이 제기되었고, 근래에 와서는 '-(으)ㄹᄊᆡ'를 하나의 어미로 처리하고 있다. 다만, '-(으)ㄹᄊᆡ'를 하나의 어미로 처리하는 의견에서도 '-ㄹᄊᆡ'는 통시적으로 '-ㄹ(관형사형 어미) # *ᄉᆞ(의존명사) + ᄋᆡ(원인의 부사격조사)'의 구성에서 온 것으로 본다.

◎ '몯- + -(ᄋᆞ)리- + -ㄹᄊᆡ'의 분석과 마찬가지로, 후기중세국어 시기에는 '-리-'와 '-ㄹᄊᆡ'과 결합된 형태를 아래의 용례 ㉮~㉱와 같이 빈번하게 볼 수 있지만 현대국어에서는 ㉲와 같이 '-리-'가 결합되지 않는다.

예) ㉮ 赤帝 니러나시릴ᄊᆡ <龍歌 22>
㉯ 부텨 겨지블 調御ᄒᆞ시ᄂᆞ다 ᄒᆞ면 尊重티 아니ᄒᆞ시릴ᄊᆡ <釋譜 9:3b>
㉰ ᄒᆞ나히 어디러 즈믄 사ᄅᆞᄆᆞᆯ 당ᄒᆞ릴ᄊᆡ 千子ㅣ라 ᄒᆞᄂᆞ니라 <月釋 1:28a>
㉱ 沙彌ᄂᆞᆫ … 慈悲ㅅ 힝뎌글 ᄒᆞ야ᅀᅡ ᄒᆞ릴ᄉᆡ 沙彌라 ᄒᆞ니라 <釋譜 6:2b>
㉲ 천인이 모일 것이므로

③ :셰·샤
⇒ [셔-(어근) + -이(사동 접사)]- + -시-(주체 높임의 선어말어미) + -아(연결어미)

◎ 현대국어의 '세우-'는 15세기에 '셰오-(예: 셰오져 ᄒᆞ노이다 <釋譜 24:24a>)', 16세기에 '셰우-(예: 豎 竪 셰울 슈 <類合 下:54a>)'로 나온다. 물론 15세기에서는 '세우-'의 뜻으로 '셰-' 또는 '셔이-'도 쓰였다. 이 '셰-' 또는 '셔이-'는 동사 어간 '셔-(立)'에 사동 접미사 '-이-'가 결합한 어형이다. '셰-', '셔이-'는 17세기까지도 그 예가 보인다. 이 '셰-', '셔이-'를 대체하여 나타난 어형이 '셰오-' 또는 '셰우-'이다. 16세기 문헌인 『신증유합(新增類合)』에 '셰-'와 '셰우-'가 함께 나타나는 것을 보면 16세기가 '셰-'의 '셰우-'로의 교체기인 것으로 추측할 수 있다. '셰오-'와 '셰우-'는 사동사 어간 '셰-'에 다시 사동 접미사 '-오-/-우-'가 개재된 어형이다. '셰오-'는 17세기에 '세오-(예: 세오디 말라 <譯解 下:49a>)'로 표기된 경우도 있지만 19세기까지 그 어형이 유지했으며, 20세기 초까지도 그 어형이 보인다.

◎ '셰-'는 '셔-'에 사동 접사 '-이-'가 붙은, '셔-'의 사동형이다. 그런데 '셰-'의 현대국어 어형은 '세우-'이다.
『표준국어대사전』에서는 '-이우-'를 하나의 사동 접사로 설명하고 있다. 이러한 설명에 따르면 '세우–, 씌우–, 재우–, 채우–, 태우–' 등은 각각 '서- + -이우–, 쓰- + -이우–, 자- + -이우–, 차- + -이우–, 타- + -이우–'로 분석할 수 있다. 이러한 배경에는 현대국어에서 사동 접사 '-이-'와 '-우-'가 여전히 생산적이라는 관점이 포함된 것으로 보인다. 그러나 이러한 어휘의 통시적 변화상을 고려하면 이러한 설명은 적절하지 않다.
예를 들어, '세우–'의 경우는 '셔- + -이- > 셰- > 셰- + -우- > 셰우– > 세우–'의 변천 과정을 겪었다. 즉, 통시적인 어형 변화의 경우를 고려하면 '서- + -이우'의 분석은 적절하지 않다는 것이다.
'셔- + -이- > 셰-'의 과정을 거쳐 만들어진 사동형 '셰-'는 언중들에 의해 그 사동의 의미가 퇴색해지면서 오히려 '셰-'를 기본형으로 인식하게 되고, 따라서 사동형을 만들기 '셰-'에 사동 접사 '-우–'를 결합하여 새로운 사동형 '셰우–'를 만들게 된 것으로 보는 것이 적절할 듯하다. 결과적으로는 형태소 분석에 따르면 이중 사동형이 되었지만, 의미적으로는 단일 사동의 의미를 가진 것으로 보아야 할 것이다.

④ 깃ᄉᆞ·ᄫᆞ·니
⇒ 깄-(동사 어간) + -ᄉᆞᆸ-(객체 높임의 선어말어미) + -(ᄋᆞ)니(평서형 종결어미)

◎ 후기중세국어의 '깃-'은 동사로 '기뻐하다'를 의미한다. 후기중세국어 시기에 '기뻐하다'를 의미하는 동사 '깃-'에 형용사 파생 접사 '-브-'가 붙어 형용사 '깃브-'가 만들어졌다. 동사 '깃-'은 현대국어로 오면서 소멸되었고, '깃브-'는 '깃브- > 기쁘- > 기쁘-'의 과정을 거치면서 '기쁘-'의 형태가 되었고, '기쁘- + -어 # 하-'의 구성에 의해 새로운 동사 '기뻐하-'가 만들어졌다. '깄-'은 모음으로 시작하는 어미 앞에서는 '깄-'으로, 단독형이거나 자음으로 시작하는 어미 앞에서는 '깃-'으로 교체되었다.

◎ 여기에서 제천이 기뻐하는 것은 '부처가 법당 법회를 세워서 천인을 모은 것'에 대한 것이다. 즉, 제천이 기뻐하는 대상이 부처의 행동이므로 객체 높임의 선어말어미가 쓰였다.

[원문]

끵其·씹十·ᄉᆞ四
·붏沸셩星도·돓·제·ᄇᆡᆨ白:썅象·ᄋᆞᆯ·ᄐᆞ시·니[61]·힛광光명明·을:뻬시·니이·다
텬天·악樂·ᄋᆞᆯ·쥴奏커·늘져諸텬天·이조ᄍᆞ·ᄫᆞ·니하·ᄂᆞᆳ고·지드·르·니이·다

61) <月印 上:6a>

[현대역]

불성[62]이 돋을 때에 흰 코끼리를 타시고 해의 광명을 꿰뚫으셨습니다(해와 같은 광명을 드리우셨습니다).

천악을 아뢰거늘, 모든 하늘이 [뒤를] 좇으니 하늘의 꽃이 떨어졌습니다.

[배경]

선혜께서 도솔천에 계시다가 중국 주소왕(周昭王) 25년 7월 15일 불성이 돋을 무렵에 현세에 내려오실 때, 어금니 여섯 개를 가진 흰 코끼리를 타고 도솔궁으로 와 마야부인[63]의 태 안으로 들어갔다.

그때 온 세상에 광명이 가득하였으며 모든 제천이 배웅하며 풍류, 곧 천악을 아뢰고 꽃을 뿌리니 현란하기 그지없었다.

[어절 분석]

·붏沸셩星#①도·ᄃᆞᇙ#·제#·ᄇᆡᆨ白:쌰ᇰ象·ᄋᆞᆯ#·ᄐᆞ시·니#②·ᄒᆡᆺ#광光명明·을#:ᄢᅦ시·니이·다

텬天·악樂·ᄋᆞᆯ#·ᄌᆕᇢ奏커·늘#져諸텬天·이#③조ᄍᆞ·ᄫᆞ·니#②하·ᄂᆞᆶ#고·지#④드·르·니이·다

[주석]

① 도·ᄃᆞᇙ#·제

⇒ 돋-(동사 어간) + -(ᄋᆞ)ᇙ(관형사형 어미) # 제(명사)

◎ 전청 계열의 'ㆆ'는 현대에 쓰이지 않을 뿐더러 후기중세국어에서도 그 쓰임이 극히 제한되어 있었다. 관형사형 어미 '-ㄹ' 아래 쓰이거나(예: 니르고져 ᄒᆞᇙ 배), 사잇소리로 쓰이거나(예: 快ㆆ字), 때로는 동국정운식 교정음인 영모(影母, 예: 音ᅙᅳᆷ)로도 표기되었다. 그리고 'ㄹ'에 입성의 효과를 주기 위한 이영보래(以影補來)의 표기(예: 不붏)로도 쓰였다.

한편, 고영근(1987/2010: 17)에서는 관형사형 어미 '-ㄹ' 아래에서 사용된 'ㆆ'는 된소리부호의 기능을 표시했던 것으로 보았다. '도라오싫 제'에서 'ㆆ'가 제거되면 뒤의 초성이 '쩨'와 같

62) 불성(沸星): 보사(補沙), 불사(弗沙) 등으로 기록되며 불교에서 이십팔수(二十八宿) 중 귀성(鬼星)을 이르는 말로, 석가여래의 성도(成道)와 출가가 모두 2월 8일 귀수(鬼宿)가 어우러질 때 이루어졌으므로 상서로운 별로 여김.

63) 마야부인(摩耶夫人): 석가모니를 낳은 어머니. '마야(摩耶)'는 범어 'Māyā'를 음사한 것으로, '마하마야(摩訶摩耶, 대마야라는 뜻)'라고도 존칭하며, '대환(大幻)·대술(大術)·대지모(大智母)·천후(天后)'라고도 번역함. 마야부인은 석가모니 출산 후 7일 만에 타계했다고 전해짐.

이 각자병서로 나타난다는 점이 된소리 부호라는 사실을 더 강하게 뒷받침한다고 하였다. 반면 이익섭(1992)에서는 이 시기의 'ㆆ'를 단순한 된소리 부호가 아닌 성문 파열음 '/ʔ/'으로 파악하였다.

※ 15세기의 관형사형 어미 '-ㄹ' 또는 '-ㅭ'과 후행요소의 결합 형태

'이슗 저긔 <釋詳 6:7a>'와 동일한 구성이지만 표기에서 차이를 보이는 용례가 있다. 즉, '이슗 저긔'에서는 '-ㅭ + 적'으로, '받ᄌᆞᄫᆞᆯ 쩌긔'에서는 '-ㄹ + 쩍'으로 표기된 것이 차이점이다. 이와 같은 표기는 동일한 구 구성이라는 점에서 '-ㅭ + 평음'과 '-ㄹ + 각자병서'와의 관계를 음가와 관련하여 이해할 수 있다. 다만 이러한 표기가 『원각경언해(圓覺經諺解)』 이후에는 '-ㄹ + 평음'으로 그 표기 방식이 단일화된 것을 문제 삼을 수 있다. 김유범(1999)에서는 15세기의 관형사형 어미 '-ㄹ'와 후행요소의 결합이 다음과 같이 세 가지 형태로 나타난다고 하였다.

예) ㉮ -ㄹ + 전청자
㉯ -ㅭ + 전청자
㉰ -ㄹ + 전탁자(각자병서자)

이 중 ㉮ 유형은 『원각경언해』(1465) 이후의 문헌들에서 나타나며, 『원각경언해』 이전의 문헌들은 ㉯ 유형과 ㉰ 유형이 공존하는 양상을 보인다. 김유범(1999)에서는 이 중에서 ㉯ 유형과 ㉰ 유형은 관형사형 어미 '-ㄹ' 뒤에서 경음화가 진행된 상황을 표기하는 것으로 판단하였다. 김유범(1999)를 비롯한 기존의 논의들에서는 '-ㅭ + 평음', '-ㄹ + 각자병서'를 근거로 들어 각자병서의 음가가 경음이라는 점을 뒷받침하고자 하였다.

이에 반해, 신승용(2007: 416)에서는 'ㅭ'의 'ㆆ'의 소멸이 각자병서의 폐기와 함께 이루어진 사실에 주목하여 '-ㅭ + 평음'과 '-ㄹ + 평음'이 무관하다고 보기는 어렵다고 하였다. 신승용(2007)에서는 각자병서의 폐기는 단순한 문자의 폐기일 뿐이며, '-ㅭ + 평음', '-ㄹ + 각자병서'가 모두 '-ㄹ + 평음'으로 대체되었다는 사실로 각자병서의 경음설에 대한 반론 가능성을 제기하였다. 결과적으로 신승용(2007)에서는 '-ㅭ + 평음', '-ㄹ + 각자병서', '-ㄹ + 평음'의 표기는 동일한 음운론적 사실의 서로 다른 이표기형으로 파악하였다.

☞ 이 책에서는 '-ㅭ'을 하나의 형태소로 보고자 하며, 관형사형 어미로 기술한다.

② ·ᄒᆡᆺ#광光명明·을 / 하·ᄂᆞᆳ#고·지
⇒ ᄒᆡ(명사) + ㅅ(관형격조사) # 광명(명사) +을(목적격조사)
하ᄂᆞᆯ(명사) + ㅅ(관형격조사) # 곶(명사) + 이(주격조사)

◎ 기존 논의들에서는 대부분 ②의 'ㅅ'를 사이시옷으로 처리하고 있다. 물론 후기중세국어의 명사 간의 'ㅅ'를 관형격조사로 판단할지 아니면 사잇소리로 판단할지는 매우 어려운 일이다. 다만 현대국어에서 '*햇광명, *하늘꽃'과 같은 합성어가 존재하지 않는다는 점에서 여기에서는 'ㅅ'를 모두 관형격조사로 처리하고자 한다.

③ 조ᄍᆞ·ᄫᆞ·니
⇒ 좇-(동사 어간) + -ᄉᆞᆸ-(객체 높임의 선어말어미) + -(ᄋᆞ)니(연결어미)

◎ 『고어사전』에서는 '좇ᄌᆞᆸ-'을 하나의 동사 어간으로 제시하고 있다. 그러나 후기중세국어 시기에 '좇-'과 '-ᄌᆞᆸ-'이 생산적으로 쓰였다는 점에서 '좇ᄌᆞᆸ-'을 하나의 어간으로 볼 수는 없다. '좇ᄌᆞᆸ-'을 하나의 동사 어간으로 제시하는 원인은 '좇ᄌᆞᆸ- > 조ᄍᆞ-'으로의 표기를 설명하기 어렵다는 점에서 연유하는 듯하다. 그러나 이와 관련하여 '노ᄊᆞᆸ고 <釋譜 9:22b>, 저ᄊᆞᄫᆞ늘 <龍歌 61>'를 참고할 수 있다. 각각은 '놓- + -ᄉᆞᆸ- + -고', '젛- + -ᄉᆞᆸ- + -고'로 분석되는데, 어간 말음 'ㅎ'가 '-ᄉᆞᆸ-'의 초성에 연음되어 'ㅆ'로 표기되었다. 이러한 'ㅎ + ㅅ > ㅆ'의 표기는 'ㅎ'와 'ㅅ'가 모두 마찰음이라는 공통성을 지닌 것에서 연유한 것으로 볼 수 있다. 따라서 '좇-'의 말음 'ㅊ'가 'ㅎ'와 동일하게 유기음이면서 마찰의 과정을 거쳐 조음된다는 점에서 '좇-'의 'ㅊ'가 '-ᄉᆞᆸ-'의 'ㅅ'와 연음되어 'ㅆ'으로 표기된 것으로 추측할 수 있다. 김주필(1988:215～216)에 따르면, 어간 말음 'ㅎ'는 'ㄷ'로 중화될 것이 예상되지만, '-ᄌᆞᆸ-'이 아닌 '-ᄉᆞᆸ-'을 취하고 'ㅅ'으로 표기된다. 또한 김주필(1988)에서는 후기중세국어 음절말의 'ㅈ, ㅊ'가 'ㅅ'와 달리 [t˺]로 중화되었을 것으로 가정하면서, 이러한 가정은 'ㅈ, ㅊ'로 끝나는 용언의 어간에 '-ᄌᆞᇦ-'가 통합된다는 사실과 이들의 통합에서 'ㅅ'와 'ㄷ'의 혼기도 하나의 근거가 된다고 보고 있다. 한편 15세기 문헌에서 음절말 표기 'ㅅ'와 'ㄷ'는 엄격하게 구별되었지만 'ㅎ'로 끝나는 용언 어간은 'ㅅ' 앞에서는 'ㅅ'로, 'ㄴ' 앞에서는 'ㄷ'나 'ㄴ'로 표기되는데, 이러한 모습은 음절말 'ㅎ'의 음성적 특성, 즉 8종성법 내에서 음절말 'ㅎ'에 대한 표기가 고정되지 않았고, 뒤에 오는 음에 따라 다양하게 변이하는 'ㅎ'의 음성적 특징과 관련지어야 한다고 보았다.

한편 '좇-'이 말음 'ㅊ'를 포함하여 표기되는 용례(예: 좇ᄌᆞᄫᆞ니 <龍歌 55>)가 『용비어천가(龍飛御天歌)』에서만 나타난다는 점이 문제이다. 『용비어천가(龍飛御天歌)』는 『훈민정음(訓民正音)』 해례의 표기 원칙인 '종성부용초성'에 따라 어형을 밝혀 적었고, 『용비어천가(龍飛御天歌)』를 제외한 다른 문헌에서는 '좇-'의 종성이 'ㅊ'로 나타나지 않는다. 즉, 『용비어천가(龍飛御天歌)』를 제외한 다른 문헌에서는 '좇-'이 '졷-, 좃-' 등으로 표기된다는 점을 고려하면, '좃- + -ᄌᆞᆸ- + -(ᄋᆞ)니'의 구성에서 '좃-'의 말음 'ㅅ'가 'ᄌᆞᆸ'의 초성 'ㅈ'와 연음되어 'ㅉ'로 표기된 것으로 이해해야 할 것이다.
허웅·이강로(1962/1999: 49)에서는 본문의 '조ᄍᆞᄫᆞ니'에 대해 '좇ᄌᆞᄫᆞ니'의 표음적 표기법으로 설명하고 있다.

◎ '하얀 코끼리를 타시고 내려오시는 부처'를 높이므로 객체 높임의 선어말어미 '-ᄌᆞᇦ-'가 쓰였다.

④ 드·르·니이·다
⇒ 듣-(동사 어간) + -(으)니이다(평서형 종결어미)

◎ '듣-'은 '떨어지다'의 의미를 가지는 동사로 '들-'은 '듣-'의 'ㄷ' 불규칙 활용형이다.

◎ 후기중세국어의 상대높임의 화계는 'ᄒᆞ라 < ᄒᆞ야쎠 < ᄒᆞ쇼셔'의 순서이다. 'ᄒᆞ쇼셔'는 후기중세국어에 상대편을 매우 높이는 종결형으로, 평서형은 선어말어미 '-이-'에, 의문형은 선어말어미 '-잇-'에 기대어 표시하였다.

◈ 후기중세국어 시기의 서법과 시제에 대한 자세한 설명은 p.54를 참조.

[원문]

끠其·씹十:오五
마摩야耶ㅅ·솞안·해:웋右·협脇·으·로·드·르시·니밧·긧그르·메륭瑠리璃·ᄀᆞᆮ·더시·니
·쪙淨·뻔飯·이무·러시·늘졈占:쟈者ㅣ·판[64]判·ᄒᆞ·ᅀᆞᄫᆞ·ᄃᆡ·셩聖:ᄌᆞ子ㅣ·나·샤·졍正·각覺일·우시·리

64) <月印 上:6b>

[현대역]

마야(마야부인)의 꿈 안에 [선혜가] 우협[65]으로 드시니(들어오시니) 밖의 그림자가 유리와 같으시더니.

정반(정반왕[66])이 [길흉을] 물으시매 점쟁이가 판단하기를 성자(성스러운 아들)가 나시어 정각[67]을 이루시리.

[배경]

마야부인께서 꿈을 꾸셨는데 부처가 백상을 타시고 자기의 오른쪽 겨드랑이로 들어오시는데 그림자가 마치 유리와 같이 투명하였다.

마야부인께서 다음날 남편인 정반왕께 꿈 이야기를 했더니, 정반왕께서 점장이를 불러 해몽을 명하니, 점쟁이가 말하기를, 성자가 나시어 윤왕[68]이 되실 것이니 출가하면 정각을 이루실 것이라고 말했다.

[어절 분석]

①마摩야耶ㅅ#·ᄭᅮᆷ#안·해#:ᅌᅮᇢ右·협脇·으·로#②·드·르시·니#③밧·긧#그르·메#류ᇢ瑠리璃#④·ᄀᆞᆮ더시·니

·쪙淨·뻔飯·이#⑤무·러시·ᄂᆞᆯ#졈占:쟈者ㅣ#·판判·ᄒᆞ·ᅀᆞᄫᆞ·ᄃᆡ#·셩聖:ᄌᆞ子ㅣ#·나·샤#·졍正·각覺#일·우시·리

[주석]

① 마摩야耶ㅅ#·ᄭᅮᆷ#안·해

⇒ 마야(명사) + ㅅ(관형격조사) # ᄭᅮᆷ(명사) # 않(명사) + 애(부사격조사)

◎ '마야'는 석가모니의 어머니로 높임의 대상이기 때문에 관형격조사로 'ㅅ'가 선택되었다.

◈ 후기중세국어 시기의 관형격조사에 대한 자세한 설명은 p.29를 참조.

---

65) 우협(右脇): 오른쪽 옆구리.

66) 정반왕(瑠璃王): 석가모니의 아버지로, 가비라바소도(迦毘羅婆蘇都)의 임금.

67) 정각(正覺): 범어(梵語)로 삼보리(三菩提). 일체(一切)의 모든 법을 증명할 수 있는 진정한 각지(覺知). 따라서 성불하는 일을 정각을 이룬다고 함.

68) 윤왕(輪王): 윤보(輪寶, 전륜왕이 지니고 있다는 칠보의 하나로 수레바퀴를 말함.)를 굴리면서 세계를 통치하는 전륜성왕(轉輪聖王)의 약칭.

◎ 후기중세국어의 ‘않’은 ‘ㅎ’ 말음체언으로, 15~16세기에 ‘않’으로 나타나며, 17세기부터는 ‘ㅎ’가 탈락한 ‘안’이 나타나면서 ‘않’과 ‘안’이 경쟁하다가 ‘안’으로 단일화하였다. 후기중세국어의 ‘안’ 뒤에 모음이 올 때는 ‘ㅎ’를 후행음절의 초성으로 연철하고(예: 집 안해 이셔 <楞解 9:59b>), 음절말이나 자음인 경우에는 ‘ㅎ’가 탈락한다(예: 合掌ᄒᆞ샤 안 ᄆᆞᅀᆞᄆᆞ로 世尊 바래 禮數ᄒᆞ더시니 <月釋 10:9b>). 그리고 후행하는 자음이 ‘ㄱ, ㅂ’인 경우에는 ‘ㅎ’가 각각 ‘ㄱ, ㅂ’와 결합하여 ‘ㅋ, ㅍ’로 표기된다(예: ᄇᆡ 안콰 녑패 돋돋ᄒᆞ야 붇거든 <救簡 7:12b>). 그런데 이러한 표기 규칙은 17세기부터 무너지기 시작하여, 모음이 후행하는 경우에도 ‘ㅎ’가 탈락된 ‘안’의 형태가 나타나기 시작하였고(예: 코 안에 불라 <馬解 下:84a>), ‘안ㅎ’과 ‘안’은 20세기 초까지 경쟁하다가 ‘안’의 형태만이 남았다.

◎ 후기중세국어에서 자동적 교체를 보이는 명사 중에 ‘ㅎ’ 말음을 가진 것들이 있다. 후기중세국어의 ‘하늟’은 ‘ㅎ’ 말음체언이었는데, ‘하늘’의 단독형은 ‘하늘’이지만 모음으로 시작하는 조사가 후행하는 경우에는 ‘하늟’로 나타났다.
후기중세국어 시기에 이와 같은 교체를 보이는 명사는 수사를 포함하여 약 80여 단어가 넘었다. 근대국어 시기에서는 말음 ‘ㅎ’가 소멸되면서 차차 사라지게 되었고 현대국어의 ‘수탉, 조팝’ 등에서 화석화되어 남아 있다. 한편 다음과 같이 후기중세국어 문헌에서도 ‘ㅎ’ 말음체언의 ‘ㅎ’가 소실되는 경향을 찾아볼 수 있다.

예) ㉮ 하ᄂᆞᄅᆞᆯ 셤기디 아니코 <釋譜 9:25a>
㉯ 여슷 하ᄂᆞ래 여슷 하ᄂᆞᄅᆞᆫ 欲界六天이라 그듸 가 들 찌비 볼쎠 이도다 <釋譜 6:35b>
㉰ 너브신 복이 하ᄂᆞᆯ와 ᄀᆞᄐᆞ샤 <飜朴 1a>

② ·드·르시·니
⇒ 들-(동사 어간) + -(으)시-(주체 높임의 선어말어미) + -니(연결어미)

◎ 본문의 ‘들-’은 ‘入’의 의미로, ‘2007 한민족 언어 정보화 통합 검색 프로그램’에 따르면 ‘들-’은 옛 문헌에서 두 가지 용법으로 쓰였다. 하나는 공간적으로 볼 때 ‘외부에서 내부로 진행하다’의 뜻이고, 다른 하나는 ‘귀신이나 병이 들다’라고 할 때의 ‘들-’이다. 두 의미 모두 외부에서 내부로 이동한다는 점에서 공통적이다. ‘집에 들다’라고 할 때의 ‘들-’은 동작 주체의 구체화 된 움직임을 표현하는 것이고, ‘병이 들다’의 ‘들-’은 눈에 보이지 않는 어떤 추상성을 띤 기운의 움직임을 표현한 것이라는 점에서 차이가 있다.
현대국어의 ‘들-’은 동작 주체의 움직임을 표현할 때는 주로 ‘들어가-’의 형태로 쓰인다. 즉

'들-'의 활용형 '들어'에 '가다'가 결합한 합성동사가 '入'의 뜻을 표현하는 것이다. '들-'이 '들어가-'와 같은 형태론적 확장을 한 이유는 '물건을 들다'라고 할 때의 '들-(擧)'과 동음이의어로 충돌하는 것을 피하기 위한 것으로 추측된다.

③ 밧·긧
⇒ 밖(명사) + 읫(관형격조사)

◎ '밖'은 모음으로 시작하는 조사와 결합할 때에는 '밖'으로, 자음으로 시작하는 조사와 결합하거나 단독으로 쓰일 때에는 '밧'으로 나타난다. 따라서, 후기중세국어 시기에 '밖'은 'ㄱ' 말음체언이었다고 할 수 있다.
정윤자(2007:81～83)에 따르면, 15세기에는 '밧기, 밧'이 나타났고, 16세기에는 '밧기, 받기, 받끼/밧'이 나타난다. 17세기에 이르면 '밧, 받, 받기, 받끼, 밧끼, 박, 박끼, 밖' 등이 나타나는데, 이것은 '밖'에 조사가 붙을 때, '밧기'에서 1음절 말음 'ㅅ'의 미파화로 후행자음 '기'가 된소리로 발음되어 '밧끼'로 되고, 제2음절 초성 'ㄱ'에 역행동화를 경험하여 'ㅅ'가 'ㄱ'로 되었다고 한다.

◎ '읫'은 부사격조사 '의'와 관형격조사 'ㅅ'가 결합한 소위 복합조사로서 관형격조사의 기능을 수행하였다. 대개 '～에 있는' 정도로 해석된다.

☞ 이 책에서는 복합조사 '앳/엣/옛', '잇/읫'을 형태소 분석 없이 단일 형태로 제시한다.

④ ·ᄀᆞᆮ·더시·니
⇒ ᄀᆞᆮ-(형용사 어간) + -더-(시상의 선어말어미) + -시-(주체 높임의 선어말어미) + -니(평서형 종결어미)

◎ 'ᄀᆞᆮ-'은 'ᄀᆞᆮᄒᆞ-'와 쌍형어로 현대국어 '같-'의 후기중세국어 어형이다. 'ᄀᆞᆮᄒᆞ-'는 '같이'의 뜻인 부사 'ᄀᆞᆮ'에 파생접사 '-ᄒᆞ-'가 결합되어 형성된 것으로 분석된다. 즉 15세기는 'ᄀᆞᆮᄒᆞ-'라는 파생어에서 'ᄀᆞᇀ-'이라는 단일어로 바뀌는 시기였다는 것이다. 'ᄀᆞᆮᄒᆞ-'의 'ᄀᆞᆮ'은 '同'이나 '如'의 뜻을 가진 어간으로 15세기 문헌에서는 부사로 쓰인 예도 있다.

⑤ 무·러시·놀
⇒ 묻-(동사 어간) + -시-(주체 높임의 선어말어미) + -어놀(연결어미)

◎ 김유범(2007: 128)에 의하면 15세기 국어의 문법형태소 중 선어말어미 '-거-', 그리고 통

시적으로 이 선어말어미 '-거-'가 통합되어 발달한 일련의 어말어미 '-거X'들의 경우에는 '타동성'과 '비타동성'이라는 용언의 문법 범주가 이형태 교체의 주된 조건으로 작용하고 있는 것으로 보인다. 여기에서 '주된 조건'이라고 말한 것은 이러한 교체 조건이 절대적이지 않다는 점을 의미한다. 그리고 '타동성'과 '비타동성'을 선어말어미 '-거-'와 어말어미 '-거X'의 이형태교체 조건으로 처음 언급한 고영근(1980: 95~98)에서는 교체 조건의 예외들에 대해 15세기 이후에 '-거X'형 어미들이 어느 형태 쪽으로 변화하는가를 고려하는 교체 양상의 동적 측면에서 설명하였다. 예를 들어, '-거ᅀᅡ'와 '-어ᅀᅡ'는 '-어ᅀᅡ' 쪽으로 합류되는 양상을 보이므로 자동사류에도 '-어ᅀᅡ'가 결합된 예들이 많이 나타나지만 반면, '-거늘'과 '-어늘'의 경우에는 '-거늘' 쪽으로 합류되는 양상을 보이므로 타동사류에도 '-거늘'이 결합된 예들이 많이 나타난다는 것이다. 그렇더라도 선어말어미 '-거-'와 어말어미 '-거X'의 이형태교체는 비록 완전하지는 않지만 1차적으로 그것이 통합되는 용언 어간의 문법 범주, 즉 '타동성'과 '비타동성'이라는 조건에 의한 것임을 인정하였다.

◈ 후기중세국어 시기의 '-거-'의 기능에 대한 자세한 설명은 p.63을 참조.

◎『우리말샘』에서는 '-거시ᄂᆞᆯ/-거시늘'과 '-어시ᄂᆞᆯ/-어시늘'을 하나의 형태소로 처리하고 있다. 그러나 일반적으로 '-거시ᄂᆞᆯ/-거시늘'과 '-어시ᄂᆞᆯ/-어시늘'은 '-시- + -거ᄂᆞᆯ/-거늘', '-시- + -어ᄂᆞᆯ/-어늘'로 분석된다. 즉, 공시적으로 '-거ᄂᆞᆯ/-거늘', '-어ᄂᆞᆯ/-어늘'을 하나의 형태소로 처리하지만 '-거시ᄂᆞᆯ/-거시늘'과 '-어시ᄂᆞᆯ/-어시늘'과 같이 '-거ᄂᆞᆯ/-거늘', '-어ᄂᆞᆯ/-어늘'에 '-시-'가 통합할 때는 이들을 '-거……ᄂᆞᆯ/늘', '-어……ᄂᆞᆯ/늘'처럼 불연속 형태로 설명한다.

※ 후기중세국어 시기의 '-거ᄂᆞᆯ/-거늘', '-어ᄂᆞᆯ/-어늘'의 분석

'-거ᄂᆞᆯ/-거늘', '-어ᄂᆞᆯ/-어늘'은 확인의 선어말어미 '-거-', '-어-'에 '*-ᄂᆞᆯ/-늘'이 결합한 형태로 분석할 수 있다. 다만, 후기중세국어 시기에 '*-ᄂᆞᆯ/-늘'이 단독으로 쓰이는 용례가 없기 때문에 '*-ᄂᆞᆯ/-늘'을 하나의 형태소로 처리하기가 어렵다. 그러나 '-거시ᄂᆞᆯ/-거시늘'과 '-어시ᄂᆞᆯ/-어시늘'의 용례는 공시적으로 '-거- + *-ᄂᆞᆯ/-늘', '-어- + *-ᄂᆞᆯ/-늘'이 하나의 형태소로 변해가는 문법화의 과정을 보여준다고 할 수 있다.

한편, '-거시ᄂᆞᆯ/-거시늘'과 '-어시ᄂᆞᆯ/-어시늘'은 현대국어로 오면서 '-시- + -거늘'의 형태로 바뀌었는데, 이렇게 병렬로 놓인 형태소들의 순서가 바뀌는 것을 '전위(轉位)'라고 한다. 또한, '-거시늘'이 '-시거늘'로 전위의 모습을 보여준다는 것은 '-거늘'이 하나의 형태소로 굳어졌음을 의미한다고 볼 수 있다.

[원문]

끠其·씹十·륙六

삼三쳔千·때大쳔千·이ᄇᆞᆯ·ᄀᆞ·며릏樓·뗜殿·이:일어·늘안·ᄌᆞᆷ:걷뇨·매·어마:님모·ᄅᆞ시·니

져諸·뿛佛뽀菩·삻薩·이·오시·며텬天·과:귀鬼·왜듣:ᄌᆞᆸ거·늘·밤·과·낮·과·법法·을니[69] ᄅᆞ·시·니

[현대역]

삼천대천[70]이 밝으며 누전[71]이 이루어지거늘, [보살이 뱃속에서] 앉거나 걸어 다녀도 어머님(마야부인)께서 모르시니.

모든 부처와 보살이 [문안하러] 오시며 하늘과 귀신이 [법을] 듣거늘 [부처께서] 밤과 낮에 법을 이르시니(설법하시니).

[배경]

보살(선혜께서) 마야부인의 뱃속에 들어 있을 때, 마야부인께서 육도[72]를 수행하고 계셨는데, 음식이 하늘에서 내려와 이것을 잡수시고도 그 연유를 모르셨는데 그 후로는 인간의 음식은 못 드시게 되었으며, 온 세계가 늘 밝으며 병든 사람은 자연히 낫고 보배로 만든 궁전이 마치 하늘의 궁전같이 빛나고 뱃속의 보살이 다니고 서고 앉고 눕고 하여도 마야부인께서는 아무것도 모르고 계셨다.

매일 하루 세 번씩 모든 부처께서 들어와 안부를 여쭙고 또 설법하시며, 안부를 듣고 설법하시되, 아침에는 색계 제천[73]을 위하여 낮에는 욕계 제천을 위하여, 저녁에는 귀신을 위하여 설법하시고, 밤에도 이렇게 세 번을 설법하셨다.

---

69) <月印 上:7a>

70) 삼천대천(三千大千): 삼천대천세계(三千大千世界). 수미산을 중심으로 사방에 사대주(四大洲)가 있고, 그 주위를 철위산(鐵圍山)이 둘러싸고 있는데, 이것이 일소세계(一小世界)이고 이 일소세계를 천 개 합한 것이 소천세계(小千世界)이며, 소천세계를 천 개 합한 것이 중천세계(中千世界)이고, 중천세계를 천 개 합한 것이 대천세계(大千世界)임. 대천세계에는 소천·중천·대천의 3종의 천(千)이 있으므로 삼천대천세계(三千大千世界)라고 하며, 하나의 대천세계가 일불(一佛)의 화경(化境)이 됨.

71) 누전(樓殿): 보배로 만든 궁전.

72) 육도(六度): 열반(涅槃)에 이르기 위하여 보살이 수행해야 할 여섯 가지 덕목으로, 보시(布施)·지계(持戒)·인욕(忍辱)·정진(精進)·선정(禪定)·지혜(智慧)를 가리킴.

73) 불교의 우주관에서는 하늘(우주)을, 인간계와 천계로 나누고 천계는 다시 욕계천(欲界天), 색계천(色界天), 무색계천(無色界天)으로 구분함. 욕계천은 6개의 제천이 있고, 색계천에는 18개의 제천, 그리고 무색계천에는 4개의 제천이 있으며, 총 28개의 제천이 있음.

[어절 분석]

삼三쳔千#·때大쳔千·이#블·ᄀᆞ·며#룽樓·뗜殿·이#①:일어·늘#②안·좀#③:걷뇨·매#·어마:님#④모·ᄅᆞ시·니

져諸·뿛佛#뽀菩·삻薩·이#·오시·며#⑤텬天·과#:귀鬼·왜#⑥듣:ᄌᆞᆸ거·늘#·밤·과#·낮·과#·법法·을#니ᄅᆞ·시·니

[주석]

① :일어·늘

⇒ 일-(동사 어간) + -거늘(연결어미)

◎ 어간 '일-'의 말음 'ㄹ' 뒤에서 '-거늘'의 'ㄱ'가 약화되어 '일어늘'로 표기되었다. '어'의 초성은 'ㄱ'의 약화형인 유성후두마찰음 'ㅇ'이다. 'ㄹ' 뒤에서 'ㄱ'가 약화되는 현상은 후기중세국어 시기에 일반적이었다. 그러나 『계초심학인문(誡初心學人文)』(1577), 『소학언해(小學諺解)』(1586) 등에서 '힝실과', '말과', '솔과', '글월과' 등의 용례가 발견된다는 점을 통해 'ㄹ' 뒤 'ㄱ' 약화 현상이 16세기 후반에는 사라졌다는 것을 알 수 있다.

◎ 후기중세국어 시기의 '이ᄅᆞ-'와 '일-'은 모두 '이루다'라는 의미로 쓰였다. 그런데 '일-'의 성조는 상성[R]으로 실현되고 '이ᄅᆞ-'의 성조는 평성[L]으로 실현되므로 성조의 변화로 볼 때 기본형을 '일-'로 분석한 허웅(1977)의 분석이 더 타당한 것으로 보인다. 여기에서는 허웅(1977)의 분석을 따른다.

② 안·좀

⇒ 앉-(동사 어간) + -옴(명사형 어미)

◎ 일부 선행 연구들에서는 명사형 어미를 '-(으)ㅁ'로 설정하고 명사형 어미에는 반드시 '-오-/-우-'가 선접하여 그 형태가 '-옴/-움'이 된다고 설명하기도 하였다. 그러나 이때의 '-오-/-우-'의 기능을 명확히 설명할 수 없기 때문에 대부분의 논의들에서는 명사형 어미의 형태를 '-옴/-움'으로 설정하고 있다. 허웅·이강로(1962/1999: 31)에서는 "명사형 전성어미 '-ㅁ' 앞에 삽입되는 '-오-/-우-'는 기계적인 것이어서 아무런 문법적 의의를 찾아볼 수 없다. 명사형 전성어미 '-ㅁ'은 반드시 그 앞에 '-오-/-우-'를 삽입하는 것이다."와 같이 기술하고 있다.

③ :걷뇨·매

⇒ [{걷-(어근) + 니-(어근)}- + -옴(명사형 어미)] + 애(부사격조사)

◎『우리말샘』에 따르면, 현대국어 '거닐-'의 후기중세국어 어형인 '걷니-'는 15세기 문헌에서부터 나타난다. '걷니-'는 '걷-'과 '니-'가 결합한 비통사적 합성동사로, '걷니-'에서 제1음절의 종성 'ㄷ'가 제2음절의 초성 'ㄴ'의 영향으로 'ㄴ'로 변한 비음화를 겪은 '건니-' 형태도 15세기 문헌에서부터 나타난다. 근대국어 후기에 '건니-'의 어간 말에 자음 'ㄹ'가 첨가된 '건닐-'의 형태가 등장하였고, 19세기에는 제1음절의 종성 'ㄴ'가 탈락한 '거닐-'이 나타났다.

◎ '걷니-'의 '니'와 '-옴'이 음절 축약을 거치면서 '걷뇸'이 되고 후행하는 '애'와 연음이 되어 '걷뇨매'로 표기되었다.

④ 모·ᄅᆞ시·니

⇒ 모ᄅᆞ-(동사 어간) + -시-(주체 높임의 선어말어미) + -니(평서형 종결어미)

◎ 동사 '모ᄅᆞ-'의 주체가 석가모니의 어머니인 마야부인이므로 주체 높임의 선어말어미 '-시-'가 쓰였다.

⑤ 텬天·과#:귀鬼·왜

⇒ [텬(명사) + 과(접속조사) # 귀(명사) + 와(접속조사)] + 이(주격조사)

◎ 후기중세국어에서는 접속조사들이 소위 집단곡용의 모습을 보여 '귀왜'처럼 마지막 체언에까지 접속조사 '와/과'가 붙는 경우가 있었다.
후기중세국어의 접속조사 '과/와'는 현대국어의 접속조사 '과/와'처럼 쓰이기도 하였지만 후기중세국어의 경우에는 마지막 체언에도 접속조사가 쓰이고 그 뒤에 격조사가 붙는 경우도 있었다. 이를 가리켜 소위 집단 곡용이라고 한다.

◎ '와'에 非 'i'계모음이 쓰였기 때문에 주격조사의 형태로 'ㅣ'가 쓰였다.

⑥ 듣:ᄌᆞᆸ거·늘

⇒ 듣-(동사 어간) + -ᄌᆞᆸ-(객체 높임의 선어말어미) + -거늘(연결어미)

◎ '듣-'의 대상이 '부처의 설법'이므로 객체 높임의 선어말어미 '-ᄌᆞᆸ-'이 쓰였다.

[원문]

끠其·씹十·ᄎᆞᇙ七
·날·ᄃᆞᆯ·이·ᄎᆞ거·늘·어마:님·이ᄈᆡ毗람藍원園·을보·라·가시·니
쌰ᇰ祥·쒸瑞·하거·늘아·바:님·이무無ᅙᅮᇢ憂·쓔樹·에·ᄯᅩ·가시·니

[현대역]

날과 달(산달)이 차거늘 어머님(마야부인)께서 비람원[74]을 보러 가시니(구경하러 가시니).
[여러 가지] 상서가 많거늘 아버님(정반왕)께서 무우수[75]에 또 가시니.

[배경]

부처를 잉태하신 후 산달이 차니 마야부인께서 정반왕께 청하여 동산에 있는 비람원으로 구경하러 가셨다.
마야부인께서 비람원에 가셨을 때, 열 가지의 상서가 비람원에 나타나므로 마야부인께서 기쁘기도 하시고 한편으로는 무섭기도 하시어 사람을 정반왕께 보내어 이런 사실을 아뢰니, 정반왕께서 곧 비람원에 있는 무우수 밑으로 달려가셨다.

[어절 분석]

·날#·ᄃᆞᆯ·이#·ᄎᆞ거·늘#①·어마:님·이#ᄈᆡ毗람藍원園·을#②보·라#·가시·니
쌰ᇰ祥·쒸瑞#③·하거·늘#아·바:님·이#무無ᅙᅮᇢ憂·쓔樹·에#·ᄯᅩ#·가시·니

[주석]

① ·어마:님·이
⇒ [어미(명사) + 아(호격조사)] + -님(존칭 접사)

◎ 『우리말샘』에 따르면, 현대국어 '어머님'의 후기중세국어 어형인 '어마님'은 15세기 문헌에서부터 나타난다. '어마님'은 '어미'에 호격조사 '아'가 결합한 '어마'에 접미사 '-님'이 결합

74) 비람원(毗藍園): 불생회(佛生會)에 탄생불(誕生佛)을 안치하기 위하여 여러 꽃으로 장식하여 집처럼 만든 물건. 화정(花亭)이라고도 함.

75) 무우수(無憂樹): 마야부인이 석가모니를 낳을 때 붙잡았던 나무로, '근심 걱정이 없는 큰 나무'라는 뜻을 지니고 있음.

한 것이다. 16세기에는 '어마님'의 제2음절 모음 'ㅏ'가 'ㅓ'로 바뀐 '어머님' 형태가 나타나 현대국어에 이르고 있다.

② 보·라#·가시·니

⇒ 보-(동사 어간) + -라(연결어미) # 가-(동사 어간) + -시-(주체 높임의 선어말어미) + -니(평서형 종결어미)

◎ '보라'의 '-라'는 '희망, 의도, 목적'을 나타내는 연결어미이며, 이외에도 후기중세국어에서 '희망' 등을 나타내는 어미로는 아래와 같이 '-고져, 고자, -과뎌, -긧고, -게끔, -오려/-우려' 등이 있다.

예) ㉮ 善男子 善女人이 뎌 부텻 世界예 나<u>고져</u> 發願ᄒᆞ야ᅀᅡ ᄒᆞ리라 <釋譜 9:11b>

㉯ 一切 衆生이 다 解脫ᄋᆞᆯ 得<u>과뎌</u> 願ᄒᆞ노이다 <月釋 21:8a>

㉰ 三寶애 나ᅀᅡ가 븓<u>긧고</u> ᄇᆞ라노라 <月釋 序:6b>

㉱ 그듸 精舍 지<u>수려</u> 터흘 ᄀᆞᆺ 始作ᄒᆞ야 되어늘 <釋譜 6:35a>

㉲ 나라해 빌머그<u>라</u> 오시니 <月釋 1:5b>

③ ·하거·늘

⇒ 하-(형용사 어간) + -거늘(연결어미)

◎ 후기중세국어 시기에는 'ᄒᆞ-(爲)'와 '하-(多)'가 존재했는데, 'ᄒᆞ-(爲)'는 현대국어 '하-'의 후기중세국어 어형이며, '하-(多)'는 '많다'를 의미했다.

[원문]

끵其·씹十·바ᇙ八

:본本ᄅᆡ來·하신·기ᇙ吉·켱慶·에·띠地·ᅌᅩᆨ獄[76]·도:뷔·며·부ᇙ沸셩星:별·도ᄂᆞ·리·니이·다

:본本ᄅᆡ來블·근광光명明·에져諸·뿌ᇙ佛·도비·취시·며명明·워ᇙ月쥬珠·도·ᄃᆞ·ᅀᆞᄫᆞ·니이·다

[현대역]

본래 많으신 [석가모니 탄생의] 길경[77]에 지옥도 비며, 불성별도 내렸습니다.

76) <月印 上:7b>

77) 길경(吉慶): 즐겁고 경사스러운 일. 축하할 만한 일.

본래 밝은 광명에 모든 부처도 비추시며, 명월주[78]도 달렸습니다.

[배경]

석가모니께서 탄생하실 때에는 많은 길사[79]와 경사[80]와 상서[81]가 나타났는데, 그중에서도 지옥에 갈 사람이 없어 텅텅 비니 슬픈 일이 일어나지 않았으며, 불성이 내려와서 마야부인을 호위하자, 다른 별들도 하늘에서 따라 내려왔다.
또한, 하늘과 땅에서 밝은 광채가 일어나고 명월주가 궁전에 달리니 그 밝음이 해와 같아서 온 세상을 비추었다.

[어절 분석]

:본本ᄅᆡ來#·하신#·기ᇙ吉·켱慶·에#·띠地·옥獄·도#①:뷔·며#·붏沸셩星#:별·도#②ᄂᆞ·리·니이·다
:본本ᄅᆡ來#ᄇᆞᆯ·ᄀᆞᆫ#광光명明·에#져諸·ᄲᅮᇙ佛·도#③비·취시·며#명明·워ᇙ月쥬珠·도#④·ᄃᆞ·ᄉᆞᄫᆞ·니이·다

[주석]

① :뷔·며
⇒ 뷔-(동사 어간) + -며(연결어미)

◎ 후기중세국어의 '뷔-'는 근대국어 시기에 단모음화를 겪으면서 '비-'로 그 형태가 변하였다. 그러나 19세기까지 단모음화를 겪지 않은 '뷔-'와 '븨-'의 용례가 확인된다. '뷔-'는 '비다'와 '비게 되다' 모두를 뜻하였는데, 여기에서는 '비게 되다'를 의미한다.

② ᄂᆞ·리·니이·다
⇒ ᄂᆞ리-(동사 어간) + -니이다(평서형 종결어미)

◎ 'ᄂᆞ리-'는 현대국어 '내리-'의 후기중세국어 어형이다. 'ᄂᆞ리-'는 근대국어 시기에 'ㆍ'의 소실로 인한 'ㆍ > ㅏ'의 변화(ᄂᆞ리- > 나리-)와 'ㅣ' 역행동화(나리- > 내리-)를 거쳐 현대국어 어형 '내리-'로 이어졌다.

---

78) 명월주(明月珠): 원래 이름은 명월마니(明月摩尼)로, '마니'는 진주(眞珠)의 총칭이며 마니주(摩尼珠)의 빛이 밝은 달과 같으므로 '명월주'라 함.
79) 길사(吉事): 경사스러운 일.
80) 경사(慶事): 축하할 만한 즐겁고 기쁜 일.
81) 상서(祥瑞): 경사롭고 길한 징조.

③ 비·취시·며
⇒ 비취-(동사 어간) + -시-(주체 높임의 선어말어미) + -며(연결어미)

◎ 후기중세국어의 '비취-'는 능격동사로 쓰였다. 현대국어에서도 자동사의 용법이 있지만 현대국어로 올수록 타동사 용법이 강해졌다. 근대국어 시기에는 '비취-'와 '비최-'의 어형이 공존하다가 그 형태가 '비최-'로 통일되었다가 근대국어 시기 후반에 단모음화에 의해 '비치-'의 어형이 만들어지고 현대국어로 그 형태가 이어졌다.

◎ 후기중세국어의 '비취-'는 '비치다'와 '비추다'를 모두 뜻하는데, 본문에 쓰인 '비취-'는 '비추다'를 의미한다.

④ ·ᄃᆞ·ᅀᆞᄫᆞ·니이·다
⇒ ᄃᆞᆯ-(동사 어간) + -ᅀᆞᆸ-(객체 높임의 선어말어미) + -(ᄋᆞ)니이다(평서형 종결어미)

◎『우리말샘』에 따르면, 현대국어 '달-'의 후기중세국어 어형인 'ᄃᆞᆯ-'은 15세기 문헌에서부터 나타난다. 18세기에 'ㆍ'의 소실로 인한 'ㆍ > ㅏ'의 변화를 겪으면서 '달-'의 형태가 나타나서 현재에 이르고 있다.

◎ 허웅·이강로(1962/1999: 56)에 따르면, 여기에 객체 높임의 선어말어미가 쓰인 이유는 본문만으로는 알 수가 없다. 관련 내용의『월인석보(月印釋譜)』를 참고하면 명월주가 '전각'에 달린 것이니, 본문에서는 명월주가 달린 대상물인 '전각'을 높이기 위해 객체 높임의 선어말어미 '-ᅀᆞᆸ-'가 쓰였다고 한다.

[원문]

끠其·씹十:궇九
무無ᅙᅮᇢ憂·쓩樹ㅅ·가지굽거·늘·어마:님자ᄇᆞ·샤:웋右·헙脅:딴誕싱生·이·ᄉᆞ四·웛月·밣八·잃日·이시·니
[82]련蓮화花ㅅ고·지·나거·늘·셰世존尊·이드·듸·샤·ᄉᆞ四방方·향向·ᄒᆞ·샤즇周ᅘᆡᇰ行·칧七·뽀步·ᄒᆞ시·니

[현대역]

무우수의 가지가 굽거늘 [석가모니의] 어머님(마야부인)께서 [그 가지를] 잡으시어, 우협[83]으

82) <月印 上:8a>
83) 우협(右脇): 오른쪽 옆구리.

로 [석가모니께서] 탄생하심이 사월 팔일(초여드렛날)이시니.
[석가모니께서 탄생하시자] 연꽃이 나거늘 세존(석가모니)께서 [그 꽃을] 디디시어 사방을 향하시어 주행칠보84) 하시니.

[배경]

마야부인께서 운모보거85)를 타시고 동산으로 구경 가실 때, 삼천국토가 진동하거늘 사천왕이 수레를 끌고 무우수 밑으로 가니, 모든 하늘이 꽃을 뿌리는데 무우수가 저절로 가지를 굽어 내렸다. 마야부인께서 그 가지를 꺾으려고 할 찰나에 석가모니께서 마야부인의 오른쪽 옆구리에서 나시었다.
세존께서 탄생하시자 일곱 줄기의 칠보연화86)가 마치 수레바퀴의 살처럼 솟아나는데 갓난아기인 세존께서 그 꽃을 딛고 동서남북 사방으로 일곱 걸음씩 걸으셨다.

[어절 분석]

무無흫憂·쓩樹ㅅ#①·가지#②굽거·늘#·어마:님#자ᄫᆞ·샤#:웋右·헙脇#:딴誕싱生·이#·ᄉᆞ四·ᅌᅯᇙ月#·바ᇙ八·ᅀᅵᇙ日·이시·니
련蓮화花ㅅ#③고·지#·나거·늘#·셰世존尊·이#④드·듸·샤#·ᄉᆞ四방方#·향向·ᄒᆞ·샤#쥬ᇢ周ᅘᆡᇰ行·치ᇙ七·뽕步#·ᄒᆞ시·니

[주석]

① ·가지
⇒ 가지(명사)

◎ '가지'의 '지'에 'i'계 모음이 쓰였으므로 만약 주격조사가 붙는다면, 무표기(zero)의 주격조사가 사용되었을 것이다. 그런데 무표기(zero)의 주격조사가 쓰이면 표기상으로 보이지 않되, 성조의 변화가 발생한다. 즉, 체언 말음절이 평성(무점)일 때 이 조사가 사용되면 체언 말음절의 방점이 상성(2점)으로 성조가 변하고, 거성(1점)일 때에는 주격형에 표기의 변화가 없다. 그러나 본문의 '가지'의 '지'의 성조는 평성으로 만약 무표기(zero)의 주격조사가 붙었다면 '지'의 성조는 상성으로 변했어야 하는데 본문의 '지'의 성조에는 변화가 없다. 따라서

84) 주행칠보(周行七步): 석가모니가 탄생하시면서 사방으로 일곱 걸음씩 걸으신 일.
85) 운모보거(雲母寶車): 돌 비늘로 꾸민 보배 수레.
86) 칠보연화(七寶蓮花): 일곱 가지 보물의 연꽃.

여기에서는 무표기(zero)의 주격조사가 사용되지 않고 주격조사가 생략된 것으로 보아야 한다.

② 굽거·늘
⇒ 굽-(동사 어간) + -거늘(연결어미)

◎ 현대국어와 마찬가지로 후기중세국어의 '굽-'은 그 의미에 따라 두 어휘로 분류되었다. 하나의 의미는 '굽-(炙)'이고 다른 하나는 '굽-(曲)'의 의미인데 본문의 '굽-'은 후자에 해당한다.

③ 고·지
⇒ 곶(명사) + 이(주격조사)

◎ 『우리말샘』에 따르면, 현대국어 '꽃'의 후기중세국어 어형인 '곶'은 15세기 문헌에서부터 발견된다. '곶'은 자음으로 시작하는 조사가 결합할 때에는 '곳'으로, 모음으로 시작하는 조사가 결합할 때에는 '곶'으로 나타나 '곶/곳'의 교체를 보였다. 17세기에 어두의 첫소리 'ㄱ'가 된소리가 되는 어두 된소리화를 겪어 '꼿'이 되었고, 18세기에 이르러 자음으로 시작하는 조사가 결합할 때에는 17세기와 같이 '꼿'으로 나타났지만, 모음으로 시작하는 조사가 결합할 때에는 '꼿치'와 같이 끝소리 'ㅈ'가 'ㅊ'로 변한 '꽃'의 형태가 나타났다. 이후 19세기에 'ㄱ'의 된소리 표기가 'ㅺ'에서 'ㄲ'으로 바뀌어 '꽃'의 형태가 되면서 현재에 이르렀다. 18세기 이후 나타나는 '꼿ㅊ'은 '꽃'의 종성 'ㅊ'을 두 번 표기한 중철 표기이며, '꼿ㅊ'은 근대국어 후기에 'ㄱ'의 된소리 표기를 'ㅲ'로 표기한 것이 반영된 것이다. 19세기에는 모음으로 시작하는 조사가 결합할 때 '꼿시'로 나타나기도 해서 현재와 같이 끝소리 'ㅊ'가 'ㅅ'로 발음되기도 하였음을 알 수 있다.

④ 드·듸·샤
⇒ 드듸-(동사 어간) + -시-(주체 높임의 선어말어미) + -아(연결어미)

◎ '2007 한민족 언어 정보화 통합 검색 프로그램'에 따르면, 현대국어의 '디디-'에 대응하는 후기중세국어 어형은 '드듸-' 또는 '드디-'였다. '드듸-'의 '디디-'로의 형태 변화에는 두 가지 음운변화가 포함되어 있다. 제2음절의 모음 'ㅢ'가 'ㅣ'로의 단모음화와 제1음절의 'ㅡ'가 'ㅣ'로 바뀐 것이다. 제1음절에서 일어난 'ㅡ > ㅣ(드 > 디)'는 일반적인 것이 아닌데, '드듸- > 드디- > 디디-'의 형태 변화는 모음의 연속 발음에서 보다 쉬운 방향으로의 변화에서 기인

했음을 알 수 있다.
한편 동사 어간 '드듸-'에 어미 '-어'가 결합한 활용형이 부사로 굳어진 '드듸여'가 있는데 현대국어의 '드디어'와 그 뜻이 같다. 15세기 문헌에서부터 부사 '드듸여'가 쓰였는데 이 단어의 뜻은 '드듸-'와 차이가 있기는 하나 서로 가까운 어휘장을 이루고 있었던 것으로 추측된다. '드듸여'는 한문 원문의 '수(遂)'를 번역한 것으로 많이 쓰였는데 이 '수(遂)'는 '이루어내다'를 뜻한다.

[원문]

끠其·ᅀᅵ二·씹十
:웋右:슣手:자左:슣手·로텬天·띠地ᄀᆞᄅᆞ·치·샤ᄒᆞ오·ᅀᅡ·내존尊·호라·ᄒᆞ시·니
혼溫:쉬水:링冷:쉬水·로:자左:웋右·에ᄂᆞ·리·와:궇九룡龍·이모·다싯·기ᅀᆞ·ᄫᆞ·니

[현대역]

[석가모니께서] 오른손과 왼손으로 천지를 가리키시어(오른손으로 하늘을, 왼손으로는 땅을 가리키시면서) [하늘 위와 하늘 아래에] 홀로 "내가 존하다(존귀하다)." 하시니.
온수, 냉수로 좌우에 내리게 하고 구룡이 모여 [그 물로 갓난 세존을] 씻기오니.

[배경]

석가모니께서 탄생하시자마자 일곱 송이의 연꽃을 디디고 주행칠보 하시고서, 오른쪽으로는 하늘을 가리키고 왼손으로는 땅을 가리키시며, 사자와 같은 목소리로 "하늘의 위와 하늘의 아래에서 오직 나만이 존귀하니라(天上天下唯我獨尊)."라고 말씀하셨다.
그 후에 제천이 갓난아기를 돌보시고 아홉 용이 향수로 아기의 몸을 씻기니, 그 물이 왼쪽 것은 따뜻하고 오른쪽 것은 차가웠다. 몸을 씻긴 뒤에는 제석87)과 범왕88)이 천의로 아기를 감싸 안으셨다.

---

87) 제석(帝釋): '帝'는 범어 'Indra'의 번역, '釋'은 범어 'Śakra'의 음사로, '신들의 제왕인 샤크라'라는 뜻. 수미산 정상에 있는 도리천의 왕으로, 사천왕과 32신을 통솔하면서 불법을 지킨다고 함.

88) 범왕(梵王): '범천(梵天)'이라고도 함. 불교의 33천 중 색계 초선천(初禪天)의 왕. 원래 힌두교의 신이었으나 불교가 일어나면서 불교적 선신(善神)으로 수용되었으며, 불교에서는 늘 제석(帝釋)과 짝을 이루며 불교를 보호하는 신으로 묘사됨.

[어절 분석]

:ᅌᅮᇂ右:ᄉᆔᇂ手#:자左:ᄉᆔᇂ手·로#텬天·띠地#①ᄀᆞᄅᆞ·치·샤#②ᄒᆞ오·ᅀᅡ#·내#③존尊·호라#·ᄒᆞ시·니
혼溫:쉬水#:링冷:쉬水·로#:자左:ᅌᅮᇂ右·에#④ᄂᆞ·리·와#:궇九룡龍·이#⑤모·다#⑥싯·기ᅀᆞ·ᄫᆞ·니

[주석]

① ᄀᆞᄅᆞ·치·샤

⇒ ᄀᆞᄅᆞ치-(동사 어간) + -시-(주체 높임의 선어말어미) + -아(연결어미)

◎ 현대국어 '가리키-'의 후기중세국어 어형은 'ᄀᆞᄅᆞ치-'이다. 이 시기의 'ᄀᆞᄅᆞ치-'는 '가리키다'와 '가르치다'를 모두 의미하였다.
현대국어의 '가리키-'는 'ᄀᆞᄅᆞ치- > ᄀᆞ르치- > 가르치- > 가리키-'의 여형 변화를 겪었는데, 19세기에 나타나는 '가르치- >가리키-'의 어형 변화는 구개음화 'ㅋ > ㅊ' 에 유추된 과도교정이다. 18세기의 'ᄀᆞ르티-'도 과도교정에 의한 형태이다. '가르치- > 가리키-'에서의 '르 > 리' 변화는 '키'의 'ㅣ'에 의한 모음동화의 결과로 보인다.

② ᄒᆞ오·ᅀᅡ

⇒ ᄒᆞ오ᅀᅡ(부사)

◎ '혼자'의 가장 오래된 어형은 'ᄒᆞᄫᆞᅀᅡ'인데, 이는 '獨'의 뜻을 가지는 'ᄒᆞᄫᆞᆯ'에 뜻을 강조해 주는 접미사 '-ᅀᅡ'가 결합하여 이루어진 것으로 보인다. 15세기에 'ㅸ'가 소멸하면서 'ᄒᆞᄫᆞᆯ > ᄒᆞ올'의 변화를 겪는데, 같은 시기의 'ᄒᆞ오ᅀᅡ, ᄒᆞ오사, ᄒᆞ오아, 호오ᅀᅡ' 등은 'ᄒᆞ올'에 강세 접미사 '-사, -ᅀᅡ, -아' 등이 결합한 것으로 볼 수 있다. 후기중세국어 시기에는 이들 형태 외에 '호온자, 혼자' 등의 예도 보인다. 16세기에는 '호은자', 17세기에는 '호온차', 19세기에는 '혼쟈, 혼져' 등의 예들이 나타난다. 이와 같은 형태들은 '호온자'나 '혼자' 등의 형태와 혼동되어 쓰인 것으로 볼 수 있다. 이러한 복잡한 형태 변화와는 달리 '혼자'의 의미는 'ᄒᆞᄫᆞᅀᅡ'에서부터 현대에 이르기까지 의미 변화가 거의 없었던 것으로 보인다.

③ 존尊·호라#·ᄒᆞ시·니

⇒ [존(어근) + -ᄒᆞ(형용사 파생 접사)]- + -오-(의도의 선어말어미) + -다(평서형 종결어미) # ᄒᆞ-(동사 어간) + -시-(주체 높임의 선어말어미) + -니(평서형 종결어미)

◎ 고영근(1987/2010: 48)에 따르면 후기중세국어 시기의 선어말어미 '-오-/-우-'의 실현 환경은 두 가지로 정리할 수 있다.

예1) ㉮ 내 오늘 實로 無情호라 <月釋 21:219a>

㉯ 鹿母夫人ᄋᆡ 나혼 고ᄌᆞᆯ 어듸 ᄇᆞ린다 <釋譜 11:32b>

예1) ㉮의 ‘-오-’는 주로 주어 명사구가 화자일 때 선택되는 경향을 보여 주고 예1) ㉯의 ‘-오-’는 꾸밈을 받는 명사구 ‘곶’이 동사의 목적어가 될 때 선택되는 일면을 지니고 있다. 고영근(1987/2010: 345)에서는 예1) ㉮의 ‘-오-’를 주어 명사구가 1인칭 대명사 ‘나, 우리’ 등 화자일 때 나타나는 화자 표시법 ‘-오-$_1$’로 지칭하였다. 그리고 고영근(1987/2010: 353)에서는 예1) ㉯의 ‘-오-$_2$’를 대상 표시법으로 지칭하였다. 이중 본문의 ‘尊호라’의 ‘-오-’는 ‘-오-$_1$’에 해당한다.

예2) ㉮ 내 ᄒᆞ마 命終호라 <月釋 9:36-1b>

㉯ 내 이ᄅᆞᆯ 爲ᄒᆞ야 어엿비 너겨 새로 스믈 여듧 字ᄅᆞᆯ ᄆᆡᇰᄀᆞ노니 <訓諺 2b>

㉰ 우리ᄃᆞᆯ히 毒惡ᄋᆞᆯ 그르 머구니 願ᄒᆞᆫᄃᆞᆫ 救療ᄒᆞ샤 <月釋 17:17b>

고영근(1987/2010: 346)에 따르면 위의 예에서 예2) ㉮는 ‘-오-$_1$’가 부정평서형에, 예2) ㉯는 직설연결형에, 예2) ㉰는 부정연결형에 나타난 것이다. 종결형과 연결형의 ‘-오-$_1$’ 활용형에는 ‘*ᄒᆞ시노라, *ᄒᆞ시다라’와 같이 존경의 ‘-시-’가 원칙적으로 나타나지 못하는데 이는 화자가 자기 자신을 높일 수 없다는 규칙 때문이다. 이외에도 ‘-오-$_1$’는 회상법, 추측법, 확인법, 감동법에서도 나타난다.

※ 후기중세국어 시기의 선어말어미 ‘-오-/-우-’

‘-오-’는 근대국어나 현대국어에서는 찾아볼 수 없는 후기중세국어만의 특징적 형태이다. 그 기능이나 의미는 명확한 해명이 불가능한 것이어서 다양한 이견이 존재한다. 이 중 허웅(1958, 1959, 1963, 1964, 1965, 1973, 1975/1995)의 ‘인칭대상 활용설’과 이숭녕(1959, 1960, 1964ㄱ, 1964ㄴ, 1976)의 ‘의도법의 선어말어미설’이 가장 대표적이다.
‘-오-’는 주로 명사형과 관형사형 활용어미 앞에 첨착되고, 부사형어미 ‘-디’와 연결어미 ‘-니, -ᄂᆞ니, -리니’, 그리고 종결어미 ‘-리라’ 등의 위에도 쓰인 경우가 있다.
‘-오-’의 활용에 대한 지금까지의 논의를 간단히 살펴보면 다음과 같다.

1) 어간 말음이 자음일 때 모음조화에 따라 ‘-오-/-우-’가 교체되어 쓰인다. 어간 말음이 모음인 경우에는 모음 연접규칙에 따라 변하지만 ‘ㅏ, ㅓ’인 경우에는 ‘-오-/-우-’가 탈락

된다. 결과적으로 어간 말음이 'ㅏ, ㅓ, ㅗ, ㅜ'이면 '-오-/-우-'가 표기상 나타나지 않으나 성조의 변동으로 흔적을 보이는 일이 자주 있다.

예1) ㉮ 막-(防): 마ᄀᆞ시니, 막ᄉᆞᄫᆞ니, 마골, 마고딕, 마고미……
㉯ 먹-(食): 머거지라, 먹노이다, 머굶, 머굼, 머구니, 머고딕……
㉰ ᄑᆞ-(掘): ᄑᆞ고, ᄑᆞ샤, 파, 포몰, 폼, 포딕……
㉱ ᄡᅳ-(用): ᄡᅳ는, ᄡᅳ면, ᄡᅳ샤, ᄡᅳ놋다, ᄡᅳ기롤, ᄡᅧ, ᄡᅮᇙ 거시, ᄡᅮᆷ도, ᄡᅮ메, ᄡᅮ딕, ᄡᅮ니이다……
㉲ 그리-(慕): 그리샤, 그리ᅀᆞᄫᆞ니, 그리신, 그리습더니, 그려, 그륨……
㉳ 여희-(離): 여희며, 여휠, 여희디, 여희여, 여희고, 여희요니, 여희요이다, 여희요미……
㉴ 가·-(行): :감(거성→상성)
㉵ ·오-(來): :옴(거성→상성)
㉶ ·주-(與): :줌(거성→상성)

2) 삽입모음 '-오-/-우-'는 그 출현이 매우 규칙적이어서 일부 어미, 곧 명사형 관형사형 부사형 등 전성어미와, 몇몇의 연결어미와 의도형 종결어미와의 결합에 국한되어 쓰였다.

(1) 명사형어미 '-ㅁ'이나 부사형어미 '-딕'는 언제나 '-오-/-우-'를 수반하였다.

예2) ㉮ 잡-(取): 자봄, 자보딕
㉯ 먹-(食): 머굼, 머구딕

(2) 관형사형어미 '-ㄴ'과 '-ㄹ'은 '-오-/-우-'를 취하기도 하고 때로는 취하지 않기도 한다. 또한 '-니, -ᄂᆞ니, -리니' 등 연결어미와 '-리라' 등 의도형 종결어미 역시 삽입모음을 취하기도 하고 취하지 않기도 한다.

예3) ㉮ 지손 罪, 닐온 말, 니불 옷, 앗곯 ᄠᅳᆮ
㉯ 지슨 몸, 주근 사롬, 길 녏 사롬

한편, 삽입모음은 15세기부터 동요를 일으키다가 16세기에 소멸한 것으로 보인다. '-오-'를 취하기도 하고 취하지 않기도 하던 유형은 16세기 전반에 소멸한 것으로 보이며, 언제나 '-오-'를 취하던 유형은 16세기 후반에 소멸함을 확인할 수 있다.

예4) ㉮ 므레 술믄 ᄃᆞᆰ <飜朴 上:5a>

㉯ 보ᄇᆡ로 ᄊᆞ민 수늙 노픈 곳 <飜朴 上:5a> / 15세기 '술몬, ᄊᆞ뮨'

한편, '-오-'는 주어가 1인칭일 때 서술어에 나타나며 이를 인칭활용법이라고 한다. '-더-', '-거-'에 '-오-'가 결합하면 '-다-', '-과-'로 나타나며 화자 주어와 호응한다.

예5) 내 이ᄅᆞᆯ 위하여 스믈여듧 자를 밍ᄀᆞ노니 <訓諺 2b>

'-노니'는 '-ᄂᆞ- + -오니'가 결합한 것으로, 앞의 '내'라는 1인칭 주어와 호응한다. 허웅(1975/1995)에서는 특히 화자가 청자에게 어떤 일을 명령하거나 강요할 경우에는 용언의 주어가 1인칭일 때뿐만 아니라 2·3인칭일 때에도 '-오-'가 사용될 수 있다고 하여, 인칭법의 하위 유형으로 의도법을 수용하기도 했다.

의도법을 중심으로 논의한 연구들에서는 대체로 삽입모음 '-오-/-우-'는 주관적 의도가 들어 있는 동작이나 상태의 진술에 사용되어, 평서문에서는 화자의 의도를 드러내고, 의문문에서는 청자의 의도를 나타낸다고 하며, 부가어에서는 동작 주체의 의도를 나타냄을 확인할 수 있다고 한다.

예6) ㉮ 이 東山ᄋᆞᆯ ᄑᆞ로리라 <釋譜 6:24b> (화자의 의도)

㉯ 내 부텨옷 許ᄒᆞ시면 묻ᄌᆞᄫᅩ리이다 <月釋 10:67b> (화자의 의도)

㉰ 부텻 法이 精微ᄒᆞ야 져믄 아ᄒᆡ 어느 듣ᄌᆞᄫᅩ리잇고 <釋譜 6:11a> (청자의 의도)

㉱ 니르고져 홇 배 이셔도 <訓諺 2a> (동작주의 의도)

'-오-'가 사실의 객관적 진술에는 사용되지 않았고, 주관적 의도가 가미된 동작 또는 상태의 진술에 사용되는데 평서문에서는 화자의 의도를, 의문문에서는 청자의 의도를 나타내는 기능을 하는 것으로도 본다. 이러한 측면에서 이러한 의견들은 '-오-'를 의도법의 선어말어미로 보는 입장을 지지한다.

예7) ᄒᆞ노니(←ᄒᆞᄂᆞ- + -오- + -니), 호리라(←ᄒᆞ- + -오- + -리라), ᄒᆞ노닛가, 호리잇가 등

'-오-/-우-'가 비관형어일 경우에 1인칭 주어와 호응하는 인칭어미라는 주장이 있으나, 의문법의 'ᄒᆞ노닛가'는 2인칭 주어에 호응되는 등 예외가 많다는 점을 지적할 수 있다. 허웅(1975/1995: 744)에서는 인칭법이 적용되기 힘든 예외적 사례들을 '심리 전환'으로 해석

하기도 했다. 즉 '-오-/-우-'가 사용된 용언의 주체가 화자 자신이 아닌 사례들은, 화자가 행위자의 입장으로 심리전환을 일으켜 간접적으로 표현한 것이라고 본 것이다.

이숭녕(1960)에서는 의도법의 하위 유형으로 가능법과 주관법을 설정하여, 非1인칭주어에 쓰이는 '-오-'를 화자가 주체의 실현 가능한 행동을 희망하고 추측하거나(가능법) 화자의 주관적인 판단을 나타낼(주관법) 때에 사용하는 것으로 설명한 바 있다. 즉, 의도법의 선어말어미 '-오-'는 활용형에서 이것이 연결되면 주관적 의도가 개재된 동작이나 상태를 나타내는 기능을 하게 된다. 다만 의도는 그 의도의 주체에 따라 화자, 청자, 그리고 주체의 셋으로 나누어진다.

화자의 의도는 주로 설명문의 서술어에 나타나는데, 대체로 화자 자신의 일을 설명하는 것이다. 이는 '-오-/-우-'를 1인칭 주어에 호응하는 인칭어미로 주장하는 근거이기도 하다.

예8) ㉮ 이 東山ᄋᆞᆯ ᄑᆞ로리라 <釋譜 6:24b>
㉯ 사ᄅᆞᆷ마다 수ᄫᅵ 아라 三寶애 나ᅀᅡ가 븓긧고 ᄇᆞ라노라 <釋譜 序:6b>

청자의 의도는 바로 이야기 상대의 의도를 말하는데, 이것은 의문문의 서술어에 나타난다. 이것은 곧 상대방인 청자가 의도를 가지고 설명하고 판정하기를 요구한다는 뜻이다. 2인칭 주어와 호응하게 된다.

예9) ㉮ 主人이 므슴 차바ᄂᆞᆯ 손ᅀᅩ ᄃᆞᆫ녀 ᄆᆡᇰᄀᆞ노닛가 太子ᄅᆞᆯ 請ᄒᆞᅀᆞᄫᅡ 이받ᄌᆞᄫᆞ려 ᄒᆞ노닛가 <釋譜 6:16a>
㉯ 大臣ᄋᆞᆯ 請ᄒᆞ야 이바도려 ᄒᆞ노닛가 <釋譜 6:16a>

한편 동작주의 의도는 관형사형에 나타난다. 관형사형으로 쓰인 동사의 주체가 의도를 갖고 행한 동작임을 나타내게 된다. 그런데 이때의 관형사형과 뒤에 오는 단어와의 관계는 타동사와 목적어의 관계가 대부분이다. 그러나 많은 예외가 있으므로 동작주의 의도가 반영된 것으로 해석한다.

예10) ㉮ 니르고져 ᄒᆞᇙ 배 이셔도 <訓諺 2a>
㉯ 化人ᄋᆞᆫ 世尊ㅅ ㅅ神力으로 ᄃᆞ외의 ᄒᆞ샨 사ᄅᆞ미라 <釋譜 6:7b>

따라서 의도법은 화자가 문장 주체의 의도를 표현에 반영한 것으로 해석할 수 있다. 학자에 따라서는 이들 의도의 선어말어미가 관형사형 어미와 결합되면 뒤에 오는 단어가 관형사형으로 쓰인 동사의 목적어임을 나타내고, 그 밖의 어미와 결합하면 1인칭 주어에 호응함을 나타낸다고 한다. 앞선 내용과 달리 관형사형에 나타나는 '-오-'는 관형사절의 꾸밈을 받는 명사가 관형사절의 의미상 목적어일 때 쓰이며 이를 대상활용법이라고 한다.

예11) 얻논 藥이 므스것고 <月釋 21:215b>

'얻논 약'에서 '약을 얻음' 즉 '얻는' 것의 대상이 '약'임을 알 수 있다. 대상활용법은 관형사절에서 피수식어가 수식 동사의 목적어로 전환될 때 '-오-/-우-'가 붙는 규칙을 말한다. 대상활용법에서는 '-오-/-우-'가 관형사형 어미인 '-ㄴ'와 '-ㄹ' 앞에 붙게 된다.
고영근(1987/2010: 48)에서 이러한 연구 성과들을 정리하여 통사론적 접근과 의미론적 접근으로 나누었다. 즉, 통사론적으로 접근하여 종결형과 연결형에 나타나는 '-오-'와 관형사형에 나타나는 '-오-'를 다르다고 보는 것이다. 일반적으로 종결형과 연결형에 나타나는 '-오-'는 주어가 1인칭일 때 나타났다. 그리고 관형사형에 나타나는 '-오-'는 관형사형을 평서형으로 전개하여 피한정명사가 목적어나 부사어의 기능을 띨 때 나타났다.
종결형 연결형에 나타나는 '-오-'와 관형사형에 나타나는 '-오-'를 구분하는 이유는, 먼저 관형사형에 나타나는 '-오-'는 주체높임의 선어말어미 '-시-'와 결합할 수 있다는 점에서 종결형과 연결형에 나타나는 '-오-'와는 다르다고 말할 수 있기 때문이다. 그리고 관형사형에 나타나는 '-오-'는 종결형과 연결형에 나타나는 '-오-'와 달리 1인칭은 물론 2·3인칭도 주어가 될 수 있다는 점 역시 이 둘을 분리하는 근거가 된다.
의미론적으로 접근할 경우 의도법이라는 문법 범주를 설정하여 문장 주체의 의도를 표현할 때, 선어말어미 '-오-'가 쓰인다. 문장의 주어가 1인칭 주어이면서, 설명문의 서술어에 '-오-'가 나타날 때에는 화자의 의도를 표현하는 것이고, 문장의 주어가 2인칭 주어이면서 의문문의 서술어에 '-오-'가 나타날 때에는 청자의 의도를 표현하는 것이며, 관형사형에 나타날 때에는 주체의 의도를 표현하는 것이다.

◎ 후기중세국어에서 서술격조사 '이-', 추측의 선어말어미 '-리-', 의도법의 선어말어미 '-오-/-우-', 형용사 '아니-' 뒤에서 'ㄷ'로 시작하는 어말어미 '-다', 선어말어미 '-더-, -다-, -도-' 등은 각각 '-라', '-러-, -라-, -로-'로 교체되었다.

◈ 후기중세국어 시기 어미에서의 'ㄷ → ㄹ' 교체 현상에 대한 자세한 설명은 p.74를 참조.

◎ 'ᄒᆞ시니'의 'ᄒᆞ-'는 '말하다'의 의미를 가진, 소위 대동사의 기능을 수행하고 있다.

④ ᄂᆞ·리·와
⇒ [ᄂᆞ리-(어근) + -오(사동 접사)]- + -아(연결어미)

◎ 후기중세국어의 'ᄂᆞ리-'는 '내리다'를 의미하는데, 여기에 사동 접사 '-오-'가 결합하여 '내리게 하다'를 의미하였다.

⑤ 모·다
⇒ 몯-(동사 어간) + -아(연결어미)

◎ 현대국어 '모이-'의 후기중세국어 어형은 '몯-'이다. 이 형태는 17세기까지 변함없이 쓰이다가 18세기에 '뫼히-, 모도이-, 모히-, 모이-' 등 여러 형태가 나타난다. 한편 '모이-'의 직접적인 소급 형태인 '모히-'는 '모ᄋᆞ-'의 이형태 '모ᄒᆞ-'에 피동 접사 '-이-'가 붙어 형성되었고, 18세기에 모음 사이에서 'ㅎ'가 탈락한 '모이-'의 형태가 등장하여 현재에 이르고 있다.

⑥ 싯·기ᅀᆞ·ᄫᆞ·니
⇒ [싯-(어근) + -기(피동 접사)]- + -ᅀᆞᆸ-(객체 높임의 선어말어미) + -(ᄋᆞ)니(평서형 종결어미)

◎ 아홉 용이 씻긴 대상인 아기(석가모니)를 높이기 위해 '-ᅀᆞᆸ-'가 사용되었다.

◎ 고영근·박금자·고성환·윤석민(2003: 15)에 따르면, 기20의 두 번째 줄은 'T_2[(S_1 溫水 冷水로 左右에 ᄂᆞ리와)S_1 (S_2 九龍이 모다 싯기ᅀᆞᄫᆞ니)S_2]T_2'의 구조로 되어 있는데 '左右에 ᄂᆞ리와 九龍이 모다 溫水 冷水로 싯기ᅀᆞᄫᆞ니'로 되는 것이 더 자연스러운 문장 구조라 할 수 있다. 그런데 위와 같이 부사어인 '溫水 冷水로'가 시행의 맨 앞에 놓인 것은 기20의 첫 번째 줄에 대한 고려 때문이다. 대응구인 '右手 左手로'를 고려하여 이와 거의 유사한 '溫水 冷水로'를 시행의 맨 앞으로 옮긴 것이다. 이러한 어순 재배치는 '右手 左手로'가 바로 뒤에 오는 '左右에 ᄂᆞ리와'를 수식하는 것으로 해석될 수 있어 적절한 텍스트 수용을 방해하게 된다. 첫 번째 줄에 대한 고려에서 이루어진 이러한 어순 재배치는 T_1과 T_2를 통사적으로 완전히 일치되는 구조로 만들어 주지는 못하지만 두 텍스트 모두 '(-로) -어 -니'의 연결 구성이 되게 함으로써 대구의 형식임을 뚜렷이 드러내 주게 된다.

※ 후기중세국어 시기의 피동 접사

고영근(1987/2010: 184~185)에서는 다음과 같이 후기중세국어의 피동 접사와 그 용례를 제시하고 있다.

예) ㉮ 어근 + 피동 접사 -이-: 두피-, 걸이-, 븟이-, 이어이-, 브리이- 등
㉯ 어근 + 피동 접사 -히-: 다티-, 머키- 등
㉰ 어근 + 피동 접사 -기-: 둠기-, 숢기- 등
㉱ 자피-, 들이-(入), 들이-(聞), 싯기-, 디-(落), 뵈-(見)

고영근(1987/2010)에 따르면, 후기중세국어 시기의 피동 접사는 그 수가 많지 않았고, 위 ㉱에서 제시하는 어휘들은 사동사와 피동사로 공용되는 것들이다.

[원문]

89)끠其·ᅀᅵ二·씹十·ᅙᅵᇙ一
삼三·개界:쓔ᇢ受:코苦ㅣ·라·ᄒᆞ·샤ᅀᅵᆫ仁ᄍᆞ慈ㅣ기프·실·ᄊᆡ하·ᄂᆞᆯ·ᄯᅡ·히ᄀᆞ·장·진震:똥動ᄒᆞ·니
삼三·개界뼌便한安·케·호리·라·ᄇᆄᇙ發·원願·이기프·실·ᄊᆡ·때大쳔千·셰世·개界ᄀᆞ·장ᄇᆞᆯ·ᄀᆞ·니

[현대역]

[석가모니께서] 삼계가 수고90)(세상을 살아감이 고통)라고 하시어(말씀하시어) 인자91)가 깊으시므로 하늘과 땅이 가장(매우) 진동하니.
[석가모니께서] 삼계를 편안하게 하리라 [말씀하시어] 발원92)이 깊으시므로 대천세계93)가 가장 밝으니.

[배경]

석가모니께서 태어나신 뒤, 하늘과 땅을 가리키며, 하늘 위와 하늘 아래에 오직 나만이 존귀하다 하시고, 삼계가 모두 많은 괴로움을 겪으니, 삼계의 모든 중생들을 편안하게 하겠

89) <月印 上:8b>
90) 수고(受苦): 생로병사(生老病死)의 고통을 받음.
91) 인자(仁慈): 어질고 남을 사랑하는 마음.
92) 발원(發願): 신이나 부처에게 소원을 빎. 또는 그 소원.
93) 대천세계(大千世界): 삼천대천세계(三千大千世界)의 약칭으로, 불교에서 말하는 끝이 없는 넓은 세계를 말함.

> 다고 말씀하시자 천지가 모두 진동하여 이를 반기었다.
> 또한 대천세계가 모두 환히 밝아 광명천지로 변하였다.

[어절 분석]

삼三·개界#:쓔ᇹ受:코苦ㅣ·라#·ᄒᆞ·샤#ᅀᅵᆫ仁ᄍᆞ慈ㅣ#기프·실·씨#하·ᄂᆞᆯ#①·ᄯᅡ·히#②ᄀᆞ·장#·진震:똥動ᄒᆞ·니

삼三·개界#③뼌便한安·케#·호리·라#·벓發·원願·이#기프·실·씨#·때大쳔千#·셰世·개界#ᄀᆞ·장#블·ᄀᆞ·니

[주석]

① ·ᄯᅡ·히

⇒ ᄯᅡᇂ(명사) + 이(주격조사)

◎『우리말샘』에 따르면, 현대국어 '땅'의 옛말인 'ᄯᅡᇂ'은 15세기 문헌에서부터 나타난다. 'ᄯᅡᇂ'은 모음으로 시작하는 조사나 조사 '과, 도'와 결합할 때에는 말음인 'ㅎ'가 나타나지만, 그 밖의 조사와 결합하거나 단독으로 쓰일 때에는 말음 'ㅎ'가 나타나지 않아서 'ᄯᅡᇂ/ᄯᅡ'의 교체를 보였다. 후기중세국어의 'ᄯᅡᇂ'은 다음과 같이 조사와의 결합 모습을 보여 준다.

예) ᄯᅡ히(ᄯᅡᇂ + 이), ᄯᅡᄒᆞ로(ᄯᅡᇂ + ᄋᆞ로), ᄯᅡ콰(ᄯᅡᇂ + 과), ᄯᅡ토(ᄯᅡᇂ + 도), ᄯᅡ마다(ᄯᅡᇂ + 마다), ᄯᅡ(ᄯᅡᇂ), ᄯᅡᆺ(ᄯᅡᇂ + ㅅ)

'ᄯᅡᇂ'은 위 예에서 보듯이 'ㅎ' 말음체언 뒤에 모음으로 시작하는 조사가 결합하면 'ㅎ'가 온전히 연철되어 나타나며, 뒤에 'ㄱ, ㄷ'와 같이 평음으로 시작하는 조사가 오면 유기음화가 실현되어 역시 간접적으로나마 'ㅎ'의 존재를 드러낸다. 그러나 조사 '마다', 'ㅅ'와 결합하거나 'ㅎ' 말음체언의 단독형에서는 'ㅎ'가 나타나지 않는다. 그런 점에서 'ㅎ' 말음체언의 'ㅎ'가 사라지는 후대의 변화는 불규칙적인 교체를 보이는 명사가 규칙적인 교체를 보이게 되는, 일련의 변화 흐름과 맥을 같이 한다고 볼 수 있다.

다른 'ㅎ' 말음체언들이 15세기부터 말음 'ㅎ'가 탈락한 형태로 되는데, 'ᄯᅡᇂ/ᄯᅡ'는 말음 'ㅎ' 탈락 대신 그 자리를 'ㅇ[ŋ]'이 대신하는 매우 특이한 변화를 보인다. 17세기 문헌에 보이는 'ᄯᅡᇰ'은 기존의 'ᄯᅡᇂ'과 새로운 'ᄯᅡᆼ' 형태가 혼합된 모습을 보여준다. 'ᄯᅡᆼ' 형태가 등장한 이후로도 'ᄯᅡᇂ' 형태는 19세기까지 쓰였다.

② ᄀᆞ·장
⇒ ᄀᆞ장(부사)

◎ 현대국어의 '가장'은 다음과 같은 형태 변화를 겪었다.

예) ᄀᆞ장(15세기～16세기) > ᄀᆞ장(16세기～19세기) > 가장(17세기～현재)

『우리말샘』에 따르면, 현대국어 '가장'의 후기중세국어 어형인 'ᄀᆞ장'은 15세기 문헌에서부터 나타난다. 16세기에 'ㆁ'의 표기가 'ㅇ'으로 바뀌어 'ᄀᆞ장'의 형태가 나타났고, 근대국어 시기에 2단계 'ㆍ'의 소실에 의해 제1음절의 'ㆍ'가 'ㅏ'로 변하여 '가장'의 형태가 출현하였고, 'ᄀᆞ장'과 '가장'이 19세기까지 공존하다가 '가장'의 형태로 정착하였다.

③ 뼌便한安·케#·호리·라
⇒ [뼌한(어근) + -ᄒᆞ(형용사 파생 접사)]- + -게(연결어미) # ᄒᆞ-(동사 어간) + -오-(의도의 선어말어미) + -리-(의지의 선어말어미) + -다(평서형 종결어미)

◎ '뼌한케'의 '케'는 '뼌한ᄒᆞ게'의 'ᄒᆞ'와 '게'가 축약되면서 'ᄒᆞ'의 'ㆍ'는 탈락하고 'ㅎ'와 '게'의 'ㄱ'가 축약되어 'ㅋ'가 된 형태이다.

◎ 고영근(1987/2010: 248～257)에 따르면, 후기중세국어의 사동문은 사동사에 의한 사동문과 '-게 ᄒᆞ-'에 기댄 사동문으로 구분할 수 있다. '-게 ᄒᆞ-'에 기댄 사동문은 보조적 연결어미 '-게/-긔'와 보조동사 'ᄒᆞ-'가 결합한 '-게/-긔 ᄒᆞ-'를 말한다. 연결어미 '-게'는 '-긔'로도 나타나며 'ㄹ'와 하향이중모음의 반모음 'y' 및 서술격조사 아래에서는 '-에, -의'로 교체되기도 하였다. 또한 '-게 ᄒᆞ-'에 의한 사동문은 간접적인 의미만 파악된다.

[원문]

끠其·ᅀᅵ二·씹十·ᅀᅵ二
94)텬天룡龍·밣八:뿡部ㅣ·큰·득德·을ᄉᆞ랑·ᄒᆞᅀᆞ·ᄫᅡ놀·애·ᄅᆞᆯ블·러깃·거·ᄒᆞ더·니
마魔왕王바波쓘旬·이·큰·득德·을새·오ᅀᆞ·ᄫᅡ앗·디:몯·ᄒᆞ·야시·름·ᄒᆞ더·니

94) <月印 上:9a>

으로 시작하는 어미의 초성에 'ㄹ'가 하나 더 오는 것을 확인할 수 있다.
유사점이 많은 두 가지 용언의 활용은 15세기부터 통합되는 양상을 보이다가 16세기에는 현대국어의 '르' 불규칙과 동일한 현상인 예2)로 완전히 통합되었다.
고영근(1987/2010: 126)에서는 현대국어의 '따르-, 치르-'와 같이 용언 어간의 끝음절이 '르'인 동사 가운데서 '으'만 떨어지는 것이 있기 때문에 불규칙 활용으로 처리할 수 있으나 후기중세국어에는 그런 일이 없다는 점을 근거로 규칙 활용으로 처리하고 있다.

③ 새·오ᅀᆞ·ᄫᅡ
⇒ 새오(동사 어간)- + -ᅀᆞᆸ-(객체 높임의 선어말어미) + -아(연결어미)

◎『우리말샘』에 따르면, 현대국어 '새우-'의 후기중세국어 어형인 '새오-'는 15세기 문헌에서부터 나타난다. '새오-'는 어근 '새-'에 사동 접사 '-오-'가 결합하여 형성된 것으로 추정되나 같은 시기에 어근 '*새-'가 문증되지 않는다는 문제가 있다. 현대국어에서 사동 접사 '-우-'가 붙어 형성된 단어는 통시적으로는 사동 접사 '-오-'가 어근에 붙어 형성된 것으로 현대국어의 '새우-'의 경우도 이러한 경향을 반영하고 있다.
한편 여기에서는 마왕 파순의 입장에서 시기의 대상인 부처의 덕을 높이기 위해 '-ᅀᆞᇦ-'가 쓰였다.

④ 앉·디
⇒ 앉-(동사 어간) + -디(연결어미)

◎ 현대국어 '앉-'은 다음과 같은 형태 변화를 겪었다.

예) 앐-, 앉-, 앗-(15세기) > 앐-, 앉-, 안ㅅ-(16세기~19세기) > 앉-(현재)

현대국어 '앉-'의 후기중세국어 어형은 현대국어와 동일하게 '앉-'인데, 15세기에는 어말 자음군의 표기법에 따라 '앐-, 앉-'으로 표기되었다. 후기중세국어에서는 '앉-'에 모음으로 시작하는 어미가 올 경우 'ㅈ'가 후행음절의 첫소리로 연철되어 표면상 'ㄴ'와 'ㅈ'를 그대로 다 표기하였으나 '앉-'에 자음으로 시작하는 어미가 올 때에는 'ㅈ'를 'ㅅ'로 바꿔 '앐-'으로 적었다. 간혹 'ㅅ(<ㅈ)'를 후행음절의 첫소리와 결합하여 'ㅅ'계 합용병서로 표기(예: 안ᄶᅩ <釋譜 11:1b>)되기도 하였으나, 후기중세국어의 일반적인 표기는 아니었다. 한편 후기중세국어 시기에는 '앉-' 뒤에 자음으로 시작하는 어미가 올 경우에는 'ㄴ'와 'ㅈ(또는 ㅅ)'를 어간 종성에 자음군으로 표기하였지만, 근대국어 시기에는 이들 자음군을 모아쓰지 않고 후행음절의 첫소리로 내려쓰거나(예: 안써든 <練兵 14b>) 또는 자음군의 뒷 자음을 어간과 어미 사이에 독립시켜 표기하는(예: 안ㅅ다 <同文解 下:31a>) 특징을 보인다. 한편 '앚-'은 '앉-'의 'ㄴ'가 탈락한 형태로, 후기중세국어 문헌에서만 확인된다.

◎ 고영근(1987/2010: 121)에 따르면 후기중세국어 시기에 보조동사 중 다음과 같이 부정의 의미를 지니는 것들이 있다.

예) ㉮ -디/-ᄃᆞᆯ 아니ᄒᆞ다
㉯ -디 몯ᄒᆞ다
㉰ -디/-게/-어 말다

보조동사 '아니ᄒᆞ-' 앞에 오는 연결어미 '-ᄃᆞᆯ' 은 '-디'와 수의적으로 교체되는 형태이다.

[원문]

끠其·ᅀᅵ二·씹十삼三
:ᄎᆡ婇:녀女ㅣ:기·베:안ᅀᆞ·ᄫᅡ·어마:님·긔·오·ᅀᆞᆸ더·니·때大씬神·ᄃᆞᆯ·히:뫼·시ᅀᆞ·ᄫᆞ·니
쳥青ᅙᅴ衣긔·별·을ᄉᆞᆯ·ᄫᅡ·ᄂᆞᆯ아·바:님깃그[97]·시·니종宗친親·ᄃᆞᆯ·ᄒᆞᆯᄃᆞ·려·가시·니

[현대역]

채녀[98]가 [갓난 태자를] 비단에 [감싸] 안아 어머님(마야부인)께 오더니 대신들이 [갓난 태자를] 모시니.
청의[99]가 [마야부인께서 아들을 낳은] 기별을 [정반왕께] 말씀드리거늘 아버님(정반왕)이 기뻐하시니 종친들을 [갓난 태자께] 데리고 가시니.

[배경]

채녀가 하늘에서 내려 주신 비단으로 갓난 태자, 즉 석가모니를 감싸 안고 마야부인께 모시고 오니 이때 스물여덟 대신(大神)이 사방에서 호위하였다.

---

97) <月印 上:9b>
98) 채녀(婇女): 궁녀, 또는 곱게 꾸민 젊은 여자.
99) 청의(青衣): '청의(青衣)'는 직역하면 푸른 빛깔의 옷이지만 이는 '하인, 천한 사람'을 이르는 말로, 예전에 천한 사람이 푸른 옷을 입었던 데서 유래함.

청의가 궁으로 돌아와서, 태자가 탄생하셨다는 소식을 정반왕께 말씀드리니, 정반왕이 사병[100]을 데리고 석가 성을 가진 모든 종친들을 동산으로 모시었는데, 한편으로는 기뻐하면서도 한편으로는 모든 상서를 보고 두려워하셨다.

[어절 분석]

:ᄎᆡ婇:녀女ㅣ#①:기·베#:안ᅀᆞ·ᄫᅡ#·어마:님·긔#②·오·ᅀᆞᆸ더·니#③·때大씬神·ᄃᆞᆯ·히#:뫼·시ᅀᆞ·ᄫᆞ·니

쳥青ᅙᅴ衣#긔·별·을#④ᄉᆞᆯ·ᄫᅡ·ᄂᆞᆯ#아·바:님#깃그·시·니#종宗친親·ᄃᆞᆯ·ᄒᆞᆯ#⑤ᄃᆞ·려·가시·니

[주석]

① :기·베 # :안ᅀᆞ·ᄫᅡ

⇒ 깁(명사) + 에(부사격조사) # 안-(동사 어간) + -습-(객체 높임의 선어말어미) + -아(연결어미)

◎ 『표준국어대사전』에서는 ‘깁’을 ‘명주실로 바탕을 조금 거칠게 짠 비단’으로 설명하고 있다.

◎ 채녀가 안은 대상인 태자(석가모니)를 높이기 위해 ‘-ᅀᆞᇦ-’가 쓰였다.

② ·오·ᅀᆞᆸ더·니

⇒ 오-(동사 어간) + -습-(객체 높임의 선어말어미) + -더-(시상의 선어말어미) + -니(연결어미)

◎ ‘오-’의 대상인 ‘어마님(마야부인)’을 높이기 위해 ‘-습-’이 쓰였다.

③ ·때大씬神·ᄃᆞᆯ·히 # :뫼·시ᅀᆞ·ᄫᆞ·니

⇒ [때씬(어근) + -ᄃᆞᇙ(복수 접사)] + 이(주격조사) # 뫼시-(동사 어간) + -습-(객체 높임의 선어말어미) + -(ᄋᆞ)니(평서형 종결어미)

◎ ‘-ᄃᆞᇙ’은 ‘ㅎ’ 말음체언처럼 뒤에 모음으로 시작하는 형태소가 올 경우, 기저형의 ‘ㅎ’가 표기에 반영되었다. 후기중세국어 시기에 ‘-ᄃᆞᇙ’을 제외하고는 파생 접사 중에 이러한 기저형을

100) 사병(四兵): 고대 인도의 네 가지 병력, 곧 상병(象兵)·마병(馬兵)·거병(車兵)·보병(步兵)을 가리킴.

가진 것은 없다. 이러한 사실로 미루어 보아 '-ᄃᆞᆶ'은 'ㅎ' 말음체언이 접사화한 것으로 추정할 수 있다.

◎ 후기중세국어의 '뫼시-'와 '뫼숩-'의 형태를 고려하면 '뫼시-'는 '*뫼- + -시-'로 분석할 수 있다. 또한, 『표준국어대사전』에서 현대국어 어형 '모시-'를 '*뫼- + -시-'로 그 통시적 형성 과정을 제시하고 있다는 점에서 더욱 그러하다. 다만, 후기중세국어 시기에 '*뫼-'가 단독으로 쓰인 용례가 문증되지 않는다는 점에서 '뫼시-'나 '뫼숩-'을 각각 '*뫼- + -시-'와 '*뫼- + -숩-'으로 분석하는 것은 적절하지 않다. 다만 두 개의 어휘 모두 통시적으로 '*뫼- + -시-'와 '*뫼- + -숩-'의 과정으로 형성되었다고 할 수 있다.

◎ 대신들이 모시는 대상인 태자(석가모니)를 높이기 위해 '-ᄉᆞᇦ-'가 쓰였다.

④ ᄉᆞᆯ·ᄫᆞ·ᄂᆞᆯ
⇒ ᄉᆞᆲ-(동사 어간) + -아ᄂᆞᆯ(연결어미)

◎ 현대국어 '사뢰-'의 후기중세국어 어형인 'ᄉᆞᆲ-'은 자음으로 시작하는 어미가 후행할 때에는 'ᄉᆞᆲ-', 매개모음이나 모음으로 시작하는 어미가 후행할 때에는 'ᄉᆞᇕ-'으로 나타났다.
한편, 15세기 중엽 이후, 'ㅸ'가 반모음 'w'로 변화하여 'ᄉᆞᇕ- > ᄉᆞᆯ오-'로 형태가 변하였고, 이로 인해 'ᄉᆞᆲ-'은 'ᄉᆞᆲ-/ᄉᆞᆯ오-'의 이형태 교체를 하는 'ㅂ' 불규칙용언이 되었다. 근대국어 시기에는 'ᄉᆞᆯ오-'가 자음으로 시작하는 어미 앞에서도 쓰이게 되어 용언 어간의 형태가 'ᄉᆞᆯ오-'로 통일되면서 'ᄉᆞᆲ-/ᄉᆞᆯ오-'의 교체가 사라지고, 어두음절에서 모음 'ㆍ'가 'ㅏ'로 바뀌면서 'ᄉᆞᆯ오- > 살오-'로 형태가 바뀌었고, 현대국어에서 2음절에 반모음 'y'가 추가되어 '살오- > 사뢰-'로 변화하였다. 'ᄉᆞᆲ-'의 형태 변화 과정을 정리하면 다음과 같다.

예) ᄉᆞᆲ-/ᄉᆞᇕ- > ᄉᆞᆲ-/ᄉᆞᆯ오- > ᄉᆞᆯ오- > 살오- > 사뢰-

한편, 'ᄉᆞᆲ-'은 대체로 청자가 화자보다 나이나 계급이 높은 인물일 때 쓰였다. 본문에서는 청자가 생략되어 있어서 높은 대상이 누구인지 파악하기 어렵다.
후기중세국어에서 'ᄉᆞᆲ-'과 '니ᄅᆞ-/니르-'와 존칭의 여격어를 필요로 하는 '엳ᄌᆞᆸ-', '알외-' 등은 인용동사로 종종 쓰였다.

◎ 타동사 'ᄉᆞᆲ-' 뒤에 타동사 표지 '-아ᄂᆞᆯ'이 쓰였다.

◈ 후기중세국어 시기의 '-거ᄂᆞᆯ/-거늘', '-어ᄂᆞᆯ/-어늘'의 분석에 대한 자세한 설명은 p.99를 참조.

⑤ ᄃᆞ·려·가시·니

⇒ [{ᄃᆞ리-(동사 어간) + -어(연결어미)} + 가-(동사 어간)]- + -시-(주체 높임의 선어말 어미) + -니(연결어미)

◎『표준국어대사전』에서는 '데려가-'를 통사적 합성어로 설명하고 있으며, 이에 준해서 후기중세국어의 'ᄃᆞ려가-'도 통사적 합성어로 설명하고 있다. 따라서 여기에서도 'ᄃᆞ려가-'를 통사적 합성어로 분석하고자 한다.

◎ 현대국어의 '더불-'은 대표적인 불완전 동사(불구 동사)이다. 불완전 동사는 활용상의 제약을 받아 몇 개의 국한된 활용형만을 가지는 동사를 말한다. 불완전동사는 다음의 세 가지 유형으로 분류된다.

예) ㉮ 연결어미 '-아/-어'를 취하여 거의 부사와 같은 기능을 가지는 부류
예: 더불어, 아울러, 시러 등
㉯ 연결어미 '-아/-어'와 연결되어 후행 용언과 통합되는 부류
예: 다려, 다가, 바래 등
㉰ '-아라/어라', '-아/-어', '-오/우'를 취하는 부류
예: 달라, 다오, 다고 / 아서, 아서라 등

불완전 동사의 생성 원인은 첫째, 완전 동사가 허사화(虛辭化)가 되는 과정에서 점차 특정 활용형이 화석화되는 경우(예: 더불어 등)와 둘째, 문어적 표현으로만 사용되어 제한된 활용형만이 남게 된 경우(예: 가로되, 가라사대 등)로 정리할 수 있다.

[원문]

끠其·ᅀᅵ二·씹十·ᄉᆞ四
져諸왕王·과쳥青highlight의衣·와:댱長:쟈者ㅣ아·ᄃᆞᆯ나ᄒᆞ·며져諸·셕釋아·ᄃᆞᆯ·도·ᄯᅩ나·니이·다
:ᄻᅣᇰ象·과·쇼·와양羊·과·궁麗:마馬ㅣ삿·기나ᄒᆞ·며:건蹇·ᄠᅳᆨ特·이·도·ᄯᅩ나·니이·다

[현대역]

[나라 안의] 제왕(여러 임금)과 청의와 장자가 아들을 낳으며, 여러 석가 씨 [일가들의] 아들도 또 태어났습니다.
코끼리와 소와 양과 구마101)가 새끼를 낳으며 건특102)이도 또 태어났습니다.

[배경]

석가모니께서 태어나시던 날에는 여러 가지 상서가 일어났다. 여러 나라의 임금들이 모두 한 날에 아들을 낳았고, 오천 명의 청의들이 오천 명의 역사[103]를 낳았고, 팔만 사천 명의 장자와 석가 씨의 여러 일가들이 오백 명의 아들을 낳았다.
또한 코끼리와 말이 흰 빛의 새끼를 낳았으며, 양과 소는 오색 빛이 나는 오백 마리의 새끼를 낳았고, 나라 안의 마굿간에 있는 팔만 사천 마리의 말들이 팔만 사천 마리의 망아지를 낳았는데, 그 중에는 빛이 희고 갈기에 구슬이 꿰어져 있는 건특이라는 말도 태어났다.

[어절 분석]

져諸왕王·과#쳥靑ᅙᅴ衣·와#:댱長:쟈者ㅣ#아·ᄃᆞᆯ#나ᄒᆞ·며#져諸·셕釋#아·ᄃᆞᆯ·도#·ᄯᅩ#①나·니이·다
:썅象·과·#쇼·와#양羊·과#·궁廐:마馬ㅣ#②삿·기#나ᄒᆞ·며#:건蹇·ᄠᅳᆨ特·이·도#·ᄯᅩ#나·니이·다

[주석]

① 나·니이·다
⇒ 나-(동사 어간)- + -니이다(평서형 종결어미)

◎ 연구자에 따라서는 '-니이다'를 '-니- + -이- + -다'로 분석하기도 한다. 그러나 현재 『우리말샘』에서는 '-니이다'를 용언 어간이나 어미 뒤에 붙는 종결어미로 처리하고 있으며, 현대국어의 '-ㅂ니다'로 해석하고 있다. 그런데 『우리말샘』에서는 '-이-'를 'ᄒᆞ쇼셔' 할 자리에 쓰여, 공손한 진술을 나타내는 선어말어미로, '-다'를 종결어미로 기술하고 있다는 점에서 『우리말샘』에서 '-니이다'를 하나의 형태소를 처리하는 것은 다소 적절해 보이지는 않는다. 그러나 이러한 분석의 가장 큰 원인은 '-니-'를 하나의 형태소로 처리하기에 어려움이 있다는 점에서 연유한다.
한편 선행연구에 따라서는 '-니-'를 시상의 형태소로 보기도 하고 서법의 형태소로 보기도 한다. 이러한 이유는 용례들을 통해 어미의 의미를 추려내면서, 대립되는 선어말어미 형태소를 어떻게 보느냐에 따라 국어의 시상법 체계 해석이 달라질 수 있기 때문이다.
지금까지의 '-니-'에 대한 연구들은 김영욱(1989)에 의하면 크게 '일원론적 관점'과 '이원론

101) 구마(廐馬): 여기에서는 '마굿간의 말'을 가리킴. 일반적으로 어용(御用)을 위하여 기르는 말로, 일반 군마(軍馬)와 구별되며 임금이 공적이 있는 신하에게 하사하는 물품으로도 쓰임.
102) 건특(蹇特): 빛이 아주 희고 갈기에 구슬이 꿰어져 있었다는 말.
103) 역사(力士): 뛰어나게 힘이 센 사람.

적 관점'으로 나누어 볼 수 있다.

1) 일원론적 관점

평서문이나 의문문에 나타나는 '-니-'를 모두 동일한 방식으로 기술하는 것을 말하는 것으로, 이 관점에서는 형태적 동일성을 중요시한다. 다만, '일원론적 관점'은 그 내용에 따라 '동명사적 관점', '서법의 형태소로 보는 서법의 관점', '시제의 형태소로 보는 관점'으로 세분할 수 있다.

(1) 동명사적 관점

이 관점은 '-니-'를 설정하지 않는 방법을 취한다.

예1) 아ᄎᆞ미라 <u>ᄒᆞᄂᆞ니라</u> <月釋 2:50a>

즉, 위 'ᄒᆞᄂᆞ니라'를 'ᄒᆞᄂᆞᆫ+이라'로 분석하여 선어말어미 '-니-'를 하나의 형태소로 설정하지 않는다. 그러나 이러한 관점은 '-ㄴ'가 동명사형 어미라면 주어의 위치에 나타나야 하는데, 그렇지 않다는 점에서 설명상의 문제점을 내포하고 있으며, 'ᄒᆞᄂᆞ니라'에서 '-ㄴ'를 분석할 수 있는 구조적인 근거가 없다는 점도 문제점이라 할 수 있다. 즉, 고대국어 시기의 동명사형 어미 '-ㄹ, -ㅁ'이 이 위치에서 '-ㄴ'와 대치되어 '*ᄒᆞᄂᆞ리라, *ᄒᆞᄂᆞ미라' 등으로 나타나는 경우가 없기 때문에 'ᄒᆞᄂᆞ니라'에서 '-ㄴ'를 분석할 수 있는 구조적인 근거가 없는 것이다.

(2) 서법의 형태소로 보는 서법의 관점

이숭녕(1961/1997)에서는 화자의 서술 태도에 따라 다르게 표기되는 것을 '서법'이라고 하고, '-니-'를 '규정법'이라고 하였다. 또한 '규정법'은 어떤 행동을 '객관적 사실로 진술'하는 것을 나타내는 서법이라고 하였다. 그러나 이러한 주장을 뒷받침할 수 있는 구조적인 증거나 논증 과정이 제시되지 않았다는 점에서 이 관점도 문제점이 있다고 할 수 있다.

(3) 시제의 형태소로 보는 관점

허웅(1975/1995)에서는 '-니-'를 시제의 형태소로 파악하고 그 기본적인 기능을 '확정법'으로 보았다. '-ᄂᆞ-, -더-, -리-' 등이 '-니-' 앞에 올 경우, '-니-'의 원래 기능은 사라지고 앞에 오는 이들 형태소의 기능을 강조해준다는 것이다. 그러나 '-니-'가 시제를 표시하는 기능이 있다면, 시제와 관련된 '-ᄂᆞ-, -더-, -리-' 등과 서로 대치되는 관계(계열 관계)를 이루어야 하는데 다음과 같이 그런 대치가 이루어지지 않는다는 점에서 문제점이 있다고 할 수 있다.

예2) ㉮ 사ᄅᆞ미 살면 주그미 이실씨 모로매 늙ᄂᆞ니라 <釋譜 11:36b>

㉯ 諸法이 幻 ᄀᆞᆮᄒᆞ니 幻 ᄀᆞᆮᄒᆞᆷ도 得디 몯ᄒᆞ리니라 <圓覺 下2-2:11b>

㉰ 金 부플 티면 十八億 사ᄅᆞ미 다 몯더니라 <釋譜 6:28a>

2) 이원론적 관점

종래의 형태 위주의 문법 기술에서 드러난 여러 가지 문제점들을 구조적인 관점으로 해결하고자 한 시도로, 대표적으로 고영근(1981/2011)이 있다. 고영근(1981/2011)에서는 의문문의 '-니-'와 평서문의 '-니-'를 구분하고, 의문문 '-니-'를 형태소로 설정하지 않았다. 또한 평서문의 '-니-'를 시제와는 무관한 서법의 형태소로 파악하면서 그것의 의미 기능을 '원칙법'으로 처리하였다.

예3) ㉮ 舍利弗아 너희 부텻 마ᄅᆞᆯ 고디 드르라 거츠디 아니ᄒᆞ니라 <釋譜 13:47b>

㉯ 市矯ᄂᆞᆫ 花成都西南ᄒᆞ다 <初杜解 7:6a>

㉰ 碧鷄坊은 在成都ᄒᆞ니라 <初杜解 7:5b>

위 예3) ㉮에서 볼 수 있듯이 사태에 대한 화자의 원칙적인 태도가 '-니-'에 의해서 문법적으로 표시되었다고 보았기 때문에 '-니-'를 서법의 기능을 가진 형태소로 처리하고, 이를 '원칙법'이라고 하였다. 한편, ㉯ '-다'와 ㉰의 '-니라' 간의 의미상 차이를 확인하기가 어렵다. 이에 대해 고영근(1981/2011)에서는 ㉰의 '-니라'를 더이상 분석하지 않고, 하나의 단위로 간주하면서 설명법 어미 '-다'와 문법적 기능이 동일한 것으로 파악하고 이것을 '둘째 설명법 어미'라고 하였다. '둘째 설명법 어미'의 설정은 우선 '원칙'의 의미가 드러나지 않는 '-니-'를 원칙법에서 제외하여 의미적 일관성을 유지할 수 있게 하였다는 점과 다음으로 '-니'가 대체로 일인칭 주어와 공기하지 않는 '일인칭 주어제약'을 가지고 있다는 통사적 일관성을 유지할 수 있다는 장점이 있다. 그러나 구조적인 양상을 중시하는 이원론적 관점을 일관성 있게 유지하기 위해서 '둘째 설명법 어미'의 설정은 '-니라'를 왜 더이상 분석하지 않는지에 대한 구조적인 근거를 제시해야 하며, '-니- + -다'로 분석할 때의 '-니-'와 원칙법의 '-니-'가 어떻게 다른지 밝혀야 하지만, 이에 대한 세부적인 설명이 없다는 문제점을 내포하고 있다. 또한 현대국어에서 확인되지 않는 '둘째 설명법 어미'를 후기중세국어에서 설정할 경우, 이것이 어떻게 해서 사라졌으며 다른 어미와는 달리 왜 그렇게 짧은 기간 동안에만 사용되었는지에 대한 통시적 설명이 필요하다는 문제점을 가지고 있다.

이에 대하여 김영욱(1989)에서는 고영근(1981/2011)에서의 '-니라'를 '-다'와 비교하면서 고영근(1981/2011)과 같이 두 형태소의 문법적 의미가 같다고 보았으나, 형태 분석의 입장에서 보면 '-니라'는 '-니-'와 '-다'로 분석되고, 이때의 '-니-'는 아무런 문법적 기능을 가지지 못하는 '공형태소'로 처리할 것을 제안하였다. 즉, 공형태소의 설정으로 '-니라'를 구조적인 분석 기준에 따라 '-니-'와 '-다'로 분석하고, 이때의 '-니-'가 원칙법의 '-니-'와는 그 기능이 다르다는 것을 밝힘으로써 앞서 기술한, '둘째 설명법 어미'의 설정에 따른 구조적인 문제를 해결할 수 있다는 것이다. 또한 이러한 예와 같이 통시적인 관점에서 공형태소를 설정함으로써 비문법화 과정을 겪은 것으로 처리하면 공형태의 존재는 설명될 수 있다고 하였다.

☞ 이 책에서는 '-니이다'를 『우리말샘』에서의 분석 방법에 따라 용언 어간이나 어미 뒤에 붙는 종결어미로 처리하고자 한다.

◎ '-이-'는 후기중세국어 시기의 상대 높임의 선어말어미이다. ᄒᆞ쇼셔체는 후기중세국어에서 상대편을 매우 높이는 상대 높임법으로, 평서형어미 '-다' 앞에서는 '-이-'로 표시되지만 의문형어미 '-니 … 가' 사이에서는 '-잇-'으로 표시되었다. 일부 선행연구에서는 의문형을 '-이- + -ᄭᅡ'로 분석하기도 하지만 '-잇- + -가'로 보는 것이 일반적이다.
상대 높임의 선어말어미는 평서형에서 '-이-'로 , 의문형에서는 '-잇-'으로 각각 실현되었다. ᄒᆞ쇼셔체보다 한 등급 낮은 ᄒᆞ야쎠체에서는 'ㅣ' 모음 뒤에서는 '-ㆁ-'으로, 그 밖의 모음 뒤에서는 '-ᅌᅵ-(예: ᄒᆞᄫᅌᅵ다, ᄒᆞᆺ댕다, ᄒᆞᄂᆞᅌᅵ다)'으로 실현되었다.

◈ 후기중세국어 시기의 서법과 시제에 대한 자세한 설명은 p.54를 참조.

② 삿·기
⇒ 삿기(명사)

◎ 『우리말샘』에 따르면, 현대국어의 '새끼'는 다음과 같은 형태 변화 과정을 겪었다.

예) 삿기(15세기～19세기) > 새ᄭᅵ, 색기(19세기) > 새끼(20세기～현재)

현대국어 '새끼'의 후기중세국어 어형인 '삿기'는 15세기 문헌에서부터 나타나며, 17세기에 나타나는 '삭기'는 16세기 후반부터 'ㄷ'로 발음되던 '삿기'의 제1음절의 끝 자음 'ㅅ'가 뒤에 오는 'ㄱ'에 동화된 형태로 보인다. 한편 근대국어 시기에 제1음절의 끝소리 'ㅅ'의 영향으로 제2음절의 첫소리 'ㄱ'가 경음화되고, 18세기에 'ㅣ' 모음 역행동화를 겪어 19세기에는 '새ᄭᅵ, 색기'의 형태가 나타났다. 이들은 된소리 표기 방식만 다를 뿐 현대국어의 '새끼'와 소리는 동일한 것으로 보이며, 'ㄱ'의 경음 표기 'ㅺ'가 '한글마춤법통일안'에 의해 'ㄲ'로 바뀌면서 현대국어 ‘새끼’의 형태가 되었다.

[원문]

끠其·ᅀᅵ二·씹十:오五

[104]·뻠梵·지志·외外:또ᇰ道ㅣ부텻·득德·을:아ᅀᆞ·ᄫᅡ·먼萬·쉐歲·ᄅᆞᆯ브르ᅀᆞ·ᄫᆞ·니

ᅙᅮᇰ優땀曇·밣鉢라羅ㅣ부텨·나샤·ᄆᆞᆯ나·토·아금金고·지·펴·디ᅀᆞ·ᄫᆞ·니

[현대역]

범지[105] 외도가 [석가모니] 부처의 덕을 알아 만세를 부르니.

우담바라[106]가 [석가모니] 부처의 나심(태어나심)을 나타나게 하여 금빛 꽃이 펴지니(피니).

[배경]

석가모니께서 태어나실 때, 범지나 상사[107]가 모두 부처의 덕을 기리어 천만 세를 누리시라고 만세를 불렀다.

향산(香山)에 우담바라가 있는데 늘 열매만 맺고 꽃을 피우지 않았는데 석가모니께서 태어나실 때에는 금빛이 찬란한 꽃이 피어 부처의 탄생을 나타내었다.

[어절 분석]

·뻠梵·지志#·외外:또ᇰ道ㅣ#부텻#·득德·을#①:아ᅀᆞ·ᄫᅡ#·먼萬·쉐歲·ᄅᆞᆯ#②브르ᅀᆞ·ᄫᆞ·니

ᅙᅮᇰ優땀曇·밣鉢라羅ㅣ#부텨#·나샤·ᄆᆞᆯ#③나·토·아#금金#고·지#④·펴·디ᅀᆞ·ᄫᆞ·니

[주석]

① :아ᅀᆞ·ᄫᅡ

⇒ 알-(동사 어간) + -ᅀᆞᇦ-(객체 높임의 선어말어미) + -아(연결어미)

---

104) <月印 上:010a>

105) 범지(梵志): 범어 ‘Brāhmaṇa’의 한역으로, 바라문(婆羅門)을 일컬으며, 정예(淨裔), 정행(淨行)이라고도 함. ‘범지(梵志)’의 ‘범(梵)’은 청정을 뜻하며, 바라문은 청정한 수행을 하고 범천에 태어나기를 지향하는 자이므로 ‘범지(梵志)’라고도 말함. 바라문의 생활에 4개의 시기가 있는데, 범지(梵志)는 그중의 1기로 8~16세 또는 11~22세까지 스승에게 가서 수행하는 동안을 말함.

106) 우담바라(優曇鉢羅): 염부제에서 가장 귀한 나무로, 무화과(無花果)의 일종이며 늘 꽃이 피지 않고 열매만 맺다가 삼천 년 만에 한 번 꽃이 핀다하여 상서(祥瑞)를 의미하며, 늘 열매만 열리다가 금빛의 꽃이 피면 부처가 나타난다 함.

107) 상사(相師): 스승.

◎ 여기에서의 '-ᅀᆞᆸ-'는 '부텻 득'을 높이기 위해 사용되었다. 또한 '알-'의 말음 'ㄹ'는 'ᅀ' 앞에서 탈락하였다.

◎ 남광우(1975: 221~229)에 따르면, 국어에서는 다음과 같이 'ㄹ'가 양순음 'ㅁ, ㅂ, ㅍ' 위나 어간 말음에 잘 끼여 들어가는 특성이 있다.

예1) 양순음 위의 'ㄹ' 첨가

㉮ 졈- > 졂- > 젊-

㉯ (지- >) 짐- > 짊- > 짊어지-

㉰ (입-/잎- >) 읖- > 읊-

㉱ 넙- > 넓-

예2) 어간 말음의 'ㄹ' 첨가

㉮ 가ᅀᆞ며- > 가ᅀᆞ멸-(> 가ᄋᆞ멸- > 가멸-)

㉯ ᄭᅳᅀᅳ- > ᄭᅳ으- > 끄을-(> 끌-)

㉰ 잇그- > 잇글-(> 이끌-)

㉱ 베프- > 베플-(> 베풀-)

㉲ 입- > 이ᄫᅳ- > 이우- > 이울-

㉳ 고- > 골-

㉴ 노니- > 노닐-

㉵ 건니- > 거니- > 거닐-

② 브르ᅀᆞ·ᄫᆞ·니

⇒ 브르-(동사 어간) + -ᅀᆸ-(객체 높임의 선어말어미) + -(ᄋᆞ)니(평서형 종결어미)

◎ 범지 외도가 만세를 부른 것은 '부처의 덕'에 대해서 한 것이므로, 이를 높이기 위해 객체 높임 선어말어미 '-ᅀᆞᆸ-'가 쓰였다.

③ 나·토·아

⇒ [낱-(어근) + -오(사동 접사)]- + -아(연결어미)

◎ 현대국어의 '나타나-'의 후기중세국어 어형은 '나타나-'로, 동사 '낱-'에 어미 '-아'가 결합한 '나타'에 다시 동사 '나-'가 결합하여 형성되었다. 따라서 '나토아'는 위와 같이 분석할 수 있으며, 이때 '-오-'는 사동 접사이며, '나토아'는 '나타나게 하여'로 해석할 수 있다.

④ ·펴·디ᅀᆞ·ᄫᆞ·니

⇒ 펴디-(동사 어간) + -ᅀᆞᆸ-(객체 높임의 선어말어미) + -(ᄋᆞ)니(평서형 종결어미)

◎ 금빛 꽃이 꽃잎을 펴지게 하여 부처의 탄생을 나타낸 것이므로, 이를 높이기 위해 '-ᅀᆞᆸ-'가 쓰였다.

[원문]

끠其·ᅀᅵ二·씹十·륙六

썅祥·쒸瑞·도·하시·며광光명明·도·하시·나:ᄀᆞᇫ:업·스실·ᄊᆡ오·ᄂᆞᆯ:몯:ᄉᆞᆲ·뇌

텬天룡龍·도:해모·ᄃᆞ·며ᅀᅵᆫ人:귀鬼·도하[108]·나·수數:업슬·ᄊᆡ오·ᄂᆞᆯ:몯:ᄉᆞᆲ·뇌

[현대역]

상서도 많으시며 [세상을 비춘] 광명도 많으시나, 끝이 없으시므로 오늘 [모두] 못 말씀드리니. 천룡도 많이 모이며, 인간과 귀신도 많으나(많이 모이었으나) 수 없으므로(그 수를 헤아릴 수 없으므로) 오늘 [모두] 못 말씀드리니.

[배경]

석가모니께서 잉태되셨을 때부터 단생하시어 어머니인 마야부인의 품 안에 안기실 때까지 헤아릴 수 없을 정도로 많은, 여러 가지의 상서, 즉 기14부터 기25까지의 상서에 대해 말하고 있다.

[어절 분석]

썅祥·쒸瑞·도#①·하시·며#광光명明·도#①·하시·나#②:ᄀᆞᇫ#:업·스실·ᄊᆡ#③오·ᄂᆞᆯ#:몯#④:ᄉᆞᆲ·뇌

텬天룡龍·도#⑤:해#⑥모·ᄃᆞ·며#ᅀᅵᆫ人:귀鬼·도#하·나#·수數#:업슬·ᄊᆡ#오·ᄂᆞᆯ#:몯#:ᄉᆞᆲ·뇌

[주석]

① ·하시·며 / ·하시·나

⇒ 하-(형용사 어간) + -시-(주체 높임의 선어말어미) + -며(연결어미)

⇒ 하-(형용사 어간) + -시-(주체 높임의 선어말어미) + -나(연결어미)

108) <月印 上:010b>

◎ '하시며'와 '하시나'는 후기중세국어 시기에 '많다'를 의미한 '하-'의 활용형이다.

② :ᄀᆞᇫ
⇒ ᄀᆞᇫ(명사)

◎ 『우리말샘』에 따르면, 현대국어 '가'의 후기중세국어 어형인 'ᄀᆞᇫ'은 다음과 같은 형태 변화를 겪었다.

예) ᄀᆞᇫ(15세기~16세기) > ᄀᆞ(16세기~19세기) > 가(19세기~현재)

15세기의 'ᄀᆞᇫ'은 자음으로 시작하는 조사와 결합하거나 단독으로 실현될 때에는 'ᄀᆞᆺ'으로, 모음으로 시작하는 조사와 결합할 때에는 'ᄀᆞᇫ'으로 실현되어 'ᄀᆞᇫ/ᄀᆞᆺ'의 교체를 보였고, 16세기에 'ㅿ'가 소멸하면서 모음으로 시작하는 조사와 결합할 때 'ᄀᆞ'가 나타나기 시작하였다. 18세기 후반에 모음으로 시작하는 조사뿐 아니라 단독으로 실현되는 경우에도 'ᄀᆞ'로 나타나면서 'ᄀᆞ'와 'ᄀᆞᆺ'이 'ᄀᆞ'로 그 형태가 통일된 것으로 보인다. 한편 18세기에 모음 'ㆍ'의 2차 소실로 인해, 제1음절의 모음 'ㆍ'가 'ㅏ'로 변하였는데, 'ᄀᆞ > 가'의 변화를 겪은 '가' 형태는 19세기부터 나타났고, 이 형태가 현재에 이르고 있다.

◎ 후기중세국어 시기의 체언들 중에는 'ㅿ'를 종성으로 가진 단독형들이 있다. 이들은 8종성법에 의하면 'ᄀᆞᆺ'으로 나타나야 할 형태들이다.
'ᄀᆞᇫ(邊)'이 단독형으로 나타나는 경우는 『용비어천가(龍飛御天歌)』 68장에 나오는 예가 거의 유일하다. 'ᄀᆞᆺ'의 활용형을 살펴보면 'ᄀᆞᅀᅢ', 'ᄀᆞᅀᅢ셔', 'ᄀᆞᅀᅢᆫ', 'ᄀᆞᅀᅢᆺ', 'ᄀᆞᅀᅦ', 'ᄀᆞᅀᆡ', 'ᄀᆞᅀᅵ', 'ᄀᆞᅀᆞ로', 'ᄀᆞᆺ', 'ᄀᆞᆺ과' 등이며, 'ᄀᆞᆺ'이 모음으로 시작하는 어미와 결합할 때, 'ㅅ'가 모음과 모음 사이에서 유성음 'ㅿ'로 교체된다고 설명할 수 있다. 다만, 후기중세국어 시기에 모음 사이의 'ㅅ'가 모두 유성음화가 되는 것은 아니므로 이러한 교체는 수의적인 현상으로 볼 수 있다.
현재 남부 방언에서는 '가새, 가시' 등의 형태를 확인할 수 있는데, 이는 'ᄀᆞᆺ > 갓'의 변화를 겪은 형태가 반영된 것으로 볼 수 있다.

③ 오ᄂᆞᆯ
⇒ 오늘(부사)

◎ 현대국어 '오늘'의 후기중세국어 어형은 '오ᄂᆞᆯ'이다. 16세기에 이미 모음 'ㆍ'의 1차 소실을 겪으면서 '오늘'의 형태로 변하면서 '오ᄂᆞᆯ, 오늘'의 두 가지 형태가 모두 쓰였다. 간혹 16

세기 문헌에서 발견할 수 있는 '오늘ㄹ'의 표기는 중철 표기이다. 17세기 자료에서는 '오늘'의 예만 확인되나 18세기 이후 '오놀, 오늘' 두 형태가 모두 확인되므로 17세기에도 '오늘'이 쓰였을 것으로 추정할 수 있다. 한편 18세기~19세기 문헌에서는 '오날'의 형태도 발견되는데, 이는 근대국어 시기에 모음 'ㆍ'가 'ㅏ'와 소리가 같아진 현상을 반영한 것으로 볼 수 있다. 현대국어로 오면서 '오늘'의 형태로 통일된 것으로 보인다.

④ :ᄉᆞᆲ·뇌
⇒ ᄉᆞᆲ-(동사 어간) + -ᄂᆞ-(시상의 선어말어미) + -오-(의도의 선어말어미) + -이(평서형 종결어미)

◎ 박병채(1974/1991: 111)에서는 '뇌'가 종결어미 '-ᄂᆞ이다'의 '-ᄂᆞ-'에 의도법의 선어말어미 '-오-'가 결합되어 '-ᄂᆞ- + -오- > -노-'의 변화 과정을 거친 후 '-이다'와 결합하면서 '-뇌'로 축약된 것으로 보았다.

☞ 이 책에서는 앞에서 종결형 문장에서의 '-니', '-리'에 대한 논의(p.25 참조)들을 소개하면서 '-니', '-리'로 끝나는 종결형 문장에서의 '-니', '-리'를 종결형 어미로 보는 관점을 제시한 바 있다. 여기에서는 이미 앞에서 기술한 장윤희(1997)의 의견을 간단히 다시 소개하고자 한다.

◎ 장윤희(1997: 111~113)에서는 종결어미 '-(으)이'는 '-니', '-리' 종결형에서만 발견되는 것은 아니고 드물게 나타나긴 하지만 'ᄉᆞᆲ뇌'에서도 나타난다고 밝혔다. 'ᄉᆞᆲ뇌'를 허웅(1975/1995: 495), 김영욱(1995: 148~153)에서는 'ᄉᆞᆲ노이다'의 '노'가 '-이-'에 의해 '뇌'로 동화된 'ᄉᆞᆲ뇌이다'에서 '-이다'가 생략되어 형성된 것으로 파악했는데, 장윤희(1997)에서는 결코 '-이다'의 생략으로 볼 수 없다고 밝혔다. 오히려 'ᄉᆞᆲ- + -ᄂᆞ- + -오-'의 통합체에 종결어미 '-(으)이'가 결합된 것으로 분석하는 것이 합리적이라고 보았다. 그 이유로 'ᄉᆞᆲ뇌'가 나타난 『월인천강지곡(月印千江之曲)』은 훈민정음 창제 초기 자료로 이 시기에는 'ᄒᆞᄂᆞ이다'에서 동화된 'ᄒᆞᄂᆡ이다' 형이 일반화되지 않은 시기였다는 점을 들었다. 또한, 'ᄉᆞᆲ뇌'가 '-이다'의 생략에 의한 것이라면 왜 '-이다'의 생략이 동화형 'ᄉᆞᆲ뇌이다'에만 적용되고 동화 이전 형태인 'ᄉᆞᆲ노이다'에는 적용되지 않는지를 설명해 줄 수 없다고 하였다. 그러므로 'ᄉᆞᆲ뇌'는 '-이다'의 생략형이 아니고 또 다른 종결어미를 가진 문장으로 보아야 한다고 주장하였다. 그리고 이때 분석되어 나올 수 있는 종결어미가 '-(으)이'라고 밝혔다.
또한, 장윤희(1997)에서는 16세기 한글 간찰 자료 검토를 통해 구어를 반영한 것들에서 종결어미 '-(으)이'가 결합된 형태가 활발하게 나타난다는 것을 밝혔다. 한편, 15세기 국어의 주요 문헌인 불경 언해들은 전통적인 구결법에 따른 구결문에 의거하여 이루어진 것이 일반적이기 때문에 구어가 반영되기가 어렵다는 점을 근거로 15세기 언해문에서 종결어미 '-(으)이'가 드물게 나타나는 이유를 설명하였다. 반면, 『용비어천가(龍飛御天歌)』나 『월인천강지곡(月印千江之曲)』은 실제 가창(歌唱) 되었던 시가의 가사였다는 점에서 어느 정도 구어적인 요소가 나타날 수 있었던 것으로 보았다.

⑤ :해
⇒ 하-(어근) + -이(부사 파생 접사)

◎ '해'는 어근 '하-'에 부사 파생 접사가 결합하여 파생된 부사이다.

⑥ 모·ᄃᆞ·며
⇒ 몯-(동사 어간) + -(ᄋᆞ)며(연결어미)

◎ 현대국어 '모이-'의 후기중세국어 어형은 '몯-'이다.

[원문]

끠其·ᅀᅵ二·씹十·칧七
쥬ᇹ周쑈ᇹ昭왕王가嘉·쒸瑞·ᄅᆞᆯ소蘇유ᇹ由ㅣ아·라ᄉᆞᆯ·바·ᄂᆞᆯ남南교ᇹ郊·애:돌·ᄒᆞᆯ무드·시·니
·한漢명明·뎨帝ㅅ·긿吉·몽夢·ᄋᆞᆯ·부傅·ᅌᅴ毅아·라ᄉᆞᆯ·바·ᄂᆞᆯ셰西텬天·에·ᄉᆞ使:쟈者보·내시·니

[현대역]

중국 주나라 소왕[109] [때, 석가모니께서 탄생하신] 가서[110]를 소유[111]가 알아 [소왕께] 말씀드리거늘 남교에 [소왕께서 그 사실을 새긴] 돌을 묻으시니.
중국 한나라 명제[112]의 길몽을 부의[113]가 알아 [꿈에 대해] 말씀드리거늘 [명제께서] 서천[114]에 사자를 보내시니.

---

109) 주소왕(周昭王): 중국 주나라 때의 임금.
110) 가서(嘉瑞): 상서(祥瑞), 길조(吉兆).
111) 소유(蘇由): 주소왕 때에 태사(太史) 벼슬로 있던 사람.
112) 한명제(漢明帝): 후한(後漢)의 임금으로 재위 기간에 인도의 불교가 중국에 들어왔다 함.
113) 부의(傅毅): 중국 한명제 때의 태사(太史).
114) 서천(西天): 중국에서 인도를 가리키는 말로, 중국의 서쪽에 있는 나라라는 뜻.

[배경]

석가모니께서 탄생하시던 때의 중국 주나라에는 소왕이 통치하던 시기였는데, 4월 8일에 강과 우물의 물이 모두 넘치고, 별은 뜨지 않고 오색 빛이 옥황상제가 계신 하늘의 태미궁(太微宮)을 꿰뚫고, 서쪽 하늘이 청홍색으로 덮였다. 소왕이 여러 신하에게 그 연유를 물으니 태사인 소유가 "중국의 서쪽 인도에 성인이 나실 조짐이며 천 년 후에 그 법이 우리나라(중국)에까지 미칠 것입니다."라고 아뢰었다. 소왕이 이를 돌에 새겨 남교[115]에 묻었다.

후한 명제가 꿈을 꾸었는데, 꿈에 키가 크고 머리에서 빛이 나는, 금빛이 찬란한 사람이 뜰에 날아왔다. 이튿날 그 꿈에 대해 여러 신하에게 물으니 태사인 부의가 "주나라 소왕 때에 인도에서 부처께서 나시었는데, 그 키가 열여섯 자이고 금빛이었는데 폐하의 꿈에 나타난 모습과 같았다 하니, 이분이 바로 인도의 부처인가 하옵니다."하고 아뢰었다. 명제가 신기하게 여겨 채암(蔡暗)과 진경(秦景) 등 열여덟 명을 인도에 보내어, 오 년 만에 인도에서 불경과 불상과 사리를 가져왔다. 이때부터 중국에서 불교가 부흥하였다.

[어절 분석]

쥬ᇹ周#쑈ᇹ昭왕王#가嘉·쒸瑞·ᄅᆞᆯ#소蘇유ᇰ由ㅣ#아·라#ᄉᆞᆯ·ᄫᆞ·ᄂᆞᆯ#남南ᄀᆞᇢ郊·애#①:돌·ᄒᆞᆯ#무드·시·니 ·한漢#명明·뎨帝ㅅ#·기ᇙ吉·몽夢·ᄋᆞᆯ#②·부傳·의毅#아·라#ᄉᆞᆯ·ᄫᆞ·ᄂᆞᆯ#셰西텬天·에#·ᄉᆞ使:쟈者#보·내시·니

[주석]

① :돌·ᄒᆞᆯ

⇒ 돓(명사) + ᄋᆞᆯ(목적격조사)

◎ 현대국어 '돌'의 후기중세국어 어형은 '돓'이다. '돓'은 'ㅎ' 말음체언으로 모음 앞에서는 어말의 'ㅎ'가 나타나고, 평음 앞에서는 평음과 결합하여 유기음이 되며, 그 밖의 다른 환경에서는 'ㅎ'가 탈락하여 '돌'로 실현되는 것이 원칙이다. 그러나 15세기부터 이미 'ㅎ'가 탈락하지 않을 환경에서 탈락하는 예들이 보이지만, 'ㅎ'가 실현되는 예는 19세기까지도 나타난다. '돓'에 부사격조사 '(ᄋᆞ)로'가 결합한 형식이 '돌ᄒᆞ로'가 아니라 '돌로'로 나타나기 시작하

115) 남교(南郊): 하늘에 제사를 지내는 '천단(天壇)'을 가리키는 말로, 중국 한대(漢代) 이후 도성의 남교에 설치하는 것을 원칙으로 하여, '천단'을 '남교'라고도 함.

는 시기와 ‘돓’에 접속 조사 ‘과’가 결합한 ‘돌콰’가 마지막으로 나타나는 시기가 17세기이므로, 대개 18세기부터는 ‘돓’의 ‘ㅎ’가 탈락했다고 볼 수 있을 것이다.
한편 후기중세국어 어형 ‘돓’은 ‘*돌악’에서 제2음절 모음이 탈락된 ‘*돍’의 ‘ㄱ’가 ‘ㅎ’로 약화된 것일 가능성이 있다. 『삼국사기 지리지(三國史記 地理志)』의 ‘石山縣本百濟珍惡山縣景德王改名今石城縣 <三國史記 卷36>’에서 ‘石’과 ‘珍惡’이 대응되고 ‘珍’은 그 뜻이 ‘돌’이었다는 견해가 일반적이기 때문이다.

② ·부傅·의毅
⇒ 부의(명사)

◎ ‘부의’가 반모음 ‘y’로 끝나기 때문에 음성 환경상 주격조사로 무표기(zero) 주격조사가 쓰일 수 있다. 무표기(zero) 주격조사는 선행 체언이 ‘i’계 모음(ㅣ, ㅐ, ㅔ, ㅚ, ㅟ 등)으로 끝날 때 쓰인다. 따라서 ‘부의’는 ‘부의(명사) + 주격조사’로 분석할 수 있다. 그러나 여기서 성조를 고민해야 한다.
후기중세국어 시기에는 성조와 관련하여 ‘거성불연삼(去聲不連三)’ 규칙이 있다.

예) ㉮ HHH → HLH
㉯ HHHH → HHLH
㉰ HHHHH → HLHLH

이 규칙은 위와 같이 거성이 세 개가 연속되면 뒤에서 두 번째 거성이 평성으로 바뀌는 것이다. 한편 후기중세국어의 조사는 일반적으로 거성의 성조를 가졌다. 따라서 만약 ‘부의’ 뒤에 무표기의 주격조사가 사용됐다면 ‘부의+주격조사’의 성조는 [HHH]이고, 거성불연삼 규칙을 적용받아 [HLH]로 변해야 한다. 그러나 이러한 성조의 변화가 표기에서 보이지 않기 때문에 여기에는 무표기의 주격조사가 쓰이지 않은 것으로 판단해야 한다.

[원문]

116)끠其·ᅀᅵ二·씹十·밣八
여·윈·못가·온·ᄃᆡ·몸·커그우·닐룡龍·올·현·맛벌·에비·늘·을·ᄲᅢ라·뇨
:오五·ᄉᆡᆨ色운雲ㅅ가·온·ᄃᆡ·쒸瑞·샹相:뵈시·ᄂᆞᆫ셔如ᄅᆡ來ㅅ·긔·현·맛·즁衆싱生·이머·리:좃·ᄉᆞᄫᆞ·뇨

116) <月印 上:011a>

[현대역]

마른 못 가운데에 몸이 커 굴러다닐 용을 얼마나 되는(얼마나 많은) 벌레가 [용의] 비늘을 빨았는가?

오색 구름의 가운데에 서상117)을 보이시는 여래(석가모니 부처)께 얼마나 되는(얼마나 많은) 중생들이 머리를 조아렸는가?

[배경]

후한 명제 때 재동제군118)이 말하기를 "내가 전생에 죄업의 과보119)를 입어 중국 서촉 땅 공지120)의 용이 되어 깊은 물속에 있었는데 여러 해를 계속하여 가물어 못의 물이 말라 못 바닥의 흙이 드러나니, 몸이 너무 커서 숨을 곳이 없으므로 더운 볕에 쪼이니 살이 타고 속이 답답한데 비늘 사이마다 작은 벌레가 기어들어 몸의 피를 빨아서 무척 고생을 하였다. 그런데 하루는 아침 볕이 서늘하고 빛이 환하게 비치더니 오색 구름이 허공으로 지나가는데, 상서로운 빛이 나타나 검푸른 머리가 자갯빛 같고 금빛 모양이 마치 달빛 같으신데 산신령, 물신령과 모든 중생들이 머리를 조아리고 찬탄하는 소리가 온 세상에 가득하였으며, 하늘에는 향기가 가득 차 봄빛이 새로운 것 같았다."라고 말하였다.

[어절 분석]

①여·윈#·못#②가·온·ᄃᆡ#·몸#③·커#④그우·닐#룡龍·ᄋᆞᆯ#⑤·현·맛#⑥벌·에#비·늘·을#⑦·ᄲᆞ라·뇨

:오五·ᄉᆡᆨ色운雲ㅅ#가·온·ᄃᆡ#·쒸瑞·샹相#:뵈시·ᄂᆞᆫ#⑧셔如ᄅᆡ來ㅅ·긔#·현·맛#·즁衆ᄉᆡᇰ生·이#머·리#⑨:조ᇫ·ᄉᆞᄫᅡ·뇨

[주석]

① 여·윈

⇒ 여위-(동사 어간) + -ㄴ(관형사형 어미)

---

117) 서상(瑞相): 상서로운 조짐.

118) 자동제군(梓潼帝君): 중국에서 사람의 녹적(祿籍)이나 문장(文章)을 맡았다는 신.

119) 과보(果報): 과거의 업인에 따른 결과. 앞서 행동했던 선한 행위에 의해 낙과(樂果)를 받고, 악한 행위에 의해 고과(苦果)를 받는다는 사상.

120) 공지(邛池): 공도이(邛都夷)를 한무제가 개척하여 공도현(邛都縣)으로 만들었으나, 얼마 지나지 않아 땅이 함몰하여 늪지가 되어 버려, '공지(邛池)'라고 이름 지어졌음. 남방 사람들은 '공하(邛河)'라고도 함.

◎ 후기중세국어 시기의 '여위-'는 동사로, '물 따위가 마르다'를 뜻하였다.

② 가·온·ᄃᆡ
⇒ 가온ᄃᆡ(명사)

◎ 남광우·성환갑(1978/1982: 51)에 따르면, 현대국어 '가운데'는 '가ᄫᆞᆫᄃᆡ > 가온ᄃᆡ/가운ᄃᆡ > 가온대/가운대 > 가온데 > 가운데'의 변천 과정을 겪었다. 한편, 『월인석보(月印釋譜)』에서는 '가ᄫᆞᆫᄃᆡ'와 '가온ᄃᆡ'의 두 형태가 모두 발견된다. 모음 사이에서의 'ㅂ > ㅸ > 오/우'의 변화 과정이 후기중세국어에서 일반적이었음을 고려하면 '*가ᄇᆞᆫᄃᆡ'를 재구할 수 있다.
이와 관련하여, 박병채(1968)에서는 고구려어 '加火'를 '唐 → 中'으로 보고 '火'를 훈독하여 [kapɐl]로 읽고 후기중세국어의 '가온ᄃᆡ'로 이어지는 고구려어의 표기로 보았다. 유창균(1980: 321)에서도 고구려어 '加火'를 [kabər]로 읽고, '*가ᄇᆞᆯ > *가ᄫᆞᆯ > 가온'과 같은 발달을 제시했다. 류렬(1983: 214)에서도 『조선관역어(朝鮮館譯語)』의 '戛噴得'과 『양서(梁書)』의 '枸半', 『삼국사기(三國史記)』의 '嘉俳'를 연관시켜 '中'을 '*가바'로 읽었다. 만약 '中'을 '*가바'로 읽는다면 '甲'과의 연관성도 고려해볼 수 있다. 또한, 류렬(1983: 229, 325)에서는 『삼국사기(三國史記)』의 '穴口郡(一云甲比古次)'과 '穴城 本甲忽'을 예로 들며, '甲'을 '穴'(구멍)과 대응하는 것으로 보았다. 이 논의들을 참고하면 '*가ᄇᆞᆫᄃᆡ'는 '*가ㅂ- + -(ᄋᆞ)ㄴ # *ᄃᆞ + ᄋᆡ'의 구성으로 추정할 수 있다.

③ ·커
⇒ 크-(형용사 어간) + -어(연결어미)

◎ 다음과 같이 후기중세국어 시기에는 'ᄋᆞ/으'로 끝나는 용언이 자음으로 시작하는 어미 앞에서는 변동이 없으나 모음으로 시작하는 어미 앞에서는 'ᄋᆞ/으'가 탈락한다.

예1) ㉮ ᄑᆞ디 / (ᄑᆞ- + -아 >) 파
㉯ 큰 / (크- + -어 >) 커

다만, 양성 모음 'ᄋᆞ'로 끝나는 'ᄒᆞ-'는 다음과 같이 '오'로 시작하는 어미와 결합하면 'ᄋᆞ'가 탈락되기도 하고 유지되기도 한다.

예2) ㉮ 홈, 호ᄃᆡ
㉯ ᄒᆞ욤, ᄒᆞ요ᄃᆡ

예2)의 ㉮는 'ᄋᆞ'가 탈락한 용례이고 ㉯는 'ᄋᆞ'가 유지되면서 반모음 'y'가 삽입된 경우이다.

④ 그우·닐
⇒ [그울-(어근) + 니-(어근)]- + -ㄹ(관형사형 어미)

◎ 남광우·성환갑(1978/1982: 51)에 따르면, '그우니-'는 '그울-(轉)'과 '니-(行·繼)'가 결합한 비통사적 합성어이다.

⑤ ·현·맛
⇒ 현마(명사) + ㅅ(관형격조사)

◎ 남광우·성환갑(1978/1982: 219)에 따르면, '현마'는 명사로서는 '얼마'를 의미하였고, 부사로서는 '아무리, 설마, 차마' 등을 의미하였다. 또한『우리말샘』에 따르면, 현대국어 '설마'의 후기중세국어 어형은 15세기 문헌에서 '현마'로 나타나고, 16세기에는 '혈마'로 나타난다. 이 '혈마'가 'ㅎ' 구개음화를 겪어 '*셜마'가 되고 'ㅅ' 아래에서 'ㅕ'의 반모음 'ㅣ'가 탈락하여 만들어진 '설마'가 현대국어에 이어지고 있다.

⑥ 벌·에
⇒ 벌에(명사)

◎ '벌에'는 '*벌게'에 후기중세국어의 일반적인 현상인 'ㄹ' 뒤 'ㄱ' 약화가 반영된 표기로 보인다. 후기중세국어에서는 '몰애(< *몰개)'와 '일우-(< *일구-)' 등에서 'ㄹ' 뒤 'ㄱ' 약화 현상을 쉽게 찾을 수 있다. 또한, 현대국어 '벌레'의 방언형인 '벌게(강원, 경남, 충청, 평안)', '벌개(경북)', '벌기(경상, 평안, 함남)' 등에서 그 근거를 찾을 수 있다.
'벌에'는 16세기에 '벌에'의 유성후두마찰음 'ㅇ[ɦ]'이 탈락되면서 근대국어 시기에 와서는 연철된 형태인 '버레'와 'ㅇ[ɦ]'이 소실된 후 'ㄹㅇ'에 'ㄹ'가 첨가된 'ㄹㄹ' 형태인 '벌레'가 나타났고, '벌레' 형태가 현대국어까지 이어졌다.

◎ '벌에' 뒤에 무표기의 주격조사가 사용되었을 가능성이 있다.

⑦ ·ᄲᆞᆯ·라·뇨
⇒ ᄲᆞᆯ-(동사 어간) + -아-(시상의 선어말어미) + -뇨(의문형 종결어미)

◎『우리말샘』에 따르면, 현대국어 어휘 '빨-'은 다음과 같은 형태 변화를 겪었다.

예) 솰-(15세기~18세기) > 뿔-(19세기) > 빨-(20세기~현재)

현대국어 '빨-'의 후기중세국어 어형인 '솰-'은 15세기 문헌에서부터 나타난다. 이 단어는 18세기까지 쓰이다가 'ㅄ'가 'ㅃ'로 표기된 '뿔-'로 쓰인 용례가 17세기 문헌에 보인다. 문헌에는 나타나지 않지만 근대국어 시기에는 'ㆍ'의 음가 소실로 'ㆍ'의 표기가 문란해졌으므로 19세기에도 '빨-'의 형태가 쓰였을 것으로 추정할 수 있다.

◎ 허웅·이강로(1962/1999: 71)에서는 '-아뇨'를 완결을 나타내는 '-아-'와 기정적 사실을 나타내는 '-니-'와 의문을 나타내는 '-오'로 분석한다. 그러나 『우리말샘』에서는 '-아뇨'를 하나의 의문형 종결어미로 제시하고 있다. 한편, 안병희·이광호(1990/2005: 227)에서는 '-거-'가 'y, ㄹ, 계사' 뒤에서 '-어-'로 나타나고, 자동사 '오-' 뒤에서는 '-나-'로, 타동사 뒤에서는 어말어미의 종류에 따라 '-아/어-'로 교체된다고 설명하였다.

☞ 여기에서는 허웅·이강로(1962/1999)와 안병희·이광호(1990/2005)의 의견을 수용하여 '솰- + -아- + -뇨'로 분석하고자 한다.

◎ '-뇨'는 'ᄒᆞ라' 할 자리에 물음을 나타내는 종결어미로 쓰이는데, 앞에 소위 의문사 '현마'가 있기 때문에 선택되었다.

예) ㉮ 功德이 하녀 몯 하녀 <月釋 17:48b>
　　㉯ 므슷 罪業을 짓관ᄃᆡ 이런 受苦를 ᄒᆞᄂᆞ뇨 <月釋 23:78b>

고영근(1987/2010: 147~149)에 따르면, ㉮의 '-녀'는 판정의문문의 종결어미이고, ㉯의 '-뇨'는 설명의문문의 종결어미로 소위 의문사 '므슷'과 일치되어 있다. ㉮의 '-녀'와 ㉯의 '-뇨'를 비교하면, 판정의문문 종결어미의 'ㅓ'가 설명의문문 종결어미의 'ㅗ'로 교체되었다는 점을 파악할 수 있다.

⑧ 셔如릐來ㅅ·긔
⇒ 셔릐(명사) + ㅅ긔(부사격조사)

◎ 현대국어의 '에게'에 해당하는 후기중세국어의 조사에는 'ᄭᅴ'가 있다. 'ᄭᅴ'는 다음과 같은 용례를 보인다.

예) ㉮ 世尊끠 저숩다 혼 말도 <月釋 01:36b>
㉯ 世尊ㅅ긔 술ᄫᆞ샤ᄃᆡ <月釋 01:17a>
㉰ 부텨끠 브튼 거실씨 <月釋 02:16a>
㉱ 부텻긔 받ᄌᆞᄫᆞᆯ 고지라 몯ᄒᆞ리라 <月釋 01:10a>

위 예를 통해 알 수 있는 것은 '끠, ㅅ긔'는 표기법상의 차이일 뿐, 같은 형태라는 것이다. ㉯의 'ㅅ긔'는 후기중세국어 시기에 선행 체언이 주로 한자 표기일 때 사용된 것으로 보이고, ㉱의 'ㅅ긔'는 선행 체언이 훈민정음 표기이면서 선행 체언이 모음으로 끝날 때 사용되었다. ㉮, ㉰의 '끠'는 선행 체언이 한자 표기이거나 훈민정음 표기일 때 모두 사용되었고 선행 체언이 자음이나 모음으로 끝날 때도 가리지 않고 사용되었다.

한편, 부사격조사 '에게'에 해당하는 후기중세국어 시기의 형태는 'NP_1 + ᄋᆡ/의(관형격조사) # NP_2 + 에(부사격조사)'의 구조를 가진다. 이에 대해 '끠'를 대입하면 위와 같이 분석될 수 없다. 즉, 'NP + ㅅ(관형격조사) # 긔' 또는 'NP + ㅅ(관형격조사) + 긔'로 분석할 수 있는데 이때 '긔'를 어떻게 처리할 것인가가 문제가 될 수 있다.

우선 '긔'가 기원적으로 실사였으며, 따라서 'ㅅ(관형격조사) # 긔(실사)'의 구성이 가능했으며, 후기중세국어 시기에는 이 구성이 이미 문법화 되었다는 관점이 있다. 두 번째로 'NP + ㅅ(관형격조사) + 긔'로 분석에서 '긔'를 부사격조사로 분석할 수 있는데, 이는 차자표기에 사용된 '中(+)'에서 그 근거를 찾을 수 있다. 세 번째로, 'NP + ᄋᆡ/의/ㅅ(관형격조사) + 긔'의 구조에서 'ᄋᆡ/의/ㅅ'가 관형격조사가 아닌 부사격조사의 기능을 수행한 것으로 볼 경우이다. 한편, 성환갑·조재형(2011: 80)에서는 차자표기에서의 '衣希', '⺈+(衣中)'를 '衣/⺈ + 希/+'로 보는 관점에 있어서 '良中, 亦中, ⺈+'와 '衣希'의 비교를 통해 '衣希(中)'의 '希(中)'가 실사의 허사화 과정에 있었던 것으로 보기는 어렵다고 하였고, 오히려 이른 시기에 속격과 처격이 미분화했다는 주장을 고려하면 '衣希(中)'의 '衣'가 속격이 아닌 처격의 기능을 하는 것으로 볼 수 있다고 하였다.

지금까지의 논의를 고려하면, '끠'는 후기중세국어 시기에는 공시적으로 형태소 분석을 할 수 없는, 여격 기능을 수행하는 부사격조사로 보아야 할 것이다.

다만, 통시적으로는 부사격조사 '에게'에 대응하는 고형태들과 동일하게 '끠'가 형성되었을 때에는 'ㅅ'가 속격과 처격이 미분화 상태이었기에 'ㅅ + 긔'의 구조가 가능했고, 다른 '에게'의 고형태들과는 달리 속격과 처격의 분화 전에 '끠'가 화석화되어 하나의 문법 형태소가 되었기에 후기중세국어 시기의 부사격조사 '끠'는 공시적으로 분석할 수 없는 단일 형태소로 보아야 한다.

⑨ :좃·ᄉᆞᄫᅡ·뇨
⇒ 좃-(동사 어간) + -ᄉᆞᆸ-(객체 높임의 선어말어미) + -아-(시상의 선어말어미) + -뇨(의문형 종결어미)

◎ 현대국어 '조아리-'의 후기중세국어 어형인 '좃-'은 모음으로 시작하는 어미 앞에서는 '좃-'으로 나타난다. 한편 후기중세국어 시기의 '좃-'은 다음과 같이 성조에 따라 의미가 달라진다.

예) ㉮ 좃-: 쪼다, 깨다
㉯ :좃-: 조아리다

[원문]

끠其·ᅀᅵ二·씹十:궇九
·셰世존尊·오샤·ᄆᆞᆯ:아ᄉᆞᆸ·고소·사:뵈·ᄉᆞᄫᆞ121)·니:녯·ᄠᅳ·들고·티라·ᄒᆞ시·니
·셰世존尊ㅅ:말·ᄊᆞᆷ듣:ᄌᆞᆸ·고도·라·보·아ᄒᆞ·니제·몸·이고·텨ᄃᆞ외·니

[현대역]

세존께서 오심을 알고 [용이 몸을] 솟아(일으켜) [세존께] 보이니 [세존께서] "옛 뜻을 고치라." 하시니.
세존의 말씀을 듣고 [용이 자기의 몸을] 돌아보니 자기의 몸이 [용에서 사람으로] 고쳐 되니(바뀌니).

[배경]

고생하던 용이 부처의 화신이 지나감을 보고 있으니 부처께서 말씀하기를 "네가 이미 나를 만났으니 전생의 죄업을 능히 벗으리라."라고 말씀하시니 용의 몸이 저절로 공중에 솟아올랐다. 용이 부처께 가서 과보를 겪던 과정을 아뢰니 부처께서 "네가 부모께 효도하고 임금께 충성하며 중생들을 불쌍히 여기는 마음을 갖고 있음은 좋으나, 아직 인과122)를 다

121) <月印 上:011b>
122) 인과(因果): 마음과 입과 몸으로 짓게 되는 갖가지 생각과 말과 행위인 업을 기반으로 원인과 결과를 연결시켜 현상을 이해하는 불교 교리.

마치지 못하여 지금도 네 원수와 다투고 미워하는 마음을 버리지 못하고 있으니, 그런 뜻을 고치라."라고 말씀하셨다.
용이 참된 마음으로 부처의 말씀을 듣고 있노라니 마음이 밝아지고 안팎이 훤하여 허공과 같더니 몸을 돌이키니 곧 용의 모습은 사리지고 남자의 몸으로 바뀌었다.

[어절 분석]

·셰世존尊#·오샤·ᄆᆞᆯ#①:아ᅀᆞᆸ·고#소·사#②:뵈·ᅀᆞ·ᄫᆞ·니#③:녯#·ᄠᅳ·들#고·티라#·ᄒᆞ시·니
④·셰世존尊ㅅ#:말·ᄊᆞᆷ#⑤듣:ᄌᆞᆸ·고#도·라·보·아#ᄒᆞ·니#⑥제#·몸·이#⑦고·텨#ᄃᆞ외·니

[주석]

① :아ᅀᆞᆸ·고
⇒ 알-(동사 어간) + -ᅀᆞᆸ-(객체 높임의 선어말어미) + -고(연결어미)

◎ '알-'의 말음 'ㄹ'는 'ㅿ' 앞에서 탈락하였기 때문에 '아ᅀᆞᆸ'과 같은 형태를 갖추게 되었다. 현대국어에서 어간말 'ㄹ'는 'ㄴ, ㄹ, ㅂ, 오, 시' 앞에서 탈락하지만 후기중세국어 시기에는 현대국어와 달리 'ㄷ, ㅈ, ㅿ'로 시작하는 어미 앞에서도 'ㄹ'가 탈락되며 '-시-' 앞에서는 'ㄹ'가 탈락되지 않는다.

◎ '-ᅀᆞᆸ-'이 사용된 이유는 '알-'의 대상인 '셰존 오샴'을 높이기 위해서이다.

② :뵈·ᅀᆞ·ᄫᆞ·니
⇒ [보-(어근) + -이(사동 접사)]- + -ᅀᆞᆸ-(객체 높임의 선어말어미) + -(ᄋᆞ)니(연결어미)

◎ '뵈-'는 어근 '보-'에 사동 접사 '-이-'가 붙어 파생된 사동사로 '보이다'를 의미한다.

◎ '-ᅀᆞᆸ-'가 사용된 이유는 '뵈-'의 대상인 '셰존'을 높이기 위해서이다.

③ :녯#·ᄠᅳ·들
⇒ 녯(관형사) # ᄠᅳᆮ(명사) + 을(목적격조사)

◎ 여기에서의 '녯'은 관형사로, 어두음에서 'ㄴ'를 피하는 두음법칙으로 인해 근대국어 시기에 '녯 > 옛'으로 어형이 변하였다. 한편 후기중세국어 시기에는 명사 '녜'가 존재했다. 따라서 '녯'은 '녜(명사) + ㅅ(관형격조사)'로의 분석이 가능하다. 다만, '녯'의 현대국어 형태 '옛'

은 현재 『표준국어대사전』에서 관형사로 처리하기 때문에 여기에서는 '넷'을 '네(명사) + ㅅ(관형격조사)'로 분석하지 않고 관형사로 처리하고자 한다.

④ ·셰世존尊ㅅ#:말·올
⇒ 세존(명사) + ㅅ(관형격조사) # 말(명사) + 올(목적격조사)

◎ 관형격조사의 선행 체언이 세존, 즉 높임의 유정물이므로 관형격조사로 'ㅅ'가 선택되었다.

◈ 후기중세국어 시기의 관형격조사에 대한 자세한 설명은 p.29를 참조.

⑤ 듣:줍·고
⇒ 듣-(동사 어간) + -습-(객체 높임의 선어말어미) + -고(연결어미)

◎ '듣-'의 대상인 '셰존ㅅ 말'을 높이기 위해 '-줍-'이 사용되었다.

◎ 현대국어 어휘에는 '듣-'을 겸손하게 이르는 말로 '듣잡-'이 있다. 이는 후기중세국어 시기부터 사용되어 온 '듣-'에 객체 높임의 선어말어미 '-줍-'이 붙어서 하나의 단어처럼 쓰인 '듣줍-'이 화석화 되어 현대국어에 이른 것으로 볼 수 있다. 김현주(2005, 2010)에서는 '-습-'의 이형태 '-줍-', '-ᄌᆞ오-' 등이 근대국어에서는 존재하지 않는데 이들은 이미 후기중세국어 시기에 '듣-(聞)', '받-(奉)', '받-(受)' 등의 특정 어간에 집중되면서 어휘화한 것으로 파악하였다.

⑥ 제
⇒ 저(대명사) + 이(관형격조사)

◎ 후기중세국어에는 '나'의 겸양어 '저'가 존재하지 않았다. 후기중세국어의 '저'는 3인칭 재귀대명사로 주격형과 관형격형이 모두 '제'이기 때문에 방점으로 구분하였다. 관형격조사 'ㅣ'가 붙은 '제'의 성조는 평성이었고, 주격조사 'ㅣ'가 붙은 ':제'의 성조는 상성이었다.

⑦ 고·텨
⇒ 고티-(동사 어간) + -어(연결어미)

◎ 후기중세국어 어형 '고티-'는 근대국어 시기에 구개음화를 거치면서 '고치-'의 어형 변화를 겪어 현대국어의 형태로 이르렀다.

[원문]

끠其삼三·씹十
·때大:봉寶·뗜殿·에뫼·호샨·샹相ᄉᆞ師ㅣ·보ᅀᆞᆸ·고·츓出가家쎵成·뿛佛·을:아·ᅀᆞᄫᆞ·니
향香산山·애:사ᄂᆞᆫ하阿ᄉᆞ私따陁ㅣ·보123)ᅀᆞᆸ·고저·의늘·구·믈:우·ᅀᆞᄫᆞ·니

[현대역]

대보전124)에 [정반왕께서] 모으신 상사가 [갓난아기인 석가모니를] 뵙고, [장차 석가모니께서] 출가성불125) [하실 것을] 아니.
향산에 사는 아사다126)가 [갓난아기인 석가모니의 관상을] 보고 자기의 늙음을(너무 늙어서 석가모니께서 성불하실 것을 보지 못할 것을 한탄하여) 우니.

[배경]

태자께서 탄생하신 뒤에 정반왕이 이를 매우 기뻐하여 궁궐의 후원에 칠보로 꾸민 대보전을 짓고, 태자의 관상을 볼 유명한 상사들을 모으니 모두 오백 명이나 되었는데, 이 때 상사들은 이미 태자가 훗날 성도하실 것을 말하였다.
또한 향산에 있는 아사다가 심안127)으로 보고 스스로 입궐하여 태자의 삼십이호상128)을 보고 소리 없이 슬퍼하며 말하기를 "내 나이 이제 백 이십이므로 멀지 않아 세상을 떠나 무상천에 태어날 것이므로 부처의 성도함을 볼 수 없는 것이 한이로다."라고 하였다.

[어절 분석]

·때大:봉寶·뗜殿·에#①뫼·호샨#·샹相ᄉᆞ師ㅣ#②·보ᅀᆞᆸ·고#·츓出가家#쎵成·뿛佛·을##③:아·ᅀᆞᄫᆞ·니
향香산山·애#:사ᄂᆞᆫ#하阿ᄉᆞ私따陁ㅣ#·보ᅀᆞᆸ·고#④저·의#늘·구·믈#:우·ᅀᆞᄫᆞ·니

---

123) <月印 上:012a>
124) 대보전(大寶殿): 정반왕의 궁궐로, 후원을 칠보로 장식한 대궐을 말함.
125) 출가성불(出家成佛): '출가(出家)'는 범어 'Pravrajita'의 한역으로 '파폐이야(波吠儞野)'라고 음사하며 번뇌에 찬 속세를 버리고 성자(聖子)의 생활에 들어가는 것을 의미함. '성불(成佛)'은 보살행을 닦아 부처가 됨을 의미함. 즉 '출가성불(出家成佛)'은 출가한 후 보살행을 닦아 부처가 되는 것을 말함.
126) 아사다(阿私陁): 가비라국(迦毗羅國)에 있던 선인으로 석가모니가 탄생하였을 때, 관상을 본 사람.
127) 심안(心眼): 마음속으로 사물을 꿰뚫어 보는 힘.
128) 삼십이호상(三十二好相): 석가모니 부처의 신체적 특징을 32가지로 설명한 것.

[주석]

① 뫼·호샨

⇒ 뫼호-(동사 어간) + -시-(주체 높임의 선어말어미) + -오-(대상 활용의 선어말어미) + -ㄴ(관형사형 어미)

◎ 고영근(1987/2010: 139～140)에서는 이른바 존재사 '이시-'가 어미 '-아, -옴, -오딕, -오라'와 결합하면 '*이샤, *이샴, *이샤딕, *이샤라'가 되지 않고, '이셔, 이숌, 이쇼딕, 이쇼라'로 바뀐다는 점을 근거로 '-샤'가 모음으로 시작하는 어미 앞에서 실현되었다고 보았다. 이러한 근거를 통해 '-샤'를 '-시-'와 '-아(-), -오(-)'의 결합으로 해석하거나 '-오(-)'의 이형태로서 '-아(-)'를 세워 '샤'를 설명하는 일에 대해 비판하였다. 즉, '-시- + -아(-), -오(-) → -샤'라는 방식의 설명이 적절하지 않다고 보았다.

◈ 후기중세국어 시기의 '-시-'의 형태에 대한 자세한 설명은 p.85를 참조.

◎ 허웅·이강로(1962/1999: 74)에 따르면, 관형사형에 삽입되는 '-오-/-우-'는 주체가 화자가 자신임을 나타냄이 아니라, 그 다음에 오는 수식을 받는 말이, 이 동사의 의미상의 목적어가 됨을 나타낸다. 즉, '뫼호샨'의 피수식어 '샹수'는 이 동사의 의미상 목적어이며, 이것을 '대상활용'이라 한다. 이 문장에서는 주어가 나타나 있지 않지만 의미상 주어는 '정반왕'이다.

② ·보숩·고

⇒ 보-(동사 어간) + -숩-(객체 높임의 선어말어미) + -고(연결어미)

◎ 객체 높임의 선어말어미 '-숩-'이 쓰인 이유는 '보-'의 대상인 '석가모니'를 높이기 위해서이다.

③ :아·숙ᄫᆞ·니

⇒ 알-(동사 어간) + -숩-(객체 높임의 선어말어미) + -(ᄋᆞ)니(평서형 종결어미)

◎ 객체 높임의 선어말어미 '-ᅀᆞᇦ-'가 쓰인 이유는 '알-'의 대상인 '석가모니의 출가성불'을 높이기 위해서이다.

④ 저·의#늘·구·믈#:우·숙ᄫᆞ·니

⇒ 저(대명사) + 의(관형격조사) # [늙-(동사 어간) + -움(명사형 어미)] + 을(목적격조사) # 울-(동사 어간) + -숩-(객체 높임의 선어말어미) + -(ᄋᆞ)니(평서형 종결어미)

◎ '저'가 관형격조사 '의'를 취한 것은 명사절 '저의 늙움'의 의미상의 주어이기 때문이다. 다음은 후기중세국어의 관형사절과 명사절의 주어가 관형격 표지 'ᄋᆡ/의'를 취하는 예이다.

예) ㉮ 沙門ᄋᆞᆫ ᄂᆞᄆᆡ 지순 녀르믈 먹ᄂᆞ니이다 <釋譜 24:22a>
㉯ 迦葉의 能히 信受호ᄆᆞᆯ 讚歎ᄒᆞ시니라 <月釋 13:57a>

고영근(1987/2010: 47)에 따르면, 현대국어에서는 ㉮와 마찬가지로 '나의 살던 고향'처럼 관형사절의 주어가 관형격으로 표지되는 일은 있을 수 있어도 ㉯와 같이 명사절의 주어가 관형격으로 표지되는 일은 흔하지 않다.

◎ '우ᅀᆞᄫᆞ니'에서 객체 높임의 선어말어미 '-ᅀᆞᇦ-'가 쓰인 이유는 '울-'의 대상인 '석가모니의 출가성불'을 높이기 위해서이다.

[원문]

끠其 삼三·씹十·ᅙᅵᇙ一
·어마:님:돤短·명命·ᄒᆞ시·나·열·ᄃᆞᆯ·이ᄌᆞ랄·씨·칧七·ᅌᅯᇙ月ㅅ보·롬·애텬天:ᅘᅡ下·애ᄂᆞ·리시·니
아·ᄃᆞᆯ:님:딴誕싱生·ᄒᆞ시·고닐·웨기·틀·씨·ᄉᆞ四·ᅌᅯᇙ月ㅅ보·롬·애텬天·썅上·애오ᄅᆞ·시·니

[현대역]

[석가모니의] 어머님께서 단명하시나 [석가모니께서 탄생하시기에] 열 달이 충분하므로 [석가모니께서] 칠월의 보름날에 천하에 내리시니(어머님의 뱃속에 잉태되시니).
아드님(석가모니)께서 탄생하시고 [어머님의 목숨이] 이레가 남았으므로 사월의 보름날에 천상에 오르시니.

[배경]

석가모니께서는 복덕이 위중하시어 어머니로 오래 모실 여자가 이 세상에는 없으시므로 그 명이 짧을 것을 미리 아시고 탄생하기 열 달 전, 즉 7월 보름에 이 세상 부처가 되시려고 마야부인의 태속에 들어가셨다.
마야부인이 석가모니를 낳고 이레 만에 세상을 떠나니 석가모니 부처를 잉태한 공덕이 크므로 도리천[129]에 가 태어났으며, 석가모니께서는 이모인 파도파제[130]에게서 양육되셨다.

[어절 분석]

·어마:님#:된短·명命·ᄒᆞ시·나#·열#·ᄃᆞᆯ·이#①ᄌᆞ랄·씨#·칧七·웛月ㅅ#보·롬·애#텬天:ᅘᅡ下·애#ᄂᆞ·리시·니

아·ᄃᆞᆯ:님#:딴誕싱生·ᄒᆞ시·고#②닐·웨#기·틀·씨#·ᄉᆞ四·웛月ㅅ#보·롬·애#텬天·썅上·애#③오ᄅᆞ·시·니

[주석]

① ᄌᆞ랄·씨

⇒ ᄌᆞ라-(동사 어간) + -ㄹ씨(연결어미)

◎ 현대국어 '자라-'의 후기중세국어 어형인 'ᄌᆞ라-'는 15세기 문헌에서부터 나타나며, 근대국어 시기에 모음 'ㆍ'의 2차 소실로 인해 1음절의 'ㆍ'가 'ㅏ'로 바뀌는 경향에 따라 18세기에는 '자라-'의 형태가 등장하였다.

② 닐·웨#기·틀·씨

⇒ 닐웨(명사) # 깉-(동사 어간) + -(으)ㄹ씨(연결어미)

◎ 현대국어 '이레'는 다음과 같은 형태 변화를 겪은 것으로 보인다.

예) 닐웨(15세기~17세기) > 닐에(16세기~18세기) > 니레(18세기) > 이레(20세기~현재)

『우리말샘』에 따르면, 현대국어 '이레'의 후기중세국어 어형인 '닐웨'는 15세기 문헌에서부터 나타난다. 16세기 후반 이후 '닐웨'의 제2음절 모음 'ㅞ'에서 반모음 'ㅜ[w]'가 탈락하여 '닐에'로도 나타나며, 18세기에는 '닐에'가 연철 표기되어 '니레'로도 나타난 이후 어두의 'ㅣ' 모음

129) 도리천(忉利天): 범어 'Trāyastriṃśa'의 한역(漢譯)으로, 음사(音寫)하여 '다라야등릉사(多羅夜登陵舍)' 또는 '달리야달리사(怛唎耶怛唎奢)'라고도 함. 불교의 우주관에 따르면, 도리천은 '6욕천(六欲天)' 중에 네 번째 하늘로, '수미산(須彌山)'의 정상에 있으며, 수미산 정상에는 동서남북에 '천인(天人)'들이 사는 각각 8개씩의 '천성(天城)'이 있으며, 중앙에는 제석천(帝釋天, Indra)이 사는 '선견성(善見城)'이 있어 총 33천이라고 함. 남방불교의 전설에 따르면, 석가모니의 어머니인 마야부인이 죽은 뒤 다시 태어난 곳이 도리천이고, 석가모니가 어머니 마야부인을 위하여 이곳에서 세 달 동안 설법을 하였다 함.

130) 파도파제(波闍波提): 범어 'Mahāprajāpatī'의 한역(漢譯)으로, 음사(音寫)로는 '마하파사파제(摩訶波闍波提)'라 하고 이를 줄여서 '파사파제(波闍波提)' 또는 '파도파제(波闍波提)'라고도 하며, '대애도(大愛道)'라고도 함. 석가모니의 어머니인 마야부인의 자매로, 마야부인이 석가모니를 낳은 지 7일 만에 세상을 떠나자 그를 양육하였고, 석가모니의 부친인 정반왕과 결혼하여 난타(難陀)를 낳았고, 왕이 죽자 석가모니의 아내 야쇼다라와 함께 출가하여 최초의 비구니가 되었다고 함.

앞에서 'ㄴ'가 탈락하여 '이레'가 되면서 현재에 이르렀다. 19세기에는 '닐헤'로 나타나기도 하였는데, 이는 18세기 이후 모음 사이에서 'ㅎ'가 약화되는 현상을 의식하여 '닐에'가 '닐헤'에서 온 것으로 잘못 이해하여 과도 교정한 결과이다.

◎ '닐웨' 뒤에 무표기의 주격조사가 사용되었을 가능성이 있다.

◎ 허웅(1977: 97)에 따르면, '깉-'은 '남다'라는 뜻의 용언으로 현대국어의 '(폐를) 끼치다'는 '깉-'의 사동사 '기티-'가 변한 말이다.

③ 오ᄅᆞ·시·니
⇒ 오ᄅᆞ-(동사 어간) + -시-(주체 높임의 선어말어미) + -니(평서형 종결어미)

◎『우리말샘』에 따르면, 현대국어 '오르-'의 후기중세국어 어형인 '오ᄅᆞ-'는 15세기 문헌에서부터 나타난다. '오ᄅᆞ-'는 자음이나 매개모음으로 시작하는 어미가 결합할 때에는 '오ᄅᆞ거늘, 오ᄅᆞ시고'와 같이 '오ᄅᆞ-'로, 모음으로 시작하는 어미가 결합할 때에는 '올아'와 같이 '올ㅇ-'으로 실현되어 '오ᄅᆞ-/올ㅇ-'의 교체를 보였다. 16세기에 모음 'ㆍ'의 1차 소실로 인해 2음절 이하의 'ㆍ'가 'ㅡ'로 변하였는데, '오ᄅᆞ-'도 이로 인해 '오르-'의 형태가 되었다. 한편 16세기에 'ㄹ' 뒤에 오던 유성후두마찰음 'ㅇ[ɦ]'이 탈락하면서 'ㄹ'가 첨가되어 모음으로 시작하는 어미가 결합할 때에도 '올라'와 같이 '올ㄹ-'의 형태로 활용하게 되었으며, 17세기까지 '올ㅇ-'과 '올ㄹ-'이 공존하다가 18세기부터 '올ㄹ-'로 통일되어 자음이나 매개모음으로 시작하는 어미가 결합할 때에는 '오르-', 모음으로 시작하는 어미가 결합할 때에는 '올ㄹ-'이 일반화되었다. 이로써 '오르-/올ㄹ-'의 교체를 갖게 되면서 현재에 이르렀다. 16세기에 나타나는 '올ᄋᆞ-'와 18·19세기에 나타나는 '올으-'는 '오ᄅᆞ-, 오르-'의 과잉 분철 표기이다.

◈ 후기중세국어 시기의 'ᄅᆞ/르' 불규칙에 대한 자세한 설명은 p.121을 참조.

[원문]

131)끠其삼三·씹十·ᅀᅵ二
빠婆라羅몬門 ᄉᆞᆯ·ᄫᆞᆫ:말·ᄋᆞᆯ텬天씬神·이:됴·타홀·씨·삻薩빠婆·싫悉·땷達·이일·훔·이시·니
아·바:님·명命·엣·절·을텬天씬神·이말·이ᅀᆞ·ᄫᆞᆯ·씨텬天듕中텬天·이일·훔·이시·니

---

131) <月印 上:012b>

로 이어진다. 그러나 '말이-'로 표기되는 형태는 17세기와 19세기 문헌에도 산발적으로 나타난다. 17세기부터 20세기까지 꾸준히 나타나는 '말이-'의 이표기인 '말니-'의 음성 실현형은 [말리-]였을 것으로 추정된다.

[원문]

끠其삼三·씹十삼三

·샹相ᄉᆞ師·도ᄉᆞᆯ·ᄫᆞ·며션仙ᅀᅵᆫ人·도니ᄅᆞᆯ140)·ᄊᆡ·밤·나·ᄌᆞᆯ분分·볋別·ᄒᆞ·더시·니

:칧七:봉寶·뗜殿·ᄭᆞ미·며:오五·ᄇᆡᆨ百:녀女:끠妓ᄀᆞᆯ·ᄒᆡ·샤·밤·나·ᄌᆞᆯ달·애·더시·니

[현대역]

상사도 [태자께서 훗날 출가성불하실 것임을 정반왕께] 말씀드리며 선인도 [그렇게] 말하므로 밤낮으로 [정반왕이 태자의 출가를] 분별141)하시더니(염려하시더니).

칠보전을 꾸미며 오백 여기142)를 뽑으시어 밤낮으로 [태자의 심신을 즐겁게 하여] 달래시더니.

[배경]

바라문의 여러 상사가 "태자께서는 신색광염143)하는 좋은 관상을 가지셨으므로 출가하시면 일체종지144)를 이루실 것이요, 재가(在家)하시면 전륜성왕145)이 되어 온 천하를 영유하실 것입니다."고 말하였고, 여러 선인들도 말하기를 역시 태자의 호상을 들어 출가하여 성도하실 것이라 말하였다.

이 말을 들은 정반왕은 태자의 출가로 후대가 끊길 것을 두려워하여 태자가 출가할 생각이 들지 않게 하기 위해 칠보로 꾸민 전각을 짓고 오백의 절세미인들로 하여금 태자를 모시게 하였다.

---

140) <月印 上:013a>

141) 여기에서의 '분별'은 『우리말샘』에 따르면, '염려(念慮)'의 옛말임.

142) 여기(女妓): 춤, 노래, 의술, 바느질 따위를 배우고 익혀서 나라에서 필요한 때 봉사하는 관비를 통틀어 이르던 말.

143) 신색광염(身色光焰): 몸빛이 광선과 불꽃 같음.

144) 일체종지(一切種智): 모든 현상의 있는 그대로의 평등한 모습과 차별의 모습을 두루 아는 부처의 지혜를 일컬음.

145) 전륜성왕(轉輪聖王): 고대 인도의 전기상의 이상적 제왕으로 '전륜왕(轉輪王)' 또는 '윤왕(輪王)' 또는 '전륜성왕(轉輪聖王)'이라고도 함. 범어 'Cakravartin' 또는 'Cakravartirāja'의 한역어(漢譯語)로, '전륜왕'은 범어 '바

[어절 분석]

·샹相ᄉ師·도#슬·ᄫ·며#션仙신人·도#①니롤·씌#·밤·나·줄#②분分·볋別·ᄒ·더시·니

·칢七:보寶·뎐殿#·ᄭ미·며#:오五·빅百#:녀女:끼妓#③ᄀ·히·샤#·밤·나·줄#④달·애·더시·니

[주석]

① 니롤·씌

⇒ 니ᄅ-(동사 어간) + -ㄹ씌(연결어미)

◎ 현대국어 '이르-'의 후기중세국어 어형인 '니ᄅ-'는 16세기에 모음 'ㆍ'의 1차 소실로 '니ᄅ- > 니르-'의 변화를 겪고, 근대국어 시기에 'ㄴ' 관련 두음법칙으로 '니르- > 이르-'의 형태 변화를 겪었다. 한편 후기중세국어 시기의 '니르-'는 다음과 같이 구분할 수 있다.

예) ㉮ 말하다(言, 이르다): 니르-, 니ᄅ-
　　㉯ 이르다(至, 도착하다): 니르-, 니ᄅ-, 니를-

② 분分·볋別·ᄒ·더시·니

⇒ [분별(어근) + -ᄒ(동사 파생 접사)]- + -더-(시상의 선어말어미) + -시-(주체 높임의 선어말어미) + -니(평서형 종결어미)

◎ '-더시-'가 나중에 '-시더-'로 그 순서가 바뀌는데, 이렇게 배열된 형태소의 순서가 바뀌는 것을 '전위(轉位)'라고 한다. 남광우·성환갑(1978/1982: 49~50)에서는 '전위'에 대해 국어 변천 원인의 하나로 어휘 내부에서 음절형태소 간의 위치가 바뀌는 것이라고 설명하고 있다. 후기중세국어에서는 '-더시-'와 '-시더-'의 두 표기가 모두 보이며, 이 중 '-더시-'가 '-시더-'보다 고형태(古形態)로 알려져 있다.

③ ᄀ·히·샤

⇒ ᄀ히-(동사 어간) + -시-(주체 높임의 선어말어미) + -아(연결어미)

퀴(Cakra)'와 '굴리다(Vartin)'에서 유래된 고대 인도의 개념으로, '전륜왕'은 정법(正法)으로 국토와 백성을 통치하는 이상적인 통치자를 가리킴. 불교에서 '전륜왕'은 수미산(須彌山) 둘레의 사천하(四天下), 즉 수미사주(須彌四洲)의 세계를 통솔하는 왕이며, 이 왕이 세상에 나타났을 때에는 하늘의 차륜(車輪)이 출현하고, 윤보(輪寶)를 굴리면서 사방(四方)을 위엄으로 굴복시키는 왕으로 설명됨. 석가모니가 탄생시에 출가하면 부처가 되고, 속세에 있으면 전륜성왕이 된다는 예언을 받았다는 것은 잘 알려진 전설임.

◎『우리말샘』에 따르면, 현대국어 '가리-'의 후기중세국어 어형인 'ᄀᆞᆯᄒᆡ-'는 15세기 문헌에서부터 나타나며, 16세기에 모음 'ㆍ'의 1차 소실로 인해 제2음절 이하의 'ㆍ'가 주로 'ㅡ'로 변하였는데 이중모음 'ㆎ'도 'ㅢ'로 변하였다. 이러한 변화로 인해 'ᄀᆞᆯᄒᆡ-'의 형태가 'ᄀᆞᆯ희-'로 변하였는데 이 형태가 문헌에서 확인되는 것은 17세기부터이다. 한편 근대국어 후기에 'ㄹ'와 모음 사이에 있는 'ㅎ'가 탈락하고 이중모음 'ㅢ'가 단모음화하여 18세기에 'ᄀᆞᆯ이-'의 형태가 나타나게 되었고, 18세기에 'ᄀᆞᆯ이-'와 'ᄀᆞ리-'의 형태가 공존하였는데 'ᄀᆞ리-'는 'ㅎ'가 탈락하면서 연철표기된 것이다. 18세기에 모음 'ㆍ'의 2차 소실로 제1음절의 'ㆍ'가 주로 'ㅏ'로 변하는데 'ᄀᆞ리-'도 이러한 변화를 겪어 '가리-'의 형태가 되었으며 문헌에서 확인되는 것은 19세기부터인데 'ᄀᆞᆯᄒᆡ-, ᄀᆞᆯ희-' 등의 형태와 19세기까지 공존하였다. 20세기 이후 '가리-'로 그 형태가 통일되어 현재에 이르고 있다. 이상의 내용을 정리하면 다음과 같다.

예) ᄀᆞᆯᄒᆡ-(15세기~19세기) > ᄀᆞᆯ희-(17세기~19세기) > ᄀᆞᆯ이-(18세기~19세기) > ᄀᆞ리-(18세기) > 가리-(19세기~현재)

④ 달·애·더시·니

⇒ *달개-(동사 어간) + -더-(시상의 선어말어미) + -시-(주체 높임의 선어말어미) + -니(평서형 종결어미)

◎『고어사전』에 따르면 '달애-'는 현대국어 '달래-'의 후기중세국어 어형이다.『월인천강지곡(月印千江之曲)』과 동시기 문헌인『석보상절(釋譜詳節)』에서도 발견되는데,『석보상절(釋譜詳節)』이 전형적인 음소적 표기법을 유지하고 있는데, '*다래-'로 연철표기가 안 된 것으로 보아 '*달개-'의 'ㄱ'가 약화된 형태라고 볼 수 있다.

조재형 외(2018)에 따르면 '*달개-'의 형태가 'ㄹ' 뒤에서 'ㄱ'가 약화되어 '달애-'의 형태가 되었을 가능성이 높다. 현대국어 '달래-'의 방언형이 현재 강원, 함경, 충청, 경북, 전라 등지에서 '달개-'의 형태로 사용되고 있다. 한편 기32의 '말이-'의 'ㄹㅇ' 연쇄가 16세기에 'ㄹㄹ' 연쇄로 바뀌어 현대국어로 이어지는데, 현대국어 '달래-'도 비슷한 과정을 거친 것으로 보인다.

[원문]

ᄁᆡ其삼三·씹十·ᄉᆞ四

·ᄉᆞ四:ᄒᆡ海ㅅ·믈·이여·오나·ᄂᆞᆯ마·리·예ᄫᅳᆺ:ᄉᆞᆸ·고·태太:ᄌᆞ子·ᄅᆞᆯ:셰ᅀᆞ·ᄫᆞ시·니

금金륜輪:보ᇢ寶ㅣ ᄂᆞ·라·니거·늘텬天:ᅘᅡ下ㅣ:아ᅀᆞᆸ·고나·라·히:다·오·ᅀᆞᄫᆞ·니

[현대역]

사해[146]의 물을 [사람들이 머리에] 이고 오거늘 [태자의] 머리에 붓고 태자를 세우시니. 금륜보[147]가 [온 나라에] 날아서 다니므로 천하가 모두 [태자의 관정식[148]이 행해지는 것을] 알고 나라가(온 나라의 임금들이) 다 오니.

[배경]

옛날 인도의 풍속에 임금이 즉위할 때나 태자의 책봉 때에는 사해의 물을 길어 머리에 붓는 의식이 있었는데 이를 '관정'이라고 하였다.
태자의 나이 열다섯에 관정식을 행하는데 금륜보가 날아다니며 군신, 여러 소왕국, 선인, 바라문들에게 임금의 전지[149]를 내려 왕도로 모이게 하였다.

[어절 분석]

①·ᄉᆞ四:히海ㅅ#·믈#②·이여#·오나·ᄂᆞᆯ#마·리·예#③븟:ᅀᆞᆸ·고#·태太:ᄌᆞ子·ᄅᆞᆯ#④:셰ᅀᆞ·ᄫᆞ시·니
금金륜輪:보ᇰ寶ㅣ#⑤ᄂᆞ·라#·니거·늘#텬天:ᅘᅡ下ㅣ#:아ᅀᆞᆸ·고#나·라·히#⑥:다#·오·ᅀᆞᄫᆞ·니

[주석]

① ·ᄉᆞ四:히海ㅅ#·믈
⇒ ᄉᆞ히(명사) + ㅅ(관형격조사) # 믈(명사)

◎ 선행 체언이 무정물(ᄉᆞ히)이므로 관형격조사로 'ㅅ'가 선택되었다.

◎ '믈 > 물'의 형태 변화는 근대국어 시기의 원순모음화에 의한 것이다.

② ·이여#·오나·ᄂᆞᆯ
⇒ 이-(동사 어간) + -어(연결어미) # 오-(동사 어간) + -거늘(연결어미)

---

146) 사해(四海): ①천하(天下), 국토(國土). ②온 바다. 여기에서는 '온 바다'를 의미함.
147) 금륜보(金輪寶): 전륜왕의 칠보(七寶)의 하나. 전륜왕이 즉위하던 날, 하늘에서 날아온 수레라고 함. 금륜보는 보배로 꾸며 광명이 해와 달보다 더하였으며, 이 수레는 임금이 아무 곳이나 가고자 하면 저절로 굴러 잠깐 사이에 천하를 다 돌 수 있고, 이 수레를 본 나라는 항복한다고 함.
148) 관정식(灌頂式): 고대 인도의 크고 작은 나라의 모든 왕자들은 왕위에 오르기 위한 통과의례로, 이마에 물을 붓는 의식을 말함.
149) 전지(傳旨): 왕명서(王命書).

◎ '이여'의 '여'는 선행 모음 'ㅣ'의 영향으로 '-어'에 반모음 'y'가 삽입된 형태이다.

◎ '-나놀'은 '-거늘'의 변이형태로 '오-'에 결합되는 연결어미이다. 특히 '-나놀'은 '-거늘'의 형태론적 이형태로서, '오-'에만 연결된다.

③ 븟:ᄉᆞᆸ·고
⇒ 븟-(동사 어간) + -ᄉᆞᆸ-(객체 높임의 선어말어미) + -고(연결어미)

◎ '븟-'의 현대 의미는 '붓다'이며, 일반적으로 모음으로 시작하는 어미 앞에서는 '브ᇫ-'으로 교체되었다. 다만, 예외적으로 '브ᇫᄂᆞ니라 <楞解 4:18>'처럼 자음 'ㄴ' 앞에서 '브ᇫ-'이 나타난 용례도 있다.

◎ 현대국어 어휘 '붓-'의 후기중세국어 어형인 '븟-' 또는 '븓-'은 15세기 문헌에서부터 보인다. 16세기 '븟-', 17세기 '븟-, 븓-, 붓-', 18세기 '븟-, 붓-', 19세기와 20세기 초 '븟-, 붓-'의 형태를 거쳐, '붓-'의 형태로 정착하였다. '븓-'은 어말에서 'ㅅ'가 'ㄷ'로 중화됨을 반영한 표기이고, '븟-> 붓-'의 변화는 양순음 아래 'ㅡ > ㅜ'의 원순모음화를 반영한 표기이다.

◎ '븟ᄉᆞᆸ고'에 객체 높임의 선어말어미 '-ᄉᆞᆸ-'이 쓰인 이유는 '븟-'의 객체인 '(실달 태자의) 마리'를 높이기 위함이다.

④ :셰ᅀᆞ·ᄫᆞ시·니
⇒ [셔-(어근) + -이(사동 접사)]- + -ᅀᆞᆸ-(객체 높임의 선어말어미) + -(ᄋᆞ)시-(주체 높임의 선어말어미) + -니(평서형 종결어미)

◎ 안병희·이광호(1990/2005: 131)에 따르면 후기중세국어 시기의 사동 접사 '-이-'는 선행 어근의 말음이 'ㅊ, ㅸ' 등이거나 'ㅿ, ㄹ'일 때 나타나고, 선행 어근의 말음이 모음이면 '-ㅣ-'로 나타났다.

◎ 남광우·성환갑(1978/1982: 94)에 따르면, '셰ᅀᆞᄫᆞ시니'에 '-ᅀᆞᆸ-'는 태자를 세운 사람들을 석가모니의 위치에 대비하여 쓴 것이며, 주체 높임의 선어말어미 '-시-'는 그 사람들을 『월인천강지곡(月印千江之曲)』의 작자(作者)의 입장에서 높이기 위해 사용되었다.

⑤ ᄂᆞ·라#·니거·늘
⇒ 날-(동사 어간) + -아(연결어미) # 니-(동사 어간) + -거늘(연결어미)

◎ 허웅(1975/1995: 430)에 따르면, ‘니-’는 ‘가다’의 의미를 가진 기본형 ‘녀-’의 이형태로, 선어말어미 ‘-거-’의 앞에서만 나타나며, 다른 활용형에서는 ‘녀-’가 쓰였다.

⑥ :다#·오·ᅀᆞᄫᆞ·니

⇒ 다ᄋᆞ-(형용사 어간) + -아(연결어미) # 오-(동사 어간) + -ᅀᆞᆸ-(객체 높임의 선어말어미) + -(ᄋᆞ)니(평서형 종결어미)

◎ ‘다ᄋᆞ-’에 부사형 어미 ‘-아’ 붙어 ‘다ᄋᆞ아’가 되고, 모음 사이에서 ‘ᄋᆞ’가 탈락되어 ‘다아’가 된 후에 음절 축약을 거쳐 용언의 부사형 ‘다’가 되었다. ‘다-’의 성조가 [L]이고, ‘-아’의 성조가 [H]이기 때문에 음절 축약을 거친 ‘다’의 성조는 [R]이다. 이 부사형이 화석화되어 현대국어의 부사 ‘다’가 되었다.

◎ ‘오ᅀᆞᄫᆞ니’에 객체 높임의 선어말어미 ‘-ᅀᆞᇦ-’가 쓰인 이유는 ‘오-’의 대상인 ‘태자의 관정식’을 높이기 위함이다.

[원문]

150)ᄁᆡ其삼三·씹十:오五

·밇蜜다多라羅·ᄂᆞᆫ:두·글·을ᄇᆡ·화·ᅀᅡ:알·ᄊᆡ·태太:ᄌᆞ子ㅅ·ᄀᆡ:말·ᄋᆞᆯ:몯ᄉᆞᆯ·ᄫᆞ·니

·태太:ᄌᆞ子·ᄂᆞᆫ여·쉰:네·글·을아·니ᄇᆡ·화:아·ᄅᆞ실·ᄊᆡ·밇蜜다多라羅·ᄅᆞᆯ·ᄯᅩᄀᆞᄅᆞ·치시·니

[현대역]

밀다라151)는 두 개의 글을 배워야 [겨우] 아므로 태자께 말을 못 말씀드리니.

태자는 [이 세상에 있는] 예순네 개의 글을 아니 배우고도 아시므로 밀다라를 또(도리어) 가르치시니.

[배경]

실달 태자(석가모니)의 스승으로 바라문에서 가장 총명하다는 밀다라가 뽑혔다. 그런데 밀다라는 평범한 인간이라 두어 가지 글을 배웠는데, 49개의 글자를 가진 책을 가르치려 하

150) <月印 上:013b>

151) 밀다라(密多羅): 대바라문(大婆羅門)의 한 사람으로 석가모니가 출가하기 전, 정반왕의 태자로 있을 때 문무(文武)를 가르친 스승. 곧 실달(悉達) 태자의 스승.

니, 태자께서 "이것은 무슨 글이며, 염부제에는 몇 가지 글자가 있느냐?"고 물으셨으나 대답하지 못하였다. 이어서 태자께서 '阿-A'의 글자 뜻을 물으셨으나 밀다라는 역시 대답하지 못하였다. 태자께서 도리어 "이 인간 세상에는 범서152), 가루서(佉樓書), 연화서(蓮花書) 등 64개의 글자가 있으며, '阿-A'의 소리는 범성이고 뜻은 '불가괴(不可壞, 파괴하지 못한다)'이며, 또 가장 훌륭한 정진도153)의 뜻이니 이는 또한 무량무변의 뜻과 같다."고 말씀하셨다. 이와 같이 도리어 태자께서 밀다라를 가르치시므로 밀다라는 태자께 공손히 절하고, "태자께서는 천인 가운데 제일가는 스승이시니 저는 가르칠 사람이 아닙니다."라고 말씀드리고 물러나왔다.

[어절 분석]

밇蜜다多라羅·ᄂᆞᆫ#:두#·글·ᄋᆞᆯ#①ᄇᆡ·화·ᅀᅡ#:알·씨#·태太:ᄌᆞ子ㅅ·긔#:말·ᄊᆞᆷ#:몯#ᄉᆞᆯ·ᄫᆞ·니
·태太:ᄌᆞ子·ᄂᆞᆫ#②여·쉰:네#·글·ᄋᆞᆯ#아·니#ᄇᆡ·화#:아·ᄅᆞ실·씨#·밇蜜다多라羅·ᄅᆞᆯ#·ᄯᅩ#ᄀᆞᄅᆞ·치시·니

[주석]

① ᄇᆡ·화·ᅀᅡ

⇒ 다음과 같이 세 가지 방식의 형태소 분석이 가능하다.

예1) ㉮ ᄇᆡ호-(동사 어간) + -어-(시상의 선어말어미) + -어(연결어미) + ᅀᅡ(보조사)
㉯ ᄇᆡ호-(동사 어간) + -어-(시상의 선어말어미) + -ᅀᅡ(연결어미)
㉰ ᄇᆡ호-(동사 어간) + -어ᅀᅡ(연결어미)

◎ 위 형태의 분석상의 문제점은 '-어ᅀᅡ'의 분석을 어떻게 하는가이다. '-어ᅀᅡ'는 언뜻 선어말어미 '-어-'와 보조사 'ᅀᅡ'가 통합한 것으로 보이나 여기에는 몇 가지 문제점이 있다.
예1) ㉮의 분석은 'ᅀᅡ'를 보조사로 판단하는 경우이다. 이럴 경우, 보조사 'ᅀᅡ'가 선어말어미 '-어-'에 직접 연결된다는 문제점을 가지고 있다. 따라서 선어말어미와 보조사를 연결해줄 수 있는 연결어미 '-어'의 존재가 필요하다. 허웅(1955/1984: 248)에서는 후기중세국어의 '-거ᅀᅡ'를 연결어미 '-아-/-어- + -ᅀᅡ'와 비슷한 뜻을 가진 것으로, 특정한 음 밑에서는 'ㄱ'

152) 범서(梵書): 범어 'Brāhmī'의 한역으로, 기원전 6세기경에 형성된 인도에서 가장 오래된 브라흐미(brāhmī) 문자를 말함. '굴다(掘多, Gupta)·실담(悉曇, Siddhaṃ)·데바나가리(Deva-nāgarī)' 등의 문자는 브라흐미 문자에서 발달한 것임.

153) 정진도(正眞道): 범어 'Samyak-saṃbodhi'의 한역으로, 바르고 원만한 깨달음을 의미함.

가 탈락된 형태로 보았다. 여타 후기중세국어 문헌 역주서에서 'X거ᅀᅡ'형은 대체로 '-어야, -게 되어야' 정도로 해석하고 있으며 그 형태 분석을 '-거- + ᅀᅡ(보조사)' 정도로 간단하게 처리하였을 뿐이다.

예1) ㉯의 분석은 예1) ㉮와는 달리 'ᅀᅡ'를 연결어미로 판단하는 경우이다. 이럴 경우, 선행하는 선어말어미와의 연결 문제를 해결할 수 있다는 장점이 있지만, 공시적으로 보조사로 존재하는 'ᅀᅡ'와의 차이점을 어떻게 설명할 수 있는가가 문제점이 된다. 박용찬(2008: 87)에서는 후기중세국어의 '-어ᅀᅡ'는 기본적으로 '조건·한정'의 의미를 나타내고, '~해야만' 정도로 해석되지만 '-어ᅀᅡ'의 용례 상당수는 '조건·한정', '계기·한정' 중에서 어느 의미로 해석해야 할지 결정하기가 쉽지 않다고 했다. '…-어ᅀᅡ {ᄒᆞ-, 올ᄒᆞ-, 맛당ᄒᆞ-, 둏-}'의 형식으로 쓰이는 '-어ᅀᅡ'는 '조건·한정'의 의미가 두드러지고, 특히 '-거ᅀᅡ'는 선어말어미 '-거-'에 연결어미 '-ᅀᅡ'가 통합한 것으로서 '-어ᅀᅡ'와는 다른 부류에 속하여 '계기' 또는 '계기·한정'의 의미를 나타내는 것으로 보았다.

예1) ㉰의 분석은 『표준국어대사전』에서의 분석 처리 방법이다. 장점을 논외로 하더라도 동시기에 존재하는 선어말어미 '-어-'와의 차이점을 설명하기가 어렵다는 문제점이 있다.

한편, 이현희(1995)에서는 후기중세국어의 'ᅀᅡ'를 두 부류로 구분하는 방안을 제시하였다. 용언 어간과 선어말어미에 통합하는 'ᅀᅡ'는 어말어미로 처리하고 부사나 격조사, 어말어미 뒤에 통합하는 'ᅀᅡ'는 보조사로 처리한다는 것이다. 'ᅀᅡ'를 보조사와 어말어미라는 두 부류로 보게 되면 'ᄒᆞ거ᅀᅡ, ᄒᆞ야ᅀᅡ'의 분석이 한결 용이해진다. 기존에는 'ᅀᅡ'를 보조사로 처리함에 따라 'ᄒᆞ거ᅀᅡ'의 '-거-'가 어말어미라는 것을 밝혀야 했다.

그러나 'ᄒᆞ거ᅀᅡ'에서의 '-거-'는 선어말어미로 보아야 한다. 'ᄒᆞ거ᅀᅡ'에 존경의 선어말어미 '-시-'가 통합될 경우 'ᄒᆞ거시ᅀᅡ'로 나타나는데 선어말어미 앞에 통합된 '-거-'가 어말어미일 수는 없기 때문이다. 따라서 'ᄒᆞ거ᅀᅡ'는 선어말어미 '-거-'와 어말어미 '-ᅀᅡ'의 통합으로 분석할 수 있다. 그리고 'ᄒᆞ야ᅀᅡ'는 어말어미 '-어'와 보조사 'ᅀᅡ'가 통합한 것으로 분석된다.

김소희(1996: 24~25)에서는 후기중세국어의 'ᄒᆞ거ᅀᅡ, ᄒᆞ야ᅀᅡ'의 형태 분석과 관련하여 'ᄒᆞ거ᅀᅡ, ᄒᆞ야ᅀᅡ'에 통합된 'ᅀᅡ'가 보조사인지 어말어미인지의 문제와, '-거-'와 '-어'가 선어말어미인지 어말어미인지의 문제를 안고 있다고 지적하였다.

한편 박진호(2015: 422)에서는 후기중세국어의 '-(이)ᅀᅡ'는 현대어의 '-(이)야', '-(이)라야', '-(이)야말로' 등에 대응하는 다양한 의미를 나타내는 것으로서 '초점', '강조' 등의 의미 기능이 있다고 하였다. 또한 '-(이)ᅀᅡ'는 명사구에, 그리고 '-어'에 '-ᅀᅡ'가 붙은 '-어ᅀᅡ'는 동사구나 절에 붙어 '필요조건'을 나타낸다고 했다. 'ᅀᅡ'의 분포 및 문법적 지위에 대해서는 체언이나 용언 활용형 '-어', '-고' 뒤에 붙는 것을 보면 'ᅀᅡ'의 범주는 기본적으로 조사라고 할 수 있으나 용언 어간이나 선어말어미 뒤에 오는 'ᅀᅡ'의 범주를 어미로 보아야 하는 경우가 있다고 하였다.

예2) ㉮는 '-ᅀᅡ'의 변이형 '-사'가 용언 어간 뒤에 붙은 예이고, 예2) ㉯의 '업거시ᅀᅡ'와 예2) ㉰의 '멀어시ᅀᅡ'는 '-ᅀᅡ'가 선어말어미 '-시-' 뒤에 붙은 예이다.

예2) ㉮ 출히 說法 마오 涅槃애 어셔 드사 ᄒᆞ리로다 <釋譜 13:58a>
　　㉯ 父母 겨싫 젯 일후믄 羅卜이라니 父母 업거시ᅀᅡ <月釋 23:85b>
　　㉰ 아기 멀어시ᅀᅡ 길ᄒᆞᆯ 여ᅀᆞᄫᆞ니 <月釋 20:51a>

박진호(2015)에서는 이러한 예는 이른 시기의 국어에서 조사와 어미 사이에 넘나듦이 있었음을 시사한다고 설명하고 있다. 조사는 '명사/체언' 뒤에 붙고, 어미는 '동사/용언' 뒤에 붙는 요소임을 생각하면 이른 시기의 국어에서는 '명사/체언'과 '동사/용언'의 구별이 상대적으로 느슨하여 이 두 범주 사이의 넘나듦이 꽤 있었을 가능성이 있다고 하였다.

여기에서는 후기중세국어 시기에 시상의 선어말어미 '-거-, -어-'와 보조사 'ᅀᅡ'가 활발히 사용되었다는 점에서 예1) ㉮ 'ᄇᆡ호-(동사 어간) + -어-(시상의 선어말어미) + -어(연결어미) + ᅀᅡ(보조사)'로 분석하고자 한다.

◎ 『우리말샘』에 따르면, 현대국어 어휘 '배우-'의 후기중세국어 어형인 'ᄇᆡ호-'는 15세기 문헌에서부터 나타난다. 19세기에 모음 사이에서 'ㅎ'가 탈락한 'ᄇᆡ오-'의 형태가 나타났다. 또한 근대국어 후기에 모음 'ㆍ'의 2차 소실로 인해 이중모음 'ㆎ'도 'ㅐ[ay]'로 바뀌고, 'ㅐ[ay]'가 '[ɛ]'로 단모음화 하였는데, 이러한 현상이 반영된 '배오-'의 형태가 19세기에 나타났다. '배오-'에서 제2음절의 모음 'ㅗ'가 음성모음화로 'ㅜ'로 바뀐 '배우-'의 형태가 등장하여 오늘날에 이르게 되었다. 현대국어 어휘 '배우-'의 형태 변화는 다음과 같이 정리할 수 있다.

예) ᄇᆡ호-(15세기~19세기) > ᄇᆡ오-(19세기) > 배우-(19세기~현재)

② 여·ᅀᅱᆫ:네
⇒ 여ᅀᅱᆫ(수관형사) + 네(수관형사)

◎ 현대국어 어휘 '예순'의 후기중세국어 어형인 '여ᅀᅱᆫ'은 15세기 문헌에서부터 나타난다. 15세기에는 '여ᅀᅱᆫ'과 함께 '여쉰'도 나타나며, '여ᅀᅱᆫ'에서 제2음절의 반모음 'ㅣ'이 탈락한 '여ᅀᅮᆫ' 형태도 나타났다. 16세기에는 '여ᅀᅮᆫ'에서 제1음절에 반모음 'ㅣ'가 추가된 '예ᅀᅮᆫ' 형태가 등장하였고, 18세기에는 제2음절에서 반모음 'ㅣ'가 탈락한 '예순' 형태가 등장하여 오늘날로 이

어진다. 현대국어 어휘 '예순'은 다음과 같은 형태 변화를 겪은 것으로 정리할 수 있다.

예) 여쉰(15세기) > 여슌(15세기~18세기) > 예슌(16세기~19세기) > 예순(18세기~현재)

◎ '2007 한민족 언어 정보화 통합 검색 프로그램'에 따르면, 십진수의 15세기 형태는 '열ㅎ, 스믈ㅎ, 셜흔, 마순, 쉰, 여쉰, 닐흔, 여든, 아흔, 온'이었는데, 눈에 띄는 공통점은 끝소리가 '-ㄴ'로 끝난다는 점과, '셜흔, 닐흔, 아흔'에서 보이는 '흔/흔'이 공통으로 나타난다는 점이다.

[원문]

끠其삼三·씹十·륙六
·셕釋:죵種·이숣·보·ᄃᆡ·태太:ᄌᆞ子ㅣ·츌出[154]가家·ᄒᆞ시·면:ᄌᆞ子손孫·이그·츠·리이·다
아·바:님니ᄅᆞ·샤·ᄃᆡ:뉘·ᄯᆞᆯ·ᄋᆞᆯ ᄀᆞᆯ·ᄒᆡ야·ᅀᅡ며·ᄂᆞᆯ·이ᄃᆞ외·야오·리·야

[현대역]

석가 씨의 여러 종족이 [정반왕께] 말씀드리되 "태자가 출가하시면 자손이 끊어질 것입니다."(라고 하였다.)
아버님(정반왕)이 이르시되 "누구의 딸을 가려내어(선택해야) [나의] 며느리가 되어 [우리 가문으로] 오겠는가?"(하고 물으셨다.)

[배경]

석가모니께서 탄생하였을 때 아사다가 이미 태자께서 훗날 출가성불하실 것임을 예언한 바 있고, 자라나면서 더욱 그러한 방향으로 기울자 석가 씨들이 태자의 출가 후 왕의 후사가 끊어질 것을 염려하였다.
정반왕도 태자비를 맞아들일 생각을 하여 태자 나이 17세 때에 신하들과 논의하여 석종바라문(釋種婆羅門) 중에서 마하나마(摩訶那摩)의 딸 야수다라[155]를 간택하여 태자비로 삼았다.

---

154) <月印 上:014a>

155) 야수다라(耶輸陀羅): 범어 'Yaśodharā'의 음사(音寫)로, '야수다라(耶輸陀羅)' 또는 '야수다라(耶輸多羅)'라고 함. 석가모니의 아내이자 '나후라(羅睺羅)'의 어머니로, 석가모니의 부친인 '정반왕(淨飯王)'이 죽자 '대애도(大愛道)'와 함께 출가하여 비구니가 되었다고 함.

[어절 분석]

·셕釋:죵種·이#①ᄉᆞᆯ·ᄫᅩ·ᄃᆡ#·태太:ᄌᆞ子ㅣ#·ᄎᆔᇙ出가家·ᄒᆞ시·면#:ᄌᆞ子손孫·이#②그·츠·리이·다
아·바:님#니ᄅᆞ·샤·ᄃᆡ#③:뉘#·ᄯᆞᆯ·올#ᄀᆞᆯ·ᄒᆡ야·ᅀᅡ#④며·ᄂᆞᆯ·이#ᄃᆞ외·야#오·리·야

[주석]

① ᄉᆞᆯ·ᄫᅩ·ᄃᆡ

⇒ ᄉᆞᆲ-(동사 어간) + -오ᄃᆡ(연결어미)

◎ 'ᄉᆞᆲ-'은 대체로 청자가 화자보다 나이나 계급이 높은 인물일 때 쓰였다. 본문에서는 '셕죵(석가 씨의 여러 종족)'이 정반왕을 높이기 위해 사용되었다.

◎ 고영근(1987/2010: 154, 370)에서는 후기중세국어의 연결어미 중 어떤 일에 대한 설명이나 인용을 보이는 '-오ᄃᆡ'는 음성모음으로 된 어간 아래에서는 '-우ᄃᆡ'로 교체된다고 설명하고 있다. 한편 고영근(1987/2010: 308~309)에 따르면 '-옴, -오ᄃᆡ, -옷, -오려, -오마' 등은 '-오-'를 필수적으로 요구한다. 즉, '-ㅁ(명사형 어미), -ᄃᆡ(연결어미), -ㅅ(감동의 선어말어미), -려(연결어미), -마(종결어미)' 등은 홀로 사용되지 못하고 반드시 '-오-'가 선접한다는 것이다. 이러한 설명의 가장 큰 원인은 후기중세국어 시기의 '-오-/-우-'의 정확한 기능을 설명할 수 없기 때문이며, 이런 이유로 '-옴, -오ᄃᆡ, -옷, -오려, -오마' 등은 공시적으로 형태소 분석을 하지 않고 단일 형태소로 처리한다. 다만, '-옴, -오ᄃᆡ, -옷, -오려, -오마' 등을 공시적으로 단일 형태소로 처리하더라도, 이 어미들은 통시적으로는 '-오- + -ㅁ/-ᄃᆡ/-ㅅ/-려/-마'의 통합 과정을 거쳐 형성된 것으로 보고 있다.

◈ 후기중세국어 시기의 선어말어미 '-오-/-우-'에 대한 자세한 설명은 p.111을 참조.

② 그·츠·리이·다

⇒ 긏-(동사 어간) + -(으)리이다(평서형 종결어미)

◎ '긏-'은 '끊다'와 '끊어지다'를 모두 의미하였는데, 여기에서는 '끊어지다'의 의미를 나타낸다. 『우리말샘』에 따르면, 현대국어 어휘 '끊-'의 후기중세국어 어형인 '긏-'은 15세기 문헌에서부터 나타나는데, '긏-'은 자음으로 시작하는 어미가 결합할 때에는 '긋-'으로, 모음으로 시작하는 어미가 결합할 때에는 '긏-'으로 나타나 '긋-/긏-'으로 교체되었음을 알 수 있다. 17세기에 끝소리 'ㅊ' 앞에 'ㄴ'가 첨가되어 '긶-'의 형태가 나타났으며, 같은 시기에 어두의

첫소리 'ㄱ'가 경음이 되는 어두경음화를 겪고, 끝소리 'ㄴㅊ'가 'ㄴㅎ'로 변하여 'ᄭᅳᆭ-'의 형태가 나타나게 되었다. 이후 1933년 '한글마춤법통일안'에서 초성의 'ㅅ'계 합용병서를 각자병서자로 바꾸기로 결정하면서 초성의 표기가 'ㅺ'에서 'ㄲ'로 변하여 '끊-'의 형태가 만들어지고 현재에 이르게 되었다. '끊-'의 형태 변화를 정리하면 다음과 같다.

예) 긏-(15세기～19세기) > 그ퟌ-(17세기) > ᄭᅳᆭ-(17세기～19세기) > 끊-(19세기～현재)

※ 후기중세국어 시기의 '-리이다', '-리잇가/-리잇고'의 형태소 분석

'-리이다'와 '-리잇가/-리잇고'는 『우리말샘』에서는 각각 평서형과 의문형 종결어미로 처리하고 있다. 그런데 『표준국어대사전』과 『우리말샘』에서는 '-리-', '-이-', '-잇-', '-다', '-가', '-고'를 각각 하나의 형태소로 제시하고 있다. 이럴 경우, '-리이다'와 '-리잇가/-리잇고'를 하나의 형태소로 설정하는 것이 적절한지에 대한 의문이 생긴다.

'-리이다'와 '-리잇가'를 하나의 형태소로 처리하는 가장 큰 이유는 'ᄒᆞᄂᆞ니이다'와 ᄒᆞᄂᆞ니잇가'에서 발견할 수 있는 '니'의 처리 때문이다. 일반적으로 시상의 선어말어미 '-ᄂᆞ-'와 '-리-'[156]는 상보적 분포를 보이는 것으로 알려져 있다. 고영근(1987/2010: 140～141)에 따르면 시상의 선어말어미 '-ᄂᆞ-, -더-, -리-'는 다음 예와 같이 평서형 어미 '-다/-라', 의문형 어미 '-녀', 연결어미 '-니', 관형사형 어미 '-ㄴ' 앞에만 나타나는 분포상의 제약을 보인다.

예1) ㉮ ᄒᆞᄂᆞ다 : ᄒᆞᄂᆞ녀 : ᄒᆞᄂᆞ니 : ᄒᆞᄂᆞᆫ
　　 ㉯ ᄒᆞ더라 : ᄒᆞ더녀 : ᄒᆞ더니 : ᄒᆞ던
　　 ㉰ ᄒᆞ리라 : ᄒᆞ려　 : ᄒᆞ리니 : ᄒᆞᆯ

다만, 'ᄒᆞ려'와 'ᄒᆞᆯ'에 나타나는 '-려'와 '-ㄹ'는 'ᄒᆞᄂᆞ녀, ᄒᆞ더녀', 'ᄒᆞᄂᆞᆫ, ᄒᆞ던'과 비교해 보면 '*-리녀, *-린'이 되어야만 '-리-'가 잘 분석되고 의문형 어미와 관형사형 어미가 분명히 드러난다. 그러나 '-리-'와 관련된 이 형태들은 실제로는 문증되지 않고, 각각 'ᄒᆞ려', 'ᄒᆞᆯ'의 형태로만 나타난다는 것이다. 이럴 경우, 후기중세국어 시상의 선어말어미 '-ᄂᆞ-, -더-, -리-'의 계열 관계에서는 일반적인 대응이 이루어지지 않았다는 점을 확인할 수 있다.

---

156) 이 책에서는 '-리-'를 시상의 선어말어미가 아닌 추측의 선어말어미로 처리하고 있음.

한편, '-이-, -잇-'은 상대 높임의 선어말어미이며, ᄒᆞ쇼셔체의 표지로 알려져 있다. 고영근(1987/2010: 143～145)에 따르면, ᄒᆞ쇼셔체의 평서형 어미 '-다' 앞에서는 '-이-'로 나타나지만 의문형 어미 '-니 … 가' 사이에서는 '-잇-'으로 실현된다. 또한, 'ᄒᆞᄂᆞ니이다'는 'ᄒᆞᄂᆞ니라'의 ᄒᆞ쇼셔체인데, 'ᄒᆞᄂᆞ니라'는 'ᄒᆞᄂᆞ다'와, 'ᄒᆞᄂᆞ니이다'는 'ᄒᆞᄂᆞ이다'와 각각 비교함으로써 '-니-'를 추출할 수 있다. 고영근(1987/2010)에서는 이 '-니-'를 선어말어미로 판단한 것으로 보인다. 다만, 'ᄒᆞᄂᆞ니여, ᄒᆞᄂᆞ니잇가'에 나타나는 '니'를 의문형 어미의 일부분으로 보고 선어말어미로는 보고 있지 않다. 즉, '니'가 빠진 '*ᄒᆞᄂᆞ어, *ᄒᆞᄂᆞ잇가'란 어형이 문증되지 않기 때문이다.

한편, 고영근(1987/2010)에서는 '-이-, -잇-'에 대해 설명하면서 '-이-'는 하나의 형태소로 설정하면서 '-잇-'을 하나의 형태소 '-니가'의 내부에 개입하는 형태소로 보고 있다. '-거시늘'의 경우, '-잇-'과 마찬가지로 '-시-'가 '-거늘'의 내부에 개입하는데, 이 글에서는 '-거늘'이 하나의 형태소로 완전히 굳어지지 않았음을 논의한 바 있다. 따라서 '-니가'도 동일하게 후기중세국어 시기에 하나의 형태소로 보는 것은 적절하지 않을 수 있다.

앞에서 언급한 바와 같이 시상의 선어말어미 '-ᄂᆞ-, -더-, -리-'는 상보적 분포를 보이는 형태소들이다.

예2) ㉮ 瞿曇ᄋᆡ 弟子ㅣ 두리여 몯 오ᄂᆞ이다 <釋譜 6:29b>

㉯ 죽사릿 法은 모댓다가도 모미 여희ᄂᆞ니이다 <釋譜 11:12a>

㉰ 邪曲ᄒᆞᆫ 봄과 됴티 몯ᄒᆞᆫ ᄆᆞᅀᆞ미 업스니잇가 五情을 攝ᄒᆞᄂᆞ니잇가 <釋譜 20:43b>

㉱ 네 가짓 受苦ᄅᆞᆯ 여희여 涅槃 得호ᄆᆞᆯ 부텨 ᄀᆞᄐᆞ시긔 ᄒᆞ리이다 <釋譜 6:4a>

㉲ 아기 일훔을 아ᄃᆞᆯ이 나거나 ᄯᆞᆯ이 나거나 엇뎨 ᄒᆞ리잇가 <月釋 8:83a>

㉳ 衆生ᄋᆞᆯ 수ᄫᅵ 濟度ᄒᆞ시ᄂᆞ잇가 貪欲ᄒᆞ며 瞋恚ᄒᆞ며 愚癡ᄒᆞ며 嫉妬ᄒᆞ며 <月釋 18:79b>

기술(旣述)한 바와 같이 고영근(1987/2010)에서는 'ᄒᆞᄂᆞ니여, ᄒᆞᄂᆞ니잇가'에 나타나는 '니'를 '니'가 빠진 '*ᄒᆞᄂᆞ어, *ᄒᆞᄂᆞ잇가'가 문증되지 않는다는 점을 근거로 의문형 어미의 일부분으로 보고 선어말어미로는 보고 있지 않다. 그런데 예2) ㉳에서 '濟度ᄒᆞ시ᄂᆞ잇가'를 확인할 수 있다. 따라서 '-ᄂᆞ이다 : -ᄂᆞ잇가', '-ᄂᆞ니이다 : -ᄂᆞ니잇가', '-리이다 : -리잇가'의 대응을 통해 '-ᄂᆞ- : -ᄂᆞ니- : -리-'의 대응이 성립함을 확인할 수 있다.

물론 이 경우에도 '-ᄂᆞ니-'의 '니'를 문법적으로 어떻게 처리할 것인가의 문제에 직면할 수밖에 없다. 이에 대해 김영욱(1989)의 논의를 참고할 수 있다.

종결어미 '-다'와 '-니라'에 대해 고영근(1981/2011)에서는 '-니라'를 더이상 분석하지 않고, 하나의 형태소로 간주하면서 '-다'와 문법적 기능이 동일한 것으로 파악하였다. 반면, 김영욱(1989)에서는 고영근(1981/2011)과 같이 두 형태소의 문법적 의미가 같다고 보았으나, 형태 분석의 측면에서 '-니라'는 '-니-'와 '-다'로 분석되고, 이때의 '-니-'는 아무런 문법적 기능을 가지지 못하는 '공형태소'로 처리할 것을 제안한 바가 있다. 즉, '-ᄂᆞ이다 : 니이다'의 대응에서 '니'를 공형태소로 처리하고 이 둘을 동일한 형태 구성으로 처리한다면 '-ᄂᆞ(니)이다 : -리이다', '-ᄂᆞ(니)잇가 : -리잇가'의 대응이 가능해진다. 그러나 이 경우에도 계열 관계에서의 일종의 규칙성을 확보하지 못한다는 문제점이 있다. 이러한 문제점은 '-ᄂᆞ-, -더-, -리-'의 계열 관계에서 'ᄒᆞᄂᆞ녀, ᄒᆞ더녀 : ᄒᆞ려', 'ᄒᆞᄂᆞᆫ, ᄒᆞ던 : ᄒᆞᆯ'의 대응 관계와 마찬가지로 계열 관계의 규칙성이 확보되지 못하는 경우가 있기 때문에 큰 문제가 되지 않을 듯하다.
따라서 지금까지의 논의와 『표준국어대사전』과 『우리말샘』에서는 '-리-', '-이-', '-다'와 '-리-', '-잇-', '-가' 또는 '-리-', '-잇-', '-고'를 각각 하나의 형태소로 따로 제시한다는 점을 고려해 본다면 '-리이다'와 '-리잇가/-리잇고'를 굳이 하나의 형태소로 처리하는 것보다 각각 '-리-(추측의 선어말어미) + -이-(상대 높임의 선어말어미) + -다(평서형 종결어미)'와 '-리-(추측의 선어말어미) + -잇-(상대 높임의 선어말어미) + -가(의문형 종결어미)' 등의 분석이 더 적절할 수 있다고 생각한다.

☞ 다만, 결론적으로 여기에서는 『우리말샘』의 분석 방법을 따라 '-리이다'와 '-리잇가/-리잇가'를 하나의 형태소로 처리하고자 한다.

③ :뉘
⇒ 누(대명사) + ㅣ(관형격조사)

◎ '뉘'는 'ㅣ'가 관형격일 때는 ':뉘'처럼 상성점이 쓰였고, 주격일 경우에는 '·뉘'처럼 거성점이 쓰였다. 이러한 성조에 의한 구별은 15세기 말부터 무너지기 시작하여 16세기 말 무렵에는 완전히 없어진 것으로 보인다.

④ 며·늘·이#ᄃᆞ외·야#오·리·야
⇒ 며늘(명사) + 이(보격조사) # ᄃᆞ외-(동사 어간) + -야(연결어미) # 오-(동사 어간) + -리-(추측의 선어말어미) + -야(의문형 종결어미)

◎ 현대국어 어휘 '며느리'의 후기중세국어 어형인 '며느리'와 '며늘'은 15세기 문헌에서부터 나타났다. 16세기~19세기 문헌에는 '며ᄂᆞ리'의 형태도 발견되지만, 현대국어에서는 '며느리'의 형태만 남게 되었다. '며늘'에 격조사 '이'가 붙은 '며늘이'가 명사로 굳어져 거의 동시대 문헌인 『석보상절(釋譜詳節)』에서는 '며느리'로 바뀌어 나타난다.

◎ 『용비어천가(龍飛御天歌)』 등의 후기중세국어 시기 초기 문헌에서는 선어말어미 '-리-'와 결합하는 의문형 종결어미는 '-야'보다는 '-여'의 형태가 많이 쓰인 것으로 보인다.

예1) ㉮ 四海ᄅᆞᆯ 년글 주리여 <龍歌 20>
㉯ 三韓ᄋᆞᆯ ᄂᆞᄆᆞᆯ 주리여 <龍歌 20>
㉰ 子孫ᄋᆞᆯ 議論ᄒᆞ리여 <月釋 1:7a>
㉱ 四天이 ᄒᆞᆫ갓 다 뷔리여 <月釋 1:37a>

한편 장윤희(2002: 201, 주76)의 설명에 따르면 '-녀'형 어미의 다른 형태인 '-려' 또한 직접 의문 가운데 1·3인칭 의문문에 사용되었다.

예2) ㉮ 그 福이 하리여 아니 하리여 <釋譜 21:21b>
㉯ 得ᄒᆞᆫ 福이 하려 몯 하려 <法華 7:108b>

장윤희(2002)에서는 위 예문에 대해서 '-려'는 제시된 명제에 대한 '청자의 추측'이 어떠한지를 묻는, 곧 '~할 수 있겠는가' 정도의 의미로 해석한다. 또한 의문법 어미 '-려'는 순수한 의문문보다는 주로 수사의문문에 사용되었다고 하였다. 그리고 고영근(1987/2010: 140)에서 '-려'의 기저형을 '리…녀'로 파악한 것에 대해, 이는 결국 의문법 어미 '-려' 속에서 선어말어미 '-리-'의 의미 기능을 발견할 수 있음을 의미하는 것이라고 하면서, '-려'와 '-리-'가 지닌 의미 기능상의 공통성은 이들 각 형태소의 형성 과정의 공통성으로 인해 나타난 것이라고 보았다. 조규태(2007/2010: 73)에서는 '-여'를 '-녀'의 변이형으로 보고 있다.

[원문]

끠其삼三·씹十·ᄎᆞᇙ七
·태太:ᄌᆞ子ㅣ 피妃:ᄌᆞ子ㅅ금金:썅像·올밍·ᄀᆞᄅᆞ·샤:뿡婦·득德·을·쓰시·니이·다
·집執:땽杖·셕釋·의·ᄯᆞᆯ·이금金:썅像·이·ᄀᆞᆮ·ᄒᆞ·샤:쉬水졍精·을바ᄃᆞ·시·니이·다

[현대역]

태자께서 비자[157]의 금상을 만드시어 [그 금상에] 부덕을 쓰셨습니다.
집장석(석가모니의 장인)의 딸(구이[158])이 [태자께서 만드신] 금상과 [모습이] 같으시어 [약혼의 표시로] 수정을 받으셨습니다.

[배경]

석가모니께서 태자이셨을 당시 나이가 열일곱 살 때, 비(妃)를 맞이하려고 대신들의 의논이 있자 자기의 비(妃)가 될 사람을 금으로 모양을 만드시고 거기에 비가 지킬 여러 계명(戒銘)을 쓰셨다.
집장석의 딸인 구이의 모습이 석가모니께서 만드신 금상의 모습과 같으므로 약혼의 표시로 석가모니께 수정을 받았다.

[어절 분석]

·태太:ᄌᆞ子ㅣ#피妃:ᄌᆞ子ㅅ#금金:쌍像·ᄋᆞᆯ#①ᄆᆡᇰ·ᄀᆞᄅᆞ·샤#:뿌ᇢ婦·득德·을#②·쓰시·니이·다
·집執:땽杖·셕釋·의#·ᄯᆞᆯ·이#③금金:쌍像·이#·ᄀᆞᆮ·ᄒᆞ·샤#:쉬水졍精·을#④바ᄃᆞ·시·니이·다

[주석]

① ᄆᆡᇰ·ᄀᆞᄅᆞ·샤
⇒ ᄆᆡᇰᄀᆞᆯ-(동사 어간) + -(ᄋᆞ)시-(주체 높임의 선어말어미) + -아(연결어미)

◎ 'ᄆᆡᇰᄀᆞᆯ-'은 현대국어 '만들-'의 후기중세국어 어형이이며, 쌍형어 관계인 'ᄆᆡᇰᄃᆞᆯ-'도 있었다. 현대 어휘 '만들-'은 'ᄆᆡᇰᄀᆞᆯ-/ᄆᆡᇰᄃᆞᆯ- > ᄆᆡᆫ들-/ᄆᆡᆫᄃᆞᆯ- > ᄆᆞᆫ들-/ᄆᆞᆫᄃᆞᆯ- > 만들-'의 형태변화를 겪었다. 한편 '2007 한민족 언어 정보화 통합 검색 프로그램'에 따르면, 'ᄆᆡᇰᄀᆞᆯ-'과 'ᄆᆞᆫᄃᆞᆯ-' 두 형태의 중요한 차이는 어중자음 'ㄱ(연구개음)'와 'ㄷ(치조음)'이다. 이들 자음 앞에 각각 선행하는 비음은 'ㆁ(연구개음)'과 'ㄴ(치조음)'인데 후행 자음과 각각 조음위치가 같다는 점이 주목된다. 어중자음 'ㄷ'형은 16세기의 서울에서 또는 이보다 조금 앞서 서울과 그리 멀지 않은 곳에서 발생하여 16세기에 서울말에 들어왔고 근대에 와서 마침내 어중자음 'ㄱ'형을 물리쳤으며, 나아가 주변 방언으로 널리 퍼진 것이라는 견해가 있다.

157) 비자(妃子): 임금의 비.
158) 구이(瞿夷): 범어 'Gopī'의 음사로 '구비가(瞿比迦)·교비(嶠比)·구파(瞿波·瞿婆)'라고도 하며 한역으로는 '수호지(守護地)·부장(覆障)·명녀(明女)'라고도 함. 즉, 싯다르타의 아내인 야쇼다라(Yaśodharā)의 별명.

현대국어의 방언형으로 '만들-', '맨들-', '맹들-', '맹글-', '맹길-', '망글-' 등이 있는데, 이 방언형들은 크게 '만들-'형과 '맹글-'형 두 가지로 분류할 수 있다. 그런데 '망글-'은 요즘 그리 많이 쓰이지 않으며, 50세가 넘은 노년층의 말에서 가끔 들을 수 있다. 우리나라 최초의 음식조리서인 『음식디미방』에서는 'ᄆᆡᆼ그라'의 형태가 보인다.

② ·쓰시·니이·다

⇒ 쓰-(동사 어간) + -시-(주체 높임의 선어말어미) + -니이다(평서형 종결어미)

◎ 후기중세국어 시기에는 다음과 같이 '쓰-'와 'ᄡᅳ-'의 의미가 달랐다.

예) ㉮ 쓰다(書)

㉯ ᄡᅳ다(苦, 用, 冠)

◈ 후기중세국어 시기의 '-니이다'의 형태소 분석에 대한 자세한 설명은 p.49를 참조.

◈ 후기중세국어 시기의 서법과 시제에 대한 자세한 설명은 p.54를 참조.

③ 금金:썅像·이#·ᄀᆞᆮ·ᄒᆞ·샤

⇒ 금썅(명사) + 이(부사격조사) # [ᄀᆞᆮ-(어근) + -ᄒᆞ(형용사 파생 접사)]- + -시-(주체 높임의 선어말어미) + -아(연결어미)

◎ 현대국어 어휘 '같-'은 15세기의 'ᄀᆞᆮᄒᆞ-'에 소급된다. 이 단어는 '같이'를 의미하는 부사 'ᄀᆞᆮ'에 파생접사 '-ᄒᆞ-'가 결합되어 파생된 것으로 보인다. 즉 15세기는 'ᄀᆞᆮᄒᆞ-'라는 파생어에서 'ᄀᆞᇀ-'의 단일어로 바뀌는 시기였던 것으로 보인다. 'ᄀᆞᆮᄒᆞ-'의 'ᄀᆞᆮ'은 '同'이나 '如'의 뜻을 가진 어근으로 15세기 문헌에서 부사로 쓰인 예를 찾아볼 수 있다.

◎ 후기중세국어 시기의 비교의 부사격조사 중에는 주격조사와 형태가 동일한 '이'가 있었는데, 주로 서술어로 'ᄀᆞᆮᄒᆞ-, 다ᄅᆞ-' 등이 올 경우에 사용되었다.

④ 바ᄃᆞ·시·니이·다

⇒ 받-(동사 어간) + -(ᄋᆞ)시-(주체 높임의 선어말어미) + -니이다(평서형 종결어미)

◎ 후기중세국어의 '받-'은 '受', '從', '奉'의 의미로 사용되던 동음이의어였다. 여기에서의 '받-'은 '受'의 의미로 사용되었다.

[원문]

159)끠其삼三·씹十·바ᇙ八

사·회·ᄅᆞᆯᄀᆞᆯ·ᄒᆡ·야ᄌᆡ·조·ᄅᆞᆯ:몯미·다:님·금:말·ᄋᆞᆯ거·스ᅀᆞ·ᄫᆞ·니

아·바:님·이의疑심心·ᄒᆞ·샤ᄌᆡ·조·ᄅᆞᆯ:무르·샤나·랏:사ᄅᆞᆷ·ᄋᆞᆯ:다뫼·호시·니

[현대역]

[집장석이] 사위(태자)를 가리어 [정반왕으로부터 태자와의 청혼이 있었으나 태자의] 재주를 못 믿어 임금의 말을 거스르니(받아들이지 못하니).
아버님(정반왕)이 [태자의 재주를] 의심하시어 재주를 물으시어 나라의 [태자와 재주를 겨룰] 사람을 다 모으시니.

[배경]

집장석이 사위를 고르려 하는데, 나라의 모든 사람들이 정반왕의 태자 살바실달이 가장 훌륭한 사윗감이라 하고, 정반왕이 태자와 집장석의 딸을 결혼시키자는 요청까지 하였으나, 집장석은 태자의 실력을 직접 보기 전에는 혼인을 허락할 수 없다고 하여 신하로서 임금의 명령까지 거역하며 약혼을 거부하였다.
정반왕이 집장석의 약혼 거부 소식을 듣고, 정반왕조차 자기 아들의 재주를 의심하시게 되자 태자께서 아버님의 의심을 풀고 자기의 위신을 세우시기 위하여 자기에게 원한을 품고 있는 제바달다160)와 재주를 겨루기 위하여 온 나라의 여러 사람을 모아 그 가운데서 승부를 가리고자 하였다.

[어절 분석]

①사·회·ᄅᆞᆯ#ᄀᆞᆯ·ᄒᆡ·야#ᄌᆡ·조·ᄅᆞᆯ#:몯#미·다#:님·금#:말·ᄋᆞᆯ#②거·스ᅀᆞ·ᄫᆞ·니

아·바:님·이#의疑심心·ᄒᆞ·샤#ᄌᆡ·조·ᄅᆞᆯ#③:무르·샤#나·랏#:사ᄅᆞᆷ·ᄋᆞᆯ#:다#뫼·호시·니

---

159) <月印 上:014b>

160) 제바달다(提婆達多): 범어 'Devadatta'의 음사로 '조바달(調婆達)·조달(調達)이라고도 함. 실달 태자의 사촌 동생으로 출가하여 그의 제자가 되었고 석가모니에게 승단을 물려줄 것을 청하였으나 거절당하자 500여 명의 비구를 규합하여 승단을 이탈하고 여러 번 석가모니를 살해하려다 끝내 실패하고 피를 토하고 죽었다고 함. 석가모니의 나이 8세 때 뜰에서 활쏘기를 익히는데 제바달다가 기러기를 쏘아 뜰에 떨어뜨리자 이를 본 석가모니가 그 기러기의 상처를 치료해 주었는데, 제바달다가 사람을 보내어 그 기러기를 돌려 달라 하니 석가모니가 "내가 보리심을 가지고 이 기러기를 받은 것이니 돌려줄 수 없다."라고 말하였고, 이때부터 제바달다가 원한을 품고 항상 서로 경쟁하였다고 함.

[주석]

① 사·회·ᄅᆞᆯ#ᄀᆞᆯ·ᄒᆡ·야

⇒ 사희(명사) + ᄅᆞᆯ(목적격조사) # ᄀᆞᆯᄒᆡ-(동사 어간) + -아(연결어미)

◎ 남광우·성환갑(1978/1982: 102)에 따르면, '사회 > 사위'의 변천은 모음 사이의 'ㅎ' 탈락과 음성모음화와 관련되어 있다. 한편 역사적으로는 'ㅎ' 탈락은 다음의 네 가지 조건 상에서 발생한다(남광우·성환갑, 1978/1982: 67).

예) ㉮ 모음사이: 바회 > 바위(岩), ᄇᆡ호- > 배우- 등.
㉯ 'ㄹ' 자음 아래: 골회 > 고리(環), 불휘 > 불위 > 뿌리 등.
㉰ 'ㄴ' 자음 아래: 빈혀 > 비녀(簪), 안해 > 안내(妻) 등.
㉱ 'ㆁ' 자음 아래: 동ᄒᆡ > 동이(盆), 방하 > 방아(碓) 등.

또한 남광우·성환갑(1978/1982: 93)에 따르면, 음성모음화 현상은 양성모음과 음성모음의 대립에서 일반적으로 음성모음의 어감이 양성모음보다 '重, 厚, 大'한 음상의 차이 탓인지, 많은 수의 양성모음 어휘가 특히 제2음절 이하의 음성모음으로 변화하는 경향이 두드러진다. 후기중세국어에서부터 나타나기 시작한 이 음성모음화 현상(예: 나모 > 나무, 마조 > 마주, ᄂᆞᆫ호- > 나누-)은 현대국어에서도 끊임없이 계속되어, 모음조화 붕괴의 원인이 되었다.

◎ 'ᄀᆞᆯᄒᆡ야'의 '-야'는 'ᄒᆡ'의 반모음 'y'로 인해 연결어미 '-아'에 반모음 'y'가 삽입된 형태이다.

② 거·스ᅀᆞᆸ·ᄫᆞ·니

⇒ 거슬-(동사 어간) + -ᅀᆞᆸ-(객체 높임의 선어말어미) + -(ᄋᆞ)니(평서형 종결어미)

◎ '거슬-'의 말음 'ㄹ'가 'ㅿ' 앞에서 탈락하였다. 후기중세국어 시기의 'ㄹ' 탈락은 다음과 같은 조건하에서 발생하는 경향이 있다.

예) ㉮ 16세기 후의 두음법칙과 관련하여 두음(어절의 첫 소리)에서.
예: 良, 旅, 禮 등의 한자음
㉯ 모음 사이, 특히 'ㅣ'모음 앞에서.
예: ᄆᆞᆯ + 아지 > ᄆᆞ아지, 나릿물 > 냇물, 누리(世) > 뉘
㉰ 'ㄴ, ㄷ, ㅅ, ㅈ, ㅍ' 앞에서
예: 아ᄃᆞᆯ님 > 아ᄃᆞ님, ᄯᆞᆯ님 > ᄯᆞ님, 솔나모 > 소나무, 별 + ᄃᆞᆯ > 벼ᄃᆞᆯ,

ᄆᆞᆯ + 쇼 > ᄆᆞ쇼(> 마소), 블 + 젓가락 > 브젓가락(> 부젓가락),
알ᄑᆞ- > 아ᄑᆞ-(> 아프-)

◎ '거스ᅀᆞᄫᆞ니'의 '-ᅀᆞᆸ-'는 그 대상인 '정반왕의 명'을 높이기 위해서 쓰였다.

③ :무르·샤
⇒ 묻-(동사 어간) + -(으)시-(주체 높임의 선어말어미) + -아(연결어미)

◎ '물-'은 '묻-'의 'ㄷ' 불규칙 활용형이다. 한편 남광우·성환갑(1978/1982: 111)에서는 '묻-(問)'의 종성 'ㄷ'가 모음 사이에서 'ㄹ'로 바뀌는 것에 대해서 이화작용(dissimilation)으로 설명하고 있다. 이화작용은 음운동화에 대립되는 현상으로, 동일어 내의 인접음운과 그 조음방법이나 조음위치 등을 다르게 함으로써, 그 어휘의 생명력과 신선감을 더하려고 하는 음운 변화이다.

[원문]

ᄭᅴ其삼三·십十:궁九
난難따陁또ᇹ調·땷達·ᄋᆞᆫ:쌰ᇰ象·ᄋᆞᆯ·티·ᄎᆞ·며그우·리ᅘᅧ·고:둘·희·힘·이달·오·미:업더·니
[161]·태太:ᄌᆞ子·ᄂᆞᆫᄒᆞ오·ᅀᅡ:쌰ᇰ象·ᄋᆞᆯ나ᄆᆞ·티·며바ᄃᆞ·시·고:둘·희·힘·ᄋᆞᆯᄒᆞᆫ·ᄢᅴ이·기시·니

[현대역]

난타[162]와 조달은 코끼리를 위로 차고 굴리고 [했으나] 둘의 힘이 다름이 없더니(엇비슷하더니).
태자께서는 혼자 코끼리를 넘기며 받으시고 [하시니] 둘의 힘을 함께(한꺼번에) 이기시니.

[배경]

태자께서 열 살이실 때 비사리성(毘舍離城)에 형상이 단정하고 큰 힘을 가진 코끼리가 있었는데, 성의 사람들이 의논하여 그 코끼리를 가비라성(迦毗羅星)의 실달 태자에게 바치기로 하였다. 그때 그 코끼리를 구경하는 사람이 인산인해를 이루어서 통로를 가로막자 조달이

161) <月印 上:015a>
162) 난타(難陁): 석가모니의 이복동생으로, 부처님의 제자인 '목우난타(牧牛難陁)'와 구별하기 위해 손타라(孫陁羅)와 결혼하였기에 '손타라난타(孫陁羅難陁)'라고도 함.

화를 내며 그 코끼리의 머리를 한 손으로 쳐서 즉사시켰다. 뒤에 오던 난타가 성문 앞을 가로막은 코끼리의 시체를 보고 번쩍 들어 길옆으로 던져 버렸다. 뒤좇아 오던 태자께서 이를 보고 코끼리의 시체가 썩는 냄새로 온 성 안이 괴로움을 겪을 것을 염려하시어 코끼리 시체를 번쩍 들어 던지시고는 떨어지는 것을 다시 받아서 던지셨는데 코끼리는 오히려 소생하였으며 어찌나 세게 던지셨든지 구중성(九重城)을 넘어 구중호(九重濠)를 지나 먼 산에 떨어지니 그 떨어진 자리가 못처럼 파이었다. 그래서 그 곳을 상타갱[163]이라 하였다 한다.

[어절 분석]

난難따陁#뗳調·땋達·ᄋᆞᆫ#:쌰ᇰ象·ᄋᆞᆯ#①·티·ᄎᆞ·며#②그우·리혀·고#③:둘·희#·힘·이#달·오·미#:업더·니

·태太:ᄌᆞ子·ᄂᆞᆫ#ᄒᆞ오·ᅀᅡ#:쌰ᇰ象·ᄋᆞᆯ#④나ᄆᆞ·티·며#바ᄃᆞ·시·고#:둘·희#·힘·ᄋᆞᆯ#⑤ᄒᆞᆫ#·ᄢᅴ#이·기시·니

[주석]

① ·티·ᄎᆞ·며

⇒ [티-(접사) + ᄎᆞ-(어근)]- + -며(연결어미)

◎ '티-'는 '위로 향하게' 또는 '위로 올려'의 뜻을 더하는 접두사이며, '티ᄎᆞ-'는 근대국어 시기에 구개음화와 'ㆍ'의 2차 소실을 겪으면서 '치차-'의 형태로 변화하였다.

② 그우·리혀·고

⇒ 다음과 같이 두 가지 방식의 형태소 분석이 가능하다.

예) ㉮ [{그울-(어근) + -이(사동 접사)}- + -혀(강조 접사)]- + -고(연결어미)
㉯ [{그울-(어근) + -이(사동 접사)}- + 혀-(어근)]- + -고(연결어미)

위 ㉮와 ㉯ 분석의 차이점은 '혀'를 접사로 볼 것인가 아니면 동사 어간으로 볼 것인가이다. 남광우·성환갑(1978/1982: 104)와 허웅·이강로(1962/1999: 89)에서는 '혀'를 접사로 판단하고 있다. 그런데 문맥상 '그우리혀고'는 '굴리고 끌고'로도 해석이 가능하다. 동시기의 '내혀-, 밀혀-, 드리혀-, 니르혀-, 두르혀-' 등의 '혀'는 단순히 의미를 강조하는 접사적 기능을 수행하

163) 상타갱(象墮坑): 코끼리가 떨어져 만들어진 웅덩이.

는 것보다는 비통사적 합성어를 이루는 요소로 볼 수도 있을 듯하다. 여기에서는 이러한 이유로 ㉯의 분석을 따르고자 한다.

③ :둘·희
⇒ 둟(수사) + 의(관형격조사)

◎ '둟'은 'ㅎ' 말음체언이다.

④ 나ᄆᆞ·티·며
⇒ [{남-(어근) + -ᄋᆞ(사동 접사)}- + -티(강조 접사)]- + -며(연결어미)

◎ '남-'은 현대국어 '넘-'의 후기중세국어 어형으로, 이 시기에 '넘-'도 존재하였다. 후기중세국어에서는 양성모음과 음성모음의 차이로 의미의 차이를 표현했던 것으로 보인다. 대표적으로 '벗-'과 '밧-'이 있다. '남-'과 '넘-'의 의미 차이는 명확하지는 않지만, '남-'은 '구체적인 대상을 넘다' 정도를 의미했던 것으로 보이고, '넘-'은 '추상적인 대상을 넘다' 정도를 의미했던 것으로 보인다.

◎ 남광우·성환갑(1978/1982: 105)에서는 '나ᄆᆞ티'의 'ᄋᆞ'를 사동 접사로, '티'를 강조 접사로 파악하고 있다. 다만, '나ᄆᆞ티며'를 '넘겨치며'로 해석하고 있는데, 『표준국어대사전』에는 이런 어휘가 등재되어 있지 않으며, 남광우·성환갑(1978/1982)에서의 분석대로 그 의미를 추정한다면 '넘기며' 정도가 적절한 것으로 보인다. 또한 이렇게 해석해야 뒤에 오는 '바ᄃᆞ시고'와 의미상 연결될 수 있다.

⑤ ᄒᆞᆫ#·ᄢᅴ
⇒ ᄒᆞᆫ(관형사) # ᄣᅳ(명사) + 의(부사격조사)

◎ 관형사 'ᄒᆞᆫ'은 현대국어 관형사 '한'의 후기중세국어 어형으로 '그 수량이 하나임을 나타내는 말', "어떤'의 뜻을 나타내는 말', "같은'의 뜻을 나타내는 말', "대략'의 뜻을 나타내는 말'을 의미한다. 여기에서는 '같은'의 의미로 파악할 수 있다.

◎ 현대국어 '때'의 후기중세국어 어형은 'ᄣᅳ'로, 후접하는 격조사에 따라 그 형태가 교체되었다. 예를 들어 주격조사가 붙은 형태는 'ᄣᅵ', 보조사 '은'이 붙은 형태는 'ᄣᅳᆫ', 목적격조사가 붙은 형태는 'ᄣᅳᆯ', 부사격조사 '의'가 붙은 형태는 'ᄣᅴ'이었다.

◎ ‘ᄒᆞᆫ#ᄢᅴ’는 다음과 같은 변천 과정을 겪은 것으로 보인다.

예) ᄒᆞᆫᄢᅴ > ᄒᆞᆷᄢᅴ > ᄒᆞᆷᄭᅴ > 함께

위 변화 과정에서, 15세기 문헌의 ‘ᄒᆞᆫᄢᅴ’가 16세기에서는 ‘ᄒᆞᆷᄭᅴ’로 나타난다. ‘ᄒᆞᆫ’의 ‘ㄴ’가 ‘ㅁ’가 된 것은 ‘ᄢᅴ’의 ‘ㅂ’의 영향이라고 하지 않고는 설명하기 어렵다. 즉, ‘ᄒᆞᆫ’의 ‘ㄴ’가 후행하는 음절의 ‘ㅂ’에 역행 불완전동화하여 ‘ㄴ > ㅁ’이 되고, 근대국어 시기에 ‘ㆍ’의 소실로 인한 ‘ㆍ > ㅏ’의 변화를 겪으면서 제1음절의 ‘ㆍ’가 ‘ㅏ’로 변화하였다.

◈ 후기중세국어 시기의 부사격조사 ‘ᄋᆡ/의’에 대한 자세한 설명은 p.34를 참조.

☞ 후기중세국어 시기의 어휘 ‘ᄒᆞ오ᅀᅡ’에 대한 자세한 설명은 p.110을 참조.

[원문]

끠其·ᄉᆞ四·씹十
제·간·ᄋᆞᆯ·뎌리모·ᄅᆞᆯ·ᄊᆡ:둘·희:쏜·살·이:세:낱·붚:ᄲᅮᆫ:ᄢᅦ·여디·니
씬神·륵力·이·이리:세실·ᄊᆡᄒᆞᆫ번·쏘신·살·이:네닐·굽·부·피:ᄢᅦ·여디·니

[현대역]

[난타와 조달이] 자기의 분수를 저리 모르므로 둘의(둘이) 쏜 화살이 [겨우] 세 개의 북만 꿰어지니.
[태자의] 신력이 이리 세시므로 한 번 쏘신 화살이(화살에) 스물여덟 [개의] 북이 꿰어지니.

[배경]

태자께서 난타와 조달 형제와 그 밖의 석가 씨와 온 나라 장사들 오백여 명과 한데 모여 여러 가지 재주를 겨룬 다음 궁술(弓術)을 겨루셨다. 먼저 쇠북을 멀리 달아 놓고 난타와 조달이 쏘았는데 겨우 세 개의 쇠북만을 꿰뚫었다.
다음에 태자께서 활을 당기시니 활이 부러지고 시위가 튕겨 쓸 수 없게 되고 연달아 일곱 개의 활을 부러뜨리셨다. 할 수 없이 가비라성에서 가장 센 활로, 태자의 조부 사자협(師子脇)이 쓰던 것을 가져다 쏘시더니, 이 화살이 일곱 개의 금북과 일곱 개의 은북, 일곱 개의 동북, 그리고 일곱 개의 쇠북을 꿰뚫고 화살이 땅에 박히니, 화살이 박힌 곳에서 우물이 솟았다. 후대의 사람들이 이 우물을 살우물(전정, 箭井)이라 하였다.

[어절 분석]

제#①·간·ᄋᆞᆯ#·뎌리#모·ᄅᆞᆯ·ᄊᆡ#②:둘·희#:쏜#·살·이#:세#:낱#③·붚:ᄲᅮᆫ#:ᄢᅦ·여#디·니

씬神·륵力·이#·이리#:세실·ᄊᆡ#ᄒᆞᆫ#번#·쏘신#·살·이:네닐·굽#·부·피#:ᄢᅦ·여#디·니

[주석]

① ·간·ᄋᆞᆯ

⇒ 간(명사) + ᄋᆞᆯ(목적격조사)

◎ 허웅·이강로(1962/1999: 91)에 따르면, 『큰사전』에서는 '간'에 대해 '일의 형편이나 기회에 대하여 마음속으로 헤아려 보는 가늠'으로 설명하고 있다. 『표준국어대사전』에서는 '간'의 현대국어 어휘인 '깐'에 대해 『큰사전』의 설명과 유사하게 '일의 형편 따위를 속으로 헤아려 보는 생각이나 가늠'으로 설명하고 있다. 여기에서는 '간'을 '분수(分數)' 정도로 의역하고자 한다.

② :둘·희#:쏜#·살·이

⇒ 둟(수사) + 의(관형격조사) # 쏘-(동사 어간) + -ㄴ(관형사형 어미) # 살(명사) + 이(주격조사)

◎ '둟'이 관형격조사 '의'를 취한 것은 관형사절 '둘희 # 쏜'의 의미상의 주어이기 때문이다. 후기중세국어의 관형사절과 명사절의 주어가 관형격 표지 'ᄋᆡ/의'를 취하는 경우가 있으며, 고영근(1987/2010: 47)에 따르면, 현대국어에서도 '나의 살던 고향'처럼 관형사절의 주어가 관형격으로 표지되는 일이 있다고 한다.

◎ '살'은 '화살'을 의미한다.

③ ·붚:ᄲᅮᆫ#:ᄢᅦ·여#디·니

⇒ 붚(명사) + ᄲᅮᆫ(보조사) # ᄢᅦ-(동사 어간) + -어(연결어미) # 디-(동사 어간) + -니(평서형 종결어미)

◎ 후기중세국어의 '붚'은 '북(鼓)'을 의미하며, '붚·붑 > 북'의 변화 과정을 겪었다. '붚'과 동시기 문헌에서 볼 수 있는 '붑'은 '붚'의 8종성 표기이며, '붑 > 북'은 이화작용에 의한 형태 변화 결과이다.

◎ 'ᄲᅮᆫ'은 보조사로 '만' 정도로 해석할 수 있다.

◎ 'ᄢᅦ-'에 대해 『우리말샘』에서는 '꿰다'와 '꿰어지다'로 그 의미를 설명하고 있다. 여기에서는 후행하는 '디니'를 고려하면 '꿰다'로 그 의미를 파악함이 옳을 것이다.
한편 'ᄢᅦ-'와 관련하여 다음의 형태를 참고할 수 있다.

예) 힌 머리로 즌홁 ᄢᅧ여 <初杜解 21:22b>

『고어사전』에서는 'ᄢᅧ여'를 '꿰어'로, 『우리말큰사전』에서는 'ᄢᅧ이-'를 'ᄢᅦ-'와 동일 단어로 설명하고 있다. 좀 더 이른 형태가 보이는 『분류두공부시언해(分類杜工部詩諺解)』의 특징을 감안하면 'ᄢᅧ이- > ᄢᅦ-'의 변화를 추정할 수 있다. 한편 '꿰어지다'의 의미를 고려하면 'ᄢᅧ이-'는 '*ᄢᅧ-(어근) + -이(피동 접사)'의 분석이 가능하지만, '꿰다'의 의미로 쓰인 '*ᄢᅧ-'가 문증되지 않기에 이러한 분석은 불가능하다.

◎ 'ᄢᅦ여'는 'ᄢᅦ- + -어'로 분석할 수 있다. 이때 '-어'가 '-여'로 교체된 이유는 동사 어간 'ᄢᅦ-'의 마지막 모음인 'ㅔ'가 당시에 하향이중모음이었고, 'ㅔ'의 반모음 'y'로 인해 '-어'에 반모음 'y'가 삽입되었기 때문이다.

[원문]

ᄭᅴ其·ᄉᆞ四·씹十·ᅙᅵᇙ一
[164]ᄯᅡ·해·살·이:ᄢᅦ여·늘:롕醴쪈泉·이소·사·나·아·즁衆ᄉᆡᇰ生·올·궁救·ᄒᆞ·더시·니
:뫼·해·살·이박거·늘텬天·썅上·탑塔·애ᄀᆞ·초·아:웡永·셰世·롤륭流뛴傳·ᄒᆞ·ᄉᆞᄫᆞ·니

[현대역]

[태자께서 쏘신 화살이] 땅에 꿰거늘(꿰뚫거늘) [그 자리에서] 예천[165]이 솟아나 [목마른] 중생을 구하시더니.
[태자께서 쏘신 화살이] 산에 박히거늘 [여러 천인들이 이 사실을 기념하고자] 천상탑에 [이 사실을] 갖추어(기록하여) 영세[166]를(영세동안) 유전[167]하니.

---

164) <月印 上:015b>

165) 예천(醴泉): 남광우·성환갑(1978/1982: 109)에 따르면, 단맛이 나는 물이 솟는 샘 또는 단술이 솟아나는 샘을 말함.

166) 영세(永世): 영원한 세월.

167) 유전(流傳): 세상에 널리 퍼져 전함. 또는 널리 전파함.

[배경]

활쏘기 겨룸에서, 태자께서 쏘신 화살이 일곱 개의 금북, 일곱 개의 은북, 일곱 개의 동북, 일곱 개의 쇠북을 꿰뚫고 땅까지 뚫었다. 뚫린 땅에서 단술이 솟아나와 중생을 구제하였다. 그 화살이 다시 날아서 철위산(鐵圍山)을 뚫고 지나갔으므로, 여러 천인들이 탑을 세워 태자의 공덕을 길이 유전하게 하고 그날을 전절(箭節)이라 하여 영원히 기렸다.

[어절 분석]

ᄯᅡ·해#·살·이#①:ᄣᅦ여·늘#:례醴쪈泉·이#②소·사·나·아#·즁衆싱生·올#·궇救·ᄒᆞ·더시·니

:뫼·해#·살·이#③박거·늘#텬天·썅上·탑塔·애#④ᄀᆞ·초·아#:웡永·셰世·ᄅᆞᆯ#⑤륳流뛴傳·ᄒᆞ·ᅀᆞᄫᆞ·니

[주석]

① :ᄣᅦ여·늘

⇒ ᄣᅦ-(동사 어간) + -어늘(연결어미)

◎ 'ᄣᅦ-'는 현대국어로 '꿰다'와 '꿰어지다'를 모두 의미하는 능격동사이다. 기존의 논의들에서는 'ᄣᅦ여늘'의 '-여늘'을 'ᄣᅦ-'의 반모음 'y'로 인해 '-거늘'의 'ㄱ'가 탈락하고, 반모음 'y'가 삽입된, '-거늘'의 이형태로 설명하였다. 한편 이기문(1961/1998: 142～144)에 따르면, 'ㅇ'은 문자 그대로 '영(零)'이라는 것이 종래의 통념이었으나 15세기의 문헌을 면밀히 검토해 보면 소극적인 기능과 적극적인 기능이라는 두 가지 기능이 있다고 기술하고 있다. 소극적인 기능은 어두음이 모음임을 표시하거나, 어중에서 두 모음 사이에 사용되어 서로 다른 음절에 속함을 표시하는 것이다. 적극적인 기능은 가령 '알-(知)'의 활용형 '알어늘, 알오'는 '*알거늘, *알고' 등에서 변화한 것으로, 15세기 맞춤법의 규칙에 비추어 보아 'ㄹ'로 하여금 종성의 위치에 머물러 있도록 막는 하나의 자음이다. 아울러 자음 음소로서의 'ㅇ'은 15세기 국어에서 'y, ㄹ' 또는 'ㅿ'과 모음 사이에서 '*ㄱ'가 약화된 결과로 나타난다고 하였다.
만약 'ᄣᅦ여늘'의 '여늘'이 'ㄱ'가 약화된 결과라면 반모음 'y'가 삽입되어 '-여늘'의 형태가 될 수 없다. 따라서 'ᄣᅦ여늘'의 '-여늘'은 'ᄣᅦ-'의 반모음 'y'로 인해 '-어늘'에 반모음 'y'가 삽입된 '-어늘'의 이형태로 보는 것이 타당하다.

② 소·사·나·아

⇒ 다음과 같이 두 가지의 형태 분석이 가능하다.

예) ㉮ 솟-(동사 어간) + -아(연결어미) # 나-(동사 어간) + -아(연결어미)
㉯ [솟-(동사 어간) + -아(연결어미) + 나-(동사 어간)]- + -아(연결어미)

◎ ㉮와 ㉯ 분석의 차이는 ㉮에서는 '솟-'과 '나-'를 본용언과 보조용언이 연결어미에 의해 연결된 형태라고 보는 입장이고 ㉯에서는 '솟-'과 '나-'가 연결어미로 이어진 후에 통사적 합성어가 되었다는 입장을 반영하고 있다. 그러나 『표준국어대사전』에서는 '솟아나-'를 통사적 합성어로 설명하고 있기에 여기에서는 ㉯의 분석 방법을 따르고자 한다.

③ 박거·늘
⇒ 박-(동사 어간) + -거늘(연결어미)

◎ 후기중세국어 시기의 '박-'은 타동사와 피동사의 두 가지 뜻을 모두 가진 능격동사였다. 한편 『우리말샘』에 따르면, '박-'은 자동사와 타동사에 두루 쓰이는 능격동사로 당시에 많은 능격동사들이 그렇듯이 능동사 '박-'에서 피동사가 파생되기도 하는데 '박히-'가 바로 그것이다. 따라서 후기중세국어 시기에는 피동사의 형태로 '박-'과 '박히-' 두 개의 형태가 모두 사용되었다. 여기에서는 '박-'이 피동사로 쓰였으므로 그 의미를 '박히거늘'로 이해하는 것이 적절하다.

④ ᄀᆞ·초·아
⇒ ᄀᆞ초-(동사 어간) + -아(연결어미)

◎ 후기중세국어의 'ᄀᆞ초-'는 '갖추다'와 '감추다'의 두 가지 뜻을 다 가지고 있었다. '갖추다'의 의미를 가진 후기중세국어 어휘로는 'ᄀᆞ초-'와 'ᄀᆞ초ᄒᆞ-'가 있었는데, 'ᄀᆞ초-'는 'ᄀᆞ초- > 갖추-'로 형태가 바뀌었다. 한편 후기중세국어 시기에 '감추다'의 의미를 가진 후기중세국어 어휘로는 'ᄀᆞ초-' 뿐만 아니라 'ᄀᆞᆮ초-', 'ᄀᆞᆷ초-'의 형태도 있었다. 이 어휘들 중에서 'ᄀᆞᆷ초-'가 'ᄀᆞᆷ초- > 감추-'로 어형이 변하였다. 따라서 현대국어로 오면서 '갖추다'와 '감추다'의 의미를 가진 어휘의 형태가 각각 변화되었다.

⑤ 류ᇰ流뗜傳·ᄒᆞ·ᅀᆞᄫᆞ·니
⇒ [류ᇰ뗜(어근) + -ᄒᆞ(동사 파생 접사)]- + -ᅀᆞᆸ-(객체 높임의 선어말어미) + -(ᄋᆞ)니(평서형 종결어미)

◎ '-ᅀᆞᆸ-'가 사용된 이유는 '산에 태자께서 쏜 화살이 박힌 사실'을 높이기 위해서이다.

[원문]

끠其·ᄉᆞ四·씹十·ᅀᅵ二
고·ᄌᆞᆯ노ᄒᆞ·시·며·ᄇᆡᆨ白·뗩氈·을노ᄒᆞ·샤:량兩·뿐分·이ᄒᆞᆫ·ᄃᆡ안ᄌᆞ·시·니
곶이·슬저·즈리·라·ᄇᆡᆨ白·뗩氈·ᄠᆡ무·드리168)·라:량兩·뿐分·이갈·아안ᄌᆞ·시·니

[현대역]

[태자와 태자비께서] 꽃을 놓으시며 백첩169)을 놓으시어 [태자와 태자비] 양분(두 분)이 한데(같은 곳에) 앉으시니.
[두 분께서 앉으신 곳이] "꽃이슬이(에) 젖으리라" [또는] "백첩에 때가 묻으리라." [염려하시어] 양분이 [자리를] 갈라(따로) 앉으시니.

[배경]

정반왕께서 야수다라를 태자비로 삼으셨는데 태자께서는 늘 선관170)을 하셔서 태자비와 잠자리를 하지 않으셨으나 삼시전171)에서 여러 채녀를 거느리고 태자비와 자리를 같이 하시어 태자비께 정다움을 표시하셨다.
그런데 태자께서는 삼시전에서 태자비와 자리를 함께 하시되 선관을 하시는 몸이라 혹시 꽃이슬에 젖을까 백첩에 속된 때가 묻을까 하여 언제나 태자비와 자리를 갈라(떨어져) 앉으셨다.

[어절 분석]

고·ᄌᆞᆯ#노ᄒᆞ·시·며#·ᄇᆡᆨ白·뗩氈·을#노ᄒᆞ·샤#①:량兩·뿐分·이#②ᄒᆞᆫ·ᄃᆡ#안ᄌᆞ·시·니
곶이·슬#③저·즈리·라#·ᄇᆡᆨ白·뗩氈#④·ᄠᆡ#무·드리·라#:량兩·뿐分·이#⑤갈·아#안ᄌᆞ·시·니

[주석]

① :량兩·뿐分·이
⇒ 량뿐(명사) + 이(주격조사)

168) <月印 上:016a>
169) 백첩(白氎): 흰 털로 짠 담요.
170) 선관(禪觀): 좌선하여 진리를 주시함.
171) 삼시전(三時殿): 정반왕이 석가모니가 태자이었을 때, 그의 출가를 막으려고 열제(熱際)·우제(雨際)·한제(寒際)의 삼시(三時)에 맞추어 꾸몄던 궁으로, '삼시화궁'이라고도 함. 인도에서는 1년을 3계절(삼시)로 나눈다고 함.

◎ '량ᄫᅮᆫ(兩分)'은 '두 분'의 뜻으로 태자와 태자비 두 분을 말한다.

② ᄒᆞᆫ·ᄃᆡ
⇒ 다음과 같이 두 가지의 형태 분석이 가능하다.

예) ㉮ ᄒᆞᆫ(관형사) # ᄃᆡ(의존명사)
　　㉯ ᄒᆞᆫ(어근) + ᄃᆡ(어근)

◎ ㉮와 ㉯ 분석의 차이는 'ᄒᆞᆫᄃᆡ'를 합성어로 인정하지 않을 것이냐(㉮) 아니면 합성어로 볼 것이냐(㉯)이다. 『표준국어대사전』에서는 'ᄒᆞᆫᄃᆡ'의 현대국어 어형으로 '한데'를 등재하고 있다는 점에서 여기에서는 'ᄒᆞᆫᄃᆡ'를 합성명사로 보고자 한다.

◎ 여기서의 'ᄒᆞᆫ'은 '같은'의 뜻을 나타낸다.

◎ 『우리말샘』에 따르면, 현대국어 '한데'의 후기중세국어 어형인 'ᄒᆞᆫᄃᆡ'는 15세기 문헌에서부터 나타나며, 'ᄒᆞᆫᄃᆡ'는 수관형사 'ᄒᆞᆫ'과 '장소'를 의미하는 의존명사 'ᄃᆡ'가 결합한 것이다. 근대국어 후기에 모음 'ㆍ'의 2차 소실로 인해 'ᄒᆞᆫ > 한'으로의 형태를 겪으면서 19세기에는 '한ᄃᆡ'의 형태가 등장하였고, 'ㆎ > ㅔ'의 변화로 인해 현대국어 어형 '한데'가 등장하게 되었다. 일반적으로 'ㆎ > ㅐ'의 변화를 고려하면 'ᄒᆞᆫᄃᆡ > 한데'의 경우는 특이하다고 할 수 있다. 한편 16세기에 모음 'ㆍ'의 1차 소실 때, 주로 'ㆍ'가 'ㅡ'로 변화함에 따라 'ᄒᆞᆫᄃᆡ > ᄒᆞᆫ듸'로 변화를 겪었다. 16세기~18세기 문헌에는 'ᄒᆞᆫ듸'의 예도 나타나지만 이 형태는 19세기 이후로 사라졌다. 지금까지의 내용을 정리하여 'ᄒᆞᆫᄃᆡ'의 형태 변화를 요약하면 다음과 같다.

예) ᄒᆞᆫᄃᆡ(15세기~18세기) > 한ᄃᆡ(19세기) > 한데(19세기~현재)

③ 저·ᅀᅳ리·라
⇒ 저ᇫ-(동사 어간) + -(으)리-(추측의 선어말어미) + -다(평서형 종결어미)

◎ 여기에서의 '-(으)리-'는 추측을 나타내는 선어말어미이다.

④ ·ᄠᆡ
⇒ ᄠᆡ(명사)

◎ 후기중세국어 시기에는 '·ᄠᆡ(垢)'와 'ᄠᆡ(時)'가 각각 존재하였다. 이 둘은 성조로 구별할 수

있다. 한편, 현대국어 어휘 '때(垢)'의 후기중세국어 어형은 '·ᄣᆡ'이며 'ᄣᆡ > ᄯᆡ > 때'의 형태 변화를 겪었음을 알 수 있다.

⑤ 갈·아

⇒ 가ᄅᆞ-(동사 어간) + -아(연결어미)

◎ 어간말 모음이 'ᆞ'인 '가ᄅᆞ-'는 자음으로 시작하는 어미 앞에서는 용언 어간의 형태에 변화가 없으나 모음으로 시작하는 어미 앞에서는 어간말 모음 'ᆞ'가 탈락하면서 'ㄹ'가 선행 음절의 종성에 부착되고, 모음으로 시작하는 어미의 초성에 유성후두마찰음 'ㅇ'가 온다. 그런데 이러한 불규칙 활용을 하는 용언들은 15세기에 이미 '몰라'와 같은 활용을 보여준다. 어간말 모음이 'ᆞ'인 '모ᄅᆞ-'가 자음으로 시작하는 어미 앞에서는 용언 어간의 형태에 변화가 없으나 모음으로 시작하는 어미 앞에서는 어간말 모음 'ᆞ'가 탈락하면서 'ㄹ'가 선행 음절의 종성에 부착되고 모음으로 시작하는 어미의 초성에 'ㄹ'가 하나 더 온다. 유사점이 많은 두 활용 양상은 15세기부터 통합되는 양상을 보이다가 16세기에는 현대국어의 '르' 불규칙과 동일한 활용형으로 통합되었다.

한편 고영근(1987/2010: 126)에서는 현대국어의 '따르-, 치르-'와 같이 용언 어간의 끝음절이 '르'인 동사 가운데서 '으'만 떨어지는 것이 있기 때문에 현대국어에서는 불규칙활용으로 처리할 수 있으나 후기중세국어에는 그런 일이 없다는 점을 근거로 후기중세국어의 공시적 관점에서는 이러한 활용 양상을 규칙 활용으로 처리하고 있다.

◈ 후기중세국어 시기의 'ᄅᆞ/르' 불규칙에 대한 자세한 설명은 p.121을 참조.

[원문]

끠其·ᄉᆞ四·씹十삼三

무無·량量·겁劫부:톄시·니주·거·가ᄂᆞᆫ거·싀:일·ᄋᆞᆯ:몯·보신·ᄃᆞᆯ:매모·ᄅᆞ시·리

·쪙淨거居텬天:좋澡뼝缾·이주·근벌·에ᄃᆞ외·야·ᄂᆞᆯ·보시·고·ᅀᅡ:안디·시·ᄒᆞ시·니

[현대역]

무량겁[172](끝없는 전 세상의 겁에서부터) 부처이시니 죽어가는 [모든] 것의 일을 못 보신들

---

172) 무량겁(無量劫): 무한히 긴 시간을 이르는 말. 불교에서 사용하는 시간의 단위 중 하나로, '무량(無量)'은 헤아릴 수 없다는 뜻이며, '겁(劫)'은 천지가 한 번 개벽한 뒤부터 다음 개벽할 때까지의 기간을 말함.

어찌 [그 이치를] 모르시리.

정거천[173]의 조병[174]이 죽은 벌레가 되거늘 [이것을] 보시고서야 [마치] 아는 듯이 하시니.

[배경]

석가모니 부처께서 도솔천에 계실 때 호명대사[175]라는 부처로서 신통력이 높으셨으므로 전세나 내세의 생로병사에 관한 일을 환히 아셨다.
태자께서 궁을 나와서 밭을 가는 농부를 보셨는데, 이때 정거천이 일부러 변신하여 벌레가 되었다. 이때, 태자께서 농부의 쟁기질에 쟁깃밥[176] 속에 있던 벌레가 뒤집어지고, 이를 새가 날아와서 쪼아먹는 것을 보셨다. 이 일로부터 태자께서는 자비심이 마음 속에서 일고 인생관, 생사관 등이 새로 싹터서 윤회의 무상함을 새삼 통감하게 되셨다.

[어절 분석]

무無·량量·겁劫#①부:텨시·니#주·거#·가ᄂᆞᆫ#거·싀#:일·올#:몯#·보신·ᄃᆞᆯ#②:매#모·ᄅᆞ시·리
·쪙淨거居텬天#:조ᇹ澡뼝餠·이#주·근#벌·에#ᄃᆞ외·야·늘#③·보시·고·ᅀᅡ#④:안#디·시#·ᄒᆞ시·니

[주석]

① 부:텨시·니

⇒ [부텨(명사) + 이(서술격조사)]- + -시-(주체 높임의 선어말어미) + -니(연결어미)

◎ '부텨'는 근대국어 시기에 구개음화와 단모음화를 겪으면서 '부처'의 형태가 되었다.

◎ '부텨'의 'ㅕ'가 非 'i'계 모음이므로 서술격조사로 'ㅣ'가 쓰였다.

---

173) 정거천(淨居天): 범어 'Suddhāvāsa'의 한역으로, 색계 제4선천(第四禪天)의 '무번천(無煩天)·무열천(無熱天)·선현천(善現天)·선견천(善見天)·색구경천(色究竟天)'을 통틀어 일컬으며, 이들은 색계 18천 가운데 가장 높은 다섯 하늘임. '오정거천(五淨居天)' 또는 '조병(澡缾)', '작병(作缾)'이라고도 함. 여기에서는 '가장 높은 신'을 의미함.

174) 조병(澡缾): '정거천'의 별칭.

175) 호명대사(護明大士): 석가모니가 부처가 되기 아승기 겁 전의 이름이 '선혜(善慧)' 또는 '성선(聖善)' 또는 '호명대사(護明大士)'였음.

176) 쟁깃밥: 쟁기질을 할 때 쟁기날에 깎이어 나오는 흙.

※ 후기중세국어 시기의 서술격조사

서술격조사는 문장 내에서 체언으로 하여금 서술어가 되게 하는 격조사로, 후기중세국어 시기에는 선행 체언의 음성 환경에 따라 '이라, ㅣ라, 라'의 세 형태가 쓰였으며 이들의 체언과의 연결조건은 주격조사와 동일하다.

(1) 이라: 체언 말음이 자음일 때 사용되며, 독립된 음절을 형성한다. '-라'의 원형태는 '-다'이다. 이 시기에 'i' 또는 'y' 뒤의 'ㄷ'가 'ㄹ'로 변하는 경우가 많았다.

예1) ㉮ 語는 말ᄊᆞ미라 <訓諺 1a>
㉯ 하ᄂᆞᆶ ᄠᅳ디시니 <龍歌 4>
㉰ 萬里外ㅅ 일이시나 <月印 上:1a>

(2) ㅣ라: 체언 말음이 모음으로 끝나고 그 모음이 非 'i'계 모음일 때, 체언말 모음과 축약된 형태로 나타난다.

예2) ㉮ 所ᄂᆞᆫ 배라(바+ㅣ라) <訓諺 2a>
㉯ 嘉祥이 몬졔시니(몬져+ㅣ시니) <龍歌 7>
㉰ 無量劫 부톄시니(부텨+ㅣ시니) <月印 上:16a>

(3) 무표기(zero)라: 체언 말음절이 모음으로 끝나고 그 모음이 'i'계 모음일 때, 서술격의 어간은 나타나지 않고 '라'만 나타난다. 이 경우는 'i' 모음의 중출에 따른 동음 생략형으로 볼 수 있다.

예3) ㉮ 正ᄒᆞᆫ 소리라 <訓諺 1a>
㉯ 벌에러니 <月印 上:25b>
㉰ 耳ᄂᆞᆫ 귀라 <釋譜 19:9b>

② :매
⇒ 매(부사)

◎ 후기중세국어의 부사 '매'는 '왜, 어찌'의 뜻으로 이해할 수 있으며, 다음과 같은 용례를 확인할 수 있다.

예) 賢弟를 <u>매</u> 니ᄌᆞ·시리 <龍歌 74>

忠臣을 <u>매</u> 모ᄅᆞ시리 <龍歌 74>

아홉 橫死ᄅᆞᆯ <u>매</u> 몯 듣ᄌᆞᄫᆞᆶ다 <月釋 9:56b>

③ ·보시·고·ᅀᅡ

⇒ 보-(동사 어간) + -시-(주체 높임의 선어말어미) + -고(연결어미) + ᅀᅡ(보조사)

◎ 후기중세국어 시기의 'ᅀᅡ'에 대한 지금까지의 분석은 보조사로 판단하는 경우, 연결어미로 판단하는 경우로 나눌 수 있다. 이현희(1995)에서는 후기중세국어 시기에 용언 어간과 선어말어미에 통합하는 'ᅀᅡ'는 어말어미로 처리하고 부사나 격조사, 어말어미 뒤에 통합하는 'ᅀᅡ'는 보조사로 처리하였다. 한편, 박진호(2015: 422)에서는 후기중세국어의 '-(이)ᅀᅡ'는 현대어의 '-(이)야', '-(이)라야', '-(이)야말로' 등에 대응하는 다양한 의미를 나타내는데, '-(이)ᅀᅡ'는 명사구에, 그리고 '-어'에 '-ᅀᅡ'가 붙은 '-어ᅀᅡ'는 동사구나 절에 붙어 '필요조건'을 나타내며, 'ᅀᅡ'의 분포 및 문법적 지위에 대해서는 체언이나 용언 활용형 '-어', '-고' 뒤에 붙는 것을 보면 'ᅀᅡ'의 범주는 기본적으로 조사라고 할 수 있으나 용언 어간이나 선어말어미 뒤에 오는 'ᅀᅡ'의 범주를 어미로 보아야 하는 경우가 있다고 하였다.

☞ 후기중세국어 시기의 'ᅀᅡ'에 대한 자세한 설명은 p.160을 참조.

④ :안#디·시

⇒ 알-(동사 어간) + -ㄴ(관형사형 어미) # 디시(의존명사)

◎ '알-'의 어간 말음 'ㄹ'는 관형사형 어미 '-ㄴ' 앞에서 탈락하였다.

◎ '디시'는 현대국어 의존명사 '듯이'의 후기중세국어 어형이다.

[원문]

끠其·ᄉᆞ四·씹十·ᄉᆞ四

동東남南몬門:노·니샤·매늘·그·니·뼝病[177] ᄒᆞ·니·ᄅᆞᆯ·보시·고ᄆᆞᅀᆞᆷ·ᄋᆞᆯ:내시·니

셰西·븍北몬門:노·니샤·매주·그·니·삐比쿻丘승僧·ᄋᆞᆯ·보시·고더·욱바ᄎᆞ·시·니

---

177) <月印 上:016b>

[현대역]

[태자께서] 동문과 남문 [밖에서] 노니심에(노니실 때) 늙은이와 병든 이를 보시고 [출가할] 마음을 내시니(결심하시니).

서문과 북문 [밖에서] 노니심에(노니실 때) 죽은 이와 비구승(比丘僧)[178]을 보시고 더욱 바빠하시니(괴로워서 참기 어려워하시니).

[배경]

태자께서 궁궐에서 즐거운 생활을 보내기는 하시나, 본래 대자대비[179]하시므로 언제나 출가성불 할 것을 생각하시어, 성 밖에 나가 인간 생활상의 천차만별한 현실과 생로병사의 괴로움을 직접 보시고자 하셨다. 이에 정거천이 태자의 이런 마음을 알고, 태자께서 성 밖으로 나오실 때마다 여러 가지 형태로 변하여 태자의 마음을 움직였다.

태자께서 동문 밖으로 나가셨을 때 정거천은 수척한 노인으로 변신하여 태자께서 늙음의 추함과 괴로움을 보시게 하였고, 태자께서 남문 밖으로 나가셨을 때는 병든 사람으로 변해 태자께서 질병의 괴로움을 보시게 하였고 이 질병의 괴로움은 중생이 인간 세상에 태어날 때부터 시작하여 젊거나 늙거나 귀하거나 천하거나 할 것 없이 누구나 겪어야 하는, 끝없는 괴로움이라는 것을 깨달으시게 하였다.

태자께서 서문 밖으로 나가셨을 때는 죽은 사람으로 변하여 태자께서 죽음의 고통이 얼마나 괴롭고 무상한 것인지를 보시게 하였다. 정거천은 이러한 상황들을 통해 인긴이 태어나서 죽는, 이 운명은 누구나 피할 수 없는 현실이며, 태어나는 일이 없으면 죽는 일이 없고, 태어남으로써 죽는 일은 필연적으로 연결되는 삶의 굴레라는 사실을 태자께서 깨달으시게 하였다. 마지막으로 정거천은 태자께서 북문 밖으로 나가셨을 때, 비구승으로 변하여 승려복을 입고 바리때를 들고 석장[180]을 짚으니 태자께서 비구승을 보시고는 "나로 하여금 개오[181]하게 하였으며 해탈[182]의 길을 보인 것이다."라고 말씀하시며 출가하여 성불할 마음을 더욱 굳히셨다.

---

178) 비구승(比丘僧): '비구'는 범어로는 'Bhiksu'이며 이를 음사하여 비구(比丘)라고 함. '비구승'은 불교의 구족계(具足戒)인 250계를 받고 수행하는 남자 승려를 가리킴.

179) 대자대비(大慈大悲): 타인이나 다른 생명에 대한 평등과 이타심을 의미하는 불교 교리로, 그지없이 넓고 큰 자비로움으로 그 의미를 해석할 수 있으며, 부처님께서 중생을 사랑하는 모습을 가리킬 때 주로 사용되는 표현.

180) 석장(錫杖): 승려가 짚고 다니는 지팡이로, 밑부분은 상아나 뿔로 만들고 가운데 부분은 나무로 만들며 윗부분은 주석으로 만듦. 탑 모양인 윗부분에는 큰 고리가 있고 그 고리에 작은 고리를 여러 개 달아 소리가 나게 되어 있음.

[어절 분석]

동東남南ᄆᆞᆫ門#①:노·니샤·매#②늘·그·니#②·뼝病ᄒᆞ·니·ᄅᆞᆯ#·보시·고#③ᄆᆞᅀᆞᆷ·ᄋᆞᆯ#:내시·니
셰西·븍北ᄆᆞᆫ門#:노·니샤·매#②주·그·니#·삐比쿻丘승僧·을#·보시·고#더·욱#④바ᄎᆞ·시·니

[주석]

① :노·니샤·매

⇒ [{놀-(어근) + 니-(어근)}- + -시-(주체 높임의 선어말어미) + -옴(명사형 어미)] + 애(부사격조사)

◎ 후기중세국어 시기에 '노니-'는 비통사적 합성어로 '노닐다'를 의미하였고, '놀-'의 'ㄹ'는 '니-'의 'ㄴ' 앞에서 탈락하였다.

② 늘·그·니 / ·뼝病ᄒᆞ·니·ᄅᆞᆯ / 주·그·니

⇒ 늙-(동사 어간) + -(으)ㄴ(관형사형 어미) # 이(대명사)

[뼝(어근) + -ᄒᆞ(동사 파생 접사)]- + -ㄴ(관형사형 어미) # 이(대명사) + ᄅᆞᆯ(목적격조사)

죽-(동사 어간) + -(으)ㄴ(관형사형 어미) # 이(대명사)

◎ 『표준국어대사전』에 '늙은이'가 합성어로 등재되어 있기 때문에 '늘그니'를 합성어로 분석할 수 있다. 다만, '뼝ᄒᆞ니'와 '주그니'의 분석을 고려하여 '늙은이'를 위와 같이 분석하고자 한다.

③ ᄆᆞᅀᆞᆷ·ᄋᆞᆯ#:내시·니

⇒ ᄆᆞᅀᆞᆷ(명사) + ᄋᆞᆯ(목적격조사) # [나-(어근) + -이(사동 접사)]- + -시-(주체 높임의 선어말어미) + -니(평서형 종결어미)

◎ 현대국어 '마음'의 후기중세국어 어형은 'ᄆᆞᅀᆞᆷ'이며, 16세기에 'ㅿ'의 탈락으로 'ᄆᆞᅀᆞᆷ > ᄆᆞ

---

181) 개오(開悟): 지혜가 열리어 진리를 깨달음.

182) 해탈(解脫): 불교에서 말하는, 최고의 이상적인 경지. 범어 'Nirvāṇa'를 음사하여 '니반나(泥畔那)·니원(泥洹)·열반나(涅槃那)'라고도 하며, '멸(滅)·적멸(寂滅)·멸도(滅度)·원적(圓寂)·안락(安樂)·해탈(解脫)' 등으로 한역되기도 함. 'Nirvāṇa'는 '불어서 사라졌다'의 의미에서 기원하는 말로, 본래는 생명의 불이 꺼진 상태, 즉 '죽음'을 의미하기 때문에 '멸도(滅度), 적멸(寂滅)' 등으로 한역(漢譯)되기도 하였음. 이 말은 불교에서는 처음에 석가의 죽음을 의미했기 때문에, 후에 '방황하면서 타오르는 불을 완전히 끄고, 깨달음에 들어간 경지'라는 해석이 가해졌고, '열반에 들어가다'는 '죽는다는 것' 외에, '깨달음으로 들어가는 것'을 의미하게 되었음.

ᄋᆞᆷ’의 변화를 겪었고, 16세기 후반에 모음 ‘ · ’의 1차 소실로 인해 제2음절의 ‘ · ’가 주로 ‘ㅡ’로 변하면서 ‘ᄆᆞᄋᆞᆷ > ᄆᆞ음’으로 형태가 변하였고, 18세기에 모음 ‘ · ’의 2차 소실로 인해 제1음절의 ‘ · ’가 주로 ‘ㅏ’로 변하면서 ‘ᄆᆞ음 > 마음’의 형태 변화를 겪었다.

◎ ‘내-’는 ‘나-(出)’의 파생 사동사이다.

④ 바ᄎᆞ·시·니
⇒ 빛-(동사 어간) + -(ᄋᆞ)시-(주체 높임의 선어말어미) + -니(평서형 종결어미)

◎ ‘빛-’의 의미는 ‘바빠하다’이나 『표준국어대사전』에서 ‘바빠하-’는 북한어이며, 그 의미는 ‘힘들거나 괴로워서 참기 어려워하다’로 설명하고 있다.

[원문]

끠其·ᄉᆞ四·씹十:오五
아·바:닚·긔:말ᄉᆞᆯ·ᄫᆞ:네·원願·을:청請·ᄒᆞ·샤지·블·나·아:가려·터시·니
·태太:ᄌᆞ子ㅅ·손자ᄇᆞ·샤:두·눉·믈:디·샤몬門·ᄋᆞᆯ자·펴막ᄌᆞᄅᆞ·시·니

[현대역]

[태자께서] 아버님(정반왕)께 [출가할 뜻을] 말씀드려 네 [가지의] 원을 청하시어 집을 나가려 하시더니.
[정반왕이] 태자의 손을 잡으시어 [두 눈에서] 눈물을 떨어뜨리시어(흘리시고) [태자께서 출가하지 못하도록 문지기에게] 성문을 잡게 하여 [태자의 출가를] 잘라 막으시니(가로막으시니).

[배경]

태자께서 왕자로서 행복하고 편안한 삶을 사시면서도 출가성불 하실 생각은 잠시도 잊지 않으시다가, 동서남북 네 문에서 늙음과 병듦과 죽음의 현실을 직접 보시고서는 출가성불 하실 생각을 굳히시었다. 아버님 정반왕을 찾아뵙고, 출가하실 뜻을 말씀드리면서 네 가지 원망(願望) 즉, 늙지 않고 항상 젊고 병들지 않고 죽지 않으려는 원망을 성취하고자 출가학도(出家學道)를 허락해 달라고 말씀드렸다.

정반왕께서는 태자께서 출가하시려는 결심이 확고함을 알자, 태자의 손을 잡으시고, 간곡히 말리시는 한편 사방 성문에 각각 천 명을 풀어 엄하게 지키도록 하여 태자께서 궁문 밖으로 나가시지 못하도록 단단히 경계하였다.

[어절 분석]

아·바:닚·긔#:말#ᄉᆞᆯ·ᄫᅡ#:네#·원願·을#:청請·ᄒᆞ·샤#지·블#①·나·아:가려#·터시·니 ·태太:ᄌᆞ子ㅅ#·손#자ᄫᆞ·샤#②:두#·눉·믈#③:디·샤#몬門·올#④자·펴#막ᄌᆞᄅᆞ·시·니

[주석]

① ·나·아:가려#·터시·니

⇒ [{나-(동사 어간) + -아(연결어미)} + 가-(동사 어간)]- + -오려(연결어미) # ᄒᆞ-(동사 어간) + -더-(시상의 선어말어미) + -시-(주체 높임의 선어말어미) + -니(평서형 종결어미)

◎ 현대국어 '나가-'의 후기중세국어 어형은 '나아가-'이며, 현대국어 '나아가-'의 후기중세국어 어형은 '나ᅀᅡ가-'이다. 한편 '가-'의 성조는 [L]인데 후행하는 '-오려'의 '오'와 축약되어 상성의 ':가-'로 표기되었다.

◎ '터시니'의 '터'는 'ᄒᆞ더시니'에서 'ᄒᆞ'의 모음 'ㆍ'가 탈락되고, 남은 'ㅎ'가 '더'의 'ㄷ'와 축약되어 'ㅌ'로 유기음화한 형태이다.

② :두#·눉·믈

⇒ 다음과 같이 두 가지의 형태 분석이 가능하다.

예) ㉮ 두(수관형사) # [눈(명사) + 믈(명사)]
㉯ 두(수관형사) # 눈(명사) + ㅅ(관형격조사) # 믈(명사)

◎ ㉮는 '눉믈'의 'ㅅ'를 사잇소리로 보는 견해이고, ㉯는 'ㅅ'를 관형격조사로 보는 견해이다. 『표준국어대사전』에서는 '눉믈'의 현대국어 어형인 '눈물'을 합성어로 처리하고 있기 때문에 여기에서는 ㉮의 분석을 따르고자 한다.

※ 후기중세국어 시기의 사잇소리

1) '사잇소리'의 명칭

후기중세국어의 'ㅅ'의 명칭에 대해서는 여러 견해가 존재한다. 'ㅅ'를 음운론적 단위로만 보는 입장과 관형격조사로만 보는 입장, 사이시옷으로 보는 입장 등을 들 수 있다. 박창원(1997) 등에서는 'ㅅ'를 사잇소리로 지칭하고 순수한 음운론적 단위로 본다.

이광호(2015: 184)에서는 현대국어 맞춤법에서 '사이시옷'이라고 부르는 형태를 후기중세국어 시기에는 '사잇소리', '삽입자음'이라는 용어로 지칭하는 것에 대하여 잘못된 것이라고 보았다. 즉, 이광호(2015)에서는 후기중세국어의 'ㅅ'를 관형격조사로 본 것이다.

사이시옷과 사잇소리를 구분하고자 하는 논의는 지금까지도 진행 중이다. 후기중세국어 시기의 'ㅅ'의 기능이 뚜렷하게 구분이 되는 경우도 있지만, 어느 한쪽으로 보기 힘든 경우도 있기 때문이다. 이러한 경우 'ㅅ'를 어떻게 설명해야 할 것인지, 그 명칭을 어떻게 해야 하는지 등에 대한 문제가 생긴다. 따라서 'ㅅ'의 기능이 명확하게 구분되지 않는 경우에는 'ㅅ'의 기능을 포괄할 수 있는 개념이 필요하다. 이 글에서는 'ㅅ'의 기능을 어느 하나로 뚜렷하게 구분 지을 수 없는 경우 '사잇소리'로 통칭하기로 한다.

2) '사잇소리'의 실현 환경

후기중세국어 시기에는 사잇소리가 'ㅅ' 이외에도 'ㄱ, ㄷ, ㅂ, ㅸ, ㆆ, ㅿ'가 쓰였다. 고영근(1987/2010: 12~13)에서는 사잇소리가 나타나는 환경과 예를 들어서 설명하였는데 이를 표로 정리하면 다음과 같다.

표기	실현 환경	예
ㅅ	앞에 오는 말이 모음으로 끝나는 경우	빗곶, 즘겟가재
	앞에 오는 말이 유성자음으로 끝나는 경우	아바닚 뒤, ᄀᆞ룺 ᄀᆞᅀᅢ
	앞에 오는 말이 한자어인 경우	魯ㅅ 사ᄅᆞᆷ, 狄人ㅅ 서리
	앞에 오는 말이 울림소리인데 뒤에 오는 말의 초성에 ㅅ이 나타나는 경우	엄쏘리, 혀쏘리, 부텨ᄭᅴ
	앞에 오는 말이 한자어인데 뒤에 오는 말의 초성에 ㅅ이 나타나는 경우	두 鐵圍山 ᄉᆞᅀᅵ
ㄱ	앞에 오는 말이 'ㆁ'으로 끝나는 경우	洪ㄱ 字, 平生ㄱ ᄠᅳᆮ
ㄷ	앞에 오는 말이 'ㄴ'으로 끝나는 경우	君ㄷ 字, 몃 間ㄷ 지븨

표기	실현 환경	예
ㅂ	앞에 오는 말이 ‘ㅁ’으로 끝나는 경우	侵ㅂ 字, 사ᄅᆞᇜ ᄠᅳ디
ㅸ	앞에 오는 말이 ‘ㅱ’으로 끝나는 경우	漂ㅸ 字
ㆆ	앞에 오는 말이 모음이나 ‘ㄹ’로 끝나는 경우	快ㆆ 字, 하ᄂᆞᇙ ᄠᅳ들
ㅿ	유성음과 유성음 사이	나라ᇫ 일훔, 後ㅿ 날

3) 사잇소리와 관형격조사 ‘ㅅ’

안병희(1992ㄴ)에서는 후기중세국어의 ‘ㅅ’ 중 합성어의 형성에 참여하는 ‘ㅅ’를 관형격조사로 보고 사잇소리 ‘ㅅ’와 구분을 하였다. 이때 관형격조사 ‘ㅅ’는 또 다른 관형격조사 ‘ᄋᆡ/의’와의 연관성, 용법 등에 차이를 보인다. 안병희(1992ㄴ: 47~56)의 논의를 간략하게 제시하면 다음과 같다.

예) ㉮ ᄋᆡ/의: 유정물 지칭의 평칭에 결합
   ㉯ ㅅ: 유정물 지칭의 존칭과 무정물 지칭의 체언에 연결

안병희(1992ㄴ: 56)에 따르면 ‘ㅅ’가 유정물 지칭의 존칭 체언과 무정물 지칭의 체언과 결합하면 후행하는 체언의 소유주를 표시하는 기능을 한다. 또한, ‘ㅅ’가 유정물 지칭의 존칭 체언과 결합할 경우 ‘ᄋᆡ/의’와는 높임의 차이만 보인다.

③ :디·샤

⇒ [디-(어근) + -이(사동 접사)]- + -시-(주체 높임의 선어말어미) + -아(연결어미)

◎ 후기중세국어 시기의 ‘떨어지다’ 또는 ‘떨어지게 하다’를 의미하는 ‘디-’는 성조에 따라 그 의미가 구분되었다. 즉, 거성의 ‘·디-’는 자동사로 ‘떨어지다’를 의미하였고, 상성의 ‘:디-’는 사동사로 ‘떨어지게 하다’를 의미하였다.

여기에서의 ‘:디-’는 ‘[·디- + -·이]- + -·샤- > ·디·이·샤-’에서 거성불연삼 규칙을 적용받아 ‘·디·이·샤- > ·디이·샤-’가 되고, 거성인 ‘·디’와 평성으로 바뀐 ‘이’가 축약되어 상성 ‘:디’가 되었다. 즉 성조 변화를 정리하면 다음과 같다.

예) ·디·이·샤- > ·디이·샤- > :디·샤

한편, ‘디-’는 근대국어 시기에 구개음화를 겪으면서 ‘지-’로 그 형태가 바뀌었다.

☞ 후기중세국어 시기의 '거성불연삼' 규칙에 대한 자세한 설명은 p.138을 참조.

④ 자·펴#막ᄌᆞᄅᆞ·시·니

⇒ [잡-(어근) + -히(사동 접사)]- + -어(연결어미) # 막ᄌᆞᄅᆞ(동사 어간) + -시-(주체 높임의 선어말어미) + -니(평서형 종결어미)

◎ '잡-'의 어간 말음 'ㅂ'와 사동접사 '-히-'의 초성 'ㅎ'가 축약되어 '자피-'가 되었으며, '피'와 연결어미 '-어'가 음절 축약을 거쳐 '자펴'가 되었다.

◎ 『우리말샘』에 따르면, '막ᄌᆞᄅᆞ-'는 '잘라 막다'를 의미하며, 여기에서는 '가로막다' 정도로 의역할 수 있다. 한편, '막ᄌᆞᄅᆞ-'는 '오ᄅᆞ-'와 동일하게(예: 올-) 모음으로 시작하는 어미 앞에서는 '막ᄌᆞᆯ-'의 형태로 활용한다.

[원문]

183)끠其·ᄉᆞ四·씹十·륙六

·효ᇢ孝:또ᇢ道·ᄒᆞ·실ᄆᆞᅀᆞᆷ·애:ᅘᅮᇢ後ㅅ·날·올분分·볋別·ᄒᆞ·샤구俱이夷·비·룰ᄀᆞᄅᆞ·치시·니

:어·엿브·신ᄆᆞᅀᆞᆷ·애·나·가싫·가저ᄒᆞ·샤·태太:ᄌᆞ子ㅅ겨·틔안ᄍᆞ·ᄫᆞ시·니

[현대역]

[태자께서 아버님께] 효도하시려는 마음에 훗날을 분별하시어(대를 잇지 못함을 염려하시어) [후세를 잇고자 부인인] 구이의 배를 가리키시니.

[태자비 구이의] 가련하신 마음에 [태자께서] 나가실까 두려워하시어 태자의 곁에 앉으시니.

[배경]

태자께서 출가하실 생각을 점점 굳히시자 정반왕은 태자께서 출가하시면 후사가 끊길 것을 걱정하였다. 태자께서 아버님의 염려를 덜어드리고자 효도할 마음으로 아들을 낳아 후사를 이은 후에 출가하시고자 하였다. 이에 태자께서 손가락으로 자기 부인인 구이의 배를 가리키시니 부인이 곧 임신하였고 나중에 태자께서 출가하신 뒤에 태자비가 아들 나후라[184]를 낳았다.

---

183) <月印 上:017a>

한편 태자비 구이는 정반왕의 뜻을 받들어 태자께서 성 밖으로 나가실까 두려워하여 고운 단장과 화려한 차림을 하고 늘 태자의 곁에 앉아서 시중을 들며, 태자께서 출가하실 뜻을 거두시게 하려고 노력하였다.

[어절 분석]

·ᄒᆞᇢ孝:ᄯᆞᇢ道·ᄒᆞ·실#ᄆᆞᅀᆞᆷ·애#:ᅘᆞᇢ後ㅅ#·날·올#분分·볋別·ᄒᆞ·샤#구俱이夷#·비·ᄅᆞᆯ#ᄀᆞᄅᆞ·치시·니
:어·엿브·신#ᄆᆞᅀᆞᆷ·애#①·나·가싫·가#②저ᄒᆞ·샤#③·태太:ᄌᆞ子ㅅ#겨·틔#④안ᄍᆞ·ᄫᆞ시·니

[주석]

① ·나·가싫·가

⇒ [{나-(동사 어간) + -아(연결어미)} + 가-(동사 어간)]- + -시-(주체 높임의 선어말어미) + -ᇙ가(의문형 종결어미)

◎ '-ᇙ가'는 의문형 종결어미로, 후기중세국어 시기의 의문형 종결어미에 대해 최명옥(2017)을 참고할 수 있다.

후기중세국어 시기의 의문형 종결어미에 대해 최명옥(2017)에서는 다음과 같이 기존의 논의에서 다루어 왔던 의문형 종결어미의 형태론을 어미의 형태·음소를 기준으로 정리하여 의문형 종결어미의 출현 환경과 사용 형태를 구체적으로 제시하였다.

예) 후기중세국어 의문형 종결어미(최명옥, 2017: 125)

논저 \ 종결어미	의문법 종결어미
안병희(1967)	-가/고, -ㄴ다, -ㄴ가/고, -ᇙ가/고, -녀/뇨, -려/료 -이ᄯᅩᆫ, -이ᄯᅩ녀, -이ᄯᅩ니잇가
허웅(1975)	① -은다, -을다, -가/고, -은가/고, -을가/고, -으냐/뇨, -으랴/료 ② -닛가/고, -릿가/고 ③ -으니잇가/고, -으리잇가/고

184) 나후라(羅睺羅): 범어 'Rāhula'의 음사로 '나운(羅雲)'이라고도 하며, '부장(覆障)·장월(障月)·집일(執日)'로 한역되기도 함. 석가모니의 아들이자, 십대제자(十大弟子)의 하나로 알려졌으며, 석가모니가 깨달음을 얻은 후 고향에 왔을 때 출가했다고 함. 지킬 것은 스스로 잘 지켜 '밀행제일(密行第一)'이라고도 불리며, 석가모니가 출가한 후에 태어난 것으로 알려져 있음.

논저 \ 종결어미	의문법 종결어미
고영근 (1987/2010)	① -녀, -ㄴ다, -ㄹ따, -ㄴ가/고, -ㄹ까/고 ② -닛가 ③ -니잇가
안병희·이광호 (1990/2005)	-가/고, -녀/뇨 -려/료, -ㄴ가, -ㅭ고, -ㄴ다 -이ᄯᆞᆫ, -이ᄯᆞ녀, -이ᄯᆞ니잇가
장윤희(1998)	① -녀/뇨, -려/료, -ㄴ다, -ㄹ다, -ㄴ가/고, -ㄹ가/고 ② -이, -닛가/고, -릿가/고(?) ③ -니잇가/고, -리잇가/고
김유범(2007)	① -니아/오, -리아/오, -ㄴ다, -ㄹ다, -ㄴ가/고, -ㄹ가/고 ② -닛가

위 표를 참고하면, '-ㅭ가'의 이형태로 '-ㄹ까', '-ㄹ가' 등을 확인할 수 있다.

② 저ᄒᆞ·샤

⇒ 젛-(동사 어간) + -(ᄋᆞ)시-(주체 높임의 선어말어미) + -아(연결어미)

◎ '젛-'은 '두려워하다'를 의미하였다.

③ ·태太:ᄌᆞ子ㅅ#겨·틔

⇒ 태ᄌᆞ(명사) + ㅅ(관형격조사) # 곁(명사) + 의(부사격조사)

◎ '태ᄌᆞ'가 높임의 유정물이므로 관형격조사로 'ㅅ'가 선택되었다.

◈ 후기중세국어 시기의 관형격조사에 대한 자세한 설명은 p.29를 참조.

④ 안ᄍᆞ·ᄫᆞ시·니

⇒ 앉-(동사 어간) + -ᄉᆞᆸ-(객체 높임의 선어말어미) + -(ᄋᆞ)시-(주체 높임의 선어말어미) + -니(평서형 종결어미)

◎ '앉-'의 대상인 '태ᄌᆞㅅ 곁'을 높이기 위해 '-ᄌᆞᆸ-'가 사용되었다.

[원문]

끠其·ᄉᆞ四·씹十·칧七

아·바:님분分·볋別·ᄒᆞ·샤:고ᄫᆞᆫ각·시·돌·콰185)봉風륳流ㅅ소·리·로:쎤善심心·올마ᄀᆞ·시·니

·쪙淨거居텬天·의씬神·륵力·에:더러·ᄫᅳᆫ각·시·돌·콰봉風륳流ㅅ소·리·로·욕欲심心·올막ᄉᆞ·ᄫᆞ·니

[현대역]

아버님(정반왕)께서 [태자의 출가를] 분별하시어(염려하시어) 고운 여자들과 좋은 풍류의 소리로 [태자께서 출가성불 하시려는] 선심186)을 막으시니.

정거천의 신력에 [고운 여자들과 좋은 풍류의 소리가] 더러운 여자들과 더러운 풍류 소리로 [바뀌어 태자의 속세에 대한] 욕심187)을 막으니.

[배경]

정반왕께서는 태자께서 탄생하셨을 때 아사다의 말과 다른 상사들의 말로 미루어 보아, 태자께서 나중에 출가하실 우려가 있으므로 태자의 마음을 돌리기 위하여, 삼시전을 짓고 아름다운 채녀와 여러 악기 소리와 노래로 태자의 마음을 즐겁게 하여 출가하시려는 선심을 막으려고 많은 노력을 하셨다.

이때 정거천이 하늘에서 심안으로 이 사실을 알고 태자의 출가성불을 돕기 위하여 신통력으로 아름다운 채녀를 꼴사나운 모습으로 바꾸고 여러 악기 소리와 노래를 듣기 싫은 소리로 만들어서 태자로 하여금 아름다운 지분188)과 고운 목소리의 속에는 이런 면이 있다는 것을 아시게 하여, 죽고, 살고, 앓고, 울고, 웃고 하는 인간 사회를 떠나 길이 청정하고 무생무사189)한 부처의 몸으로 돌아오는 것만이 이런 괴로움을 면할 수 있다는 생각을 더 굳게 하였다.

---

185) <月印 上:017b>

186) 선심(善心): '착한 마음' 또는 '남을 구제(救濟)하는 마음'을 가리킴. 여기에서는 '착한 마음' 정도로 해석할 수 있음.

187) 욕심(欲心): 불교에서의 오욕에는 '색욕(色欲), 성욕(聲欲), 향욕(香欲), 미욕(味欲), 촉욕(觸欲)'이 있으며 각각에 대한 설명은 다음과 같음.
   ㉮ 색욕: 좋은 것만을 보고자 하는 눈의 욕심.
   ㉯ 성욕: 좋은 소리만 듣고자 하는 귀의 욕심.
   ㉰ 향욕: 좋은 향기만을 맡고자 하는 코의 욕심.
   ㉱ 미욕: 맛있는 음식만 먹고자 하는 설(舌)의 욕심.
   ㉲ 촉욕: 좋은 감촉으로 접촉하고자 하는 신(身)의 욕심.

188) 지분(脂粉): 연지(臙脂)와 백분(白粉). 여기에서는 인위적인 여성의 아름다움을 말함.

[어절 분석]

아·바:님#분分·볋別·ᄒᆞ·샤#①:고ᄫᆞᆫ#각·시·ᄃᆞᆯ·콰#봉風륭流ㅅ#소·리·로#:쎤善심心·ᄋᆞᆯ#마ᄀᆞ·시·니

·쪙淨거居텬天·의#씬神·륵力·에#①:더러·ᄫᆞᆫ#각·시·ᄃᆞᆯ·콰#봉風륭流ㅅ#소·리·로#·욕欲심心·ᄋᆞᆯ#②막ᄉᆞ·ᄫᆞ·니

[주석]

① :고ᄫᆞᆫ#각·시·ᄃᆞᆯ·콰#봉風륭流ㅅ#소·리·로 / :더러·ᄫᆞᆫ#각·시·ᄃᆞᆯ·콰#봉風륭流ㅅ#소·리·로

⇒ 각각에 대한 형태소 분석은 다음과 같다.

㉮ [곱-(형용사 어간) + -(ᄋᆞ)ㄴ(관형사형 어미) # {각시(어근) + -ᄃᆞᇙ(복수 접사)} + 과(접속조사) # 봉륭(명사) + ㅅ(관형격조사) # 소리(명사)] + 로(부사격조사)

㉯ [더럽-(형용사 어간) + -(으)ㄴ(관형사형 어미) # {각시(어근) + -ᄃᆞᇙ(복수 접사)} + 과(접속조사) # 봉륭(명사) + ㅅ(관형격조사) # 소리(명사)] + 로(부사격조사)

◎ '고ᄫᆞᆫ'과 '더러ᄫᆞᆫ'의 'ㅸ'는 '곱-'과 '더럽-'의 어간말 종성인 'ㅂ'가 모음 간에서 유성음화된 것이다.

◎ '각시ᄃᆞᆯ콰'의 '콰'는 복수 접사 'ᄃᆞᇙ'의 'ㅎ'와 접속조사 '과'의 'ㄱ'가 축약되어 생성된 형태이다. 한편 후기중세국어 시기의 접속조사는 다음과 같은 형태와 분포를 보인다.

예) ㉮ 과: 자음(ㄹ자음 제외) 아래. 예: 天과, 힘과, 곶과 등

㉯ 와: 모음 아래나 ㄹ자음 아래. 예: 믈와, 발와, 나와 등

㉰ 콰: ㅎ말음 아래. 예: 하늘콰, 돌콰, 드르콰 등

◎ '곱-'과 '더럽-'의 관형사형은 각각 후행하는 '각시ᄃᆞᆯ'을 수식하는 것이 아니라 '각시ᄃᆞᆯ콰 봉륭ㅅ 소리'를 수식하는 것으로 보아야 문장의 정확한 의미를 파악할 수 있다.

② 막ᄉᆞ·ᄫᆞ·니

⇒ 막-(동사 어간) + -ᄉᆞᆸ-(객체 높임의 선어말어미) + -(ᄋᆞ)니(평서형 종결어미)

◎ '막-'의 대상인 '태자의 욕심'을 높이기 위해 '-ᄉᆞᇦ-'가 쓰였다.

---

189) 무생무사(無生無死): 생(生)과 사(死)가 따로 없음. 즉 생과 사가 하나라는 의미.

[원문]

끠其·ᄉᆞ四·씹十·밣八

·칧七:보ᇰ寶쳔千:ᄌᆞ子·로·ᄉᆞ四텬天:ᅘᅣ下다·ᄉᆞ료·미아·바:님·ᄠᅳ·디시·니

190)·졍正·각覺·ᄋᆞᆯ일·워·때大쳔千·셰世·개界ᄇᆞᆯ·교·미아·ᄃᆞᆯ:님·ᄠᅳ·디시·니

[현대역]

칠보191) 천자192)로 사천하193)를 다스림이 아버님의 뜻이시니.
정각을 이루어 대천세계를 밝힘이 아드님(태자)의 뜻이시니.

[배경]

정반왕께서는 태자께서 출가하시지 않고 자기의 후사로서 칠보로 꾸민 궁궐에서 후비를 거느리고, 많은 아들을 두고 천하를 다스리시게 하는 것이 소원이셨다. 그러나 태자께서는 한 나라의 임금보다도 출가성불을 하시어 대천세계를 밝히시고 중생을 제도하시는 것이 소원이셨다.

[어절 분석]

·칧七:보ᇰ寶#쳔千:ᄌᆞ子·로#·ᄉᆞ四텬天:ᅘᅣ下#①다·ᄉᆞ료·미#아·바:님#·ᄠᅳ·디시·니
·졍正·각覺·ᄋᆞᆯ#②일·워#·때大쳔千·셰世·개界#③ᄇᆞᆯ·교·미#아·ᄃᆞᆯ:님#·ᄠᅳ·디시·니

[주석]

① 다·ᄉᆞ료·미
⇒ [{다ᄉᆞᆯ-(어근) + -이(사동 접사)}- + -옴(명사형 어미)] + 이(주격조사)

◎ 『우리말샘』에 따르면, ‘다ᄉᆞ리-’는 ‘다스려지다’ 또는 ‘다스리다’의 의미를 지닌 어근

---

190) <月印 上:018a>

191) 칠보(七寶): ‘칠보’는 일곱 가지 보배로, ‘위보(位寶, 지위가 보배임), 윤보(輪寶, 둥근 모양의 보배 바퀴), 지보(智寶, 지혜가 뛰어나 보배임), 여보(女寶, 전륜성왕을 곁에서 모시는 여인을 보배라 함), 병보(兵寶, 뛰어난 병사가 보배임), 상보(象寶, 보배 코끼리), 마보(馬寶, 보배 말)’를 가리킴. 이 칠보는 모두 저절로 생겨났다고 함.

192) 천자(千子): 1천 명의 아들 또는 1천 명의 왕자. ‘칠보 천자’는 칠보를 가지고 있는 1천 명의 아들 또는 왕자를 의미함.

193) 사천하(四天下): 수미산(須彌山) 둘레의 사천하(四天下), 즉 수미사주(須彌四洲)의 세계.

'다술-'에 사동 접사 '-이-'가 붙어 파생된 어휘이다.

◎ '다ᄉᆞ리-'의 '리'와 명사형 어미 '-옴'이 음절 축약을 거쳐 '룜'이 되었다.

② 일·워
⇒ [일-(어근) + -구(사동 접사)]- + -어(연결어미)

◎ 현대국어 어휘 '이루-'의 후기중세국어 어형인 '일우-'는 '*일구-'의 'ㄱ' 약화형일 가능성이 높다. 장윤희(2015: 50)에서는 '일우-, 져믈우-'와 같이 'ㄹ' 말음 어간을 어근으로 한 '오'계 접미사 파생 사동사는 접미사 '-고-/-구-'가 통합하면서 그 접미사가 형태음운론적 교체를 통해 '-오-(ɦo)/-우-(ɦu)'로 실현된 것으로 보았다. 이러한 근거로 '일우-'의 함경도 방언형으로 '일구-'가 있다. 따라서 현대국어 '이루'의 형태 변화를 다음과 같이 추정할 수 있다.

예) *일구- > 일우- > 이루-

③ 볼·교·미
⇒ [{붉-(어근) + -이(사동 접사)}- + -옴(명사형 어미)] + 이(주격조사)

◎ 파생 사동사 '볼기-'의 '기'와 후행하는 명사형 어미 '-옴'이 음절 축약을 거쳐 '굠'이 되었다.

[원문]

끠其·ᄉᆞ四·씹十:궇九
각·시·쐬노·라ᄂᆞᆾ:고·비빙·여·드·라·ᄆᆞᇙ末·리利화花만鬘·ᄋᆞᆯ몸·애ᄆᆡᄉᆞ·ᄫᆞ·나
·태太:ᄌᆞ子ㅅ·득德구드·실·씨·눈ᄲᆞᆯ·아·보신·대·ᄆᆞᇙ末·리利화花만鬘·ᄋᆞᆯ도로:내·야ᄇᆞ·리·니

[현대역]

[정반왕이 보내신] 각시가 [태자를] 꾀노라고 낯(얼굴)을 고이 아름답게 하여(꾸며) [태자께서 계신 곳에] 들어와 [자신의 몸에 장식했던] 말리화만194)을 [태자의] 몸에 매나,
태자의 덕이 굳으시므로 [태자께서] 눈으로 [그 각시를] 바르게 보시니(똑바로 보시니) 그 각시가 태자의 몸에 맨] 말리화만을 도로 [태자의 몸에서 풀어] 내어 버리니.

194) 말리화만(末利花鬘): 말리(末利) 나무의 꽃으로 만든 영락(瓔珞, 구슬을 꿰어 만든 몸에 다는 장식품).

[배경]

정반왕께서 태자의 출가를 막으시려고 궁궐을 칠보로 꾸미고 많은 채녀로 시중을 들게 하셨는데 궁중 채녀 하나가 태자를 연모하여 자신의 옷에 달린 말리화만을 태자의 목에 감는 등의 교태를 부렸다.
그러나 태자께서는 본디 의지가 굳은 분이시므로 동요하시지 않고 그 채녀를 똑바로 응시하시니 그 채녀는 제 손으로 도로 말리화만을 끌러 내어 창밖으로 내던졌다.

[어절 분석]

각·시#①·ᄢᅬ노·라#ᄂᆞᆾ#②:고·ᄫᅵ#비ᇫ·여#③·드·라#·마ᇙ末·리利화花만鬘·ᄋᆞᆯ#몸·애#④ᄆᆡᅀᆞ·ᄫᆞ·나·태太:ᄌᆞ子ㅅ#·득德#구드·실·ᄊᆡ#·ᄂᆞᆫ#⑤ᄈᆞᆯ·아#·보신·대#·마ᇙ末·리利화花만鬘·ᄋᆞᆯ#⑥도로#⑦:내·야#ᄇᆞ·리·니

[주석]

① ·ᄢᅬ노·라

⇒ ᄢᅬ-(동사 어간) + -ᄂᆞ-(시상의 선어말어미) + -오-(의도의 선어말어미) + -라(연결어미)

◎ 현대국어 '꾀-'의 후기중세국어 어형인 'ᄢᅬ-'는 15세기 문헌에서부터 나타나며, 근대국어 시기 말에 'ㄱ'의 된소리 표기가 'ㅺ'에서 'ㄲ'로 변하여 '꾀-'로 나타나면서 현재에 이르고 있다.

◎ 연결어미 '-라'는 '의도'의 의미를 나타내고, 현대국어 형태는 '-러'이다.

② :고·ᄫᅵ#비ᇫ·여

⇒ 곱-(어근) + -이(부사 파생 접사) # [비ᇫ-(어근) + -이(사동 접사)]- + -어(연결어미)

◎ '고ᄫᅵ'의 형태와 연관되어 '수ᄫᅵ'의 어형 변화를 참고할 수 있다. 부사 파생어인 '고ᄫᅵ'와 마찬가지로 '수ᄫᅵ'는 '쉽-(어근) + -이(부사 파생 접사)'의 연철 형태인 '*쉬비'가 후기중세국어 시기에 '*쉬비 > 쉬ᄫᅵ > 수ᄫᅵ'의 형태 변화를 겪은 것으로 추정된다. 다만 '*쉬비'는 문증되지 않으나 '쉬ᄫᅵ'는 아래와 같이 그 용례가 보인다. 따라서 '*쉬비' 형태를 재구할 수 있다.

예) 옷 밥 쉬ᄫᅵ 어드리라 <月釋 13:15a>

'수비'는 다시 형태 변화를 겪으며 현대국어의 '쉬이'로 이어졌다. 이러한 변화 과정을 고려하면 '고비'도 다음과 같은 형태 변화를 겪은 것으로 추정할 수 있다.

예2) *고비 > 고ᄫᅵ > 고이

◎ '아름답다, 영화롭다'를 의미하는 형용사 '빗-'에 사동 접사가 붙어 '아름답게 하다'라는 의미의 '빗이-'가 파생되었다. '빗-'은 모음으로 시작하는 어미 앞에서는 '빗-'가 된다. 연결어미 '-어'는 선행하는 사동 접사 '-이-'와 음절 축약을 거쳐 '-여'로 표기되었다.

③ ·드·라
⇒ 들-(동사 어간) + -어(연결어미)

◎ 어간 '들-'의 모음이 음성모음 '으'이므로 후행하는 연결어미는 모음조화에 따라 '-어'로 교체되는 것이 맞다. '-어'의 '-아' 표기는 단순 오표기인지 아니면 15세기에 모음조화 붕괴의 모습인지 단정하기 어렵다. 남광우·성환갑(1978/1982: 122)에서는 '드러'를 모음조화 붕괴 예로 기술하고 있다.

④ ᄆᆡᅀᆞ·ᄫᆞ·나
⇒ ᄆᆡ-(동사 어간) + -ᅀᆞᆸ-(객체 높임의 선어말어미) + -(ᄋᆞ)나(연결어미)

◎ 'ᄆᆡ-'의 대상인 '태자의 몸'을 높이기 위해 '-ᅀᆞᆸ-'가 쓰였다.

⑤ ᄲᅡᆯ·아#·보신·대
⇒ ᄲᅡᄅᆞ-(동사 어간) + -아(연결어미) # 보-(동사 어간) + -시-(주체 높임의 선어말어미) + -(ᄋᆞ)ㄴ대(연결어미)

◎ 허웅·이강로(1962/1999: 104)에서는 'ᄲᅡᄅᆞ-'의 의미를 '(눈을) 똑바로 떠'로 설명하고 있다. 『우리말샘』에서는 'ᄲᅡᄅᆞ-'의 의미를 '바르게 하다'로 설명하고 있다. 따라서 '눈 ᄲᅡᆯ아 보신대'는 '눈으로 바르게 보시자' 정도로 해석할 수 있다. 한편, 'ᄲᅡᄅᆞ-'는 '오ᄅᆞ-'처럼 어간이 'ᄅᆞ/르'로 끝나며 모음으로 시작하는 어미 앞에서는 추가적인 'ㄹ'의 개입 없이 'ᄲᅡᆯ-'의 형태로 활용한다.

☞ 여기에서는 'ᄲᅡᄅᆞ-'의 의미에 대해 『우리말샘』에서의 설명을 수용한다.

◎ 허웅(1975/1995: 539~540)에 따르면 어미 '-ㄴ대'는 어떤 일에 대한 반응을 다음에 오게 하는 것으로 '-시-', '-습-' 및 그 연결체를 앞세울 수 있다. 후기중세국어에서의 '-ㄴ대'와 '-ㄴᄃᆡ'는 그 기능이 유사하나 '-ㄴᄃᆡ'의 용례 수는 매우 적은 편이다.

⑥ 도로
⇒ 도로(부사)

◎『우리말샘』에 따르면, 현대국어 '도로'의 후기중세국어 어형인 '도로'는 15세기 문헌에서부터 나타나며, 어근 '돌-'에 접사 '-ᄋᆞ'가 결합된 '도ᄅᆞ'가 파생된 후 제2음절 모음 'ㆍ'가 'ㅗ'로 변화한 것이다. 이러한 추정은 부사 파생 접미사 '-오'의 성조는 [H]인 데 비해 '도로'의 성조는 [LL]으로서 '도ᄅᆞ-'의 성조와 같다는 점에 가능하다. 따라서 '도로'는 '도ᄅᆞ-'와 부사 파생 접미사 '-오'의 결합이 아니라, '도ᄅᆞ'에서 형태가 변한 것으로 파악해야 한다.
한편 '돌-'과 '돌ᄋᆞ-'의 의미를 비교해보면 '-ᄋᆞ-'를 사동 접사로 보는 것이 적절하다. 이는 아래와 같이 '-ᄋᆞ-'가 사동 접사로 쓰인 용례가 있다는 점에서 이러한 분석을 지지해 준다.

예) 太子ᄂᆞᆫ 象ᄋᆞᆯ 드러 城 나ᄆᆞ티시고 <釋譜 3:12b>

위의 '나ᄆᆞ티시고'는 '[{남- + -ᄋᆞ}- + -티]- + -시- + -고'로 분석이 가능하며 '코끼리를 들어 성을 넘게 하시고' 정도로 해석할 수 있다.
다만, '돌-(어근) + -ᄋᆞ-(사동 접사)'로 분석하지 않는 이유는 상술한 바와 같이 '도ᄅᆞ > 도로'의 형태 변화를 겪었고 '도로'는 사동 접사 '-ᄋᆞ-'를 형태적으로 분석해낼 수 없는, 화석화한 형태로 보기 때문이다.

⑦ :내·야#ᄇᆞ·리·니
⇒ [나-(어근) + -이(사동 접사)]- + -아(연결어미) # ᄇᆞ리-(동사 어간) + -니(평서형 종결어미)

◎ '내-'의 반모음 'y'로 인해 연결어미 '-아'에 반모음 'y'가 삽입되어 '-야'로 교체되었다.

◎ 현대국어 어휘 '버리-'의 후기중세국어 어형은 'ᄇᆞ리-'이며, 16·17세기에는 'ᄇᆞᆯ이-'로도 표기되었다. 근대국어 시기에 'ㆍ'의 2차 소실로 인해 어두음절에서의 'ㆍ'가 비음운화되어 어두음절에서 'ㆍ > ㅏ'의 변화로 나타난 형태가 '바리-'이며, 이후 음성모음화를 거쳐 19세기 말에 '버리-'로 그 형태가 변하였다.

[원문]

195)끠其:오五·씹十

·츓出가家·호려·ᄒᆞ시·니하·ᄂᆞᆯ·해·방放광光·ᄒᆞ·샤져諸텬天씬神·이ᄂᆞ·려오·니이·다

·츓出가家·ᄒᆞ·싫·빼실·씨쎵城·안·홀:재·요리·라오烏소蘇·만慢·이·ᄯᅩ오·니이·다

[현대역]

[태자께서] 출가하려 하시니 [태자의 몸에서] 하늘에 방광196)하셔 [그 광명을 신호로 여러] 제천신이 [하늘에서] 내려왔습니다.

[태자께서] 출가하실 때이시므로 [태자께서 탈 없이 성을 빠져나가실 수 있도록] "성 안 사람들을 재우리라." [하며 사람들이 싫어하는 귀신인] 오소만197)이 [하늘에서] 또 내려왔습니다.

[배경]

태자의 나이 25세 이월 초이렛날, 야수다라가 아이를 잉태하였으므로 후사에 대한 걱정이 없어졌으니, 빨리 출가성불 하여 중생을 구하고자 태자께서 출가하실 것을 생각하셨다. 그러자 몸에서 상서로운 광명이 나타나 사천왕궁과 정거천궁을 비추니, 제천이 이 광명을 보고 모두 하늘에서 내려와 태자의 출가에 필요한 준비를 서둘렀다.

이때 정반왕께서 성을 엄히 단속하여 태자의 출가를 막으셨는데, 제천이 맡은 바 부서에 따라 어떤 제천은 태자를 호위하고, 어떤 제천은 태자의 앞을 인도하고, 어떤 제천은 성문을 열었는데, 오소만은 이때 성 안 백성들을 잠재우는 일을 맡았다.

[어절 분석]

①·츓出가家·호려#·ᄒᆞ시·니#하·ᄂᆞᆯ·해#·방放광光·ᄒᆞ·샤#져諸텬天씬神·이#②ᄂᆞ·려오·니이·다

·츓出가家·ᄒᆞ·싫#③·빼실·씨#쎵城#·안·홀#④:재·요리·라#오烏소蘇·만慢·이#·ᄯᅩ#오·니이·다

[주석]

① ·츓出가家·호려

⇒ [츓가(어근) + -ᄒᆞ(동사 파생 접사)]- + -오려(연결어미)

195) <月印 上:018b>

196) 방광(放光): 광명(光明)을 사방으로 내쏨.

197) 오소만(烏蘇慢): 사람이 싫어한다는 귀신의 이름으로, 염신(厭神)이라고도 함.

◎ '츓가ᄒᆞ-'의 'ᄒᆞ'와 의도의 선어말어미 '-오려'의 '오'가 음절 축약을 거쳐 '호'가 되었다.

◎ 고영근(1987/2010: 308~309)에 따르면 '-옴, -오ᄃᆡ, -옷, -오려, -오마' 등은 '-오-'를 필수적으로 요구한다. 즉, '-ㅁ(명사형 어미), -ᄃᆡ(연결어미), -ㅅ(감동의 선어말어미), -려(연결어미), -마(종결어미)' 등은 홀로 사용되지 못하고 반드시 '-오-'가 선접한다는 것이다.

② ᄂᆞ·려오·니이·다
⇒ [{ᄂᆞ리-(동사 어간) + -어(연결어미)} + 오-(동사 어간)]- + -니이다(평서형 종결어미)

◎ 'ᄂᆞ리-'는 현대국어 '내리-'의 후기중세국어 어형이다. 'ᄂᆞ리-'는 근대국어 시기에 'ㆍ'의 소실로 인한 'ㆍ > ㅏ'의 변화(ᄂᆞ리- > 나리-)와 'ㅣ' 역행동화(나리- > 내리-)를 거쳐 현대국어 어형 '내리-'로 이어졌다.

◈ 후기중세국어 시기의 '-니이다'의 형태소 분석에 대한 자세한 설명은 p.49를 참조.

◈ 후기중세국어 시기의 서법과 시제에 대한 자세한 설명은 p.54를 참조.

③ ·ᄣᅢ실·씨
⇒ [ᄣᅢ(명사) + 이(서술격조사)]- + -시-(주체 높임의 선어말어미) + -ㄹ씨(연결어미)

◎ 현대국어 '때'의 후기중세국어 어형은 'ᄣᅢ'이며, 'ᄣᅳ'와 쌍형어 관계로 볼 수 있다. 'ᄣᅢ'는 다음과 같은 변화 과정을 겪었다.

예) ᄣᅢ > ᄠᅢ > ᄶᅢ > 때

◎ 'ᄣᅢ'가 'i'계 모음으로 끝나기 때문에 서술격조사로 zero형 서술격조사가 사용되었다.

◈ 후기중세국어 시기의 서술격조사에 대한 자세한 설명은 p.185를 참조.

④ :재·요리·라
⇒ [자-(어근) + -이(사동 접사)]- + -오-(의도의 선어말어미) + -리-(의지의 선어말어미) + -다(평서형 종결어미)

◎ 관형사형 어미 '-ㄴ'와 '-ㄹ'는 '-오-/-우-'를 취하기도 하고 때로는 취하지 않기도 하며,

'-니, -ᄂᆞ니, -리니' 등의 연결어미와 선어말어미 '-리-' 등도 역시 '-오-/-우-'를 취하기도 하고 취하지 않기도 한다.

◈ 후기중세국어 시기의 선어말어미 '-오-/-우-'에 대한 자세한 설명은 p.111을 참조.

◎ 사동사 '재-'의 반모음 'y'로 인해 의도의 선어말어미 '-오-'에 반모음 'y'가 삽입되어 '-요-'로 교체되었다.

[원문]

끠其:오五·씹十·힗一
:분粉·과현燕지脂·와고·ᄌᆞ·로비슨각·시198)·셰世간間ㅅ봉風륭流·를들·이·ᅀᆞᆸ더·니
:봉寶뼝甁·과:화火쥬珠·와·붏沸셩星·이비·칧날애하·ᄂᆞᇗ봉風륭流ㅣ:엇더·ᄒᆞ시·니

[현대역]

분과 연지와 꽃으로 아름답게 한(단장한) 각시가 세간199)의 풍류를 [태자께] 들리니(들으시게 하니).
보병200)과 화주201)와 불성이 비칠(태자가 출가하는) 날에 하늘의 풍류가 어떠하시니.

[배경]

정반왕께서는 태자궁에 미인을 두어 갖가지로 단장하게 하시고 태자께 좋은 노래를 들려드리며 출가하실 뜻을 거두시게 하려고 애썼다.
그러나 태자께서 출가하시고자 하는 뜻을 굳히시어 마침내 출가하실 때가 되었다. 하늘의 보병과 화주가 빛을 내고 불성이 달과 합하여 태자께서 출가하실 때가 되었음을 알리자, 제천이 일제히 하늘의 풍류를 아뢰어서 태자의 출가를 축하드리며 태자께 예를 차리었다.

---

198) <月印 上:019a>

199) 세간(世間): 불교에서 말하는 '세간'은 첫째 인간들이 사는 세상, 둘째 중생들이 서로 의지하고 살아가는 세계로 '세속(世俗)'이라고도 하며, 셋째 영원하지 않은 것들이 서로 모여 있는 우주 공간 등을 의미함. 여기에서는 첫째의 의미로 판단됨.

200) 보병(寶甁): 불교 의식에 사용하는 병과, 보살·명왕 등이 지니고 있는 병을 통틀어 일컬으며, 주로 광명을 담을 수 있다는 보배로운 병을 의미함.

201) 화주(火珠): 탑 위에 있는 보배로운 구슬.

[어절 분석]

:분粉·과#연燕지脂·와#고·ᄌᆞ·로#비슨#각·시#·셰世간間ㅅ#봉風륳流·를#①들·이·ᅀᆞᆸ더·니
:봉寶뼝瓶·과#:화火쥬珠·와#·븘沸셩星·이#②비·췰#날애#하·ᄂᆶ#봉風륳流ㅣ#③:엇더·ᄒᆞ시·니

[주석]

① 들·이·ᅀᆞᆸ더·니

⇒ [듣-(어근) + -이(사동 접사)]- + -ᅀᆞᆸ-(객체 높임의 선어말어미) + -더-(시상의 선어말어미) + -니(평서형 종결어미)

◎『우리말샘』에 따르면, 현대국어 '들리-'의 후기중세국어 어형인 '들이-'는 '듣-'과 사동 접사 '-이-'가 결합한 것으로, '듣-'은 모음 앞에서 '들-'로 나타나고 그 외의 환경에서는 '듣-'으로 나타나는 'ㄷ' 불규칙 용언이었다. 따라서 '듣-'은 사동 접사 '-이-' 앞에서 '들-'로 교체되며, 후기중세국어에서는 사동 접사가 있는 경우 연철 표기를 하지 않으므로 '*드리-'가 아닌 '들이-'로 표기된다. 16세기에 유성후두마찰음 'ㅇ[ɦ]'이 소멸되고 어중에 'ㄹ'가 추가되어 '들리-'로 형태가 변하였으며 이 형태가 현재에 이르고 있다. 18세기의 '들니-'는 근대국어 시기에 어중의 'ㄹㄹ'를 'ㄹㄴ'로 표기하던 경향에 의한 것이다.

② 비·췰#날애

⇒ 비취-(동사 어간) + -ㄹ(관형사형 어미) # 날(명사) + 애(부사격조사)

◎ 후기중세국어의 '비취-'는 능격동사로 쓰였고 현대국어로 올수록 타동사 용법이 강해졌다. 근대국어 시기에는 '비취-'와 '비최-'의 어형이 공존하다가 그 형태가 '비최-'로 통일되었다가 근대국어 시기 후반에 단모음화에 의해 '비치-'의 어형이 만들어지고 현대국어로 그 형태가 이어졌다. 후기중세국어의 '비취-'는 '비치다'와 '비추다'를 모두 뜻하는데, 본문에 쓰인 '비취-'는 '비추다'를 의미한다.

◎『월인천강지곡(月印千江之曲)』에서는 '체언 + 조사'의 환경에서 체언의 말음절 종성이 공명음(ㄴ, ㄹ, ㅁ, ㆁ, ㅿ)이고 모음으로 시작하는 조사가 붙을 경우 분철(예: 눈 + 에 > 눈에)로 표기되었다. '용언 어간 + 어미'의 환경에서도 어간 말음절의 종성이 'ㄴ, ㅁ'이고 모음으로 시작하는 어미가 붙으면 분철(예: 담아, 안아)로 표기되었다. '날애'는 '날'의 음절말이 'ㄹ'이고 후행하는 조사가 모음으로 시작하는 '애'이어서 분철 표기되었다.

③ :엇더·ᄒᆞ시·니

⇒ [엇더(어근) + -ᄒᆞ(형용사 파생 접사)]- + -시-(주체 높임의 선어말어미) + -니(평서형 종결어미)

◎ 후기중세국어에는 현대국어 '어떠하-'의 어형으로 '엇더ᄒᆞ-'가 존재하며, 이와 다르게 '어찌 하다'를 의미하는 '엇더 ᄒᆞ다'도 존재한다.

[원문]

끵其:오五·씹十·ᅀᅵ二

:죵·과ᄆᆞᆯ·와·ᄅᆞᆯ·현맨·둘:알리·오어·느:누·를더·브·르시·려·뇨

챠車·닉匿·이:건騫·ᄠᅳᆨ特·이·ᄂᆞᆫᄒᆞᆫ날·애·나[202]·ᄉᆞᄫᆞᆯ·ᄊᆡ·이:둘ᄒᆞᆯ·ᅀᅡ더·브·르시·니

[현대역]

[태자를 모시는] 종과 [태자께서 타시는] 말이 얼마인들 알겠는가?(헤아릴 수 없을 정도로 많다) [그 중에서 태자께서] 어느 누구를 더불으시려는가(함께 데리고 가시려는가)?
[시내종] 차익[203]이와 [말] 건특[204]이는 [태자와] 한(같은) 날에 태어났으므로 이 둘만을 더불으시니(함께 데리고 가시니).

[배경]

태자께서 출가하실 때, 모든 제천이 하늘에서 와서 태자를 호위하였다. 이때 태자께서는 자기와 같은 날 태어난 시내종 차익과 말 건특만을 데리고 가셨다.

[어절 분석]

①:죵·과#ᄆᆞᆯ·와·ᄅᆞᆯ#②·현맨·둘#:알리·오#어·느#:누·를#③더·브·르시·려·뇨
챠車·닉匿·이#:건騫·ᄠᅳᆨ特·이·ᄂᆞᆫ#ᄒᆞᆫ#날·애#④·나·ᄉᆞᄫᆞᆯ·ᄊᆡ#·이#⑤:둘ᄒᆞᆯ·ᅀᅡ#더·브·르시·니

---

202) <月印 上:019b>

203) 차익(車匿): 범어 'Chanda'의 음사(音寫). 부처께서 성문을 떠나 출가하실 때, 말을 몰던 사람.

204) 건특(蹇特): 범어 'Kandaka'의 음사(音寫). 빛이 희고 갈기에 구슬이 달려 있는 말로, 부처가 성문을 떠나 출가하실 때 타시던 말.

[주석]

① :쫑·과#ᄆᆞᆯ·와·ᄅᆞᆯ

⇒ [쫑(명사) + 과(접속조사) # ᄆᆞᆯ(명사) + 과(접속조사)] + ᄅᆞᆯ(목적격조사)

◎ 후기중세국어의 경우에는 'ᄆᆞᆯ와ᄅᆞᆯ'처럼 마지막 체언에도 접속조사가 쓰이고 그 뒤에 격조사가 붙기도 하였다. 이를 가리켜 소위 집단 곡용이라고 한다.

◎ '와/과'는 부사격조사 또는 접속조사로 선행 체언이 모음으로 끝나면 '와'가, 자음으로 끝나면 '과'가 쓰였다. 한편 선행 체언의 종성이 'ㄹ'로 끝날 경우에는 '과'의 'ㄱ'가 약화된 형태인 '와'가 사용되었으나 16세기 후반부터는 'ㄹ' 뒤에서 'ㄱ'가 약화되지 않은 '과'가 쓰이기 시작한 용례를 확인할 수 있다.

② ·현맨·ᄃᆞᆯ#:알리·오

⇒ [현마(명사) + 이(서술격조사)]- + -ㄴᄃᆞᆯ(연결어미) # 알-(동사 어간) + -리-(추측의 선어말어미) + -고(의문형 종결어미)

◎ '-고'는 설명의문문에 사용되는 의문형 종결어미로, 앞에 소위 의문사 '현마'가 있기 때문에 선택되었다.

◈ 후기중세국어 시기의 '-ㄴᄃᆞᆯ, -ㅭᄃᆞᆯ'에 대한 자세한 설명은 p.51을 참조.

③ 더·브·르시·려·뇨

⇒ 더블-(동사 어간) + -(으)시-(주체 높임의 선어말어미) + -리-(추측의 선어말어미) + -어뇨(의문형 종결어미)

◎ '더블-'은 근대국어 시기에 원순모음화로 인해 '더불-'의 형태로 변하였다. 한편 현대국어의 '더불-'은 대표적인 불완전 동사(불구 동사)이다. 불완전 동사는 활용상의 제약을 받아 몇 개의 국한된 활용형만을 가지는 동사를 말한다. 현대국어에서 '더불-'은 표준어에서 '더불어' 한 가지 형태의 활용형만이 사용되고 있으며 방언에서는 '더불고(예: 동생 데불고 와)'의 활용형태도 쓰이고 있다. 표준어에서 '더불어'는 '더불-'의 활용형인데, 『고려대 한국어대사전』에서는 부사로 설명하고 있다.

◎ 추측의 선어말어미 '-리-'와 의문형 종결어미 '-어뇨'의 '어'가 음절 축약을 거쳐 '려'가

되었다.

◎ 허웅·이강로(1962/1999: 71)에서는 '-아뇨/-어뇨'는 완결을 나타내는 '-아-/-어-'와 기정적 사실을 나타내는 '-니-'와 의문을 나타내는 '-오'로 분석한다. 그러나 『우리말샘』에서는 '-아뇨/-어뇨'를 하나의 의문형 종결어미로 제시하고 있다. 여기에서는 선행하는 소위 의문사 '어느 누'로 인해 '오' 형태의 '뇨'가 선택되었다.

④ ·나·ᅀᆞᄫᆞᆯ·씨

⇒ 나-(동사 어간) + -ᅀᆞᆸ-(객체 높임의 선어말어미) + -(ᄋᆞ)ㄹ씨(연결어미)

◎ '나-'의 대상인 '태자'를 높이기 위해 '-ᅀᆞᄫ-'가 쓰였다.

⑤ :둘흘·ᅀᅡ

⇒ 둟(수사) + 을(목적격조사) + ᅀᅡ(보조사)

◎ 여기서의 'ᅀᅡ'는 강조의 의미를 가진다. 따라서 '둘흘ᅀᅡ'는 '둘만을' 정도로 해석할 수 있다.

[원문]

ᄭᅴ其:오五·씹十삼三
:디·나건무無·량量·겁劫·에슣修·ᅘᆡᇰ行·이니그·실·씨:몯일·우ᇙ·갓의疑심心·이:업·스시·나
·미未ᄅᆡᆼ來·옛·즁衆ᄉᆡᇰ生·둘·흘졍精·진進·ᄋᆞᆯ:뵈·시릴·씨아·니:오리·라명盟·쎼誓·ᄒᆞ시·니이·다

[현대역]

지난 무량겁에서부터 수행205)이 익으시므로(태자께서 수행을 익히시므로) [부처의 도(道)를] 못 이룰까 하는 의심이 없으시나,
[태자께서] 미래의(미래 세계에 있는) 중생들에게 정진206)을 보이실 것이므로 "[성불하기 전에는] 아니 오겠다."라고 맹세하셨습니다.

---

205) 수행(修行): 행실을 닦아 도리에 나아가는 일.
206) 정진(精進): 정성껏 올바르게 앞으로 나아가는 일.

[배경]

태자께서 천신들의 호위를 받아 차익이 모는 건특을 타고 성을 나오시며 정진하시어 성도[207]하실 뜻을 굳게 하시고자 하여 성을 돌아보시며, "나의 원이 이루어져 중생을 구제하지 못한다면 다시는 가비라성에 돌아오지 않겠노라."하고 맹세하시고 성을 떠나셨다.

[어절 분석]

①:디·나건#무無·량量·겁劫·에#슣修·ᅘᆡᇰ行·이#②니그·실·씨#③:몯#일·우옳·갓#의疑심心·이#:업·ᄉᆞ시·나

·미未릐來·옛#·즁衆ᄉᆡᇰ生·ᄃᆞᆯ·ᄒᆞᆯ#졍精·진進·ᄋᆞᆯ#④:뵈·시릴·씨#아·니#:오리·라#명盟·쎼誓·ᄒᆞ시·니이·다

[주석]

① :디·나건

⇒ 디나-(동사 어간) + -거-(시상의 선어말어미) + -ㄴ(관형사형 어미)

◎ 다음의 문장에서 '디나건 뉘'라는 어휘를 참고할 수 있다.

예) 디나건 뉘예 ᄒᆞᆫ 겨지비 일후미 提爲러니 <釋譜 20:12b>

후기중세국어 관련 사전들에서는 '디나건 뉘'를 '과거'로 해석하고 있다. 현재로서는 이 어휘를 하나의 단어로 취급하지만, 공시적으로는 '디나- + -거- + -ㄴ # 뉘'로 분석할 수 있다.

◎ '디나-'는 근대국어 시기에 구개음화를 겪으면서 '지나-'의 형태로 바뀌었다.

◈ 후기중세국어 시기의 '-거-'의 기능에 대한 자세한 설명은 p.63을 참조.

② 니그·실·씨

⇒ 닉-(동사 어간) + -(으)시-(주체 높임의 선어말어미) + -ㄹ씨(연결어미)

207) 성도(成道): 도를 닦아 마침내 최상구경의 경지에 도달하는 것. 즉, 불도를 완성한다는 뜻으로 '성불득도(成佛得道)'와 같은 말.

◎ ‘닉-’은 두음법칙에 의해 ‘닉- > 익-’으로 그 형태가 변하였다.

③ :몯#일·우옳·갓#의疑심心·이
⇒ 몯(부사) # [일-(어근) + -구(사동 접사)]- + -오-(의도의 선어말어미) + -ㅭ가(의문형 종결어미) + ㅅ(관형격조사) # 의심(명사) + 이(주격조사)

◎ 허웅·이강로(1962/1999: 110)에 따르면, 주체가 화자 자신임을 나타내기 위해 ‘-오-’를 사용하였다. 즉, ‘몯 일우옳가’의 주체가 화자 자신이며, 이는 ‘태자’ 자신이 마음 속에 여기는 것을 직접적으로 인용한 것으로 이해된다고 한다. 정리하면, ‘몯 일우옳가’는 태자 자신의 혼잣말을 인용한 것이다.

◎ 여기서의 관형격조사 ‘ㅅ’는 ‘몯 일우옳가’ 전체를 받아 후행하는 ‘의심’을 수식하는 기능을 하고 있다.

④ :뵈·시릴·씨
⇒ [보-(어근) + -이(사동 접사)]- + -시-(주체 높임의 선어말어미) + -ㄹ씨(연결어미)

◎ ‘뵈-’는 ‘보-’의 사동형으로 ‘보이게 하다’를 의미한다.

[원문]

208)끠其:오五·씹十·ᄉᆞ四
·씹十방方·셰世·개界ᄇᆞᆰ·고ᄉᆞ獅:ᄌᆞ子셩聲ㅅ:말·ᄒᆞ·샤쎵城·을남·아산山·올·향向·ᄒᆞ시·니
·ᄉᆞ四텬天왕王·이:뫼ᅀᆞᆸ·고ᄆᆞᆯ·발·올져諸텬天·이바·다허虛콩空·ᄐᆞ·샤산山·ᄋᆡ니·르·르시·니

[현대역]

[태자께서 출가하실 때] 시방세계가 [환히] 밝고 [태자께서] 사자 소리의 말을 하시어(사자의 소리처럼 큰 소리로 말씀하시어) 성을 넘어 산을 향하시니.
사천왕이 [태자를] 모시고 [태자가 타신] 말(건특)의 발을 제천이 받들어 [건특을 타신 태자께서] 허공을 타시어 산에 이르시니.

208) <月印 上:020a>

[배경]

태자께서 출가를 결심하시고 한밤중에 가비라성을 넘으시니 온 세상이 환히 밝아오고, 태자의 몸에서도 광명이 일어 시방세계를 비추었다. 이때 태자께서 사자와 같은 큰 목소리로 "지난날의 모든 부처의 출가하는 법도 이와 같았는데, 나도 그러하니라."라고 크게 외치셨다.
이때 태자께서 건특의 등에 올라타시니 사천왕이 태자를 모시고, 제천 부처가 건특의 네 발을 받들어 북문을 나가니 건특에 타신 태자께서는 허공을 날아서 발가[209] 선인의 고행림[210]에 이르셨다.

[어절 분석]

·씹十방方#·셰世·개界#붉·고#ᄉᆞ獅:ᄌᆞ子셩聲ㅅ#:말#·ᄒᆞ·샤#쎵城·을#①남·아#산山·ᄋᆞᆯ#·향向·ᄒᆞ시·니

·ᄉᆞ四텬天왕王·이#②:뫼ᄉᆞᆸ·고#ᄆᆞᆯ#·발·ᄋᆞᆯ#져諸텬天·이#③바·다#허虛콩空#·ᄐᆞ·샤#산山·ᄋᆡ#④니·르·르시·니

[주석]

① 남·아
⇒ 남-(동사 어간) + -아(연결어미)

◎ '남-'은 현대국어 '넘-'의 후기중세국어 어형으로, 이 시기에 '넘-'도 존재하였다. 후기중세국어에서는 양성모음과 음성모음의 차이로 의미의 차이를 표현했는데, '남-'과 '넘-'의 의미 차이는 명확하지는 않지만, '남-'은 '구체적인 대상을 넘다' 정도를 의미했던 것으로 보이고, '넘-'은 '추상적인 대상을 넘다' 정도를 의미했던 것으로 보인다.

◎ 『월인천강지곡(月印千江之曲)』에서는 '체언 + 조사'의 환경에서 체언의 말음절 종성이 공명음(ㄴ, ㄹ, ㅁ, ㆁ, ㅿ)이고 모음으로 시작하는 조사가 붙을 경우, 분철(예: 눈 + 에 > 눈에)로 표기되었다. '용언 어간 + 어미'의 환경에서도 어간 말음절의 종성이 'ㄴ, ㅁ'이고 모음으로 시작하는 어미가 붙으면 분철(예: 담아, 안아)로 표기되었다.

---

209) 발가(跋伽): 범어 'Bhaggava'의 음사로, 고대 인도의 비데하 왕국의 수도 미틸라 근처에 살았던 선인.
210) 고행림(苦行林): 석가모니가 성도(成道)하기 전에 6년 동안 고행하던 숲으로, 중인도 설산의 남쪽 우루빈라(Uruvilā, 優樓頻螺) 마을 옆에 있었다고 함.

② :뫼숩·고

⇒ 뫼숩-(동사 어간) + -고(연결어미)

◎ '뫼숩-'과 '뫼시-'의 형태를 고려하면 '뫼숩-'은 '*뫼- + -숩-'으로 분석할 수 있다. 또한, 『표준국어대사전』에서 현대국어 어형 '모시-'를 '*뫼- + -시-'로 그 통시적 형성 과정을 제시하고 있다는 점에서 더욱 그러하다. 다만, 후기중세국어 시기에 '*뫼-'가 단독으로 쓰인 용례가 문증되지 않는다는 점에서 '뫼숩-'이나 '뫼시-'를 각각 '*뫼- + -숩-'과 '*뫼- + -시-'로 분석하는 것은 적절하지 않다. 다만 두 개의 어휘 모두 통시적으로 '*뫼- + -숩-'과 '*뫼- + -시-'의 과정을 겪었다고 할 수 있다.

◎ '뫼숩-'은 모음으로 시작하는 어미 앞에서는 '뫼ᄉᆞᄫᆞ-'이나 '뫼ᄉᆞ오-'로 나타나지만 『월인석보(月印釋譜)』 이후에 간행되는 문헌에서는 '뫼ᄉᆞ오-'로 나타났다.

③ 바·다

⇒ 받-(동사 어간) + -아(연결어미)

◎ 후기중세국어의 '받-'은 '受', '從', '奉'의 의미로 사용되던 동음이의어였는데, 여기에서는 '奉'의 의미로 사용되었다.

④ ·니·르·르시·니

⇒ 니를-(동사 어간) + -(으)시-(주체 높임의 선어말어미) + -니(평서형 종결어미)

◎ 후기중세국어 시기의 '니르-'는 다음과 같이 구분할 수 있다.

예) ㉮ 말하다(言, 이르다): 니르-, 니ᄅᆞ-

㉯ 이르다(至, 도착하다): 니르-, 니ᄅᆞ-, 니를-

[원문]

끠其:오五·씹十:오五

211)·셣雪산山:코苦·힝行림林·애마·리·롤무·지시·며뻔煩:놓惱·쁘·러ᄫᅥ·료려·ᄒᆞ시·니

:봉寶관冠영瓔·락珞·올차車·닉匿:일·주시·며·졍正·각覺일·워도·라:가려·ᄒᆞ시·니

211) <月印 上:020b>

[현대역]

[태자께서] 설산212)의 고행림에서 머리를 깎으시며 [일체의] 번뇌를 쓸어버리려 하시니. [태자께서 쓰시던] 보관213)과 영락214)을 차익에게 주시며, [태자 자신은] 정각을 이루어(성도를 이루어) [그 후에 가라비성으로] 돌아가려 하시니.

[배경]

태자께서 설산의 고행림에 이르러 칠보로 장식한 검으로 머리를 깎고 일체의 번뇌215)를 끊게 되기를 발원하셨다.
또한 함께 온 차익에게 태자께서 쓰시던 보관과 영락을 풀어 주시면서 "이것을 네가 가지고 가서 부왕(정반왕)과 이모 마하파사파제와 태자비 야수다라에게 드려, 나를 생각하는 번뇌를 끊게 하라. 나는 정각을 이루어 돌아가겠으니, 너는 건특을 몰고 가라비성으로 돌아가라."라고 말씀하시니, 차익은 슬피 울고 말 건특은 또한 태자의 발을 핥으며 울었다.

[어절 분석]

·셣雪산山#①:코苦·ᅘᆡᆼ行림林·애#마·리·ᄅᆞᆯ#②무·지시·며#뻔煩:놓惱#③·ᄡᅳ·러ᄇᆞ·료려#·ᄒᆞ시·니
:봉寶관冠#ᅙᅧᆼ瓔·락珞·ᄋᆞᆯ#④챠車·닉匿:일#·주시·며#·졍正·각覺#일·워#도·라:가려#·ᄒᆞ시·니

[주석]

① 코苦·ᅘᆡᆼ行림林·애
⇒ 코ᅘᆡᆼ림(명사) + 애(부사격조사)

◎ 조재형(2016: 184～185)에서는 후기중세국어 문헌에서의 부사격조사 '애, 에, 예'의 문헌별 용례수를 분석하면서, 후기중세국어 시기의 '에'가 '에셔'의 기능을 가졌음을 확인하였고, '에셔'의 기능이 이 시기 '에'의 주된 기능 중의 하나라고 기술하고 있다. 여기에서 '코ᅘᆡᆼ림애'는 '코ᅘᆡᆼ림애셔'의 의미로 해석하는 것이 적절하다.

---

212) 설산(雪山): 범어 'Himavat'의 한역으로, 인도 북쪽에 위치한 히말라야 산맥의 큰 산. 항상 산마루에 흰 눈이 쌓여 있어 설산이라 함.

213) 보관(寶冠): 보배로 꾸민 관.

214) 영락(瓔珞): 구슬을 꿰어 만든 장식품으로, 목이나 팔목에 착용함.

215) 번뇌(煩惱): 범어 'Klésa'의 한역으로, '더러워진 마음, 괴로운 마음'을 의미하며, '사람들을 괴롭히고 해쳐서 오류로 이끄는 불선(不善)의 마음' 또는 '근본적으로 자신에 대한 집착으로 일어나는 마음의 갈등'을 의미하는 불교 용어.

※ **후기중세국어 시기의 '에'의 '에셔' 기능**

홍윤표(1978: 70)에서는 『월인석보(月印釋譜)』와 『법화경언해(法華經諺解)』에서의 동일 원문에 대한 언해문에서 '에'와 '에셔'의 사용은 번역자들이 '에'와 '에셔'가 어느 특정한 환경에서 같은 기능을 하고 있음을 알려준다고 하였다. 즉, 이러한 견해는 '에'와 '에셔'의 의미가 동일하다는 주장을 담고 있다. 서정목(1984: 174)에서는 동일 원문에서의 '會中, 虛空中, 世中'에 대해 『석보상절(釋譜詳節)』과 『법화경언해(法華經諺解)』의 번역이 다른 것은 해석 여하에 의한 것이기도 하지만 시간개념과 공간개념의 혼동에 의한 것으로 판단했다. 그러나 서정목(1984)의 이러한 주장에 대해 남기탁·조재형(2014: 19)에서는 한문 원문의 '會中, 虛空中, 世中'을 해석함에 있어 시간적 개념과 공간적 개념을 혼동할 가능성이 적으며, 특히 '虛空中'을 시간적 개념으로 해석할 여지는 더욱 더 없다고 지적하였다. 또한, 남기탁·조재형(2014: 22)에서는 '훈민정음(訓民正音) 창제 이전 자료부터 창제 이후의 일부 문헌에서 '에셔'를 찾아볼 수 없으며, 『석보상절(釋譜詳節)』부터 그 용례를 찾아볼 수 있다는 것은 '에셔'의 형성 시기가 '훈민정음(訓民正音) 창제 전후로 볼 수 있는 근거라고 주장한 바가 있다.

한편, 조재형(2009: 172)에서는 『월인천강지곡(月印千江之曲)』 일부 문장에서의 부사격조사 '에, 애, 예'는 그 해석을 고려하면 부사격조사 '에서'의 의미를 가진 것으로 판단하였다. 또한 이건식(1996: 178~183)에서는 후기중세국어 표기에서는 '소재'의 부사격조사로 '에'와 '에셔'가 공존하는데 비해, 석독구결에서는 '에셔'와 대응하는 표기가 없다는 점을 지적하면서 석독구결의 처소 부사격조사가 '처격'은 물론 '재격'의 의미도 가진다고 하였다. 또한, 조재형(2012: 108~109)에서는 차자표기의 대표적인 처소의 부사격조사인 '良中'은 선행 체언의 음운 환경에 상관없이 모두 올 수 있으며, '위치'와 '공간'의 의미를 함께 지니고 있어 현대국어의 '에'와 '에서'의 의미 기능을 수행하고 있다고 보았다.

조재형(2016: 184~185)에서는 15~16세기 문헌에서의 부사격조사 '애, 에, 예'의 문헌별 용례수를 분석하면서, 후기중세국어 시기의 '에'가 '에셔'의 기능을 가졌음을 확인하였고, '에셔'의 기능이 이 시기 '에'의 주된 기능 중의 하나라고 주장하였다.

② 무·지시·며

⇒ 무지-(동사 어간) + -시-(주체 높임의 선어말어미) + -며(연결어미)

하면서 뒤의 사실에 대립시키는 뜻을 나타냈다. 한편 '-거X/-어X'류의 어미들과 마찬가지로 선행동사에 따라 '-건마룬/-언마룬'이 선택되었으며, '-건마룬'은 '-건마룬 > -건마는 > -건마는'의 변천을 겪었다.

◎ 허웅·이강로(1962/1999: 114)에서는 위의 '-어신마룬'을 '-어- + -시- + -ㄴ마룬'으로 분석하며 '-어-'는 강세를 나타내는 '-거-'의 'ㄹ' 밑에 나타나는, 'ㄱ' 약화에 의한 변이형태로 설명하며, '-건마룬, -언마룬'은 현대국어 '-건마는'의 후기중세국어 어형으로 보았다. 한편 이와 달리 박용찬(1996: 165~169, 188)에서는 '-건마룬'은 15세기 국어에서 '-거늘/-어늘', '-거니와/-어니와' 등과 함께 주체 높임의 선어말어미 '-시-'가 통합될 때는 불연속 형태를 보이는 것으로 항상 '-ㄴ마룬'에 '-거-/-어-'가 통합된 형태로만 쓰인다고 기술하였다.

◎ 박용찬(1996)에 따르면, '-건마룬'의 이형태와 관련하여 『분류두공부시언해(分類杜工部詩諺解)』 초간본에 한정되어 '-간마룬'과 같은 특이한 용례가 출현하는데, 이때 '-간마룬'은 '-거- + -오- + -ㄴ마룬' 정도로 분석될 듯 싶으나 여기에 인칭활용이나 의도법의 선어말어미라고 하는 '-오-/-우-'가 개재되어 있는지는 단언하기 힘들다. 이에 대해 허웅(1975/1995: 788, 804)에서는 '-간마룬'을 1인칭과 호응하는 '-오-'가 포함되어 있는 것으로 보았다. 또 다른 형태인 '-컨마룬'의 경우, 연결어미 바로 뒤에 나타나는데 『남명집언해(南明集諺解)』와 『금강경삼가해(金剛經三家解)』에서만 발견되는 특징을 보인다. 또한 '-으나, -으니, -거늘, -올딘댄, -거니와'와 같은 몇몇 한정된 연결어미 뒤에만 출현하며 16세기 이후의 자료에서는 찾을 수 없다. 이는 'ᄒᆞ건마룬'이라는 'ᄒᆞ-'의 활용형에서 생성되어 나온 것으로 구결문의 '爭奈(乃)'에 대응하는 자리에 나타난다고 하였다.

☞ '건마룬'에 대한 형태소 분석은 박용찬(1996)의 의견을 수용하고자 한다.

② ᄀᆞ·초ᅀᆞ·ᄫᆞ·니
⇒ᄀᆞ초-(동사 어간) + -ᄉᆞᆸ-(객체 높임의 선어말어미) + -(ᄋᆞ)니(평서형 종결어미)

◎ 'ᄀᆞ초-'의 대상인 '태ᄌᆞᆺ 마리'를 높이기 위해 '-ᅀᆞᆸ-'가 쓰였다.

③ 슬ᄒᆞ·신·돌
⇒ 슳-(동사 어간) + -(ᄋᆞ)시-(주체 높임의 선어말어미) + -ㄴ돌(연결어미)

◎ 후기중세국어의 '슳-'은 동사로 '슬퍼하다'를 의미하였는데, 현대국어로 오면서 소멸되었다. '슬프-'는 '슳-(어근) + -브-(형용사 파생 접사)'에 의해 형성되었고, '슬프- + -어 # 하-'의 구성에 의해 새로운 동사 '슬퍼하-'가 만들어졌다. 이와 유사한 과정을 겪은 어휘로 '기뻐하-'가 있다. 후기중세국어 시기에 '기뻐하다'를 의미하는 동사 '깃-'에 형용사 파생 접사 '-브-'가 붙어 형용사 '깃브-'가 만들어졌다. 동사 '깃-'은 현대국어로 오면서 소멸되었고, '깃브-'는 '깃브- > 기쁘- > 기쁘-'의 과정을 거치면서 '기쁘-'의 형태가 되었고, '기쁘- + -어 # 하-'의 구성에 의해 새로운 동사 '기뻐하-'가 만들어졌다.

④ 니·피ᅀᆞ·ᄫᆞ·니

⇒ [닙-(어근) + -히(사동 접사)]- + -ᄉᆞᆸ-(객체 높임의 선어말어미) + -(ᄋᆞ)니(평서형 종결어미)

◎ '니피-'의 대상인 '태ᄌᆞ ㅅ 몸'을 높이기 위해 '-ᅀᆞᆸ-'가 쓰였다.

[원문]

끠其:오五·씹十·칧七

:봉寶관冠·이·오나·ᄂᆞᆯ아·바:님·보시·고ᄯᅡ·해·디여:우·르시·니

:건蹇·뜩特·이·오나·ᄂᆞᆯ피妃:ᄌᆞ子ㅣ·보시·고고·갤안·아:우·르시·니

[현대역]

[태자께서 평소에 쓰시던] 보관만이 [차익에게 들려] 오거늘 아버님(정반왕)이 보시고 땅에 거꾸러져(쓰러져) 우시니.

[태자께서 타시던] 건특이 오거늘 태자비(야수다라)가 [건특의] 고개를 안아 우시니.

[배경]

태자께서 고행림에서 머리를 깎으시고 보관, 명주, 영락 등의 장신구를 차익에게 주시고, 타고 오신 말 건특과 함께 가비라성으로 돌려보내셨다. 차익은 어찌할 수 없이 태자의 곁을 떠나, 울며 가비라성으로 돌아갔다. 한편 태자께서 사리진 가비라성에서는 정반왕과 태자의 이모 마하파자파제, 태자비 야수다라를 위시한 모든 사람들이 통곡하여 온 성이 울음바다가 되었다. 이때 차익이 건특을 데리고 성 안에 도착했지만 태자께서는 보이시지

않고 태자께서 쓰시던 보관, 명주, 영락 등만이 건특에게 실려 있었다. 이것을 본 정반왕은 땅에 엎드려 목을 놓아 울었고, 테자비 야수다라는 건특의 고개를 가슴에 안고 하염없이 울었다.

[어절 분석]

:봉寶관冠·이#①<u>·오나·ᄂᆞᆯ</u>#아·바:님#·보시·고#ᄯᅡ·해#②<u>·디여</u>#:우·르시·니
:건蹇·ᄠᅳᆨ特·이#·오나·ᄂᆞᆯ#피妃:ᄌᆞ子ㅣ#·보시·고#고·갤#안·아#③<u>:우·르시·니</u>

[주석]

① ·오나·ᄂᆞᆯ
⇒ 오-(동사 어간) + -거ᄂᆞᆯ(연결어미)

◎ '-나ᄂᆞᆯ'은 '오-' 뒤에 오는 '-거ᄂᆞᆯ'의 형태론적 이형태이다.

② ·디여
⇒ 디-(동사 어간) + -어(연결어미)

◎ 허웅·이강로(1962/1999: 116)에서는 '디여'의 의미를 '엎드러져, 넘어지어'로 해석하고 '디-' 자체의 뜻이 '넘어지다, 거꾸러지다, 떨어지다' 등인 것으로 설명하고 있다. 남광우·성환갑(1978/1982)에서도 동일하게 설명하고 있다.
'디-'의 단모음 'ㅣ'로 인해 '-어'에 반모음 'y'가 삽입되어 '-여'로 교체되었다.

③ :우·르시·니
⇒ 울-(동사 어간) + -(으)시-(주체 높임의 선어말어미) + -니(평서형 종결어미)

◎ 도정업(2007: 33)에 따르면, 후기중세국어에서 용언이 활용할 때, 어간말 'ㄹ'가 'ㄴ, ㄷ, ㅅ, ㅈ, ㅿ' 앞에서 탈락되는 현상은 매우 생산적이었으나, 주체 높임의 선어말어미 '-시-' 앞에서만 'ㄹ' 탈락이 일어나지 않는다고 한다. 그 이유는 '-(ᄋᆞ)시-/-(으)시-'의 특성에서 기인한다. 즉, '-(ᄋᆞ)시-/-(으)시-'의 매개모음 'ᄋᆞ/으'가 다른 '으'계 어미들(예: -(ᄋᆞ)니/-(으)니, -(ᄋᆞ)면/-(으)면 등)과 다른 성격을 지니고 있었기 때문이다.

[원문]

219)끠其:오五·씹十·밣八

하阿람藍가迦란蘭·ᄋᆡ그에·붏不·용用·쳐處·뗭定·을삼三년年·을니·기시·니

·흟鬱뚷頭람藍·붏弗·의그에비非비非:샹想·쳐處·뗭定·을삼三년年·을·ᄯᅩ니·기시·니

[현대역]

[태자께서] 아람220)과 가란221)에게 불용처정222)을 3년을(3년 동안) 익히시니.

[그 다음에 태자께서] 울두람불223)에게 비비상처정224)에 관한 선행225)을 3년을(3년 동안) 또 익히시니.

[배경]

태자께서 출가하신 뒤 고행림을 지나 아람 선인의 처소에 이르러 초선(初禪)·제이선(第二禪)·제삼선(第三禪)·제사선(第四禪)을 얻으시고 다시 가란의 처소를 찾으시어 논의와 문답으로 전과 같이 선정226)을 닦으신 것이 모두 삼년이었다.

다음에 울두람불에게 가시어 부처의 최고 선정인 비상비비상처의 현묘한 선행을 3년 동안 익히셨다.

[어절 분석]

①하阿람藍#가迦란蘭·ᄋᆡ#그에#②·붏不·용用·쳐處·뗭定·을#삼三#년年·을#니·기시·니

·흟鬱뚷頭람藍·붏弗·의#그에#비非비非:샹想·쳐處·뗭定·을#삼三#년年·을#·ᄯᅩ#니·기시·니

---

219) <月印 上:021b>

220) 아람(阿藍): 범어 'Alāra'의 음사로, '아라라(阿羅羅)'로 표기되기도 함. 수론파(數論派)의 학자로, 출가한 실달 태자에게 처음으로 해탈하는 부처의 도에 관하여 가르친 선인(仙人).

221) 가란(迦蘭): 범어 'Kālama'의 음사로, '아람(阿藍)'과 마찬가지로 수론파(數論派)의 학자이며 출가한 실달 태자를 가르쳤음.

222) 불용처정(不用處定): 흔히 '무소유처정(無所有處定)'이라 함. 십이문선(十二門禪) 중 사선(四禪)으로 무색사처(無色四處)의 제삼처(第三處)인 무소유처(無所有處)에 나기 위한 선정(禪定)을 가리킴.

223) 울두람불(鬱頭藍不): 범어 'Udraka-Rāmaputra'의 음사이며 '우타라라마자(優陀羅羅摩子)'라고도 함. 실달 태자가 우람과 가란에게서 무소유처(無所有處)의 선정을 배운 후에 왕사성(王舍城) 근처에서 비상비비상처(非想非非想處)의 선정을 울두람불에게 배웠음.

224) 비비상처정(非非想處定): 비상비비상처(非想非非想處)의 선정. 비상비비상처는 사공정(四空定) 가운데 제일 높은 곳으로 무색계 사천(無色界四天) 중의 제사천(第四天)을 가리킴.

225) 선행(禪行): 좌선하는 수행 또는 선(禪)의 실천을 말함.

226) 선정(禪定): 참선하여 삼매경에 이르는 것.

[주석]

① 하阿람藍#가迦란蘭·ᄋᆡ#그에

⇒ [하람(명사) # 가란(명사)] + ᄋᆡ(관형격조사) # 궁(대명사) + 에(부사격조사)

◎ 후기중세국어의 ‘에게’형에 대해 이기문(1961/1998: 181)에서는 ‘게, 그에, 거긔’ 등은 속격 ‘ᄋᆡ’, ‘ᄉ’를 지배함으로써 각각 평칭과 존칭의 여격을 나타낸다고 하였고, ‘그에’는 지시대명사 ‘그’와 ‘게’의 결합형으로, ‘-긔’는 ‘-게’의 이형태로 보았다. 허웅(1975/1995: 299)에서는 ‘그에, 거긔, 게’를 모두 ‘그어긔’에서 파생한 것으로 보았다. 그러나 이기문(1961/1998)에서의 문제점은 ‘그에’를 지시대명사 ‘그’와 ‘게’의 결합형으로 보는 이유와 근거를, ‘게’에 대해서도 아무런 설명이나 근거를 제시하지 않았다는 것이며, 허웅(1975/1995)에서는 ‘그에, 거긔, 게’를 모두 ‘그어긔’에서 파생한 것으로 보았는데, 문제점은 ‘그어긔’의 분석이다.

유창돈(1961: 293)에서는 ‘이어긔’는 ‘이(此) + 억(所) + 의(부사격조사)’의 구성으로, ‘억’은 ‘장소’의 의존명사로 설명하였고, 허웅(1975/1995: 297)에서도 유창돈(1961)과 마찬가지로 ‘억’을 ‘장소’를 나타내는 명사로 보았다.

이들 논의의 공통점에 대해 조재형(2010: 107)에서는 첫째 ‘억’을 장소 명사로 파악하며, 둘째 대명사 ‘이/그/뎌’와 부사격조사 ‘의’를 추출한다고 분석하였고, 이들 연구가 ‘이/그/뎌어긔’에서 ‘억’을 추출한 근거는 ‘이/그/뎌’와 ‘의’가 후기중세국어 시기에 생산적으로 쓰였기 때문인 것으로 파악하였다. 이점에 대해 조재형(2010)에서는 『분류두공부시언해(分類杜工部詩諺解)』 초간본에서는 ‘是中, 於此間, 於~此, 於~是’를 ‘잉어긔’로 언해했다는 점에서 ‘이/그/뎌 + 억 + 의’로의 형태소 분석을 비판하였다. 또한, 제주 방언과 육진 방언에서의 형태, 여러 방언에서 발견되는 [g > ŋ > ŋ' > ø]의 변화, 후기중세국어 시기의 ‘잉/궁/뎡 + 어긔’에서 발생하는 성조변화, 차자표기에 사용된 ‘良中(ㆍ +)’의 관계와 『분류두공부시언해(分類杜工部詩諺解)』 초간본의 ‘이어긔, 뎌어긔’가 『분류두공부시언해(分類杜工部詩諺解)』 중간본에서 각각 ‘이어긔, 져(< 뎌)어긔’로 형태가 변했다는 점에서 ‘잉, 궁, 뎡 > 이, 그, 뎌’의 변화 과정을 제시하면서 이를 근거로 기존 논의를 비판하고 ‘이/뎌/그어긔’를 다음과 같이 분석하였다.

예1) 잉/궁/뎡 + 어긔 > 이/그/뎌어긔 > 이/그/뎌어긔

한편, 성환갑·조재형(2011: 74~75)에서는 위 내용을 근거로 후기중세국어 시기의 ‘에게’형의 변천 과정에 대해 다음과 같이 정리하였다.

예2) ㉮ NP + 이/의 + 그에('궁 + 에'의 축약, NP + 에)

㉯ NP + 이/의 + 게('그 + 에'의 축약, NP + 에'의 형태)

위 과정에서 중요한 점은 '이/의그에'와 '이/의게'가 조사화한 형태가 아닌, 통사적 구조체의 단계에 머무르고 있다는 것이다. 이현희(1994: 43～44)에서도 '의게'가 이 시기에서는 완전히 조사화하지 못하고 여전히 '속격조사(의) # 형식명사(그)'의 성격을 지니고 있는 것으로 파악하였다.

한편, 후기중세국어 시기를 지나면서 '이/의게'의 '이/의'는 '에'로 대체되고, '게'는 허사화되면서 '이/의게 > 에게'의 과정을 거쳐서 현대국어와 동일한 '에게'로 그 형태가 굳어진 것으로 보인다.

※ 후기중세국어 시기 '에게'의 형성

현대국어 '에게'에 해당하는 15～16세기의 조사는 아직 조사화가 되지 못하고 다만 현대국어 '께'에 해당하는 'ᄭᅴ'만이 조사화 되어 사용된 것으로 보인다.

나카니시 교코(2005: 31～36)에서 제시하는 15～16세기의 '에게'형227)의 형태와 빈도를 간단히 정리하면 다음과 같다.

예1)228) ㉮ 이/의그에(88), 이/의게(435), 이/의거긔(9)

㉯ 이/의게(451), 이/의거긔(5)

15～16세기의 '에게'형에 대해 이기문(1961/1998: 181)에서는 '게, 그에, 거긔' 등은 속격 '이', 'ㅅ'을 지배함으로써 각각 평칭과 존칭의 여격을 나타낸다고 하였고, '그에'는 지시대명사 '그'와 '게'의 결합형으로, '긔'는 '-게'의 이형태로 보았다. 허웅(1975/1995: 299)에서는 '그에, 거긔, 게'를 모두 '그어긔'에서 파생한 것으로 보았다. 그러나 이기문(1961/1998)에서의 문제점은 '그에'를 지시대명사 '그'와 '게'의 결합형으로 보는 이유와 근거를, '게'에 대해서도 아무런 설명이나 근거를 제시하지 않았다는 것이며, 허웅(1975/1995)에서는 '그에, 거긔, 게'를 모두 '그어긔'에서 파생한 것으로 보았는데, 문제점은 '그어긔'의 분석이다. 유창돈(1961: 293)에서는 '이어긔'는 '이(此) + 억(所) + 의(부사격조사)'의 복합으로, '억'은

227) 여기에서는 현대국어의 '에게'에 해당하는 15～16세기의 조사를 '에게'형으로 지칭하고자 한다.

228) 예1) ㉮, ㉯의 ( )의 숫자는 나카니시 교코(2005: 31～36)에서 제시한 15～16세기의 각각 형태의 빈도수이다.

'장소'의 의존명사로 설명하였고, 그 근거로 평북방언의 '어방, 아근, 어근', 함남방언의 '그어비(其所)' 등을 제시하였다. 허웅(1975/1995: 297)에서도 유창돈(1961)과 마찬가지로 '억'을 '장소'를 나타내는 명사로 보았다.

이들 논의의 공통점에 대해 조재형(2010: 107)에서는 첫째 '억'을 장소 명사로 파악하며, 둘째 대명사 '이/그/뎌'와 부사격조사 '의'를 추출한다고 분석하였고, 이들 연구가 '이/그/뎌어긔'에서 '억'을 추출한 근거는 '이/그/뎌'와 '의'가 15세기에 생산적으로 쓰였기 때문인 것으로 파악하였다. 조재형(2010)에서는 『분류두공부시언해(分類杜工部詩諺解)』 초간본에서는 '是中, 於此間, 於~此, 於~是'를 '잉어긔'로 언해했다는 점에서 '이/그/뎌 + 억 + 의'로의 형태소 분석을 비판하였다. 또한 상술한 제주 방언과 육진 방언에서의 형태, 여러 방언에서 발견되는 [g > ŋ > ŋ' > ø]의 변화, 후기중세국어 시기의 '잉/궁/뎡 + 어긔'에서 발생하는 성조변화, 차자표기에 사용된 '良中(ɜ +)'의 관계와 『분류두공부시언해(分類杜工部詩諺解)』 초간본의 '이어긔, 뎌어긔'가 『분류두공부시언해(分類杜工部詩諺解)』 중간본에서 각각 '이어긔, 져(<뎌)어긔'로 형태가 변했다는 점에서 '잉, 궁, 뎡 > 이, 그, 뎌'의 변화 과정을 제시하면서 이를 근거로 기존 논의를 비판하고 '이/뎌/그어긔'를 다음과 같이 분석하였다.

예2) 잉/궁/뎡 + 어긔 > 이/그/뎌어긔 > 이/그/뎌어긔

성환갑·조재형(2011: 74~75)에서는 상술한 내용을 근거로 15세기부터 16세기까지의 '에게'형의 변천 과정에 대해 다음과 같이 정리하였다.

예3) ㉮ NP + ᄋᆡ/의 + 그에('궁 + 에'의 축약, NP + 에)
　　㉯ NP + ᄋᆡ/의 + 게('그 + 에'의 축약, NP + 에'의 형태)

위 과정에서 중요한 점은 'ᄋᆡ/의그에'와 'ᄋᆡ/의게'가 조사화한 형태가 아닌 통사적 구조체의 단계에 머무르고 있다는 것이다. 이현희(1994: 43~44)에서는 '의게'가 이 시기에서는 완전히 조사화 하지 못하고 여전히 '속격조사(의) # 형식명사(그)'의 성격을 지니고 있는 것으로 파악하였다. 한편 후기중세국어 시기를 지나면서 'ᄋᆡ/의게'의 'ᄋᆡ/의'는 '에'로 대체되고, '게'는 허사화 되면서 'ᄋᆡ/의게 > 에게'의 과정을 거쳐서 현대국어와 동일한 '에게'로 그 형태가 굳어진 것으로 보인다.

이 시기의 또 하나의 '에게'형에 해당하는 것이 있는데 바로 'ᄢᅴ'이다. 'ᄢᅴ'는 다음과 같이 당시 문장에서 찾아볼 수 있다.

예4) ㉮ 世尊ᄭᅴ 저ᄉᆞᆸ다 ᄒᆞᆫ 말도 <月釋 01:36b>

㉯ 世尊ㅅ긔 ᄉᆞᆯᄫᆞ샤ᄃᆡ <月釋 01:17a>

㉰ 부텨ᄭᅴ 브튼 거실씨 <月釋 02:16b>

㉱ 부텻긔 받ᄌᆞᄫᆞᆯ 고지라 몯ᄒᆞ리라 <月釋 01:10a>

위 예를 통해 알 수 있는 것은 위 예의 'ᄭᅴ, ㅅ긔'는 표기법상의 차이일 뿐, 같은 형태라는 것이다. ㉯의 'ㅅ긔'는 후기중세국어 시기에 선행 체언이 주로 한자 표기일 때, 주로 사용된 것으로 보이고, ㉱의 'ㅅ긔'는 선행 체언이 훈민정음 표기이며 선행 체언이 모음으로 끝날 때 사용되었다. ㉮, ㉰의 'ᄭᅴ'는 선행 체언이 한자 표기와 훈민정음 표기에서 모두 사용되었고 선행 체언이 자음이나 모음으로 끝날 때도 가리지 않고 사용되었다는 점에서 대표형으로 삼을 만하다.

한편 앞에서 설명한 바와 같이 이 시기의 '에게'형은 'NP_1 + ᄋᆡ/의(관형격조사) # NP_2 + 에(부사격조사)'의 구조를 가진다. 이에 대해 'ᄭᅴ'를 대입하면 위와 같이 분석될 수 없다. 즉, 'NP + ㅅ(관형격조사) # 긔'로 분석할 수 있는데 이때 '긔'를 어떻게 처리할 것인가가 문제가 될 수 있다.

우선 '긔'를 부사격조사로 분석할 수 있는데, 이는 차자표기에 사용된 '中(+)'에서 그 근거를 찾을 수 있다. 그러나 이는 중대한 문제를 야기할 수 있다. 즉, 'NP + ㅅ(관형격조사) + 긔(부사격조사)'의 구조는 성립할 수 없기 때문이다. 이런 결합은 국어 '관형격조사'의 통사적 특성에 위배된다. 왜냐하면, 관형격조사는 명사구 구조 폐쇄와 관련되며, 조사중첩의 조건에 위배되기 때문이다. 관형격조사는 '구조격조사'이며, 부사격조사는 '의미격조사'에 해당하는데 국어의 구조격조사와 의미격조사가 중첩할 때에는 항상 구조격조사가 의미격조사에 후행한다[229]. 즉, '관형격조사 + 부사격조사'의 결합이 일어날 수 없다는 것이다. 그러나 이런 언어학의 이론에 위배되는 예가 이두, 구결, 향가에 존재한다는 점에서 이를 어떻게 해석할 수 있는가와 차자표기에서의 '에게'형이 어떻게 후기중세국어 시기의 '에게'형으로 변했는가가 문제라 할 수 있다[230].

229) 구조격조사가 의미격조사에 후행한다는 논의는 이미 90년대 초반의 생성문법 기반의 연구에서 다루어졌다. 대표적으로 고창수(1992)에서는 구조격조사가 통사적 구조를 폐쇄하며 의미격조사에 후행한다는 것을 기본 논의로 다루고 있다. 황화상(2003: 133)에서는 구조격조사가 선행할 경우, 명사구 전체를 작용역으로 하지 못하므로 늘 구조격조사가 후행한다고 하였다. 임동훈(2004: 124)에서도 문법격과 의미격이 중첩될 때에는 항상 문법격이 의미격에 후행한다고 기술하였다.

230) 후기중세국어 시기에는 평성의 성조를 지닌 '내', '네' 뒤에 관형격조사 'ᄋᆡ/의'가 붙은 '내ᄋᆡ', '네의'의 용례가 다수 존재한다.

㉮ 내ᄋᆡ 어미 爲ᄒᆞ야 <月釋 21:57a>　㉯ 虛空이 네의 허러 ᄢᅦ욤 <楞解 4:92b>

두 번째로 '긔'가 기원적으로 실사였으며, 따라서 'ㅅ(관형격조사) + 긔(실사)'의 구성이 가능했으며, 후기중세국어 시기에는 이 구성이 문법화 되었다는 관점이 있다. 박진호(1998: 182~183)에서는 처소부사격과 '에게'형에 나타나는 '긔'는 본래 장소를 나타내는 명사였던 것이 조사로 문법화한 것으로 추측되며, 그러한 이유로 '에게'형을 표현하는 구성에서 '十(긔)'가 관형격조사 뒤에 나온다는 점을 제시하고 있다. 이러한 박진호(1998)의 주장은 남풍현(1977/1999: 266)에서 'ᅙ十'를 '관형격조사 + 체언의 처격형'으로 보는 점과 일맥상통하며[231], 조사중첩조건에도 위배되지 않는다는 점에서 긍정적으로 볼 수 있다[232].

한편, 성환갑·조재형(2011: 78~79)에서는 '에게'형의 '十(긔)'를 실사로 볼 근거가 충분치 않다며 이러한 주장에 대해 첫째, 차자표기에서 '良中'은 처소 부사격조사로만, '亦中'은 처소 부사격조사와 '에게'형으로도 사용이 되었는데 이들의 '中'은 '衣希'의 '希(中)'와는 다르게 실사이거나 또는 실사가 허사화가 되었다고 볼 수 없다고 보았다. 즉, 궁극적으로 '良中, 亦中'의 '中'과 '衣希'의 '希(中)'의 문법적 성질이 어떠한 조건에서 어떻게 다른지를 설명할 수 없으며, 둘째, 구결의 'ᅙ十'와 이두의 '亦中'은 '에게'형과 처격의 기능을 모두 수행하고 있으며, 특히 이두에서 '亦中'이 초기에는 처격의 기능만을 수행하다가 후에 '에게'형으로 전용되었다는 점은 '처소 부사격조사 > 에게'의 과정을 입증해주는 것이라고 주장하였다.

평성의 성조를 지닌 '내', '네'는 '나/너 + ㅣ(관형격조사)'로 분석되는데 ㉮, ㉯와 같이 '나/너 + ㅣ(관형격조사) + 익/의(관형격조사)'의 구조는 일반적으로 구조격조사끼리는 결합할 수 없다는 조사 결합 원리에 위배된다. 그러나 이런 조사 중첩 규칙의 위반 경우는 '내익, 네의'에만 국한되며, 이는 특별한 음운 환경(ㅣ)에서만 발생되는 예외적인 경우라 할 수 있다.

231) '十'를 실사로 보는 견해는 남풍현(1977/1999)에서 비롯된 것으로 보인다. 남풍현(1977/1999: 268)에서는 '衣(익/의)'가 사물지시대명사 '그'와 결합하여 처소지시의 대명사 '긔'가 되고 이것이 처격조사로 전용되어 '中'이 되었고, '中'은 기원적으로 '긔'와 '의'를 표기할 수 있었다고 하였다. 그러나 성환갑·조재형(2011: 78)에서는 다음의 이유를 들어 남풍현(1977/1999)의 주장을 비판하고 있다. 첫째, 기원적인 부사격조사로 '익/의'를 설정한 것은 '衣'의 현대 한자음을 의식한 것으로 보이며, '衣'의 고대국어시기 독음과 현대 한자음이 동일하다는 근거가 없다. 둘째, '中'이 기원적으로 '긔'와 '의'를 표기할 수 있다는 것은 '中'의 독음이 [긔], [의]라는 것으로 어느 조건에 의해 '中'의 독음과 기능이 달라지는지에 대한 근거가 없다. 게다가 남풍현(1977/1999: 248)에서 제시한 '中'의 독음 변화 '긔/긔 > 희/희 > 익/의'와도 상충된다.

232) 국어의 관형격(소유격, 속격)은 핵인 N의 지정어 위치에 할당되는 구조격으로 평가되기도 하고 NP 범주의 통사 구조를 폐쇄하는 DP의 핵으로 평가되기도 한다. '의'를 N의 지정어인 DP의 핵으로 보든 NP 범주의 통사 구조를 폐쇄하는 DP의 핵으로 보든 '의'가 더이상 오른쪽으로 형태론적 확장을 보이지 않는다는 점에서는 마찬가지이다. 기존의 견해들이 관형격조사인 '의(< 衣)'의 뒤에 나타나는 '*게'를 '체언(ㄱ/그/거 < 긍/그에) + 처격조사(에)'의 결합형으로 보아 기원적으로는 '의(관형격조사) + ㄱ(체언) + 에(처격조사)'의 구성을 가정하게 된 것은 이러한 관형격조사 '의'의 특성에 기댄 바가 크다고 생각한다.

세 번째로, 'NP + 이/의/ㅅ(관형격조사) + 긔'의 구조에서 '이/의/ㅅ'가 관형격조사가 아닌 부사격조사의 기능을 수행한 것으로 볼 경우이다[233].

이러한 가정이 가능한 이유는 향찰과 구결에서 '衣/矣'가 속격과 처격의 기능을 모두 수행하기 때문이다. 한편, '亦中'의 존재는 시사하는 바가 크다. 이두에서 '亦中'은 이두의 대표적인 처소 부사격조사 '良中'의 이표기로 사용되기도 하였고, 『송광사노비문서(松廣寺奴婢文書)』(1281年)부터는 거의 '에게'형으로 전용되었다. 또한, 구결에서 '〻十/亠十(亦中)'은 처격의 기능만을 수행한다. 그런데 '亦'이 차자표기에서 관형격조사로 사용되지 않았다는 점은 이두의 '亦中'과 동일한 기능을 수행하는 '衣希'의 '衣'가 속격이 아닌 처격의 기능을 수행했을 것이라는 가정을 지지해준다. 이 점과 관련하여 아래의 용례를 참조할 수 있다.

예5) 南无佛也白孫舌<u>良衣</u> <稱讚如來歌 2>

성환갑·조재형(2011: 79)에서는 예5) '良衣'의 '衣'가 속격의 기능을 수행했을 가능성은 없다고 보았다. 왜냐하면 문장 의미상 관형격조사 '叱(ㅅ)'와 동일한 기능을 수행한다고 볼 수 없으며 또한, 차자표기에서 '良 + 衣'의 예가 이외에는 없기 때문이다. 이러한 이유로 성환갑·조재형(2011)에서는 '良衣'은 의미상 '良中'으로 해석할 수밖에 없으며, 따라서 '衣 = 中'이라는 도식이 가능하다고 보았다.

한편, 향찰에서 '矣, 衣'는 부사격조사와 관형격조사의 기능을 모두 수행하였다는 점에서 이른 시기에 관형격조사와 부사격조사가 동일했다는 주장이 있다. 대표적으로는 양주동(1949), 최세화(1964), 박병채(1965), 이숭녕(1961/1997), 허웅(1975/1995) 등이 있으며, 이러한 주장은 홍종선(1984)에서 좀 더 구체화되었다. 홍종선(1984: 281~283)에서는 어떤 사물이 속해 있는 위치를 볼 때, 귀속 개념으로 보면 '속격'이고 위치 개념으로 보면 '처격'이 되며, 속격과 처격이 같은 의미의 미분화 상태로 오다가 개념이 구체적으로 세분되면서 분리되었다고 보았다.

성환갑·조재형(2011: 80)에서는 지금까지의 내용을 근거로, '衣希', '𛀁十(衣中)'를 '衣/𛀁 + 希/十'로 보는 관점에 있어서 '良中, 亦中, 𛀁十'와 '衣希'의 비교를 통해 '衣希(中)'의 '希(中)'가 실사의 허사화 과정에 있었던 것으로 보기는 어렵다고 하였고, 오히려 이른 시기에 속격과 처격이 미분화했다는 주장을 고려하면 '衣希(中)'의 '衣'가 속격이 아닌 처격

233) 이런 견해는 일찍이 양주동(1975: 514)에서 '衣希'의 '衣'를 '방위격조사'로 기술한 데서 찾아볼 수 있다. 또한, 남풍현(1998/1999: 15)에서도 구결의 '𛀁十'를 두 부사격조사가 중복된 복합조사로 설명하였다.

의 기능을 하고 있는 것으로 볼 수 있다고 하였다.

한편, 이런 속격과 처격의 분화는 '에게'형의 형태적인 변화를 야기한 것으로 보인다. 성환갑·조재형(2011: 81)에서는 속격과 처격의 분화가 일어나기 이전에는 '衣/ㅋ + 希/+ > 衣希(ㅋ+)'의 변화가 가능했으나 속격과 처격의 분화로 인해 더이상 '衣希(ㅋ+)'의 형태를 유지할 수 없게 된 것으로 보았다. 또한, '良中 > 에'의 변화로 인해 '에게'형은 그 형태 단위가 재형성된 것으로 보았다. 즉, '의(관형격) + 에(부사격)'로 그 형태가 변화되었을 가능성이 높다는 것이다. 그러나 이 형태 역시 조사 중첩 조건에 위배되기에 이 조건을 충족시키고자 성환갑·조재형(2011)에서는 명사가 삽입된 것으로 보았다. 즉, '의(관형격조사) + 긍(명사) + 에(부사격조사)'의 통사적 구조체로 형태 변화를 겪었다는 것이다. 상술한 내용을 정리하면 '에게'형은 다음과 같은 변화 과정을 겪은 것으로 보인다.

예6)[234] ㉮ 中(+) > 衣希, ㅋ+
㉯ '良中 > 에' 변화에 따른 '衣希, ㅋ+' 구성의 변화 > 의에
㉰ 속격과 처격의 분화 및 조사중첩 조건 위배에 따른 '그' 삽입과 재구조화
㉱ 의 + 긍 + 에 > 의그에 > 의게(> 에게)

'에게'형은 크게 두 가지의 변화를 겪었던 것으로 보인다. 그 하나는 예6) ㉯의 과정에서 '良中 > 에' 변화에 따른 '衣希, ㅋ+ 구성의 변화 > 의에'의 과정을 겪었던 것으로 보인다. 이와 함께 하나의 기능 단위였던 '의'의 속격과 처격의 기능이 분화를 한 것으로 보인다. 이로 인해 '에게'형은 예6) ㉰~㉱의 과정을 겪으면서 형태 자체가 조사중첩 조건에 위배되어 재구조화를 통해 '긍'이 삽입되어 결과적으로 15세기의 통사적 구조체 '의 + 긍 + 에(> 의그에)가 된 것으로 보인다.

한편 예4)의 'ᄭᅴ'는 지금까지의 논의를 고려하면 후기중세국어 시기에는 공시적으로 형태소 분석을 할 수 없는 여격 기능을 수행하는 부사격조사로 보아야 할 것이다. 다만, 통시적으로는 다른 '에게'형과 동일하게 'ᄭᅴ'가 형성되었을 때에는 'ㅅ'이 속격과 처격이 미분화 상태이었기에 'ㅅ + 긔'의 구조가 가능했고, 다만 다른 '에게'형과 다르게 속격과 처격의 분화가 되기 전에 'ᄭᅴ'가 화석화되어 하나의 문법 형태소가 되었기에 예6)의 ㉰의 과정을 거치지 않았던 것으로 보인다. 따라서 후기중세국어 시기의 여격의 부사격조사 'ᄭᅴ'는 공시적으로 분석할 수 없는 단일 형태소로 보아야 할 것이다[235].

---

234) 성환갑·조재형(2011: 82)에서 인용.

235) 이현희(1994)에서는 '의게' 뿐만 아니라 'ㅅ그에, ᄭᅴ'도 후기중세국어 시기에 완전히 조사화가 되지 못한 것

② ·붏不·용用·쳐處·뗭定·을#삼三#년年·을

⇒ 붏용쳐뗭(명사) + 을(목적격조사) # 삼(수관형사) # 년(의존명사) + 을(목적격조사)

◎ 후기중세국어에서는 목적어가 겹쳐 쓰이는 구문이 많다. 이러한 이중목적어구문 중에는 '주-, 얼이-' 등의 서술어가 쓰여 현대국어라면 부사격조사 '에게'가 결합할 부분에 목적격조사 '을'이 나타나는 경우도 있다. 이광호(1972: 39)에서는 이렇게 목적격조사를 취한 간접 목적어를 '여격적 대격'이라 부르기도 한다. 또한 고영근(1987/2010: 219)에서는 목적어가 겹쳐 있을 때 앞선 목적어가 주어의 기능을 갖는 것도 있다고 하였다.

위 구문에서는 '에게'가 결합할 수 있는 간접 목적어는 없으며, 앞선 목적어가 주어의 기능을 갖는 것도 아닌 것으로 판단된다. 현대국어의 직관으로 본다면, 두 번째 나오는 목적어인 '삼 년'에 '을'이 없는 구성이 자연스러운 문장이 될 것이다. 그러나 이는 어디까지나 현대국어의 직관이며, 후기중세국어의 통사적 특징 중의 하나로서, 이중목적어가 빈번하게 쓰였음을 알 수 있다.

[원문]

끠其:오五·씹十:궇九

야耶슈輸ㅣ쪈前·세世·예·륙六:리里·롤236)·뻐·디실·씨·륙六년年·을:몯나ᄒᆞ·시·니

라羅운雲·이쪈前·세世·예·륙六·싏日·올니ᄌᆞ·실·씨·륙六년年·을:몯·나앳·더시·니

[현대역]

[태자비] 야수다라께서 전세에서 [야수다라 전생의 어머니가 머리에 타락을 이고] 육리를 [가도록 전생의 야수다라가 돕지 아니하시고] 뒤떨어지셨으므로 [현세에서 야수다라가 뱃속에 잉태한 나운을] 6년 [동안]을 못 낳으시니.

나운237)께서 전세에서 6일 [동안]을 [자신을 기다리는 선인을] 잊으셨으므로 6년을 [어머니 야수다라 뱃속에서] 못 나아 있으시더니(못 나오고 계속 계시더니).

으로 논의하고 있으나, 이호권(2001)에서는 『석보상절(釋譜詳節)』의 'ㅅ그에'와 '끠'를 비교 논의하면서, 일반적으로 선행 체언이 존칭일 경우 'ㅅ'이 '그에/긔'에 결합해야 하는데 'ㅅ그에'가 평칭의 선행 명사에 후행하는 경우가 있음을 지적하고, 이를 통해 'ㅅ그에'는 통사적 결합인데 반해, '끠'는 이현희(1994)의 논의와는 달리 이미 존칭의 여격조사로 문법화된 것으로 보고 있다.

236) <月印 上:022a>

237) 나운(羅雲): 범어 'Rahula'의 음역으로 '나후라'라고도 함. 석가모니와 야수다라의 사이에서 난 아들.

[배경]

태자비 야수다라가 전세에 노모와 함께 타락[238]을 팔아서 가난한 생계를 이었는데, 하루는 노모가 육십 리(또는 육 리)를 타락을 머리에 이고 가는 동안 깜빡 잊고 타락을 머리에 이는 것을 노모와 바꾸지 않았다. 그 응보[239]로 현세에서 야수다라는 나운(나후라)을 6년간이나 뱃속에 잉태하고 있었다.
나운이 전세에 임금으로 있을 때 자신을 찾아온 선인을 기다리게 하고는 깜빡 잊어 엿새 동안이나 선인을 굶게 했던 일이 있었다. 그 응보로 나운은 어머니 야수다라의 뱃속에서 제때에 나오지 못하고 6년을 머물러 있었다.

[어절 분석]

야耶슈輸ㅣ#쪈前·셰世·예#·륙六#:리里·롤#①·뼈·디실·씨#·륙六#년年·을#:몯#나ᄒᆞ·시·니
라羅운雲·이#쪈前·셰世·예#·륙六#·ᅀᅵᇙ日·올#②니ᄌᆞ·실·씨#·륙六#년年·을#:몯#③·나앳·더시·니

[주석]

① ·뼈·디실·씨
⇒ 다음과 같이 세 가지의 형태 분석이 가능하다.

예) ㉮ [뼈-(어근) + 디-(어근)]- + -시-(주체 높임의 선어말어미) + -ㄹ씨(연결어미)
㉯ [{ᄡᅳ-(동사 어간) + -어(연결어미)} + 디-(동사 어간)]- + -시-(주체 높임의 선어말어미) + -ㄹ씨(연결어미)
㉰ [뼈-(어근) + -디(피동 접사)]- + -시-(주체 높임의 선어말어미) + -ㄹ씨(연결어미)

◎ 우선 ㉰는 '디'를 피동 접사로 분석하는 경우이다. 그러나 후기중세국어 시기에 피동 접사의 목록에 '*-디'가 없다는 점에서 적절하지 않은 분석이라고 할 수 있다. ㉯는 '뼈'를 'ᄡᅳ- + -어'의 형태로 보고 '뼈디-'를 통사적 합성어로 판단하는 경우이다. 그러나 후기중세국어의 'ᄡᅳ-'는 현대국어 '뜨다'의 의미를 가진 형태이고, '뼈디-'는 '뜨다'의 의미가 없다는 점에서 적절하지 않은 분석이라고 할 수 있다. 마지막으로 ㉮는 '뼈디-'를 비통사적 합성어로 판

238) 타락(駝酪): 소의 젖. 여기에서는 짐승의 젖을 의미함.
239) 응보(應報): 선악의 행위에 응하여서 그 갚음이 나타나는 고락(苦樂)의 결과. 불교에서 '업(業)' 또는 '업보(業報)'란 중생이 몸과 입과 뜻으로 짓는 선악의 소행, 혹은 전생의 소행으로 말미암아 현세에 받는 응보를 가리킴.

단하는 경우이다. 현대국어 '떨어지다'의 의미를 지닌 후기중세국어 어형은 '뻐러디(뻘어디)-'이므로 '뻐'와 '뻘'의 형태가 같지 않다는 점에서 문제가 있다고 할 수 있다. 그러나 '뻐디-'의 현대 의미가 '떨어지다'라는 점과, 현대국어 '떼-'의 후기중세국어 어형으로 '뻐히-'와 '뻐이-'가 문증 된다는 점에서 ㉮의 분석 가능성이 매우 높다고 할 수 있다.
즉, '뻐히-'는 '뻐-(어근) + -히-(사동 접사)'로 분석이 가능하고, 따라서 '뻐-'의 존재를 확인할 수 있다는 것이다.
결국 '뻐-'와 '뻘-'을 쌍형어 관계로 판단한다면 '뻐디실쎠'에 대한 위 분석 중, ㉮가 가장 적절하다고 할 수 있다. 여기에서는 '뻐디실쎠'에 대한 분석으로 ㉮를 제시하고자 한다.

◎ 남광우·성환갑(1978/1982: 134)와 허웅·이강로(1962/1999: 121)에서는 '뻐디-'의 의미를 '떨어지다(落)'와 '뒤떨어지다(落後)'의 두 가지로 설명하며, 여기서의 '뻐디-'를 '뒤떨어지다' 해석하고 있다.

② 니ᄌᆞ·실·쎠
⇒ 닞-(동사 어간) + -(ᄋᆞ)시-(주체 높임의 선어말어미) + -ㄹ쎠(연결어미)

◎ 현대국어 어휘 '잊-'의 후기중세국어 어형은 '닞-'이며, 두음법칙에 의해 '닞- > 잊-'의 형태변화를 겪었다.

③ ·나앳·더시·니
⇒ 나-(동사 어간) + -아(연결어미) # 잇-(동사 어간) + -더-(시상의 선어말어미) + -시-(주체 높임의 선어말어미) + -니(평서형 종결어미)

◎ 연결어미 '-아/-어'와 후행하는 용언 어간 '잇-'은 음절 축약에 의해 '-앳-/-엣-'의 형태로 바뀌었다. 이러한 '-어 # 잇- > -엣-'의 음절 축약은 결과적으로 과거를 의미하는 시상의 선어말어미 '-았-/-었-'의 문법화로 이어졌다.

◎ 후기중세국어 시기의 선어말어미 '-더- + -시-'의 병렬 순서가 이미 후기중세국어 시기에 '-시- + -더-'로 바뀐 용례가 발견되며 현대국어로 오면서 '-시- + -더-'의 바뀐 병렬 순서가 정착되었다. 이렇게 병렬로 놓인 형태소들의 순서가 바뀌는 것을 '전위(轉位)'라고 한다. 전위 현상과 관련하여 이현규(1995: 161)에서는 서술어를 구성하는 선어말어미들의 내적 질서의 변화가 그 원인이라고 하였다. 예를 들어, '-숩-'의 변화와 더불어 같은 서열상의 기능을 하던 '-시-'가 '-숩-'의 위치를 차지함에 따라 '-시-'가 '-더-'에 선행하는 결과를 가져

③ :님·금#씬臣:ᅘᅡ下ㅅ#ᅌᅴ疑심心·이·러시·니
⇒ [님금(명사) # 씬ᅘᅡ(명사)] + ㅅ(관형격조사) # [의심(명사) + 이(서술격조사)]- + -더-(시상의 선어말어미) + -시-(주체 높임의 선어말어미) + -니(평서형 종결어미)

◎ 서술격조사 ‘이-’ 뒤에서 ‘-더-’의 ‘ㄷ’가 ‘ㄹ’로 바뀌었다.

◈ 후기중세국어 시기 어미에서의 ‘ㄷ → ㄹ’ 교체 현상에 대한 자세한 설명은 p.74를 참조.

④ ·믈#ᄀᆞᆸ·고
⇒ 믈(명사) # ᄀᆞᆸ-(동사 어간) + -고(연결어미)

◎ 현대국어 어휘 ‘고이-, 괴-’의 후기중세국어 어형은 ‘ᄀᆞᆸ-’이다.

⑤ 련蓮·이#·프·니
⇒ 련(명사) + 이(주격조사) # 프-(동사 어간) + -니(연결어미)

◎ 현대국어 ‘피-’의 후기중세국어 어형으로는 ‘프-’와 ‘픠-’와 ‘퓌-’가 있었다. 후기중세국어 문헌에서는 주로 ‘프-’의 형태가 쓰였고, 후기중세국어 문헌 중 『분류두공부시언해(分類杜工部詩諺解)』에서 ‘픠-(예: ᄀᆞᆮ 고ᄌᆞ로 히여 픠게 ᄒᆞ몰 <初杜解 10:7a>)’의 형태가 보이고, 16세기 문헌인 『번역박통사(飜譯朴通事)』에서 ‘퓌-(예: 수울 이시며 고지 퓌여신 저기 어든 <飜朴上 7b>)’의 형태가 보인다. 『우리말샘』에 따르면, 근대국어 시기 이후로는 ‘프-’가 사라지고 ‘픠-’와 ‘퓌-’가 남았으나, 19세기에 자음 뒤에서 모음 ‘ㅢ’가 ‘ㅣ’로 발음되는 경향에 따라 ‘픠- > 피-’의 형태 변화를 겪으면서 ‘픠-, 퓌-, 피-’가 공존하다가 현대국어로 오면서 ‘피-’로 형태가 통일되었다.

[원문]

끵其·륙六·씹十·ᅙᅵᇙ一
꺙伽쌰闍산山:코苦·ᅘᆡᆼ行·애·륙六년年·을안ᄌᆞ·샤마·리우·희:가·치삿·기·치·니
꾱憍띤陳ᅀᅧ如:유무·에삼三·뿐分·이슬ᄒᆞ·샤술·위우·희:쳔시·러보·내시·니

[현대역]

[태자께서] 가사산[242] 고행에(가사산에서 고행하실 때) 6년을 앉으시어(앉아 계시어) 머리 위

에 까치가 새끼 치니.
교진여[243]의 [태자에 관한] 유무[244]에 [정반왕과 태자의 이모 마하파자파제, 태자비 야수다라] 세 분께서 슬퍼하시어 수레 위에 천(재물) 실어 보내시니.

[배경]

태자께서 가사산에서 고행하실 때, 6년 동안이나 꼼짝 않고 앉으셔서 고행하셨기 때문에 몸은 여위고 머리털은 마구 자라 머리 모습이 마치 까치가 새끼를 친 듯하였다.
정반왕의 밀명으로 태자의 뒤를 따라다니며 동정을 살피던 교진여가 태자께서 고행하시는 실상을 정반왕과 태자의 이모와 태자비에게 전하니, 모두 슬퍼하고 태자의 시봉[245]에 필요한 재물을 수레에 실어 차닉을 시켜 태자께 보내드렸다. 그러나 태자께서 받지 아니하시고 수레와 재물은 돌려보내고 교진여는 남아서 태자의 시중을 들었다.

[어절 분석]

꺄伽쌰闍산山#:코苦·ᅘᆡᇰ行·애#·륙六#년年·을#안ᄌᆞ·샤#①마·리#우·희#②:가·치#삿·기#·치·니
꾤橋띤陳ᅀᅧ如#:유무·에#삼三#·ᄲᅮᆫ分·이#슬ᄒᆞ·샤#③술·위#우·희#④:쳔#시·러#보·내시·니

[주석]

① 마·리#우·희
⇒ 마리(명사) # 웋(명사) + 의(부사격조사)

◎ 후기중세국어 어휘 '마리'는 '머리털(髮)'을 의미하였다. 한편 현대국어 어휘 '머리털'은 '머리'와 '털'이 결합한 합성어로, '머리의 털'을 뜻한다. '털'의 후기중세국어 어형은 '털', '터리', '터럭'과 같은 세 가지로 나타나는데, 이들 중에서 어느 것이 가장 고형인지 판단하기 어렵다. 문헌상으로 '터리'는 『석보상절(釋譜詳節)』(1447)에서 처음 발견되고, '털'은 『능엄경언해(楞嚴經諺解)』(1461)에서 처음으로 발견된다. 따라서 '터리'가 시기적으로 약간 빠르기는 하지만 두 문헌의 간행 시기의 차이가 불과 14년이라는 점에서 이러한 차이는 큰 의미를 가

242) 가사산(伽闍山): 범어 'Gayasirsa'의 음역으로, 석가모니가 6년간 고행하던 산. 중인도 가야시의 서남쪽에 있으며, 상두산(象頭山)이라고도 함.
243) 교진여(憍陣如): 아고교진여(阿苦憍陣如, A jnata-Kaundina). 석가모니가 출가한 뒤 그 소식을 알기 위하여 정반왕이 밀파한 사람으로, 석가모니가 성도(成道)한 후 그 제자가 되어 다섯 비구(比丘)의 우두머리가 됨.
244) 유무: 소식이나 편지의 옛말.
245) 시봉(侍奉): 모시어 받듦.

졌다고 할 수 없을 듯하다. 다만 '드르 > 들'과 같은 변화를 고려하면 '터리 > 털' 변화를 상정하는 것이 자연스러울 듯하다. 후기중세국어 시기에 '머리'와 '마리'가 공존하였기 때문에 '마리터럭'과 '머리터럭', '마리털'과 '머리털'이 각각 공존하는 모습을 보여 준다. '마리털'과 '머리털'의 공존은 19세기까지 계속되다가 20세기에 가서 '머리털'로 단일화 되었다.

◎ '위'를 의미하는 후기중세국어의 '웋'는 'ㅎ' 말음체언이다. 'ㅎ' 말음체언은 'ㅎ'로 끝나는 체언을 말하는데, 이진호(2017: 547)에 의하면, 'ㅎ' 말음체언에 관한 용어는 다양하지만 'ㅎ' 말음체언을 가리키는 용어는 'ㅎ'의 첨가설을 주장하는 것들을 제외하면 모두 'ㅎ'로 끝나는 명사 또는 체언이라는 의미를 담고 있다. 그러나 이런 용어들은 왜 특정 체언에서만 'ㅎ'가 나타나는지를 설명하지 못한다. 한편, 'ㅎ' 말음체언의 'ㅎ'는 기원적으로 'ㄱ'의 자음 약화를 거쳐 나온 것일 가능성이 높다. 이것은 주로 방언에 남아 있는 'ㅎ' 말음체언의 반사형을 통해 확인할 수 있는데, 방언에서는 '욱에, 욱으로(上), 독(石), 가슭에(秋)' 등에서 보듯 후기중세국어 시기에 'ㅎ' 말음체언이었던 명사들의 말음이 'ㄱ'로 남아 있는 경우가 적지 않다. 특히 전북 방언에서는 '위에'를 의미하는 방언형으로 '우그(욱으), 우게(욱에)' 등이 남아 있다. 따라서 후기중세국어의 '우희'는 '*우긔'에서 '긔'의 'ㄱ'가 약화된 형태라고 판단할 수 있다. 그런데 전기중세국어 구결 자료에서 '上+'를 발견할 수 있는데 이는 '우긔' 정도로 읽을 수 있다. 특이한 점은 차자표기에서 사용되는 부사격조사로 '中(+)'가 있는데 이 형태소의 음가가 '긔'로 추정된다는 점이다. 따라서 '上+(우긔)'의 '上(우)'는 'ㄱ' 말음 체언이 아닐 가능성이 있다.

지금까지의 논의를 정리하면 후기중세국어에서 보이는 'ㅎ' 말음체언 중에는 첫째 'ㄱ' 말음 체언의 'ㄱ'가 약화된 형태와 둘째 명사에 후행하는, 어두에 'ㄱ' 음을 가지는 형태소가 'ㄱ' 약화를 거쳐 형성된 것의 두 가지 경우가 있다고 생각할 수 있다.

② :가·치#삿·기
⇒ 가치(명사) # 삿기(명사)

◎『우리말샘』에 따르면, 현대국어 어휘 '까치'의 후기중세국어 어형인 '가치'는 15세기 문헌에서부터 나타나며, 19세기까지 '가치' 형태로 쓰이다가 어두 경음화를 거쳐 현대국어의 '까치' 형태가 등장하였다. 17세기 문헌에서는 'ㅊ' 앞에서 'ㄴ'가 첨가된 형태인 '간치'의 예도 보인다.

◎ 현대국어 어휘 '새끼'의 후기중세국어 어형인 '삿기'는 15세기 문헌에서부터 나타난다. 근

대국어 시기에 제1음절의 끝소리 'ㅅ'의 영향으로 제2음절의 첫소리 'ㄱ'가 경음화가 되고, 18세기에 단모음 'ㆍ, ㅓ, ㅏ'를 지닌 단어는 후행하는 'ㅣ' 모음의 영향으로 각각 'ㆎ, ㅐ, ㅔ'가 되는 'ㅣ' 역행동화를 겪어 19세기에는 '새끼, 색기'의 형태가 나타났다. 이들은 경음 표기 방식만 다를 뿐 현대국어의 '새끼'와 발음이 동일했던 것으로 추정된다. 'ㄱ'의 된소리를 'ㅺ'으로 표기하던 것이 'ㄲ'로 표기가 바뀌면서 현대국어 어형 '새끼'가 되었다.

③ 술·위
⇒ *술귀(명사)

◎ '술위'는 후기중세국어에서 일반적인 현상인 'ㄹ' 뒤 'ㄱ' 약화가 반영된 표기로 보인다. 즉, '술위'는 '*술귀'의 'ㄱ' 약화 형태로 볼 수 있다. 후기중세국어에서는 '몰애(< *몰개)'와 '일우-(< *일구-)' 등에서 'ㄹ' 뒤 'ㄱ' 약화 현상을 쉽게 찾을 수 있다. 또한, '술개(경남, 중국 흑룡강성)', '술구(평안)', '술기(함경)' 등의 '수레'의 방언형에서 그 근거를 찾을 수 있다. 이러한 변화까지 감안하면 현대국어 '수레'는 다음의 어형 변화를 겪은 것으로 보인다.

예) *술귀 > 술위 > 술의 > 수릐/수ᄅᆡ > 수레

④ :쳔#시·러
⇒ 쳔(명사) # 싣-(동사 어간) + -어(연결어미)

◎ 후기중세국어 어휘 '쳔'은 '재물'을 뜻하였던 것으로 보인다.

예1) ㉮ 도ᄌᆞᆨ돌히 네의 쳔 이시며 쳔 업슨 주를 엇디 알리오[246] <飜老 上:27b>
㉯ 큰 長者ㅣ 이쇼ᄃᆡ 나히 늙고 쳔랴이 그지 업고 <月釋 12:20a>
㉰ 財ᄂᆞᆫ 쳔량이라 <月釋 12:22a>

예1)의 ㉮에서 '쳔'은 '사물(物)'의 번역어이다. '쳔'이 '재물'의 뜻을 가지고 사용된 시기는 대체로 17세기까지였으며, 그 이후에는 '쳔량'이라는 단어로 대치되었다. 예1)의 ㉯와 ㉰에서 볼 수 있듯이 15세기에도 이 '쳔량'은 '쳔'과 함께 '재물'을 뜻하는 단어로 사용되었다.

예2) ㉮ 네 이 여러 ᄆᆞ쇼돌히 (중략) 콩이 대되 언머만 쳔이 ᄃᆞᄂᆞᆫ고[247] <飜老 上:11b>

246) 賊們怎知你有錢沒錢
247) 你這幾箇頭口 每夜喫的草料 通該多少錢

㉯ 내 다ᄆᆞᆫ 이 아니 여러 ᄆᆞᆯ 모라 가며 ᄯᅩ 아ᄆᆞ란 쳔도 업스니248) <飜老 上:27a>

㉰ 고렷 쳔 어더ᅀᅡ 셜흔 ᄒᆡ롤 즐기려니249) <飜朴 上:33a>

예2)에서 확인할 수 있듯이 '쳔'은 대부분 한자 '전(錢)'에 대응되고 있다. 그리고 이 '전(錢)'의 중국음은 모두 '쳔'이고 그 성조는 상성이어서 언해문에 쓰인 '쳔'과 모든 것이 일치한다. '전(錢)'의 당시 우리 한자음은 '젼'이었지만, 중국음은 '쳔'이었다. '전(錢)'은 중국 당대에 쓰이던 화폐 단위였는데, 이것이 우리나라에 중국 한자음이 그대로 차용되어 '돈'이나 '재물'을 가리키게 된 것으로 보인다.

◎ '득(得)'은 후기중세국어 시기에 '얻-' 외에 '싣-'이라는 훈(訓)을 가지고 있었다. 한편 기존 논의들에서는 『훈민정음 언해본(訓民正音 諺解本)』의 '시러'를 공시적으로 '싣-(동사 어간) + -어(연결어미)'가 화석화된 부사로 보고, 그 의미를 한문에서의 '得(득)'의 용법 중 하나인 '~할 수 있다'로 보아 '시러'를 '능히' 정도로 현대역 하였다. 그러나 여기에서의 '쳔 시러'의 '시러'는 문맥상 '싣다'의 부사형인 '실어'가 연철로 표기된 것이다. 즉 기존의 논의에서 말하는 '능히'로 해석할 수 없다. 또한, 『훈민정음 언해본(訓民正音 諺解本)』 협주문에서 나타나는 '得은 시를씨라'의 '시를씨라'를 고려하면 『훈민정음 언해본(訓民正音 諺解本)』의 '시러'가 화석화되었다는 주장에 동의할 수 없을 것이다.

[원문]

끠其·륙六·씹十·ᅀᅵ二

250)·짭雜:ᄎᆞᇢ草·목木것·거다·가ᄂᆞ·ᄎᆞᆯ거우ᅀᆞ·ᄫᆞᆫ·ᄃᆞᆯᄆᆞᅀᆞᆷ·잇·ᄃᆞᆫ뮈·우시·리·여

ᄒᆞᆫ:낱·ᄡᆞᆯ·올:좌·샤·ᄉᆞᆯ·히여·위신·ᄃᆞᆯ금金·ᄉᆡᆨ色·잇·ᄃᆞᆫ가·ᄉᆡ시·리·여

[현대역]

잡초목 꺾어다가 태자의 얼굴을 건드린들 [태자의] 마음이야 움직이시게 하겠는가?(움직이시지 않는다)

[하루에] 한 낱(톨)의 쌀을 잡수시어 살이 여위신들 [태자 몸의] 금빛이야 가시시겠는가?(가시시지 않는다)

248) 又沒甚麽錢本

249) 覓得高麗錢 大快三十年

250) <月印 上:023a>

[배경]

태자께서 단좌(端坐)하여 가사산에서 고행하시고 계셨다. 그러던 어느 날 장난꾸러기 아이가 호기심으로 나무를 꺾어 태자의 한 귀를 찔러 다른 귀로 관통시켰으나 태자께서는 미동도 하지 않으셨다.
고행 중 태자께서는 또한 하늘에서 대어주는 열씨(麻子) 한 톨, 또는 쌀 한 낱만을 잡수시어 몸이 여윌 대로 여위셨으나 본디부터 몸에서 발산하는 찬란한 금빛은 가시지 않았다.

[어절 분석]

·짭雜:ᄎᆞᇂ草·목木#①것·거다·가#ᄂᆞ·출#②거우ᅀᆞ·ᄫᆞᆫ·ᄃᆞᆯ#③ᄆᆞᅀᆞᆷ·잇·ᄃᆞᆫ#④뮈·우시·리·여
ᄒᆞᆫ#:낟#⑤·ᄡᆞᆯ·올#:좌·샤#·술·히#여·위신·ᄃᆞᆯ#금金·ᄉᆡᆨ色·잇·ᄃᆞᆫ#⑥가·ᄉᆡ시·리·여

[주석]

① 것·거다·가
⇒ 거ᇧ-(동사 어간) + -어다가(연결어미)

◎ 현대국어 어휘 '꺾-'이 소급하는 최초의 형태는 15세기의 '거ᇧ-'이다. '거ᇧ-'의 제1음절 종성의 'ㅅ'는 15세기에는 문자 그대로의 음가로 실현되었으나 16세기 이후에는 종성의 'ㅅ'가 'ㄷ'로 발음되면서 'ㅅ + ㄱ'는 'ㄷ + ㄱ'로 발음되었을 것으로 추정된다. 18세기에 나타나는 'ᄭᅥᇧ-'은 '거ᇧ-'의 어두 자음이 경음화된 것이며, 어간의 말음 'ㄷ + ㄱ'가 현대어처럼 'ㄲ'로 바뀌었다는 것도 보여준다. 19세기 문헌에 나타나는 'ᄢᅥᆩ-'은 어두의 경음 표기 방법의 차이에 의한 것으로 보인다.
남광우·성환갑(1978/1982: 138)에서는 '것거'는 자음의 역행동화로 '걱거', 다시 경음화하여 '꺽거'로 표기되다가 1933년 '한글마춤법통일안' 제정 이후 어간 어미의 분철 및 'ㄱ'가 첨가된 형태를 어미로 인정하지 않아 '꺽거 > 꺾어'로 바뀌게 된 것이라고 설명하고 있다.
한편 '거ᇧ-'은 일반적으로 타동사로 쓰였으나 여기에서는 자동사로 쓰여 피동문을 형성하고 있다. 후기중세국어 시기에는 뚜렷한 형태의 변화 없이 자동사와 타동사로 두루 쓰이는 동사가 많았는데, 고영근(1987/2010: 263)에서는 이들을 능격동사라고 부른다.

② 거우ᅀᆞ·ᄫᆞᆫ·ᄃᆞᆯ
⇒ 거우-(동사 어간) + -ᅀᆞᇦ-(객체 높임의 선어말어미) + -(ᄋᆞ)ㄴ ᄃᆞᆯ(연결어미)

◎ '거우-'의 대상인 '(태즈의) 낯'을 높이기 위해 '-숩-'가 쓰였다. 한편 남광우·성환갑(1978/1982: 138)에서는 '거우-'가 '겨루다, 대적하다'의 의미를 가지고 있는 것으로 보았고, 허웅·이강로(1962/1999: 127)에서는 다음의 용례를 근거로 '거우-'가 '침범하다'의 의미를 갖는 것으로 해석하고 있다.

예) 앗가 일을 씨치지 못홈으로 그릇호여 놉흔 얼굴을 거워시니 <三譯 6:16a>

허웅·이강로(1962/1999)에 따르면, 위 문장의 '거워시니'는 만주어 '너치허(=necihe)'의 번역이며, 그 원형인 'necimbi'는 '침범하다'를 의미한다고 한다. 한편 『표준국어대사전』에서는 현대국어의 '거우-'의 의미로 '집적거려 성나게 하다'를 제시하고 있다.
현대국어 '거우-'는 15세기 문헌에서부터 나타나 현재까지 그 형태가 그대로 이어진다. 18~19세기에 제2음절 모음 'ㅗ'가 'ㅜ'로 변하여 '거오-'의 형태가 쓰이기도 하였다.

③ 무숨·잇·둔
⇒ 무숨(명사) + 잇둔(보조사)

◎ 후기중세국어의 보조사 '잇둔'은 강조 기능의 보조사로 현대국어 보조사 '이야'와 동일한 기능을 수행한 것으로 보인다.

④ 뮈·우시·리·여
⇒ [뮈-(어근) + -우(사동 접사)]- + -시-(주체 높임의 선어말어미) + -리-(추측의 선어말어미) + -여(의문형 종결어미)

◎『용비어천가(龍飛御天歌)』 등의 후기중세국어 초기 문헌에서는 선어말어미 '-리-'와 결합하는 의문형 종결어미는 '-야'보다는 '-여'의 형태가 많이 쓰인 것으로 보인다.
한편 장윤희(2002: 201, 주76)의 설명에 따르면 '-녀'형 어미의 다른 형태인 '-려' 또한 직접의문 가운데 1·3인칭 의문문에 사용되었고, '-려'는 제시된 명제에 대한 '청자의 추측'이 어떠한지를 묻는, 곧 '~할 수 있겠는가' 정도의 의미로 해석한다. 또한 의문법 어미 '-려'는 순수한 의문문보다는 주로 수사의문문에 사용되었다고 하였다. 그리고 고영근(1987/2010: 140)에서 '-려'의 기저형을 '리…녀'로 파악한 것에 대해, 이는 결국 의문법 어미 '-려' 속에서 선어말어미 '-리-'의 의미 기능을 발견할 수 있음을 의미하는 것이라고 하면서, '-려'와 '-리-'가 지닌 의미 기능상의 공통성은 이들 각 형태소의 형성 과정의 공통성으로 인해 나타난 것이라고 보았다.

⑤ ·쌀·올#:좌·샤
⇒ 쌀(명사) + 올(목적격조사) # 좌시-(동사 어간) + -아(연결어미)

◎ 현대국어 어휘 '쌀'의 후기중세국어 어형인 '쌀'은 15세기 문헌에서부터 나타난다. 'ㅂ'계 합용 병서인 'ㅄ'는 15세기 국어에서 어두자음군으로서 [ps]로 발음되었을 것으로 추정되는데, '햅쌀'은 기원적으로 '해 + 쌀'의 합성명사이며 현대국어에서 '*해쌀'로 적지 않고 '햅쌀'로 표기하는 것은 '햅쌀, 좁쌀' 등에 있는 'ㅂ'가 '쌀'의 흔적 때문이라는 점이 그 근거이다. 18세기에 '쌀'의 형태가 나타나는데 이는 근대국어 시기에 'ㅂ'계 합용 병서가 된소리로 바뀌면서 'ㅅ'계 합용병서로 그 표기 방법이 바뀐 현상에 의한 것이다. 근대국어 시기에 제1음절에서의 'ㆍ'의 음가 소실로 인해 '쌀 > 쌀'로 그 형태가 바뀌게 되었다.

◎ '좌시-'는 '*좌- + -시-'로 분석할 가능성이 있다. 그러나 조선 중종 때 간행된『번역노걸대(飜譯老乞大)』에서는 동일한 의미를 가진 '자시-'가 보이고, '자-'의 형태도 발견되지만『번역노걸대(飜譯老乞大)』는 16세기 문헌이며, 15세기 문헌에서는 '*자시-'와 '*자-' 뿐만 아니라 '*좌-'의 형태도 문증되지 않는다. 따라서 여기에서는 '좌시-'를 더이상 분석하지 않고 하나의 형태소로 파악하기로 한다.

◎ 이두에서 '在(재)'를 '겨-'로 읽는다. 또한, 주체 높임의 선어말어미 '-시-'를 고려하면 '겨시-'는 '*겨-(동사 어간) + -시-(주체 높임의 선어말어미)'로 분석이 가능하다. 그러나 후기중세국어에서 '*겨-'가 단독으로 쓰이는 경우가 문증되지 않고, 근대국어 자료에서만 확인된다. 따라서 후기중세국어에서 공시적으로는 '겨시-'를 '*겨- + -시-'로 분석하지 않고 하나의 형태소로 처리한다.

⑥ 가·식시·리·여
⇒ 가식-(동사 어간) + -시-(주체 높임의 선어말어미) + -리-(추측의 선어말어미) + -여(의문형 종결어미)

◎ 후기중세국어 어휘 '가식-'는 '가식- > 가싀- > 가시-'의 형태 변화를 겪었다. 비어두음절의 'ㆍ > ㅡ'의 변화는 대략 16세기에, 비어두음절의 'ㅢ > ㅣ' 변화는 19세기에 일어난 것으로 추정된다. 19세기에 나타나는 'ᄀᆞ싀-'는 과도교정에 따른 보수적인 표기였던 것으로 보인다.

[원문]

끠其·륙六·씹十삼三

니尼련連:ᄉᆔ水·예·목沐·욕浴·ᄒᆞ·샤:나리·라너·기시·니즘·게남·기·가지·ᄅᆞᆯ구·피·니

뽀菩ᄄᆌ提·ᄯᆔ樹·에:가려·ᄒᆞ·샤:좌·샿것ᄉᆞ[251]랑·ᄒᆞ시·니:댱長:쟈者ㅣ·ᄯᆞᆯ·이·쥭粥·을받ᄌᆞ·ᄫᆞ·니

[현대역]

[태자께서] 이련수(尼連水)[252]에서 목욕하시어 [밖으로] 나가리라 여기시니(생각하시니) 큰 나무가 [태자께서 가지를 잡으시고 물 밖으로 나가실 수 있도록 스스로] 가지를 굽히니. 보리수[253]에 가려 하시어(가시려) 잡수실 것을 생각하시니 장자의 딸이 죽을 바치니.

[배경]

태자께서 가사산에서 6년을 고행하셔도 정각을 깨칠 가망이 전혀 없으시므로 다른 방법으로 성도하시려고 이련수에서 목욕을 하셨다. 그런데 태자께서 기력이 없으셔서 나오시지 못하시고 허덕이시니, 나무가 가지를 스스로 굽혀 태자께서 이 가지를 잡으시고 밖으로 나오셨다.

태자께서 보리수 있는 곳으로 가시려 하셨으나 걸을 기력조차 없으셔서 잡수실 것을 생각하실 때에 난타바라(難陀婆羅)라는 목우녀[254]가 정거천의 명을 받아 연꽃 위에 있는 진으로 죽을 쑤어 태자께 바쳤다. 태자께서는 이 죽을 드시고 기력을 회복하시어 무난히 보리수 아래까지 가실 수 있었다.

[어절 분석]

니尼련連:ᄉᆔ水·예#·목沐·욕浴·ᄒᆞ·샤#①:나리·라#너·기시·니#②즘·게#남·기#·가지·ᄅᆞᆯ#③구·피·니

뽀菩ᄄᆌ提·ᄯᆔ樹·에#:가려#·ᄒᆞ·샤#④:좌·샿#것#ᄉᆞ랑·ᄒᆞ시·니#:댱長:쟈者ㅣ#⑤·ᄯᆞᆯ·이#·쥭粥·을#⑥받ᄌᆞ·ᄫᆞ·니

---

251) <月印 上:023b>

252) 이련수(尼連水): 이련수하(尼連水河, Nairanjananati). 석가모니가 가사산의 6년 고행 끝에 목욕하였다는 항하의 지류로, 이 강을 건너 볼타가야의 보리수 아래에서 성도하였다 함.

253) 보리수(菩提樹): 범어 'Bodhidruma'의 음역. 부처가 이 나무 아래에서 성도하였다고 함. 보리수는 범어로는 '아슈바타(Aśvattha)' 또는 '피팔라(Pippala)'라고 하며, 각각 '아설타(阿說他)', '필발라(畢鉢羅)'로 음사됨.

254) 목우녀(牧牛女): 소를 치는 여자.

[주석]

① :나리·라
⇒ 나-(동사 어간) + -오-(의도의 선어말어미) + -리-(의지의 선어말어미) + -다(평서형 종결어미)

◎ 거성인 어간 '·나-'에 역시 거성인 의도의 선어말어미 '-오-'가 축약되어 상성의 ':나-'로 표기되었다.

◎ 후기중세국어에서 서술격조사 '이-', 추측의 선어말어미 '-리-', 형용사 '아니-' 뒤에서 'ㄷ'로 시작하는 어말어미 '-다', 선어말어미 '-더-, -다-, -도-' 등은 각각 '-라', '-러-, -라-, -로-'로 교체되었다. 따라서 '나리라'의 '-라'는 어말어미 '-다'가 '-리-' 뒤에서 '-다 > -라'로 교체된 것이다.

② 즘·게
⇒ 즘게(명사)

◎ '즘게'는 '큰 나무, 수목'을 의미하던 후기중세국어 어휘이다. 한편 김영일(2004)에서는 『계림유사(鷄林類事)』의 기록을 중심으로 하여 '나무'의 원형과 형태변화를 설명하고 있다. 『계림유사(鷄林類事)』의 '木曰 南記, 松曰 鮓子南, 柴曰 孛南木'의 '南記, 南, 南木'을 각각 '남기, 남, 나모'의 대응형으로 보고 이 어형들은 공통 어근인 '남그'에서 변화한 것으로 보았다. 또한 '남기'는 '남그'의 주격형으로 이른 시기부터 단독형으로도 사용되기 시작한 것으로 추정하였고 15세기에 일부 체언이나 용언의 활용 시 'ㄱ'가 나타나는 것은 'ㄱ'가 생겨나는 것이 아니라 본래 어근에 있던 'ㄱ'가 그대로 드러난 것이라고 하였다.

③ 구·피·니
⇒ [굽-(어근) + -히(사동 접사)]- + -니(평서형 종결어미)

◎ '구피-(굽히-)'는 '굽-'의 피동형이다.

④ :좌·샳#것#ᄉᆞ랑·ᄒᆞ시·니
⇒ 좌시-(동사 어간) + -오-(대상 활용의 선어말어미) + -ㅭ(관형사형 어미) # 것(의존명사) # [ᄉᆞ랑(어근) + -ᄒᆞ(동사 파생 접사)]- + -시-(주체 높임의 선어말어미) + -니(연결어미)

◎ 기 62에서는 15세기 문헌에서 '*자시-'와 '*자-' 뿐만 아니라 '*좌-'의 형태도 문증되지 않는다는 점을 근거로 '좌시-'를 더이상 분석하지 않고 하나의 형태소로 보았다. 한편 고영근(1987/2010: 139~140)에서는 '-샤'가 모음으로 시작하는 어미 앞에서 실현된다고 보면서 '-샤'를 '-시-'와 '-아(-), -오(-)'의 결합으로 해석하거나 '-오(-)'의 이형태로서 '-아(-)'를 세워 '-샤'를 설명하는 일에 대해 비판을 가했다. 이러한 해석은 후기중세국어의 일반적인 '시'의 음운 현상에 어긋나기 때문이라는 것이다. 이른바 존재사 '이시-'가 어미 '-아, -옴, -오딕, -오라'와 결합하면 '*이샤, *이샴, *이샤딕, *이샤라'가 되지 않고, '이셔, 이숌, 이쇼딕, 이쇼라'로 바뀌기 때문에 '-시- + -아, -오(-) → -샤'라는 방식의 설명이 적절하지 않다고 보았다. 그런데 '좌시-'의 '시'가 어간의 일부분이라면 여기에서는 '이시-'의 활용형 '이숌, 이쇼딕'처럼 '*좌쇼'로 표기되어야 하지만 '좌샤'로 표기되었다는 점은 '좌시-'의 '시'가 주체 높임의 선어말어미로 볼 근거가 될 수 있다. 그러나 15세기 공시적으로 '*좌-'의 형태가 문증되지 않는다는 점에서 '좌시-'를 더이상 분석하지 않고 하나의 형태소로 보고자 한다.

☞ '좌시-'를 15세기 공시적으로 '*좌-'의 형태가 문증되지 않는다는 점에서 더이상 분석하지 않고 하나의 형태소로 보지만 15세기의 '좌시-'는 통시적으로 '*좌-(동사 어간) + -시-(주체 높임의 선어말어미)'의 과정을 거쳐 생성된 형태로 보고자 한다.

◎ 홍사만(1998)에서는 중세국어의 'ᄉᆞ랑ᄒᆞ-'는 '생각하다(思)'와 '사랑하다(愛)'의 두 가지 의미를 가졌으며, 두 의미를 구별할 수 있는 통사적 장치는 발견되지 않는다고 하였다. 다만 '생각하다'의 용례가 우세하였으며, '사랑하다'는 유연성에 의해 파생된 의미라고 보았다. 후기중세국어에서 'ᄉᆞ랑ᄒᆞ-'와 'ᄉᆡᆼ각ᄒᆞ-' 사이에는 불완전한 유의 관계를 형성되었으며, 그 이유는 단의인 'ᄉᆡᆼ각ᄒᆞ-'와 다의인 'ᄉᆞ랑ᄒᆞ-'의 한 의미가 유의관계를 맺고 있었기 때문인 것으로 보았다. 결국 'ᄉᆞ랑ᄒᆞ-'는 'ᄉᆡᆼ각ᄒᆞ-'와의 유의 경쟁에서 패배하여, 그 결과 'ᄉᆞ랑ᄒᆞ-(思, 愛) > 사랑하-(愛)'로 의미변화가 일어났으며, 이는 결과적으로 의미 축소를 야기한 것으로 볼 수 있다.

⑤ ·ᄯᆞᆯ·이
⇒ ᄯᆞᆯ(명사) + 이(주격조사)

◎『우리말샘』에 따르면, 현대국어 '딸'의 후기중세국어 어형인 'ᄯᆞᆯ'은 15세기 문헌에서부터 나타나며, 근대국어 후기에 모음 'ㆍ'의 소실로 인해 'ㆍ > ㅏ'의 변화를 겪으면서 19세기에 'ᄯᅡᆯ' 형태가 등장하였다. 또한 19세기에는 'ㄷ'의 된소리를 'ㅶ' 대신 'ㄸ'로 적은 '딸' 형태도

등장하여 오늘날에 이르게 되었다. 18세기 문헌에 보이는 'ᄠᆞᆯ'은 근대국어 시기에 어두자음군이 사라지고 된소리가 되면서 'ㄷ'의 경음을 표기할 때 표기의 혼란이 일어났음을 반영한 형태로 보인다.

⑥ 받ᄌᆞ·ᄫᆞ·니
⇒ 받-(동사 어간) + -ᄌᆞᇦ-(객체 높임의 선어말어미) + -(ᄋᆞ)니(평서형 종결어미)

◎ 여기에서의 '받-'의 의미는 '바치다, 드리다'이다.

◎ '-ᄌᆞᇦ-'가 사용된 이유는 죽을 바치는 대상인 '태ᄌᆞ'를 높이기 위해서이다.

[원문]

끠其·륙六·씹十·ᄉᆞ四
·가지·ᄅᆞᆯ자ᄇᆞ·샤무·틔·나·거시·ᄂᆞᆯ둫兜·숧率텬天·이가袈사裟니·피ᅀᆞ·ᄫᆞ·니
·쥭粥·ᄋᆞᆯ:좌시·고바리·ᄅᆞᆯ더·뎌시·ᄂᆞᆯ텬天·뎨帝·셕釋·이·탑塔·애ᄀᆞ·초ᅀᆞ·ᄫᆞ·니

[현대역]

[석가모니께서] 가지를 잡으시어 뭍으로 나오시거늘 도솔천이 [석가모니께] 가사를 입히니. [석가모니께서] 죽을 잡수시고 바리[255]를 던지시거늘 천제석(제석천)이 [그 바리를 가져가] 탑에 갖추니(보관하니).

[배경]

석가모니께서 이련수에서 목욕하시고 밖으로 나오시자 도솔천에 있는 여러 부처가 미리 마련한 가사를 입혀 석가모니께서 정각에 접어들고 계심을 알리었다.
석가모니께서 죽을 잡수시고 바리 그릇을 땅에 버리시니 용왕이 가져가려 하였다. 그러자 제석이 금시조[256]로 변하여 이 바리 그릇을 먼저 집어 가지고 도리천으로 올라가 탑을 세우고 그 속에 바리를 넣어 석가모니 부처의 덕을 길이 기리게 하였다.

---

255) 바리: 절에서 쓰는 승려의 공양 그릇.
256) 금시조(金翅鳥): '가루라(迦樓羅)'라고도 하며, 인도 신화에 등장하는 큰 새로 용을 잡아먹는다 함.

[어절 분석]

·가지·ᄅᆞᆯ#자ᄫᆞ·샤#①무·틔#·나·거시·ᄂᆞᆯ#둫兜·ᄉᆶ率텬天·이#가袈사裟#②니·피ᅀᆞ·ᄫᆞ·니
·쥭粥·을#:좌시·고#바리·ᄅᆞᆯ#③더·뎌시·ᄂᆞᆯ#텬天·뎨帝·셕釋·이#·탑塔·애#④ᄀᆞ·초ᅀᆞ·ᄫᆞ·니

[주석]

① 무·틔

⇒ 뭍(명사) + 의(부사격조사)

◎『우리말샘』에 따르면, 현대국어 어휘 '뭍'은 15세기 문헌에서부터 나타나 현재까지 형태의 변화 없이 계속 쓰이고 있다. 18세기에는 단독으로 쓰일 때 'ㄱ, ㄴ, ㄷ, ㄹ, ㅁ, ㅂ, ㅅ, ㅇ' 등 8개의 자음으로 받침을 쓰는 규칙인 8종성법에 의하여 '뭇'으로 표기되기도 하였다.

◈ 후기중세국어 시기의 부사격조사 'ᄋᆡ/의'에 대한 자세한 설명은 p.34를 참조.

② 니·피ᅀᆞ·ᄫᆞ·니

⇒ [닙-(어근) + -히(사동 접사)]- + -ᅀᆞᆸ-(객체 높임의 선어말어미) + -(ᄋᆞ)니(평서형 종결어미)

◎ '니피-'의 대상인 'ᄐᆡᄌᆞ'를 높이기 위해 '-ᅀᆞᇦ-'가 쓰였다.

③ 더·뎌시·ᄂᆞᆯ

⇒ 더디-(동사 어간) + -시-(주체 높임의 선어말어미) + -어ᄂᆞᆯ(연결어미)

◎『우리말샘』에 따르면, 현대국어 어휘 '던지-'의 후기중세국어 어형인 '더디-'는 15세기 문헌에서부터 나타나며, 근대국어 시기에 발생한 구개음화를 겪으면서 17세기에 '더지-'의 형태가 나타났고, 19세기까지 '더디-'와 '더지-'의 형태가 공존하였다. 이후 19세기에 '더지-'에 'ㄴ'가 첨가된 '던지-'의 형태가 나타나 현재에 이르고 있다.

④ ᄀᆞ·초ᅀᆞ·ᄫᆞ·니

⇒ ᄀᆞ초-(동사 어간) + -ᅀᆞᆸ-(객체 높임의 선어말어미) + -(ᄋᆞ)니(평서형 종결어미)

◎ 'ᄀᆞ초-'의 대상인, 태자께서 쓰신 '바리'를 높이기 위해 '-ᅀᆞᇦ-'가 쓰였다.

◎ 소신애(2010)에서는 국어에서 파찰음 'ㅈ, ㅊ' 앞에서 비음 'ㄴ'가 삽입되는 음운현상이 있다고 하면서, 이러한 음운 변화는 후기중세국어 시기부터 일부 등장하여 근대국어 시기에 활발히 전개된 것으로 보았다.

예) ᄀᆞ초- > ᄀᆞᆫ초- > ᄀᆞᆷ초-(藏), 더디- > 더지- > 던지-(投)

소신애(2010)에 따르면, 이는 일반적인 음운 변화에 비해서는 산발적으로 적용되었으나 조건 환경이 'V_1-파찰음-V_2'로 한정되어 있으며, 이러한 환경은 음 변화의 측면에서 '약화' 환경에 해당하고 모음 사이의 장애음이 약화되는 경향에 따른다고 한다. 대부분 이러한 환경에서는 파찰음이 마찰음화 되는 현상이 일어나지만 '머추-'의 경우 파찰음이 약화되는 대신 파찰음 앞에 'ㄴ'가 삽입된다는 점이 특이하다. 소신애(2010)에서는 이때 'ㄴ' 첨가가 일어나는 것은 'ㄴ' 첨가가 일어나는 음절이 어간 형태소 내부의 음절 두음 위치에 해당하기 때문에 '약화'가 저지되는 것이라고 설명한다. 어간의 음절초 위치는 화자와 청자의 의식이 집중되는 위치이기 때문에 음절초 위치의 분절음이 변화될 경우, 원 형태소의 의미가 손상될 우려가 있으며, 따라서 파찰음의 '약화'를 저지하기 위해 분절음이 '삽입'되어 '강화'가 이루어졌다는 것이다. 이때 강화를 위해 삽입되는 분절음이 음절 말음이라는 점도 같은 맥락에서 이해할 수 있다고 하였다. 이러한 환경에서 삽입된 'ㄴ'는 비강 폐쇄음인데, 비강 폐쇄음이 나타나는 경우 비강이 열리는 대신 구강에서는 기류의 폐쇄가 일어난다. 파찰음은 '폐쇄-마찰'의 방법을 통해 조음되는데, 비강 폐쇄음과 연속적으로 조음하게 되면 기류의 폐쇄 지속 시간이 길어져 구강 내의 기압이 증가하고, 마찰될 때의 기압의 진폭을 상승시켜 소리의 강도를 높이게 된다. 또한 파찰음은 '폐쇄-마찰'이라는 복잡한 조음 방식을 지니는데, 이를 보다 쉽게 조음하기 위해서 '폐쇄'를 통해 조음되는 분절음이 파찰음 앞에 삽입된다는 것이다.

그렇다면 왜 비음 'ㄴ'가 삽입되었는가에 대해 소신애(2010)에서는 'ㄱ, ㄷ, ㅂ'를 비롯하여 비음이 아닌 다른 자음들은 후행하는 자음 'ㅈ'를 경음화시키거나 유기음화 시킬 우려가 있으며, 'ㄹ'는 후행 자음과의 연쇄가 제약적이며 다른 자음 앞에서 탈락하기 쉬워 삽입 자음으로는 적합하지 않다고 하였다. 비음은 다른 폐쇄음과 달리 후행자음인 파찰음의 변별적 자질을 변경시키지 않는다는 것이다. 따라서 삽입자음으로 적합한 자음들은 비강 폐쇄음 'ㄴ, ㅁ, ㅇ'으로 한정되며, 이 중에서도 'ㄴ'는 조음 위치상 중자음으로 가장 무표적인 비음이라 할 수 있다. 따라서 비음 삽입으로 인한 형태소의 의미 손상을 최소화하기 때문에 'ㄴ'가 삽입되었으며, '감추-'의 경우 'ㄴ'가 삽입된 후에 'ㅁ'로 변화하였다고 설명하였다.

[원문]

끠其·륙六·씹十:오五

257)금金강剛·쫘座빙·이·고ᄉᆞ獅:ᄌᆞ子·쫘座·ᄅᆞᆯ:셰ᅀᆞ·ᄫᅡ·밣八·먼萬부:톄안·자제여·곰:뵈시·니

밍盲룡龍·이·눈·ᄠᅳ·고가迦또茶룡龍·이·보ᅀᆞ·ᄫᅡ:네부텨공供·양養·올니·ᅀᅥ·ᄒᆞ·ᅀᆞᄫᆞ·니

[현대역]

금강좌258) 아름답게 하고(꾸미고) 사자좌259)를 세워 팔만 부처가 앉아서 저마다 [성불함을] 보이시니.

맹룡260)이 눈 뜨고, [잠자던] 가도룡261)이 [잠을 깨고 부처를] 보아 네 부처의 공양을 이어서 하니.

[배경]

석가모니께서 보리수 아래 금강좌에 앉으시니, 그 보리수는 높이가 백억 유순262)이나 되고 칠보로 이루어졌는데, 석가모니를 호위하는 제불 보살을 위하여 하나하나 자리를 세어 팔만 부처가 앉아서 제각기 성도하게 하셨다.

석가모니께서 고행을 마치시고 보리수 아래로 향하여 가실 때에 석가모니의 공덕이 중하시므로 땅이 크게 진동하였다. 눈 먼 용이 이 소리에 놀라고 기쁜 나머지 개안하고 "일찍이 모든 부처가 성도할 때도 모두 이런 서응263)이 있었느니라."라고 말하였으며, 또한 긴 잠에 빠져 있던 가도룡이 진동 소리에 잠이 깨어 이를 보고 기뻐하며 부처를 호위하는 네 부처의 공양을 잇달아 하였다.

---

257) <月印 上:024a>

258) 금강좌(金剛座): 범어 'Vajrasana'의 한역으로, 석가모니가 성도할 때 앉았던 돌. 금강으로 되어 위는 땅 위에 솟고 아래 뿌리는 금륜에 박힌 편편한 큰 돌을 말함. 중인도 마갈타국 불타가야의 보리수 아래에 있었는데, 옛날 현겁의 시초에 대지와 함께 생겨, 현겁의 일천 부처가 모두 이 위에서 성불하였다 함.

259) 사자좌(獅子座): 범어 'Simhasana'의 한역으로, 부처가 앉는 자리. 부처는 인간에서 가장 높은 지위에 있는 분이므로 사자에 비유됨.

260) 맹룡(盲龍): 눈 먼 용.

261) 가도룡(迦荼龍): 잠을 자고 있다가 석가모니가 보리수로 향하는 사자보(獅子步)에 놀라 깨었다는 용.

262) 유순(由旬): 범어 'Yojana'의 음사. 고대 인도의 이수(里數) 단위로, 소달구지가 하루에 갈 수 있는 거리로서 80리인 대유순, 60리인 중유순, 40리인 소유순의 세 가지가 있다고 함.

263) 서응(瑞應): 상서(祥瑞)의 응험(應驗). 임금의 어진 정치가 하늘에 감응되어 나타난다고 믿었던 길한 징조.

[어절 분석]

금金강剛·쫘座#①비ᇫ·이·고#ᄉᆞ獅:ᄌᆞ子·쫘座·ᄅᆞᆯ#②:셰ᅀᆞ·ᄫᅡ#·밣八·먼萬#부:톄#안·자#③졔여·곰#④:뵈시·니

ᄆᆡᇰ盲롱龍·이#·눈#·ᄠᅳ·고#가迦ᄯᅡ茶롱龍·이#⑤·보ᅀᆞ·ᄫᅡ#:네#부텨#공供·양養·ᄋᆞᆯ#⑥니·ᅀᅥ#·ᄒᆞ·ᅀᆞᄫᆞ·니

[주석]

① 비ᇫ·이·고

⇒ [빗-(어근) + -이(사동 접사)]- + -고(연결어미)

◎ '비ᇫ이-'는 '꾸미다'를 의미하는 '빗-'의 사동형이며, '빗-'의 종성 'ㅅ'는 모음 간에서 'ㅿ'으로 교체되었다. 한편 『우리말샘』에 따르면, 현대국어 어휘 '꾸미-'의 후기중세국어 어형인 'ᄭᅮ미-'는 15세기 문헌에서부터 나타나며, 근대국어 시기에 'ㄱ'의 된소리 표기가 'ㅺ'에서 'ㄲ'로 변하여 '꾸미-'의 형태로 바뀌었고, 이 형태가 현재에 이르고 있다.

② :셰ᅀᆞ·ᄫᅡ

⇒ [셔-(어근) + -이(사동 접사)]- + -ᅀᆞᇦ-(객체 높임의 선어말어미) + -아(연결어미)

◎ '셰-'의 대상인, 태자께서 앉으시는 'ᄉᆞᄌᆞ쫘'를 높이기 위해 '-ᅀᆞᇦ-'가 쓰였다.

③ 졔여·곰

⇒ 졔여곰(부사)

◎ '졔여곰'을 부사로 볼 것인지 체언으로 볼 것인지에 대한 논란이 있는 듯하다. 이덕흥(1991: 83)에서는 'ᄡᅵ 졔여고밀ᄊᆡ <月釋 13:37b>'의 예와 같이 '졔여곰' 다음에 '이다'가 오는 것으로 보아 체언으로 보는 것이 타당하다고 하였다. 그러나 고영근(1987/2010: 167)에서 기술한 바와 같이 단어 가운데에는 하나 이상의 문법적 성질을 함께 지니고 있는 것이 있으며 이를 '품사의 통용'이라 하는데 후기중세국어 시기에도 이런 사실이 발견된다는 점에서 후기중세국어 어휘 '졔여곰'도 명사류와 부사의 기능을 모두 지닌 것으로 볼 수 있을 것이다.

④ :뵈시·니

⇒ [보-(어근) + -이(피동 접사)]- + -시-(주체 높임의 선어말어미) + -니(평서형 종결어미)

◎ 현대국어 어휘 '뵈-'는 '높은 사람 혹은 나이가 많거나 존경할 사람을 만나는 것'을 가리키는 단어로, '뵈-'는 '보-'의 피동형 '보이-'의 준말이기도 하지만, '웃사람을 보다'는 뜻의 존대어로 더 많이 쓰인다.
소위 존대어 '뵈-'는 국어사 문헌에서 '뵈-', '뵈ᄉᆞᆸ-', '뵈ᄋᆞᆸ-'과 같은 몇 가지 이표기 형태로 쓰였다. '뵈ᄉᆞᆸ-'은 '보-'의 피동형 '뵈-'에 객체 높임의 선어말어미 '-ᄉᆞᆸ-'이 결합한 것이고, '뵈ᄉᆞᆸ-'에서 'ᅀ'가 탈락한 것이 '뵈ᄋᆞᆸ-'이다. 그리고 '뵈ᄋᆞᆸ-'의 둘째 음절에 있는 모음 'ᆞ'가 탈락하여 '뵙-'의 형태가 되었다. 즉, 현대국어 '뵙-'은 '뵈ᄉᆞᆸ- > 뵈ᄋᆞᆸ- > 뵙-'의 형태 변화를 겪은 것이다.
『표준국어대사전』에서는 '뵈옵-'을 표준어로 인정하지 않고, '뵙-'만 인정하고 있으나 『우리말큰사전』 등에서는 '뵙-'을 '뵈옵-'의 준말로 인정하고 있으며, '뵙-'은 '뵈-'보다 더 겸양의 뜻을 가진 것으로 설명하고 있다.

⑤ ·보ᅀᆞ·ᄫᅡ
⇒ 보-(동사 어간) + -ᄉᆞᆸ-(객체 높임의 선어말어미) + -아(연결어미)

◎ '보-'의 대상인 '태ᄌᆞ'를 높이기 위해 '-ᅀᆞᆸ-'가 쓰였다.

⑥ 니·ᅀᅥ#·ᄒᆞ·ᅀᆞᄫᆞ·니
⇒ 닛-(동사 어간) + -어(연결어미) # ᄒᆞ-(동사 어간) + -ᄉᆞᆸ-(객체 높임의 선어말어미) + -(ᄋᆞ)니(평서형 종결어미)

◎ '닛-'의 종성 'ᄉ'가 모음 사이에서 'ᅀ'로 교체되었다.

◎ '공양'의 대상인 '네 부텨'를 높이기 위해 '-ᅀᆞᆸ-'가 쓰였다.

[원문]

끠其·륙六·씹十·륙六
·빓畢·밣鉢라羅·쓔樹·에ᄒᆞ오·ᅀᅡ·가·싫·제[264)]·득德:뜡重·ᄒᆞ·샤·ᄶᅡ·히드·러·치·니
·긿吉썅祥뭉茅:촣草·ᄅᆞᆯ·손·ᄋᆞ·로·ᄭᆞ·ᄅᆞ싫·제·득德:뜡重·ᄒᆞ·샤·ᄶᅡ·히·ᄯᅩ드·러·치·니

264) <月印 上:024b>

[현대역]

비발라수[265]에 [석가모니께서] 혼자 가실 때 [석가모니께서] 덕중하시어(공덕이 중하시어) 땅이 드러치니(진동하니).

[석가모니께서] 길상[266]모초[267]를 손으로 [땅에] 까실 때에 [석가모니께서] 덕중하시어(공덕이 중하시어) 땅이 또 드러치니(진동하니).

[배경]

석가모니께서 6년 고행을 마치시고 이련수에서 목욕하시고 혼자 보리수 나무를 향하여 가실 때 공덕이 온몸에 가득하시므로 걸음을 걸으실 때마다 땅이 크게 진동하여 눈먼 용이 눈을 뜨고 오백 마리의 청작[268]이 가득하였다.

석가모니께서 보리수 아래에서 과거의 제불[269]은 무엇으로써 자리를 하여 성불하였는가를 생각하시자, 제석이 사람으로 변하여 정연초(淨軟草)라는 풀을 드리면서 "이 풀을 깔면 길상이 생기므로 길상초라 부릅니다."라고 말씀드렸다.

[어절 분석]

·빓畢·밣鉢라羅·쓩樹·에#ᄒᆞ오·ᅀᅡ#·가·싫#·제#·득德:뜡重·ᄒᆞ·샤#·ᄯᅡ·히#①드·러·치·니

·긿吉썅祥뫃茅:촣草·ᄅᆞᆯ#·손·ᄋᆞ·로#②·ᄭᆞ·ᄅᆞ싫#·제#·득德:뜡重·ᄒᆞ·샤#·ᄯᅡ·히#·ᄯᅩ#드·러·치·니

[주석]

① 드·러·치·니

⇒ [{들-(동사 어간) + -어(연결어미)} + 치-(동사 어간)]- + -니(평서형 종결어미)

◎ 이동석(2002: 5)에서는 '드러치-'는 '진동하다'의 의미를 주로 가지고 있는데, 주로 '천지가 진동한다'는 문맥에서 사용되었다고 설명하고 있다. 또한 주로 자동사로 사용되었지만, 타동사로써의 용법도 간혹 나타나며, 두 어휘가 합쳐진 단어일 것으로 추정하고 있다. 그 이유로

---

265) 비발라수(畢鉢羅樹): '보리수(菩堤樹)'의 다른 이름. '보리수'는 범어 'Bodhi-vṛkṣa'의 음사이며, 원래 이름은 '아설타(阿說他, Aśvattha)'이고 그 열매를 '비발라(畢鉢羅, Pippala)'라고 하는데, 열매 이름을 따서 이 나무를 비발라수(畢鉢羅樹)라고도 함.

266) 길상(吉祥): 길하고 상서로운 일.

267) 모초(茅草): 띠.

268) 청작(靑雀): 밀화부리. 되샛과의 새.

269) 제불(諸佛): 여러 부처.

국어의 용언 어간 중 3음절로 된 단일 형태소 용언 어간이 드물고, 음절의 모음 '-어'가 연결어미와 같은 모습을 보인다는 점을 그 근거로 제시하고 있다. 한편 이동석(2002)에서는 후기중세국어 시기의 연결어미 '-어' 앞에서 '들-'의 형태를 취하는 것으로는 '들-(落)', '들-(聞)', '들-(入)', '들-(擧)' 등이 있는데, 이들 중 '진동하다'의 의미를 갖는 것은 '들-(擧)' 뿐임을 제시하고 있다. 동시에 '진동하다'의 의미와 관련 있는 '치-'는 후기중세국어 시기에 존재하지 않았으므로, 그 이전 시기에 '흔들다, 던지다' 등의 의미를 갖는 '치-'가 있었을 것으로 추정해야 한다고 주장하면서 '흔들리다' 정도의 의미를 갖는 자동사 어간 '치-'를 가정할 수도 있다고 기술하였다.

☞ 여기에서는 이동석(2002)의 의견을 고려하여 '드러치-'를 통사적 합성어로 분석하고자 한다.

② ·ᄯᅡ·ᄅᆞ싫#·제
⇒ ᄯᆞᆯ-(동사 어간) + -(ᄋᆞ)시-(주체 높임의 선어말어미) + -ᇙ(관형사형 어미) # 제(명사)

◎ 허웅·이강로(1962/1999: 64)와 남광우·성환갑(1978/1982: 144) 모두 여기에서의 'ᄯᆞᆯ-'의 의미를 '땅을 (손으로) 까다'로 해석하고 있다.
'2007 한민족 언어 정보화 통합 검색 프로그램'에 따르면, 국어사 자료에서 '깔-'이 소급하는 최초의 형태는 15세기 문헌에 나타나는 'ᄯᆞᆯ-'이다. 'ᄯᆞᆯ-'의 제1음절의 'ㆍ'가 'ㅏ'로 바뀐 '짤-' 또는 '깔-'의 형태가 나타나는 시기는 18세기부터이다. 이들 형태의 어두 자음 'ㅺ'와 'ㄲ'의 차이는 발음의 차이가 아니라 된소리를 표기하는 방법의 차이이며, '깔-'의 의미와 어형에 특별한 변화가 없이 지속적으로 사용되어 현재에 이르고 있다.

[원문]

끠其·륙六·씹十·칧七
·졍正·각覺·올일·우시·릴·씨마魔궁宮·에·방放광光·ᄒᆞ·샤바波쑨旬·이·롤항降:히·요리·라
바波쑨旬·이·쑴·을·ᄭᅮ·고씬臣:하下·와·의270)議론論·ᄒᆞ·야꾸瞿땀曇·이·롤항降:히·요리·라

[현대역]

[석가모니께서 장차] 정각을 이루실 것이므로 마궁271)에 방광하시어 "[마왕] 파순272)이를 항

270) <月印 上:025a>
271) 마궁(魔宮): 마왕을 뜻하는 '마라(魔羅, Māra)'가 있는 궁궐. 한편 '마(魔)'는 범어 'Māra'의 음사인 '마라(魔羅)'

복하게 하리라."[라고 말씀하셨다]

파순이가 [석가모니의 삼십이상273)에 대한] 꿈을 꾸고 [여러] 신하들과 의논하여 "구담274)이를 항복하게 하리라."[라고 말했다]

[배경]

석가모니의 정각이 임박하자 천룡팔부가 모두 기뻐하고 석가모니의 몸에서 광명이 일어 삼천세계를 비추시고 제6천의 마왕궁에도 비치시어 마왕 파순을 항복시키려 하시니, 마왕궁은 크게 동요하여 소란하였다.

이때 마왕 파순이 마왕궁에 있다가 하늘이 맑고 천지가 진동하며 마음이 공연히 떨리는 것을 느끼고 생각하기를 "이것은 분명히 구담(석가모니)이 득도할 조짐이니, 만약 석가모니가 정각을 이루면 중생을 제도하여 내 경지를 초월할 것이니 석가모니가 정각을 이루기 전에 항복시키리라."라고 말하고 준비를 하다가 하루는 서른 두 종류의 악몽을 꾸었다. 그러나 파순은 석가모니의 삼십이호상에 비추어 악몽을 길몽이라 생각하고, "석가모니가 성도하기 전에 이를 부수리라."라고 말하며 보리수 밑으로 달려가 석가모니와 맞서 싸웠다.

[어절 분석]

·졍正·각覺·ᄋᆞᆯ#일·우시·릴·씨#마魔궁宮·에#·방放광光·ᄒᆞ·샤#바波ᄡᅲᆫ旬·이·ᄅᆞᆯ#①ᅘᅡᇰ降:히·요리·라

바波ᄡᅲᆫ旬·이#②·ᄭᅮᆷ·을#·ᄭᅮ·고#③씬臣:ᅘᅡ下·와#·의議론論·ᄒᆞ·야#꾸瞿땀曇·이·ᄅᆞᆯ#ᅘᅡᇰ降:히·요리·라

[주석]

① ᅘᅡᇰ降:히·요리·라

⇒ [{ᅘᅡᇰ(어근) + -ᄒᆞ(동사 파생 접사)}- + -이(사동 접사)]- + -오-(의도의 선어말어미) + -리-(의지의 선어말어미) + -다(평서형 종결어미)

의 준말로, '살자(殺者)·탈명(奪命)·장애(障礙)' 등으로 한역되었고, '사람의 목숨을 빼앗고 수행을 방해하는 귀신' 또는 '욕계를 지배하는 타화자재천(他化自在天)의 우두머리' 또는 '수행을 방해하고 중생을 괴롭히는 온갖 번뇌'를 의미함.

272) 파순(波旬): 마왕(魔王)의 이름.

273) 삼십이상(三十二相): 부처님 몸에 갖춘, 보통사람과 다른 신체적 특징 32가지의 상호(相好). '삼십이대인상(三十二大人相)' 또는 '삼십이대장부상(三十二大丈夫相)'이라고도 함. 32상을 갖춘 사람이 세속에 있으면 전륜왕(轉輪王)이 되고, 출가 수행하면 부처님이 된다고 하며, '상(相)'은 전생에 쌓은 공덕이 신체적인 특징으로 나타나는 것을 말함.

274) 구담(瞿曇): 석가 일족은 본래 구담(瞿曇) 일족에서 분족(分族)하였기에 여기에서는 정각을 이루려는 '석가모니'를 지칭함.

◎ ‘바ᄉᆞᆫ(波旬)’을 항복하게 만드는 것이므로 ‘ᅘᅪᆼᄒᆡ-’는 ‘ᅘᅪᆼᄒᆞ-’의 사동형이며, ‘ᄒᆡ-’의 반모음 ‘y’로 인해 ‘-오-’에 반모음 ‘y’가 삽입되어 ‘-요-’로 교체되었다.

② ·ᄭᅮᆷ·을#·ᄭᅮ·고
⇒ ᄭᅮᆷ(명사) + 을(목적격조사) # ᄭᅮ-(동사 어간) + -고(연결어미)

◎『우리말샘』에 따르면, 현대국어 ‘꿈’의 옛말인 ‘ᄭᅮᆷ’은 15세기 문헌에서부터 나타난다. ‘ᄭᅮᆷ’은 동사 ‘꾸-’의 후기중세국어 어형인 ‘ᄭᅮ-’에 명사형 어미 ‘-움’이 결합한 활용형이 명사로 화석화 된 것이다. 19세기부터 ‘ㅺ’를 ‘ㄲ’로 표기한 ‘꿈’의 형태가 나타나 오늘날까지 이르고 있다.

③ 씬臣:ᅘᅡ下·와
⇒ 씬ᅘᅡ(명사) + 와(부사격조사)

◎ 박종희(2003: 3)에서는 ‘ㄹ, y’ 뒤에서 ‘과’의 ‘ㄱ’가 탈락하여 ‘와’가 나타나는 현상(예: 입시울와, ᄒᆡ와)과, 모음 뒤에서 ‘ㄱ’가 탈락하여 ‘와’가 나타나는 현상(예: 혀와)을 서로 다른 기제에 의한 것으로 설명한다. 후기중세국어 시기 당시 ‘ㄹ’의 음을 구개화음 [ly]으로 보면 이는 ‘y’와 ‘[-voc, +high]’ 자질을 공유하게 되어 이들은 뒤에 오는 ‘ㄱ’를 탈락시킬 수 있으며, ‘ㄱ’도 역시 ‘[+high]’의 자질을 가지므로 이들은 ‘[+high][+high]’ 연속체를 가지게 되어 필수 굴곡 원리(OCP)의 적용을 받게 된다는 것이다. 이에 대해서 모음 뒤에서 ‘ㄱ’가 탈락하는 경우는 모음이 뒤의 ‘ㄱ’를 탈락시킨 것이 아니라 ‘과’의 두음이 복합적인 [kw]이기 때문에 복합 초성을 피하려는 제약 때문에 ‘ㄱ’ 탈락이 발생한 것으로 보고 있다. 다만, 박종희(2003)에서의 ‘ㄱ’ 탈락은 ‘ㄱ’ 탈락이 아니라 ‘ㄱ’ 약화이므로 박종희(2003)의 의견을 전적으로 수용하기는 어려울 듯하다.

[원문]

끠其·륙六·씹十·밣八
:세·ᄯᆞᆯ·ᄋᆞᆯ보·내·야여·러:말ᄉᆞᆯ·ᄫᆞ·며감甘·로露·ᄅᆞᆯ·퀀勸·ᄒᆞ·ᅀᆞᄫᆞ·니
·즁衆병兵·을뫼·화·온·양樣:ᄌᆞ子ㅣ드외·야·쪙淨뼝甁·을무·우·려ᄒᆞ·니

[현대역]

[마왕이] 세 딸을 보내어 [석가모니께] 여러 말 말씀드리며 감로[275]를 권하니.

[마왕이] 중병276)을 모아 온갖 [이상한] 모양이 되어 정병277)(법도)을 흔들려 하니.

[배경]

마왕이 석가모니를 해치려고 활을 쏘니 화살이 공중에 머무르다가 떨어져 연꽃이 되었다. 마왕이 다시 미인으로 이름 높은 염욕·능열인·가애락278)의 세 딸을 천녀로 변화시켜 석가모니께 아양을 떨며 마음을 어지럽히는 약을 타서 감로라 속이고 석가모니께 공양하려 하였다. 석가모니께서 신력으로 세 딸을 머리가 희고 주름살이 가득한 노파로 만들어 버리니, 세 딸이 부끄러워하고 도망하였다.
이 모양을 본 마왕은 분개하여 청룡, 맹수 따위의 잡것을 몰아 석가모니의 정각을 방해하려 하였다.

[어절 분석]

:세#·ᄯᆞᆯ·ᄋᆞᆯ#보·내·야#여·러#:말#ᄉᆞᆯ·ᄫᆞ·며#감甘·로露·ᄅᆞᆯ#①·퀀勸·ᄒᆞ·ᄉᆞᄫᆞ·니
·즁衆병兵·을#뫼·화#②·온#·양樣:ᄌᆞ子ㅣ#ᄃᆞ외·야#·쪙淨뼝甁·을#③무·우·려#ᄒᆞ·니

[주석]

① ·퀀勸·ᄒᆞ·ᄉᆞᄫᆞ·니

⇒ [퀀(어근) + -ᄒᆞ(동사 파생 접사)]- + -ᄉᆞᆸ-(객체 높임의 선어말어미) + -(ᄋᆞ)니(평서형 종결어미)

◎ '-ᄉᆞᇦ-'가 사용된 이유는 '감로ᄅᆞᆯ 퀀ᄒᆞ-'의 대상인 '석가모니'를 높이기 위해서이다.

② ·온#·양樣:ᄌᆞ子ㅣ#ᄃᆞ외·야

⇒ 온(관형사) # 양ᄌᆞ(명사) + 이(보격조사) # ᄃᆞ외-(동사 어간) + -아(연결어미)

---

275) 감로(甘露): 범어 'Amrta'의 한역이며 '아밀리다(阿密埋多)'로 음사하기도 함. 천신들의 음료로 '불사천주(不死天酒)'라고도 함.

276) 중병(衆兵): 잡혼과 짐승 따위로 이루어진 군사.

277) 정병(淨甁): 정수(淨手)를 씻는 정수(淨水)가 든 병. 즉 청정한 물을 담는 병으로, 여기서는 '법도(法道)'를 의미함.

278) 염욕(染欲)·능열인(能悅人)·가애락(可愛樂): 마왕의 세 딸로, 이들은 정각을 이루려는 석가모니에게 가서 교태를 보이면서 세속의 쾌락이 출가의 즐거움보다 더하다고 하면서 유혹하려 하였으나 실패하였다 함. 마왕은 최후의 수단으로 악마 세계의 모든 세력을 동원하여 석가모니를 힘으로 쫓아내려고 하였으나 이 또한 실패하였다 함.

◎ 15세기의 '온'은 '모든(全)'이란 뜻과 '백(百)'이라는 두 가지 뜻을 가지고 있었는데, 이들은 성조상 차이가 있었다. '모든'의 의미로 쓰일 때는 ':온'으로 표기되었고, '백'의 의미로 쓰일 때에는 '·온'으로 표기되어서 성조에 따라 그 의미를 구분할 수 있다. 18세기에는 'ㅣ'가 첨가되어 '왼'으로도 나타나는데, '온'보다는 표현적 효과를 가져 '그 정도가 더한'이라는 의미를 가졌던 것으로 보인다.

◎ 후기중세국어 시기에는 '온'과 함께 '오온'의 형태도 보이는데, '오온'은 '온전하다'라는 뜻을 가진 '오올-'에 관형사형 어미 '-ㄴ'가 결합된 것으로, '오온'이 한 음절로 축약되어 '온'이 형성된 것으로 보는 견해도 있다. 그런데 일부 방언에서는 '오분'으로 나타나 '오올-'이 기원적으로 '*오볼-'로 소급될 가능성도 있다.

◎ '양자(樣子)'는 '얼굴의 생긴 모양'을 의미한다.

③ 무·우·려#ᄒᆞ·니
⇒ 무으-(동사 어간) + -오려(연결어미) # ᄒᆞ-(동사 어간) + -니(평서형 종결어미)

◎ 『우리말샘』에서는 다음과 같은 용례를 근거로 기본형으로 '무으-'를 제시하고 있다.

예1) 내 바랫 ᄒᆞᆫ 터리롤 몯 무으리니 <釋詳 6:27a>

한편 안병희·이광호(1990/2005: 254)와 고영근(1987/2010: 308～309)에서는 연결어미 '-려'는 홀로 사용되지 못하고 반드시 '-오-'가 선접한다고 기술하고 있으며, 허웅·이강로(1962/1999: 138)에서도 이러한 점을 근거로 '무우-'의 '우'를 '삽입모음'으로 설명하고 있다.
한편 형용사 '다ᄋᆞ-'에 연결어미 '-아'가 붙은 '다ᄋᆞ아'는 모음 사이에서 'ᄋᆞ'가 탈락되고, '다아'가 음절 축약되어 '다'가 되는 형태 변화를 겪었다. '더으- + -어'도 동일한 변화를 겪었는데, 이는 모음 간에서 'ᄋᆞ/으'가 탈락할 가능성을 입증하는 근거라 할 수 있다. 따라서 기본형으로 '무으-'를 상정하면, 어간 말의 '으'는 '-우려' 앞에서 탈락하여 '무우려'의 형태로 활용한 것으로 볼 수 있다. 그런데 다음 문장에서는 성조가 다른 '무우-'를 확인할 수 있다.

예2) 무수ᄒᆞᆫ 군이 쪙뼝을 몯 무우니 <月印 上:26a>

'무우려'의 '·우'는 거성점이 표기되어 있는데 예2)의 '무우니'의 '우'는 평성으로 방점이 표기되어 있지 않다. 예2)의 '무우니'는 문맥상 '무으-'에 사동 접사 '-우-'가 붙은 것으로 파악할 수 있다.

[원문]

끠其·륙六·씹十:궇九
279)·뼥白홓毫·로견·지시·니각·시:더러·본아·래ᄀᆞ·린거·시:업·게ᄃᆞ외·니
·힗一홓毫·도아·니:뮈시·니:귀鬼병兵:모딘잠·개나·ᄡᅡ·드·디:몯·게ᄃᆞ외·니

[현대역]

[석가모니께서] 백호280)로 [마왕이 보낸 자매를] 겨누시니(겨누어 보시니) 각시(자매)의 더러운 아래 가린 것이 [저절로] 없게 되니.
[석가모니께서] 일호281)도 아니 움직이시니 귀병의 모진(사나운) 잠개(무기)가 [석가모니께] 나아 들지 못하게 되니(대들지 못하게 되니).

[배경]

석가모니의 정각을 방해하려고 마왕이 다시 두 자매 미가와 가리282)를 보내니 이들이 때로는 윗도리를 벗고 혹은 젖가슴을 만지기도 하고 혹은 배꼽을 두드리기도 하면서 온갖 기이한 행동을 했으나 석가모니께서 백호로 쏘아보시자 백호가 흰 무지개같이 빛나며 두 계집을 비추니 모두 본래의 추한 모습으로 변하였다.
또한 마왕이 팔십 억의 귀병을 이끌고 왔지만 석가모니께서 조금도 동요됨이 없으시니 그들의 무서운 무기가 모두 못 쓰는 쇠붙이가 되거나, 또는 연꽃이 되어 석가모니를 호위하므로 마왕 파순은 도저히 석가모니께서 정각을 이루시려는 것을 막을 수 없음을 깨달았으며, 귀병들은 무너져 흩어지고 말았다.

---

279) <月印 上:025b>

280) 백호(白毫): 부처의 두 눈썹 사이에 있는 희고 빛나는 터럭. 부처의 삼십이호상(三十二好相) 중 하나임.

281) 일호(一毫): '몹시 작고 가는 털'을 의미하나 비유적인 표현으로 쓰일 때는 '조금도, 추호도, 그 어떤 것도' 정도를 의미함. 여기서는 후자의 의미로 사용됨.

282) 미가(彌伽)·가리(迦利): 마왕이 석가모니의 정각을 방해하고자 보낸 악마의 자매로, 첫째의 이름이 '미가(彌伽)'이고 둘째의 이름이 '가리(迦利)'임. 이 자매는 저마다 손에 해골의 그릇을 가지고 석가모니의 앞에서 여러 가지의 기이한 형상을 지으며 석가모니를 괴롭혔고, 이들은 갖가지 더러운 몸으로 석가모니를 두렵게 하려 했으나 석가모니의 신력으로 움직일 수 없게 되어 석가모니의 한 터럭이라도 더욱더 조심하고 걱정을 하였다고 함.

[어절 분석]

·ᄈᆡᆨ白ᅘᅩᇢ毫·로#①견·지시·니#②각·시#:더러·ᄫᅳᆫ#아·래#ᄀᆞ·린#거·시#:업·게#ᄃᆞ외·니

·ᅙᅵᇙ一ᅘᅩᇢ毫·도#아·니#:뮈시·니#:귀鬼병兵#③:모딘#잠·개#④나·ᅀᅡ#·드·디#:몯·게#ᄃᆞ외·니

[주석]

① 견·지시·니

⇒ 견지-(동사 어간) + -시-(주체 높임의 선어말어미) + -니(연결어미)

◎ 후기중세국어 어휘 '견지-'는 '겨누다'를 의미한다. 『우리말샘』에 따르면, 현대국어 '겨누-'의 근대국어 어형인 '견호-'는 17세기 문헌에서부터 나타난다. 근대국어 시기에 'ㄴ, ㄹ' 등의 자음이나 모음과 모음 사이에 존재하는 'ㅎ'가 약화되어 탈락되었는데 '견호-'도 이러한 변화를 겪어 '*겨노-' 정도의 형태가 되었을 것으로 추정된다. 한편 이 시기에는 'ㅎ'의 탈락과 함께 제2음절 이하에서 'ㅗ'가 'ㅜ'로 변하는 경향이 강했는데 이러한 변화로 인하여 19세기에 '*겨노- > 겨누-'의 형태 변화가 발생한 것으로 보인다. 19세기까지 '견호-'와 '겨누-'가 공존하다가 '겨누-' 형태만이 현재에 이르고 있다. 19세기에 발견되는 '견우-'는 '겨누-'의 과잉 분철표기로 보인다.

② 각·시#:더러·ᄫᅳᆫ#아·래

⇒ 각시(명사) # 더럽-(형용사 어간) + -(으)ㄴ(관형사형 어미) # 아래(명사)

◎ 『우리말샘』에 따르면, 현대국어 어휘 '각시'는 15세기 문헌에서부터 나타나 현재까지 그대로 이어진다. 15세기에는 '각시'가 일반적이었지만 '갓시'의 형태도 보인다. 19세기의 '각씨'는 제2음절의 초성이 된소리가 되어 'ㅆ'로 표기된 것이다.

◎ 『우리말샘』에 따르면, 현대국어 어휘 '더럽-'의 형태는 15세기 문헌에서부터 나타났다. 그러나 15세기의 '더럽-'은 매개모음이나 모음으로 시작하는 어미가 결합할 때에는 '더러ᇦ-'으로 나타나 '더럽-/더러ᇦ-'의 이형태 교체를 보였다. 15세기 중엽에 'ㅸ'가 반모음 'w'로 변하면서 '더러ᇦ-'은 '더러우-'로 변화하여 현대국어와 같이 '더럽-/더러우-'로 이형태 교체를 하는 'ㅂ' 불규칙 용언이 되었다. 16~19세기에는 '더러우-'와 함께 '더러오-' 형태도 발견된다.

◎ 『우리말샘』에 따르면, 현대국어 어휘 '아래'는 15세기 문헌에서부터 '아래'로 나타나 현재까지 이어진다. 통시적으로 '아라, 아릐, 알애, 알ᄋᆡ, 알래' 등 다양한 어형이 나타나지만 이들

은 '아래'의 이표기로, '알애, 알익'는 '아래'를 과잉 분철한 것이고 '알래, 알릭'는 '아래'의 'ㄹ'를 중철 표기한 것이다. '아라'는 '위'를 의미하는 '우'와 함께 쓰일 때만 나타나는 형태였다.

③ :모딘#잠·개
⇒ 모딜-(형용사 어간) + -ㄴ(관형사형 어미) # 잠개(명사)

◎ '모딜-'은 '마음씨가 몹시 매섭고 독하다'의 의미는 갖는 현대국어 '모질-'의 후기중세국어 어형으로, 근대국어 시기에 구개음화를 겪으면서 '모질-'로 그 형태가 바뀌었다.
한편, '모딜-'의 'ㄹ'가 '-ㄴ' 앞에서 탈락하여, '모딘'의 형태로 활용하였다.

◎ '2007 한민족 언어 정보화 통합 검색 프로그램'에 따르면, '쟁기'와 관련된 이른 시기의 어형은 15세기 국어 자료에 나타나는 '잠개'이다. '잠개'는 '쟁기'만을 의미하지 않고 '병잠개'나 '눌잠개' 등과 같이 쓰여 쇠로 만든 도구를 총칭하는 것으로 보이며, 『우리말샘』에서는 '잠개'의 의미로 '연장이나 무기'를 제시하고 있다.
'잠개'는 '잠기'로 그 형태가 변하는데 아마도 '개'를 한자어 '기(器)'로 잘못 인식한 데에 기인한 것으로 보인다. '잠기'는 이후 'ㄱ' 앞에서의 위치동화에 의해 '장기'의 형태로 바뀌며, 구개음화에 따라 '쟝기'의 형태도 발견된다. 20세기에는 '장기'가 'ㅣ' 역행동화를 겪으면서 '쟁기'의 형태가 나타나고 이 형태가 현재에 이르고 있다.

☞ '잠개'는 '잠'과 접미사 '-개'로 분석될 수도 있을 듯하지만 '잠'이 구체적으로 무엇을 의미하는지 알 수 없다는 점에서 '잠개'를 형태소 분석하지 않는다.

④ 나·ᅀᅡ#·드·디#:몯·게#ᄃᆞ외·니
⇒ 낫-(동사 어간) + -아(연결어미) # 들-(동사 어간) + -디(연결어미) # [몯-(어근) + -ᄒᆞ(동사 파생 접사)]- + -게(연결어미) # ᄃᆞ외-(동사 어간) + -니(평서형 종결어미)

◎ 현대국어에 통사적 합성어 '*나아들-'이 존재하지 않으므로 '나ᅀᅡ 드디'를 통사적 합성어로 분석하지 않는다. '낫-'의 종성 'ㅅ'가 모음 간에서 'ᅀ'로 교체되었고, '들-'의 어간 말음 'ㄹ'가 후행하는 '-디'의 'ㄷ' 앞에서 탈락하여 '드-'로 교체되었다.

◎ '몯-'의 형태에 대해 다음의 용례를 고려할 수 있다.

예) 法流水에 븓디 몯고 <月釋 2:62b>

위의 예문에서 '몯-'이 보조용언으로 쓰이며 연결어미 '-고'를 취하는데 '못하고'로 그 의미를 파악할 수 있다. 다만, 『표준국어대사전』에서는 '몯- + -ᄒᆞ-'의 분석을 제시하고 있다. 따라서 여기에서의 '몯게'와 위 예문의 '몯고'는 각각 '몯ᄒᆞ게'와 '몯ᄒᆞ고'에서 'ᄒᆞ'가 생략된 표기로 보기로 한다.

◎ 고영근(1987/2010: 121)에 따르면 후기중세국어에는 보조동사 중 다음과 같이 부정의 의미를 지니는 것들이 있다.

예) ㉮ -디/-돌 아니ᄒᆞ다
㉯ -디 몯ᄒᆞ다
㉰ -디/-게/-어 말다

◎ 고영근(1987/2010: 120)에서는 후기중세국어에서의 피동의 의미를 지닌 보조동사를 다음과 같이 제시하고 있다.

예) ㉮ (-게) ᄃᆞ외다
㉯ (-아/-어) 디다

따라서 여기에서의 '몯게 ᄃᆞ외니'는 '못하게 되니' 정도의 피동 의미를 지닌 것으로 볼 수 있다.

[원문]

끵其·칧七·씹十
각·시·ᄯᅩ·비·옌·큰벌·에·곯骨:쉬髓옌효·ᄀᆞᆫ벌·에미·틔·ᄂᆞᆫ얼·읜벌·에러·니
각·시·ᄯᅩ가·온·ᄃᆡᆫ가·히엇·게·옌·ᄇᆡ얌여ᅀᆞ283)앒:뒤·헨아·ᄒᆡ·할·미러·니

[현대역]

[석가모니의 정각을 막으려던] 각시 또 배에는 큰 벌레가 [물어뜯고], 골수(뼛속)에는 자잘한 벌레가 [물어뜯고], 밑에는 엉긴 벌레이더니(엉긴 벌레가 물어뜯으니).
각시 또 [몸] 가운데에는 개가 [물어뜯고], 어깨에는 뱀과 여우가 [물어뜯고], [몸] 앞뒤에는 아이와 할미이더니.

283) <月印 上:026a>

[배경]

마왕이 보낸 두 자매가 천녀로 가장하고 석가모니께 아양을 떨었는데, 자매의 몸뚱이에 벌레가 엉기고 개·뱀·여우 등이 물어뜯으며, 나중에는 석가모니의 신력으로 추한 노파가 되어 돌아갔다.

[어절 분석]

각·시#·ᄯᅩ#·비·옌#·큰#벌·에#·곯骨:쉬髓옌#①효·ᄀᆞᆫ#벌·에#미·틔·ᄂᆞᆫ#②얼·읜#벌·에러·니
각·시#·ᄯᅩ#가·온·ᄃᆡᆫ#③가·히#④엇·게·옌#·ᄇᆞ얌#여ᅀᆞ#⑤앒:뒤·헨#아·히#·할·미러·니

[주석]

① 효·ᄀᆞᆫ
⇒ 횩-(형용사 어간) + -(ᄋᆞ)ㄴ(관형사형 어미)

◎ 후기중세국어의 '횩-'은 '잘거나 작다'를 의미하였다. 후기중세국어 시기에는 '횩-'의 의미와 비슷한 어휘로 '혁-'이 존재했다.

예) ㉮ 簫ᄂᆞᆫ 효ᄀᆞᆫ 대롤 엿거 부는 거시라 <釋詳 13:53a>
㉯ 小王ᄋᆞᆫ 혀근 王이니 轉輪王 아닌 王이라 <月釋 1:20b>

'혁-'은 '횩-'과 달리 '적다'와 '작다'를 모두 의미하였다.

② 얼·읜
⇒ *얼긔-(동사 어간) + -ㄴ(관형사형 어미)

◎ '얼의-'는 '*얼긔-'의 'ㄱ'에서 'ㄱ'가 약화된 형태로 보인다. 『우리말샘』에 따르면, 현대국어 어휘 '엉기-'의 후기중세국어 어형인 '얼의-'는 15세기 문헌에서부터 나타나며 15세기에는 연철이 일반적이었는데 '어릐-'가 아니라 '얼의-'로 표기된 이유는 제2음절의 초성 'ㅇ'이 후기중세국어 이전에 'ㄱ'에서 약화된 유성후두마찰음 'ㅇ[ɦ]'이었기 때문이다. 유성후두마찰음 'ㅇ[ɦ]'이 소멸되면서 '얼의-'는 근대국어 시기에 '어릐-'의 형태로 나타나며, 17세기 이후에는 '엉긔-'의 형태로도 나타났다. 이 '엉긔-'는 '얼의-'의 방언형으로 추정되며, 서로 경쟁 관계에 있다가 '엉긔-'만이 남게 된 것으로 보인다. '엉긔-'는 19세기에 이중모음 'ㅢ'가 자음 뒤에서 'ㅣ'로 변하여 '엉기-'의 형태가 되면서 현재에 이르고 있다.

③ 가·히
⇒ 가히(명사)

◎ 현대국어 '개'의 후기중세국어 어형인 '가히'는 15세기 문헌에서부터 나타난다. '가히'는 명사 '갛'에 조사 '이'가 같이 쓰이면서 화석화된 형태로 보인다. 16세기에는 모음 사이의 'ㅎ'가 약화·탈락한 후 음절이 축약된 '개[kay]' 형태가 등장하였다. 이중모음 'ㅐ[ay]'는 18세기 말~19세기 초에 오늘날과 같은 단모음 '[ɛ]'가 되었는데, 이에 따라 '개'도 '[kay] > [kɛ]'와 같은 발음의 변화를 겪은 것으로 보인다. 한편 19세기의 'ᄀᆡ'는 근대국어 후기에 모음 'ㆍ'가 'ㅏ'와 소리가 같아지면서 표기에 혼동이 일어난 형태로 보인다.

④ 엇·게·옌#·ᄇᆡ얌#여ᅀᆞ
⇒ 엇게(명사) + 에(부사격조사) + ㄴ(보조사) # ᄇᆡ얌(명사) # 여ᅀᆞ(명사)

◎『우리말샘』에 따르면, 현대국어 '어깨'의 후기중세국어 어형인 '엇게'는 15세기 문헌에서부터 나타나며, 16세기에 제2음절의 이중모음 'ㅔ'가 'ㅐ'로 변한 '엇개'가 문헌에서 발견된다. 근대국어 시기 말에 이중모음 'ㅔ'나 'ㅐ'가 단모음화가 되면서 '게, 개'의 발음이 '[əy]·[ay] > [ɛ]'로 변화하면서 '엇게, 엇개'의 발음도 변한 것으로 보인다. 19세기까지 '엇게'와 '엇개'가 공존하다가 제1음절의 종성 'ㅅ'의 영향으로 제2음절의 초성 'ㄱ'가 된소리가 되면서 현대국어 어형 '어깨'가 형성되었다. 17세기에는 제1음절의 말음 'ㅅ'가 'ㄱ'로 변한 '억게'가 표기되기도 하였다.

◎ 현대국어 '뱀'의 후기중세국어 어형으로는 'ᄇᆡ얌, ᄇᆡ암, ᄇᆡ얌' 등이 있다.『우리말샘』에 따르면, 'ᄇᆡ얌, ᄇᆡ암, ᄇᆡ얌'은 표기만 다를 뿐 실제 발음은 모두 [payam]이었던 것으로 보인다. 18세기에 어두음절의 모음 'ㆍ'의 소실로 인해 'ㆍ > ㅏ'의 변화로 이중모음 'ㆎ[ʌy]'가 'ㅐ[ay]'로 바뀌었고, 이후 'ㅐ[ay]'의 단모음화로 인해 'ㅐ[ɛ]'로 변하면서 'ᄇᆡ얌, ᄇᆡ암, ᄇᆡ얌'은 19세기에 '배암'의 형태로 바뀌었고, 이 형태가 축약되어 '뱀'의 형태가 되었다.

◎『우리말샘』에 따르면, 현대국어 어휘 '여우'의 후기중세국어 어형인 '여ᅀᆞ'는 15세기 문헌에서부터 발견되며, 16세기에는 단어 내부의 모음조화로 인한 '여ᅀᅳ' 형태도 보인다. 후기중세국어의 '여ᅀᆞ'는 단독으로 쓰이거나 자음으로 시작하는 조사나 조사 '와'와 결합할 때에는 '여ᅀᆞ'의 형태로, 모음으로 시작하는 조사와 결합할 때에는 '엿ᅌ'(또는 8종성법에 따라 '엿ᅌ')으로 이형태 교체를 하였다. 즉, '여ᅀᆞ/여ᅀᅳ'를 비롯한 '아ᅀᆞ, 무ᅀᅮ' 등은 모음으로 시작하

는 조사 앞에서는 제2음절의 모음을 탈락시키고 제2음절의 초성을 제1음절의 종성으로 옮기고 제2음절의 초성에는 유성후두마찰음 'ㅇ[ɦ]'을 표기하였다.
16세기에 'ㅿ'이 소멸되면서 '여ᅀᆞ, 여ᅀᅳ'는 각각 '여ᄋᆞ, 여으'의 형태로 변하였다. 18세기에는 기존에 '엿ㅇ'이 쓰이던 자리에도 '여ᄋᆞ'가 쓰인 예가 보인다는 점에서, '여ᄋᆞ/엿ㅇ'의 이형태 교체가 사라지고 '여ᄋᆞ'의 단일 형태가 확립되었음을 추정할 수 있다. 또한 18세기에는 '여ᄋᆞ > 여오', 19세기에는 '여으 > 여우'와 같이 제2음절의 모음이 원순모음으로 바뀐 새로운 형태가 나타났다. 19세기까지는 '여오'와 '여우'가 공존하다가 현대국어에는 '여우'의 형태만이 남았다.

⑤ 앒:뒤·헨#아·히#·할·미러·니
⇒ [앒(어근) + 뒿(어근)] + 에(부사격조사) + ㄴ(보조사) # [{아히(명사) # 할미(명사)} + 이(서술격조사)]- + -더-(시상의 선어말어미) + -니(평서형 종결어미)

◎『우리말샘』에 따르면, 현대국어 어휘 '앞'의 후기중세국어 어형인 '앒'은 15세기 문헌에서부터 나타난다. '앒'은 단독으로 쓰이거나 자음으로 시작하는 조사 앞에서는 '앏'으로 표기되었으며, 16세기에는 종성의 'ㄹㅍ' 중 'ㄹ'가 탈락한 '앞'의 형태가 등장하였다. 이처럼 'ㅍ' 앞에서 'ㄹ'가 탈락한 이유에 대해서는 정확히 알 수 없으나 국어사에서 이와 같은 현상을 보이는 예(예: 알ᄑᆞ- > 아ᄑᆞ-, 골ᄑᆞ- > 고ᄑᆞ-)가 확인된다. '앒'과 '앞'은 19세기까지 공존하다가 '앞'이 정착하면서 현재에 이르고 있다. 16세기~19세기 문헌에서 발견되는 '앏ㅍ', '압ㅍ'는 각각 '앒, 앞'의 종성 'ㅍ'를 8종성법에 따라 종성에는 'ㅂ'를, 다음 음절의 초성에는 'ㅍ'로 표기한 일종의 중철 표기이다. 이와 함께 '앏ㅎ', '압ㅎ'와 같은 표기도 발견되는데 이는 'ㅍ'를 'ㅂ'와 'ㅎ'로 나눈, 즉 재음소화에 따른 표기이다.

◎『우리말샘』에 따르면, 현대국어 어휘 '아이'의 후기중세국어 어형인 '아ᄒᆡ'는 15세기 문헌에서부터 발견되며, 16세기에 모음 'ㆍ'의 1차 소실로 인해 '아희'의 형태가 등장하였다. 근대국어 시기 말에는 자음 뒤에서 모음 'ㅢ'가 'ㅣ'로 발음되는 경향에 따라 19세기에는 '아히'의 형태가 등장하였고, 모음 사이에서 자음 'ㅎ'가 탈락한 '아이'의 형태가 나타나면서 현재에 이르고 있다.

◎ '할미'가 'i'계 모음(ㅣ, ㅐ, ㅔ, ㅚ, ㅟ 등)으로 끝나기 때문에 서술격조사로 '무표기(zero)라'가 쓰였다. 또한 서술격조사 뒤에서 시상의 선어말어미 '-더-'의 'ㄷ'가 'ㄹ'로 바뀌었다.

◈ 후기중세국어 시기 어미에서의 'ㄷ → ㄹ' 교체 현상에 대한 자세한 설명은 p.74를 참조.

[원문]

끠其·춣七·씹十·힗一
마魔왕王·이:노怒혼·돌:뜽道:리理:거츨·씨무無·수數훈군軍·이·쪙淨뼝甁·을:몯무우·니
·세世존尊·이쯧慈심心·ᄋ·로삼三·밍昧·예·드·르시·니무無·수數훈·늘·히련蓮화花ㅣ 두외·니

[현대역]

마왕이 [아무리] 노한들 도리가 허망하므로 무수한 군(귀신 군대)이 석가모니의 정병을 못 흔드니.
세존(석가모니)께서 자심284)으로 오로지 삼매285)에 드시니 무수한 [귀군 무기의] 날이 연꽃이 되니.

[배경]

마왕이 아무리 석가모니를 해하려 하여도 석가모니께서는 오히려 자비심으로 삼매경에 잠기시어, 마왕이 마음을 고쳐 부처께 귀의할 것만을 생각하시니, 이 마음이 워낙 거룩하시므로 마왕군의 그 많은 병기가 모두 연꽃이 되었다.

[어절 분석]

마魔왕王·이#①:노怒훈·돌#:뜽道:리理#②:거츨·씨#무無·수數훈#군軍·이#·쪙淨뼝甁·을#:몯#무우·니
·세世존尊·이#쯧慈심心·ᄋ·로#삼三·밍昧·예#③·드·르시·니#무無·수數훈#·늘·히#④련蓮화花ㅣ#두외·니

284) 자심(慈心): 자비심(慈悲心)의 준말. 불교에서의 '자비(慈悲)'는 중생에게 행복을 베풀며, 고뇌를 제거해 주는 것을 의미함. '자(慈)'는 범어 'Maitrī'의 한역(漢譯)으로 '남에게 즐거움을 준다'는 것을 의미하며, '비(悲)'는 범어 'Karuṇā'의 한역(漢譯)으로 '남의 괴로움을 덜어 준다'는 것을 의미함. 따라서 '자비(慈悲)'는 부처나 보살이 중생을 불쌍히 여겨 중생의 고통을 덜어 주고 안락하게 해 줌을 의미하며, '자비심(慈悲心)'은 그러한 마음을 의미함.

285) 삼매(三昧): 범어 'Samadhi'의 음사로, '정심행처(正心行處)'라 번역함. 즉, 산란한 마음을 한 곳에 통일시켜 선정(禪定)의 극치(極致)로 들어가는 것을 의미함.

[주석]

① :노怒ᄒᆞᆫ·ᄃᆞᆯ

⇒ [노(어근) + -ᄒᆞ(동사 파생 접사)]- + -ㄴᄃᆞᆯ(연결어미)

◈ 후기중세국어 시기의 '-ㄴᄃᆞᆯ, -ㅭᄃᆞᆯ'에 대한 자세한 설명은 p.51을 참조.

② :거츨·ᄊᆡ

⇒ 거츨-(동사 어간) + -ㄹᄊᆡ(연결어미)

◎ 후기중세국어 어휘 '거츨-'은 '허망하다, 망령되다'를 의미하였다.

③ ·드·르시·니

⇒ 들-(동사 어간) + -(으)시-(주체 높임의 선어말어미) + -니(연결어미)

◎ 여기에서의 '들-'은 '들어가다'를 의미한다.

④ 련蓮화花ㅣ #ᄃᆞ외·니

⇒ 련화(명사) + 이(보격조사) # ᄃᆞ외-(동사 어간) + -니(평서형 종결어미)

◎ 보격조사 'ㅣ'는 주격조사와 마찬가지로, 체언 말음절에 받침이 없고 체언 말음절의 모음이 일반 모음(非 'i'계 모음인 '아, 어, 오, 우' 등)일 때 쓰이며, 독립된 음절을 형성하지 못하고 체언 말음절의 모음에 융합되어 나타난다. 다만 한자(漢字)로 표기된 체언 아래에서는 'ㅣ'가 독립되어 표기된다.

[원문]

286)끠其·칧七·씹十·ᅀᅵ二

·륙六텬天·밣八:뽕部:귀鬼병兵·이바波쓘旬·의:말드·러·와:모딘·ᄠᅳ·들일·우오·려터·니

무無·수數텬天:ᄌᆞ子텬天:녀女ㅣ 부텻광光명明·보ᅀᆞ·ᄫᅡ:됴ᄒᆞᆫᄆᆞᅀᆞᆷ·ᄋᆞᆯ:내·ᅘᅧᅀᆞ·ᄫᆞ·니

[현대역]

육천287) 팔부288)의 [모든] 귀병289)들이 [마왕] 파순의 말을 들어 [석가모니께] 와서 [석가모니

---

286) <月印 上:026b>

께서 정각을 이루시려는 것을 방해하려는] 모진 뜻을 이루려 하더니.

무수한 천자와 천녀[290]가 부처의 광명을 보고 좋은 마음을 끄집어내니(품으니).

[배경]

> 마왕의 지휘로 귀병들이 석가모니의 정각을 방해하려는 나쁜 뜻을 이루려 하였다.
> 한편 석가모니의 정각을 도우려는 하늘의 부처들은 선근[291]을 살려 보려는 거룩한 생각을 품으셨다.

[어절 분석]

·륙六텬天#·밣八:뽕部#:귀鬼병兵·이#바波쓘旬·의#:말#ᄃᆞ·리#·와#:모딘#·ᄠᅳ·들#①일·우오·려#터·니

무無·수數#텬天:ᄌᆞ子#텬天:녀女ㅣ#부텻#광光명明#②·보ᅀᆞ·바#③:됴ᄒᆞᆫ#ᄆᆞᅀᆞᆷ·ᄋᆞᆯ#④:내·ᅘᅧᅀᆞ·ᄫᆞ·니

[주석]

① 일·우오·려#터·니

⇒ [일-(어근) + -구(사동 접사)]- + -오려(연결어미) # ᄒᆞ-(동사 어간) + -더-(시상의 선어말어미) + -니(평서형 종결어미)

◎ '일우-'는 '*일구-'의 'ㄱ' 약화형일 가능성이 높다. 장윤희(2015: 50)에서는 '일우-, 져믈우-'와 같이 'ㄹ' 말음 어간을 어근으로 한 '오'계 접미사 파생 사동사는 접미사 '-고-/-구-'가 통합하면서 그 접미사가 형태음운론적 교체를 통해 '-오-(ɦo)/-우-(ɦu)'로 실현되었다고 보았다.

---

287) 육천(六天): 육욕천(六欲天) 또는 욕계육천(欲界六天)을 말함. 삼계(三界) 가운데에 욕계(欲界)에 딸린 여섯 가지 하늘을 가리키는 것으로, 곧 사왕천(四王天)·도리천(忉利天)·야마천(夜摩天)·도솔천(兜率天)·화락천(化樂天)·타화자재천(他化自在天) 등임. 이 육천 가운데에서 사왕천은 수미산(須彌山) 허리에 있고, 도리천은 수미산 꼭대기에 있으므로 지거천(地居天)이라 하고, 야마천·도솔천·화락천·타화자재천은 다 구름을 붙여서 허공(虛空)에 있으므로 공거천(空居天)이라 함.

288) 팔부(八部): 팔부귀중(八部鬼衆)이라고도 하며 사왕천에 딸려 있는 8류의 귀신, 즉 천중(天衆)·용중(龍衆)·야차(夜叉)·건달파(乾闥婆)·아수라(阿修羅)·가루라(加樓羅)·긴나라(緊那羅)·마후라가(摩睺羅迦)를 가리킴. 이 팔부귀중은 사람의 눈으로는 볼 수 없으므로 명중팔부(冥衆八部)라고도 함.

289) 귀병(鬼兵): 사천왕이 거느리는 귀중으로 짜인 군대.

290) 천자(天子)·천녀(天女): 삼천대천 모든 하늘의 아들과 딸.

291) 선근(善根): 좋은 과보(果報)를 낳게 하는 착한 일 또는 온갖 선(善)을 낳는 근본을 의미함. 여기에서는 후자의 의미로 사용되었으며, '무탐, 무진, 무치'를 삼선근이라 함.

◎ 고영근(1987/2010: 308~309)에 따르면 '-옴, -오딕, -옷, -오려, -오마' 등은 '-오-'를 필수적으로 요구한다. 즉, '-ㅁ(명사형 어미), -딕(연결어미), -ㅅ(감동의 선어말어미), -려(연결어미), -마(종결어미)' 등은 홀로 사용되지 못하고 반드시 '-오-'가 선접한다.

◎ 'ᄒᆞ-'와 '-더-'의 음절 축약으로 '터'로 표기되었다.

② ·보ᅀᆞ·ᄫᅡ

⇒ 보-(동사 어간) + -ᅀᆞᆸ-(객체 높임의 선어말어미) + -아(연결어미)

◎ '보-'의 대상인 '부텻 광명'을 높이기 위해 '-ᅀᆞᆸ-'가 쓰였다.

③ :됴ᄒᆞᆫ

⇒ 둏-(형용사 어간) + -(ᄋᆞ)ㄴ(관형사형 어미)

◎『우리말샘』에 따르면, 현대국어 '좋-'의 후기중세국어 어형인 '둏-'은 15세기 문헌에서부터 나타나며, 16세기 문헌에서 연결어미 '-아'와 결합할 때 '됴ᄒᆞ야'로 나타난 예가 있는 점을 참고하면 16세기까지는 '둏-'와 '됴ᄒᆞ-'가 쌍형어 관계로 존재했음을 알 수 있다. 근대국어 시기에 'ㅣ' 모음이나 반모음 'y' 앞에서 'ㄷ, ㅌ'가 'ㅈ, ㅊ'로 변하는 'ㄷ' 구개음화가 발생하면서 '둏-'도 이러한 변화를 경험하여 18세기에 '죻-'의 형태가 등장하였다. 근대국어 시기에 치경음이었던 'ㅈ, ㅊ'가 경구개음으로 조음 위치가 변하여 '죠'와 '조'의 발음이 같아지면서 19세기에는 '좋-'의 형태가 나타나 현재에 이르고 있다. 한편 17~19세기 문헌에 보이는 '됴-, 둇ㅎ-, 죳ㅎ-'은 '둏- > 죻-'의 음절말 자음 'ㅎ'를 'ㅅ'로 표기한 것이며, 15~17세기 문헌에 보이는 '둏-'의 음절말 자음 'ㅎ'가 종성 위치에서 'ㄷ'로 소리가 중화되고, 'ㄷ'가 선어말어미 '-ᄂᆞ-' 앞에서 'ㄴ'로 비음화된 것을 표기에 반영한 '돈-'의 예도 보인다.

④ :내·ᅘᅧᅀᆞ·ᄫᆞ·니

⇒ 다음과 같이 두 가지 방식의 형태소 분석이 가능하다.

예) ㉮ [{나-(어근) + -이(사동 접사)}- + -ᅘᅧ(강조 접사)]- + -ᅀᆞᆸ-(객체 높임의 선어말어미) + -(ᄋᆞ)니(평서형 종결어미)

㉯ [{나-(어근) + -이(사동 접사)}- + ᅘᅧ-(어근)]- + -ᅀᆞᆸ-(객체 높임의 선어말어미) + -(ᄋᆞ)니(평서형 종결어미)

◎ 위 ㉮의 방식은 'ᅘᅧ'를 접사로 판단하는 의견을 반영한 것이고 ㉯는 'ᅘᅧ'를 어근으로 판단하는 의견을 반영한 형태소 분석이다.

남광우·성환갑(1978/1982: 152)에서는 위 용례의 'ᅘᅧ'를 '혀-(引)'가 접미사로 굳어진 것으로 보고 있으며, 허웅·이강로(1962/1999: 145)에서는 강조의 접사(힘줌을 나타내는 뒷가지)로 설명하고 있다. 그런데 문맥상 '내ᅘᅧ-'는 '됴ᄒᆞᆫ ᄆᆞᅀᆞᄆᆞᆯ'을 '겉으로 나오게 당기다' 정도로 해석이 가능하다. 또한 동시기의 '내ᅘᅧ-, 밀ᅘᅧ-, 드리ᅘᅧ-, 니르ᅘᅧ-, 두르ᅘᅧ-' 등의 'ᅘᅧ'는 단순히 의미를 강조하는 접사적 기능을 수행하는 것보다는 비통사적 합성어를 이루는 요소로 볼 수도 있을 듯하다. 여기에서는 이러한 이유로 ㉯의 분석을 따르고자 한다.

※ 후기중세국어 시기의 'ᅘᅧ-'의 쓰임

후기중세국어에서의 어간 'ᅘᅧ-'는 다음과 같이 두 가지의 용례로 구분된다.

1) ᅘᅧ-[1]: 현대국어 어휘 '켜-'는 '등잔이나 양초 따위에 불을 붙이거나 성냥이나 라이터 따위에 불을 일으키다' 또는 '나무를 세로로 톱질하여 쪼개다, 현악기의 줄을 활 따위로 문질러 소리를 내다' 등의 의미를 지니고 있다. 이 '켜-'의 후기중세국어 어형은 'ᅘᅧ-[1]'였다. 『우리말샘』에 따르면, 'ㆅ'는 『훈민정음 해례본(訓民正音 解例本)』 제자해에서 '전탁(全濁)'임이 명기되어 있으며, 'ㅎ'가 엉긴 소리라고 설명되어 있는데, '엉긴 소리'의 의미를 정확히는 알기 어려우나 'ㅎ'를 강하게 발음하는 소리 정도로 이해할 수 있을 듯하다. 15세기의 각자 병서(ㄲ, ㄸ, ㅆ, ㅃ, ㅉ, ㆅ) 표기는 1465년 간행된 『원각경언해(圓覺經諺解)』부터 전면적으로 폐지되는데, 이로 인해 'ᅘᅧ-'는 '혀-'로 표기되었고, 16세기 말까지 지속되었다. 그러나 이미 『월인천강지곡(月印千江之曲)』에서 '혀-'의 형태가 쓰이고 있다는 점에서 『우리말샘』에서의 '혀-'의 출현 원인과 시기에 대한 설명은 수정되어야 한다. 한편 'ㆅ'는 근대국어 시기에 'ㅅㅎ'를 거쳐 'ㅆ'으로 변하기도 하고(예: ᅘᅧᆯ물 > 썰물), 'ㅋ'로 변하기도 하였다(예: 니르ᅘᅧ- > 니르켜- > 일으키-). 즉, 'ㆅ > ㅅㅎ > ㅆ'의 음운 변화를 겪은 형태 변화는 'ᅘᅧ- > 써-'의 변화에 반영되었고, 'ㆅ > ㅋ'의 음운 변화를 겪은 것은 'ᅘᅧ- > 켜-'의 형태 변화에 반영되었다. 현대국어에서는 '켜-'를 표준어로 삼고 있지만, 충청 등 일부 방언에서는 '불을 쓰다 / 불을 써라'로 쓰이는데, 이것은 해당 방언에서는 'ᅘᅧ- > 써-'의 과정을 거쳤기 때문이며, 이는 'ㆅ > ㅅㅎ > ㅆ'의 음운 변화와 관련이 있다.

2) 혀-²: 현대국어에서 '밀물이나 밀린 물이 물러 나가다' 등을 의미하는 '써-'의 후기중세국어 어형은 '혀-²'이다. 현대국어 어휘 '썰물'의 15세기 어형은 '혈믈'인데, '혀-(동사 어간) + -ㄹ(관형사형 어미) # 믈(명사)'로 분석할 수 있다. 통시적으로 '혀-²'는 물이 빠져 나가는 것을 가리키는 것으로 서울 방언에서는 '써-'로 그 형태가 바뀌었으나, 그 외의 방언에서는 '켜-'로 그 형태가 바뀌었다. 15세기에는 '혀-²'가 '밀-'의 반대말로, 물에만 관련된 어휘가 아니었으나, 현대국어로 오면서 '혀-² > 써-'의 변화는 물과 관련된 어휘에만 한정된 것으로 보인다. 한편 17세기 문헌에서 'ᄻ혀-'가 나타나는데, 17세기 음운 목록에서 일반적으로 'ㅅ'계 자음군이 된소리로 실현되었다는 점 때문에 'ᄻ'은 'ㅎ'의 된소리로 볼 수 있다. 이 된소리는 17세기 후반에 'ㅋ'로 합류된 것으로 추정된다.

[원문]

끠其·칧七·씹十삼三
292):봉寶관冠·올바·사견·져·띠地·옥獄잠·개뫼·화꾸瞿땀曇·이·롤:모·딕자·ᄫ·라터·니
·뻭白흫毫·롤드·러견·지·샤·띠地·옥獄·이·믈·이ᄃ외·야:쬐罪신人·돌·히:다신人간間·애나·니

[현대역]

[마왕이] 보관을 벗어서 겨누어 지옥의 병기를 모아 "구담이를 반드시 잡아라." 하니니.
[석가모니께서] 백호를 들어서 겨누시어 지옥이 물이 되어 [지옥에 갇혀 있던] 죄인들이 다 인간에(인간 세상에) 나오니.

[배경]

석가모니의 정각을 막으려고 마왕이 보관을 벗어 석가모니를 겨누고 지옥에 있는 무기를 모두 꺼내어 구담(석가모니)의 정각을 끝까지 막으려 하였으나 석가모니께는 근접도 하지 못하였다.
석가모니께서는 심안으로 마왕의 흉계를 알아차리시고 미간의 백호를 들어 지옥에 있는 죄인으로 하여금 백호를 보게 하니 지옥이 온통 물바다가 되어 죄인들이 모두 인간 세상에 나오게 되었다.

---

292) <月印 上:027a>

[어절 분석]

:봉寶관冠·ᄋᆞᆯ#①바·사#견·져#·ᄯᅵ地·옥獄#잠·개#뫼·화#꾸瞿땀曇·이·ᄅᆞᆯ#②:모·ᄃᆡ#③자·ᄫᆞ·라#터·니

·ᄈᆡᆨ白흫毫·ᄅᆞᆯ#드·러#견·지·샤#·ᄯᅵ地·옥獄·이#·믈·이#④ᄃᆞ외·야#:쬐罪신人·ᄃᆞᆯ·히#:다#신人간間·애#나·니

[주석]

① 바·사

⇒ 밧-(동사 어간) + -아(연결어미)

◎『우리말샘』에 따르면, 현대국어 어휘 '벗-'의 후기중세국어 어형인 '밧-'은 15세기부터 17세기까지 그 용례가 확인되며, 현대국어의 형태인 '벗-'도 15세기부터 용례가 보이며 현재까지 이어진다. 그런데 15세기의 '밧-'은 '옷'과 같이 구체적인 명사에 쓰였고 '벗-'은 '시름, 수고(受苦)' 등 추상적인 명사에 쓰이는 등 그 구분이 확연했다. 그러나 이러한 구분은 16세기까지만 유지되었으며 17세기부터는 '밧-'과 '벗-'은 모두 '옷'과 같은 구체적인 명사를 목적어로 취하는 용례가 확인된다. 이후 '밧-'은 '벗-'에게 자리를 내어주고 사라지게 되었으며 17세기 이후로는 '벗-'만이 구체적인 명사와 추상적인 명사에 지속적으로 두루 쓰였다.

② :모·ᄃᆡ

⇒ 모ᄃᆡ(부사)

◎ 후기중세국어 시기의 '모ᄃᆡ'는 '반드시, 꼭'을 의미하였다.

③ 자·ᄫᆞ·라#터·니

⇒ 잡-(동사 어간) + -(ᄋᆞ)라(명령형 종결어미) # ᄒᆞ-(동사 어간) + -더-(시상의 선어말어미) + -니(평서형 종결어미)

◎ 후기중세국어에서도 인용문이 실현되지만 직접인용문과 간접인용문을 구분하는 것이 쉽지 않다. 문장의 내용이 화자의 관점인지, 문장 속 인물의 관점인지를 판단하여 직접인용과 간접인용을 구별해야 한다. 다만, 직접인용문에는 '상대 높임의 어미, 감탄사, 호칭(대명사)' 등이 존재하는 경우가 많기 때문에 이를 기준으로 직접인용문과 간접인용문을 구분할 수 있다. 안주호(2003)에서는 후기중세국어의 인용문 형식을 다음과 같이 세 가지로 분류하였다.

예) ㉮ 1형식: 주어 + 인용동사 + (피인용문)

須達이 舍利弗끠 ᄉᆞ러 닐오ᄃᆡ 大德하 사ᄅᆞ미 다 모다 잇ᄂᆞ니 오쇼셔 <釋譜 6:29b>

㉯ 2형식: 주어 + 인용동사 + (피인용문) + ᄒᆞ-

王이 ᄒᆞ샤ᄃᆡ 내 아ᄃᆞ리 어딜쎠 ᄒᆞ시니 <月釋 2:7a>

㉰ 3형식: 주어 + (피인용문) + 인용동사

如來 샹녜 우리ᄅᆞᆯ 아ᄃᆞ리라 니ᄅᆞ시니이다 <月釋 13.32b>

안주호(2003)에 따르면, ㉮ 1형식에서는 주절과 피인용문이 병렬적 관계이고, 두 개의 사건은 독립되어 구성된다. 이때 피인용문은 대부분은 직접적인 인용문 형태를 띠었다. 이런 인용문 형식은 현대국어에서는 거의 볼 수 없지만 후기중세국어 인용문에서는 가장 많이 볼 수 있는 구조이다. 1형식과 대조적인 것은 ㉰ 3형식으로, 후기중세국어에서는 3형식으로 간접인용문이 실현되는 경우가 많았다. 3형식의 특징은 피인용문이 인용동사 앞에 나오는 구조를 띠고 있다는 점이다. ㉯ 2형식의 경우, 인용동사가 존재하지만 형식동사 'ᄒᆞ-'가 있다는 점이 특징이다. 이 'ᄒᆞ-'는 후행절과 선행절인 피인용절을 연결해주는 기능을 한다는 점에서 인용동사로서의 기능을 하는 것이 아니기 때문에 잉여적이라고 할 수 있다.
여기에서의 '꾸ᅂᅵᄅᆞᆯ 모ᄃᆡ 자ᄇᆞ라 터니'는 위 3형식의 구조를 띠고 있다.

◎ 'ᄒᆞ-'와 '-더-'가 음절 축약의 과정을 거쳐 '터'로 표기되었다.

④ ᄃᆞ외·아
⇒ ᄃᆞ외-(동사 어간) + -아(연결어미)

◎ 'ᄃᆞ외-'의 반모음 'y'로 인해 '-아'에 반모음 'y'가 삽입되어 '-야'로 교체되었다.

[원문]

끠其·칧七·씹十·ᄉᆞ四

마魔왕王·이:말재·야부텻·긔나·ᅀᅡ·드·니·현·날인·둘메迷·획惑어·느·플·리

293)부텻·디智·륵力·으·로마魔왕王·이업·더디·니·ᅀᅵ二·웛月ㅅ·밣八·싏日·에·졍正·각覺일·우시·니

293) <月印 上:027b>

[현대역]

마왕이 말이 가벼워 부처(석가모니)께 나아 드니(나아가 대드니) 몇 날인들(아무리 오랜 날이 지난다 한들) [마왕의] 미혹[294]을 어찌 풀리(풀겠습니까)?

부처의 지력[295](지혜)으로 마왕이 [마침내] 엎드리니(항복하니) [마침내 석가모니께서] 이월 여드렛날에 정각을 이루시니.

[배경]

마왕이 입이 가볍고 말만 많아서 석가모니를 굴복시키려고 온갖 흉계를 다 꾸몄으나 번번이 실패하였으니, 언제쯤이나 그 악독한 마음을 풀 것인지 딱한 일이었다. 그러나 석가모니의 한결같은 자비심으로 인하여 드디어 2월 7일 밤에 마왕이 항복하였다. 이때부터 석가모니의 몸에서 큰 광명이 일어 이튿날 명성[296]이 돋을 때, 석가모니께서 크게 깨달음을 얻어 정각을 이루시니 바로 2월 8일이었다.

[어절 분석]

마魔왕王·이#①:말#재·야#부텻·긔#②나·ᅀᅡ#·드·니#③·현#·날인·ᄃᆞᆯ#메迷·ᅘᅬᆨ惑#④어·느#·ᄑᆞᆯ·리

부텻#·디智·ᄅᆗ力·으·로#마魔왕王·이#⑤업·더디·니#·ᅀᅵ二·ᅌᅯᇙ月ㅅ#·밣八·ᅌᅵᇙ日·에#·져ᇰ正·각覺#일·우시·니

[주석]

① :말#재·야

⇒ 말(명사) # 재-(동사 어간) + -아(연결어미)

◎ 『우리말샘』에 따르면, 현대국어 어휘 '재-'는 '참을성이 모자라 입놀림이 가볍다'를 의미한다. 여기에서의 '재-'도 동일한 의미로 사용된 것으로 보인다. 한편 후기중세국어 시기의 '재-'의 'ㅐ'는 하향이중모음으로 'ㅐ'의 반모음 'y'로 인해 연결어미 '-아'에 반모음 'y'가 삽입되어 '-야'로 교체되었다.

---

294) 미혹(迷惑): 무엇에 홀려 정신을 차리지 못함.

295) 지력(智力): 지혜의 힘 또는 슬기의 힘.

296) 명성(明星): 샛별 또는 태백성(太白星). 석가모니가 이 별이 돋을 때, 정각을 이루었다고 함.

② 나·ᅀᅡ#·드·니

⇒ 낫-(동사 어간) + -아(연결어미) # 들-(동사 어간) + -니(연결어미)

◎ 현대국어에 통사적 합성동사 '*나아들-'이 없다는 점에서 위와 같은 분석은 타당할 것으로 생각한다. 한편 현대국어 어휘 '나아가-'의 후기중세국어 어형인 '낫-'은 모음으로 시작하는 어미 앞에서는 'ᄂᆞᇫ-'이나 '나-'로 교체되었다.

남광우·성환갑(1978/1982: 154)와 허웅·이강로(1962/1999: 148)에서는 '나ᅀᅡ 드니'의 의미를 '나아가 대들다'로 제시하고 있다. 그러나 '나ᅀᅡ 드니'가 '낫-'과 '들-'이 연결어미 '-아'로 이어진 형태라는 점과 후기중세국어 시기의 '들-'의 의미로 '入, 擧, 편들다, 병이 들다, 잘 베어지다' 등이 확인된다는 점을 고려하여 '나ᅀᅡ 드니'는 '어느 쪽으로 향해 나아가다' 정도로 판단하는 것이 적절할 듯하다. 다만, 문맥상으로 남광우·성환갑(1978/1982)와 허웅·이강로(1962/1999)에서 제시하는 바와 같이 '나아가 대들다'로 의역할 수도 있을 듯하다.

③ ·현#·날인·ᄃᆞᆯ

⇒ [{현(관형사) # 날(명사)} + 이(서술격조사)]- + -ㄴᄃᆞᆯ(연결어미)

◎ 허웅·이강로(1962/1999: 71)에서는 다음과 같은 용례를 제시하면서 '현'을 '몇'의 뜻을 가지는 어휘로 설명하고 있다.

예) ㉮ 진 ᄆᆞ리 현 버ᄂᆞᆯ 닌들 <龍歌 31>

㉯ 현 고ᄃᆞᆯ 올마시뇨 <龍歌 110>

한편 후기중세국어의 '현'은 관형사로 보는 것이 마땅할 것으로 보이나 『고어사전』 등에서는 '몇'의 의미를 갖는 수사로 분류하고 있다. 안병희·이광호(1990/2005: 156)에서는 'ᄒᆞᆫ, 두' 등을 '기수사의 관형어적 용법'으로 설명하고, 관형사의 설명에서는 이들이 수사와 동일한 형태의 수량 관형사로 쓰이고 있다고 설명하고 있다. 이상훈(2012: 298)에서는 후기중세국어 문헌에서 '현'과 '몃(몇)'이 쓰인 예를 검토하여 '현'과 '몃'이 모두 현대국어의 '몇'의 의미로 쓰이고 있다고 보았다. 그러나 후기중세국어의 '현'과 '몃'은 모두 현대국어의 '몇'으로 연결해도 의미상 오류는 보이지 않지만, '현'은 [+不定]의 의미 속성 중 [+다량 지향]에, '몃'은 '적은, 얼마 되지 않은' 즉, [+不定]의 의미 속성 중 [+소량 지향]에 의미적 초점이 맞추어져 있는 것이 다르다고 하였다. 또한 후기중세국어 문헌에서 '현'이 수사로 쓰인 예를 찾기는 어려우며 모두 관형사로 쓰이고 있지만 근대국어 문헌에서 보이는 예들을 볼 때 후기중세국어에도 '현'의 수사적 용법이 있었을 것으로 추정하고 있다. 후기중세국어에는 보이지 않던

'현'의 수사적 용법이 근대국어에 갑자기 나타났다고 보기보다는 후기중세국어에서도 '현'이 수사의 성격을 가지고 있었던 것으로 보는 것이 자연스럽기 때문이라는 것이다.

④ 어·느#·플·리
⇒ 어느(부사) # 플-(동사 어간) + -리(의문형 종결어미)

◎ '어느'는 '어느' 외에도 '어ᄂᆞ, 어ᄂᆡ, 어누' 등의 형태로 사용되었다. 현대국어에서는 관형사로만 쓰이지만, 후기중세국어에서는 관형사뿐만 아니라 부사, 명사로도 사용되었다. 위 용례의 '어느'는 부사로 쓰인 것으로서 '어찌'의 의미를 갖는다. 현대국어의 부사 '어찌'는 '엇디'가 구개음화를 거친 형태이며 '어느'는 현대국어로 오면서 모두 관형사로 고정되었다(박병채, 1974/1991: 76~77).

◎ '플-'은 근대국어 시기에 원순모음화를 겪으면서 '풀-'로 그 형태가 변하였다.

⑤ 업·더디·니
⇒ 다음과 같이 네 가지의 형태 분석이 가능하다.

예1) ㉮ [업더-(어근) + 디-(어근)]- + -니(평서형 종결어미)
㉯ *어ퟣ-(동사 어간) + -어(연결어미) # 디-(동사 어간) + -니(평서형 종결어미)
㉰ [{*어ퟣ-(동사 어간) + -어(연결어미)} + 디-(동사 어간)]- + -니(평서형 종결어미)
㉱ 업더디-(동사 어간) + -니(평서형 종결어미)

위와 같이 다양한 분석 방법이 가능한 이유는 '업더디니'의 어간을 어디까지 볼 것인지가 불명확한 데에서 기인한다. '엎드리다'의 의미를 가진 후기중세국어 어형으로는 다음과 같이 '업더리-', '업듣-', '업데-', '업더이-' 등이 존재한다.

예2) ㉮ 香 머굼ᄂᆞᆫ 지비 머니 머므러 벼개예 업더렷ᄂᆞᆫ ᄢᅵ로다 <初杜解 20:41a>
㉯ 님긊 命令에 오래 업드러 ᄃᆞ니놋다 <初杜解 8:59b>
㉰ 摩耶ㅣ ᄯᅡ해 업데샤 ᄆᆞᅀᆞ몰 고ᄌᆞ기 너기시니 <釋譜 11:3a>
㉱ 그 남지니 뉘으처 ᄯᅡ해 업더옛거늘 <月釋 1:44a>

그런데 위 용례에서 볼 수 있는 '엎드리다'의 의미를 가진 후기중세국어 어형들은 '업더디니'의 활용형을 설명할 수가 없다는 문제점이 있다. 또한 예1) ㉯와 ㉰의 '*어ퟣ-'과 같은 형태나 이와 유사한 형태가 후기중세국어 문헌에서 전혀 발견되지 않는다. 그러나 다음의 '업더이-'

는 우리에게 '업더디니'의 활용형을 설명할 수 있는 단초를 제공해준다.

예3) ㉮ 주근 사ᄅᆞ미 비롤 독 우희 업더이고 <救簡 1:70a>
　　㉯ 반드시 머리를 ᄡᅡ해 두드리고 업더여서 <飜小 9:84b>

예2) ㉱의 '업더이-'는 문맥상 사동의 의미를 찾을 수 없으나 예3) ㉮와 ㉯에서는 문맥상 '업더이-'가 사동사로 쓰였음을 확인할 수 있다. 이럴 경우, '업더이-'가 소위 능격동사로 쓰였다고 생각할 수 있지만, '*업더-'에 사동 접사 '-이-'가 붙어 형성된 '업더이-'가 능격동사로 쓰였다고 볼 수도 있다. 이럴 경우, '업더디니'는 '*업더- + 디-'의 형성 과정을 겪은 비통사적 합성동사로 볼 수 있을 듯하다. 여기에서는 예1) ㉮의 분석 방법을 따르고자 한다.

[원문]

끠其·칧七·씹十:오五
훙優빠婆·국鞠다多존尊:쟈者ㅣ·묠妙·법法·을·펴거·늘마魔왕王·이ᄀᆞᆯ·외·니이·다
·때大ᄍᆞ慈비悲·셰世존尊ㅅ·긔버·릇:업[297]ᄉᆞᆸ·던:일·ᄋᆞᆯ마魔왕王·이:뉘으·츠·니이·다

[현대역]

우바국다[298]의 존자[299]가 묘법[300]을 펴거늘 마왕이 [이를 방해하려고] 겨루었습니다(맞서서 덤빕니다).
대자대비하신 세존(석가모니 부처)께 버릇없던 일을 [한] 마왕이 [자신의 잘못을] 뉘우쳤습니다.

[배경]

석가모니 부처의 열반 후에 우바국다 존자가 석가모니 부처의 교리를 받들어 설법할 때에 마왕이 석가모니의 몸으로 변하여 이를 방해하려는 것을 존자가 알아차리고 물리쳐 불교를 다시 일으키고 마왕의 장난을 미연에 방지하였다.

---

297) <月印 上:028a>

298) 우바국다(優婆鞠多): 범어 'Upagupta'의 음사(音寫). 불법을 전해 받은 제4조로, 석가모니의 열반 뒤 백여 년 후에 불법을 설법할 때에 마왕이 방해하므로 세 개의 송장을 마왕의 목에 걸어 항복시켰다 함.

299) 존자(尊者): 범어 'Arya'의 한역. 덕 있는 이를 공경하는 칭호로 '성자·현자'를 의미함.

300) 묘법(妙法): 부처 일대의 설교 전체를 가리킴. '묘(妙)'는 불가사의, '법(法)'은 불법을 뜻함.

마왕 파순의 맏아들 상주(商主)가 그 아버지 마왕의 잘못을 뉘우치며 자기 아버지를 대신하여 석가모니 부처께 진심으로 사죄하였다.

[어절 분석]

ᅙᅮᇰ優빠婆·꾹鞠다多#존尊:쟈者ㅣ#·묘ᇢ妙·법法·을#·펴거·늘#마魔왕王·이#①ᄀᆞᆯ·외·니이·다
·때大ᄍᆞ慈비悲#·셰世존尊ㅅ·긔#②버·릇:업숩·던#:일·올#마魔왕王·이#③:뉘으·ᄎᆞ·니이·다

[주석]

① ᄀᆞᆯ·외·니이·다
⇒ *ᄀᆞᆯ괴-(동사 어간) + -니이다(평서형 종결어미)

◎ '*ᄀᆞᆯ괴-'는 '겨루다, 맞서 덤비다, 침범하다'를 의미하던 후기중세국어 시기의 어휘였다. 후기중세국어 시기에는 'ㄹ' 뒤에서 'ㄱ'가 약화되는 것이 일반적이었고, 따라서 'ᄀᆞᆯ외-'는 '*ᄀᆞᆯ괴-'의 '괴'의 'ㄱ'가 약화된 형태로 볼 수 있다.

◈ 후기중세국어 시기의 '-니이다'의 형태소 분석에 대한 자세한 설명은 p.49를 참조.

② 버·릇:업숩·던
⇒ [버릇(어근) + 없-(어근)]- + -숩-(객체 높임의 선어말어미) + -더-(시상의 선어말어미) + -ㄴ(관형사형 어미)

◎『우리말샘』에 따르면, 현대국어 어휘 '버릇없-'은 15세기 문헌에서부터 보이며, 현재까지 그대로 이어진다. '버릇'은 통시적으로는 '버릇, 버릇' 등으로도 표기된 경우도 있었지만 '없-'과 결합한 '버릇없-'의 경우에는 '버릇'으로만 표기되었다.

③ :뉘으·ᄎᆞ·니이·다
⇒ 뉘읓-(동사 어간) + -(으)니이다(평서형 종결어미)

◎『우리말샘』에 따르면, 현대국어 '뉘우치-'의 후기중세국어 어형 '뉘읓-'은 자음으로 시작하는 어미 앞에서는 8종성법에 따라 '뉘읏-'으로 표기되었다. 16세기에는 '뉘'의 영향을 받아 제2음절의 모음 'ㅡ'가 'ㅜ'로 바뀐 '뉘웇-'의 형태가 등장하였고, 자음으로 시작하는 어미 앞에 매개모음이 삽입되어 '뉘우츠며' 등의 활용형이 사용되었다. 근대국어 말기에 'ㅅ, ㅈ, ㅊ'

뒤에 오는 모음 'ㅡ'가 'ㅣ'로 변하는 전설모음화를 겪으면서 '뉘우치며, 뉘우치니'의 활용형이 사용되었고, 이러한 활용형으로부터 유추하여 이 단어의 어간을 '뉘우치-'로 인식하게 되어 19세기에는 자음으로 시작하는 어미 앞에서도 '뉘우치-' 형태가 나타나게 되었다.

◈ 후기중세국어 시기의 서법과 시제에 대한 자세한 설명은 p.54를 참조.

[원문]

끠其·칧七·씹十·륙六
·큰룡龍·올지·ᅀᅡ·셰世존尊ㅅ몸·애감·아·ᄂᆞᆯ쯔慈비悲심心·ᄋᆞ·로:말아·니·ᄒᆞ시·니
화花만鬘·올밍·ᄀᆞ·라존尊:자者ㅅ머·리·예연·자·ᄂᆞᆯ씬神통通·륵力·으·로모·ᄀᆞᆯ구·디미·니

[현대역]

큰 용을 만들어 세존(석가모니 부처)의 몸에 감거늘 자비심으로 [좋다거나 나쁘다는] 말을 아니 하시니.
화만301)을 만들어 존자(석가모니 부처)의 머리에 얹거늘 [석가모니 부처께서] 신통력302)으로 목을 굳게 매니.

[배경]

석가모니 부처께서 보리수 아래에서 성도하시고, 문린(文隣)이라는 맹룡(盲龍)이 살고 있는 무제수(無提水)에 도착하시어 7일간을 정좌하시며 눈먼 용의 눈을 뜨게 하셨는데, 그 이레 동안은 비바람이 몹시 치고 구름이 일어 하늘과 땅이 뒤집히는 듯하였다. 이때 그 용이 석가모니 부처를 호위하느라고 석가모니 부처의 몸을 일곱 겹으로 감아서 비바람이 범접하지 못하게 하였으며, 나중에는 꽃다발을 만들어 석가모니 부처의 몸에 씌워 장식하였다.

[어절 분석]

·큰#룡龍·올#①지·ᅀᅡ#·셰世존尊ㅅ#몸·애#감·아·ᄂᆞᆯ#쯔慈비悲심心·ᄋᆞ·로#②:말#아·니·ᄒᆞ시·니

301) 화만(華鬘): 범어 'Kusumamala'의 한역으로 '구소마마라(俱蘇摩摩羅)'라 음사(音寫)함. 인도의 풍속에서 목이나 몸에 장식하는 꽃다발.
302) 신통력(神通力): 인간의 상식으로는 헤아리기 어려운 무애자재(無碍自在)의 힘.

화花만蔓·ᄋᆞᆯ#ᄆᆡᆼ·ᄀᆞ·라#존尊:쟈者ㅅ#머·리·예#③연·자·ᄂᆞᆯ#씬神툥通·륵力·ᄋᆞ·로#모·ᄃᆞᆯ#④구·디#ᄆᆡ·니

[주석]

① 지·ᅀᅡ
⇒ 짓-(동사 어간) + -아(연결어미)

◎ 남광우·성환갑(1978/1982: 156)에 따르면, 현대국어에서는 중성모음 'ㅣ'가 음성모음과만 조화되어 '지어, 이어, 기어…'와 같이 실현되지만, 후기중세국어 시기에는 중성모음 'ㅣ'가 양성 · 음성모음과 두루 조화되어 쓰였으므로 위 용례와 같이 '지ᅀᅡ'와 같은 어형이 나타나게 되었다고 한다.

② :말#아·니·ᄒᆞ시·니
⇒ 말(명사) # [아니(어근) + -ᄒᆞ(동사 파생 접사)]- + -시-(주체 높임의 선어말어미) + -니(평서형 종결어미)

◎ 고영근(1987/2010: 241)에 따르면, 사동 부정문과 피동 부정문을 제외한 후기중세국어 부정법은 '아니' 부정문, '몯' 부정문, '말다' 부정문으로 실현되었다. '아니' 부정문은 체언 부정문, 용언 부정문, 관형사 부정문, 부사 부정문 등으로 구분된다. 특히 용언 부정문에는 현대국어와 마찬가지로 짧은 부정문과 긴 부정문이 있었는데, 본문의 '아니' 부정문은 짧은 부정문에 해당된다.

③ 연·자·ᄂᆞᆯ
⇒ 엱-(동사 어간) + -아ᄂᆞᆯ(연결어미)

◎ 『우리말샘』에 따르면, 현대국어 '얹-'의 후기중세국어 어형인 '엱-'은 15세기 문헌에서부터 보이며, 동시기 문헌에 '엿-'도 함께 나타나는데 '엿-'은 음절말에서 'ㅈ'가 'ㅅ'로 발음된 것을 표기에 반영한 것으로 보인다. 18세기에 '엱-'의 반모음 'y'가 탈락된 '얹-'의 형태가 나타났고 이것이 현재에 이르고 있다.

④ 구·디
⇒ 굳-(어근) + -이(부사 파생 접사)

◎ 『우리말샘』에 따르면, 현대국어 어휘 '굳이'의 후기중세국어 어형인 '구디'는 15세기 문헌에서부터 보이며, 16·17세기에 나타나는 '굳이'는 '구디'의 분철 표기인데, '굳이'가 남아 현재에 이르렀다. 그러나 16·17세기 문헌에서 발견되는 '굳이'와 현대국어의 '굳이'는 서로 발음이 달랐을 것으로 추정된다. 18·19세기 문헌에 나타나는 '구지'를 통해 알 수 있듯이 근대국어 시기에는 'ㄷ, ㅌ'가 'ㅣ' 모음 뒤에서 'ㅈ, ㅊ'로 변하는 구개음화가 일어났고 15세기의 '구디' 또한 이러한 변화를 겪으면서 18세기 이후에는 '구지'로 표기되었다. 그러나 형태를 밝혀 적는 현대국어의 표기법에 따라 현재에는 '굳이'로 표기된다.

[원문]

끠其·칧七·씹十·칧七
[303]바리ᄣᅢ·리ᄂᆞᆫ·쇠:거츨·언마·ᄅᆞᆫᄍᆞ慈비悲심心·ᄋᆞ·로구·지·돔모·ᄅᆞ시·니
수·플·에·나ᄂᆞᆫ부:톄:거츨·언마·ᄅᆞᆫ공恭·경敬심心·ᄋᆞ·로끠期·약約·올니·ᄌᆞ·니

[현대역]

[석가모니 부처의] 바리를 깨뜨리는 소가 허망하건마는 [석가모니 부처께서는] 자비심으로 꾸짖음 모르시니.
수풀에서 나오는 부처가 허망하건마는 공경심으로 기약을 잊으니.

[배경]

소로부터 젖을 내는 것을 초미(初味)라 하는데 이에 비기어 석가여래 원돈[304]의 교문[305]을 설법한 것으로 부처로부터 12부경을 냄에 비유된다. 즉, 석가여래 혜광[306]의 밝음을 설법한 것이다.

---

303) <月印 上:028b>

304) 원돈(圓頓): 원만한 이치를 단박에 모두 갖춘다(圓滿頓足)는 뜻으로, 즉 원만한 이치를 원만하게 갖춰진 마음으로써 단박에 속히 깨달아서 부처를 이루는 것을 말함.

305) 교문(教門): 불교의 교의를 연구하는 교상문(教相門). 부처의 가르침은 생사해탈의 도에 들어가는 문이라는 뜻으로, 중생들이 각각 자신의 수행 정도에 따라 알맞은 진리의 법당에 들어 갈 수 있도록 만든 8만 4천 가지의 법문(法門)이 있고, 이를 글로 엮은 것이 대장경(大藏經)이며 이것이 교문에 해당함.

306) 혜광(慧光): 자성청정심에서 나오는 지혜 광명. 자성은 인간에 갖추어진 본성으로 성품(性稟), 불성(佛性), 심지(心地) 등과 상통되는 개념이며, 깊은 수도의 경지에 이른 공부인이 죄복 고락을 벗어나고 번뇌 망상이 끊어진 청정한 자성에 머물고 자성 그대로 발현하여 얻게 되는 지혜의 광명을 말함.

[어절 분석]

바리#①ᄣᆞ·리ᄂᆞᆫ#②·쇠#:거츨·언마·론#ᄌᆞ慈비悲심心·ᄋᆞ·로#③·구·지·돔#모·ᄅᆞ시·니
수·플·에#·나ᄂᆞᆫ#부:톄#:거츨·언마·론#공恭·경敬심心·ᄋᆞ·로#끠期·약約·올#④니·ᄌᆞ·니

[주석]

① ᄣᆞ·리ᄂᆞᆫ

⇒ ᄣᆞ리-(동사 어간) + -ᄂᆞ-(시상의 선어말어미) + -ㄴ(관형사형 어미)

◎ 'ᄣᆞ리-'를 남광우·성환갑(1978/1982: 157), 허웅·이강로(1962/1999: 152), 『우리말샘』에서는 '깨뜨리다'로 해석하고 있다. 한편 『우리말샘』에서는 현대국어 어휘 '때리-'의 후기중세국어 어형으로 'ᄣᆞ리-'를 제시하고 있다. 현대국어 '때리-'의 후기중세국어 어형인 'ᄣᆞ리-'는 15세기 문헌에서부터 그 용례가 보이는데, 'ㅴ'를 'ㅳ'로 표기하게 됨에 따라 17세기에는 'ᄠᆞ리-'의 형태로 나타났고, 'ㅳ'를 'ㅼ'로 표기함에 따라 19세기에는 'ᄯᆞ리-'의 형태로 나타났다. 동시기에 후행하는 'ㅣ' 모음의 영향으로 'ᄯᆞ리-'의 제1음절 모음 'ㆍ'가 'ㆎ'로 변화하여 'ᄯᆡ리-'의 형태가 나타났으며, 20세기 이후 'ㅼ'를 'ㄸ'로 표기함에 따라 '때리-'의 형태로 변하였다.

② ·쇠#:거츨·언마·론

⇒ 쇼(명사) + 이(주격조사) # 거츨-(동사 어간) + -건마론(연결어미)

◎ 현대국어 '소'의 후기중세국어 어형인 '쇼'는 근대국어 시기에 단모음화를 겪으면서 '쇼 > 소'의 형태 변화를 겪었다.

◎ '-거X/-어X'류의 어미들과 마찬가지로 선행동사에 따라 '-건마론/-언마론'이 선택되었으며, '-건마론'은 '-건마론 > -건마ᄂᆞᆫ > -건마는'의 변천을 겪었다. '거츨언마론'은 '거츨-'의 'ㄹ' 뒤에서 '-건마론'의 'ㄱ'가 약화되어 '-언마론'으로 교체되었다.

③ ·구·지·돔

⇒ 구짇-(동사 어간) + -옴(명사형 어미)

◎ 『우리말샘』에 따르면, 현대국어 어휘 '꾸짖-'의 후기중세국어 어형인 '구짖-'은 15세기 문헌에서부터 보이는데, '구짖-'은 자음으로 시작하는 어미가 결합할 때에는 8종성법에 따라

'구짓-'으로 표기되고, 모음으로 시작하는 어미가 결합할 때에는 '구짖-'으로 원형태가 그대로 표기되었다. 16세기에 어두의 첫소리 'ㄱ'가 된소리가 되는 어두 된소리화를 겪어 'ᄭᅮ짖-'의 형태가 나타났으며, 18세기에는 'ㄱ'의 된소리 표기가 'ㅺ'에서 'ㄲ'로 바뀐 '꾸짖-'의 형태가 나타났고 이 형태가 현재에 이르고 있다.

④ 니·ᄌᆞ·니
⇒ 닞-(동사 어간) + -(ᄋᆞ)니(평서형 종결어미)

◎ 현대국어 어휘 '잊-'의 후기중세국어 어형은 '닞-'이며, 두음법칙에 의해 '닞- > 잊-'의 형태변화를 겪었다.

[원문]

ᄭᅴ其·ᄎᆞᇙ七·씹十·ᄇᆞᇙ八
구·지·돔모·ᄅᆞ샤·도·세世존尊ㅅ·득德닙ᄉᆞ·ᄫᅡ:쬐罪·롤버·서·띠地·옥獄·올ᄀᆞᆯ·아나·니
307)ᄭᅴ期·약約·올니·저·도존尊:쟈者ㅅ:말ᅘᅡᆼ降·뽁服·ᄒᆞ·야·절ᄒᆞ·고하·ᄂᆞᆯ·해도·라가·니

[현대역]

꾸짖음 모르셔도 세존(석가모니 부처)의 덕 입어 죄를 벗어 지옥을 갈라 나오니.
기약을 잊어도 존자(석가모니 부처)의 말에 항복하여 절하고 하늘에 돌아가니.

[배경]

아들이 소를 끌고 가는데 그 아버지가 사람을 시켜 급히 쫓아가 되돌리니 궁한 아들이 원망하며 소리치거늘 사람들이 붙들어 강제로 끌고 왔다. 아들이 생각하되 죄 없이 도둑의 누명을 쓰느니 차라리 죽으리라 하여 말없이 땅에 엎드렸다. 아버지가 멀리서 이를 보고 사람은 강제로 끌고 오지는 말라 하니 아들이 기뻐하며 다른 가난한 마을로 가서 옷과 음식을 구하였다. 이 이야기는 큰 것으로 작은 것을 비기고 기회의 민절308)을 낳게 하는 석가여래 원돈의 교문을 설명한 것이다.

307) <月印 上:029a>
308) 민절(悶絶): 괴로워 엎치락뒤치락하다가 기절할 지경에 이름.

[어절 분석]

구·지·돔#ᄆᆞ·ᄅᆞ샤·도#·솅世존尊ㅅ#·득德#①넙ᄉᆞ·ᄫᅡ#:쬥罪·ᄅᆞᆯ#버·서#·띵地·옥獄·ᄋᆞᆯ#②ᄀᆞᆯ·아#나·니

끵期·약約·ᄋᆞᆯ#니·저·도#존尊:쟝者ㅅ#:말#ᅘᅣᇰ降·뽁服·ᄒᆞ·야#·절ᄒᆞ·고#하·ᄂᆞᆯ·해#도·라가·니

[주석]

① 넙ᄉᆞ·ᄫᅡ

⇒ 넙-(동사 어간) + -ᄉᆞᆸ-(객체 높임의 선어말어미) + -아(연결어미)

◎ '넙-'은 근대국어 시기에 'ㄴ' 관련 두음법칙에 따라 '입-'으로 그 형태가 변하였다. 한편 '-ᄉᆞᆸ-'의 'ㅂ'가 '-아'의 초성 자리로 연음되어 '-ᄉᆞ바'가 되고, 모음 사이에서 '바'의 'ㅂ'가 유성음화 되어 'ㅸ'가 되었다. 다만, 후기중세국어 시기에 모음 사이의 'ㅂ'가 모두 유성음화가 되는 것은 아니므로 이러한 교체는 수의적인 현상으로 볼 수 있다.

◎ '-ᄉᆞᆸ-'가 사용된 이유는 '넙-'의 대상인 '셰존ㅅ 득'을 높이기 위해서이다.

② ᄀᆞᆯ·아#나·니

⇒ 가ᄅᆞ-(동사 어간) + -아(연결어미) # 나-(동사 어간) + -니(평서형 종결어미)

◎ 어간말 모음이 'ᆞ'인 '가ᄅᆞ-'는 자음으로 시작하는 어미 앞에서는 용언 어간의 형태에 변화가 없으나 모음으로 시작하는 어미 앞에서는 어간말 모음 'ᆞ'가 탈락하면서 'ㄹ'가 선행 음절의 종성에 부착되고 모음으로 시작하는 어미가 후행하는 모습을 보인다. 즉 모음으로 시작하는 어미의 초성에 유성후두마찰음 'ㅇ'이 온다.

◈ 후기중세국어 시기의 'ᄅᆞ/르' 불규칙에 대한 자세한 설명은 p.121을 참조.

[원문]

끵其·칧七·씹十:궁九

·십入·뗭定·방放광光·ᄒᆞ·샤삼三명明·을·득得·ᄒᆞ시·며·륙六통通·이·ᄯᅩᄀᆞᄌᆞ·시·니

명明셩星비·취어·늘·씹十·밣八·법法·을·득得·ᄒᆞ시·며·씹十씬神·륵力·을·ᄯᅩ:시·르시·니

[현대역]

[석가모니 부처께서] 입정[309] 방광하시어 삼명[310]을 득하시며 육통[311]이 또 갖추어져 있으시니(갖추시니).

명성이 비치거늘 십팔법[312]을 득하시며 십신력[313]을 또 실으시니.

[배경]

석가모니 부처께서 이미 마왕의 항복을 받아내시고는 대광명을 발하시며 입정하시어 진체[314]를 생각하시어 과거에 만든 바의 선악·수명의 장단, 일체중생의 오도[315]에 윤회[316]하시어 생사고락에 대한 일체의 지혜를 득하셨다.

2월 8일 새벽에 명성이 돋으니 석가모니 부처께서 크게 깨달으시어 무상정진[317]의 도를 얻으시어 정각을 이루시고 십팔불공불법과 십신력을 또한 득하셨다.

[어절 분석]

·ᅀᅵᆸ入·뗭定·방放광光·ᄒᆞ·샤#삼三명明·을#·득得·ᄒᆞ시·며#·륙六통通·이#·ᄯᅩ#①ᄀᆞᄌᆞ·시·니

명明셩星#비·취어·늘#·씹十·밣八·법法·을#·득得·ᄒᆞ시·며#·씹十씬神·륵力·을#·ᄯᅩ#②:시·르시·니

309) 입정(入定): 불교에서 삼업(三業) 즉, 신업(身業)·구업(口業)·의업(意業)을 끊어 버리고 선정(禪定)에 들어가는 일. 즉, 마음을 한 곳에 정하고 조용히 생각하는 것.

310) 삼명(三明): 범어 'Tisro-vidyah'의 한역. 나한(羅漢)의 지혜에 갖추고 있는 자재(自在)하고 묘한 작용으로, 부처에게는 '삼달(三達)'이라 함. 자기와 타인의 전세상 모든 일을 아는 숙명명(宿命明), 자기와 남의 내세 일을 아는 천언명(天眼明), 그리고 현세의 고통을 알고 일체의 번뇌를 끊는 누진명(漏盡明)을 말함.

311) 육통(六通): 부처가 막힘이 없이 깨닫는 여섯 가지. 곧 불가사의의 경지를 꿰뚫어 보는 신족통(神足通), 육안으로 볼 수 없는 삼천세계를 투시할 수 있는 천안통(天眼通), 다른 사람의 뜻을 정확히 알아내는 타심통(他心通), 중생의 전세를 꿰뚫어 아는 숙명명(宿命明), 그리고 일체의 번뇌를 끊는 누진통(漏盡通)의 여섯 가지 통력(通力)을 말함.

312) 십팔법(十八法): 십팔대구법(十八大具法), 십팔대공법(十八大共法), 십팔불공법(十八不共法), 십팔불공불법(十八不共佛法) 등으로 불리며, 이승이나 보살들에게는 없고 오직 부처에게만 있는 열여덟의 공덕법(功德法).

313) 십신력(十神力): 부처만이 가지는 열 가지의 신통한 힘.

314) 진체(眞諦): 범어 'Paramārtha-Satya'의 한역으로, 가장 뛰어난 진리 또는 궁극적인 진리 또는 가장 깊고 묘한 진리를 가리킴.

315) 오도(五道): 중생이 선악의 업보에 따라 가는 다섯 세계로, '지옥도(地獄道)·아귀도(餓鬼道)·축생도(畜生道)·인도(人道)·천도(天道)'를 말함.

316) 윤회(輪廻): 범어 'Saṃsāra'의 한역으로, '전생(轉生)·재생(再生)·유전(流轉)'이라고도 함. 인간이 죽어도 그 업에 따라 육도의 세상에서 생사를 거듭한다는 불교 교리로 '육도윤회(六道輪廻)'라고도 함.

317) 무상정진(無上正眞): 그 끝이 없이 바르고 진실한 도.

[주석]

① ᄀᆞᄌᆞ·시·니

⇒ ᄀᆞᆽ-(형용사 어간) + -(ᄋᆞ)시-(주체 높임의 선어말어미) + -니(평서형 종결어미)

◎ 『우리말샘』에서는 ‘ᄀᆞᆽ-’을 형용사로 보고 그 의미를 ‘갖추어져 있다’로 설명하고 있다. 한편 이유기(2005: 14)에서는 ‘ㅅ, ㅈ, ㅊ’ 뒤의 이중모음이 단모음화한 예를 통해 ‘갖-’과 ‘가지-’의 공존을 설명하였다. 즉 ‘쇼 > 소, 져 > 저’ 등이 이에 해당하는 예인데, ‘ㅅ, ㅈ, ㅊ’ 등이 가지는 경구개성과 반모음 ‘y’가 가지는 경구개성이 중복되기 때문에 넓은 의미의 동음 생략을 통한 단모음화로 설명하고 있다. ‘이거 네가 가져라’와 같은 예에서 명령형의 ‘가져라’는 ‘ㅈ’와 ‘ㅕ’가 모두 경구개성을 띠므로 반모음을 탈락시켜 [가저라]로 발음된다. 이런 이유로 이유기(2005)에서는 일반 언중들은 [가저라]를 ‘갖- + -어라’로 오분석하여 ‘갖-’이라는 새로운 어간이 생겨났다고 보고 있다.

② :시·르시·니

⇒ 싣-(동사 어간) + -(으)시-(주체 높임의 선어말어미) + -니(평서형 종결어미)

◎ 남광우·성환갑(1978/1982: 160)과 허웅·이강로(1962/1999: 155)에서는 ‘시르시니’를 모두 ‘싣-’의 활용형으로 해석하고 있다.

[원문]

318)끠其·바ᇙ八·씹十

·셰世·개界ㅅ:일·ᄋᆞᆯ·보·샤아·로·미훤·ᄒᆞ시·며·ᄯᅡᇂ·샹相·이드·러·치·니

·디智·ᅘᆌ慧ᄇᆞᆰᄀᆞ·샤저·ᄑᆞ·미:업·스시·며하·ᄂᆞᆳ·부·피절·로:우·니

[현대역]

[석가모니 부처께서] 세계의 일을 보시어 [세계에 대한] 앎(지혜)이 훤하시며 땅의 상이 진동하니.

[석가모니 부처의] 지혜가 밝으시어 두려움이 없으시며 하늘의 북이 저절로 우니.

318) <月印 上:029b>

[배경]

석가모니 부처께서 마왕 파순의 항복을 받으신 뒤에 선정에 들어 정각을 이루실 때, 마음이 청정하고 하늘이 빛이 멎어 중성[319]이 찬연하며 몇 만 리 밖의 일을 앉아서 아실 수 있고 삼천세계의 일을 능히 보고 들으실 수 있게 되시며 땅이 크게 진동하였다. 이는 석가모니 부처께서 정각을 이루신 조짐이었다.
이렇게 된 뒤에는 석가모니 부처의 마음속 지혜가 환히 트이어 이 세상에 두려움이 없게 되시었으며, 이를 공양하려고 하늘에 있는 북이 저절로 울어 진동하는 땅과 서로 응하며 석가모니 부처께서 이루신 정각의 기쁨을 표하였다.

[어절 분석]

·셰世·개界ㅅ#:일·올#·보·샤#①아·로·미#훤·ᄒᆞ시·며#②·ᄯᅡᆺ#·샹相·이#드·러·치·니
·디智·ᅘᅨ慧#ᄇᆞᆯᄀᆞ·샤#③저·프·미#:업·스시·며#④하·ᄂᆞᆶ#·부·피#⑤절·로#:우·니

[주석]

① 아·로·미
⇒ [알-(동사 어간) + -옴(명사형 어미)] + 이(주격조사)

◎ 명사형 어미의 형태가 현대국어로 오면서 '-옴/-움 > -(으)ㅁ'의 형태 변화를 겪으면서 '알-'의 명사형도 '아롬 > 앎'의 형태 변화를 겪었다.

② ·ᄯᅡᆺ#·샹相·이
⇒ ᄯᅡᇂ(명사) + ㅅ(관형격조사) # 샹(명사) + 이(주격조사)

◎ 'ᄯᅡᇂ'가 무정물이므로 관형격조사로 'ㅅ'가 선택되었다.

③ 저·프·미
⇒ [{젛-(어근) + -브(형용사 파생 접사)}- + -움(명사형 어미)] + 이(주격조사)

◎ 『우리말샘』에서는 '젛-'만을 제시하고 있으며 '저프-'는 제시하지 않고 있다. 그러나 통시적으로 후기중세국어의 동사 '깄-'과 '슳-'에 각각 형용사 파생 접사 '-브-'가 결합하여 형용

319) 중성(衆星): 뭇별 또는 많은 별.

사 '깃브-'와 '슬프-'가 파생된 점을 고려하면, '두렵다'를 의미하는 '저프-'는 '두려워하다'를 의미하는 동사 '젛-'에 형용사 파생 접사 '-브-'가 결합한 파생 형용사라는 점을 유추할 수 있다. 남광우·성환갑(1978/1982: 161)에서도 동일한 내용을 제시하고 있으며, 제주 방언에 형용사로 '두렵다'를 의미하는 '저프-'가 존재한다는 점에서 위 설명은 타당할 것으로 생각한다.

◎ 『우리말샘』에 따르면, 현대국어 '두렵-'의 후기중세국어 어형인 '두립-'은 15세기 문헌에서부터 그 용례를 찾을 수 있으며, '두립-'은 '두려워하다'를 의미하는 동사 '두리-'에 형용사 파생 접미사 '-ㅸ-'가 결합한 것이다. 자음으로 시작하는 어미가 결합할 때에는 '두립-'으로, 모음으로 시작하는 어미가 결합할 때에는 '두리ㅸ-'으로 나타나 '두립-/두리ㅸ-'의 교체를 보였다. 그런데 15세기에 'ㅸ'가 'ㅣ'를 제외한 다른 모음 앞에서 'ㅜ'로 변하여 모음 혹은 매개모음으로 시작하는 어미와 결합할 때 '두리우-'로 나타나게 되면서 15세기에 규칙 활용을 하던 '두립-'은 '두립-/두리우-'로 교체되는 'ㅂ' 불규칙 용언이 되었다. 17세기에 동사 '두리-'에 형용사 파생 접미사 '-업-'이 결합한 '두렵-'이 나타나 두 어형이 경쟁하면서 '두립-'은 점차 쇠퇴하게 되었다. 형용사 파생 접미사 '-업-'은 본래 끝소리로 'ㅸ'를 가졌던 것이었기 때문에 이 영향으로 '두렵-'은 자음으로 시작하는 어미 앞에서는 '두렵-'으로, 모음으로 시작하는 어미 앞에서는 '두려오-, 두려우-'로 나타나 'ㅂ' 불규칙 용언으로 실현되었고, 18세기까지 '두립-'과 '두렵-'이 공존하다가 19세기에 '두렵-'의 형태만 남게 되었다.

④ 하·ᄂᆞᇗ#·부·피

⇒ 다음과 같이 두 가지의 형태 분석이 가능하다.

예) ㉮ [하ᄂᆞᆯ(어근) + 븕(어근)] + 이(주격조사)

㉯ 하ᄂᆞᆯ(명사) + ㅅ(관형격조사) # 븕(명사) + 이(주격조사)

◎ 위 ㉮의 분석은 '하ᄂᆞᆯ븕'을 합성명사로 보는 견해에 따른 분석이며 따라서 '하ᄂᆞᇗ'의 'ㅅ'는 사잇소리로 보아야 한다. ㉯의 분석은 '하ᄂᆞᇗ'의 'ㅅ'를 관형격조사로 보고 '하ᄂᆞᇗ # 븕'을 명사구로 보는 견해를 반영한 분석이다. 현대국어에서 '*하늘북'이라는 합성명사가 존재하지 않는다는 점에서 여기에서는 ㉯의 분석을 수용하고자 한다.

⑤ 절·로#:우·니

⇒ 절로(부사) # 울-(동사 어간) + -니(평서형 종결어미)

◎ 『우리말샘』에 따르면, 현대국어 어휘 '절로'는 15세기 문헌에서부터 나타나며, 근대국어 시기에 'ㅈ'가 경구개음화됨에 따라 '졀로'라는 이표기도 나타났다. 19세기 문헌에는 '졀로'의 형태만 보이지만 20세기 이후에는 '절로'로 표기가 통일되어 현재에 이른다.

◎ '울-'의 말음 'ㄹ'는 '-니'의 'ㄴ' 앞에서 탈락하였기 때문에 '우니'와 같은 활용형을 취하였다. 현대국어에서 어간말 'ㄹ'는 'ㄴ, ㄹ, ㅂ, 오, 시' 앞에서 탈락하지만 후기중세국어 시기에는 현대국어와 달리 'ㄷ, ㅈ, ㅿ'로 시작하는 어미 앞에서도 'ㄹ'가 탈락되며 '-시-' 앞에서는 'ㄹ'가 탈락되지 않는다.

[원문]

끵其·밣八·씹十·힗一

·밣八:뿡部ㅣ둘·어셔·며·쪙淨거居텬天·이깃·그·며썅祥·쒸瑞ㅅ·구룸·과곶·비·도[320]ᄂᆞ·리·니

져諸텬天·이모·다오·며:오五통通션仙·이깃·그·며하·ᄂᆞᆳ봉風륳流·와감甘·로露·도ᄂᆞ·리·니

[현대역]

팔부가 [석가모니 부처를] 둘러서며 정거천이 기뻐하며 상서의(상서로운) 구름과 꽃비도 내리니.

제천이 모여오며 오통선[321]이 기뻐하며 하늘의 풍류와 감로도 내리니.

[배경]

석가모니 부처께서 정각에 드시자 팔부대중이 석가모니 부처를 에워싸 호위하여 이를 축복하고 하늘에서는 이를 축하하기 위해 상서로운 구름과 꽃비를 내렸다.

제불 제천이 모두 석가모니 부처께 축하를 드리러 모여 오고, 오통선이 또한 기뻐하며 이를 축복하고, 하늘에서는 풍류를 아뢰며 감로까지도 내렸다.

[어절 분석]

·밣八:뿡部ㅣ#①둘·어셔·며#·쪙淨거居텬天·이#②깃·그·며#썅祥·쒸瑞ㅅ#③·구룸·과#곶·비·도#④ᄂᆞ·리·니

---

320) <月印 上:030a>

321) 오통선(五通仙): 오통신(五神通). 곧 도통(道通)·신통(神通)·의통(依通)·신통(新通)·요통(妖通)을 갖춘 선인.

져諸텬天·이#⑤<u>모·다#오·며</u>#:오五통通션仙·이#깃·그·며#하·ᄂᆞᆳ#봉風륭流·와#감甘·로露·도#ᄂᆞ·리·니

[주석]

① 둘·어셔·며

⇒ [{두르-(동사 어간) + -어(연결어미)} + 셔-(동사 어간)]- + -며(연결어미)

◎ 어간말 모음이 'ㅡ'인 '두르-'는 자음으로 시작하는 어미 앞에서는 용언 어간의 형태에 변화가 없으나 모음으로 시작하는 어미 앞에서는 어간말 모음 'ㅡ'가 탈락하면서 'ㄹ'가 선행 음절의 종성에 부착되고 모음으로 시작하는 어미의 초성에 유성후두마찰음 'ㅇ'가 온다. 그런데 이러한 불규칙 활용을 하던 '두르-'는 16세기에 '모ᄅᆞ-'와 같은 활용 양상을 보여준다. 어간말 모음이 'ᆞ'인 '모ᄅᆞ-'가 자음으로 시작하는 어미 앞에서는 용언 어간의 형태에 변화가 없으나 모음으로 시작하는 어미 앞에서는 어간말 모음 'ᆞ'가 탈락하면서 'ㄹ'가 선행 음절의 종성에 부착되고 모음으로 시작하는 어미의 초성에 'ㄹ'가 하나 더 온다. 즉, 15세기에 '두르- + -어 > 둘어'의 활용 양상을 보이던 '두르-'는 16세기에는 '두르- + -어 > 둘어, 둘러'의 활용 양상을 보인다. 이후 '둘어'의 활용 양상은 사라지고 '두르어, 둘러'의 교체 양상이 남아 현재까지 이어진다.

② 깃·그·며

⇒ 기ᇧ-(동사 어간) + -(으)며(연결어미)

◎ 현대국어 어휘 '기쁘-'의 후기중세국어 어형인 '깃브-'는 '기뻐하다'를 의미하는 동사 '기ᇧ-'에 형용사 파생 접사 '-브-'가 결합하고, '기ᇧ-'의 종성 'ㄱ'가 탈락한 어휘이다. 『우리말샘』에 따르면, 17세기에 '긷브-'의 형태가 발견되는데 이는 '깃브-'의 'ㅅ'가 'ㄷ'로 발음되었음을 보여주는 근거라고 할 수 있다. 근대국어 시기에 '깃브-'의 제1음절 종성의 영향으로 제2음절 초성 'ㅂ'가 경음화가 되었을 것으로 추정되며, 20세기 이후 '기쁘-'의 형태로 표기되면서 현재에 이르고 있다.

③ ·구룸·과

⇒ 구룸(명사) + 과(접속조사)

◎ 현대국어 '구름'의 후기중세국어 어형은 '구룸'이며, 15세기에 '구룸, 구롬, 구름'의 형태가 공존하였는데 '구룸'이 가장 일반적인 형태였다. 16세기에는 '구룸'이 나타나면서 19세기까지

‘구룸, 구롬, 구ᄅᆞᆷ, 구름’의 형태가 공존하다가, 점차 ‘구름’의 사용 비율이 높아지면서 ‘구름’ 형태만이 남아 현재에 이른다.

◎ ‘과’는 접속조사이며, 후기중세국어에서는 조사들이 소위 집단곡용의 모습을 보이며 다음과 같이 마지막 체언에까지 붙는 경우가 있었다.

예) 네 가짓 受苦ᄂᆞᆫ 生과 老와 病과 死<u>왜라</u> <釋詳 6:4a>

④ ᄂᆞ·리·니

⇒ ᄂᆞ리-(동사 어간) + -니(평서형 종결어미)

◎ ‘ᄂᆞ리-’는 현대국어 ‘내리-’의 후기중세국어 어형이다. ‘ᄂᆞ리-’는 근대국어 시기에 ‘ᆞ’의 소실로 인한 ‘ᆞ > ㅏ’의 변화(ᄂᆞ리- > 나리-)와 ‘ㅣ’ 역행동화(나리- > 내리-)를 거쳐 현대국어 어형 ‘내리-’로 이어졌다. 여기에서는 문맥상 자동사로 쓰인 것으로 보인다.

⑤ 모·다#오·며

⇒ 몯-(동사 어간) + -아(연결어미) # 오-(동사 어간) + -며(연결어미)

◎ 현대국어에 ‘모여오-’의 합성동사가 존재하나, 그 의미는 궁중에서 ‘가져오다’를 이르던 말로 여기에서의 ‘모다 오며’와 관련이 없다. 따라서 여기에서는 ‘모다 오-’를 통사적 합성어로 분석하지 않는다.
한편 남광우·성환갑(1978/1982: 163)과 허웅·이강로(1962/1999: 158)에서는 ‘모다 오며’를 ‘모이어’로 해석하고 있으나 문맥상 ‘모여 오며’로 해석하는 것이 적절할 듯하다.

◎ 남광우·성환갑(1978/1982: 163)에서는 현대국어의 부사 ‘모두’는 ‘몯-’의 사동형 ‘모도-’에서 어간 ‘모도-’가 부사로 굳어지고 다시 ‘모도 > 모두’의 음성모음화 또는 이화 과정을 거친 어휘로 설명하고 있다.

[원문]

끠其·밣八·씹十·ᅀᅵ二
부텻본중·을딴彈왕王·이:문·ᄌᆞᄫᅡ·ᄂᆞᆯ견堅룽牢·띠地씬神·이솟·나·아니ᄅᆞ·니
부텻긔·별·을·띠地씬神·이닐·어·늘콩空[322]씬神텬天씬神·이·ᄯᅩ우·희알·외·니

322) <月印 上:030b>

[현대역]

[석가모니] 부처의 본증[323](설명)을 탄왕[324]이 묻거늘(여쭙거늘) 견뢰지신[325]이 [땅에서] 솟아나와 [석가모니 부처의 전세 공덕을] 말하니.

[석가모니] 부처의 기별(석가모니 부처께서 마왕으로부터 항복을 받은 소식)을 지신이 [모든 하늘에] 말하거늘 공신[326]과 천신이 또 위에 아뢰니.

[배경]

석가모니 부처께서 마왕과 싸우실 때에 "너는 전세에 부처의 저녁 한 끼 대접한 행위로 현재 마왕이 되었지만, 나는 수억의 무량공덕을 베풀어서 정각을 곧 이룰 것이다."라고 말씀하셨다. 이에 마왕이 화를 내며 "내 과보는 나도 알거니와 너의 무량공덕을 누가 설명할 것이냐?"라고 하였다. 석가모니 부처께서 손가락으로 땅을 가리키며 "이 땅이 증명할 것이다."라고 말씀하시니, 땅이 진동하며 지신이 솟아나와 석가모니 부처의 전세 공덕을 증언하고, 마왕에게 "석가모니께서 무상 정진의 도를 구하시는 것을 방해하지 말라."고 말하였다.

2월 8일에 드디어 석가모니 부처께서 마왕의 항복을 받았다는 소식을 지신이 공신에게, 공신이 천신에게 차례로 알리어 삼십삼천[327]이 모두 알게 되었다.

[어절 분석]

부텻#본즁·을#딴彈왕王·이#①:묻·ᄌᆞᄫᆞ·ᄂᆞᆯ#견堅로ᇢ牢·띠地씬神·이#②소·나·아#니ᄅᆞ·니

부텻#긔·별·을#·띠地씬神·이#③닐·어·늘#콩空씬神#텬天씬神·이#·ᄯᅩ#우·희#④알·외·니

[주석]

① :묻·ᄌᆞᄫᆞ·ᄂᆞᆯ

⇒ 묻-(동사 어간) + -ᄌᆞᆸ-(객체 높임의 선어말어미) + -ᄋᆞᄂᆞᆯ(연결어미)

---

323) 본증(本證): 증명.

324) 탄왕(彈王): 마왕(魔王)의 별칭.

325) 견뢰지신(堅牢地神): 대지를 맡은 신으로 항상 교법이 유포되는 곳에 가서 법좌 아래에 있으면서 설법하는 이를 호위한다고 함. 석가모니의 전세 공덕을 증언하였다고 함.

326) 공신(空神): 공중을 맡은 신.

327) 삼십삼천(三十三天): 도리천을 말하며, '도리'는 '33'의 음사(音寫)이며 '삼십삼천'으로 의역함. 도리천은 세계의 중심인 남섬부주(南贍部洲)의 수미산(須彌山) 꼭대기에 있다고 하며, 중앙에 선견성(善見城)이라는 큰 성이 있고 이 안에 제석천(帝釋天)이 있는데, 선견성의 제석천을 중심으로 4방에 각기 8성이 있는데 이 32성에 제석천을 더하여 33천이라 함.

◎ '-ᄌᆞᇦ-'가 사용된 이유는 '묻-'의 대상인 '부텻 본ᄌᆞᆼ'을 높이기 위해서이다.

② ᄉᆞᆺ·나·아

⇒ [ᄉᆞᆺ-(어근) + 나-(어근)]- + -아(연결어미)

◎ 고영근(1987/2010: 194～196)에서는 후기중세국어에서도 현대국어와 같이 통사적 합성법과 비통사적 합성법이 두루 확인되며, 후기중세국어의 동사와 형용사의 비통사적 합성법은 매우 생산적이었다고 설명한다. 비통사적 합성어인 'ᄉᆞᆺ나-'는 현대국어에서 통사적 합성어인 'ᄉᆞᆺ아나-'로 대체되었다.

③ 닐·어·늘

⇒ 니르-(동사 어간) + -어늘(연결어미)

◎ 후기중세국어에서 'ᄉᆞᆲ-'과 '니ᄅᆞ-/니르-'와 존칭의 여격어를 필요로 하는 '엳ᄌᆞᆸ-', '알외-' 등은 인용동사로 종종 쓰였다.
한편 정경재(2015: 259～261)에 따르면, 'ᄅᆞ/르' 불규칙(ㄹㅇ) 활용은 15세기에 'X르고, X르니, Xㄹ어'와 같이 활용한다. 이 활용 부류에 속하는 단어로는 '게으르-, 니ᄅᆞ-/니르-, 다ᄅᆞ-, 오ᄅᆞ-' 등이 있는데, 자음·매개모음 어미 결합형 'X르고, X르니'에 대해 모음어미 결합형 'X러'가 기대된다. 그러나 이들의 모음어미 결합형은 정연하게 'ㄹㅇ'로 분철 표기됨에 따라서 이 단어들은 'ㆍ' 규칙, 'ㅡ' 규칙 활용과 구분되는 '르' 불규칙 활용으로 분류된다.
이 단어들의 모음어미 결합형이 연철되지 않는 것은 후행하는 'ㅇ' 자리에 기원적으로 /ㄱ/가 존재했던 흔적에 의한 것으로, '르' 불규칙(ㄹㅇ) 활용은 모음어미 결합형에 /ㄱ/가 남아있는 '르' 불규칙 활용과 평행하게 발달해 왔다. '르' 불규칙(ㄹㅇ) 활용 부류에 속한 용언들은 16세기 후반부터 서서히 '르' 불규칙(ㄹㄹ) 활용으로 변화하는데, 이 변화는 '르' 불규칙(ㄹㅇ) 활용에 속한 단어에 예외 없이 일관되게 나타난다. 이 활용 부류에 속했던 모든 구성원이 '르' 불규칙(ㄹㄹ) 활용으로 변화하여 현대국어로 이어지고, 이 변화가 완성되면서 '르' 불규칙(ㄹㅇ) 활용 부류는 소멸하였다. '르' 불규칙(ㄹㅇ) 활용의 모음어미 결합형이 'Xㄹ어 > Xㄹ러'의 변화를 겪은 원인은 명확하지 않다. 이에 대해 정경재(2015)에서는 몇 가지 원인을 상정하고 있다. 우선 후기중세국어 시기에 공존했던 '르' 불규칙(ㄹㄹ) 활용에 유추되었을 가능성을 제시하고 있다. 정경재(2015)에 따르면 'ᄀᆞᆯᄋᆞ- > 고르-, 머믈우- > 머무르-, 그울- > 구르-' 등과 같이 후기중세국어 이래로 어간말 음절에 /ㄹ/를 지닌 다양한 규칙 활용 용언이 '르' 불규칙(ㄹㄹ) 활용으로 변화해 왔으며, 동일한 조건의 단어가 동시기에 동일하게 변화한 것으로 보아 음운론적 동인에 의한 변화 가능성이 있다. 즉 'ㄹㅇ'를 [lɦ] 혹은 모음 사이의 [l]을 표기한 것으로 본다면 설측음 [l]이 모음 사이에서 양음절성을 지녀 [ll]로 발달하는 것을 음운론적으로 설명할 수 있으나, /ㄹㄹ/로의 변화는 용언의 활용에서만 일관되게 나타날 뿐, 다른 환경에서의 모든 'ㄹㅇ' 표기가 /ㄹㄹ/로 발달한 것은 아니라는 점에서 문제가 될 수 있다.

④ 알·외·니
⇒ [{알-(어근) + -고(사동 접사)}- + -이(사동 접사)]- + -니(평서형 종결어미)

◎ '알외-'가 연철 표기가 되지 않았다는 점과 후대형이 '아뢰-'라는 점에서 그 선대형으로 '*알괴-'를 재구할 수 있다. 다만, '알외-'가 의미상 사동의 의미가 있다는 점에서 '괴'는 사동 접사로 파악할 수 있다. 한편 고영근(1987/2010: 184∼185)에 따르면, 후기중세국어의 사동 접사 중에 '-오-/-우-', '-호-/-후-'와 '-고-'가 있다. 또 다른 사동 접사 '-기-', '-히-', '-이-'의 관계와 사동 접사 '-고-'의 모음조화 형태를 고려하면 사동 접사 '*-구-'를 재구할 수 있는데, 이미 '일구-'에서 사동 접사 '-구-'를 확인한 바가 있다. 한편, '괴'의 'ㅣ'가 문제인데 '괴'를 이중 사동의 형태로 파악할 가능성도 있다. '세우-' 등의 이중 사동형이 후기중세국어 시기에 이미 발견된다는 점에서 '-괴-'를 이중 사동 접사로 볼 가능성이 있다. 다만, '세우-'와 마찬가지로 형태로는 이중 사동이지만 의미적으로는 단일 사동의 의미로 보는 것이 적절할 듯하며, '알외-'는 '알게 하다'의 의미를 지닌 것으로 보인다.

◎ 현대국어 '아뢰-'의 후기중세국어 어형인 '알외-'는 20세기 문헌에서까지 발견된다. 17세기에는 '아뢰-'와 '알뢰-'의 형태가 발견되는데, '아뢰-'는 '알외-'를 연철 표기한 형태이며, '알뢰-'는 '알외-'의 중철 표기이다.

[원문]

끠其·밣八·씹十삼三
쪈前싱生·애슐修·힝行기프·신문文쓔殊:포普현賢·ᄃᆞᆯ·히·ᄃᆞᆯ:닚·긔·구룸몯·ᄃᆞᆺ·더시·니
·셰世·개界·예·묳妙·법法:펴리·라원圓:만滿·봉報신身로盧·샤舍나那ㅣ화華엄嚴경經·을·돈頓·꾱敎·로니르·시·니

[현대역]

전생에 수행[328] 깊으신 문수[329]보살과 보현[330]보살들이 [마치] 달님께 구름 모이듯 하시더니(달님께 구름이 모이듯 석가모니 부처께 모여 설법을 들으시더니).

"세계(온 세상)에 묘법을 펴리라."[라고 석가모니 부처께서 말씀하시고] 원만보신노사나[331]가(석가모니 부처께서 원만보신노사나 부처나 다른 부처로 현신하시어) 화엄경[332]을 [짧은 시일에 깨닫는] 돈교[333]로 말씀하시니.

[배경]

석가모니 부처께서 정각을 이루시자 문수·보현 등 여러 보살들이 마치 밝은 달 아래 구름이 모이듯 석가모니 부처의 설법을 듣고자 모여들었다.

석가모니 부처께서 온 세계에 묘법을 펴시려고 원만보신노사나 부처로 현신하셔서 이치가 가장 높은 법화경을 설법하시어 여러 보살들을 짧은 시일에 깨우치게 하셨다.

[어절 분석]

쪈前싱生·애#슝修·ᅘᆡᆼ行#기프·신#문文쓩殊#:포普ᅘᅧᆫ賢·ᄃᆞᆯ·히#①·ᄃᆞᆯ:니ᇝ·긔#·구룸#②몯·ᄃᆞᆺ#·더시·니·셰世·개界·예#·묭妙·법法#③:펴리·라#원圓:만滿·ᄫᅩᇢ報신身로盧·샹舍나那ㅣ#ᅘᅪ華엄嚴경經·을#·돈頓·굥敎·로#니ᄅᆞ·시·니

[주석]

① ᄃᆞᆯ:니ᇝ·긔

⇒ [ᄃᆞᆯ(어근) + -님(존칭 접사)] + ᄭᅴ(부사격조사)

---

328) 수행(修行): 오로지 한 생각에만 집중하여, 한결같이 그것을 잊지 않고 그것 외에 다른 생각이 일어나지 못하도록 하는 노력을 가리킴.

329) 문수(文殊): 범어 'Manjusri'의 음역인 '문수사리(文殊師利)'의 약어(略語)로, '문수(文殊)'는 '묘(妙)'의 뜻이며 '사리(師利)'는 '길상(吉祥)'의 뜻임. 보현보살(普賢菩薩)과 함께 석가모니 부처의 보처(寶處)로서, 석가여래의 왼쪽에 위치하며 지덕(智德)과 체덕(體德)을 맡고 있음.

330) 보현(普賢): 범어 'Samantabhadra'의 한역으로 '편길(遍吉)'이라고 번역하기도 함. 석가여래의 오른쪽에서 흰 코끼리를 타고 석가여래를 모시면서 이덕(理德)·정덕(定德)·행덕(行德)을 맡고 있음.

331) 원만보신노사나(圓滿報身盧舍那): 석가의 화신(化身) 중의 하나로, 석가모니가 화엄경(華嚴經)을 설법하실 때에 이 화신으로 나타났다고 함.

332) 화엄경(華嚴經): 불경의 하나. '대방광불화엄경(大方廣佛華嚴經)'의 약칭.

333) 돈교(頓敎): 급속히 불과(佛果)를 깨쳐서 한 번에 탁 트임. 화엄(華嚴)·천태(天台)·진언(眞言)·선(禪) 등 점차로 수행하지 않고 단도직입적으로 불과를 성취하고 오입(悟入)하는 교(敎)를 이름을 가리킴.

◎ 일반적으로 존칭 접사 '-님'은 사람을 높일 때 사용하는 것인데, '달님, 해님'과 같이 달과 해를 인격화하여 높이거나 다정하게 이를 때 '-님'을 붙이기도 하였다.
한편 현대국어에서는 'ㄹ'로 끝나는 용언 어간이 'ㄴ'나 'ㅅ' 앞에서 어간의 종성 'ㄹ'가 탈락하는 현상이 있다. 그런데 현대국어와 다르게 후기중세국어에서는 어간의 종성 'ㄹ'가 'ㄴ, ㄷ, ㅿ, ㅅ, ㅈ' 등으로 시작하는 어미 앞에서 탈락하였다. 합성어의 경우, 예를 들어 '놀-(어근, 遊) + 니-(어근, 行)'와 같이 용언끼리 합성어를 만들 때는 항상 '노니샤, 노니논' 등과 같이 선행 용언 '놀-'의 종성 'ㄹ'가 후행 용언 '니-'의 'ㄴ' 앞에서 탈락하는 결과를 보여 준다. 파생어의 경우, 예를 들어 '아ᄃᆞᆯ(어근) + -님(존칭 접사)'의 과정에서 '아ᄃᆞᆯ'의 종성 'ㄹ'가 '-님'의 'ㄴ' 앞에서 탈락되어 '아ᄃᆞ님'의 형태가 된다. 그러나 후자와 같은 'ㄹ' 탈락은 문헌에 따라 차이가 있어서 '아ᄃᆞᆯ님 <月印 上:12a>', 'ᄃᆞᆯ닚긔 <月印 上:30b>', '날ᄃᆞᆯ이 <月印 上:7a>'처럼 『월인천강지곡(月印千江之曲)』에서는 'ㄹ'가 탈락되지 않은 어형이 나타나기도 한다. 이는 『월인천강지곡(月印千江之曲)』의 특수성에 기인한 것으로 보인다. 즉, 편찬자들의 발음과는 관계없이 문법 의식이나 유추 등에 의해 'ㄹ' 유지형으로 표기했을 가능성과, 그들의 발음에 'ㄹ'가 유지되었을 가능성을 상정할 수 있을 것이다.

◎ 후기중세국어 시기에는 '-님' 외에도 존칭 접사 '-내'가 사용되었다.

예) ㉮ 그듸냇 말 곧디 아니호니 <釋詳 21:216a>
㉯ 그듸내 各各 ᄒᆞᆫ 아ᄃᆞᆯ옴 내야 내 孫子 조차 가게 ᄒᆞ라 <釋詳 6:9b>
㉰ 아바니미 어듸 가시니잇고 <月釋 8:97b>

예) ㉮와 ㉯의 '그듸'는 '너'보다는 약간 대우하는 제2인칭 대명사라는 점에서 '-내'는 존칭 접사라고 할 수 있다. 한편 고영근(1987/2010: 181)에서는 예) ㉰의 '-님'은 선행 어근의 품사를 바꾸지는 않지만 통사 구조에 영향을 미치기 때문에 그것이 붙어 이루어지는 말은 통사적 파생법으로 처리하며, '-내'도 '-님'과 같은 성격을 어느 정도 띠고 있으나 '-님'만큼 구속력이 강하지 않기 때문에 어휘적 파생법으로 다루고 있다.

② 몯·ᄃᆞᆺ#·더시·니
⇒ 몯-(동사 어간) + -ᄃᆞᆺ(어미) # ᄒᆞ-(동사 어간) + -더-(시상의 선어말어미) + -시-(주체 높임의 선어말어미) + -니(평서형 종결어미)

◎ 남광우·성환갑(1978/1982: 166)에서는 '몯ᄃᆞᆺ'의 'ᄃᆞᆺ'을 현대국어에서의 소위 의존형용사 '듯하-'의 고형인 'ᄃᆞᆺᄒᆞ-'의 어근으로 보고 있으며, 허웅·이강로(1962/1999: 161)에서는 별다

른 언급없이 '몯돗'을 '모이듯'으로 해석하고 있다. 후기중세국어 시기의 '돗'의 형태는 명사, 부사, 어미의 세 가지 용법으로 쓰였다. 한편 위의 '몯-'은 어간이며, 어간과 결합할 수 있는 요소는 어미밖에 없다는 점에서 '몯돗'의 '돗'은 어미 '-돗'으로 판단하는 것이 가장 타당할 듯하다.

③ :펴리·라
⇒ 펴-(동사 어간) + -리-(추측의 선어말어미) + -다(평서형 종결어미)

◎ 후기중세국어에서 서술격조사 '이-' 뒤와 추측의 선어말어미 '-리-', 형용사 '아니-' 뒤에서 'ㄷ'로 시작하는 어말어미 '-다', 선어말어미 '-더-, -다-, -도-' 등은 각각 '-라', '-러-, -라-, -로-'로 교체되었다. 따라서 '펴리라'의 '-라'는 어말어미 '-다'가 '-리-' 뒤에서 '-다 > -라'로 교체된 것이다.

[원문]

334)끠其·밣八·씹十·ᄉᆞ四
·때大·법法·을:몰·라드를·씨·녏涅빤槃·호려·터시·니져諸텬天·이:쳥請·ᄒᆞ·ᅀᆞᄫᆞ·니
방方·뼌便·으·로:알·에·ᄒᆞ·샤삼三·씽乘·올니ᄅᆞ·시릴·씨져諸·뿛佛·이·잔讚·탄歎·ᄒᆞ시·니

[현대역]

[중생들이 석가모니 부처의] 대법335)을 몰라 들으므로(대법을 모른 채 석가모니 부처의 설법을 들으므로) [석가모니 부처께서 전법336)을 단념하시고] 열반하려 하시더니 제천이 [석가모니 부처께 설법을] 청하니.
[중생들로 하여금 석가모니 부처께서 대법을] 좋은 방편337)으로 알게 하시어 삼승338)(삼승의 묘법)을 말씀하실 것이므로 제불(모든 부처께서)이 찬탄하시니.

---

334) <月印 上:031a>
335) 대법(大法): 부처의 가르침을 높여 이르는 말.
336) 전법(傳法): 교법(敎法)을 전(傳)하여 주는 일.
337) 방편(方便): 십바라밀의 하나로, 중생을 구제하기 위하여 쓰는 묘한 수단과 방법. 즉, 일체 중생의 제도에 알맞은 방법을 적당하게 쓰는 것.
338) 삼승(三乘): '승(乘)'이란 부처가 교법에 의해 중생을 생사의 세계로부터 열반의 세계로 옮겨주는 것을 수레에 비유한 것으로, '삼승(三乘)'은 일승에 대비해 중생을 열반에 이르게 하는 3가지 교법인 성문승(聲聞乘, 설법을 들음)·연각승(緣覺乘, 인연을 끊고 진리를 깨우침)·보살승(菩薩乘, 위로 보리를 구하고 아래로 중생을 교화함)을 가리키는 불교 용어.

[배경]

석가모니 부처께서 대각을 얻으시어 부처가 되신 뒤, '내가 얻은 법은 몹시 깊고 어려워 부처만이 알 수 있는데, 중생은 둔근[339]이라 이들에게 심오한 부처의 이치를 설교하였다가 알아듣지 못하면 중생을 제도한다는 부처의 자비심이 도리어 중생의 갈 길을 흐리게 하는 결과를 야기하기 쉬우니, 내 오히려 열반에 들겠노라.'라고 생각하셨다. 이때, 여러 하늘의 부처들이 석가모니 부처께 묘법을 설교하시어 중생을 제도하실 것을 거듭 간청하였다.
석가모니 부처께서 칠 일 만에 이 간청을 받아들이시어 불안[340]으로 여러 중생의 상중하근[341] 및 여러 번뇌를 보시고 삼승을 설법하시었다.

[어절 분석]

·때大·법法·을#:몰·라#드를·씨#①·녏涅빤槃·호려#·터시·니#져諸텬天·이#②:쳥請·ᄒᆞ·ᄉᆞᄫᆞ·니 방方·뼌便·으·로#③:알·에#·ᄒᆞ·샤#삼三·씽乘·올#니ᄅᆞ·시릴·씨#져諸·뿌ᇙ佛·이#·잔讚·탄歎·ᄒᆞ시·니

[주석]

① ·녏涅빤槃·호려#·터시·니

⇒ [녏빤(어근) + -ᄒᆞ(동사 파생 접사)]- + -오려(연결어미) # ᄒᆞ-(동사 어간) + -더-(시상의 선어말어미) + -시-(주체 높임의 선어말어미) + -니(연결어미)

◎ '터시니'는 'ᄒᆞ더시니'에서 'ᄒᆞ'의 모음 'ㆍ'가 탈락되고, 남은 'ㅎ'가 '더'의 'ㄷ'와 축약되어 'ㅌ'로 유기음화한 형태이다.

◎ '-더시-'는 현대국어에서 '-시더-'로 '-시-'와 '-더-'의 위치가 바뀌었다. 이러한 형태소의 위치 바꿈을 '전위'라고도 한다. 이미 후기중세국어 시기에 '-더시- > -시더-'의 모습을 발견할 수 있다.

---

339) 둔근(鈍根): 둔한 능력이나 소질.

340) 불안(佛眼): 오안(五眼)의 하나로, 모든 것을 꿰뚫어 보는 부처의 눈. '불안(佛眼)'은 모든 현상의 평등한 모습과 차별의 모습, 전체와 낱낱을 두루 알 수 있다고 함.

341) 상중하근(上中下根): '근기(根機)'는 범어 'Indriya'의 한역이며, '근기(根器)' 또는 '기(機)'라고도 하는데, 사람이 가지고 있는 근본적인 바탕, 즉 본성을 나무의 뿌리(根)에 비유하고 그것의 작용을 '기(機)'라고 함. 불교에서는 부처의 가르침을 받아들이고 교화될 수 있는 능력 또는 그 대상을 가리켜 '근기(根機)'라고 하며, 소질과 능력의 높고 낮음에 따라 '상근·중근·하근'으로 나누고, 성품에 따라 '악근'과 '선근'으로 나누며, 자질에 따라 '돈근(頓根)'과 '점근(漸根)'으로 나누기도 함.

② :쳥請·ᄒᆞ·ᄉᆞᄫᆞ·니

⇒ [쳥(어근) + -ᄒᆞ(동사 파생 접사)]- + -ᄉᆞᆸ-(객체 높임의 선어말어미) + -(ᄋᆞ)니(평서형 종결어미)

◎ '-ᄉᆞᇦ-'가 사용된 이유는 '쳥ᄒᆞ-' 대상인 '석가모니'를 높이기 위해서이다.

③ :알·에#·ᄒᆞ·샤

⇒ 알-(동사 어간) + -게(연결어미) # ᄒᆞ-(동사 어간) + -시-(주체 높임의 선어말어미) + -아(연결어미)

◎ '알-'의 종성 'ㄹ' 뒤에서 '-게'의 'ㄱ'가 약화되어 '-에'로 교체되었다.

◎ 고영근(1987/2010: 248~257)에 따르면, 현대국어와 같이 후기중세국어 사동법은 사동사에 기대어 성립될 수도 있고 보조적 연결어미와 보조동사가 결합한 방식에 의해 성립될 수도 있다. 특히, 보조적 연결어미 '-게'와 보조동사 'ᄒᆞ-'가 결합한 '-게 ᄒᆞ-'의 구성에서 '-게'는 '-긔'로도 나타나며 'ㄹ'와 하향이중모음의 반모음 'y' 및 서술격조사 뒤에서는 '-게'와 '-긔'의 'ㄱ'가 약화되어 '-에, -의'로 교체되기도 하였다. 후기중세국어에서 사동사에 기댄 사동문은 주체의 행위가 간접적일 수도 있고 직접적일 수도 있는데 '-게 ᄒᆞ-'에 의한 사동문은 간접적인 의미만 뜻하였다.

[원문]

끠其·밣八·씹十:오五
쎵成:또ᇢ道:ᅘᅮᇢ後·ᅀᅵ二·칧七·ᅀᅵᇙ日·에타他342)·화化·ᄍᆞ自·ᄍᆡ在텬天·에·가·샤·씹十·띠地경經·을니ᄅᆞ·시·니
쎵成:또ᇢ道:ᅘᅮᇢ後·ᄉᆞ四·씹十:궇九·ᅀᅵᇙ日·에차差리梨니尼가迦·애·가·샤가加부趺·쫘坐·ᄅᆞᆯ안ᄌᆞ·시·니

[현대역]

[석가모니 부처께서] 성도343) 후 이칠일에(14일 만에) 타화자재천에 가시어 [제천의 제불을 위해] 십지경344)을 말씀하시니(설법하시니).

---

342) <月印 上:031b>

343) 성도(成道): 도를 닦아 최상구경의 경지에 도달하는 것 또는 진리를 깨쳐 도를 이루는 것.

344) 십지경(十地經): 불경의 하나인 '화엄경(華嚴經)' 중 십지보살(十地菩薩)이 수행하는 상태를 말한 '십지품(十地品)'을 가리킴.

[석가모니 부처께서] 성도 후 49일에 차리니가[345]에 가시어 가부좌[346]를 앉으시니(가부좌로 앉으시니).

[배경]

석가모니 부처께서 성도하신 뒤 14일 만에 타화자재천에 가시어 불안으로 중생의 갖가지 번뇌를 보시고 화엄경 중의 하나인 십지경을 설법하시었다.
또한 성도하신 뒤 49일째에는 차리니가로 가시어 가부좌로 앉으시고 불언불소[347]의 삼매경[348]에 들어가시었다.

[어절 분석]

쎵成:똫道#:흫後#①·ᅀᅵ二·칧七·잃日·에#타他·화化·ᄍᆞ自·찌在텬天·에#·가·샤#·씹十·띠地경經·을#니ᄅᆞ·시·니

쎵成:똫道#:흫後#·ᄉᆞ四·씹十:궇九·잃日·에#차差리梨니尼가迦·애#·가·샤#가加부趺·쫘坐·ᄅᆞᆯ#안ᄌᆞ·시·니

[주석]

① ·ᅀᅵ二·칧七·잃日·에

⇒ [{ᅀᅵ(어근) + 칧(어근)} + 잃(어근)] + 에(부사격조사)

◎ 'ᅀᅵ칧'은 '2 × 7 = 14'를 의미한다.

[원문]

끵其·밣八·씹十·륙六

홍졍바·지·ᄃᆞᆯ·히·길·ᄒᆞᆯ:몯·녀·아텬天씬神ㅅ·긔:비더·니이·다

[349]수·픐씬神령靈·이길·헤·나·아:뵈·야·세世존尊·올:아ᅀᆞᆸ·게ᄒᆞ·니이·다

---

345) 차리니가(差梨尼迦): 석가모니가 성도 후 49일이 지난 뒤에 가서 가부좌를 하고 앉아 있었다는 벌판.

346) 가부좌(跏趺坐): 승려들이 수도나 참선할 때 앉는 자세를 가리키며, '부(趺)'란 발등을 가리키며 '가(跏)'란 반대쪽 다리를 넓적다리 위에 올리는 것을 말함.

347) 불언불소(不言不笑): 말도 아니하고 웃지도 아니함.

348) 삼매경(三昧境): 오직 한 가지 일에만 마음을 집중하는 경지.

349) <月印 上:032a>

[현대역]

홍정바지(장사꾼)들이 [석가모니 부처께서 앉아 계신 차리니가에 이르러 더 이상] 길을 못 가(못 나아가) 천신께 [차리니가를 지나갈 수 있도록] 빌었습니다.
수풀의 신령이 길에 나타나 [장사꾼들에게 모습을] 보이어 세존을(장사꾼들에게 석가모니 부처께서 차리니가에 계신 것을) 알게 하였습니다.

[배경]

석가모니 부처께서 성도하신 뒤, 차리니가 수풀에 앉아 계실 때, 오백여 명의 장사꾼들이 여기를 지나가려 하자 수레를 끌던 소가 별안간 땅에 붙어서 움직이지 않았다. 수풀의 신령이 조화를 부린 것임을 느끼고 장사꾼들 중에서 제리부사(帝梨富娑)와 발리가(跋梨迦) 두 사람이 무사히 통과시켜 줄 것을 신령께 빌었다.
수풀의 신령이 나타나서 말하기를 "이 숲속 물가에 새로 성도하신 부처께서 계신데, 선생촌(善生村)의 아가씨에게서 미음을 얻어 잡수신 후 오십여 일이나 공양을 받지 못하셨으니, 너희들은 부처님께 공양을 드리고 가야만 앞길에 즐거움이 있을 것이다."라고 하였다. 두 사람은 기뻐하며 석가모니 부처께 정성껏 공양을 드렸다.

[어절 분석]

①ᄒᆞᆼ졍바·지·ᄃᆞᆯ·히#·길·ᄒᆞᆯ#②:몯#·녀·아#텬天씬神ㅅ·긔#③:비더·니이·다
수·픐#씬神령靈·이#길·헤#·나·아#④:뵈·야#·셰世존尊·ᄋᆞᆯ#⑤:아ᅀᆞᆸ·게#ᄒᆞ·니이·다

[주석]

① ᄒᆞᆼ졍바·지·ᄃᆞᆯ·히:
⇒ [{ᄒᆞᆼ졍(어근) + -바지(인명 접사)} + -ᄃᆞᇙ(복수 접사)] + 이(주격조사)

◎ 박병채(1974/1991: 181)에서는 'ᄒᆞᆼ정'에 대해 '판매' 또는 '매매'의 뜻이며 '바지'는 '받-(受)'에 명사 파생 접사 '-이'가 연결되어 'ᄒᆞᆼ정받는 사람'의 뜻으로 굳어진 형태라고 설명하고 있다. 한편 『표준국어대사전』에서는 'ᄒᆞᆼ졍바지'에 대해 'ᄒᆞᆼ졍 + -바지'로 그 형태소 분석을 제시하고 있으나 '-바지'를 등재어로 제시하고 있지 않으며, 『고려대 한국어대사전』에서는 '-바지'의 현대 어형인 '-바지'를 접미사로 제시하고 있다. 여기에서는 『표준국어대사전』과 『고려대 한국어대사전』의 설명을 참고하여 위와 같이 'ᄒᆞᆼ졍바지'를 분석하고자 한다.

② 몯#·녀·아

⇒ 몯(부사) # 녀-(동사 어간) + -아(연결어미)

◎ 허웅(1975/1995: 430)에 따르면, '니-'는 '가다'의 의미를 가진 기본형 '녀-'의 이형태이며 선어말어미 '-거-'의 앞에서만 나타나며, 다른 활용형에서는 '녀-'가 쓰였다.

③ :비더·니이·다

⇒ 빌-(동사 어간) + -더-(시상의 선어말어미) + -니이다(평서형 종결어미)

◎ '빌-'의 종성 'ㄹ'가 '-더-'의 'ㄷ' 앞에서 탈락하였다.

◈ 후기중세국어 시기의 '-니이다'의 형태소 분석에 대한 자세한 설명은 p.49를 참조.

◈ 후기중세국어 시기의 서법과 시제에 대한 자세한 설명은 p.54를 참조.

④ :뵈·야

⇒ [보-(어근) + -이(피동 접사)]- + -아(연결어미)

◎ 위 '뵈-'는 어근 '보-'에 피동 접사 '-이-'가 결합한 피동사이다. 한편 '뵈-'의 반모음 'y'에 의해 연결어미 '-아'에 반모음 'y'가 삽입되어 '-야'로 교체되었다.

⑤ :아ᅀᆞᆸ·게

⇒ 알-(동사 어간) + -ᅀᆞᆸ-(객체 높임의 선어말어미) + -게(연결어미)

◎ '알-'의 종성 'ㄹ'가 '-ᅀᆞᆸ-'의 'ㅿ' 앞에서 탈락하였다.

◎ '-ᅀᆞᆸ-'이 사용된 이유는 '알-' 대상인 '석가모니께서 차리니가에 계신 것'을 높이기 위해서이다.

[원문]

끵其·밣八·씹十·칧七

:세가·짓공供·양養·이그·르·시:업슬·씩쪈前·솅世·뿛佛·을ᄉᆞ랑·터시·니

·칧七:봉寶바리·예공供·양養·ᄋᆞᆯ:담·ᄋᆞ샤·미·ᄉᆞ四텬天왕王·ᄋᆡ:청請·이ᅀᆞ·ᄫᆞ·니

[현대역]

[석가모니 부처께 올리는] 세 가지의 공양이 그릇이 없으므로 [석가모니 부처께서] 전세불(전세의 부처)을 생각하시더니.

[석가모니 부처께서] 칠보(칠보로 만든) 바리에 공양을 담으심이 사천왕의 청이니.

[배경]

수풀의 신령의 말을 들은 두 장사꾼이 꿀과 타락과 밀가루로 버무린 경단을 석가모니 부처께 공양하려 하였으나 그릇이 없었다. 이에 석가모니 부처께서는 눈을 감으시고 자신보다 먼저 성도한 전세의 부처들이 이런 경우에 무엇으로 공양을 받았는가를 생각하셨다. 석가모니 부처의 이러한 뜻을 신통력으로 알게 된 사천왕이 하늘에서 내려와 칠보로 꾸민 바리로 공양 받으실 것을 석가모니 부처께 청하였으나 석가모니 부처께서는 사양하시고, 숲속에서 돌로 만든 바리를 가져다 공양을 받아 잡수시고 장사꾼들에게 귀의불[350]·귀의법[351]·귀의장래(歸依將來)의 삼귀[352]를 주시며 오계[353]를 설법하시었다.

[어절 분석]

:세#가·짓#공供·양養·이#그·르·시#:업슬·씨#쪈前·셰世·뿛佛·을#①ᄉᆞ랑·터시·니

·칧七:봉寶#바리·예#공供·양養·ᄋᆞᆯ#②:담·ᄋᆞ샤·미#③·ᄉᆞ四텬天왕王·ᄋᆡ#:쳥請·이ᅀᆞ·ᄫᆞ·니

[주석]

① ᄉᆞ랑·터시·니

⇒ [ᄉᆞ랑(어근) + -ᄒᆞ(동사 파생 접사)]- + -더-(시상의 선어말어미) + -시-(주체 높임의 선어말어미) + -니(평서형 종결어미)

◎ '터시니'는 'ᄒᆞ더시니'에서 'ᄒᆞ-'의 모음 'ㆍ'가 탈락되고, 남은 'ㅎ'가 '-더-'의 'ㄷ'와 축약

---

350) 귀의불(歸依佛): 삼귀의(三歸依)의 하나로, 몸과 마음을 바쳐 부처를 믿고 그에 의지함을 가리킴.

351) 귀의법(歸依法): 삼귀의(三歸依)의 하나로, 불법(佛法)에 돌아가 의지함 또는 귀의할 법문(法門)을 가리킴.

352) 삼귀(三歸): '삼귀의(三歸依)', '삼보귀의계(三寶歸依戒)'의 준말로, 불문(佛門)에 처음 귀의할 때 하는 의식. 즉, '불(佛)·법(法)·승(僧)'에 귀의함을 가리킴.

353) 오계(五戒): 불교에서 가장 근본이 되는 5가지 계율로 '사미오계(沙彌五戒)', '신도오계(信徒五戒)'라고도 함. 사미오계는 '첫째 생명을 죽이지 말라(不殺生), 둘째 주지 않는 것을 가지지 말라(不偸盜), 셋째 사음하지 말라(不邪婬), 넷째 진실되지 않은 거짓말을 하지 말라(不妄語), 다섯째 술을 마시지 말라(不飮酒)'는 것이며, 신도오계는 사미오계 세 번째의 '불사음(不邪婬)'이 '간음하지 말라(不姦淫)'로 바뀐 것이 다름.

되어 ‘ㅌ’로 유기음화한 형태이다.

② :담·ᄋᆞ샤·미

⇒ [담-(동사 어간) + -(ᄋᆞ)시-(주체 높임의 선어말어미) + -옴(명사형 어미)] + 이(주격조사)

◎ ‘담-’의 주체는 ‘석가모니’이며, ‘석가모니’를 높이기 위해 주체 높임의 선어말어미 ‘-시-’가 쓰였다.

◎ 안병희·이광호(1990/2005: 223)에서는 주체 높임의 선어말어미 ‘-시-’는 후행하는 어미가 ‘-아, -오’의 형태일 때 ‘-(ᄋᆞ/으)샤’로 교체된다고 하였다. 고영근(1987/2010: 139~140)에서는 이른바 존재사 ‘이시-’와 어미 ‘-아, -옴, -오ᄃᆡ, -오라’ 등의 모음으로 시작하는 어미와의 결합 양상을 통해 ‘-시- + -아(-), -오(-) → -샤’라는 방식의 설명은 후기중세국어의 일반적인 ‘시’의 음운 현상에 어긋난다고 지적하면서, ‘-시-’의 이형태 ‘-샤’는 모음으로 시작하는 어미 앞에서 실현된다고 설명하였다.

③ ᄉᆞ四텬天왕王·ᄋᆡ#:쳥請·이ᅀᆞ·ᄫᆞ·니

⇒ [ᄉᆞ텬왕(명사) + ᄋᆡ(관형격조사) # 쳥(명사) + 이(서술격조사)]- + -ᅀᆞᆸ-(객체 높임의 선어말어미) + -(ᄋᆞ)니(평서형 종결어미)

◎ 이 글의 작성자의 입장에서 ‘ᄉᆞ텬왕’은 높임의 대상이 아니기 때문에 관형격조사로 평칭의 유정물과 결합하는 ‘ᄋᆡ’가 선택되었다.

◎ ‘쳥’의 대상인 석가모니를 높이기 위해 ‘-ᅀᆞᆸ-’가 사용되었다.

[원문]

끠其·밣八·씹十·밣八

354):녯·날·애바리·롤:어·더삐毗로盧쟈遮나那ㅅ:말·로오·ᄂᆞᆳ:일·올기·드리:ᅀᆞᆸ더·니

오·ᄂᆞᆳ·날·ᄠᅳ·들:몯일·워삐毗사沙몬門왕王·ᄋᆡ:말·로:녯·낤·원願·을일·우ᅀᆞ·ᄫᆞ·니

354) <月印 上:032b>

[현대역]

옛날에 [하늘의 부처들이] 바리를 얻어 비로자나[355]의 말로(말씀대로) [바리를 잘 간수하여 두고, 바리가 필요한] 오늘의 일을 기다리더니.

오늘날 [석가모니 부처께 바리를 바치려는] 뜻을 못 이루어 [난처한 형편이더니] 비사문왕[356]의 말대로 옛날의 원을 이루니.

[배경]

장사꾼들이 석가모니 부처께 공양을 드리려 하자 그릇이 없었다. 이에 사천왕이 하늘에서 내려와 금, 은, 유리, 적진주[357]로 만든, 네 개의 바리를 차례로 석가모니 부처께 바쳤으나 석가모니 부처께서 모두 물리치시고 받지 않으셨다. 이때 북방의 비사문왕이 사천왕에게 말하기를 "옛날 청색제천(青色諸天)이 돌그릇 네 개를 진상하면서 '이 그릇에 음식을 담아 잡수시오.'라고 말하였는데, 그때 비로자나라는 하늘 부처가 우리에게 말하기를 '당신들은 부디 조심하여 이 그릇을 간수하고 음식을 담아 먹지 마시오. 왜냐하면 얼마 안 있으면 석가모니라는 부처께서 정각을 이루실 것이니, 그때 이 돌바리로 공양하시오.'라고 말하였습니다."하고 말했다. 비사문왕의 이 말을 듣고 사천왕은 석가모니 부처께서 원하시는 것이 칠보로 만든 바리가 아니고 돌로 만든 바리임을 깨닫고 이것을 석가모니 부처께 바치니, 석가모니 부처께서는 말없이 돌로 만든 바리를 받으셨다.

[어절 분석]

①:녯·날·애#바리·ᄅᆞᆯ#:어·더#삐毗로盧쟈遮나那ㅅ#:말·로#오·ᄂᆞᆳ#:일·ᄋᆞᆯ#②기·드리:ᅀᆞᆸ더·니

③오·ᄂᆞᆳ·날#·ᄠᅳ·들#:몯#일·워#삐毗사沙몬門왕王·ᄋᆡ#:말·로#:녯·낤#·원願·을#④일·우ᅀᆞ·ᄫᆞ·니

[주석]

① :녯·날·애

⇒ [녯(어근) + 날(어근)] + 애(부사격조사)

355) 비로자나(毗盧遮那): 범어 'Vairocana'의 음역으로, '노사나불(盧舍那佛)', '비로절나(鞞嚧折那)', '폐로자나(吠嚧遮那)', '자나(遮那)' 등으로도 불리며, 그 의미를 좇아 '변일체처(遍一切處)' 또는 '광명변조(光明遍照)'로 한역되기도 함. '비로자나(毗盧遮那)'는 부처님의 '진신(眞身)'을 나타내는 칭호로, 부처님의 '신광(身光)'·'지광(智光)'이 이사무애(理事無礙)의 법계(法界)에 두루 비추어 원명(圓明)한 것을 가리킴.

356) 비사문왕(毗沙門王): 범어 'Vaiśramana'의 음역. 수미산 중턱 제4층의 수정타(水精埵)에 있는 사천왕의 하나로, 늘 부처의 도량을 수호하면서 불법을 들었으므로 '다문천(多聞天)'이라고도 함.

357) 적진주(赤眞珠): 칠보의 하나로 붉은 진주를 가리킴.

◎ 여기에서의 '녯'은 관형사로, 어두음에서 'ㄴ'를 피하는 두음법칙으로 인해 근대국어 시기에 '녯 > 옛'으로 어형이 변하였다. 한편 후기중세국어 시기에는 명사 '녜'가 존재했다. 따라서 '녯'은 '녜(명사) + ㅅ(관형격조사)'로의 분석이 가능하다. 다만, '녯'의 현대국어 형태 '옛'은 『표준국어대사전』에서 관형사로, '옛날'을 합성어로 처리하기 때문에 여기에서는 '녯'을 '녜(명사) + ㅅ(관형격조사)'로 분석하지 않고 관형사로 처리하며, '녯날'을 합성어로 분석하고자 한다.

② 기·드리:숩더·니
⇒ 기드리-(동사 어간) + -숩-(객체 높임의 선어말어미) + -더-(시상의 선어말어미) + -니(평서형 종결어미)

◎ 현대국어 어휘 '기다리-'의 후기중세국어 어형인 '기드리-'는 15세기 문헌에서부터 나타난다. 『우리말샘』에 따르면, 16세기 후반에 모음 'ㆍ'의 1차 소실로 인한 제2음절 이하의 'ㆍ'가 'ㅡ'로 변한 것을 의식하여 '기드리-'의 제2음절 모음 'ㅡ'를 'ㆍ'에서 변한 것으로 잘못 이해하여 과도 교정하면서 '기ᄃᆞ리-'의 형태가 나타나게 되었다. 18세기에 모음 'ㆍ'의 2차 소실로 인한 'ㆍ > ㅏ'의 변화로, 과도 교정 형태 '기ᄃᆞ리-'의 제2음절 모음 'ㆍ'도 'ㅏ'로 변하여 '기다리-'의 형태가 발생하게 되었다. 19세기까지 '기ᄃᆞ리-, 기다리-'가 공존하다가 '기다리-'의 형태로 정착하여 현재에 이르고 있다.

◎ '-숩-'이 사용된 이유는 석가모니께서 바리가 필요하실 '오ᄂᆞᆳ 일'을 높이기 위해서이다.

③ 오·ᄂᆞᆳ·날
⇒ 다음과 같이 두 가지의 형태 분석이 가능하다.

예) ㉮ 오ᄂᆞᆯ(어근) + 날(어근)
㉯ 오ᄂᆞᆯ(명사) + ㅅ(관형격조사) # 날(명사)

◎ ㉮는 '오ᄂᆞᆳ날'의 'ㅅ'를 사잇소리로 보고 '오ᄂᆞᆳ날'을 합성어로 판단하는 견해이고, ㉯는 'ㅅ'를 관형격조사로 보아 '오ᄂᆞᆳ날'을 '오ᄂᆞᆳ 날'로 분석하는 견해이다. 『표준국어대사전』에서는 '오ᄂᆞᆳ날'의 현대국어 어형인 '오늘날'을 합성어로 처리하고 있기 때문에 여기에서는 ㉮의 분석을 따르고자 한다.

④ 일·우ᅀᆞ·ᄫᆞ·니

⇒ [일-(어근) + -구(사동 접사)]- + -ᄉᆞᆸ-(객체 높임의 선어말어미) + -(ᄋᆞ)니(평서형 종결어미)

◎ 석가모니께 돌로 만든 바리로 공양하려는 '녯낤 원'을 높이기 위해 '-ᅀᆞᆸ-'가 쓰였다.

[원문]

끠其·밣八·씹十:궇九

·셰世존尊ㅅ ᄍᆞᆼ慈비悲심心·에 ᄒᆞ나·ᄒᆞᆯ 바·ᄃᆞ·면 :네 ᄆᆞᅀᆞᆷ·이 고ᄅᆞ·디 :몯ᄒᆞ·리

·셰世존尊ㅅ 씬神통通·륵力·에 ᄒᆞᆫ·ᄃᆡ 누[358]·르시·니 :네 바:리 브·터 어·우·니

[현대역]

세존(석가모니 부처)의 자비심에 "하나를 받으면 네(사천왕의) 마음이 고르지 못하리."[라고 생각하시니]

세존(석가모니 부처)의 신통력으로 함께 [바리를 겹쳐 놓고] 누르시니 네 바리가 붙어 어우러지니(합하여 지니).

[배경]

석가모니 부처께서 칠보로 만든 바리를 물리치신 뒤에 사천왕이 각기 바치는 돌로 만든 바리를 보시고, 사천왕 중 한 사천왕의 바리만 받으면 남은 다른 세 왕의 마음이 좋지 않을 것임을 생각하시어 네 개의 바리를 모두 받으셨다.

석가모니 부처께서 네 개의 바리를 왼손에 겹쳐 놓고 오른손으로 신통력을 발휘하시어 네 개의 바리를 꾹 누르니 네 개가 한데 어울려 하나의 바리가 되니 사천왕의 호의는 다 받아들이신 셈이 되었다.

[어절 분석]

·셰世존尊ㅅ#ᄍᆞᆼ慈비悲심心·에#①ᄒᆞ나·ᄒᆞᆯ#바·ᄃᆞ·면#:네#ᄆᆞᅀᆞᆷ·이#고ᄅᆞ·디#:몯ᄒᆞ·리

·셰世존尊ㅅ#씬神통通·륵力·에#②ᄒᆞᆫ·ᄃᆡ#누·르시·니#:네#바:리#③브·터#어·우·니

358) <月印 上:033a>

[주석]

① ᄒᆞ나·ᄒᆞᆯ

⇒ ᄒᆞ낳(수사) + ᄋᆞᆯ(목적격조사)

◎ ‘ᄒᆞ낳’은 ‘ㅎ’ 말음체언이다. 이진호(2003: 175)에서는 다음과 같이 후기중세국어 시기의 ‘ㅎ’ 말음 체언이 보여 주는 일반적인 활용 양상을 제시하였다.

예) ㉮ ᄯᅡ히, ᄯᅡᄒᆞᆯ, 돌해, 돌ᄒᆞᆫ (모음이 후행)
　　㉯ ᄯᅡ콰, ᄯᅡ토, 돌콰, 돌코 (평폐쇄음이 후행)
　　㉰ ᄯᅡ마다 (비음이 후행)
　　㉱ ᄯᅡᆺ, 돐 (사이시옷이 후행)
　　㉲ ᄯᅡ, 돌 (단독형)

위 예에서 볼 수 있듯이 ‘ㅎ’ 말음체언의 종성 ‘ㅎ’는 모음 또는 평폐쇄음으로 시작하는 조사가 오면 그 모습을 직/간접적으로 드러내지만 그 이외의 환경에서는 탈락한다. 한편 ‘ㅎ’ 말음체언의 형성 과정에 대해서는 두 가지 견해가 대립하고 있는데, 하나는 체언 말음 ‘ㅎ’가 ‘ㄱ’로부터 변화한 것이라는 견해이고 다른 하나는 말음 ‘ㅎ’가 원래부터 ‘ㅎ’이었다는 견해이다. 이에 대해 이진호(2003)에서는 어떤 견해를 취하더라도 ㉮~㉱와 같은 환경에서 ‘ㅎ’가 나타나지 않는 이유를 설명하기는 쉽지 않으며, 만약 이기문(1977: 85)의 주장대로 후기중세국어 이전 시기에 ‘ㅎ’가 음절말에 나타날 수 있었다면 그 이후 음절말에 ‘ㅎ’를 허용하지 않는 상태가 되면서 체언과 용언 어간에서 서로 다른 변화 과정이 생겼다고 추측할 수 있다고 하였다. 즉 체언에서는 음절말에 놓인 ‘ㅎ’가 탈락하고 용언에서는 음절말에 위치한 ‘ㅎ’가 다른 자음으로 변화한 것으로 볼 수 있다는 것이다.

② ᄒᆞᆫ·ᄃᆡ

⇒ 다음과 같이 두 가지의 형태 분석이 가능하다.

예) ㉮ ᄒᆞᆫ(관형사) # ᄃᆡ(의존명사)
　　㉯ ᄒᆞᆫ(어근) + ᄃᆡ(어근)

◎ ㉮와 ㉯ 분석의 차이는 ‘ᄒᆞᆫᄃᆡ’를 합성어로 인정하지 않을 것이냐(㉮) 아니면 합성어로 볼 것이냐(㉯)이다. 『표준국어대사전』에서는 ‘ᄒᆞᆫᄃᆡ’의 현대국어 어형으로 ‘한데’를 등재하고 있다는 점에서 여기에서는 ‘ᄒᆞᆫᄃᆡ’를 합성명사로 보고자 한다.

◎ 여기에서는 다음의 용례와 문맥을 감안하여 '함께, 한데'의 의미로 파악하고자 한다.

예) 同行ᄋᆞᆫ <u>ᄒᆞᆫᄃᆡ</u> 녀실씨라 <月釋 2:26b>

③ 브·터#어·우·니
⇒ 븥-(동사 어간) + -어(연결어미) # 어울-(동사 어간) + -니(평서형 종결어미)

◎ '븥-'은 근대국어 시기에 원순모음화를 겪으면서 '븥- > 붙-'의 형태 변화를 겪었다.

◎ 현대국어 어휘 '어우르-'의 후기중세국어 어형인 '어올-/아올-'은 15세기 문헌에서부터 나타난다. 『우리말샘』에 따르면, 15세기 이후 '어우ᄅᆞ-, 어우르-, 어우루-, 어울우-, 어우로-, 어우르-, 아오르-'와 같이 다양한 형태가 나타났으며, 이 이형태들은 '어울-', '아올-'이 활용하면서 나타나는 이형태로 인해 형성된 것으로 보인다. 이 이형태들로 인해 '머물-', '머무르-'처럼 제3음절에 '으'가 있는 형태로 인식되어 20세기 이후 '어우르-', '아우르-'의 형태로 나타나 현재에 이르고 있다.

◎ '어울-'의 어간 말음절의 종성 'ㄹ'는 '-니'의 'ㄴ' 앞에서 탈락하였다.

[원문]

끠其:궁九·씹十
·ᄠᅳ·들·올·히너·기·샤·뿛佛·법法숭僧니ᄅᆞ·시·고·꼐偈지·ᅀᅥ·ᄯᅩ니ᄅᆞ·시·니
:말·ᄋᆞᆯ·올·히너·기·샤터·리·ᄢᅦ·ᅘᅧ·주시·고·손·토·ᄇᆞᆯ·ᄯᅩ·주시·니

[현대역]

[석가모니 부처께서 두 장사꾼의] 뜻을 옳게 여기시어 불법승359)을 말씀하시고 게360)를 지어 또 말씀하시니.
[석가모니 부처께서 두 장사꾼이 청하는] 말을 옳게 여기시어 [자신의] 털(머리털)을 떼어(깎아) [장사꾼들에게] 주시고 손톱을 또 [깎아서] 주시니.

359) 불법승(佛法僧): 불교의 세 가지 보배. 삼보(三寶) 즉, '불보(佛寶)·법보(法寶)·승보(僧寶)'를 가리킴.
360) 게(偈): 범어 'Ggāthā'의 음사로 '가타(伽陀)'라고도 함. 불덕을 찬미하고 교리를 서술한 4구의 시구로, '게송(偈頌)'이라고도 함.

[배경]

하늘이 내려 주신 청정한 바리에 두 장사꾼이 바치는 경단으로 공양을 받으신 석가모니 부처께서 부드러운 말로 “너희들이 부처에 귀의하고 불법에 귀의하고 승려에 귀의하여 삼귀를 얻고, 오계를 잘 지키면 길이 안락하고 큰 선리[361]를 얻으리라.”라고 게를 지어서 타일렀다.
두 장사꾼이 석가모니 부처의 말씀을 듣고 감격하여 “우리가 고향에 돌아가면 다시 뵐 기약이 아득하오니, 무슨 기념이 될 만한 것을 주시면 탑을 세워 영원히 부처님의 공덕을 잊지 않고 기리겠습니다.”라고 간청을 드리므로, 석가모니 부처께서 자신의 머리털과 손톱을 깎아 두 장사꾼에게 주시며, “이는 내 몸의 일부분이니 나를 본 듯이 간수하고 길이 공양하라.”라고 부탁하셨다.

[어절 분석]

·ᄠᅳ·들#①·올·히#너·기·샤#·뿛佛·법法승僧#니ᄅᆞ·시·고#·꼐偈#②지·ᅀᅥ#·ᄯᅩ#니ᄅᆞ·시·니
:말·ᄋᆞᆯ#·올·히#너·기·샤#터·리#③·ᄲᅦ·ᅘᅧ#·주시·고#·손·토·ᄇᆞᆯ#·ᄯᅩ#·주시·니

[주석]

① ·올·히
⇒ 옳-(어근) + -이(부사 파생 접사)

◎ ‘올히’는 ‘옳이’ 또는 ‘옳게’를 의미한다.

② 지·ᅀᅥ
⇒ 짓-(동사 어간) + -어(연결어미)

◎ ‘짓-’의 ‘ㅅ’가 모음 사이에서 유성음화 되어 ‘ㅿ’로 바뀌었다. 다만, 후기중세국어 시기에 모음 사이의 ‘ㅅ’가 모두 유성음화가 되는 것은 아니므로 이러한 교체는 수의적인 현상으로 볼 수 있다.

③ ·ᄲᅦ·ᅘᅧ
⇒ 다음과 같이 두 가지의 형태 분석이 가능하다.

361) 선리(善利): ‘이롭게 하는 데에 뛰어나다’ 또는 ‘대단히 이롭게 한다’를 의미함.

예) ㉮ [ᄠᅦ-(어근) + -ᅘᅧ(강조 접사)]- + -어(연결어미)

㉯ [ᄠᅦ-(어근) + ᅘᅧ-(어근)]- + -어(연결어미)

◎ 우선 현대국어 ‘떼-’의 후기중세국어 어형은 ‘ᄠᅧ히-’로 15세기 문헌에서부터 나타난다. 『우리말샘』에 따르면, 16세기에는 모음 사이에서 ‘ㅎ’가 탈락한 ‘ᄠᅧ이-’의 형태가 나타나고, 17세기에는 ‘ㅲ’를 ‘ㅼ’로 표기하게 됨에 따라 ‘ᄯᅧ이-’의 형태로 변하였다. 18세기에는 ‘ㅣ’ 역행 동화를 겪으면서 ‘ᄯᅨ이-’의 형태가 나타나고, 19세기에는 ‘ᄯᅨ이-’가 줄어든 ‘ᄯᅨ-’의 형태가 나타났다. 20세기 이후 ‘ㅼ’를 ‘ㄸ’로 표기하게 됨에 따라 ‘떼-’의 형태가 나타나면서 현재에 이르고 있다. 그런데 15세기 문헌인 『월인천강지곡(月印千江之曲)』에서는 ‘ᄠᅧ히-’의 형태가 아닌 ‘ᄠᅦ-’의 형태가 발견된다는 점에서, 15세기에 ‘ᄠᅧ히-’와 ‘ᄠᅦ-’는 쌍형어 관계였을 것으로 추정된다. 한편, 15세기에 ‘*ᄠᅧ-’가 문증되지 않지만, 문맥상 ‘ᄠᅦ-’나 ‘ᄠᅧ히-’는 ‘떨어지게 되다’로 그 의미가 파악된다는 점에서 ‘ᄠᅧ히-’는 ‘*ᄠᅧ-(어근) + -히-(사동 접사)’ 구성에 의해 형성된 것으로 추정되며, 이미 15세기 또는 그 이전에 ‘ᄠᅧ히- > ᄠᅧ이-> ᄠᅦ-’의 형태 변화가 있었을 것으로 보인다. 한편 ㉮와 ㉯의 분석 방법의 차이는 ‘ᅘᅧ’를 어떻게 처리하느냐에 기인한다.

남광우·성환갑(1978/1982: 175)와 허웅·이강로(1962/1999: 171)에서는 ‘ᅘᅧ’를 접사로 판단하고 있으나 이 책에서는 이미 기39의 ‘그우리ᅘᅧ고’와 기72의 ‘내ᅘᅧᅀᆞᄫᆞ니’의 ‘ᅘᅧ’를 문맥의 의미상 용언의 어간으로 판단한 바 있다. 여기에서의 ‘ᄠᅦᅘᅧ’도 문맥상 ‘(머리)털이 떨어지게 당기어’ 정도로 판단할 수 있다는 점에서 위 ㉯의 분석을 따르고자 한다. 이병기(2008)에서도 후기중세국어의 ‘강세 접미사’는 접사와 실질 어휘의 중간적 성격에 있는 형태이면서 ‘보조 용언’과 더 가까운 문법적 성질을 고려하여 이들 ‘강세 접미사’를 ‘보조 용언’으로 볼 가능성을 제안한 바 있다.

[원문]

끠其:궇九·씹十·ᅙᅵᇙ一

무無·량量·겁劫우·희연燃등燈ᅀᅧ如ᄅᆡ362)來ㄹ·보ᅀᆞ·ᄫᅡ뽀菩ᄠᅨ提심心·ᄋᆞ·로·츓出가家·ᄒᆞ·더시·니

ᄒᆞᆫ:낱머·릿터러·글모·ᄃᆞᆫ하·ᄂᆞᆯ·히:언ᄌᆞ·ᄫᅡ·씹十·ᅙᅳᆨ億텬天·에공供·양養·ᄒᆞ·ᅀᆞᄫᆞ·니

362) <月印 上:033b>

[현대역]

무량겁 위(전세)에 [석가모니 부처의 전생인 선혜께서] 연등여래[363](보광불)를 뵈어 보리심[364]으로 출가하시더니.

[석가모니 부처의] 한 낱의 머리터럭(머리카락)을 모든 하늘이 [나누어] 얻어 십억천(모든 하늘)에 공양하니.

[배경]

두 장사꾼이 석가모니 부처의 머리카락과 손톱을 받고 이들은 모두 버리는 물건이라 별로 대견할 것이 못 된다는 생각을 하자, 석가모니 부처께서 그런 마음을 아시고 "너희들의 생각은 알 수 있지만, 내가 무량 대겁 전에 바라문(승려)이었는데, 연등불(정광불)이란 부처께서 성에 들어오시는 것을 보고 다섯 송이의 연꽃을 그분 위에 뿌리고서도 보리심이 생기고, 그 부처께서 나에게 미래에 부처가 될 것을 수기하시므로 내가 그때에 머리를 깎고 출가하였다."라고 말씀하셨다.

이어서 "하물며 지금은 내가 그 반대로 세존이 되었는지라 나의 머리털 하나를 십억의 하늘이 서로 나누어 공양하니 이것은 곧 부처의 공덕을 기리는 좋은 증거이니라."라고 머리카락과 손톱을 주시는 의미를 석가모니 부처께서 설명하시니 두 장사꾼들이 두 손으로 머리털과 공손히 받들어 들고 물러갔다.

[어절 분석]

무無·량量·겁劫#①우·희#ᅀᅧᆫ燃등燈ᅀᅧ如ᄅᆡ來ᄅ#②·보ᅀᆞ·바#뽕菩똉提심心·ᄋᆞ·로#·츓出가家·ᄒᆞ·더시·니

ᄒᆞᆫ#:낱#③머·릿터러·글#④모·ᄃᆞᆫ#하·ᄂᆞᆯ·히#⑤:얻ᄌᆞ·바#·씹十·ᅙᅳᆨ億텬天·에#공供·양養·ᄒᆞ·ᅀᆞᄫᆞ·니

---

363) 연등여래(燃燈如來): 태어날 적에 몸의 빛이 등불처럼 밝았다는 부처의 이름으로 범어 'Dipa kara'의 의역. 정광여래(定光如來)·등광여래(燈光如來)·보광여래(寶光如來)·정광여래(錠光如來)라고도 하며 연등불(燃燈佛), 정광불(錠光佛) 등의 다른 이름이 있으며, 한역을 음역하여 제화갈라(提華褐羅)·제원갈(提洹竭)이라고도 함.

364) 보리심(菩提心): 범어 'Bodhi-citta'의 음역. 위로는 '보리(菩提)'를 구하고, 아래로는 '중생(衆生)을 교화하려는 마음' 또는 '깨달음을 구하려는 마음' 또는 '깨달음의 경지에 이르려는 마음' 또는 '깨달음의 지혜를 갖추려는 마음' 즉, '부처가 되려는 마음'을 가리킴.

[주석]

① 우·ᄒᆡ

⇒ 욿(명사) + 의(부사격조사)

◎ 여기에서의 '욿'는 공간적 위치를 의미하지 않고 시간적으로 과거를 의미한다.

② ·보ᅀᆞ·ᄫᅡ

⇒ 보-(동사 어간) + -ᅀᆞᆸ-(객체 높임의 선어말어미) + -아(연결어미)

◎ '보-'의 대상인 '션둥ᄸᅧᄅᆡ'를 높이기 위해 '-ᄉᆞᆸ-'가 쓰였다.

③ 머·릿터러·ᄀᆞᆯ

⇒ [머리(어근) + {털(어근) + -억(명사 파생 접사)}] + 을(목적격조사)

◎ '머릿터럭'을 현대국어 어휘 '머리털'의 후기중세국어 어형으로 판단한다면 위와 같은 분석을 제시할 수 있다. 이럴 경우, '머릿'의 'ㅅ'는 사잇소리로 판단할 수 있다.

◎ 현대국어 어휘 '머리털'은 '머리'와 '털'이 결합한 합성어로, '머리의 털'을 뜻한다. '털'의 후기중세국어 어형은 '털', '터리', '터럭'과 같은 세 가지로 나타나는데, 이들 중에서 어느 것이 가장 고형인지 판단하기 어렵다. 『우리말샘』에 따르면, 현대국어 '터럭'은 15세기 문헌에서부터 '터럭'으로 나타나 현재까지 이어진다. '터럭'은 '털'에 접미사 '-억'이 결합한 것으로, 16세기 문헌에서는 '터럭ㄱ', '털억', '털럭' 등 다양한 어형이 보이는데 '터럭ㄱ'는 제2음절의 종성 'ㄱ'를 중철한 것이고 '털억'은 '터럭'을 과잉 분철한 것이고 '털럭'은 제1음절의 종성 'ㄹ'를 중철한 것이다.

④ 모·ᄃᆞᆫ

⇒ 몯-(동사 어간) + -(ᄋᆞ)ㄴ(관형사형 어미)

◎ 현대국어 관형사 '모든'은 후기중세국어 시기에 '몯-'의 관형사형, '몯- + -(ᄋᆞ)ㄴ'가 후대로 오면서 굳어져 관형사가 된 어휘이다. 다만 후기중세국어 시기에 이미 관형사로 굳어졌는지는 확인할 수 없다. 여기에서는 '몯-'의 관형사형으로 기술하고자 한다.

⑤ :얻ᄌᆞ·ᄫᅡ

⇒ 얻-(동사 어간) + -ᅀᆞᆸ-(객체 높임의 선어말어미) + -아(연결어미)

◎ '얻ᄌᆞᄫᆞ'의 '-ᄌᆞᇦ-'는 '얻-'의 대상인 석가모니의 'ᄒᆞᆫ 낱 머릿터럭'을 높이기 위해서 사용되었다.

[원문]

ᄁᆡ其:궁九·씹十·ᅀᅵ二

탐貪·욕欲심心:겨시·건마·ᄅᆞᆫᄒᆞᆫ:낱터럭:ᄲᅮ·늘공供·양養공功·득德·에·녏涅빤槃·ᄋᆞᆯ·득得·ᄒᆞ야·니

365)삼三·막藐삼三·뿛佛따陁ㅣ·어시·니ᄒᆞᆫ터럭ᄒᆞᆫ·토빈·ᄃᆞᆯ공供·양養공功·득德·이어·느:ᄀᆞᇫ이시·리

[현대역]

[석가모니 부처께서 무량겁 전세의 선혜이실 때도] 탐욕심[366]이 계시건마는 한 낱 터럭뿐을 [연등불께] 공양한 공덕에 열반을 득하니.

[하물며 지금의 석가모니 부처께서] 삼막삼보리[367]를 깨달은 부처이시니 한 [낱] 터럭(머리털), 한 [낱] 손톱인들 공양한 [석가모니 부처의] 공덕이 어찌 끝이 있으리(있겠습니까)?

[배경]

석가모니 부처께서 두 장사꾼에게 다음과 같이 말씀하셨다. "연등불께서 계셨던 시대에 내가 미미한 바라문으로 욕심을 해탈하지 못했던 당시에도 나의 터럭과 손톱을 연등불께 공양하여 그지없는 열반을 얻었다."

이어서 "하물며 현재는 성도한 부처로 탐욕심을 완전히 해탈하였거늘 나의 터럭과 손톱은 그지없는 공덕을 베풀 것이니 정성스레 모시라."라고 말씀하셨다.

[어절 분석]

탐貪·욕欲심心#①:겨시·건마·ᄅᆞᆫ#ᄒᆞᆫ#:낱#터럭:ᄲᅮ·늘#공供·양養#공功·득德·에#·녏涅빤槃·ᄋᆞᆯ#·득得·ᄒᆞ야·니

---

365) <月印 上:034a>

366) 탐욕심(貪欲心): 불가에서의 세 가지 근본적인 번뇌인 '삼독(三毒)'의 하나로, 자기의 뜻에 맞는 일이나 물건을 탐내고 만족할 줄 모르는 것을 가리킴. 삼독(三毒) 또는 삼독심(三毒心)에는 탐욕심(貪欲心), 진에심(瞋恚心), 우치심(愚癡心)이 있음.

367) 삼막삼불타(三藐三佛陁): 범어 'Samyaksambudha'의 음역. 부처 십호(十號)의 하나로, '삼막삼보리'를 깨달은 부처를 가리킴. '삼막삼보리'는 '아욕다라삼막삼보리(阿耨多羅三三菩提)'의 준말로, 온 세상을 감싼 더할 수 없이 성스러운 지혜를 말함. '삼막삼불타'를 한역하여 '정변지(正遍知)·정등각(正等覺)·등정각(等正覺)'이라고도 함.

②삼三·막藐삼三·뿛佛따陁ㅣ·어시·니#ᄒᆞᆫ#터럭#③ᄒᆞᆫ#·토빈·ᄃᆞᆯ#공供·양養#공功·득德·이#어·느#
④:ᄀᆞᆺ#이시·리

[주석]

① :겨시·건마·론
⇒ 겨시-(동사 어간) + -건마론(연결어미)

◎ 현대국어 어휘 '계시-'의 후기중세국어 어형은 '겨시-'로 근대국어 시기에 'ㅣ' 역행동화(움라우트 현상)로 인해 '겨시- > 계시-'의 형태 변화를 겪었다.

☞ 후기중세국어 시기의 '-건마론'에 대한 자세한 설명은 p.217을 참조.

② 삼三·막藐삼三·뿛佛따陁ㅣ·어시·니
⇒ [삼막삼뿛따(명사) + 이(서술격조사)]- + -시-(주체 높임의 선어말어미) + -거니(연결어미)

◎ 박용찬(1996: 165～169, 188)에서는 15세기 국어에서 '-거늘/-어늘', '-거니와/-어니와', '-건마론' 등은 주체 높임의 선어말어미 '-시-'가 통합될 때는 불연속 형태를 보인다고 기술하였다.

◎ '삼막삼뿛따'가 非 'i'계 모음으로 끝나기 때문에 서술격조사로 'ㅣ'가 선택되었다. 한편 서술격조사 'ㅣ' 뒤에서 '-거니'의 'ㄱ'가 약화되어 '-어니'로 교체되었다.

③ ᄒᆞᆫ#·토빈·ᄃᆞᆯ
⇒ [{ᄒᆞᆫ(관형사) # 톱(명사)} + 이(서술격조사)]- + -ㄴᄃᆞᆯ(연결어미)

◎ '톱'은 '손톱, 발톱'의 '톱'이다. 그런데 남광우·성환갑(1978/1982: 179)과 허웅·이강로(1962/1999: 174)에서는 여기에서의 'ᄒᆞᆫ 토빈ᄃᆞᆯ'을 '손발톱인들'로 해석하고 있다. 그러나 기 90에서의 '손토ᄇᆞᆯ ᄡᅩ 주시니'에서는 '손톱'만을 명시하고 있다는 점에서, 여기에서의 'ᄒᆞᆫ 토빈ᄃᆞᆯ'은 '한 손톱인들'로 해석하는 것이 적절하다고 생각한다.

④ :ᄀᆞᆺ#이시·리
⇒ ᄀᆞᆺ(명사) # 이시-(형용사 어간) + -리(의문형 종결어미)

◎ 후기중세국어 시기에는 형태는 다르나 어휘적 의미 또는 문법적 기능이 같은 어휘들이 존재하며, 이들 어휘들을 흔히 '쌍형어'라고 한다. '잇-'과 '이시-'는 대표적인 쌍형어 관계이며, 약간의 논란은 있으나 '시-'도 이들과 쌍형어의 관계로 보기도 한다. '잇-'과 '이시-'는 다음과 같이 뒤에 오는 어미에 따라 교체되었던 것으로 보인다.

예) ㉮ 잇-: 자음으로 시작하는 어미 앞에서.
　　잇다, 잇고, 잇ᄂᆞᆫ, 잇ᄂᆞ니, 잇노니, 잇디, 잇거늘……
　㉯ 이시-: ㉠ 받침 아래 매개모음(조음소)을 필요로 하는 어미(나, 며, 니 등) 앞에서.
　　　이시나, 이시며, 이시니, 이실……
　　㉡ 모음으로 시작하는 어미 앞에서.
　　　이시- + -어 > 이셔, 이시- + -아 > 이샤, 이시- + -옴 >이숌 ……

[원문]

끠其:궇九·씹十삼三
:쎤善·록鹿왕王·이실·씨목:숨·을ᄇᆞ·료려·ᄒᆞ·샤·뻠梵마摩·ᄄᆞᇙ達·올ᄀᆞᄅᆞ·치시·니
:ᅀᅵᆫ忍·쇽辱션仙ᅀᅵᆫ人·이실·씨·손·발·올바·히ᅀᆞ·ᄫᆞ·나가歌·리利·롤·궁救·호려·ᄒᆞ시368)·니

[현대역]

[석가모니 부처께서 전세에] 선록왕369)이시므로 [자기의] 목숨을 버리려 하시어 범마달370)을 가르치시니.

[석가모니 부처께서 전세에] 인욕선인371)이시므로 손발을 베나 [오히려 손발을 베어 버린] 가리372)를 구하려 하시니.

---

368) <月印 上:034b>

369) 선록왕(善鹿王): '착한 사슴의 임금'이란 뜻. 석가모니가 전세에 착한 사슴의 임금이었다는 데에서 비롯된 말.

370) 범마달(梵摩達): 제바달다(提婆達多)의 전세의 이름. 제바달다는 석가모니의 사촌 동생으로, 어려서부터 욕심이 많아 석가모니가 실달 태자 때에 언제나 경쟁 상대가 된 사람.

371) 인욕선인(忍辱仙人): 석가모니가 전세에 수도할 때의 이름으로 '인욕태자(忍辱太子)'라고도 함. '인욕(忍辱)'은 욕됨을 참고, 안주(安住)한다는 뜻으로, 온갖 모욕과 번뇌를 참고 원한을 일으키지 않는다는 것을 의미함.

372) 가리(歌利): 범어 'Kali'의 음역으로 '갈리(羯利)'라고도 함. 석가모니가 전세에 인욕선인(忍辱仙人)이 되어 수도할 때의 녹야원(鹿野苑)의 임금으로, 인욕선인인 석가모니의의 손발을 끊었다고 하여 '악생무도왕(惡生無道王)'이라고도 함.

[배경]

석가모니 부처께서 전세에 조달(제바달다) 전세의 모습인 범마달과 함께 녹야원[373]에서 사슴의 임금 노릇을 하고 계셨다. 그때 국왕의 식용으로 매일 사슴 한 마리씩을 바치게 되어 있었는데, 하루는 공교롭게도 새끼를 밴 사슴이 죽게 되었다. 이 새끼를 밴 암사슴은 사슴들의 임금인 범마달에게 가서 목숨은 아깝지 않으나 새끼를 낳은 후에 죽게 해 달라고 간청하였다. 그러나 심술궂은 범마달이 이를 거절하자, 그 암사슴은 ‘나쁜 임금’이라고 부르짖으며 석가모니 부처의 전세의 모습인 선록왕께 가서 간청하였다. 선록왕께서는 그 새끼를 사랑하는 마음씨에 자기가 대신 죽으러 궁에 들어가셨다. 국왕이 이 사실을 알고, “나는 임금이로되 사슴인 너보다 못하다.”라고 탄복하며, 다시는 사슴고기를 먹지 않겠다 하여 사슴 바치는 일을 끊게 했다.

또 석가모니 부처께서 전세에 인욕선인으로 수도하실 때 마침 그 땅의 임금 가리왕이 놀러 나왔다가, 오백 처녀가 인욕선인을 둘러싸고 설법을 듣는 것을 보고 시기하여 인욕선인의 손발을 잘라 버렸다. 그러나 인욕선인께서는 조금도 원망하시지 않고, 도리어 가리왕을 불쌍하게 생각하시어 구하려 하셨다.

[어절 분석]

:쎤善·록鹿왕王·이실·씨#목:숨·을#①ᄇᆞ·료려#·ᄒᆞ·샤#·뻠梵마摩·땷達·올#ᄀᆞᄅᆞ·치시·니

:ᅀᅵᆫ忍·ᅀᅭᆨ辱션仙ᅀᅵᆫ人·이실·씨#·ᄉᆞᆫ·발·ᄋᆞᆯ#②바·히ᅀᆞ·ᄫᆞ·나#가歌·리利·ᄅᆞᆯ#③·궇救·호려#·ᄒᆞ시·니

[주석]

① ᄇᆞ·료려#·ᄒᆞ·샤

⇒ ᄇᆞ리-(동사 어간) + -오려(연결어미) # ᄒᆞ-(동사 어간)- + -시-(주체 높임의 선어말어미) + -아(연결어미)

◎ ‘버리-’의 15세기 형태는 ‘ᄇᆞ리-’이다. 16·17세기에는 ‘불이-’로도 표기되었다. ‘ ᆞ ’가 비음운화되어 어두음절에서 ‘ㅏ’로 합류하면서 나타난 형태가 18세기의 ‘바리-’이다. ‘바리-’는 19세기 말에 ‘버리-’로 그 형태가 변하여 현대국어에 이어졌다.

---

373) 녹야원(鹿野苑): 범어 ‘Mṛgadāva’의 한역으로, 석가모니가 성도한 뒤에 비로소 여기에 와서 사제(四諦)의 법을 말하고 교진여 등 다섯 사람에게 설법하였다 함. 중인도 바라나국 왕사성의 북동쪽에 위치했다고 알려지며, ‘선인논처(仙人論處)·선인주처(仙人住處)·선인수처(仙人墮處)·선인녹원(仙人鹿園)·선인원(仙人園)·선원(仙園)·녹원(鹿園)·시녹원(施鹿園)·녹림(鹿林)’ 등으로 불림.

◎ ‘ᄇᆞ리-’의 ‘리’와 ‘-오려’의 ‘오’가 음절축약을 거쳐 ‘료’가 되었다.

② 바·히ᅀᆞ·ᄫᆞ·나
⇒ 바히-(동사 어간) + -ᅀᆞᇦ-(객체 높임의 선어말어미) + -(ᄋᆞ)나(연결어미)

◎ 현대국어 어휘 ‘베-’의 후기중세국어 어형으로 ‘바히-’, ‘버히-’, ‘버ᄒᆞ-’, ‘버흐-’ 등이 있었으며, 16세기 중반에 간행된 『구급방언해(救急方諺解)』에는 ‘베히-’의 형태가, 16세기 후반에 간행된 『내훈(內訓)』 선조 내사본에는 ‘배히-’의 형태가 발견된다. 이후 모음 간의 ‘ㅎ’가 약화 탈락되어 ‘베-’와 ‘배-’의 두 형태가 공존하다가 현재에는 ‘베-’의 형태만이 쓰이고 있다.

◎ ‘바히-’의 대상인, 석가모니 전세의 ‘ᄉᆡᆫ쇽션ᄉᆡᆫ’의 ‘손발’을 높이기 위해 ‘-ᅀᆞᇦ-’가 쓰였다.

③ ·궇救·호려
⇒ [궇(어근) + -ᄒᆞ(동사 파생 접사)]- + -오려(연결어미)

◎ ‘궇ᄒᆞ-’의 ‘ᄒᆞ’와 ‘-오려’의 ‘오’가 음절 축약을 거쳐 ‘호’가 되었다.

[원문]

끵其:궇九·씹十·ᄉᆞ四
쪈前·셰世·옛ᅙᅵᆫ因ᅌᅯᆫ緣·이실·씨·법法·을·뒨轉·ᄒᆞ샤·ᄃᆡ·록鹿:야野:ᅌᅯᆫ苑·에·ᄆᆞᆺ몬져니ᄅᆞ·시·니
쪈前·셰世·옛:말·이실·씨·즁衆ᄉᆡᆼ生·ᄋᆞᆯ·졩濟·또渡·ᄒᆞ샤·ᄃᆡ꾱憍띤陳ᅀᅧ如·를·ᄆᆞᆺ몬져·궇救·ᄒᆞ시·니

[현대역]

[석가모니 부처] 전세의 [선록왕의] 인연374)이시므로 [사제의] 법을 전하시되 녹야원에서 맨 먼저 말씀하시니.
[석가모니 부처] 전세의 말씀이시므로 중생을 제도하시되 [전세부터의 인연으로] 교진여를 가장 먼저 구하시니.

374) 인연(因緣): 범어 ‘Hetu pratyaya’의 한역(漢譯)으로, ‘Hetu pratyaya’는 일반적으로 ‘연기(緣起, Ppratītya samutpāda)’와 같은 의미로 사용됨. ‘인연’은 ‘인’과 ‘연’을 나누어 구체적으로 설명하는 경우에도 자주 쓰이는데 즉, 어떤 한 원인과 그것에 대한 조건을 뜻하는 경우, 예를 들어 씨앗이 싹을 틔울 때 그 씨앗을 ‘인(因)’으로, 그리고 햇빛·물·땅·온도 등의 조건을 ‘연(緣)’으로 설명함.

[배경]

바라나성[375] 안에 있는 녹야원은 석가모니 부처께서 무량 전세겁부터 선록왕으로 사슴을 거느리시기도 하고 혹은 인욕선인으로서 설법하시던 곳이기도 하였다. 이렇게 석가모니 부처와 인연이 깊은 곳이므로, 석가모니 부처께서 성도 후에 맨 먼저 여기에 도량[376]을 세우셨다.

교진여 등 다섯 사람은 전세에서부터 석가모니 부처와는 끊지 못할 인연이 있고 이 세상에서도 석가모니 부처를 위하여 공양함이 크므로 석가모니 부처께서 성도하신 후, 그들을 맨 먼저 제도하시기 위하여 사제[377]의 법을 설명하시고 수도할 것을 간곡히 권하셨다.

[어절 분석]

①쪈前·셰世·옛#힌因원緣·이실·씨#·법法·을#·뒨轉·ᄒᆞ샤·ᄃᆡ#·록鹿:야野:훤苑·에#②·ᄆᆞᆺ#몬져#니ᄅᆞ·시·니

쪈前·셰世·옛#:말·이실·씨#·즁衆싱生·ᄋᆞᆯ#③·졩濟·또渡·ᄒᆞ샤·ᄃᆡ#꾱憍띤陳ᅀᅧ如·ᄅᆞᆯ#·ᄆᆞᆺ#몬져#·궇救·ᄒᆞ시·니

[주석]

① 쪈前·셰世·옛

⇒ 쪈셰(명사) + 옛(관형격조사)

◎ 후기중세국어 시기에는 부사격조사 '애/에/예, ᄋᆡ/의'와 관형격조사 'ㅅ'의 결합 형태로 관형격조사의 기능을 수행한 '앳/엣/옛, ᄋᆡᆺ/읫'이 있는데, 이들은 일반적으로 '~에 있는' 정도의 의미로 사용되었다. '앳/엣/옛'의 출현 환경은 부사격조사 '애/에/예'가 나타나는 음성 환경과 동일하다. 즉, 선행 체언 말음절의 모음이 양성, 음성인 경우에 따라 각각 '앳'과 '엣'이 구별되어 쓰였고, 선행 체언의 말음절 모음이 단모음 'ㅣ'나 반모음 'y'처럼 'i'계 모음일

375) 바라나성(波羅奈城): 범어 'Bārānasi'의 음사로, 가시국(迦尸國)에 위치하였음. 석가모니가 성도 후에 처음으로 불교의 가르침을 편 곳이며, 이 최초의 설법을 '초전법륜(初轉法輪)'이라고 함.

376) 도량(道場): 부처와 보살이 머무는 신성한 곳. 일반적으로 불교에서 불도를 닦기 위해서 설정한 일정한 구역, 또는 그곳에서 진행되는 법회를 가리킴. 석가모니 부처가 처음 보리수 아래에서 성도를 한 자리, 곧 '보리도량(菩提道場)'에서 명칭이 연유되었다고도 함.

377) 사제(四諦): 범어 'Catvāri āryasatyāni'의 한역으로, '제(諦, Satya)'는 진리·진실의 의미이며, 그 진리가 신성(神聖, Arya)한 것이라 하여 '사성제(四聖諦)·사진제(四眞諦)'라고도 함. 미혹의 세계와 깨달음의 세계의 '인(因)·과(果)'를 설명하는 불교의 기본적인 교리 조직으로 '고제(苦諦, Ddubkha)·집제(集諦, Samudaya)·멸제(滅諦, Nirodha)·도제(道諦, Mārga)'의 네 가지 진리를 가리킴.

경우, '옛'이 사용되었다. '쪄셰'는 말음절의 모음이 'i'계 모음이므로 '옛'이 선택되었다.

◎ 김유범(2002: 229~231)에서는 선행 체언 모음의 환경에 의한 '에'와 '애'의 실현은 모음조화라는 음운 과정이 직접 관여한 것이 아니라 형태의 선택이라는 형태론적 과정을 통해서 나타나는 결과라고 설명하였다. 또한 '*애'가 쓰이지 않은 것은 '에'가 기본적인 이형태로 선택되는 형태론적 과정이 있음을 전제로 가능하다고 하였다. 이러한 논의는 김완진(1971: 1~115)에서도 지적한 바가 있다. 즉, 국어의 모음조화가 순수하게 음운론적인 것이 아니라 형태론적 제약을 받는다는 것이다.

② ·뭇#몬져

⇒ 뭇(부사) # 몬져(부사)

◎ 후기중세국어 시기의 '뭇'은 부사로 쓰일 때는 '가장, 제일'을 의미했고, 관형사로 쓰일 때는 '맨' 정도의 의미를 뜻했다. 여기에서는 부사로 쓰였다. 박선우(1998)에서는 후기중세국어에서 절대적 비교는 대개 부사 '뭇'에 의해 이루어지며, 부사 'ᄀᆞ장'은 상대적 비교를 표현하는 데 쓰여 '아주, 매우, 너무, 무척, 더' 등의 여러 정도부사에 해당하는 의미와 이 외에도 양태부사에 해당하는 의미를 뜻한다고 하였다.

◎ 현대국어 어휘 '먼저'의 후기중세국어 어형인 '몬져'는 15세기 문헌에서부터 나타난다. 『우리말샘』에 따르면, 18세기까지 아무런 형태 변화를 겪지 않다가 제1음절 모음 'ㅗ'가 모음동화로 인해 'ㅓ'로 바뀌어 '먼져'의 형태가 나타나면서 19세기까지 '몬져'와 '먼져'의 형태가 공존하였다. 그러나 치음이던 'ㅈ, ㅊ'가 18세기 이전에 경구개음으로 변하면서 [져]와 [저]의 소리가 같아졌고, 19세기에 '먼져'의 제2음절 모음 'ㅕ'가 반모음 'y'의 탈락으로 인해 단모음 'ㅓ'로 바뀌어 '먼저'의 형태가 되었고, 이 형태가 현재에 이르고 있다.

③ ·졔濟·또渡·ᄒᆞ샤·ᄃᆡ

⇒ [졔또(어근) + -ᄒᆞ(동사 파생 접사)]- + -시-(주체 높임의 선어말어미) + -오ᄃᆡ(연결어미)

◎ 안병희·이광호(1990/2005: 223)에 따르면 주체 높임의 선어말어미 '-시-'는 후행하는 어미가 '-아, -오'의 형태일 때 '-(ᄋᆞ/으)샤'로 교체된다. 이때 후행하는 어미의 모음은 축약되거나 탈락한다. 즉, 어미 '-아/-어, -오ᄃᆡ/-우ᄃᆡ, -옴/-움' 등과 '-시-'가 결합한 활용형은 '-샤, -샤ᄃᆡ, -샴'으로 나타난다. 한편 고영근(1987/2010: 308~309)에 따르면 '-옴, -오ᄃᆡ,

-옷, -오려, -오마' 등은 '-오-'를 필수적으로 요구한다. 즉, '-ㅁ(명사형 어미), -딗(연결어미), -ㅅ(감동의 선어말어미), -려(연결어미), -마(종결어미)' 등은 홀로 사용되지 못하고 반드시 '-오-'가 선접한다는 것이다.

[원문]

378)끠其:궇九·씹十:오五
·ᄉᆞ四천千:리里감·ᄋᆞᆫ룡龍·이:똫道:ᄊᆞ士ㅣ ᄃᆞ외·야삼三귀歸ᅙᅴ依·ᄅᆞᆯ:쓯受·ᄒᆞ·ᅀᆞᄫᆞ·니
·밣八·먼萬나那윻由텬天·이·ᄉᆞ四·뎨諦·ᄅᆞᆯ듣:ᄌᆞᇦ·고·법法:안眼·ᄋᆞᆯ·득得·ᄒᆞ·ᅀᆞᄫᆞ·니

[현대역]

사천리 [맡아 다스리는] 검은 용이 도사[379]가 되어 [석가모니 부처께] 삼귀의를 받으니.
팔만 나유천[380]이 [석가모니 부처께서 설법하시는] 사제를 듣고 법안[381]을 득하니.

[배경]

이라발다라[382] 용왕이 전세의 인연으로 석가모니 부처를 만나 용신을 벗고 부처의 제자가 되기를 원하다가, 나라타[383]의 주선으로 석가모니 부처를 만나 그 설법을 듣고 크게 기뻐하여 도사가 되어 석가모니 부처께 삼귀의를 받았다.
이때 팔만이나 되는 나유타의 하늘이 석가모니 부처의 사제에 대한 설법을 듣고 모두 해탈하여 법안을 얻었다.

---

378) <月印 上:035a>

379) 도사(道士): 일반적인 의미로는 도의를 체득한 사람이나, 불도를 닦은 사람, 또는 속인에 대하여 '출세진인(出世眞人)'의 뜻으로 쓰임. 여기에서는 '불도를 닦은 사람'을 의미함.

380) 나유천(那由天): 범어 'Nayuta'의 음역인 '나유타천(那由他天)'의 준말. '나유타(那由他)'는 아주 많은 수를 표시하는 수량을 의미하며, '천(天)'은 하늘을 의미함. 즉, '수많은 하늘'이라는 뜻.

381) 법안(法眼): 오안(五眼)의 하나로, 연생(緣生)의 차별을 명백히 관찰하는 안목(眼目) 또는 모든 법을 분명하게 관찰하는 눈을 의미함. '오안(五眼)'은 모든 법(法)의 '사(事)·이(理)'를 관조하는 오종(五種)의 눈이니, 곧 '육안(肉眼)·천안(天眼)·혜안(慧眼)·법안(法眼)·불안(佛眼)'을 가리킴.

382) 이라발다라(伊羅鉢多羅): 범어 'Elāpatra-nāga'의 음사로, '이라발다라(伊羅鉢多羅)' 혹은 '이라다라(伊羅多羅)'라고도 하며, '향엽(香葉)'으로 한역되기도 함. 아파라라(阿波羅羅, Apalāla) 용왕과 함께 대용왕의 하나로 간주됨. 과거 칠불 중 여섯 번째 부처이고 현겁(賢劫) 천불(千佛) 중 세 번째 부처인 가섭불(迦葉佛) 또는 음광불(飮光佛) 때, 이라 나뭇잎을 부수어 버린 비구의 후신으로 일곱 머리 위에 이라 나무가 난 용.

383) 나라타(那羅他): 실달 태자가 태어났을 때, 태자의 관상을 보고 훗날 출가할 것을 미리 안 아사다(阿私陁)의 조카로, 석가모니의 제자가 되어 깨달음을 얻었다고 함.

[어절 분석]

·ᄉᆞ四쳔千#:리里#①감·ᄋᆞᆫ#룡龍·이#:ᄠᅩᇢ道:ᄉᆞ士ㅣ#ᄃᆞ외·야#삼三귀歸ᅙᅴ依·ᄅᆞᆯ#②:쓔ᇢ受·ᄒᆞ·ᅀᆞᄫᆞ·니
·밣八·먼萬#나那ᅌᅲᇢ由텬天·이#·ᄉᆞ四·뎨諦·ᄅᆞᆯ#③듣:ᄌᆞᆸ·고#·법法:안眼·ᄋᆞᆯ#④·득得·ᄒᆞ·ᅀᆞᄫᆞ·니

[주석]

① 감·ᄋᆞᆫ
⇒ 감-(형용사 어간) + -(ᄋᆞ)ㄴ(관형사형 어미)

◎ 후기중세국어에서는 양성모음과 음성모음의 차이로 의미의 차이를 표현했던 것으로 보인다. 대표적인 동사로는 '벗-'과 '밧-', '남-'과 '넘-'이 있으며, 형용사의 경우는 '붉-'과 '븕-'이 있다.

② :쓔ᇢ受·ᄒᆞ·ᅀᆞᄫᆞ·니
⇒ [쓔ᇢ(어근) + -ᄒᆞ(동사 파생 접사)]- + -ᄉᆞᆸ-(객체 높임의 선어말어미) + -(ᄋᆞ)니(평서형 종결어미)

◎ '쓔ᇢᄒᆞ-'의 소위 간접목적어인 '석가모니 부처'를 높이기 위해 '-ᅀᆞᆸ-'가 사용되었다.

③ 듣:ᄌᆞᆸ·고
⇒ 듣-(동사 어간) + -ᄉᆞᆸ-(객체 높임의 선어말어미) + -고(연결어미)

◎ '듣-'의 대상인, 석가모니 부처가 설법하는 'ᄉᆞ뎨'를 높이기 위해 '-ᄌᆞᆸ-'이 사용되었다.

④ ·득得·ᄒᆞ·ᅀᆞᄫᆞ·니
⇒ [득(어근) + -ᄒᆞ(동사 파생 접사)]- + -ᄉᆞᆸ-(객체 높임의 선어말어미) + -(ᄋᆞ)니(평서형 종결어미)

◎ '득ᄒᆞ-'의 소위 간접 목적어인 '석가모니 부처'를 높이기 위해 '-ᅀᆞᆸ-'가 사용되었다.

[원문]

끠其:궇九·씹十·륙六
·ᄲᅮᇙ佛:ᄫᅩᇢ寶·ᄅᆞᆯ너·피시·며·법法:ᄫᅩᇢ寶·ᄅᆞᆯ너[384)]·피시·며숭僧:ᄫᅩᇢ寶·ᄅᆞᆯ·ᄯᅩ너·피시·니

·띠地씬神·이·잔讚·탄歎ᄒᆞ·며콩空텬天·이·잔讚·탄歎ᄒᆞ·며텬天룡龍·밣八:뽕部ㅣ·또·잔讚·탄歎·ᄒᆞ·ᄉᆞ
ᄫᆞ·니

[현대역]

[석가모니 부처께서] 불보385)를 넓히시며 법보386)를 넓히시며 승보387)를 또 넓히시니.
[석가모니 부처의 가르침을] 지신이 찬탄하며 공천의 여러 하늘이 찬탄하며, 천룡팔부가 또 찬탄하니.

[배경]

석가모니 부처께서 정각을 이루신 뒤에 교진여 등 다섯 비구를 제도하시며, 가시는 곳마다 불법을 설법하시어 중생을 귀의케 하시니 불·법·승에 대한 삼보의 위력이 넓어져 갔다. 기96은 지신·천신·팔부대중이 모두 석가모니 부처의 대법(부처의 가르침)을 찬양하였음을 기리는 대목이다.

[어절 분석]

·뿛佛:봉寶·ᄅᆞᆯ#①너·피시·며#·법法:봉寶·ᄅᆞᆯ#너·피시·며#승僧:봉寶·ᄅᆞᆯ#·또#너·피시·니
·띠地씬神·이#·잔讚·탄歎ᄒᆞ·며#콩空텬天·이#·잔讚·탄歎ᄒᆞ·며#②텬天룡龍·밣八:뽕部ㅣ#·또#·잔讚·
탄歎·ᄒᆞ·ᄉᆞᄫᆞ·니

[주석]

① 너·피시·며
⇒ [넙-(어근) + -히(사동 접사)]- + -시-(주체 높임의 선어말어미) + -며(연결어미)

◎ 남광우(1975: 221∼229)에 따르면, 국어에서는 '넙- > 넓-'과 같이 'ㄹ'가 양순음 'ㅁ, ㅂ, ㅍ' 위나 어간 말음에 잘 끼여 들어가는 특성이 있다.

384) <月印 上:035b>
385) 불보(佛寶): 삼보(三寶)의 하나. 스스로 진리를 깨닫고, 또 남을 깨닫게 하는 사람을 '각자(覺者)'라 하는데, 각자는 곧 부처를 의미하며 이것이 세상의 진보(眞寶)이므로 불보라 함.
386) 법보(法寶): 삼보(三寶)의 하나. 여러 부처의 여러 설법은 이 세상에서 가장 으뜸가는 보배이므로 법보라 함.
387) 승보(僧寶): 삼보(三寶)의 하나. 불법(佛法)을 수행하는 중은 모든 중생을 제도하는 복전(福田)이므로 승보라 함.

◎ 국어사 자료에서 현대국어 어휘 '넓-'과 관련이 있는 어형으로는 '넙-, 너르-, 널르-, 넓-' 등이 있다. 국어사 문헌을 살펴보면, '넙-'은 15세기~19세기 문헌에서 보이고, '너르-'는 15세기~20세기 문헌에서 쓰였고, '널르-'는 18세기~19세기 문헌에 나타난다. '넓-'은 18세기~20세기 문헌에서 발견된다. 이러한 사실로 미루어 보아 '넙- > 넓-'의 변화는 15세기에 '넙-'과 공존하였던 '너르-'와 관련된 것으로 보인다. 즉 모음으로 시작하는 어미, 예를 들면 '-어'가 결합하는 경우 '너르-'는 '널어/너러'로 실현되고 '넙-'은 '너버'로 실현된다. '넓-'의 경우 '널버'로 활용하는데 이때 제1음절의 '널'은 '너르-'의 활용형에서, 제2음절의 '버'는 '넙-'의 활용형에서 취하여 '널버'로 나타나게 되면서 '넓-'이 형성된 것으로 추정된다.

② 텬天룡龍·밣八:뿡部ㅣ
⇒ [텬룡(어근) + 밣뿡(어근)] + 이(주격조사)

◎ 주격조사 'ㅣ'는 체언 말음절에 받침이 없고 체언 말음절의 모음이 일반 모음(非 'i'계모음인 '아, 어, 오, 우' 등)일 때 쓰이며, 독립된 음절을 형성하지 못하고 체언 말음절의 모음에 융합되어 나타난다. 다만 한자(漢字)로 표기된 체언 아래에서는 'ㅣ'가 독립되어 표기된다.

◈ 후기중세국어 시기의 주격조사에 대한 자세한 설명은 p.39를 참조.

[원문]

끵其:궇九·씹十·칧七
·샤舍나那신身·이:뵈·샤:보·빙·옷니브·샤·돈頓·ᄀᆢᇢ敎·ᄅᆞᆯ·뉘아·라듣ᄌᆞ·ᄫᆞ·리
:땽丈·륙六신身·이:뵈·샤:헌·오·ᄉᆞᆯ니브·샤[388]:쪔漸·ᄀᆢᇢ敎·ᄅᆞᆯ·ᅀᆞ:다아·라듣ᄌᆞ·ᄫᆞ·니

[현대역]

[석가모니 부처께서] 사나신[389]이 보이시어(사나신으로 현신하시어) 보배(보배로 만든) 옷을 입으시어 [여러 보살에게 설교하시는] 돈교를 누가 알아들으리(알아듣겠습니까)?
[석가모니 부처께서] 장육신[390]이 보이시어(장육신으로 현신하시어) 헌 옷을 입으시어 [중생에게 이르시는] 점교[391]라야 [중생이] 다 알아들으니.

---

388) <月印 上:036a>

389) 사나신(舍那身): '사나(舍那)'는 '비로사나(毗盧舍那)'의 약칭이며, '노사나(盧舍那)'라고도 함. 부처의 진신(眞身)을 나타내는 칭호이며, '신(身)'은 몸을 뜻함. '비로자나(毗盧遮那)'라고도 함.

390) 장육신(丈六身): '일장 육척이나 되는 몸'이란 뜻으로 석가모니의 키가 일장 여섯 자이므로 석가모니를 가리킴.

[배경]

석가모니 부처께서 성도하신 뒤, 적멸도량[392]에 계시니 불과[393]가 깊은 여러 대사[394]와 천룡팔부가 모이거늘, 석가모니 부처께서 정거천이 드린 찬란한 법의를 입으시고 노사나의 몸으로 현신하셔서 비약적인 진리(돈교)로 원만수다라[395]를 설법하셨다.
다음에는 원래의 큰 키에 고행을 상징하는 헌 옷을 입으시고 여러 중생에게 설법하셨는데, 중생들이 높은 진리를 이해하기 어려워하므로 쉬운 진리에서부터 점차 깊은 도를 깨닫게 하시니, 이것이 즉 점교이다.

[어절 분석]

·샤舍나那신身·이#①:뵈·샤#:보·ᄇᆡ·옷#니브·샤#·돈頓·ᄀᆢᇢ教·ᄅᆞᆯ#②·뉘#아·라듣ᄌᆞ·ᄫᆞ·리
:땽丈·륙六신身·이#:뵈·샤#:헌#·오·ᄉᆞᆯ#니브·샤#③:쪔漸·ᄀᆢᇢ教·ᄅᆞᆯ·ᄉᆞ#:다#④아·라듣ᄌᆞ·ᄫᆞ·니

[주석]

① :뵈·샤
⇒ [보-(어근) + -이(피동 접사)]- + -시-(주체 높임의 선어말어미) + -아(연결어미)

◎ '뵈-'는 '보-'의 피동형이다.

② ·뉘#아·라듣ᄌᆞ·ᄫᆞ·리
⇒ 누(대명사) + 이(주격조사) # [{알-(동사 어간) + -아(연결어미)} + 듣-(동사 어간)]- + -ᄉᆞᆸ-(객체 높임의 선어말어미) + -(ᄋᆞ)리(의문형 종결어미)

◎ '뉘'는 'ㅣ'가 관형격일 때는 ':뉘'처럼 상성점이 쓰였고, 주격일 경우에는 '·뉘'처럼 거성점이 쓰였다.

---

391) 점교(漸教): 화엄종 오교 중 시교(始教)와 종교(終教)를 말함. 여러 겁운(劫運)을 겪고 나서야 비로소 생사를 해탈하게 하는 방법으로, 쉬운 진리에서 차차 높은 곳으로 나아가 점차적으로 깨닫게 하는 법. 한순간에 깨달음을 얻는 '돈교'의 상대적인 개념.

392) 적멸도량(寂滅道場): 석가모니가 깨달음을 이룬 곳으로, 고대 인도 마가다국의 우루벨라 마을 네란자라 강가에 있는 붓다가야(Buddhagayā)의 보리수 아래를 말함.

393) 불과(佛果): 불도를 닦아 이르는 부처의 지위.

394) 대사(大士): 불법에 귀의하여 믿음이 두터운 사람.

395) 원만수다라(圓滿修多羅): '원만(圓滿)'이란 석가모니 부처의 교법은 원만하여 결함이 없다는 것을 윤(바퀴)의 원만한 모양에 비유한 것이며, '수다라(修多羅)'는 경전이란 뜻.

◎ 『표준국어대사전』에서는 '알아듣-'을 통사적 합성어로 설명하고 있으며, 이에 준해서 여기에서도 '알아듣-'을 통사적 합성어로 분석하고자 한다.

◎ '아라듣-'의 대상인 석가모니의 '돈ᅙᅭᇢ'를 높이기 위해 '-ᄌᆞᆸ-'가 쓰였다.

③ :쪔漸·ᅙᅭᇢ敎·ᄅᆞᆯ·ᅀᅡ
⇒ 쪔ᅙᅭᇢ(명사) + ᄅᆞᆯ(목적격조사) + ᅀᅡ(보조사)

◎ 박진호(2015: 422)에서는 후기중세국어의 '-(이)ᅀᅡ'는 현대어의 '-(이)야', '-(이)라야', '-(이)야말로' 등에 대응하는 다양한 의미를 나타내는 것으로서 '초점', '강조' 등의 의미 기능이 있다고 하였다. 또한 '-(이)ᅀᅡ'는 명사구에, 그리고 '-어'에 '-ᅀᅡ'가 붙은 '-어ᅀᅡ'는 동사구나 절에 붙어 '필요조건'을 나타낸다고 했다. 'ᅀᅡ'의 분포 및 문법적 지위에 대해서는 체언이나 용언 활용형 '-어', '-고' 뒤에 붙는 것을 보면 'ᅀᅡ'의 범주는 기본적으로 조사라고 할 수 있으나 용언 어간이나 선어말어미 뒤에 오는 'ᅀᅡ'의 범주를 어미로 보아야 하는 경우가 있다고 하면서, 이러한 예는 이른 시기의 국어에서 조사와 어미 사이에 넘나듦이 있었음을 시사한다고 설명하고 있다. 조사는 '명사/체언' 뒤에 붙고, 어미는 '동사/용언' 뒤에 붙는 요소임을 생각하면 이른 시기의 국어에서는 '명사/체언'과 '동사/용언'의 구별이 상대적으로 느슨하여 이 두 범주 사이의 넘나듦이 꽤 있었을 가능성이 있다고 하였다.

④ 아·라듣ᄌᆞ·ᄫᆞ·니
⇒ [{알-(동사 어간) + -아(연결어미)} + 듣-(동사 어간)]- + -ᄉᆞᆸ-(객체 높임의 선어말어미) + -(ᄋᆞ)니(평서형 종결어미)

◎ '아라듣-'의 대상인 석가모니의 '쪔ᅙᅭᇢ'를 높이기 위해 '-ᄌᆞᆸ-'가 쓰였다.

[원문]

끠其:궁九·씹十·밣八
마摩·꿞竭따陁ㅅ뼝甁사沙ㅣ·셰世존尊ㅅ·긔·ᄉᆞᆯ·ᄫᅩ·ᄃᆡ:똫道·ᄅᆞᆯ일·우·샤:날·궁救·ᄒᆞ쇼·셔ᄒᆞ·니
가迦·셥葉·훓鬱비卑라羅ㅣ·귁國신人·ᄋᆞᆯ:뵈·요리·라지·블지·ᅀᅥ롱龍·ᄋᆞᆯ·치더·니

[현대역]

마갈타396)의 [국왕] 병사397)가 세존(석가모니 부처)께 말씀드리되 "[훗날] 도를 이루시어 나

를 구하여 주소서." 하니.

가섭울비라398)가 [용을] 국인(온 나라 사람들)에게 보이리라 [하고] 집을 지어 용을 기르더니.

[배경]

성도하시기 전에 석가모니 부처께서 마갈타국의 왕사성을 지나가셨다. 이때 마갈타국의 왕 병사가 이 사실을 알고, 석가모니 부처께 자기 나라를 맡아 다스려 달라고 간청하였다. 그러나 석가모니 부처께서는 오직 출가 성도하는 것만이 자기 몸과 나라를 위하는 길이라 설득하고 그 간청을 받아들이시지 않으니, 왕이 크게 감동하여 석가모니 부처께 성도하신 후에는 자신을 먼저 제도해 달라고 간청하여 석가모니 부처의 허락을 받았으며 후에 석가모니 부처의 제자가 되었다.

마갈타국에 가섭이란 성을 가진 삼형제가 있었는데 울비라는 삼형제의 맏형이다. 이들은 머리를 기르고 불을 신으로 모시는 배화교도로서, 돌집을 지어 불을 토하고 불을 일으킬 수 있는 독룡을 길러, 나라 사람에게 용을 구경시키고 용으로 사람들을 위협하였고, 이로 인해 명성을 떨쳐 제자들을 많이 거느렸다.

[어절 분석]

마摩·껋竭따陁ㅅ#뼝甁사沙ㅣ#·셰世존尊ㅅ·긔#술·보·ᄃᆡ#:똫道·ᄅᆞᆯ#일·우·샤#①:날#·궇救·ᄒᆞ쇼·셔#ᄒᆞ·니

가迦·셥葉·훓鬱비卑라羅ㅣ#②·귁國ᅀᅵᆫ人·ᄋᆞᆯ#:뵈·요리·라#지·블#지·ᅀᅥ#룡龍·ᄋᆞᆯ#③·치더·니

[주석]

① :날#·궇救·ᄒᆞ쇼·셔#ᄒᆞ·니

⇒ 나(대명사) + ㄹ(목적격조사) # [궇-(어근) + -ᄒᆞ(동사 파생 접사)]- + -쇼셔(명령형 종결어미) # ᄒᆞ-(동사 어간) + -니(평서형 종결어미)

---

396) 마갈타: 범어 'Magadha'의 음역으로, 인도에 있던 열여섯 대국의 하나이며 '마갈국(摩竭國)', '마갈타국(摩竭陁國)'이라고도 함. 석가모니가 생존했을 때는 빈바사라왕(頻婆娑羅王)이 왕사성(王舍城)에 도읍을 정하고 이 나라를 다스렸는데, 문화가 크게 발달하였고 석가모니가 이 나라의 이련선하(尼連禪河) 가에서 성도하자 임금은 석가모니를 위하여 죽림정사(竹林精舍)를 지어 바쳤다고 함.

397) 병사(甁沙): 범어 'Bimbisāra'의 음역인 '빈바사라(頻婆娑羅), 민미사라(民彌娑羅)'의 약어. 죽림정사를 지어 석가모니에게 공양한 중인도 마갈타국왕(摩竭陀國王)의 이름.

398) 가섭울비라: 범어 'Kassapa Uruvela'의 음역. 마갈타국 사람으로 머리를 땋은 오백 명의 배화교도를 거느리고 군림하다가 나중에 석가모니에게 항복하고 훌륭한 제자가 되었다고 함.

◎ 안주호(2003)에서는 후기중세국어의 인용문 형식을 다음과 같이 세 가지로 분류하였다.

예) ㉮ 1형식: 주어 + 인용동사 + (피인용문)

須達이 舍利弗ᄭᅴ ᄲᅮ러 닐오ᄃᆡ 大德하 사ᄅᆞ미 다 모다 잇ᄂᆞ니 오쇼셔 <釋譜 6:29b>

㉯ 2형식: 주어 + 인용동사 + (피인용문) + ᄒᆞ-

王이 ᄒᆞ샤ᄃᆡ 내 아ᄃᆞ리 어딜쎠 ᄒᆞ시니 <月釋 2:7a>

㉰ 3형식: 주어 + (피인용문) + 인용동사

如來 샹녜 우리ᄅᆞᆯ 아ᄃᆞ리라 니ᄅᆞ시니이다 <月釋 13:32b>

안주호(2003)에 따르면, ㉮ 1형식에서는 주절과 피인용문이 병렬적 관계이고, 두 개의 사건은 독립되어 구성되며, 후기중세국어 인용문에서 가장 많이 볼 수 있는 구조이다. 1형식과 대조적인 ㉰ 3형식은, 후기중세국어에서 간접인용문이 주로 실현되는 경우이다. ㉯ 2형식의 경우, 인용동사가 존재하지만 형식동사 'ᄒᆞ-'가 있다는 점이 특징이다.
여기에서의 'ᄉᆞᆯᄫᆞᄃᆡ ᄠᅳ들 일우샤 날 궇救ᄒᆞ쇼셔 ᄒᆞ니'는 위 2형식의 구조를 띠고 있다.

② ·귁國신人·ᄋᆞᆯ#:뵈·요리·라
⇒ 귁신(명사) + ᄋᆞᆯ(목적격조사) # [보-(어근) + -이(사동 접사)]- + -오-(의도의 선어말어미) + -리-(의지의 선어말어미) + -다(평서형 종결어미)

◎ '귁신'은 '뵈-'의 소위 간접목적어로 현대국어라면 목적격조사가 아닌 부사격조사 '에게'가 쓰인다.

◎ '뵈요리라'의 '뵈-'의 반모음 'y'에 의해 의도의 선어말어미 '-오-'가 '-요-'로 교체되었다. 또한 '뵈요리라'의 '-라'는 어말어미 '-다'가 '-리-' 뒤에서 '-다 > -라'로 교체된 것이다.

③ ·치더·니
⇒ 치-(동사 어간) + -더-(시상의 선어말어미) + -니(평서형 종결어미)

◎ '가축이나 가금 따위를 기르다'를 의미하는 '치-'는 후기중세국어 시기부터 지금까지 형태가 변하지 않았다.

[원문]

끠其:구ᇢ九·씹十:구ᇢ九

399)남·기높·고·도불·휘·를바·히·면여·름·을:다·ᄡᅡ먹ᄂᆞ·니

·ᄊᆔᇙ術·법法·이놉·다ᄒᆞᆫ·ᄃᆞᆯ룡龍·ᄋᆞᆯᅘᅡᇰ降·뿍服:히·면·ᅌᅬ外:또ᇢ道ㅣᆫ·ᄃᆞᆯ아·니조ᄶᆞ·ᄫᅳ·리

[현대역]

나무가 [아무리] 높아도 뿌리를 베면 열매를 다 따 먹으니(먹을 수 있으니).

[가섭의 용을 다루는] 술법400)이 [아무리] 높다 한들 [배화교도들이 믿는] 용을 항복하게 하면 외도401)인들 [어찌 석가모니 부처를] 아니 따르리(따르겠습니까).

[배경]

나무가 아무리 높아도 뿌리를 베어 쓰러뜨리면 열매를 쉽게 따 먹을 수 있는 것과 마찬가지로, 가섭의 용을 부리는 재주가 아무리 신통하다고 해도, 석가모니 부처께서 그들이 믿고 기르는 화룡을 항복시키시니 배화교도들도 따라서 항복하지 않을 수 없었다.

[어절 분석]

남·기#①높·고·도#②불·휘·를#바·히·면#③여·름·을#:다#④·ᄡᅡ먹ᄂᆞ·니

·ᄊᆔᇙ術·법法·이#⑤놉·다#ᄒᆞᆫ·ᄃᆞᆯ#룡龍·ᄋᆞᆯ#⑥ᅘᅡᇰ降·뿍服:히·면#⑦·ᅌᅬ外:또ᇢ道ㅣᆫ·ᄃᆞᆯ#아·니#조ᄶᆞ·ᄫᅳ·리

[주석]

① 높·고·도

⇒ 높-(형용사 어간) + -고도(연결어미)

◎ 연결어미 '-고도'는 어떠한 사실이나 느낌을 나타내면서 뒤이어 이에 상반되거나 또 다른 특성이 있음을 나타내는, 양보의 의미 기능을 수행한다.

허웅(1977: 165)에서는 '모딜오도 <龍歌 103>'에 대하여 '모딜-'과 '-고도'의 결합으로 설명한

---

399) <月印 上:036b>

400) 술법(術法): 음양(陰陽)과 복술(卜術) 따위에 관한 실현 방법. 또는 여러 가지 재주와 법. 또는 재주를 부리는 법.

401) 외도(外道): 불교 이외의 가르침. 여기에서는 배화교를 말함.

다. '-고도'는 '-지마는'의 의미를 갖는 연결어미이며 '-고'의 'ㄱ'가 '모딜-'의 'ㄹ' 밑에서 약화된 것이다. '-고도'는 '-아도, -어도'에 해당하는 어미로 후기중세국어 문헌에서 다음과 같은 용례를 발견할 수 있다.

예) ㉮ 사ᄅᆞ미 무레 사니고도 즁ᄉᆡᆼ마도 몯 ᄒᆞ이다 <釋譜 6:5a>
㉯ 하ᄂᆞᆯ히 현마 즐겁고도 福이 다아 <月釋 1:21b>

한편 고영근(1987/2010: 153)에서는 후기중세국어 시기의 각종 보조사가 붙어 기능이 구체화되는 경우를 예로 들고 있는데, 여기에서 양보의 어미에 해당하는 '-고'를 발견할 수 있다. 고영근(1987/2010)의 설명대로라면 '-고'를 어미로, '도'를 보조사로 분석할 가능성을 배제할 수 없다. 참고로 윤평현(1992: 58)에서는 양보의 어미 '-아도, -더라도, -ㄹ지라도'를 언급하면서, 추가로 첨가의 의미를 지닌 보조사 '도'를 다루었다. 윤평현(1992)에 따르면 양보의 어미 '-아도, -더라도, -ㄹ지라도'에서 '-도'만을 분리하는 데에는 형태론적으로 무리가 있는데, 그렇다 하더라도 보조사 '도'와 양보의 어미에 포함된 '-도' 사이에는 '첨가'라는 의미상의 공통점이 있음을 언급한다는 점에서 보조사 '도'와 어미 '-도' 사이에 어느 정도 연관성이 있음을 시사하였다. 따라서 고영근(1987/2010)과 윤평현(1992)의 언급을 참고하여 추론하면, 이미 15세기부터 '-고'에 첨가의 보조사 '도'가 덧붙어 양보의 어미를 형성하는 일이 있으며, 이를 통해 형성된 결합체가 하나로 굳어져 현대국어의 '-고도', '-아도/-어도'와 같이 더이상 형태소 분석이 어려운 양보의 어미를 형성하였을 가능성을 추정할 수 있다. 다만, 여기에서는 『표준국어대사전』과 『우리말샘』에서의 분석 방법대로 '-고도'를 하나의 어미로 보기로 한다.

② 불·휘·롤
⇒ 불휘(명사) + 롤(목적격조사)

◎ 현대국어 어휘 '뿌리'의 후기중세국어 어형인 '불휘'는 15세기 문헌에서부터 나타난다. 『우리말샘』에 따르면, 16세기에 'ㅟ > ㅢ'의 제2음절 모음의 형태 변화로 '불희'가 나타났다. 근대국어 시기에 어두 된소리화를 겪어 'ㅂ'가 된소리로 변화하고, 제2음절의 자음 'ㅎ'가 탈락하여 18세기에는 'ᄲᅮ릐'의 형태가 등장하였고, 근대국어 후기에 자음 뒤에서 이중모음 'ㅢ'가 'ㅣ'로 바뀌는 단모음화를 겪으면서 19세기에 'ᄲᅮ리'의 형태가 등장하였는데, '한글마춤법 통일안'에 의해 어두 초성 'ㅄ'가 'ㄲ'로 바뀌면서 현재의 '뿌리' 형태가 되었다.

③ 여·름·을

⇒ [열-(어근) + -(으)ㅁ(명사 파생 접사)] + 을(목적격조사)

◎ '여름'은 어근 '열-'에 명사 파생 접사 '-(으)ㅁ'가 결합하여 연철 표기된 것이다. 현대국어에서의 '여름'은 '여름(夏)'의 의미를 뜻하는데, 후기중세국어에서는 '열매(實)'를 의미하였다. 한편, 후기중세국어 시기에는 '녀름'이 '여름(夏)'을 의미하였다.

④ ·ᄠᅡ먹ᄂᆞ·니

⇒ [{ᄠᅳ-(동사 어간) + -아(연결어미)} + 먹-(동사 어간)]- + -ᄂᆞ-(시상의 선어말어미) + -니(평서형 종결어미)

◎ 현대국어 어휘 '따먹-'의 후기중세국어 어형인 'ᄠᅡ먹-'은 15세기 문헌에서부터 나타난다. 『우리말샘』에 따르면, 'ᄠᅡ먹-'은 '따다'를 의미하던 'ᄠᅳ-'에 연결어미 '-아'가 결합된 'ᄠᅡ'와 '먹-'이 결합한 것이다. 『표준국어대사전』에서 현대국어 '따먹-'을 통사적 합성어로 처리하기 때문에 여기에서도 'ᄠᅡ먹-'을 통사적 합성어로 다루고자 한다.

근대국어 시기 이후 'ㅳ' 표기가 'ㅼ'로 변화함에 따라 19세기에 'ᄯᅡ먹-'의 형태가 나타나고 이후 'ㅼ' 표기가 'ㄸ'로 바뀜에 따라 '따먹-'의 형태가 나타나서 현재에 이르고 있다.

⑤ 놉·다#ᄒᆞᆫ·ᄃᆞᆯ

⇒ 높-(형용사 어간) + -다(평서형 종결어미) # ᄒᆞ-(동사 어간) + -ㄴᄃᆞᆯ(연결어미)

◎ 남광우·성환갑(1978/1982: 18)에 따르면, 『월인천강지곡(月印千江之曲)』 권 상이 간행된 뒤 수정을 가한 듯한 흔적이 보인다.

예) ㉮ 곳 → 곶, 낫 → 낮, ᄌᆞᆺ → ᄌᆞᇫ, 낟 → 낱, ᄂᆞᆺ → ᄂᆞᆾ, 빗 → 비ᇫ, 첫 → 처ᇫ, 붓 → 부ᇫ
맛 → 맞, 웃 → 우ᇫ
㉯ 붑 → 붚, 앏 → 앒, 놉 → 높, 비 → 비ᇰ

㉮의 경우는 그대로 수정이 가능하기에 붓으로 수정을 가한 흔적이 보이며, ㉯의 경우는 종이를 오려 붙이고 개날(改捺)한 흔적이 보인다. 이러한 흔적을 통해 『월인천강지곡(月印千江之曲)』을 간행할 때, 표기에 있어 상당히 그 어원을 밝히려고 노력했다고 추정할 수 있다. 따라서 '놉다 ᄒᆞᆫᄃᆞᆯ'의 '놉' 표기는 간행 당시에 개날이 누락된 것으로 생각할 수 있다.

⑥ 향降·뽁服:히·면

⇒ [{향뽁(어근) + -ᄒᆞ(동사 파생 접사)}- + -이(사동 접사)]- + -면(연결어미)

◎ '향뽁히-'는 '향뽁ᄒᆞ-'의 사동형이다.

⑦ ·외外:똫道ᅵᆫ·ᄃᆞᆯ

⇒ [외똫(명사) + 이(서술격조사)]- + -ㄴᄃᆞᆯ(연결어미)

◎ '외똫'가 종성 'ㅱ'으로 끝나기 때문에 서술격조사로 '이'가 쓰여야 한다. 그러나 '외똫ᅵᆫᄃᆞᆯ' 처럼 서술격조사로 'ㅣ'가 쓰였다는 것은 동국정운식 한자음으로 표기된 선행 체언 '외똫'의 말음절 종성을 발음하지 않거나 그 발음을 인식하지 않아야 서술격조사 'ㅣ'가 쓰인 것을 이해할 수 있다. 한편 선행 체언이 고유어일 경우에는 서술격조사 'ㅣ'가 체언말 모음과 축약된 형태로 나타나지만 한자로 표기된 체언 아래에서는 주격조사와 마찬가지로 'ㅣ'가 독립되어 표기된다.

[원문]

끵其·ᅙᅵᇙ一·빅百
한安:ᄇᆛᇢ否·를:묻ᄌᆞᆸ·고·뻔飯:좌쇼·셔:쳥請커·늘자·리·를빌·이라·ᄒᆞ시·니
빵房·ᄋᆞᆯ아·니받ᄌᆞ·ᄫᅡ·법法·으·로막:ᄉᆞᆸ거402)·늘룡龍땅堂·ᄋᆞᆯ빌·이라·ᄒᆞ시·니

[현대역]

[가섭울비라가 석가모니 부처께] 안부를 여쭙고 밥(진지)을 잡수소서 [하고] 청하거늘 [석가모니 부처께서] 자리(유숙할 방)를 빌리라(빌려주라) 하시니.
[석가모니 부처께서 유숙하실] 방을 아니 바쳐 법(예법)으로 [가섭울비라가 방을 빌려드릴 것을] 막거늘 [석가모니 부처께서] 용당403)을 빌리라 하시니.

[배경]

석가모니 부처께서 성도하시어 많은 비구를 제도하신 뒤에 마갈타국에 가 저녁 무렵 가섭울비라의 집을 찾아 제도하시려 하셨다. 서로 인사를 나눈 뒤에 가섭이 저녁 공양을 드실

402) <月印 上:037a>
403) 용당(龍堂): 용을 모시어 두는 집.

것을 청하였으나, 석가모니 부처께서는 다만 유숙(留宿)할 수 있는 방만을 빌려 달라고 하셨다.
당시의 가섭울비라는 마갈타국에서 이름 높은 배화교 신자로서 술법과 인망이 가장 두터울 때라, 석가모니 부처를 괴롭히려 하여, “빈방은 없고 뒤에 돌집이 있는데 여기에는 입으로 불을 뿜는 독한 용이 있어, 젊은 중이 해를 입을까 두려워 방을 빌려주지 못하겠다.” 라고 말하였다. 석가모니 부처께서는 “내 법력으로는 그런 용 한 마리쯤은 염려 없으니 안심하라.”라고 말씀하시고, 용이 있는 그 돌집 안에 들어가 밤을 새우시기로 하셨다.

[어절 분석]

한安:붕否·를#①:묻즙·고#·뻔飯#②:좌쇼·셔#③:청請커·늘#자·리·롤#④빌·이라#·ᄒ시·니
빵房·올#아·니#⑤받ᄌ·봐#·법法·으·로#⑥막:습거·늘#룡龍땅堂·올#빌·이라#·ᄒ시·니

[주석]

① :묻즙·고
⇒ 묻-(동사 어간) + -습-(객체 높임의 선어말어미) + -고(연결어미)

◎ ‘묻즙-’의 의미는 ‘여쭙다’ 정도로 파악할 수 있다. ‘묻즙고’의 대상이 석가모니 부처의 ‘한붕’이므로 이를 높이기 위해 객체 높임의 선어말어미 ‘-즙-’이 사용되었다.

② :좌쇼·셔
⇒ 좌시-(동사 어간) + -쇼셔(명령형 종결어미)

◎ ‘좌시-’는 ‘*좌- + -시-’로 분석할 가능성이 있다. 그러나 15세기 문헌에서는 ‘*좌-’의 형태가 문증되지 않는다는 점에서 ‘좌시-’를 더이상 분석하지 않고 하나의 형태소로 본다. 그러나 위 ‘좌쇼셔’의 용례에서 ‘좌시-’의 ‘시’가 나타나지 않고 ᄒ쇼셔체의 명령형 종결어미 ‘-쇼셔’가 사용된 점을 고려하면 ‘좌시-’는 분명히 ‘*좌- + -시-’로 분석할 수 있으며 이때 ‘-시-’는 주체 높임의 선어말어미로 볼 수 있다. 다만 여전히 15세기 문헌에서 ‘*좌-’의 형태도 문증되지 않는다는 점을 근거로 ‘좌시-’를 하나의 형태소로 보고자 하며, ‘좌시-’의 ‘시’는 ‘-쇼셔’가 결합할 때 탈락한 것으로 보고자 한다.

③ :쳥請커·늘

⇒ [쳥(어근) + -ᄒᆞ(동사 파생 접사)]- + -거늘(연결어미)

◎ 어간 '쳥ᄒᆞ-'의 'ᄒᆞ'와 '-거늘'의 '거'가 음절 축약을 거쳐 '커'로 표기되었다.

④ 빌·이라

⇒ [빌-(어근) + -기(사동 접사)]- + -라(명령형 종결어미)

◎ 『우리말샘』에 따르면, 현대국어 '빌리-'의 후기중세국어 어형인 '빌이-'는 15세기 문헌에서부터 나타난다. 이 단어는 '빌-'에 피동 접사 '-기-'가 붙어 파생한 것으로 '빌-'의 'ㄹ' 뒤에서 '-기-'의 'ㄱ'가 약화된 형태이다. 17세기부터는 피동 접미사 '-기-' 대신에 '-리-'가 결합한 '빌리-'의 형태도 쓰였으며, '빌이-'와 '빌리-'가 19세기까지 공존하다가 현재에는 '빌리-'의 형태만이 쓰이고 있다.

◎ 한편 이 책에서는 후기중세국어 문헌에서 볼 수 있는 '일우-'는 '*일구-'의 'ㄱ'가 약화된 형태일 가능성이 있음을 기술한 바가 있다. 함경 방언형 '일구-'의 존재와 일반적으로 후기중세국어 시기에 'ㄹ'의 뒤 'ㄱ'는 약화되어 후음 'ㅇ'로 표기되었다는 점이 그 근거이다. 이와 마찬가지로 '빌이-'는 '빌-'에 피동 접사 '-기-'가 붙어 '*빌기-'가 파생되고 '빌'의 종성 'ㄹ' 다음에 온 '기'의 'ㄱ'가 약화되어 형성된 것으로 볼 수 있다. 즉, '빌- + -기- > *빌기- > 빌이-'의 과정을 거친 것으로 추정할 수 있다. 이러한 추정의 근거로 함경 방언에 '빌기-'의 형태가 존재한다는 점과 후기중세국어 시기에 'ㄹ'의 뒤 'ㄱ'는 약화되어 후음 'ㅇ'로 표기되었다는 점을 제시할 수 있으며, 이러한 추정은 '빌이- > 빌리-'의 형태 변화 과정을 잘 설명할 수 있다는 장점이 있다.

⑤ 받ᄌᆞ·ᄫᅡ

⇒ 받-(동사 어간) + -ᄌᆞᇦ-(객체 높임의 선어말어미) + -아(연결어미)

◎ 여기에서의 '받-'의 의미는 '바치다, 드리다'이며, '빵'을 바치는 대상인 '석가모니 부처'를 높이기 위해 '-ᄌᆞᇦ-'가 사용되었다.

⑥ 막:ᄉᆞᆸ거·늘

⇒ 막-(동사 어간) + -ᄉᆞᆸ-(객체 높임의 선어말어미) + -거늘(연결어미)

◎ 소위 '막-'의 간접 목적어인 '석가모니 부처'를 높이기 위해 '-ᄉᆞᆸ-'이 사용되었다.

[원문]

끠其·ᅙᅵᇙ一·빅百·ᅙᅵᇙ一
룡龍·이·블·을:토吐·ᄒᆞ·야:모딘:일·ᄋᆞᆯᄒᆞᆯ·ᄊᆡ룡龍땅堂·ᄋᆞᆯ말·이·ᅀᆸ더·니
·욕欲:화火·ᄅᆞᆯᄒᆞ·마·ᄢᅳ·샤·ᅘᅢᆼ害·ᄒᆞ·ᅀᆞᄫᆞ·리:업슬·ᄊᆡ룡龍땅堂·ᄋᆡ·드러·가시·니

[현대역]

용이 [석가모니 부처께] 불을 토하여 모진(악한) 일(짓)을 하므로 [석가모니 부처께서] 용당을 [빌리시는 것을 가섭울비라가] 말리더니.
[석가모니 부처께서는] 욕화[404]를 이미 끄시어서 [자신을] 해할 것이 없으므로 용당에 들어가시니.

[배경]

석가모니 부처께서 가섭울비라에게 용당이라도 빌려달라고 청하셨다. 가섭울비라는 속으로는 석가모니 부처를 용당에 넣어 해하고자 하는 마음이 간절했으나, 석가모니 부처께 용당 안에는 불을 토하는 독한 용이 있어서 못된 짓을 함부로 하니 차마 석가모니 부처를 용당 안으로 들어가시게 할 수가 없다고 말렸다.
그러나 석가모니 부처께서는 정각을 이루시고 욕화를 끄신 지 오래라 어떤 불도 자신의 터럭 하나도 해칠 수 없다는 것을 아시고 거침없이 용당에 들어가시어 용의 거동을 살피고자 하셨다.

[어절 분석]

룡龍·이#·블·을#:토吐·ᄒᆞ·야#:모딘#:일·ᄋᆞᆯ#ᄒᆞᆯ·ᄊᆡ#룡龍땅堂·ᄋᆞᆯ#①말·이·ᅀᆸ더·니
·욕欲:화火·ᄅᆞᆯ#②ᄒᆞ·마#③·ᄢᅳ·샤#④·ᅘᅢᆼ害·ᄒᆞ·ᅀᆞᄫᆞ·리#:업슬·ᄊᆡ#룡龍땅堂·ᄋᆡ#·드러·가시·니

[주석]

① 말·이·ᅀᆸ더·니
⇒ [말-(어근) + -기(사동 접사)]- + -ᅀᆸ-(객체 높임의 선어말어미) + -더-(시상의 선어말어미) + -니(평서형 종결어미)

404) 욕화(欲火): 온갖 욕심 때문에 일어나는 불. 즉, 불길 같은 욕심.

◎ '말이-'는 어근 '말-'에 사동 접사 '-기-'가 붙어 파생된 사동사로 보아야 한다. 후기중세국어 시기에 'ㄹ' 뒤에서 'ㄱ'가 약화되는 현상이 일반적이므로 '말이-'는 '*말기-'가 원래의 형태임을 추정할 수 있으며, '말기-'의 형태는 현대국어의 여러 방언형에서 확인할 수 있다.

◎ '말이-'의 대상인 '석가모니 부처'를 높이기 위해 '-숩-'이 사용되었다.

② ᄒᆞ·마
⇒ ᄒᆞ마(부사)

◎ 후기중세국어의 'ᄒᆞ마'는 부사로, '이미, 벌써, 곧' 등의 의미를 나타냈다.

③ ·ᄢᅳ·샤
⇒ ᄢᅳ-(동사 어간) + -시-(주체 높임의 선어말어미) + -아(연결어미)

◎ 현대국어 어휘 '끄-'의 후기중세국어 어형인 'ᄢᅳ-'는 15세기 문헌에서부터 발견된다. 후기중세국어의 'ᄢᅳ-'는 능격동사로 자동사로 쓰일 때는 '꺼지다'를 의미하였다. 어두음 'ㅴ'는 일반적으로 17세기에 'ㅂ'가 탈락된 'ᄭᅳ-'의 형태가 나타났고, 이후 'ㅺ > ㄲ'로의 표기 변화로 '끄-'의 형태가 나타나 현재에 이르고 있다.

④ ·ᅘᅢ害·ᄒᆞ·ᅀᆞᄫᆞ·리
⇒ [ᅘᅢ(어근) + -ᄒᆞ(동사 파생 접사)]- + -숩-(객체 높임의 선어말어미) + -(ᄋᆞ)ㄹ(관형사형 어미) # 이(의존명사)

◎ 'ᅘᅢᄒᆞ-'의 대상인 '석가모니 부처'를 높이기 위해 '-ᅀᆞᆸ-'가 쓰였다.

[원문]

ᄁᆡ其·ᄒᆞᇙ一·ᄇᆡᆨ百·ᅀᅵ二
·ᄯᅩᆨ毒·킈氣·ᄅᆞᆯ:내·니고·지ᄃᆞ외어·늘:모딘[405]룡龍·이:노怒·ᄅᆞᆯ더ᄒᆞ·니
·블·이도·라디·고·ᄎᆞᆫᄇᆞᄅᆞᆷ:불어·늘:모딘룡龍·이:노怒·ᄅᆞᆯ그·치·니

405) <月印 上:037b>

[현대역]

[독룡이] 독기를 내니 [석가모니 부처의 신통력으로 독기가] 꽃이 되거늘 모진(사나운) 용이 노를 더하니(화를 더 내니).

[독룡이 뿜어 낸] 불이 [석가모니 부처의 신통력으로] 돌아 [땅에] 떨어지고 찬바람이 불거늘 모진(사나운) 용이 노(화)를 그치니.

[배경]

석가모니 부처께서 용당에서 삼매경에 빠져 계시는데, 독룡은 불을 토하여 온 용당을 불바다로 만들었다. 그러나 석가모니 부처께서 손을 흔들어 신통력을 부리시니, 석가모니 부처께서 앉으신 쪽에서 하늘과 땅에 가득한 진짜 불이 용당을 덮치는데, 석가모니 부처께서는 평소와 다름이 없으셨고, 독룡이 토하는 불은 모두 꽃이 되어 떨어졌다. 그러자 독룡은 더욱 성을 내며 날뛰었다.

더욱 화가 난 독룡이 아무리 불을 내뿜어도 그 불은 도로 힘없이 땅에 떨어지고 찬바람이 부니, 그제야 사나운 독룡도 성을 더 내지 못하고 늘어져 버렸다.

[어절 분석]

·독毒·긔氣·롤#:내·니#①곶·지#ᄃᆞ외어·늘#:모딘#룡龍·이#:노怒·롤#더ᄒᆞ·니

·블·이#②도·라#디·고#·ᄎᆞᆫ#ᄇᆞ롬#③:불어·늘#:모딘#룡龍·이#:노怒·롤#그·치·니

[주석]

① 고·지#ᄃᆞ외어·늘

⇒ 곶(명사) + 이(보격조사) # ᄃᆞ외-(동사 어간) + -거늘(연결어미)

◎ 선행 체언 '곶'이 자음으로 끝나기 때문에 보격조사로 '이'가 사용되었다. 연결어미 '-거늘'은 'ᄃᆞ외-'의 반모음 'y'로 인하여 'ㄱ'가 약화되어 '-어늘'로 교체되었다.

② 도·라#디·고

⇒ 돌-(동사 어간) + -아(연결어미) # 디-(동사 어간) + -고(연결어미)

◎ 남광우·성환갑(1978/1982: 191)에서는 '도라'에 대해 '돌- + -아'가 부사로 굳어진 것으로 기술하고 있다. 그러나 동시기에 부사로 쓰였던 '도ᄅᆞ'와 '도로'가 존재한다는 점에서

후기중세국어 시기에 '돌- + -아 > 도라'가 이미 화석화 되었을지는 확인할 수 없다. 이에 비해 허웅·이강로(1962/1999: 191)에서는 별다른 설명 없이 '도라'를 '돌아'로 해석하고 있다. 여기에서는 허웅·이강로(1962/1999)의 기술을 좇아 '도라'를 '돌-'의 부사형으로 보고자 한다.

◎『우리말샘』에 따르면, 현대국어 '도로'의 후기중세국어 어형인 '도로'는 15세기 문헌에서부터 나타나며, 어근 '돌-'에 부사 파생 접사 '-ᄋᆞ'가 결합된 '도ᄅᆞ'가 파생된 후 제2음절 모음 'ㆍ'가 'ㅗ'로 변한 것이다.

◎ 후기중세국어 시기에 '디-'는 성조로 그 의미를 구분하였다. 즉, 평성의 '디-'와 거성의 '·디-'는 자동사로 '떨어지다'를 의미하였고, 상성의 ':디-'는 '떨어뜨리다'를 의미하였다.

③ :불어·늘
⇒ 불-(동사 어간) + -거늘(연결어미)

◎ 현대국어 어휘 '불-'의 후기중세국어 어형으로는 '블-'과 '불-'의 두 형태가 이었다. '블-'은 15세기 문헌에서부터 나타나며, 이 형태는 근대국어 시기 'ㅂ' 뒤에서 모음 'ㅡ'가 'ㅜ'로 원순모음화 되는 현상에 따라 '불-'의 형태로 쓰이게 되었다. 원순모음화는 대체로 근대국어 시기에 나타나는 현상이지만 '불-'과 같이 어휘에 따라서는 15세기나 16세기부터 원순모음화 된 어형이 보이기도 한다. '불-'의 형태는 15세기 문헌에서부터 나타난다. 따라서 15세기 이후로는 '블-'과 '불-'의 형태가 공존하다가 '블-'이 원순모음화를 겪으면서 '불-' 형태로 변화하고, 결국 '불-'의 형태만이 지금에 이르고 있다고 설명할 수 있다.

◎ '불-'의 종성 'ㄹ' 뒤에서 '-거늘'의 'ㄱ'가 약화되어 '-어늘'로 교체되었다.

[원문]

끠其·읧一·빅百삼三
바리·예·들어·늘:몰·라·눉·믈:디·니:긔아·니어·리·니잇·가
광光명明·을·보솝·고:몰·라주·구려ᄒᆞ·니:긔아·니:어·엿브·니잇·가

[현대역]

[독룡이 석가모니 부처의 신통력으로] 바리 안에 들거늘(잡혀 있는데) [가섭울비라의 제자들

이 그런 사실을] 몰라 [석가모니 부처께서 독룡의 불에 타 죽었다 생각하여] 눈물을 떨구니(흘리니) 그것이 아니 어리석습니까?
[아침에 비치는] 광명을 보고 [가섭울비라의 제자들은 밤새 일어난 일을] 몰라 [석가모니 부처께서] 죽으려고 [독룡이 있는 용당에 머무르셨다] 하니(말하니) 그것이 아니 가련합니까?

[배경]

석가모니 부처께서 밤새도록 머무르시는 용당이 불바다가 되어 있으니, 가섭울비라의 제자들은 석가모니 부처께서 독한 용을 바리 속에 잡아넣으신 줄은 모르고, 젊고 훌륭한 중이 아깝게도 타 죽는다고 눈물을 흘리며 슬퍼하였는데, 이는 어리석은 짓이었다. 가섭울비라의 제자들이 불을 끄기 위해 물을 끼얹으면 불길은 더욱 거세졌는데 이는 석가모니 부처의 신통력에 의한 것이었다. 그리고 독룡이 바리 속에 잡혀 있는 것도 석가모니 부처의 신통력에 의한 것이었다.
아침해가 비치자 용당 속의 불도 꺼지고 조용한데 가섭울비라의 제자들은 모두 한탄하며 젊고 훌륭한 중이 아깝게 비명에 죽었다고 수선거리는 꼴이 가련하기 짝이 없었다.

[어절 분석]

바리·예#·들어·늘#:몰·라#·눉·믈#:디·니#①:긔#아·니#어·리·니잇·가
광光명明·을#②·보ᅀᆞᆸ·고#:몰·라#③주·구려#ᄒᆞ·니#:긔#아·니#:어·엿브·니잇·가

[주석]

① :긔#아·니#어·리·니잇·가
⇒ 그(대명사) + 이(주격조사) # 아니(부사) # 어리-(형용사 어간) + -니잇가(의문형 종결어미)

◎ ᄒᆞ쇼셔체는 후기중세국어에서 상대편을 매우 높이는 상대 높임의 하나로, 평서형어미 '-다' 앞에서는 '-이-'로 표시되지만 의문형어미 '-니 … 가' 사이에서는 '-잇-'으로 표시되었다. ᄒᆞ쇼셔체보다 한 등급 낮은 ᄒᆞ야쎠체에서는 'ㅣ' 모음 뒤에서는 'ㆁ'으로, 그 밖의 모음 뒤에서는 'ᆼ(예: ᄒᆞ뇡다, ᄒᆞ댕다, ᄒᆞᄂᆞᆼ다)'으로 실현되었다.

◈ 후기중세국어 시기의 '-니이다', '-니잇가/-니잇고'의 형태소 분석에 대한 자세한 설명은 p.49를 참조.

② ·보ᅀᆞᇦ·고

⇒ 보-(동사 어간) + -ᅀᆞᇦ-(객체 높임의 선어말어미) + -고(연결어미)

◎ '보-'의 대상은 '광명'인데 왜 '-ᅀᆞᇦ-'이 쓰였는지를 확인할 수 없다. 문맥상으로도 '광명'은 높임의 대상이 아니기 때문이다. 만약 이 글의 작성자가 '광명'이 석가모니 부처의 신통력에 의한 것으로 판단했다면 '광명'을 높이기 위해 '-ᅀᆞᇦ-'을 사용했을 가능성이 있다.

③ 주·구려#ᄒᆞ·니

⇒ 죽-(동사 어간) + -오려(연결어미) # ᄒᆞ-(동사 어간) + -니(연결어미)

◎ 안병희·이광호(1990/2005: 254)에 따르면, '-려'는 현대국어에서와 같이 '의지'나 '의향'을 나타내는 어미이며, 후기중세국어에서는 항상 '-오-/-우-'를 수반하는 특징이 있다. 여기에서는 선행 어간 '죽-'에 음성모음이 사용되었기 때문에 '-우려' 형태가 선택되었다.

[원문]

406)끠其·힗一·빅百·ᄉᆞ四

·붏弗우于·뗑逮염閻뿡浮뗑提·와꾸瞿야耶니尼·훓鬱단單·윓越·에녀·러·오·샤가迦·셥葉·일:뵈시·니

염閻·볍逼하呵:례蠡·륵勒·과하阿마摩·륵勒·쯧自연自깅然:메米·룰가·져·오·샤가迦·셥葉·일머·기시·니

[현대역]

[석가모니 부처께서] 불우체407)와 염부제와 구야니408)와 울단월409)에를 다녀오시어 [그곳에서 가져오신 과일을] 가섭이를(가섭에게) 보이시니.

[석가모니 부처께서] 염핍410)과 가려륵411)과 아마륵412)과 자연경미413)를 가져오시어 가섭이

406) <月印 上:038a>

407) 불우체(弗于逮): 범어 'Pūrva-videha'의 음사로, '불바제(弗婆提)'라고도 하며 '동승신주(東勝身洲)'로 한역되기도 함. 수미산을 둘러싼 함수(鹹水) 바다의 동쪽에 있는 섬으로, 이곳에 있는 인간들은 신장이 뛰어나다고 하여 '승신(勝身)'이라 함

408) 구야니(瞿耶尼): 다른 말로 '구타니(瞿陀尼)'라고 하며 '구타니'는 범어 'Godānīya'의 음사임. 수미산을 둘러싼 함수 바다의 서쪽에 있는 섬으로, 이 나라에서는 소를 물물교환의 기준으로 삼으므로, '우화(牛貨)'로 한역되기도 하며, '서우화주(西牛貨州)'라고도 함.

409) 울단월(鬱單越): 범어 'Uttara-kuru'의 음사로, 'Uttara'는 북쪽을 의미하며, 'Kuru'는 종족 이름을 의미함. 수미산을 둘러싼 함수 바다의 북쪽에 있는 섬으로 '북구로주(北俱盧洲)'라고도 하며, 사주(四洲) 중에서 가장 살기 좋은 곳이라 함.

410) 염핍(閻逼): 염부제(閻浮提)에서 나는 향기롭고 제일 맛이 좋은 과일.

를 먹이시니.

[배경]

석가모니 부처께서 독룡의 항복을 받으시는 것을 본 가섭이 석가모니 부처가 무섭기도 하고 신통하다고 생각하였다. 그래서 가섭은 석가모니 부처께서 거처하실 방과 음식을 공양 드리고자 하여 이튿날 아침 직접 석가모니 부처를 뵙고 아침을 함께 드실 것을 청하였다. 그러자 석가모니 부처께서는 가섭에게 "곧 뒤따라갈 터이니 먼저 가라."라고 말씀하시고는 가섭을 돌려보내신 후에 순식간에 수십만 리나 되는 염부제에 가서 그곳에서 제일가는 염핍을 따 가지고 돌아와 가섭에게 권하셨다. 가섭이 무슨 과일인가를 여쭙자 석가모니 부처께서는 사실대로 말씀해 주셨다. 그러나 가섭은 신통하게 생각하면서도 자존심을 굽히기 싫어 석가모니 부처께 항복을 하지 않았다.

이튿날에는 석가모니 부처께서 구야니에 가셔서 가려륵을 따 오시고, 그 이튿날은 불우체에 가셔서 아마륵을 따 오시고, 또 그 이튿날은 울단월에 가셔서 자연경미를 가져오셔서 가섭에게 먹이셨다. 가섭은 역시 탄복은 하면서도 석가모니 부처께 항복하려 하지 않았다.

[어절 분석]

·붏弗우于·뗴逮#염閻뿡浮뗴提·와#꾸瞿야耶니尼#·훓鬱단單·웛越·에#①녀·러#·오·샤#가迦·셥葉·일#:뵈시·니

염閻·벽逼#하呵:례蠡·릑勒·과#하阿마摩·릑勒#·쪼自션然깅粳:몌米·롤#②가·져·오·샤#가迦·셥葉·일#③머·기시·니

[주석]

① 녀·러#·오·샤

⇒ 녈-(동사 어간) + -어(연결어미) # 오-(동사 어간) + -시-(주체 높임의 선어말어미) + -아(연결어미)

◎ 남광우·성환갑(1978/1982: 194)에서는 '녀러'의 어간으로 '녈-'을 제시하고 있으며, 『고어

411) 가려륵(呵蠡勒): 구야니(瞿耶尼)에서 제일 맛이 좋다는 과일 이름으로, '가리륵(呵梨勒)'이라고도 함.

412) 아마륵(阿摩勒): 불우체(弗于逮)에서 제일 고급이라는 과일.

413) 자연경미(自然粳米): 울단월(鬱單越)에서 나는 제일 좋은 쌀.

사전』에서도 '다니다'의 의미를 지닌 동사로 '녈-'을 제시하고 있다. 한편, 남광우·성환갑(1978/1982: 194)와 허웅·이강로(1962/1999: 194)에서는 '녀러 오샤'를 통사적 합성어로 제시하고 있다. 『표준국어대사전』에서는 '다녀오-'를 통사적 합성어로 제시한다는 점에서 '녀러 오샤'를 통사적 합성어로 처리할 수 있지만 '녈-'이 현재는 사어이기 때문에 여기에서는 '녀러 오샤'를 통사적 합성어로 처리하지 않고자 한다.

② 가·져·오·샤
⇒ [{가지-(동사 어간) + -어(연결어미)} + 오-(동사 어간)]- + -시-(주체 높임의 선어말어미) + -아(연결어미)

◎ ①의 '녀러 오샤'와 달리, '가져오-'의 어휘가 현대국어에서도 계속 쓰이고 있으며, 『표준국어대사전』에서도 '가져오-'를 통사적 합성어로 제시한다는 점에서 여기에서도 '가져오-'를 통사적 합성어로 처리하고자 한다.

③ 머·기시·니
⇒ [먹-(어근) + -이(사동 접사)]- + -시-(주체 높임의 선어말어미) + -니(평서형 종결어미)

◎ '머기-'는 '먹-'의 사동형이다.

[원문]

끵其·ᅙᅵᇙ一·빅百:오五
414)양楊지枝ㅅ·믈·호려·ᄒᆞ시·니:녜:업던·모·ᄉᆞᆯ·뎨帝·셕釋·이일·워:내·니
·오·ᄉᆞᆯ·ᄲᆞᆯ오·져·ᄒᆞ시·니:녜:업던:돌·ᄒᆞᆯ·뎨帝·셕釋·이옮·겨오·니

[현대역]

[석가모니 부처께서] 양칫물로 [양치질을] 하려 하시니 예(예전)에 없던 못(연못)을 제석(제석천)이 이루어(만들어) 내니.
[석가모니 부처께서] 옷을 빨고자 하시니 예(예전)에 없던 돌을 제석(제석천)이 옮겨오니.

414) <月印 上:038b>

[배경]

석가모니 부처께서 가섭울비라를 제도하시려고 가섭의 집에서 머무르실 때, 하루는 양치질할 물을 찾으셨으나 가까운 곳에 물이 없었다. 이런 석가모니 부처의 마음을 신통력으로 알아차린 제석천이 바로 석가모니 부처께서 계신 곳으로 내려와 손가락으로 땅을 가리키니, 땅이 꺼지면서 큰 연못이 생겨 깨끗하고 맑은 물이 가득히 찼다.
또 하루는 석가모니 부처께서 더러워진 옷을 빨려고 하셨으나, 옷을 빨 수 있는 빨래판이 없었다. 이 마음을 역시 신통력으로 알게 된 제석천이 곧 향산(香山)에 가서 사방석[415]을 가져다 못가에 놓았다. 이 돌은 높지도 얕지도 않고, 넓지도 좁지도 않은 것이어서 빨래판으로 쓰기에 꼭 알맞은 것이었다.

[어절 분석]

①양楊지枝ㅅ·믈#·호려#·ᄒᆞ시·니#②:네#:업던#·모·솔#·뎨帝·셕釋·이#일·워#:내·니·오·솔#③·셜오·져#·ᄒᆞ시·니#:네#:업던#:돌·홀#·뎨帝·셕釋·이#옮·겨오·니

[주석]

① 양楊지枝ㅅ·믈#·호려#·ᄒᆞ시·니
⇒ [양지(어근) + 믈(어근)] # ᄒᆞ-(동사 어간) + -오려(연결어미) # ᄒᆞ-(동사 어간) + -시-(주체 높임의 선어말어미) + -니(연결어미)

◎ '양지(楊枝)'는 버들가지인데, 불교도들이 이를 닦는 데 버들가지를 사용하였기 때문에 이 닦는 것을 '양지'라 하였다. 경남 방언형에 '양치하-'의 방언으로 '양지(楊枝)치-'가 존재한다. 한편 『우리말샘』에 따르면, 현대국어 어휘 '양칫물'의 후기중세국어 어형인 '楊枝ㅅ믈'은 15세기 문헌에서부터 찾을 수 있다. 한자어 '楊枝'를 한글로 표기한 '양짓믈'은 『월인천강지곡(月印千江之曲)』에서부터 나타난다[416]. 17세기에는 'ㅅ'가 표기되지 않은 '양지믈' 형태도 보이며, 제2음절의 첫소리 'ㅈ'가 'ㅊ'로 바뀐 '양치믈'도 등장하였다. '양지'가 '양치'로 바뀐 것은 '이를 닦고 입 안을 가심'이라는 의미와 '楊枝'의 연관성을 이해하기 어렵게 되자 이를 한자어 '양치(養齒)'와 연관 지으려 하였기 때문으로 보이며, 근대국어 후기에 원순모음화를 겪으면서 19세기에는 '양치물'의 형태가 등장하였다. 18세기 문헌에 등장하는 '양칫믈'에서 변

---

415) 사방석(四方石): 왕릉의 수도(隧道)를 석회로 축조한 다음, 흙을 덮고 그 위를 덮는, 네모나고 넓은 돌.
416) 『우리말샘』에서는 한자어 '楊枝'를 한글로 표기한 '양짓믈'은 16세기 문헌에서부터 나타난다고 기술하고 있다.

화한 ‘양칫물’ 역시 19세기에 이미 존재하였을 것으로 추정되나 문헌상으로는 확인되지 않는다. 그런데 『우리말샘』에서는 ‘양짓믈’은 명사 ‘양지’와 관형격조사 ‘ㅅ’, 명사 ‘믈’이 결합한 것으로 설명하고 있지만, 『표준국어대사전』에서는 ‘양칫물’을 합성어로 제시하고 있기 때문에 여기에서는 ‘양지ㅅ믈’을 합성어로 처리하고 ‘ㅅ’는 사잇소리로 보고자 한다.

◎ ‘ᄒᆞ-’와 ‘-오려’의 ‘오’가 음절 축약을 거쳐 ‘호’로 표기되었다.

② :녜#:업던
⇒ 녜(명사) # 없-(형용사 어간) + -더-(시상의 선어말어미) + -ㄴ(관형사형 어미)

◎ ‘녜’는 ‘ㄴ’ 관련 두음법칙으로 인해 ‘녜 > 예’의 형태 변화를 겪었다.

③ ·ᄲᆞᆯ오·져
⇒ ᄲᆞᆯ-(동사 어간) + -고져(연결어미)

◎ 현대국어 어휘 ‘빨-’의 옛말인 ‘ᄲᆞᆯ-’은 15세기 문헌에서부터 나타난다. 『우리말샘』에 따르면, 이 단어는 ‘ㅄ’의 표기가 ‘ㅃ’로 바뀌고, 근대국어 시기에 ‘ㆍ’의 음가 소실로 인한 ‘ㆍ > ㅏ’의 변화에 의해 19세기에는 ‘빨-’로 표기되었다. 그러나 동음이의어로 ‘입으로 액체를 흡입하다’를 의미하는 ‘빨-’은 17세기부터 ‘ᄲᆞᆯ-’의 형태로 쓰인 용례가 문헌에 나타난다.

◎ 후기중세국어에서 ‘희망’ 등을 나타내는 어미로는 ‘-고져, 고자, -과뎌, -긧고, -게끔, -라, -오려/-우려’ 등이 있다.

◎ ‘-고져’의 ‘ㄱ’는 ‘ᄲᆞᆯ-’의 종성 ‘ㄹ’의 영향으로 약화되어 ‘-오져’로 교체되었다.

[원문]

끠其·ᅙᅵᇙ一·빅百·륙六
·ᄉᆞ四텬天왕王텬天·뎨帝·셕釋·뻠梵텬天·의·비·출든:ᄌᆞᆸ고·ᅀᅡ·씷實·올:아·ᄉᆞᄫᆞ·니
·혀는·블·ᄢᅳ는·블메·윤:돗·귀·ᄅᆞᆯ:비·ᄉᆞᄫᆞ·ᅀᅡ[417]·ᄠᅳ·들일·우·니

417) <月印 上:039a>

[현대역]

[가섭이 석가모니 부처로부터] 사천왕천418)과 제석범천419)의 [밤에 비추는] 빛을(광명에 대한 석가모니 부처의 말씀을) 듣고서야 [겨우] 사실을 아니.

켜는 불, 끄는 불, 메는(둘러메는) 도끼를 [석가모니 부처의 신통력을] 빌려야 [가섭 무리의] 뜻을 이루니.

[배경]

가섭울비라는 배화교도로서 오백 신도와 함께 밤이면 불을 켜고 함께 불에 예배하므로 밤마다 불빛이 대낮같이 밝았다. 석가모니 부처께서 가섭을 제도하시려고 여기에 머무르실 때, 밤이면 사천왕과 제석천이 하늘에서 광명을 발하며 내려와 석가모니 부처의 설법을 들었는데, 그 광명은 대낮처럼 밝고 뚜렷하게 빛났다. 가섭과 그 신도들은 사천왕과 제석천의 광명을 보고, 사실은 석가모니 부처께서 시치미를 떼고 밤마다 불을 켜고 섬긴다고 착각하였다. 이튿날 새벽에 가섭과 그 신도들은 석가모니 부처께 달려와 어젯밤 불의 내력을 여쭈었고, 석가모니 부처께서 배화교도로서 불을 믿으시는 것이 아니라, 사천왕과 제석천 등의 여러 하늘 부처의 광명인 것을 설명하시자 비로소 가섭과 그 신도들은 석가모니 부처의 위대함을 깨달았다.

또 배화교 신자들이 아침에 불을 켜려고 하나 불이 일어나지 않으므로 석가모니 부처께 불을 붙일 방법을 여쭈니, 그냥 다시 가 보라고 말씀하셨고, 이 무리들이 다시 가 보니 불이 활활 타고 있었다. 그 뒤에는 이 무리들이 불을 끄려고 애를 써도 불이 꺼지지 않아 다시 석가모니 부처께 여쭈니 그냥 다시 가 보라고 말씀하셨고, 이 무리들이 다시 가 보니 불이 꺼져 있었다. 하루는 이 무리들이 나무를 패려고 도끼를 들었더니 도끼가 공중에 머문 채 내려가지 않아 반드시 석가모니 부처께 여쭈고 오면 도끼가 내려가지고, 또 내려진 도끼는 반드시 석가모니 부처께 여쭌 뒤에야 비로소 메어 들려졌다. 이렇게 잇달아 일어

---

418) 사천왕천(四天王天): 불교의 세계관에서 세계의 중심에 위치하고 있는 수미산의 중턱에 있는 하늘로, 하늘을 이루는 삼계 중 욕계에 속한 가장 낮은 하늘을 말하며, 욕계 육욕천 중에서 가장 낮은 하늘이자 첫 번째 하늘을 가리킴. 동쪽에는 지국천왕(持國天王), 서쪽에는 광목천왕(廣目天王), 남쪽에는 증장천왕(增長天王), 북쪽에는 다문천왕(多聞天王, 毘沙門天王)의 사대천왕이 이곳에 살며 도리천의 왕인 제석천을 섬긴다고 함.

419) 제석범천(帝釋梵天): '제석천(帝釋天)'과 같은 말. '제석천(帝釋天)'은 불교의 수호신으로 고대 인도의 신 인드라(Indra)를 수용한 것으로, 범어 'Sakra-d-evanamindra'를 '석제환인다라(釋帝桓因陀羅)·석가제바인다라(釋迦提婆因陀羅)'로 음역하고 줄여서 '석제환인(釋提桓因)' 또는 '제석천(帝釋天)'이라 함. '제(帝)'는 인드라(Indra)의 의역이고, '석(釋)'은 샤크라(Sakra)의 음역임. 불교의 세계관에 의하면 세계의 중앙에 수미산(須彌山)이 있는데 그 정상에 도리천이라는 하늘이 있으며, '제석천(帝釋天)'은 도리천(忉利天)의 선견성(善見城)에 머무르면서 사천왕(四天王)과 주위의 32천왕(天王)을 통솔한다고 함.

나는 조화에 대하여 가섭 무리는 감탄하면서도 끝내 석가모니 부처께 항복하려 하지는 않았다.

[어절 분석]

·ᄉᆞ四텬天왕王텬天#·뎨帝·셕釋·뻠梵텬天·의#·비·촐#①듣:ᄌᆞᆸ고·ᅀᅡ#·ᄊᆞᇙ實·올#②:아·ᅀᆞᄫᆞ·니
③·혀는#·블#·ᄢᅳ는#·블#④메·윤#:돗·귀·롤#⑤:비·ᅀᆞᄫᅡ·ᅀᅡ#·ᄠᅳ·들#일·우·니

[주석]

① 듣:ᄌᆞᆸ고·ᅀᅡ
⇒ 듣-(동사 어간) + -ᄉᆞᆸ-(객체 높임의 선어말어미) + -고(연결어미) + ᅀᅡ(보조사)

◎ 본문에 생략된 '뎨셕뻠텬의 빛'에 대한 석가모니 부처의 말씀을 높이기 위해 '-ᄌᆞᆸ-'이 쓰였다.

② :아·ᅀᆞᄫᆞ·니
⇒ 알-(동사 어간) + -ᄉᆞᆸ-(객체 높임의 선어말어미) + -(ᄋᆞ)니(평서형 종결어미)

◎ 본문에 생략된 '뎨셕뻠텬의 빛'과 관련된 석가모니 부처의 위대함을 높이기 위해 '-ᅀᆞᇦ-'가 쓰였다.

③ ·혀는
⇒ 혀-(동사 어간) + -ᄂᆞ-(시상의 선어말어미) + -ㄴ(관형사형 어미)

◎ 『우리말샘』에서는 현대국어 어휘 '켜-'의 후기중세국어 어형으로 'ᅘᅧ-'를 제시하면서 'ᅘᅧ-'는 15세기 문헌에서부터 나타나며, 'ㆅ'는 『훈민정음 해례본(訓民正音 解例本)』 제자해에서 '전탁(全濁)'임이 명기되어 있으며, 'ㆆ'가 엉긴 소리라고 설명되어 있는데, '엉긴 소리'의 의미를 정확히는 알기 어려우나 'ㆆ'를 강하게 발음하는 소리 정도로 추정하고 있다. 또한 15세기 후반에는 'ㅆ', 'ㆅ'와 같은 각자병서를 표기에 사용하지 않게 됨에 따라 'ㆅ'를 'ㆆ'로 표기한 '혀-'가 나타나기 시작하였다고 설명하고 있다. 그러나 이미 『월인천강지곡(月印千江之曲)』에서 '혀-'의 형태가 쓰이고 있다는 점에서 『우리말샘』에서의 '혀-'의 출현 원인과 시기에 대한 설명은 수정되어야 한다.

④ 메·윤#:돗·귀·ᄅᆞᆯ

⇒ [메-(동사 어간) + -오-(대상 활용의 선어말어미) + -ㄴ(관형사형 어미) # 돓(명사) + ㅅ(관형격조사) # 귀(명사)] + ᄅᆞᆯ(목적격조사)

◎ '메-'의 반모음 'y'로 인해 후행하는 대상 활용의 선어말어미 '-우-'에 반모음 'y'가 삽입되어 '유'로 표기되었다.

◎ 『우리말샘』에 따르면, 현대국어 '도끼'의 후기중세국어 어형으로는 '돗귀'와 '돗긔'가 있는데, 이들은 15세기 문헌에서부터 나타난다. '돗귀'는 '돌'을 의미하는 '돓'에 관형격조사 'ㅅ', 그리고 '귀'가 결합한 것이며, '돗긔'는 '돓'에 관형격조사 'ㅅ', 그리고 '긔'가 결합한 것이다. 'ㅎ' 말음 체언 '돓'은 단독형으로 쓰일 때는 '돌'로 나타나지만 'ㅅ' 앞에서 종성 'ㄹ'가 탈락되므로 '돗귀' 혹은 '돗긔'로 나타난다. '돗귀'와 '돗긔'의 선후 관계는 알기 어렵지만, 이후 '돗귀'의 형태는 나타나지 않고 '돗긔'에서 변화한 형태만이 발견된다. 19세기에 '돗긔'의 제1음절 종성 'ㅅ'가 제2음절 초성 'ㄱ'의 경음화에 영향을 주고 탈락한 '도ᄭᅴ'의 형태가 나타났고, 20세기 이후 초성에서의 경음 표기를 'ㅺ'에서 'ㄲ'로 하게 됨에 따라 현재와 같은 '도끼'의 형태가 나타났다.

⑤ :비·ᄉᆞᄫᆞ·ᅀᅡ

⇒ 빌-(동사 어간) + -ᅀᆞᆸ-(객체 높임의 선어말어미) + -아(연결어미) + ᅀᅡ(보조사)

◎ '빌-'의 종성 'ㄹ'가 '-ᅀᆞᆸ-'의 'ㅿ' 앞에서 탈락되었다. 현대국어에서 어간말 'ㄹ'는 'ㄴ, ㄹ, ㅂ, 오, 시' 앞에서 탈락하지만 후기중세국어 시기에는 현대국어와 달리 'ㄷ, ㅈ, ㅿ'로 시작하는 어미 앞에서도 'ㄹ'가 탈락되며 '-시-' 앞에서는 'ㄹ'가 탈락되지 않는다.

◎ 원문에서는 생략되었지만 '빌-'의 대상인 석가모니 부처의 신통력을 높이기 위해 '-ᅀᆞᆸ-'가 쓰였다.

[원문]

끠其·ᅙᅵᇙ一·ᄇᆡᆨ百·치ᇙ七

모·새·드·르시·니즘·게남·기굽거·늘·가지·ᄅᆞᆯ자·바·나시·니

ᄀᆞ·ᄅᆞᆷ·애·드·르시·니·믌·결·이갈·아·디거·늘드틀·에소·사·나시·니

[현대역]

[석가모니 부처께서] 못에 들어가시니 큰 나무가 [가지를] 굽거늘(굽히거늘) 가지를 잡고 [못 밖으로] 나시니(나오시니).

[석가모니 부처께서] 강에 들어가시니 [강의] 물결이 갈라지거늘 [그 갈라진 강바닥의] 티끌 먼지에서 솟아나시니.

[배경]

석가모니 부처께서 제석천이 손가락을 가리켜 만들어 놓은 지지지[420]에 들어가셔 목욕하시고 밖으로 나오시려 하는데 손으로 잡을 곳이 없었다. 이때 못가에 있던 가라가[421] 나무가 저절로 가지를 굽히므로 석가모니 부처께서 가라가 나무의 가지를 붙잡고 밖으로 나오셨다.

또한 석가모니 부처께서 가섭과의 연근[422]이 익어가는 것을 보아 그를 제도할 시기가 왔음을 아시고 이연수를 건너시는데, 석가모니 부처의 신통력으로 강물이 양쪽으로 갈라지면서 강 속에서 먼지가 일어났다. 석가모니 부처께서 물에 빠지신 줄 알고 가섭이 제자들을 데리고 왔다가 이 모습을 보고 석가모니 부처의 신통력에 찬탄하여 감복하였다.

[어절 분석]

모·새#·드·르시·니#즘·게#남·기#굽거·늘#·가지·롤#자·바#·나시·니

ᄀᆞ·룸·애#·드·르시·니#①·믌·결·이#②갈·아·디거·늘#③드틀·에#소·사·나시·니

[주석]

① ·믌·결·이

⇒ [믈(어근) + 결(어근)] + 이(주격조사)

◎ 현대국어 '물결'의 후기중세국어 어형인 '믌결'은 15세기 문헌에서부터 나타난다. 16세기에는 'ㅅ' 앞에서 'ㄹ'가 탈락한 '믓결'이 보이기도 하지만, 16세기 후반부터는 'ㄹ'가 탈락하지 않은 '믌결, 믈쎨, 믈결' 등의 어형이 많이 발견된다. 17세기 말 원순모음화에 의해 18세기

420) 지지지(指地池): 기105에서 제석천이 손으로 가리켜 만든 연못.

421) 가라가(迦羅迦): 범어 'Kālaka'의 음사. 인도에서 자라는 관목으로, 노란 꽃이 피고 주황색의 과일은 독이 있다고 함.

422) 연근(緣根): 인연의 뿌리.

에 ‘물결’의 형태가 나타나 현재에 이르고 있다. 한편 ‘믌결’에 대해 일부 선행연구들에서는 명사 ‘믈’과 관형격조사 ‘ㅅ’, 명사 ‘결’의 구성으로 설명하고 있는데, 『표준국어대사전』에서는 ‘물결’을 합성어로 제시하고 있다. 따라서 여기에서는 ‘물결’의 후기중세국어 어형인 ‘믌결’을 합성어로 분석하고 ‘믌결’의 ‘ㅅ’는 사잇소리로 판단하고자 한다.

② 갈·아·디거·늘

⇒ [{가ᄅᆞ-(동사 어간) + -아(연결어미)} + 디-(동사 어간)]- + -거늘(연결어미)

◎ 『표준국어대사전』에서 ‘갈아디-’의 현대국어 어형인 ‘갈라지-’를 통사적 합성어로 제시하고 있기 때문에 여기에서는 ‘갈아디-’를 통사적 합성어로 분석하고자 한다.

◎ 현대국어 ‘갈라지-’의 후기중세국어 어형인 ‘갈아디-’는 15세기 문헌에서부터 나타난다. ‘가르다’를 의미하는 ‘가ᄅᆞ-’는 모음으로 시작하는 어미가 결합할 때에는 ‘갈ㅇ-’, 자음으로 시작하는 어미가 결합할 때에는 ‘가ᄅᆞ-’의 형태로 나타나 ‘갈ㅇ-/가ᄅᆞ-’의 교체를 보였다. 『우리말샘』에 따르면, 16세기에 유성후두마찰음 ‘ㅇ[ɦ]’가 소멸한 후, ‘ᄒᆞᄅᆞ-/ᄒᆞᆯㄹ-’로 교체하는 활용형에 유추되어 ‘갈ㅇ-’가 ‘갈ㄹ-’로 변하였고, 이후 ‘ㄷ’ 구개음화로 겪으면서 ‘갈라디-’가 ‘갈라지-’로 변하여 현재에 이르고 있다.

③ 드틀·에

⇒ ㄷ틀(명사) + 에(부사격조사)

◎ 현대국어 ‘티끌’의 후기중세국어 어형으로는 ‘듣글’과 ‘드틀’이 있는데, 이들은 15세기 문헌에서부터 나타나며, ‘듣글’과 ‘드틀’은 통사상·의미상의 차이가 없다는 점에서 어형이 비슷한 쌍형어로 볼 수 있다. 『우리말샘』에 따르면, ‘듣글’ 또는 ‘드틀’은 17세기 이후 ‘틧글’로 바뀌는데, 이것은 ‘듣글’과 ‘드틀’의 혼효에 의한 것으로 추정된다. 한편 17세기에는 다양한 이표기가 나타나는데, ‘듯글’은 16세기 이후 음절말에서 ‘ㅅ’가 ‘ㄷ’로 중화되어 나타난 표기이며, ‘틧글’은 ‘틔ㅅ글, 틔쁠, 틔끌’ 등으로도 나타났는데, 이것은 제2음절의 초성이 경음임을 표기한 것으로 보인다. 근대국어 시기에 자음 뒤에서 ‘ㅢ’가 ‘ㅣ’로 변하고, 경음 표기에 ‘ㄲ’가 표기되면서 ‘티끌’의 형태가 나타나 현재에 이르고 있다. 한편 김태곤(2002)에 따르면, 후기중세국어 시기에 ‘드틀’의 의미가 추상화되어 ‘번뇌’과 같은 의미(예: 듣글 띡 시름(塵垢患) <法華 6:145>)로 불가에서 통용되었는데, ‘진(塵)’이 항상 부동하여 다른 것에 부착해 그것을 오염시키므로 이것을 번뇌 또는 속세계에 비유해 ‘진구(塵垢), 진로(塵勞), 객진(客塵), 속진

(俗塵), 진세(塵世)'라 하였다.

◎ '드틀에'의 '에'는 현대국어 부사격조사 '에서'의 기능을 수행하고 있다.

◈ 후기중세국어 시기의 '에'의 '에셔' 기능에 대한 자세한 설명은 p.215를 참조.

[원문]

끠其·ᅙᅵᇙ一·ᄇᆡᆨ百·ᄇᆞᇙ八
이바·딜머·구리·라새·옴ᄆᆞᅀᆞᆷ·ᄋᆞᆯ:낸·대닐423)·웨·ᄅᆞᆯ·숨엣·더시·니
공供·양養·ᄋᆞᆯ·ᄒᆞ·ᅀᆞᄫᆞ·려:됴ᄒᆞᆫᄆᆞᅀᆞᆷ·ᄋᆞᆯ:낸·대·즉卽씨時·예나·ᅀᅡ·오시·니

[현대역]

[가섭이] 이바지를(7일 법회의 공양을) [자기가] 먹으리라 [생각하고 석가모니 부처를] 샘(시기하는) 마음을 내니 [석가모니 부처께서 법회가 열리는] 이레 동안을 숨어 있으시더니. [7일 법회가 끝난 뒤 가섭이 석가모니 부처께] 공양을 하려고 좋은 마음을 내니 [석가모니 부처께서] 즉시에 [가섭의 앞에] 나아오시니.

[배경]

석가모니 부처께서 가섭울비라를 제도하시려고 가섭의 거처에 머무르셨다. 어느 날 가섭이 석가모니 부처의 신통력에 감복하여 자기 신념이 흔들리고 있는 와중에 마갈타국의 임금과 백성과 바라문, 장자, 거사들을 모두 모아 칠일 법회를 열게 되었다. 가섭은 만일 석가모니 부처께서 법회에 오셔서 사람들에게 무한한 신통력을 보이신다면 자신의 법력으로는 도저히 대적할 능력이 없고, 여러 사람 앞에서 봉변을 당할까 두려워하여 법회를 여는 동안에는 석가모니 부처께서 나타나시지 않기를 빌었다. 석가모니 부처께서는 이미 가섭의 속마음을 아셨으므로 다른 곳에 다녀오시겠다고 말씀하시고는 법회를 여는 7일 동안 법회에 나타나시지 않으셨다.
법회가 끝난 뒤, 가섭이 안심하고 석가모니 부처께 공양을 드리려고 기다릴 때 가섭의 마음을 벌써 아시고는 가섭에게 가셔서 가섭을 위로하셨다.

---

423) <月印 上:039b>

[어절 분석]

①이바·딜#머·구리·라#②새·옴#ᄆᆞᅀᆞᆷ·ᄋᆞᆯ#③:낸·대#④닐·웨·ᄅᆞᆯ#·숨엣·더시·니 공供·양養·ᄋᆞᆯ#⑤·ᄒᆞ·ᅀᆞᄫᆞ·려#:됴ᄒᆞᆫ#ᄆᆞᅀᆞᆷ·ᄋᆞᆯ#:낸·대#·즉卽씨時·예#⑥ᄂᆞ·ᅀᆞ·오시·니

[주석]

① 이바·딜#머·구리·라

⇒ [이받-(어근) + -이(명사 파생 접사)] + ㄹ(목적격조사) # 먹-(동사 어간) + -오-(의도의 선어말어미) + -리-(의지의 선어말어미) + -다(평서형 종결어미)

◎ 김태곤(2008: 415～417)에 의하면, '이받-'의 파생 명사인 '이바디'는 후기중세국어에서 '연회(宴會)'의 뜻으로 쓰이면서 연회 음식을 나타내기도 했다.

예1) 이바딜 머구리라 새옴 ᄆᆞᅀᆞᆷ올 낸대 <月印 上:39a>

17세기에는 어형이 구개음화를 겪으면서 '이바지'로 표기된 것도 있지만, 그 의미는 후기중세국어 시기와 마찬가지였다. 18세기에는 어형이 '이바지'로만 표기되었는데, '연회'의 뜻으로는 '이바지'란 말의 쓰임이 차츰 줄어들고 대신 '잔치'란 말이 많이 쓰였다.

예2) 우리 이 잔치예 언마 술을 먹엇ᄂᆞ니 <蒙老 7:5b>

19세기에는 '연회'의 뜻으로 '이바지'가 쓰이지 않는 대신 '잔채'란 말이 쓰였을 것으로 추정된다. 20세기 초에 간행된 조선총독부의 『朝鮮語辭典』에 '이바지'란 단어가 실려 있지 않고 대신 '잔채'란 단어만 실려 있으며, 1938년에 간행된 문세영의 『朝鮮語辭典』에는 이바지를 '잔치의 옛말' 또는 '혼례의 사투리'로 풀이하고 있다는 점에서 그 근거를 찾을 수 있다. 조선총독부와 문세영의 『朝鮮語辭典』을 보면, 동사 '이바지하-'에 '물건을 공급하다'의 뜻이 있고, 특히 문세영의 『朝鮮語辭典』에는 '바라지하다'의 뜻이 있는 것으로 보아 당시에 '이바지'에도 같은 뜻이 있었을 것으로 추정된다. 그리고 '이바지'가 20세기 중엽부터는 추상화된 의미인 '공헌(貢獻)'의 뜻으로도 쓰이기 시작했고, 현재는 '공헌함, 힘들여 음식 같은 것을 보내어 주거나 또는 그 음식, 물건을 갖추어 바라지함' 등의 뜻으로 사용되고 있다.

◎ '-다'의 'ㄷ'가 '-리-' 뒤에서 'ㄹ'로 바뀌면서 '-라'로 교체되었다.

② 새·옴

⇒ 새오-(어근) + -ㅁ(명사 파생 접사)

◎ 『표준국어대사전』에서는 현대국어 어휘 '샘'의 후기중세국어 어형 '새옴'을 위와 같이 파생어로 제시하고 있다. 여기에서는 『표준국어대사전』의 분석 방법을 따른다. '새옴'은 15세기 문헌에서부터 발견되며, 15세기부터 18세기까지 '새옴', 19세기 '새옴, 새암, 싀암, 새음' 등으로 나타나다가 20세기에 '새옴 > 샘'의 음절 축약을 거쳐 '샘'의 형태로 정착했다.

③ :낸·대

⇒ [나-(어근) + -이(사동 접사)]- + -ㄴ대(연결어미)

◎ '-ㄴ대'는 '-ㄴ즉, -니까'의 의미를 나타내는 어미이다.

④ 닐·웨·롤#·숨엣·더시·니

⇒ *닐궤(명사) + 롤(목적격조사) # 숨-(동사 어간) + -어(연결어미) # 잇-(동사 어간) + -더(시상의 선어말어미) + -시-(주체 높임의 선어말어미) + -니(평서형 종결어미)

◎ 현대국어 '이레'의 후기중세국어 어형인 '닐웨'는 15세기 문헌에서부터 나타난다. 『우리말샘』에 따르면, 16세기 후반 이후에는 '닐웨'의 제2음절 모음 'ㅞ'에서 반모음 'w'가 탈락한 '닐에'의 형태로도 나타났으며, 18세기에는 '닐에'가 연철 표기되어 '니레'의 형태로도 나타났다. 근대국어 시기에 어두의 'ㅣ' 모음 앞에서 'ㄴ'가 탈락하여 '이레'의 형태가 되어 현재에 이르고 있다. 한편, 후기중세국어 시기에 'ㄹ' 뒤에서 'ㄱ'가 약화되어 유성후두마찰음 'ㅇ[ɦ]'으로 변하는 것이 일반적인 현상이라는 점과 평북 방언에 '이레'를 뜻하는 방언형으로 '닐궤'가 있다는 점을 고려하면, 후기중세국어 어형 '닐웨'는 '*닐궤'에서 'ㄱ'가 약화된 어형으로 추정할 수 있다. 따라서 현대국어 어휘 '이레'의 통시적 변천을 다음과 같이 추정할 수 있다.

예) *닐궤 > 닐웨(15세기~17세기) > 닐에(16세기~18세기) > 니레(18세기) > 이레(20세기~현재)

◎ '숨엣더시니'의 '엣'은 본용언의 어간 '숨-'에 결합한 연결어미 '-어'와 보조용언의 어간 '잇-'이 음절 축약 과정을 거치면서 '잇-'의 단모음 '이'가 활음화(반모음화)로 인해 반모음 'y'가 되어 형성되었다.

◎ 연결어미 '-아/-어'와 후행하는 용언 어간 '잇-'은 음절 축약에 의해 '앳/엣'의 형태로 바

뀌었다. 이러한 '-아/-어 # 잇- > -앳/-엣-'의 음절 축약은 결과적으로 과거를 의미하는 시상의 선어말어미 '-았-/-었-'의 문법화로 이어졌다.

◎ '-더시-'는 현대국어에서 '-시더-'로 '-시-'와 '-더-'의 위치가 바뀌었다. 이러한 형태소의 위치 바꿈을 '전위'라고 한다. 한편, 이기문(1961/1998)에 따르면, '-더시-', '-거시-'는 이미 15세기에 '-시더-', '-시거-'로 바뀐 용례들이 있으며, 근대국어로 오면서 '-시더-', '-시거-'로 고정되었다.

⑤ ·ᄒᆞ·ᅀᆞᄫᆞ·려
⇒ ᄒᆞ-(동사 어간) + -ᅀᆞᆸ-(객체 높임의 선어말어미) + -오려(연결어미)

◎ '공양ᄋᆞᆯ ᄒᆞ-'의 대상인 석가모니 부처를 높이기 위해 '-ᅀᆞᆸ-'가 쓰였다.

⑥ 나·ᅀᅡ·오시·니
⇒ [{낫-(동사 어간) + -아(연결어미)} + 오-(동사 어간)]- + -시-(주체 높임의 선어말어미) + -니(평서형 종결어미)

◎ 『표준국어대사전』에서는 '나ᅀᅡ오-'의 현대국어 어형인 '나아오-'를 통사적 합성어로 분석하고 있다. 따라서 '나ᅀᅡ오-'도 통사적 합성어로 처리하고자 한다.

◎ '낫-'은 '나아가-'의 후기중세국어 어형으로, 자음으로 시작하는 어미 앞에서는 '낫-'으로, 모음으로 시작하는 어미 앞에서는 '나ᇫ-'이나 '나-'로 교체되었다.

[원문]

끼ᇰ其·ᅙᅵᇙ一·ᄇᆡᆨ百:궇九
쳔千·ᄇᆡᆨ百·ᅙᅳᆨ億·변變·화化ㅣ·샤·졍正:ᄯᅩᇢ道ㅣ노ᄑᆞ·신·ᄃᆞᆯ:아·래브·터ᄆᆞᅀᆞᆷ·애:아·ᅀᆞᄫᅩ·ᄃᆡ
제:ᄯᅩᇢ道:리理ᄫᅮᆺ·그·리다·가·ᅙᅵᇙ一쳔千·뻠[424]梵·지志더·블·오·이·날애·ᅀᅡ머·리좇·ᄉᆞᄫᆞ·니

[현대역]

[석가모니 부처께서는] 천백억(몇천 몇백억의) 변화이시어 [석가모니 부처의] 정도가 높으신 것을 [가섭은] 아래(예전)부터 마음에(마음속에서) 알되,

424) <月印 上:040a>

[가섭은] 제 도리가 [석가모니 부처께 못 미침을] 부끄러워하다가 일천 범지(일천 명의 배화교 제자)와 더불어 [마침내] 이날에야 [석가모니 부처께] 머리를 조아리니.

[배경]

석가모니 부처께서 가섭울비라를 제도하시려고 머무르시는 동안에 행하신 갖가지 신통력은 천변만화(千變萬化)하고, 조화가 그지없어 가섭은 석가모니 부처의 정도(正道)가 매우 높으신 줄은 이미 알고 있었으나, 제 지위나 제자들에 대한 체면과 자존심 때문에 끝까지 버티고 있었다.
그러나 마침내 제 재주가 바닥이 나고 더 버틸 수 없는 형편에 이르니 이제까지 석가모니 부처께 한 일을 부끄럽게 여기고 일천이 넘는 배화교도 제자들을 석가모니 부처께 데리고 와서 땅에 머리를 조아려 항복하였다. 이로 말미암아 가섭 형제는 그 제자들과 더불어 석가모니 부처의 제자로서 훌륭한 공덕을 쌓게 되었다.

[어절 분석]

쳔千·ᄇᆡᆨ百·ᅙᅳᆨ億#·변變·화化ㅣ·샤#·졍正:ᄠᅩᇢ道ㅣ#①노ᄑᆞ·신#·ᄃᆞᆯ#②:아·래브·터#ᄆᆞᅀᆞᆷ·애#:아·ᅀᆞᄫᆞ·ᄃᆡ

제#:ᄠᅩᇢ道:리理#③붓·그·리다·가#·ᅙᅵᇙ一쳔千#·뻠梵·지志#④더·블·오#·이·날애·ᅀᅡ#머·리#⑤좃·ᄉᆞᄫᆞ·니

[주석]

① 노ᄑᆞ·신#·ᄃᆞᆯ

⇒ 높-(형용사 어간) + -(ᄋᆞ)시-(주체 높임의 선어말어미) + -ㄴ(관형사형 어미) # ᄃᆞ(의존명사) + ᄋᆞᆯ(목적격조사)

◎ 『월인천강지곡(月印千江之曲)』에서 사용된 '-ㄴᄃᆞᆯ'은 일반적으로 통합형 연결어미로서 양보의 접속 기능을 가진 것으로 보인다. 그러나 기109에 쓰인 '노ᄑᆞ신 ᄃᆞᆯ'은 '-ᇙᄃᆞᆯ'처럼 그 의미상 명사구 보문 구성을 하며 상위문 서술어의 목적어로 사용된다고 판단된다. 이 외에도 기115의 '드르샨 ᄃᆞᆯ', 기138의 '오ᄂᆞᆫ ᄃᆞᆯ', 기167의 '거스ᄂᆞᆫ ᄃᆞᆯ', '겻구던 ᄃᆞᆯ'과 기170의 '모ᄅᆞᄂᆞᆫ ᄃᆞᆯ', 기180의 '궁ᄒᆞ신 ᄃᆞᆯ'도 여기에서의 '노ᄑᆞ신 ᄃᆞᆯ'과 동일하게 분석된다.

② :아·래브·터#ᄆᆞᅀᆞᆷ·애#:아·ᅀᆞᄫᆞ·ᄃᆡ
⇒ 아래(명사) + 브터(보조사) # ᄆᆞᅀᆞᆷ(명사) + 애(부사격조사) # 알-(동사 어간) + -ᅀᆞᆸ-(객체 높임의 선어말어미) + -오ᄃᆡ(연결어미)

◎ 여기에서의 ‘아래’는 시간적 의미로 ‘과거’를 의미한다.

◎ ‘브터’는 ‘븥-’의 부사형이 조사로 화석화 된 것이며, 원순모음화로 인해 ‘브터 > 부터’의 형태 변화를 겪었다.

◎ ‘ᄆᆞᅀᆞᆷ애’의 ‘애’는 ‘에서’의 기능을 수행한다.

◎ ‘알-’의 대상인 석가모니 부처의 ‘졍ᄠᆞᆮ ㅣ 노ᄑᆞ신 ᄃᆞᆯ’을 높이기 위하 ‘-ᅀᆞᇦ-’가 쓰였고, ‘-ᅀᆞᇦ-’의 ‘ᅀ’ 앞에서 ‘알-’의 종성 ‘ㄹ’가 탈락되었다.

③ 븟·그·리다·가
⇒ 븟그리-(동사 어간) + -다가(연결어미)

◎ ‘븟그리-’는 ‘부끄러워하다’를 의미한다.

④ 더·블·오
⇒ 더블-(동사 어간) + -고(연결어미)

◎ 후기중세국어 어형 ‘더블-’은 근대국어 시기에 원순모음화를 겪으면서 ‘더불-’의 형태로 바뀌어 현대국어에 이어졌다. 현대국어의 ‘더불-’은 대표적인 불완전 동사(불구 동사)이다. 불완전 동사는 활용상의 제약을 받아 몇 개의 국한된 활용형만을 가지는 동사를 말한다. 현대국어에서 ‘더불-’은 표준어에서 ‘더불어’ 한 가지 형태의 활용형만이 사용되고 있으며 방언에서는 ‘더불고(예: 동생 데불고 와)’의 활용 형태도 쓰이고 있다. 한편, 표준어에서 ‘더불어’는 ‘더불-’의 활용형인데, 『고려대 한국어대사전』에서는 부사로 설명하고 있다.

◎ ‘더블-’의 어간말 ‘ㄹ’ 뒤에서 ‘-고’의 ‘ㄱ’가 약화되어 ‘-오’로 교체되었다.

⑤ 좃·ᄉᆞᄫᆞ·니
⇒ 좃-(동사 어간) + -ᄉᆞᆸ-(객체 높임의 선어말어미) + -(ᄋᆞ)니(평서형 종결어미)

◎ 현대국어 '조아리-'의 후기중세국어 어형인 '좃-'은 모음으로 시작하는 어미 앞에서는 '좃-'으로 나타난다. 한편 후기중세국어 시기의 '좃-'은 다음과 같이 성조에 따라 의미가 달라진다.

예) ㉮ 좃-: 쪼다, 깨다
　　㉯ :좃-: 조아리다

◎ '좃-'의 대상인 석가모니 부처를 높이기 위해 '-ᅀᆞᆸ-'가 쓰였다.

[원문]

끠其·힗一·빅百·씹十
·몸·이:업스·샤:오五방方·애:뵈·어시·늘·힗一쳔千·삐比쿻丘ㅣ:울·워ᅀᆞ·뱃더·니
·몸·이도·라·오·샤삼三·씨示·현現닐·어시·늘·힗一쳔千·삐比쿻丘ㅣ라羅·한漢·이ᄃᆞ외·니

[현대역]

[석가모니 부처의] 몸이 없어지시어 오방425)에 나타나 보이시거늘 일천 비구(일천 명의 비구)가 [석가모니 부처를] 우러러 있더니.
[사라진 석가모니 부처의] 몸이 [다시] 돌아오시어 삼시현426)을 말씀하시거늘 일천 비구가 [모두 불과를 얻어] 나한427)이 되니.

[배경]

석가모니 부처께서 가섭과 그 제자들에게 진정으로 그들의 마음을 복종시키기 위하여 온갖 신통력을 보이셨다. 석가모니 부처의 몸이 없어지기도 하고, 석가모니께서 여러 몸이 되시어 동서남북과 중앙에 나타나시기도 하고, 이 다섯 몸이 다시 합하여 하나가 되시기도 하였다. 또한 석가모니 부처의 머리에서 물이 솟고 아래로는 불을 토하기도 하는 등

---

425) 오방(五方): 동, 서, 남, 북과 그 가운데.

426) 삼시현(三示現): 부처가 중생을 위해 몸과 뜻과 말로 행하는 세 가지 활동으로, '여의족시현(如意足示現, 몸으로 불가사의한 변화를 나타내어 바른 믿음을 갖게 함)', '점념시현(占念示現, 중생의 생각을 자세히 살펴 그에 따라 교화함)', '교훈시현(教訓示現, 교법을 설하고 훈계하여 중생을 수행하게 함)'을 가리킴.

427) 나한(羅漢): 범어 'Arhat'의 음역인 '아라한(阿羅漢)'의 약칭으로, 한역으로는 '응공(應供)'이라고 함. 일체의 번뇌를 벗어나, 사람이나 하늘의 공양을 받으며 죽음과 삶의 과보를 받지 않음을 의미하며, 부처의 상등 제자를 가리킴.

수천 비구들이 석가모니 부처의 신통력을 보고는 우러러 감복·찬탄하였다.
석가모니 부처께서 별안간 없어지셨다가 다시 나타나시는 신통력을 본 가섭의 제자들은 석가모니 부처의 법력에 진심으로 항복하였고, 석가모니 부처의 도리를 깨달아 나한이 되었다.

[어절 분석]

·몸·이#:업스·샤#:오五방方·애#①:뵈·어시·ᄂᆞᆯ#·ᅙᅵᇙ一쳔千#·삐比쿻丘ㅣ#②:울·워ᅀᆞ·ᄫᆞᆺ더·니
·몸·이#도·라·오·샤#삼三·씨示·현現#③닐·어시·ᄂᆞᆯ#·ᅙᅵᇙ一쳔千#·삐比쿻丘ㅣ#④라羅·한漢·이#ᄃᆞ외·니

[주석]

① :뵈·어시·ᄂᆞᆯ
⇒ [보-(어근) + -이(피동 접사)]- + -시-(주체 높임의 선어말어미) + -거ᄂᆞᆯ(연결어미)

◎ '뵈-'의 반모음 'y' 뒤에서 '-거ᄂᆞᆯ'의 'ㄱ'가 약화되어 '-어ᄂᆞᆯ'로 교체되었다.

② :울·워ᅀᆞ·ᄫᆞᆺ더·니
⇒ *울궐-(동사 어간) + -ᅀᆞᆸ-(객체 높임의 선어말어미) + -아(연결어미) # 잇-(동사 어간) + -더-(시상의 선어말어미) + -니(평서형 종결어미)

◎ 현대국어 '우러르-'의 후기중세국어 어형인 '울월-'은 15세기 문헌에서부터 나타난다. 『우리말샘』에 따르면, 16세기에는 제1음절과 제2음절에 동일한 'ㅜ' 모음이 등장하는 것을 회피하는 이화 현상에 따라 제2음절의 이중모음 'ㅝ'에서 'ㅜ'가 탈락하여 '울얼-' 형태가 등장하였고, 제2음절 초성인 유성후두마찰음 'ㅇ[ɦ]'이 사라지면서 17세기에는 연철 표기된 '우럴-'의 형태가 나타났다. 19세기에는 '우러르니'의 예를 통해 알 수 있듯이 어간이 '우럴-'에서 '우러르-'로 바뀌었는데, 이는 '우럴-'이 모음 어미 '-어'와 결합하여 '우러러'로 나타난 것을 '크다, 커'와 같이 어간말 모음 'ㅡ'를 지닌 용언이 어미 '-어'와 결합할 때 'ㅡ'가 탈락하는 것과 같은 활용으로 잘못 분석한 결과로 보인다. 한편 후기중세국어 시기에 'ㄹ' 뒤에서 'ㄱ'가 약화되어 유성후두마찰음 'ㅇ[ɦ]'으로 교체되는 현상을 감안하면, '울월-'의 이전 형태로 '*울궐-'의 형태를 재구할 수 있다.

◎ '울워ᅀᆞᄫᅢᆺ더니'는 본용언의 어간 '울월-'과 객체 높임의 선어말어미 '-ᅀᆞᆸ-'가 결합하면서 'ᅀ' 앞에서 '울월-'의 어간말 'ㄹ'가 탈락하였다. 한편, '울워ᅀᆞᆸ-'에 결합한 연결어미 '-아'와 보조용언의 어간 '잇-'이 음절 축약 과정을 거치면서 '잇-'의 단모음 '이'가 활음화(반모음화)로 인해 반모음 'y'가 되어 '앳'이 형성되었는데, '울워ᅀᆞᆸ-'와 '앳'이 연철되면서 '울워ᅀᆞᄫᅢᆺ-'으로 표기되었다.

③ 닐·어시·늘
⇒ 니르-(동사 어간) + -시-(주체 높임의 선어말어미) + -어늘(연결어미)

◎ 후기중세국어에서 'ᄉᆞᆲ-'과 '니ᄅᆞ-/니르-'와 존칭의 여격어를 필요로 하는 '엳ᄌᆞᆸ-', '알외-' 등은 인용동사로 종종 쓰였다. 한편 고영근(1987/2010: 125~126)에 따르면 후기중세국어 시기에는 현대국어의 '르' 불규칙과 유사한 현상이 있다.

예1) ㉮ 달아, 달오라 / 다ᄅᆞ거늘
㉯ 글어, 글옴 / 그르ᄂᆞᆫ

고영근(1987/2010)에 따르면, 예1)의 ㉮에서는 어간말 모음이 'ᆞ'인 '다ᄅᆞ-(異)'가 '니ᄅᆞ-'와 동일하게 자음으로 시작하는 어미 앞에서는 '다ᄅᆞ거늘'과 같이 용언 어간의 형태에 변화가 없음을 볼 수 있지만 모음으로 시작하는 어미 앞에서는 어간말 모음 'ᆞ'가 탈락하면서 'ㄹ'가 선행 음절의 종성에 부착되고 '-아'와 '-오라'의 초성에 유성후두마찰음 'ㅇ'가 오는 것을 확인할 수 있다. 마찬가지로 예1)의 ㉯에서는 어간말 모음이 'ㅡ'인 '그르-(解)'가 자음으로 시작하는 어미 앞에서는 '그르ᄂᆞᆫ'과 같이 용언 어간의 형태에 변화가 없음을 볼 수 있으나 모음으로 시작하는 어미 앞에서 어간말 모음 'ㅡ'가 탈락하면서 'ㄹ'가 선행 음절의 종성에 부착되고 '-어'와 '-옴'의 초성에 유성후두마찰음 'ㅇ'가 오는 것을 확인할 수 있다.
한편 후기중세국어 시기에는 현대국어의 '르' 불규칙과 동일한 현상이 있었다.

예2) ㉮ 몰라, 몰롬 / 모ᄅᆞ실ᄊᆡ
㉯ 블러, 블룸 / 브르ᄂᆞᆫ

예2)에서는 어간말 모음이 'ᆞ'인 '모ᄅᆞ-'가 자음으로 시작하는 어미 앞에서는 '모ᄅᆞ실ᄊᆡ, ᄇᆞᄅᆞ고'와 같이 용언 어간의 형태에 변화가 없음을 볼 수 있다. 그러나 모음으로 시작하는 어미 앞에서는 어간말 모음 'ᆞ'가 탈락하면서 'ㄹ'가 선행 음절의 종성에 부착되고 모음으로 시작하는 어미의 초성에 'ㄹ'가 하나 더 오는 것을 확인할 수 있다.

유사점이 많은 두 가지 용언의 활용은 15세기부터 통합되는 양상을 보이다가 16세기에는 현대국어의 ‘르’ 불규칙과 동일한 현상인 예2)로 완전히 통합되었다.

④ 라羅·한漢·이#ᄃᆞ외·니
⇒ 라한(명사) + 이(보격조사) # ᄃᆞ외-(동사 어간) + -니(평서형 종결어미)

◎ ‘ᄃᆞ외-’에 선행하는 조사 ‘이’는 보격조사이다.

[원문]

428)끠其·ᅙᅵᇙ一·빅百·씹十·ᅙᅵᇙ一
·듁竹원園·에뼝瓶사沙ㅣ·드·러내몸·애·욕欲심心:업거·늘·셰世존尊·이아·라·오시·니
·듁竹원園·에부:톄·드르·샤·즁衆싱生·ᄋᆡ·욕欲심心:업ᄉᆞᇙ·ᄃᆞᆯ아阿난難·이ᄃᆞ·려니ᄅᆞ·시·니

[현대역]

죽원429)에 [마갈타국 왕] 병사가 들어와 내(병사 자신의) 몸에 욕심이 없거늘 [이것을] 세존(석가모니 부처)이 알아 [죽원으로] 오시니.
죽원에 부처(석가모니 부처)가 들어가시어 중생의 욕심이 [앞으로 사라져] 없어질 것을 아난이에게 말씀하시니.

[배경]

석가모니 부처께서 가섭과 그 신도 천여 명을 제자로 삼고, 이들을 이끌고 왕사성에 가셨다. 그러자 마갈타국 왕 병사가 백관과 더불어 성을 나와 석가모니 부처를 맞이하고, 죽원이라는 땅을 바치어 석가모니 부처께서 전법하시게 하였다. 석가모니 부처께서 마갈타국 왕 병사의 아름다운 마음을 아시고는 곧 죽원으로 가시어 설법하셨다.
석가모니 부처께서 죽원으로 들어가시어 죽원을 설법할 도량으로 삼으시고, 이제 중생의 모든 욕심을 떨쳐버리고 정각을 얻어 무량공덕을 이루실 것을 제자인 아난다430)에게 말씀하셨다.

---

428) <月印 上:040b>

429) 죽원(竹園): 범어 ‘Vunuvanam’의 한역으로, 중인도(中印度) 마갈타국의 왕사성 북쪽에 있으며, 석가모니가 설법하던 곳으로 알려져 있음. ‘죽림원(竹林園)’이라고도 함.

430) 아난다(阿難陀): 범어 ‘Ānanda’의 음사로, ‘아난(阿難)’ 또는 ‘아난존자(阿難尊者)’라고도 하며, ‘환희(歡喜)’로

[어절 분석]

·듁竹원園·에#뼝甁사沙ㅣ#·드·러#①<u>내#몸·애</u>#·욕欲심心#:업거·늘#·셰世존尊·이#아·라#·오시·니

·듁竹원園·에#부:톄#②<u>·드르·샤</u>#·즁衆ᄉᆡᇰ生·ᄋᆡ#·욕欲심心#③<u>:업슗#·ᄃᆞᆯ</u>#④<u>하阿난難·이ᄃᆞ·려</u>#니ᄅᆞ·시·니

[주석]

① 내#몸·애

⇒ 나(대명사) + ㅣ(관형격조사) # 몸(명사) + 애(부사격조사)

◎ 후기중세국어 시기의 1인칭 대명사 '나', 2인칭 대명사 '너', 3인칭 대명사 '저', 3인칭 미지칭 대명사 '누' 뒤에는 'ㅣ' 형태의 격조사가 붙었다. 그런데 이 시기의 주격조사 'ㅣ'와 관형격조사 'ㅣ'의 형태가 동일하였다. 따라서 형태로는 격을 구분할 수 없고, 방점에 따라 구분할 수 있었다. '내, 네, 제'와 같이 평성의 방점이 사용된 경우의 격조사 'ㅣ'는 관형격의 기능을 수행하였고, '·내, :네, :제'와 같이 거성점이나 상성점이 사용된 경우의 격조사 'ㅣ'는 주격의 기능을 수행하였다. 다만, '뉘'는 'ㅣ'가 관형격일 때는 ':뉘'처럼 상성점이 쓰였고, 주격일 경우에는 '·뉘'처럼 거성점이 쓰였다.

② ·드르·샤

⇒ 들-(동사 어간) + -(으)시-(주체 높임의 선어말어미) + -아(연결어미)

◎ 주체 높임의 선어말어미 '-시-' 뒤에 '아' 또는 '오'로 시작하는 어미가 오면 '-시-'가 이형태 '-샤-'로 교체되고 '아' 또는 '오'로 시작하는 어미에서 '아'와 '오'는 탈락한다.

◆ 후기중세국어 시기의 '-시-'의 형태에 대한 자세한 설명은 p.85를 참조.

③ :업슗#·ᄃᆞᆯ

⇒ 없-(형용사 어간) + -(으)ᇙ(관형사형 어미) # ᄃᆞ(의존명사) + ᄋᆞᆯ(목적격조사)

한역됨. 석가모니의 사촌 동생이자 석가모니의 10대 제자 중의 한 사람이며, 석가모니가 성도하던 날 태어났다고 알려져 있음. 석가모니 곁에서 그의 말을 가장 많이 들었으므로, '다문제일(多聞第一)'이라 불리며, 석가모니의 이모가 출가하는 데 힘을 써서 처음으로 교단에서 여승(女僧)을 인정하게 하였으며, 경의 편찬에 참여하여 후대에 전해지도록 한 것이 그의 가장 큰 업적임.

◎ ‘-ㅭᄃᆞᆯ’은 그 의미상 명사구 보문을 구성하며 상위문 서술어의 목적어로 사용된다.

◈ 후기중세국어 시기의 ‘-ㄴᄃᆞᆯ, -ㅭᄃᆞᆯ’에 대한 자세한 설명은 p.51을 참조.

④ 하阿난難·이ᄃᆞ·려
⇒ [하난(어근) + -이(명사 파생 접사)] + ᄃᆞ려(보조사)

◎ ‘ᄃᆞ려’는 어원적으로 ‘ᄃᆞ리-’의 부사형이 조사로 화석화된 것이며, 현대국어에서의 ‘에게’의 기능을 수행한다. 김성주·조준호(2017)에 따르면, ‘ᄃᆞ려’는 원래 ‘ᄃᆞ리-(將)’의 부사형이었으나 후기중세국어 시기에는 조사로 많이 쓰였다. 다만, 이 시기의 모든 ‘ᄃᆞ려’의 형태를 조사로 판단할 수는 없다. 『석보상절(釋譜詳節)』 권3에서도 ‘ᄃᆞ려’가 나타나는데 김성주·안양규(2018: 36)에서는 ‘太子 ᄃᆞ려 <釋譜 3:1b>’의 원문은 ‘將太子’이므로 ‘ᄃᆞ려’는 여격조사가 아닌, ‘데리고(將)’의 의미로 파악하여 ‘ᄃᆞ리-(동사 어간) + -어(연결어미)’로 분석하고 있다. 김승곤(1982)에 따르면, 현대국어 조사 ‘더러’는 ‘ᄃᆞ리어 > ᄃᆞ려 > 다려 > 더러’와 같이 변해 왔으며, 그 의미가 선행 체언에 수반하는 관계를 나타내면서 조사화가 가능했다.

[원문]

끠其·ᅙᅵᇙ一·ᄇᆡᆨ百·씹十·ᅀᅵ二
431):마馬·싱勝·이·샤舍·리利·붏弗·보·아ᄒᆞᆫ·꼥偈·ᄅᆞᆯ닐·어들·어제스승·ᄋᆞᆯ·곧닛·긔ᄒᆞ·니
·목目련連·이·샤舍·리利·붏弗·보·아ᄒᆞᆫ·꼥偈·ᄅᆞᆯ아·ᄅᆞ드·러·새스승·긔·곧모·다오·니

[현대역]

마승432)이 사리불433)을 보아 [그에게] 한 게를 일러(불러) 들리어(듣게 하여) 제(사리불의) 스승을 곧 잊게 하니.

---

431) <月印 上:041a>

432) 마승(馬勝): 범어 ‘Assaji’의 한역. 다섯 비구의 한 사람으로, 위용이 단정하기로 유명하며 사리불을 인도하여 부처에 귀의시켰다고 함.

433) 사리불(舍利弗): 범어 ‘Śāriputra’의 음사로, ‘추로자(秋露子)’라 한역하기도 하며 ‘추자(鶖子)’·‘사리자(舍利子)’라고도 함. 마갈타국 왕사성 북쪽의 나라촌 바라문의 가문에서 태어났음. 석가모니의 십대제자의 하나로, 지혜가 뛰어나 ‘지혜제일(智慧第一)’이라 불렸음. 원래 목건련(目犍連)과 함께 육사외도(六師外道)의 한 사람인 산자야(sañjaya)의 수제자였으나 석가모니의 제자인 아설시(阿說示)로부터 석가모니의 가르침을 전해 듣고, 250명의 동료들과 함께 석가모니의 제자가 되었다고 함. 석가모니보다 나이가 많았고, 병이 들어 고향에서 동생의 간호를 받다가 입적했다고 함.

목련434)이 사리불을 보고 [사리불이 부르는] 한 게를 알아들어 새 스승(석가모니 부처)께 곧 모여 오니.

[배경]

석가모니 부처께서 죽림정사에서 전법하실 때, 제자 마승이 탁발435)하러 나갔다가 마침 스승을 사별하고 돌아가는 사리불을 만났다. 사리불이 마승의 위엄에 감동하여 그의 스승이 누구인가를 물었다. 이에 마승이 석가모니 부처의 이상과 인격을 말하고 석가모니 부처에 비하면 자기는 보름달 아래 반짝이는 반딧불만도 못한 존재임을 설명하여, 사리불로 하여금 이전 스승을 잊고 석가모니 부처의 제자가 되게 하였다.
목련은 사리불과 둘도 없는 벗이었는데, 사리불이 출가한다는 말과 마승이 사리불에게 들려주었다는 게(偈)를 듣고, 두 사람이 함께 출가할 결심을 하고 죽원 정사를 찾아가 석가모니 부처의 제자가 되었다.

[어절 분석]

:마馬·싱勝·이#·샤舍·리利·붏弗#·보·아#ᄒᆞᆫ#·꼐偈·ᄅᆞᆯ#닐·어#①들·여#②제#스ᄉᆞᇰ·을#·곧#③닛·긔#ᄒᆞ·니
·목目련連·이#·샤舍·리利·붏弗#·보·아#ᄒᆞᆫ#·꼐偈·ᄅᆞᆯ#아·라드·러#·새#스ᄉᆞᇰㅅ·긔#·곧#모·다#오·니

[주석]

① 들·여
⇒ [듣-(어근) + -이(사동 접사)]- + -어(연결어미)

◎ '들이-'는 '듣-'의 사동형이며, '들이-'의 '이'와 '-어'가 축약되어 '들여'로 표기되었다.

② 제
⇒ 저(대명사) + 이(관형격조사)

---

434) 목련(目連): 범어 'Maudgalyaayana'의 음사(音寫)로 '마하목건련(摩訶目犍連)', '대목건련(大目犍連)', '목건련(目犍連)' 등으로 불림. 석가모니의 십대제자의 하나로, 제자 중에서 신통력이 제일 뛰어나 '신통제일(神通第一)'이라 일컬음.

435) 탁발(托鉢): 승려들이 걸식으로 의식을 해결하는 방법으로, 불교에서 출가 수행자들이 지켜야 할 규율인 12두타행 중 걸식과 같은 뜻으로 쓰임. '발(鉢)'이란 음식을 담는 그릇인 발우를 가리키며, '탁발'이란 걸식하여 얻은 음식을 담은 발우에 목숨을 기탁한다는 의미임.

◎ 후기중세국어에는 '나'의 겸양어 '저'가 존재하지 않았다. 후기중세국어의 '저'는 3인칭 재귀대명사로 주격형과 관형격형이 모두 '제'이기 때문에 방점으로 구분하였다. 관형격조사 'ㅣ'가 붙은 '제'의 성조는 평성이었고, 주격조사 'ㅣ'가 붙은 ':제'의 성조는 상성이었다.

③ 닛·긔#ᄒᆞ·니
⇒ 닛-(동사 어간) + -긔(연결어미) # ᄒᆞ-(동사 어간) + -니(평서형 종결어미)

◎ 현대국어 어휘 '잊-'은 『용비어천가(龍飛御天歌)』에서는 다음의 ㉮~㉰와 같이 '닞-'의 형태로 발견된다. 다만 『용비어천가(龍飛御天歌)』에서의 용례들은 '닞-' 다음에 모음으로 시작하는 어미가 붙는다는 공통점이 있다. 한편 ㉱의 용례는 『월인천강지곡(月印千江之曲)』에서 '좇-'의 활용 용례인데, '-ᄌᆞᆸ-'이 어간 '좇-'에 후행하고 있다. 이러한 용례들을 감안하면, '닛-'은 '닞-'의 8종성 표기로 볼 수 있다. 그런데 『월인천강지곡(月印千江之曲)』의 표기법이 대체로 형태음소적 표기를 지향한다는 점을 고려하면 여기에서의 '닛-'은 '닞-'의 오표기일 가능성이 높다고 생각한다.

예) ㉮ 四海ᄅᆞᆯ 平定ᄒᆞ샤 길 우희 糧食 니저니 <龍歌 53>
㉯ 獨夫를 하ᄂᆞᆯ히 니ᄌᆞ·샤 <龍歌 72>
㉰ 賢弟를 매 니ᄌᆞ·시·리 <龍歌 74>
㉱ 즘게 남기 들여늘 구쳐 뵈ᅀᆞᆸ고 조ᄍᆞ·ᄫᅡ 오·니 <月印 上:65b>

◎ 고영근(1987/2010: 248~257)에 따르면, 후기중세국어의 사동문은 사동사에 의한 사동문과 '-게 ᄒᆞ-'에 기댄 사동문으로 구분할 수 있다. '-게 ᄒᆞ-'에 기댄 사동문은 보조적 연결어미 '-게/-긔'와 보조동사 'ᄒᆞ-'가 결합한 '-게/-긔 ᄒᆞ-'를 말한다. 연결어미 '-게'는 '-긔'로도 나타나며 'ㄹ'와 하향이중모음의 반모음 'y' 및 서술격조사 아래에서는 '-에, -의'로 교체되기도 하였다. 또한 '-게/-긔 ᄒᆞ-'에 의한 사동문은 간접적인 의미만 파악된다.

[원문]

끠其·ᅙᅵᇙ一·빅百·씹十삼三
아·ᄃᆞᆯ:님쎠ᇰ成·뿌ᇙ佛·커시·ᄂᆞᆯ아·바:님·그리·샤·뻠梵·지志ᅙᅮᇰ優따陁야耶·ᄅᆞᆯ술·ᄫᆞ라·브·리시·니
436)아·ᄃᆞᆯ:님쎠ᇰ成·뿌ᇙ佛·ᄒᆞ·샤아·바:님·보ᅀᆞ·ᄫᆞ리·라라羅·한漢ᅙᅮᇰ優따陁야耶·ᄅᆞᆯ돌·아보·내시·니

436) <月印 上:041b>

[현대역]

아드님(석가모니 부처)이 성불하시거늘 아버님(정반왕)이 [아드님을] 그리워하시어 범지 우타야[437]를 [아버님이 아드님을 그리워하신다는 소식을] 말씀드리러 [석가모니 부처께] 부리시니(보내시니).

아드님이 성불하시어 아버님을 뵙겠다 [하여] 나한 우타야를 [가비라성으로] 돌려보내시니.

[배경]

여기에서부터 기120까지는 석가모니 부처께서 정반왕을 만나 뵙고 여러 가지를 담화하는 내용을 다루고 있다.

정반왕이 실달 태자께서 왕성을 떠난 지 12년이 지나도록 소식을 모르다가, 태자께서 성불하시어 여러 제자를 데리고 수행하신다는 풍문을 들었다. 이에 정반왕이 실달 태자(석가모니 부처)의 동정을 자세히 알아오라고 범지 우타야를 죽림정사로 보냈다.

석가모니 부처께서 아버님의 사신 우타야를 맞아 설법하시어 아라한이 되게 하시고, 우타야를 왕성으로 되돌려 보내시면서 앞으로 이레가 되는 날 아버님을 찾아뵙겠다는 뜻을 전하도록 하셨다.

[어절 분석]

아·ᄃᆞᆯ:님#①쎵成·뿛佛·커시·ᄂᆞᆯ#아·바:님#②·그리·샤#·뻠梵·지志#훟優따陁야耶·ᄅᆞᆯ#③술·ᄫᆞ라#④·ᄇᆞ·리시·니

아·ᄃᆞᆯ:님#쎵成·뿛佛·ᄒᆞ·샤#아·바:님#⑤·보ᅀᆞ·ᄫᆞ리·라#라羅·한漢#훟優따陁야耶·ᄅᆞᆯ#⑥돌·아#보·내시·니

[주석]

① 쎵成·뿛佛·커시·ᄂᆞᆯ

⇒ [쎵뿛(어근) + -ᄒᆞ(동사 파생 접사)]- + -시-(주체 높임의 선어말어미) + -거ᄂᆞᆯ(연결어미)

◎ '쎵뿛ᄒᆞ-'의 'ᄒᆞ'와 '-거ᄂᆞᆯ'의 '거'가 음절 축약을 거쳐 '커'로 표기되었다.

---

437) 우타야(優陁耶): 범어 'Udāyin'의 음역으로, '우타이(優陁夷)'라고도 함. 가비라성의 국사의 아들로 애초부터 실달 태자의 출가를 반대한 사람이며, 뒤에 정반왕의 명으로 실달 태자의 소식을 알려고 왔다가 머리 깎고 출가하여 석가모니의 제자가 됨.

② ·그리·샤

⇒ 그리-(동사 어간) + -시-(주체 높임의 선어말어미) + -아(연결어미)

◎ 주체 높임의 선어말어미 '-시-' 뒤에 '아' 또는 '오'로 시작하는 어미가 오면 '-시-'가 이형태 '-샤-'로 교체되고 '아' 또는 '오'로 시작하는 어미에서 '아'와 '오'는 탈락한다.

③ ᄉᆞᆯ·ᄫᆞ라

⇒ ᄉᆞᆲ-(동사 어간) + -(ᄋᆞ)라(연결어미)

◎ '-라'는 '희망, 의도, 목적'을 나타내는 연결어미이며, 이외에도 후기중세국어에서 '희망' 등을 나타내는 어미로는 '-고져, 고자, -과뎌, -긧고, -게끔, -오려/-우려' 등이 있다.

④ ·ᄇᆞ·리시·니

⇒ ᄇᆞ리-(동사 어간) + -시-(주체 높임의 선어말어미) + -니(평서형 종결어미)

◎ 현대국어 '부리-'의 후기중세국어 어형인 'ᄇᆞ리-'는 15세기 문헌에서부터 나타난다. 'ᄇᆞ리- > 부리-'의 형태 변화는 원순모음화에 의한 것으로, 원순모음화 현상은 18세기에 일반화 되었다. 원순모음화 이후 'ᄇᆞ리-'와 '부리-' 형태는 공존하다가 19세기 이후로는 '부리-'의 형태만이 쓰였다.

⑤ ·보ᅀᆞ·ᄫᅩ리·라

⇒ 보-(동사 어간) + -ᅀᆞᆸ-(객체 높임의 선어말어미) + -오-(의도의 선어말어미) + -리-(의지의 선어말어미) + -다(평서형 종결어미)

◎ '보-'의 대상인 '아바님'을 높이기 위해 '-ᅀᆞᆸ-'가 쓰였다.

⑥ 돌·아#보·내시·니

⇒ [도ᄅᆞ-(어근) + -ᄋᆞ(사동 접사)]- + -아(연결어미) # 보내-(동사 어간) + -시-(주체 높임의 선어말어미) + -니(평서형 종결어미)

◎ '도ᄅᆞ-'는 현대국어 '돌-'의 후기중세국어 어형인 '도ᄅᆞ-'의 사동형으로 보인다. '도ᄅᆞ-'는 '오ᄅᆞ-' 등과 마찬가지로 모음으로 시작되는 어미 앞에서 제2음절의 초성 'ㄹ'가 제1음절의 종성으로 옮겨가고 모음 'ᆞ'는 탈락한다. 또한 후행하는, 모음으로 시작하는 어미의 초성에 유성후두마찰음 'ㅇ'가 온다. 한편 '모ᄅᆞ-'의 경우에는 모음으로 시작하는 어미 앞에서는 어

간말 모음 ‘ᄋᆞ’가 탈락하면서 ‘ㄹ’가 선행 음절의 종성에 부착되고 모음으로 시작하는 어미의 초성에 ‘ㄹ’가 하나 더 온다. 유사점이 많은 두 활용 양상은 15세기부터 통합되는 양상을 보이다가 16세기에는 현대국어의 ‘르’ 불규칙과 동일한 활용형으로 통합되었다.

[원문]

끠其·ᅙᅵᇙ一·빅百·씹十·ᄉᆞ四
아·바:님:유무·보·샤·처ᇫ명盟·쎼誓일·우리·라ᅘᅮᆼ優따陁야耶ᄃᆞ·려ᄂᆞ·라가·라·ᄒᆞ시·니
아·ᄃᆞᆯ:님·되對·답答드르·샤·처ᇫ명盟·쎼誓[438]:이ᇙ·ᄃᆞᆯ:아ᄅᆞ·샤ᅘᅮᆼ優따陁야耶ᄃᆞ·려우·러:말ᄊᆞᆷ·ᄒᆞ시·니

[현대역]

[석가모니 부처께서] 아버님의 유무(기별) 보시어 첫(처음의) 맹세를 이루리라 [하시어] 우타야에게 [빨리] 날아가라 하시니.
[정반왕이] 아드님의 대답을 들으시어 [석가모니 부처께서] 첫 맹세 이룰 것을 아시어 우타야에게 울며 말씀하시니.

[배경]

석가모니 부처께서 정반왕이 보낸 우타야를 만나시어 아버님 등의 여러 가지 소식을 물으시고, 우타야에게 설법하셔서 나한으로 만드시고 왕성으로 되돌려 보내시었다. 이것은 석가모니 부처께서 출가하실 때 정각을 이루시면 곧 돌아오시겠다고 하신, 처음의 맹서를 지키시기 위한 것이었다. 소식을 왕성에 빨리 전하기 위해 석가모니 부처께서는 법력으로 왕성까지 우타야를 날려보내시었다.
석가모니 부처를 뵙고 돌아온 우타야의 전갈을 들은 정반왕은 석가모니 부처의 첫 맹서(오래지 않아 아들을 만나볼 수 있다는 것)가 곧 이루어질 것을 알고는 너무나 기뻐 우타야에게 눈물을 흘리며 말하였다.

[어절 분석]

아·바:님#:유무#·보·샤#①·처ᇫ#명盟·쎼誓#일·우리·라#ᅘᅮᆼ優따陁야耶ᄃᆞ·려#ᄂᆞ·라가·라#·ᄒᆞ시·니
아·ᄃᆞᆯ:님#·되對·답答#드르·샤#·처ᇫ#②명盟·쎼誓#:이ᇙ#·ᄃᆞᆯ#:아ᄅᆞ·샤#ᅘᅮᆼ優따陁야耶ᄃᆞ·려#우·러#:말ᄊᆞᆷ·ᄒᆞ시·니

438) <月印 上:042a>

[주석]

① ·처ᇫ

⇒ 처ᇫ(관형사)

◎ 남광우·성환갑(1978/1982: 209)에 따르면, '처ᇫ'은 '처ᅀᅥᆷ'을 의식한 '첫'의 변이형태이다. 다음의 용례를 고려하며 '처ᇫ' 형태는 유성자음 위에서 실현되는데 보편적으로 쓰인 것은 아닌 것으로 보인다.

예) ㉮ 처ᇫ 나래 <龍歌 12>

㉯ 첫소리 <訓正>

② 명盟·쎼誓#:이ᇙ#·ᄃᆞᆯ

⇒ 명쎼(명사) # 일-(동사 어간) + -ㅭ(관형사형 어미) # ᄃᆞ(의존명사) + ㄹ(목적격조사)

◎ '명쎼 이ᇙ ᄃᆞᆯ'의 '이ᇙ'은 형태적으로 선행명사 '명쎼'에 붙는 서술격조사의 관형사형으로 판단할 수도 있다. 그러나 이럴 경우 ':이ᇙ'에 상성점이 붙은 이유를 설명할 수 없다. 한편 현대국어 '이루어지-'의 후기중세국어 어형인 '일-'의 성조는 [L]이고 관형사형 어미 '-ㅭ'은 거성인데, '일- + -ㅭ'의 과정에서 어간말 종성 'ㄹ'는 탈락하고 평성인 '일-'과 거성인 '-ㅭ'가 결합하여 상성의 ':이ᇙ'이 되었다.

[원문]

끵其·히ᇙ一·ᄇᆡᆨ百·씹十:오五

·과過·겁劫·에:코苦·ᅘᆡᆼ行·ᄒᆞ·샤·이제·ᅀᅡ일·우샨·ᄃᆞᆯ ᅙᅮᆼ優땅陁양耶ㅣ ᄉᆞᆯ·ᄫᆞ·니이·다

·열:두·ᄒᆡᆯ·그·리다·가오·ᄂᆞᆯ·ᅀᅡ드르·샨·ᄃᆞᆯ아·바:님·이니ᄅᆞ·시·니이·다

[현대역]

과겁439)에 [석가모니 부처께서] 고행440)하시어 이제야 [정각을] 이루신 것임을 우타야가 [정반왕께] 말씀드렸습니다.

---

439) 과겁(過劫): 과거의 아주 오랜 동안.

440) 고행(苦行): 범어 'Duskara-carya'의 한역. 육체의 욕망을 끊고, 최고의 정신적 활동을 실현하기 위하여 일부러 몸을 괴롭게 하는 일. 또는 자기의 몸을 괴롭게 하고, 육체의 욕망을 억제하며 견디기 어려운 수행을 하는 일.

열두 해를 그리다가(그리워하다가) 오늘에야 [태자께서 성불한 소식을] 들으신 것을 아버님이 말씀하셨습니다.

[배경]

> 석가모니 부처께서 전세겁에서부터 고행을 계속하시다가 이제야 정각을 이루시어 성불하셨음을 우타야가 정반왕께 말씀드렸다.
> 그러자 정반왕은 12년 동안 태자를 보고 싶어 하다가 이제야 기다리던 소식을 들었노라고 반가워하였다.

[어절 분석]

·과過·겁劫·에#:코苦·ᅘᆡᇰ行·ᄒᆞ·샤#①·이제·ᅀᅡ#일·우샨#·ᄃᆞᆯ#ᅙᅮᇰ優따陁ᅌᅣ耶ㅣ#②ᄉᆞᆯ·ᄫᆞ·니이·다
③·열:두#·ᄒᆡᆯ#·그·리다·가#오·ᄂᆞᆯ·ᅀᅡ#④드르·샨#·ᄃᆞᆯ#아·바:님·이#니ᄅᆞ·시·니이·다

[주석]

① ·이제·ᅀᅡ
⇒ 이제(명사) + ᅀᅡ(보조사)

◎ 남광우·성환갑(1978/1982: 210)에서는 ‘ᅀᅡ’를 강세접미사로, 허웅·이강로(1962/1999: 212)에서는 힘줌의 토씨로 설명하고 있다. 이러한 분석의 차이는 선행 체언 ‘이제’를 전자는 부사로, 후자는 명사로 보는 데에 기인한 것으로 보인다. 여기에서는 허웅·이강로(1962/1999)의 의견을 좇아 ‘이제’를 명사로, ‘ᅀᅡ’는 보조사로 보기로 한다.

② ᄉᆞᆯ·ᄫᆞ·니이·다
⇒ ᄉᆞᆲ-(동사 어간) + -(ᄋᆞ)니이다(평서형 종결어미)

◎ 고영근(1987/2010: 269～285)에 따르면, 동사에서는 직설법 ‘-ᄂᆞ-’에 기대어 현재시제가 표시되지마는 형용사와 서술격조사에서는 특별한 형태가 발견되지 않는다. 겉으로 보기에는 어말어미가 시제를 표시하는 것 같지만 사실은 다른 서법형태소와 계열관계를 형성함으로써 나타나는 ‘ø’ 형태가 시제를 표시한다. 이러한 형태를 ‘부정법(不定法, aorist)’이라고 한다. 후기중세국어에는 일정한 형태가 없이 과거시제를 표시하는 일이 매우 보편적으로 확인된다. 형용사와 서술격조사에 어미가 붙을 때는 부정법 ‘ø’가 회상법과 계열관계를 형성하여

현재시제를 표시하는데, 동사에서는 직설법 '-└-', 회상법 '-더-'와 계열관계를 형성하여 과거시제를 표시한다. 따라서 여기에서의 '숣ᄫᆞ니이다'는 직설법의 '숣ᄫᆞᄂᆞ니이다'의 '-ᄂᆞ-', 회상법 '숣ᄫᆞ더니이다'의 '-더-'와 계열관계를 이루는, 부정법에 의해 과거시제를 표시하는 것으로 파악할 수 있다.

◈ 후기중세국어 시기의 서법과 시제에 대한 자세한 설명은 p.54를 참조.

③ ·열:두#·힐
⇒ 열두(관형사) # 히(명사) + ㄹ(목적격조사)

◎ 여기에서의 '열두'는 관형사로 쓰였다.

④ 드르·샨#·ᄃᆞᆯ
⇒ 듣-(동사 어간) + -(으)시-(주체 높임의 선어말어미) + -오-(대상 활용의 선어말어미) + -ㄴ(관형사형 어미) # ᄃᆞ(의존명사) + ㄹ(목적격조사)

◎ 선어말어미 '-오-/-우-'는 주로 명사형과 관형사형 활용어미 앞에 첨착(添着)되고, 부사형 어미 '-ᄃᆡ'와 연결어미 '-니, -ᄂᆞ니, -리니', 그리고 종결어미 '-리라' 등의 앞에 쓰인 경우가 있다. 그런데 관형사형 어미 '-ㄴ'와 '-ㄹ'는 '-오-/-우-'를 취하기도 하고 때로는 취하지 않기도 한다. 또한 '-니, -ᄂᆞ니, -리니' 등의 연결어미와 '-리라' 등의 의도형 종결어미 역시 삽입모음을 취하기도 하고 취하지 않기도 한다. 한편, 허웅(1977: 71)에 따르면 용언의 관형사형을 만드는 방법은 두 가지가 있는데, 하나는 용언 어간에 바로 어미 '-(으)ㄴ, -(으)ㄹ'를 붙이는 것이고, 다른 하나는 그 사이에 '-오-/-우-'를 넣는 것이 있다. 또한, 관형사형과 결합하는 '-오-/-우-'는 피수식어가 의미상의 목적어임을 표시하는 기능, 즉 대상 활용의 기능을 하였다.

◎ 『월인천강지곡(月印千江之曲)』에서의 '-ㄴ ᄃᆞᆯ'은 일반적으로 통합형 연결어미로서 양보의 접속 기능을 가진 것으로 판단된다. 그러나 기109의 '노ᄑᆞ신 ᄃᆞᆯ'과 여기에서의 '드르샨 ᄃᆞᆯ'과 기138의 '오는 ᄃᆞᆯ'과 기167의 '거스는 ᄃᆞᆯ', '겻구던 ᄃᆞᆯ'과 기170의 '모ᄅᆞ는 ᄃᆞᆯ', 기180의 '굴ᄒᆞ신 ᄃᆞᆯ'은 그 의미상 예외적으로 관형사형 어미 '-ㄴ'가 후행하는 목적격조사 'ᄋᆞᆯ'과 통합한 'ᄃᆞ' 명사구 보문을 수식하는 것으로 보아야 한다.

◈ 후기중세국어 시기의 '-ㄴ ᄃᆞᆯ, -ㅭ ᄃᆞᆯ'에 대한 자세한 설명은 p.51을 참조.

[원문]

끠其·ᅙᅵᇙ一·ᄇᆡᆨ百·씹十·륙六

[441]·숗少씨時·ᄊᆞ事닐·어시·늘훟優따陁야耶ㅣ 듣ᄌᆞ·ᄫᆞ·며아·ᄃᆞᆯ:님·이·ᄯᅩ듣ᄌᆞ·ᄫᆞ시·니

금今·ᅀᅵᇙ日·ᄊᆞ事모·ᄅᆞ실·씨훟優따陁야耶ㅣ ᄉᆞᆯ·ᄫᆞ·며아·ᄃᆞᆯ:님·이·ᄯᅩ:ᄉᆞᆯ·ᄫᆞ시·니

[현대역]

[석가모니 부처의] 소시사[442]를 [정반왕이] 말씀하시거늘 우타야가 들으며 아드님(석가모니 부처)이 또 들으시니.

[석가모니 부처의] 금일사[443]를 [정반왕이] 모르시므로 우타야가 말씀드리며 아드님(석가모니 부처)이 또 말씀드리시니.

[배경]

석가모니 부처께서 아버님(정반왕)을 뵈러 오는 날, 정반왕은 신하들과 백성들을 거느리고 친히 사십 리 밖까지 마중하여 아드님(석가모니 부처)을 영접하였다. 이때 석가모니 부처의 몸이 1장 6척이고, 상호광명(相好光明) 하고 몸은 자금[444] 빛이어서 마치 별 중의 달과 같았다. 정반왕이 감개무량하여 태자의 소싯적 일을 회고하여 말하니 우타야도 경청하고 석가모니 부처께서도 경청하셨다.

또한 석가모니 부처께서 성도하시기까지의 일을 우타야와 석가모니 부처께서 번갈아 말씀드리니 정반왕이 이를 경청하였다.

[어절 분석]

·숗少씨時·ᄊᆞ事#닐·어시·늘#훟優따陁야耶ㅣ#①듣ᄌᆞ·ᄫᆞ·며#아·ᄃᆞᆯ:님·이#·ᄯᅩ#②듣ᄌᆞ·ᄫᆞ시·니

금今·ᅀᅵᇙ日·ᄊᆞ事#모·ᄅᆞ실·씨#훟優따陁야耶ㅣ#ᄉᆞᆯ·ᄫᆞ·며#아·ᄃᆞᆯ:님·이#·ᄯᅩ#:ᄉᆞᆯ·ᄫᆞ시·니

[주석]

① 듣ᄌᆞ·ᄫᆞ·며

⇒ 듣-(동사 어간) + -ᄉᆞᆸ-(객체 높임의 선어말어미) + -(ᄋᆞ)며(연결어미)

441) <月印 上:042b>

442) 소시사(少時事): 젊었을 때의 일.

443) 금일사(今日事): 오늘날의 일.

444) 자금(紫金): 검붉은 색이 나는 도자기 잿물의 빛깔.

◎ '듣-'의 대상인 석가모니의 '슈ᇢ씨ᄯᅵ'를 높이기 위해 '-ᄌᆞᆸ-'가 쓰였다.

② 듣ᄌᆞ·ᄫᆞ시·니
⇒ 듣-(동사 어간) + -ᄉᆞᆸ-(객체 높임의 선어말어미) + -(ᄋᆞ)시-(주체 높임의 선어말어미) + -니(평서형 종결어미)

◎ '듣ᄌᆞᄫᆞ시니'의 주체는 석가모니 부처이므로, 석가모니 부처를 높이기 위해 '-(ᄋᆞ)시-'가 사용되었다. 그리고 '듣-'의 대상인 정반왕의 말씀을 높이기 위해 '-ᄌᆞᆸ-'가 쓰였다. 이렇듯 후기중세국어에서는 상황에 따라 객체 높임의 선어말어미 '-ᄉᆞᆸ-'과 주체 높임의 선어말어미 '-시-'가 같이 쓰일 수 있었다.

[원문]

끵其·힗一·빅百·씹十·칧七
지·블빙·이샤·디·칧七:봉寶·로·ᄭᅮ·미시·며:금錦·슣繡쇼·ᄒᆞᆯ펴·고앉·더시·니
445)나모아·래안ᄌᆞ·샤져諸텬天·이·오·ᅀᆞᄫᆞ·며:봉寶쌍床가袈사裟·를텬天룡龍·이받:ᄌᆞᄫᆞ·ᄂᆞ·니

[현대역]

집을 꾸미게 하시되 칠보로 꾸미시며 수놓은 금수446) 요를 펴고 앉으시더니.
나무 아래 앉으시어 제천이 [석가모니 부처께] 오며 보상447)과 가사를 천룡이 바치니.

[배경]

기117의 내용은 실달 태자와 성불한 현재의 석가모니 부처의 외양을 비교하는 것이다. 석가모니 부처께서는 출가하시기 전, 왕궁에 계실 때에는 정반왕이 태자의 출가하시고자 하는 뜻을 버리시도록 칠보전을 꾸며 오백의 기녀와 더불어 금수 요에 앉게 했던 일이 있었다.
그런데 이제 석가모니 부처께서 나무 아래에 앉으시니 제천이 석가모니 부처의 설법을 들으러 오며 천룡이 보상과 가사를 석가모니 부처께 바치니, 참으로 달라진 것이 많았다.

---

445) <月印 上:043a>
446) 금수(錦繡): 수를 놓은 비단(緋緞).
447) 보상(寶床): 임금의 보물을 올려놓는 받침.

[어절 분석]

지·블#①빚·이샤·ᄃᆡ#·칧七:봉寶·로#·ᄭᅮ·미시·며#:금錦·슣繡쇼·홀#펴·고#앉·더시·니
나모#아·래#안ᄌᆞ·샤#져諸텬天·이#②·오·ᅀᆞᄫᆞ·며#:봉寶쌍床#가袈사裟·ᄅᆞᆯ#텬天룡龍·이#③받:ᄌᆞᆸ
ᄂᆞ·니

[주석]

① 빚·이샤·ᄃᆡ
⇒ [빗-(어근) + -이(사동 접사)]- + -시-(주체 높임의 선어말어미) + -오ᄃᆡ(연결어미)

◎ '아름답다, 영화롭다'를 의미하는 형용사 '빗-'에 사동 접사가 붙어 '아름답게 하다'라는 의미의 '빗이-'가 파생되었는데, '빗-'은 모음으로 시작하는 어미 앞에서는 '빚-'으로 교체된다.

◎ '-시-' 뒤에 '-오ᄃᆡ'가 와서 '-시-'가 이형태 '-샤-'로 교체되고 '-오ᄃᆡ'의 '오'는 탈락하여 '-샤ᄃᆡ'의 형태가 되었다.

② ·오·ᅀᆞᄫᆞ·며
⇒ 오-(동사 어간) + -ᅀᆞᆸ-(객체 높임의 선어말어미) + -(ᄋᆞ)며(연결어미)

◎ '오-'의 대상인, 석가모니가 앉으신 '나모 아래'를 높이기 위해 '-ᅀᆞᆸ-'가 쓰였다.

③ 받:ᄌᆞᆸᄂᆞ·니
⇒ 받-(동사 어간) + -ᄌᆞᆸ-(객체 높임의 선어말어미) + -ᄂᆞ-(시상의 선어말어미) + -니(평서형 종결어미)

◎ 여기에서의 '받-'의 의미는 '바치다, 드리다'이며, '-ᄌᆞᆸ-'이 사용된 이유는 '받-'의 대상인 석가모니 부처를 높이기 위해서이다.

◈ 후기중세국어 시기의 '-ᅀᆞᆸ-'의 형태에 대한 자세한 설명은 p.32를 참조.

[원문]

끵其·힗一·빅百·씹十·밣八
딘珍슣羞·쎵盛:찬饌·ᄋᆞᆯ·ᄉᆞ·맛:내:좌시·며·좀·자싫·제봉風륭流ㅣ ᄀᆞ·ᄫᆞ·ᅀᆞᆸ더·니
띠持·밣鉢·긇乞·씩食·ᄒᆞ·샤·즁衆싱生·ᄋᆞᆯ·위爲·ᄒᆞ시·며삼三·미味·뗭定·에·셕釋·뻠[448]梵·이:뵈·ᅀᆞᆸᄂᆞ·니

448) <月印 上:043b>

[현대역]

[석가모니 부처께서 태자 시절에는] 진수성찬만을 맛나게 잡수시며 잠을 주무실 때에는 풍류가 가루더니.

[석가모니 부처께서 지금은] 지발걸식449) 하시어 중생을 위하시며 삼매정450)에 석천451)이 보이니.

[배경]

석가모니 부처께서 실달 태자이실 때는 정반왕궁의 칠보전에서 진수성찬을 드시며 미인들의 풍류 속에서 잠드셨다.

이제 석가모니 부처께서 바리를 들고 밥을 빌어먹으시며 오직 중생의 제도만을 위하여 석범이 에워싸고 있는 속에 삼매에 들어가시어 선정하시는 모습은 예전과 비교하여 크게 달라진 것이었다.

[어절 분석]

딘珍슈ᇰ羞·쎠ᇰ盛:쫜饌·ᄋᆞᆯ·ᅀᅡ#①·맛:내#:좌시·며#·좀#·자싫#·제#부ᇰ風류ᇰ流ㅣ#②ᄀᆞ·ᄫᆞ·ᅀᆞᆸ더·니
띠持·바ᇙ鉢·그ᇙ乞·씩食#·ᄒᆞ·샤#·쥬ᇰ衆시ᇰ生·ᄋᆞᆯ#·위爲·ᄒᆞ시·며#삼三·ᄆᆡ昧·뗘ᇰ定·에#·셕釋·뻠梵·이#③:뵈·ᅀᆞᆸᄂᆞ·니

[주석]

① ·맛:내

⇒ [맛(어근) + 나-(어근)]- + -이(부사 파생 접사)

◎ '맛나-'는 통사적 합성어이며, 여기에 부사 파생 접사 '-ㅣ'가 붙어 '맛나게'를 의미하는 부사 '맛내'가 파생되었다.

② ᄀᆞ·ᄫᆞ·ᅀᆞᆸ더·니

⇒ ᄀᆞᄫᆞ-(동사 어간) + -ᅀᆞᆸ-(객체 높임의 선어말어미) + -더-(시상의 선어말어미) + -니(평서형 종결어미)

◎ 허웅·이강로(1962/1999: 216)에서는 'ᄀᆞᄫᆞᅀᆞᆸ더니'의 어간을 'ᄀᆞᄫᆞ-'로 보면서 그 의미는 알

---

449) 지발걸식(持鉢乞食): 바리를 가지고 걸식하는 일.

450) 삼매정(三昧定): 삼매(三昧)에 들어가는 선정(禪定).

451) 석범(釋梵): 도리천(忉利天)의 임금 '제석(帝釋)'과 색계 초선천(初禪天)인 '범천(梵天)'.

수 없다고 기술하였다. 이에 반해 남광우·성환갑(1978/1982: 214)에서는 남광우(1962: 403~405)의 내용을 인용하여 'ᄀᆞᄫᅡᄉᆞᆸ더니'의 어간을 'ᄀᆞᆸ-'으로 볼 경우 이 어간에 객체 높임의 선어말어미 '-ᄉᆞᆸ-'이 붙으면 당시의 표기법에 근거해서 'ᄀᆞᆸᄉᆞᆸ더니'가 되는 것이 맞다고 기술하였다. 또한 어간이 'ᄀᆞᄫᆞ-'라면 'ᄀᆞᄫᆞᄉᆞᆸ더니'가 되는 것이 맞는데 'ᄀᆞᄫᅡᄉᆞᆸ더니'는 'ᄀᆞᆸ-'의 부사형인 'ᄀᆞᄫᅡ-'에 '-ᄉᆞᆸ더니'가 붙은 형태이기에 형태소 분석에 어려움이 있다고 기술하였다. 한편 『우리말샘』에서는 '자리 따위를 함께 나란히 하다'를 의미하는 현대국어 어휘 '가루-'의 후기중세국어 어형으로 'ᄀᆞᄫᅡ-'를 제시하고 있다. 여기에서는 일단 『우리말샘』에서의 설명을 수용하고자 한다.

③ :뵈·ᄉᆞᆸᄂᆞ·니
⇒ [보-(어근) + -이(피동 접사)]- + -ᄉᆞᆸ-(객체 높임의 선어말어미) + -ᄂᆞ-(시상의 선어말어미) + -니(평서형 종결어미)

◎ '-ᄉᆞᆸ-'이 사용된 이유는 '뵈-'의 대상인 석가모니 부처를 높이기 위해서이다.

◈ 후기중세국어 시기의 '-ᄉᆞᆸ-'의 기능에 대한 자세한 설명은 p.60을 참조.

[원문]

끠其·ᅙᅵᇙ一·ᄇᆡᆨ百·씹十·:ᄀᆕ九
:보·ᄇᆡ·ᄭᅮ뮨술·위·예:ᄻᅣᇰ象·이:메더·니·발·올바·사:매아·니알ᄑᆞ·시·리
:오五통通메·윤술·위·는마·ᄀᆞᆫ·길:업스·니:ᄻᅣᇰ象술·위·는머·흘·면:몯·가ᄂᆞ·니

[현대역]

[태자 시절에는] 보배로 꾸민 수레에 코끼리가 메더니(메어 끌더니) [이제는 석가모니 부처께서] 발을 벗어(벗은 채로) [험한 길을 걸으시니] 어찌 아니 아프시리(아프시겠습니까)? 오통으로 메게(메고 끌게) 한 수레는 막는(다니지 못할) 길이 없으니(없지만) 코끼리(가 끄는) 수레는 [길이] 험하면 못 가니.

[배경]

정반왕이 석가모니 부처께 "궁중에 있을 때는 칠보로 꾸민 수레를 타고 코끼리가 그 수레를 끌고 다녔는데, 이제 발을 벗고 걸으니 어찌 발이 아프지 않겠느냐"라고 물었다. 이에 석가모니 부처께서는 "오통으로 끄는 수레는 다니지 못할 길이 없사오나, 코끼리가 끄는 수레는 길이 험하면 가지 못합니다."라고 대답하셨다.

[어절 분석]

:보·ᄫᅵ#①·ᄡᅮ뮨#술·위·예#:쌰ᇰ象·이#:메더·니#·발·ᄋᆞᆯ#바·사#:매#아·니#②알ᄑᆞ·시·리

:오五통通#③메·ᅇᅲᆫ#술·위·ᄂᆞᆫ#마·ᄌᆞᆫ#·길#:업스·니#:쌰ᇰ象술·위·ᄂᆞᆫ#④머·흘·면#:몯#·가ᄂᆞ·니

[주석]

① ·ᄡᅮ뮨

⇒ ᄡᅮ미-(동사 어간) + -오-(대상 활용의 선어말어미) + -ㄴ(관형사형 어미)

◎ 허웅(1977: 71)에 따르면 용언의 관형사형을 만드는 방법은 두 가지가 있는데, 하나는 용언 어간에 바로 어미 '-(으)ㄴ, -(으)ㄹ'를 붙이는 것이고, 다른 하나는 그 사이에 '-오-/-우-'를 넣는 것이 있다. 또한, 관형사형과 결합하는 '-오-/-우-'는 피수식어가 의미상의 목적어임을 표시하는 기능, 즉 대상 활용의 기능을 하였다.

◎ 'ᄡᅮ미-'의 '미'와 '-우-'가 음절 축약을 거쳐 '뮤'로 표기되었다.

② 알ᄑᆞ·시·리

⇒ [앓-(어근) + -ᄇᆞ(형용사 파생 접사)]- + -(ᄋᆞ)시-(주체 높임의 선어말어미) + -리(의문형 종결어미)

◎ '알ᄑᆞ-'는 동사 '앓-'에 형용사 파생 접사 '-ᄇᆞ'가 붙어서 된 파생된 형용사이다. 한편 16세기에는 '알ᄑᆞ- > 아ᄑᆞ-, 골ᄑᆞ- > 고ᄑᆞ-'의 용례처럼 'ㅍ' 앞에서 'ㄹ'가 탈락하는 현상이 일어났으나 그 이유는 아직 밝혀지지 않았다.

③ 메·ᅇᅲᆫ

⇒ [메-(어근) + -이(사동 접사)]- + -오-(대상 활용의 선어말어미) + -ㄴ(관형사형 어미)

◎ '메ᅇᅵ-'는 '메-'의 사동형으로, 'ㆀ'은 대부분 반모음 'y'로 끝나는 어근들에서 피동형이나 사동형을 구별하기 위해 사용되었다.

◎ '메ᅇᅵ-'의 'ᅇᅵ'와 후행하는 대상 활용의 선어말어미 '-우-'가 음절 축약을 거쳐 'ᅇᅲ'로 표기되었다.

④ 머·흘·면

⇒ 머흘-(동사 어간) + -면(연결어미)

◎ '머흘-'은 '험하고 사납다'를 의미하였는데, 원래 '지세(地勢), 천후(天候) 등이 험악하다'는 뜻에서 '팔자가 험하고 사납다'의 뜻으로 추상화되어 쓰였다.

[원문]

끠其·ᄒᆞᇙ一·빅百·ᅀᅵ二·씹十
·오·ᄉᆞᆯ빙·이샤·ᄃᆡ·칧七:봉寶·로·ᄭᅮ·미실·ᄊᆡ452):고·ᄫᆞ시·고쳔쳔·ᄒᆞ·더시·니
마·리·ᄅᆞᆯ갔ᄀᆞ·시·고누·비·옷니브·샤붓·그료·미:엇뎨:업·스신·가

[현대역]

[석가모니 부처께서 태자 시절에는] 옷을 꾸미게 하시되 칠보로 꾸미시므로 고우시고 풍채가 미끈하시더니.
[석가모니 부처께서 지금은] 머리를 깎으시고 누비옷을 입으시어 부끄러움(부끄러워하는 마음)이 어찌 없으신가?

[배경]

기120의 내용은 석가모니 부처께서 지금 입고 계시는 보잘것없는 누비옷과 깎으신 머리를 보고, 정반왕이 석가모니 부처께서 실달 태자이실 때의 옷차림과 그 위용을 생각하여 한탄하는 단락이다.

[어절 분석]

·오·ᄉᆞᆯ#빙·이샤·ᄃᆡ#·칧七:봉寶·로#·ᄭᅮ·미실·ᄊᆡ#:고·ᄫᆞ시·고#①쳔쳔·ᄒᆞ·더시·니
마·리·ᄅᆞᆯ#②갔ᄀᆞ·시·고#누·비·옷#니브·샤#③붓·그료·미#④:엇뎨#:업·스신·가

[주석]

① 쳔쳔·ᄒᆞ·더시·니
⇒ [쳔쳔(어근) + -ᄒᆞ(형용사 파생 접사)]- + -더-(시상의 선어말어미) + -시-(주체 높임의 선어말어미) + -니(평서형 종결어미)

◎『우리말샘』에서는 '쳔쳔ᄒᆞ-'의 현대국어 어형으로 '찬찬하-'를 제시하고 있으나 그 의미

452) <月印 上:044a>

를 정확히 제시하지 않고 있다. 『표준국어대사전』에서 제시하고 있는 '찬찬하-'의 의미로는 '동작이나 태도가 급하지 않고 느릿하다', '성질이나 솜씨, 행동 따위가 꼼꼼하고 차분하다', '번쩍번쩍 빛이 나며 아름답다' 등이 있는데 의미상으로는 '번쩍번쩍 빛이 나며 아름답다'가 가장 적절한 것으로 보인다.

② 갓ᄀᆞ·시·고
⇒ 갉-(동사 어간) + -(ᄋᆞ)시-(주체 높임의 선어말어미) + -고(연결어미)

◎ '갉-'은 자음으로 시작하는 어미 앞에서는 '갓-'으로, 모음으로 시작하는 어미 앞에서는 '갉-'으로 교체되었다.

③ 붓·그료·미
⇒ [붓그리-(동사 어간) + -옴(명사형 어미)] + 이(주격조사)

◎ '붓그리-'의 '리'와 명사형 어미 '-옴'이 음절 축약을 거쳐 '료'으로 표기되었다.

④ :엇뎨#:업·스신·가
⇒ 엇뎨(부사) # 없-(형용사 어간) + -(으)시-(주체 높임의 선어말어미) + -ㄴ가(의문형 종결어미)

◎ '엇뎨'는 '어찌'를 의미하던 부사이다.

◎ 한편 고영근(1987/2010: 104)에 따르면, 후기중세국어의 보조사에는 다음과 같이 의문문을 만드는 것이 있다.

예) ㉮ 얻논 藥이 으스것고 <月釋 21:215b>
㉯ 그다 子息 업더니 므슷 罪오 <月釋 1:7a>
㉰ 이 ᄯᆞ리 너희 종가 <月釋 8:94b>
㉱ 이는 賞가 罰아 <蒙法 53b>

위 예문의 '고/오'와 '가/아'는 의문보조사로서 '오, 아'는 특정한 환경에서 실현되는, '고, 가'의 형태론적으로 제약된 이형태이다. 고영근(1987/2010)에서는 '고/오'와 '가/아'가 서술격조사를 매개로 하여 체언에 붙는다면 어미가 될 수 있으나 명사에 직접 붙어 의문문을 만들고 있다는 점에 근거하여 보조사의 테두리에 넣고 있다. ㉮와 ㉯는 의문사가 동반되는 설명의문문이고 ㉰와 ㉱는 가부(可否)를 묻는 판정의문문이며, 이런 구별은 어미에서도 발견된다. 즉, 의문사가 동반되는 설명의문문에서는 문장의 종결이 '고' 또는 '오'로 끝나고, 소위 의문사가 없는 판정의문문의 종결은 '가' 또는 '아'로 끝난다는 것이다.

그런데 '엇뎨 업스신가'에서 '엇뎨'를 소위 의문사로 볼 경우, 상술한 고영근(1987/2010)에서의 내용을 고려하면 '업스신가'는 '업스신고'의 형태를 갖춰야 한다. 이에 대해 안병희(1965: 60~67)에서는 '가' 계열과 '고' 계열의 구별은 ᄒᆞ라체에서만 엄격히 유지될 뿐, ᄒᆞ야쎠체에서는 나타나지 않으며 ᄒᆞ쇼셔체에서도 약간의 예외가 있음을 지적하였다. 또한 수사 의문문 속에 포함된 '누', '어듸' 등은 소위 의문사가 아니어서 '가' 계결의 쓰임이 주목된다고 기술한 바가 있다. 허웅(1975/1995: 503)에서는 '엇뎨 업스신가'에 대해 소위 의문사가 쓰였음에도 '가' 계열로 문장이 종결되는 것에 대해 해명의 방법이 없어 예외적인 것으로 처리하고 있다. 한편 이현희(1982: 86~87)에서는 후기중세국어에서도 유독 ᄒᆞ쇼셔체에서만 설명의문문이 '-니잇가'나 '-리잇가'로 된 예가 많았는데, 근대국어에서 '-니잇가'계가 판정의문문과 설명의문문에서의 형태적 차이가 없게 거의 통일된 점을 고려하면 후기중세국어는 그 이전의 판정의문문과 설명의문문에 의한 형태적 차이가 뚜렷했던 단계에서 통일화된 근대국어 단계로 이행되는 과도기의 성격을 보인다고 기술하였다.

[원문]

끠其·힗一·빅百·ᅀᅵ二·씹十·힗一
ᄆᆞᅀᆞᆷ·ᄋᆞ·란아·니닷·고·오ᄉᆞ·로빙·오·몰·이롤·ᅀᅡ붓·그·리다·니
·현마·칧七:봉寶·로·ᄭᅮ며·도:됴타·ᄒᆞ·리잇·가·법法·엣·오시·ᅀᅡ진眞·씷實ㅅ·오시·니

[현대역]

[석가모니 부처께서 태자이셨을 때] 마음은 아니 닦고 옷으로 꾸밈을, 이를 [오히려] 부끄러워하더니.
아무리 칠보로 [옷을] 꾸며도 [그것을 누가] 좋다고 하겠습니까? 불법의 옷이야말로 진실의 옷이니.

[배경]

이 장의 내용은 전장인 기120에서의 정반왕의 탄식에 대한 석가모니 부처의 대답을 다루고 있다.

석가모니 부처께서는 태자이셨을 때 생로병사의 고해[453]에서 정신적 수행을 잊고 물질적인 호사만 누리신 것을 부끄러워하셨다. 오히려 이제는 정각을 이루어 정신의 안정과 해탈로 말미암아 물욕은 완전히 사라졌다는 부처의 심정을 밝히시고 있다.

[어절 분석]

①ᄆᆞᅀᆞᆷ·ᄋᆞ·란#아·니#②닷·고#·오ᄉᆞ·로#비ᇫ·오·몰#③·이ᄅᆞᆯ·ᅀᅡ#④붓·그·리다·니 ·현마#·칧七:봏寶·로#·ᄭᅮ며·도#:됴타#⑤·호·리잇·가#·법法·엣#·오시·ᅀᅡ#진眞·씷實ㅅ#·오시·니

[주석]

① ᄆᆞᅀᆞᆷ·ᄋᆞ·란

⇒ ᄆᆞᅀᆞᆷ(명사) + (ᄋᆞ)란(보조사)

◎ 후기중세국어 '란'의 현대국어 형태는 '일랑'이다. 후기중세국어 시기의 목적어 자리에는 대조의 보조사 'ᄂᆞᆫ'이 나타나는 일(예: ᄧᅡᄒᆞᆫ 그믓 모ᄀᆡ 두고 <釋詳 6:26a>)이 드물고, 주로 '란'이 쓰였다.

② 닷·고

⇒ 닶-(용언 어간) + -고(연결어미)

◎ 후기중세국어의 '닶-'은 후행하는 음성 환경에 따라 다음과 같은 교체 양상을 보였다.

예) ㉮ 닷게, 닷고, 닷더니
㉯ 닷ᄀᆞ며, 닷ᄀᆞ샤, 닷가

위 용례와 같이 '닶-'은 자음으로 시작하는 어미 앞에서는 '닷-'으로, 그 외의 어미 앞에서는 '닶-'으로 교체되었다. 『우리말샘』에 따르면 종성의 'ㅺ'가 'ㄲ'로 바뀐 '닦-'은 17세기에 처음 등장하였는데, 문헌상으로는 자음 어미 앞에서 '닥-'으로 표기된 예만 보인다. 19세기까지 '닶-'과 '닦-'이 공존하다가 '한글마춤법통일안'에서 'ㅺ' 표기가 폐지되면서 '닦-'으로 그 형태가 통일되었다. 이와 유사한 형태 변화를 겪은 어휘로는 '밨 > 밖', '묷- > 묶-', '갌- > 깎-', '봈- > 볶-', '겄- > 꺾-' 등이 있다.

453) 고해(苦海): 괴로움이 많은 속세를 바다에 비유한 말.

③ ·이ᄅᆞᆯ·ᅀᅡ
⇒ 이(대명사) + ᄅᆞᆯ(목적격조사) + ᅀᅡ(보조사)

☞ 후기중세국어 시기의 'ᅀᅡ'에 대한 자세한 설명은 p.160을 참조.

④ 븟·그·리다·니
⇒ 븟그리-(동사 어간) + -더-(시상의 선어말어미) + -오-(의도의 선어말어미) + -니(평서형 종결어미)

◎ 시상의 선어말어미 '-더-'와 의도의 선어말어미 '-오-'가 음절 축약을 거쳐 '다'로 표기되었다.

⑤ ·호·리잇·가
⇒ ᄒᆞ-(동사 어간) + -오-(의도의 선어말어미) + -리잇가(의문형 종결어미)

◎ 'ᄒᆞ-'와 '-오-'가 음절 축약을 거쳐 '호'로 표기되었다. 그리고 여기에서의 '호리잇가'는 수사의문문 기능을 수행하고 있다.

◈ 후기중세국어 시기의 '-리이다', '-리잇가/-리잇고'의 형태소 분석에 대한 자세한 설명은 p.165를 참조.

[원문]

454)끠其·ᄒᆞᇙ一·빅百·ᅀᅵ二·씹十·ᅀᅵ二
금金은銀그·르·세담·온:죵種:죵種·차·반·이러·니비·론·바·ᄇᆞᆯ:엇·뎨:좌·시ᄂᆞᆫ·가
·법法·이·마·시ᄃᆞ외·야·차·반·올니·조·ᄃᆡ·즁衆싱生·궁救·호리·라·밥비·러먹·노이·다

[현대역]
[태자 시절에 드신 음식은] 금과 은(금과 은으로 만든) 그릇에 담은 여러 가지 [훌륭한] 음식이더니, [지금은] 빌어 온 밥을 어찌 잡수시는가?
불법이 맛이 되어서 [그것 때문에 맛 좋은] 음식을 잊었으되, 중생을 구하리라(구하려고) 밥을 빌어먹습니다.

454) <月印 上:044b>

[배경]

정반왕의 질문은 “태자로 지낼 때에는 그렇게도 찬란한 금은보화로 만든 그릇에 산해진미를 담아 먹었거늘, 출가 성불한 지금은 어찌 빌어 온 밥을 먹을 수 있느냐”이었다. 이에 석가모니 부처께서는 “정각을 이룬 오늘날 그러한 과거는 다 잊었으며 간소한 생활 속에 무한한 진리와 중생 제도의 큰 뜻이 포함되어 있습니다.”라고 대답하셨다.

[어절 분석]

금金은銀#그·르·세#①담·온#:죵種:죵種#②·차·반·이러·니#①비·론#·바·ᄇᆞᆯ#③:엇·뎨#:좌·시ᄂᆞᆫ·가
·법法·이#·마·시#ᄃᆞ외·야#·차·반·ᄋᆞᆯ#④니·조·ᄃᆡ#·즁衆ᄉᆡᇰ生#·구ᇹ救·호리·라#·밥#비·러#⑤먹·노이·다

[주석]

① 담·온 / 비·론
⇒ 담-(동사 어간) + -오-(대상 활용의 선어말어미) + -ㄴ(관형사형 어미)
⇒ 빌-(동사 어간) + -오-(대상 활용의 선어말어미) + -ㄴ(관형사형 어미)

◎ 허웅(1977: 71)에 따르면 용언의 관형사형을 만드는 방법은 두 가지가 있는데, 하나는 용언 어간에 바로 어미 ‘-(으)ㄴ, -(으)ㄹ’를 붙이는 것이고, 다른 하나는 그 사이에 ‘-오-/-우-’를 넣는 것이 있다. 또한, 관형사형과 결합하는 ‘-오-/-우-’는 피수식어가 의미상의 목적어임을 표시하는 기능, 즉 대상 활용의 기능을 하였다.

② ·차·반·이러·니
⇒ [차반(명사) + 이(서술격조사)]- + -더-(시상의 선어말어미) + -니(연결어미)

◎ 서술격조사 ‘이-’ 뒤에서 ‘-더-’가 이형태 ‘-러-’로 교체되었다.

③ :엇·뎨#:좌·시ᄂᆞᆫ·가
⇒ 엇뎨(부사) # 좌시-(동사 어간) + -ᄂᆞ-(시상의 선어말어미) + -ㄴ가(의문형 종결어미)

◎ 기120의 ‘엇뎨 업스신가’와 기124의 ‘므슴 믈로 ᄣᅥᆨ 시스시ᄂᆞᆫ가’와 여기에서의 ‘엇뎨 좌시ᄂᆞᆫ가’의 공통점은 소위 한 문장 안에 의문사가 쓰이지만 문장의 종결이 ‘가’ 계열로 끝난다

는 점이다. 이 점에 대해 안병희(1965: 60~67)에서는 '가' 계열과 '고' 계열의 구별은 ᄒᆞ라체에서만 엄격히 유지될 뿐, ᄒᆞ야쎠체에서는 나타나지 않으며 ᄒᆞ쇼셔체에서도 약간의 예외가 있음을 지적하였다. 허웅(1975/1995: 503)에서는 '엇데 업스신가'에 대해 소위 의문사가 쓰였음에도 '가' 계열로 문장이 종결되는 것에 대해 해명의 방법이 없어 예외적인 것으로 처리하고 있다. 이현희(1982: 86~87)에서는 후기중세국어에서도 유독 ᄒᆞ쇼셔체에서만 설명의문문이 '-니잇가'나 '-리잇가'로 된 예가 많았는데, 근대국어에서 '-니잇가'계가 판정의문문과 설명의문문에서의 형태적 차이가 없게 거의 통일된 점을 고려하면 후기중세국어는 그 이전의 판정의문문과 설명의문문에 의한 형태적 차이가 뚜렷했던 단계에서 통일화된 근대국어 단계로 이행되는 과도기의 성격을 보인다고 기술하였다.

한편 허웅(1975/1995: 503)에서는 이들 예들은 모두 정반왕이 아들인 석가모니 부처에게 묻는 말이기에 2인칭 의문문의 '-ㄴ다' 또는 '-ㄹ다'가 쓰이지 않은 것에 대해 다음과 같이 설명하였다. 즉 이 문장들의 화자는 '정반왕', 청자는 '석가모니 부처'라고 상정하고 주어를 청자인 '석가모니 부처'라고 생각한다면 '-시-'는 주어인 '석가모니 부처'를 높이기 위해 사용된 것인데 이 문장에서는 청자를 높이고 있지 않으니 청자인 '석가모니 부처'를 높이지 않는다는 모순점이 있다고 하였다. 따라서 이 용례들의 주어를 '석가모니 부처'로는 볼 수 없으며, 석가모니 부처의 사자인 '우타야'가 정반왕에게 석가모니 부처의 소식을 전하고, 이를 들은 정반왕이 이에 대해 묻는 장면을 묘사한 것으로 보아야 한다. 그러므로 이 용례들의 주어는 '석가모니 부처'이지만 청자는 '우타야'이므로 2인칭 의문문이 되지 못한다고 기술하였다.

④ 니·조·ᄃᆡ
⇒ 닞-(동사 어간) + -오ᄃᆡ(연결어미)

◎ 고영근(1987/2010: 308~309)에 따르면 '-옴, -오ᄃᆡ, -옷, -오려, -오마' 등은 '-오-'를 필수적으로 요구한다. 즉, '-ㅁ(명사형 어미), -ᄃᆡ(연결어미), -ㅅ(감동의 선어말어미), -려(연결어미), -마(종결어미)' 등은 홀로 사용되지 못하고 반드시 '-오-'가 선접한다는 것이다.

⑤ 먹·노이·다
⇒ 먹-(동사 어간) + -ᄂᆞ-(시상의 선어말어미) + -오-(의도의 선어말어미) + -이-(상대높임의 선어말어미) + -다(평서형 종결어미)

◎ 시상의 선어말어미 '-ᄂᆞ-'와 의도의 선어말어미 '-오-'가 음절 축약을 거쳐 '노'로 표기되었다.

[원문]

끠其·ᄒᆞᇙ一·ᄇᆡᆨ百·ᅀᅵ二·씹十·삼三

삼三씨時·뎐殿·ᄭᅮ미·고:ᄎᆡ婇:녀女ㅣ조:ᄍᆞᆸ더·니심深·곡谷심深산山·애:언·마저455)프·거시·뇨

주·굼사·로·ᄆᆞᆯ더·라시·름·이:업거·니저픈·ᄠᅳ·디어·느이시·리잇·고

[현대역]

[석가모니 부처께서 태자이셨을 때는] 삼시전을 꾸미고 채녀가 따르더니(시중을 들더니) [이제는] 심곡 심산에서 얼마나 두려우셨는가?

[태자일 때와 달리 이제는] 죽는 것과 사는 것을 덜어(버려) 시름이 없어졌으니 두려운 뜻이 어찌 있겠습니까?

[배경]

정반왕은 “실달 태자일 때에는 더위와 추위를 모르도록 꾸며 놓은 삼시전 속에서 수천 미녀들에게 둘러싸여 괴로움이 없는 생활을 지냈는데, 이제 깊은 산골에서 얼마나 외롭고 두렵게 생활하느냐?”라고 물었다. 이에 대해 석가모니 부처께서는 “이제 생로병사를 해탈하여 정각을 이루고 중생을 제도하거늘 어찌 외로움이나 두려움이 있겠습니까?”라고 답하셨다.

[어절 분석]

삼三씨時·뎐殿#·ᄭᅮ미·고#:ᄎᆡ婇:녀女ㅣ#①조:ᄍᆞᆸ더·니#심深·곡谷#심深산山·애#②:언·마#③저프·거시·뇨

④주·굼#사·로·ᄆᆞᆯ#더·라#시·름·이#③:업거·니#저픈#·ᄠᅳ·디#⑤어·느#이시·리잇·고

[주석]

① 조:ᄍᆞᆸ더·니

⇒ 좇-(동사 어간) + -ᄌᆞᆸ-(객체 높임의 선어말어미) + -더-(시상의 선어말어미) + -니(연결어미)

455) <月印 上:045a>

◎ '좇-'의 어간말 종성 'ㅊ'가 8종성법에 따라 'ㅈ'로 표기되고 '-잡-'의 초성 'ㅈ'와 함께 표기되었다. 이에 대해 남광우·성환갑(1978/1982: 222)와 허웅·이강로(1962/1999: 224)에서는 '좆잡더니'의 표음적 연철표기로 설명하고 있다. 한편 'ㅉ'는 각자병서자가 아닌 선행음절의 말음 'ㅈ'와 후행음절 초성 'ㅈ'의 'ㅈ + ㅈ' 표기로 보아야 한다.

② :언·마
⇒ 어느(어근) + 마(어근)

◎ 『우리말샘』에 따르면, 현대국어 '얼마'의 후기중세국어 어형인 '언마'는 15세기 문헌에서부터 나타나는데, '언마'는 관형사 '어느'와 '만큼'을 의미하는 명사 '마'가 결합한 합성어로, 결합 과정에서 단어 경계에 있는 모음 'ㅡ'가 탈락하였다. '어느 + 마'가 '언마'로 합성어가 된 후에 단어 내부의 모음조화를 위해 '마'가 '머'로 바뀐 '언머' 형태도 15세기부터 보인다. 근대국어 시기에 '언마/언머'에서 제1음절의 종성 'ㄴ'가 'ㄹ'로 바뀌어 '얼마/얼머' 형태가 등장하였고, 현대국어의 '얼마'의 예는 19세기 문헌에서부터 나타난다.

③ 저프·거시·뇨 / :업거·니
⇒ [젛-(어근) + -브(형용사 파생 접사)]- + -거-(시상의 선어말어미) + -시-(주체 높임의 선어말어미) + -뇨(의문형 종결어미)
⇒ 없-(형용사 어간) + -거-(시상의 선어말어미) + -니(연결어미)

◎ '저프-'는 '두려워하다'를 의미하던 동사 '젛-'에 형용사 파생 접사 '-브-'가 붙어 '두렵다'를 의미하는 파생 형용사이다.

◎ 남광우·성환갑(1978/1982: 222)와 허웅·이강로(1962/1999: 224)에서는 '저프거시뇨'의 '-거-'를 모두 강세의 접미사로 설명하고 있다. 그러나 이를 강세의 접미사로 볼 근거가 없다. 한편 허웅(1975/1995: 678)에서는 '-시-'가 선어말어미 '-오-/-우-', '-ᄂᆞ-', '-니-', '-리-', '-더-/-다-', '-이-', '-아-/-어-', '-거-', 느낌을 나타내는 선어말어미 및 이들의 결합체가 후행할 수 있는데 이러한 여러 어미 형태소와 통합할 때에도 '-시-'의 용법에 변화는 일어나지 않는다고 하였다. 하지만 모든 '-시-'가 주체를 높이는 것은 아니므로 주의가 필요하다. 이러한 예들은 모두 '-거시니/-어시니'와 관련되어 있다. 허웅(1975/1995: 688)에서는 이때 나타나는 '-시-'의 용법이 무엇인지 알 수 없다 하였고, 이들이 모두 '-니'에 앞서 있는데 그 이유도 알 수 없다고 하였다. 이러한 '-거시니/-어시니'의 '-시-'가 높임의 뜻이 없기 때문에

주체를 높이는 경우에 다시 '-시-'가 겹친다고 지적하였다.

이러한 '-시-' 중복형에 대해서 박부자(2006: 221～222)에서는 언해문과 구결문을 대조하여 '-시거시든' 형의 구결이 'X이어시든'임을 지적하고 있다. 이때 후행하는 '-시-'가 주체 높임의 선어말어미인지 존재동사 '시-'의 어간인지 판단하기는 어렵다고 하였으나 동사 어간 '시-'로 볼 수 있는 예들이 있다고 한다. 그러나 박부자(2006: 222)에서는 동사 어간의 '시-'가 아닌 주체 높임의 선어말어미 '-시-'로 파악하는 것에 좀 더 무게를 두고 있다. 또한 '-시거시눌', '-시거시든' 등의 형태에 대해서는 '-거-'의 어말어미화로 인해 야기된 변화라고 보았다.

예) ㉮ 父母 겨싫 젯 일후믄 羅卜이라니 父母 업거시ᅀᅡ <月釋 23:85b>

㉯ 일로 혜여 보건덴 므슴 慈悲 겨시거뇨 <釋詳 6:6a>

한편 'ᄒᆞ거ᅀᅡ'에서의 '-거-'는 선어말어미로 보아야 한다. 'ᄒᆞ거ᅀᅡ'에 존경의 선어말어미 '-시-'가 통합될 경우 'ᄒᆞ거시ᅀᅡ'로 나타나는데 선어말어미 앞에 통합된 '-거-'가 어말어미일 수도 없고, 강세 접미사로 보아야 할 근거도 없기 때문이다. 이러한 경우에 해당하는 것이 위 용례 ㉮의 '업거시ᅀᅡ'이다. 이는 여기에서의 '업거니'와 비교하면 분명히 그 차이점을 알 수 있다. 그런데 ㉯에서는 '-거-'와 '-시-'의 위치가 바뀌었다. 이에 대해 이기문(1961/1998)에 따르면, '-더시-', '-거시-'는 이미 15세기에 '-시더-', '-시거-'로 바뀐 용례들이 있으며, 근대국어로 오면서 '-시더-', '-시거-'로 고정되었다. 따라서 여기에서는 남광우·성환갑(1978/1982)와 허웅·이강로(1962/1999)의 설명과는 달리 '저프거시뇨'의 '-거-'를 시상의 선어말어미로 판단하고자 한다.

◈ 후기중세국어 시기의 '-거-'의 기능에 대한 자세한 설명은 p.63을 참조.

◎ '-뇨'형 어미는 의문사가 있는 의문문, 곧 설명의문에 사용된다는 점에서 '-녀'형 어미와 구별되지만, 이 점만 제외하면 '-녀'형 어미와 '-뇨'형 어미의 의미 기능은 동일하다. 한편 '-거뇨, -려뇨' 의문문은 대부분 내적 사유나 독백 등의 간접의문을 표시하는 데 주로 사용되며, '-녀'계 의문형 종결어미들은 주로 1·3인칭 의문문에 주로 사용되는데, 2인칭 의문문에 사용된 경우도 나타난다. 이현희(1982)에 따르면, 2인칭 의문문에 '-녀'계 어미가 사용된 경우는 대부분 그 의문문의 서술어가 형용사일 때라고 알려져 있으나, 아래의 경우처럼 서술어가 동사인 경우에도 나타난다고 한다.

예) 너희돌ᄋᆞᆫ 吉ᄒᆞᆫ 사ᄅᆞ미 ᄃᆞ외옷 ᄒᆞ녀 凶ᄒᆞᆫ 사ᄅᆞ미 ᄃᆞ외옷 ᄒᆞ녀 <內訓 1:23a>

④ 주·굼#사·로·몰#더·라

⇒ [죽-(동사 어간) + -움(명사형 어미) # 살-(동사 어간) + -옴(명사형 어미)] + 올(목적격조사) # 덜-(동사 어간) + -어(연결어미)

◎ '주굼'과 '사롬'은 각각 '죽-'과 '살-'의 명사형이다.

◎ '덜-'은 '덜다'를 의미한다. 한편 '더라'는 '덜- + -아'로 분석할 수 있는데, 이는 후기중세국어 시기의 모음조화를 고려하면 '덜- + -어 → 더러'로 표기되었어야 한다.

⑤ 어·느#이시·리잇·고

⇒ 어느(부사) # 이시-(형용사 어간) + -리잇고(의문형 종결어미)

◎ '잇-'과 '이시-'는 대표적인 쌍형어 관계이며, 약간의 논란은 있으나 '시-'도 이들과 쌍형어의 관계로 보는 견해도 있다. '잇-'과 '이시-'는 다음과 같이 뒤에 오는 어미에 따라 교체되었던 것으로 보인다.

예) ㉮ 잇-: 자음으로 시작하는 어미 앞에서.
잇다, 잇고, 잇ᄂᆞᆫ, 잇ᄂᆞ니, 잇노니, 잇디, 잇거늘……
㉯ 이시-: ㉠ 받침 아래 매개모음(조음소)을 필요로 하는 어미(나, 며, 니 등) 앞에서.
이시나, 이시며, 이시니, 이실……
㉡ 모음으로 시작하는 어미 앞에서.
이시- + -어 > 이셔, 이시- + -아 > 이샤, 이시- + -옴 > 이숌 ……

[원문]

끠其·ᅙᅵᇙ一·ᄇᆡᆨ百·ᅀᅵ二·씹十·ᄉᆞ四
향香:쉬水·예·목沐·욕浴·더시·니:ᄎᆞᆼ草·목木·서리·예:겨·샤므·슴·믈·로·ᄡᅵ시스·시ᄂᆞᆫ·가
·졍正:ᄯᅩᇢ道ㅣ·모·시ᄃᆞ외·야그·믈·에·목沐456)·욕浴홀·씨삼三·독毒·이:업·사·쾌快·락樂·이:ᅎ:업
스·니

[현대역]

[석가모니 부처께서 태자이실 때는] 향수457)에 목욕하시더니 [지금은 숲속] 초목 사이에 계

456) <月印 上:045b>

457) 향수(香水): 관불(灌佛)할 때에 뿌리는 향을 달인 물. 또는 향내를 풍기는 물.

시어 무슨 물로 때를 씻으시는가?
[태자일 때와 달리 이제는] 정도가 못이 되어 그 물에 목욕하므로 삼독[458]이 없어서(없어져서) 쾌락이 한이 없으니.

[배경]

역시 정반왕의 한탄에 석가모니 부처께서는 인간의 향수보다 진리의 세계에서 헤엄치는 기쁨이 큰 것임을 말씀하셨다.

[어절 분석]

향香:쉬水·예#①·목沐·욕浴·더시·니#:ᄎᆞᇢ草·목木#②·서리·예#:겨·샤#③므·슴#·믈·로#·ᄣᅵ#시스·시ᄂᆞᆫ·가
·졍正:ᄯᅩᇢ道ㅣ#·모·시#ᄃᆞ외·야#그#·믈·에#·목沐·욕浴ᄒᆞᆯ·ᄊᆡ#삼三·ᄯᅩᆨ毒·이#④:업·사#·쾌快·락樂·이#:ᄀᆞᇫ#:업스·니

[주석]

① ·목沐·욕浴·더시·니
⇒ [목욕(어근) + -ᄒᆞ(동사 파생 접사)]- + -더-(시상의 선어말어미) + -시-(주체 높임의 선어말어미) + -니(연결어미)

◎ 어간 ‘목욕ᄒᆞ-’의 말음절 ‘ᄒᆞ’가 ‘욕’의 ‘ㄱ’와 ‘-더-’의 ‘ㄷ’ 사이에서 생략되었다.

② ·서리·예
⇒ 서리(명사) + 에(부사격조사)

◎ 후기중세국어 시기의 ‘ᄉᆞᅀᅵ’는 ‘둘 간의 사이’를 지칭하였고 ‘서리’는 ‘셋 이상의 사이’를 의미하였다. ‘서리’가 ‘i’계 모음으로 끝나기 때문에 부사격조사 ‘에’가 이형태 ‘예’로 교체되었다.

③ 므·슴
⇒ 므슴(관형사)

458) 삼독(三毒): 중생의 몸과 마음을 해치는 세 가지 독, 곧 탐욕(貪慾), 진에(瞋恚), 우치(愚癡) 등 세 가지 번뇌.

◎ 『우리말샘』에 따르면, 현대국어 '무슨'의 후기중세국어 어형인 '므슷, 므슴, 므스'가 15세기 문헌에서부터 나타난다. '므스, 므슴'은 관형사뿐 아니라 대명사로도 쓰였고, '므슷'은 관형사로만 쓰였다. 이를 고려하면 '므슷'은 대명사 '므스'에 관형격조사 'ㅅ'가 결합한 형태로도 볼 수 있을 듯하다. 17세기에는 어간말 자음 'ㅅ'가 'ㄴ'로 바뀐 '므슨'의 형태가 등장하였고, 원순모음화로 인해 18세기에는 '무슨'의 형태가 등장하였다. 18세기까지는 '무슨'과 함께 '므스, 므슴' 형태도 공존하였으나, 19세기 이후로 '므스'가 사라지고 그 이후에는 '(므슴 > 무슴 >) 무삼'도 사라져 현대국어에서는 '무슨'만 남게 되었다.

④ :업·사
⇒ 없-(동사 어간) + -어(연결어미)

◎ 여기에서의 '없-'은 동사로, '없어지다'를 의미한다. 한편 '업사'는 '없- + -아'로 분석할 수 있는데, 이는 후기중세국어 시기의 모음조화를 고려하면 '없- + -어 → 업서'로 표기되었어야 한다.

[원문]

끠其·ᅙᅵᇙ一·빅百·싀二·씹十:오五
:ᄌᆞ子·식息·올:ᄃᆞᅀᆞ·샤·졍正·법法모·ᄅᆞ실·씨·셰世간間ㅅ드틀·을가·졸·벼니ᄅᆞ·시·니
삼三·개界·구ᇹ救·호려·ᄒᆞ·샤·ᅀᅲᆨ肉신身일·우신·돌·셰世간間ㅅ드틀·을므·슴·만너459)·기시·리

[현대역]

[정반왕은] 자식을 사랑하시어(사랑하시지만) 정법460)을 모르시므로 세간의 [모든] 티끌(티끌 같은 일)을 비교하여 말씀하시니.
[석가모니 부처께서는] 삼계를 구하려 하시어 육신을 이루신들 세간의 티끌(티끌 같은 일)을 무엇만큼 여기시리(생각하시겠습니까)?

459) <月印 上:046a>

460) 정법(正法): 범어 'Saddharma'의 한역으로 다음의 두 가지 뜻을 의미함. ① 대도정법(大道正法)의 준말로, '바른 교법·인의 대도'를 의미하며, 이는 소태산대종사나 석가모니불의 가르침으로 일체중생을 제도하여 불보살의 길로 이끌어주는 교법이라는 말. ② 삼시(三時)의 하나로 정법시(正法時)를 의미함. 즉, 정법이 행해지는 시기로서, 석가모니불 입멸 후 약 5백년 또는 1천년 동안의 시기를 말하며, 이 기간을 '정법(正法)·상법(像法)·계법(季法)'으로 구분하는데 정법(正法)시기는 부처님의 근본정신이 가장 잘 드러나는 시기의 불법(佛法)을 말함.

[배경]

정반왕이 자기의 아들인 실달 태자, 곧 성불한 석가모니 부처를 무척 사랑하기는 하나, 워낙 정각한 부처의 사회를 모르므로 언제나 이 세간의 속되고, 구차한 것과 비교하여 말하는 습관을 버리지 못하였다.
이에 비하여 석가모니 부처께서는 삼계를 구제하시려는 큰 뜻으로, 비록 육신이라는 몸뚱이가 있다고 하신들, 이미 해탈하셨기에 이 세상의 모든 중생들이 고해에서 헤매는 가엾고 불쌍한 존재로만 보이셨다.

[어절 분석]

:ᄌᆞ子·식息·ᄋᆞᆯ#①:ᄃᆞᅀᆞ·샤#·졍正·법法#모·ᄅᆞ실·씨#·셰世간間ㅅ#드틀·을#②가·ᄌᆞᆯ·벼#니ᄅᆞ·시·니 삼三·개界#·궇救·호려#·ᄒᆞ·샤#·ᅀᅲᆨ肉신身#일·우신·ᄃᆞᆯ#·셰世간間ㅅ#드틀·을#③므·슴·만#④너·기시·리

[주석]

① :ᄃᆞᅀᆞ·샤
⇒ ᄃᆞᆺ-(동사 어간) + -(ᄋᆞ)시-(주체 높임의 선어말어미) + -아(연결어미)

◎ 'ᄃᆞᆺ-'은 '애틋하게 사랑하다'를 의미하며, 'ᄃᆞᆺ고, ᄃᆞᆺ디, ᄃᆞᆺᄂᆞᆫ'처럼 사음으로 시작하는 어미 앞에서는 어간 형태의 변화가 없으나 'ᄃᆞᅀᆞ며, ᄃᆞᅀᆞ샤, ᄃᆞᅀᆞ디'처럼 매개모음이나 모음으로 시작하는 어미 앞에서는 'ᄃᆞᇫ-'의 형태로 교체되었다.

② 가·ᄌᆞᆯ·벼
⇒ 가ᄌᆞᆯ비-(동사 어간) + -어(연결어미)

◎ '가ᄌᆞᆯ비-'는 '비교하다, 비유하다'를 의미하며, '가ᄌᆞᆯ비-'의 '비'와 '-어'가 음절 축약을 거쳐 '벼'로 표기되었다.

③ 므·슴·만
⇒ 므슴(명사) + 만(보조사)

◎ 후기중세국어에는 현대국어의 단독의 보조사 '만'이 드물게 나타난다. 일반적으로 15세기

국어의 '만'은 두 가지 부류로 나눌 수 있다. 하나는 명사(구)에 통합하는 '만'이고, 또 하나는 관형사형 어미 '-ㅭ' 다음에 오는 '만'이다.

예1) ㉮ 이 施主ㅣ 오직 衆生ᄋᆡ 그에 一切 즐거본 것만 주어도 <月釋 17:48b> [한정]
㉯ 平生애 오ᄉᆞ란 치위 ᄀᆞ릴 만 닙고 飮食으란 비 ᄎᆞᆯ 만 머고ᄃᆡ <內訓 3:54b> [정도]
㉰ 다ᄆᆞᆫ ᄡᅳᆯ 만 ᄒᆞ야도 이 사ᄅᆞ미 命終ᄒᆞ야 당다이 <釋詳 21:57b> [한정]
㉱ 오직 佛法 中에 ᄒᆞ욘 됴ᄒᆞᆫ 이리 ᄒᆞᆫ 터럭 ᄒᆞᆫ 드틀만 ᄒᆞ야도 <釋詳 11:9a> [정도]

박용찬(2008: 219~222)에 따르면, 지금까지의 논의에서는 ㉮처럼 명사(구)에 통합하여 [한정]의 의미를 나타내는 '만'은 보조사로, ㉯처럼 관형사형 어미 '-ㅭ' 다음에 와서 [정도]의 의미를 나타내는 '만'은 의존명사로 처리하였다. 그런데 이현희(1994), 박진호(1995), 김진형(1995), 하귀녀(2005) 등에서 지속적으로 지적한 바와 같이 ㉰처럼 관형사형 어미 '-ㅭ' 다음에 오는 '만'에서도 [한정]의 의미가 파악된다. ㉰의 '만'이 주로 [한정]의 '만'과 호응하는 부사 '오직', '다ᄆᆞᆫ(다민)'과 호응하여 쓰이는 사실을 통해서도 이를 어느 정도 확인할 수 있다. 한편 ㉱처럼 명사(구)에 통합하는 '만'에서도 [정도]의 의미가 파악된다. 하귀녀(2005)에서는 '만'이 나타내는 [한정]과 [정도]의 의미가 그리 명확하게 구분되는 것이 아님을 지적했고, 이현희(1994)에서는 '만'이 나타내는 [한정]의 의미가 [정도]의 의미에서 분화되어 나온 것으로 추정하기도 하였다. 게다가 15세기 국어에서 [한정]의 '만'은 [정도]의 '만'에 비해 예가 드물어서, '만'의 문법범주를 달리하는 것은 그리 바람직하지 않다.

예2) ㉮ 虛空애 絲毫맜 念도 막디 아니ᄒᆞᇙ시 <金三 2:15b>
㉯ 眷屬이 果然 이에 마ᄌᆞ니 소리와 빗나미 眞實로 可히 드러만 ᄒᆞ도다 <初杜解 6:19a>
㉰ 이런 사ᄅᆞᄆᆞᆫ 可히 ᄌᆞ조 보암직 ᄒᆞ니 <初杜解 22:50b>

특히 예2)의 ㉮와 같이 '만'에 속격조사 'ㅅ'가 통합해 있는 것을 고려해보면 15세기 공시적으로는 '만'을 하나의 문법범주로 묶어서 '의존명사'로 처리하는 것이 더 좋을 수도 있다. 한편, 지금까지의 선행 연구들에서는 예2)의 ㉯는 '드러 만ᄒᆞ도다'로 분석하여 '만ᄒᆞ-' 앞에 관형사형 어미가 아닌 부사형 어미(연결어미)가 온 유일한 용례로 파악해 왔지만, 박용찬(2008: 222)에서는 연결어미 '-어'에 보조사가 통합한 것으로 보고 '드러만 ᄒᆞ도다'로 분석하였다. '-어만'은 보조동사 'ᄒᆞ-'와 어울려 쓰여, '-어만 하-' 형식으로 쓰인다. 예2)의 ㉯에서 '可히 드러만 ᄒᆞ도다'는 원문의 '可聽'에 대응하므로 '可히 들을 만하구나' 정도로 해석하여 [정도]의 의미를 나타내는 것으로 볼 수 있다. 15세기 중세국어에서는 '可히'와 호응하여 쓰이는 '만ᄒᆞ다'의 예를 전혀 찾아볼 수 없다. '可히'는 예2)의 ㉰처럼 주로 '-엄직 ᄒᆞ다'와 호응하여 쓰였다.

④ 너·기시·리
⇒ 너기-(동사 어간) + -시-(주체 높임의 선어말어미) + -리(의문형 종결어미)

◎ 현대국어 '여기-'의 후기중세국어 어형인 '너기-'는 15세기 문헌에서부터 나타나며, 16세기에는 제1음절에 반모음 'y'가 첨가되어 모음 'ㅓ > ㅕ'의 변화를 겪은 '녀기-'의 형태가 등장하였다. 근대국어 후기에 'ㄴ'의 구개음화로 인해 'ㅣ, ㅑ, ㅕ, ㅛ, ㅠ' 등의 모음 앞에서 'ㄴ'이 탈락하는 현상이 일어났는데, 이에 따라 18세기에는 '녀기-'에서 'ㄴ'가 탈락한 '여기-'의 형태가 등장하여 지금에 이르고 있다. 한편 근대국어 문헌에는 '넉이-, 녁이-, 역이-'와 같이 과도한 분철 표기도 보인다.

[원문]

끠其·ᅙᅵᇙ一·빅百·ᅀᅵ二·씹十·륙六
ᄄᆢᇢ調·ᄄᆞᇙ達·이·셩性·이:모딜·씨허虛콩空·애거·러:뵈·샤년·글·ᄀᆞ티·ᄀᆞᇢ救·호려·ᄒᆞ시·니
부텻거·름·보·ᅀᆞᄫᆞᆫ·둘:본本ᄅᆡ來ㅅ·셩性·이:모디·라나·도·ᄀᆞ티·ᄊᆢᇙ術·을·호려ᄒᆞ·니

[현대역]

조달이 성품이 모지므로 [석가모니 부처께서는] 허공에 걸어 다녀 보이시어 다른 사람과 같이 [조달도] 구하려 하시니.
[조달이] 부처의 걸음을 뵌들 본래의 성품이 모질어 나(조달 자신)도 같이 [석가모니 부처처럼] 술법을 하려 하니.

[배경]

석가모니 부처의 사촌인 조달은 어려서부터 천성이 모질고 남을 시기하기를 좋아하였다. 석가모니 부처께서 정각을 이루신 뒤 부왕을 뵈러 가비라성에 계신 동안에 조달을 제도하시려고 신통력으로 허공에서 걸어 다니심을 보이시면서 조달의 선근이 눈뜨기를 바라셨다.
그러나 석가모니 부처의 이러한 깊은 뜻을 모르는 조달은 사나운 마음을 고치고 선근을

닦을 생각은 아니하고, 오히려 자기도 석가모니 부처처럼 신통력을 배워 석가모니 부처를 누르고 그 이상의 공경을 받아야겠다는 생각만 할 뿐이었다.

[어절 분석]

뚷調·땋達·이#·셩性·이#:모딜·씨#허虛콩空·애#거·러#:뵈·샤#①년·글#·ᄀᆞ티#·궁救·호려#·ᄒᆞ시·니

②부텻#거·름#·보·ᅀᆞᄫᆞᆫ·둘#:본本ᄅᆡ來ㅅ#·셩性·이#③:모디·라#나·도#·ᄀᆞ티#·쓣術·을#·호려#ᄒᆞ·니

[주석]

① 년·글#·ᄀᆞ티

⇒ 녀ᇇ(명사) + 을(부사격조사) # ᄀᆞᇀ-(어근) + -이(부사 파생 접사)

◎ '녀느'는 휴지 앞 또는 자음으로 시작하는 조사 앞에서 나타나며, 모음으로 시작하는 조사 앞에서는 '녀ᇇ'으로 나타난다. 여기에서의 '녀ᇇ'의 의미는 '다른 것' 또는 '다른 사람'이다.

◎ 여기에서의 '을'은 형태상으로는 목적격조사이지만 기능상으로는 비교의 부사격조사 기능을 수행한다.

◎ 'ᄀᆞᇀ-'의 8종성 표기인 'ᄀᆞᆮ-'은 'ᄀᆞᆮᄒᆞ-'(ᄀᆞᄐᆞ-)와 'ᄀᆞᆮ-'으로 변동하였다.

② 부텻#거·름

⇒ 부텨(명사) + ㅅ(관형격조사) # 걷-(어근) + -음(명사 파생 접사)

◎ 관형격조사 'ㅅ'는 선행 체언이 존칭의 유정물일 때 쓰인다.

◎ '걷-'은 모음으로 시작하는 형태소 앞에서 'ㄷ' 불규칙 활용을 보인다.

③ :모디·라

⇒ 모딜-(형용사 어간) + -아(연결어미)

◎ 남광우·성환갑(1978/1982: 156)에 따르면, 현대국어에서는 중성모음 'ㅣ'가 음성모음과만 조화되어 '지어, 이어, 기어…'와 같이 실현되지만, 후기중세국어 시기에는 중성모음 'ㅣ'가 양성·음성모음과 두루 조화되어 쓰였다고 한다.

[원문]

끠其·ᅙᅵᇙ一·빅百·ᅀᅵ二·씹十·치ᇙ七

461)텬天룡龍·이조ᄍᆞ·ᄫᆞ·며화花향香·이ᄂᆞ·리·니그·낤장莊엄嚴·을:다ᄉᆞᆯ·ᄫᆞ·리잇·가

코枯·쓔樹·에여·름:열·며·꿔ᇙ竭쳔川·에:심·이나·니그·낤썅祥·쒸瑞·롤:다ᄉᆞᆯ·ᄫᆞ·리잇·가

[현대역]

천룡이 [석가모니 부처를] 따르며 꽃향기가 내리니, 그날의 장엄함을 [어찌] 다 말씀드리겠습니까?(말로 모두 표현하기가 어렵습니다)

고수462)에 열매가 열리며 갈천463)에 샘물이 솟아나니 그날의 상서를 [어찌] 다 말씀드리겠습니까?(말로 모두 표현하기가 어렵습니다)

[배경]

석가모니 부처께서 정각을 이루신 뒤, 아버지 정반왕과 여러 친지들을 만나러 가비라성으로 오시니, 정반왕은 군신과 백성들로 하여금 성 밖까지 나와 맞이하게 하고 국중의 호족에게 명하여 오백 명을 가려 사문으로서 석가모니 부처를 좌우에서 모시게 하였다. 이에 앞서 석가모니 부처께서는 정반왕에게 한 사람의 자식으로서보다 대각한 부처로서 존엄성을 보이시고, 신통력으로 모든 제불이 석가모니 부처를 호위하게 하시며 천룡들이 그 뒤를 따르고 온 세상이 꽃향기로 가득하게 하였으니 그날의 장엄함은 이루 말로 형언할 수 없었다.

또한 온 세상의 마른 나무에 꽃이 피고 열매가 열리는가 하면, 말라붙었던 시내에 샘물이 솟아나 흘렀고, 천악464)과 천고가 울리니, 그날의 장관은 이루 다 말할 수 없었다.

[어절 분석]

텬天룡龍·이#①조ᄍᆞ·ᄫᆞ·며#화花향香·이#ᄂᆞ·리·니#그·낤#장莊엄嚴·을#:다#ᄉᆞᆯ·ᄫᆞ·리잇·가

코枯·쓔樹·에#여·름#:열·며#·꿔ᇙ竭쳔川·에#:심·이#나·니#그·낤#썅祥·쒸瑞·롤#:다#②ᄉᆞᆯ·ᄫᆞ·리잇·가

---

461) <月印 上:046b>

462) 고수(枯樹): 말라서 죽어 버린 나무.

463) 갈천(竭川): 물이 다 마른 내.

464) 천악(天樂): 천인(天人)의 기악(伎樂). 악(樂)은 풍류, 곧 음악을 의미함.

[주석]

① 조쯔·ᄫᆞ·며

⇒ 좇-(동사 어간) + -ᅀᆞᆸ-(객체 높임의 선어말어미) + -(ᄋᆞ)며(연결어미)

◎『고어사전』에서는 '좇즙-'을 하나의 동사 어간으로 제시하고 있다. 그러나 후기중세국어 시기에 '좇-'과 '-즙-'이 생산적으로 쓰였다는 점에서 '좇즙-'을 하나의 어간으로 볼 수는 없다. '좇즙-'을 하나의 동사 어간으로 제시하는 원인은 '좇즙- > 조쯔-'으로의 표기를 설명하기 어렵다는 점에서 연유하는 듯하다. 그러나 이와 관련하여 '노쏩고 <釋譜 9:22b>, 저쓰ᄫᅡ늘 <龍歌 61>'를 참고할 수 있다. 각각은 '놓- + -ᅀᆞᆸ- + -고', '젛- + -ᅀᆞᆸ- + -고'로 분석되는데, 어간 말음 'ㅎ'가 '-ᅀᆞᆸ-'의 초성에 연음되어 'ㅆ'로 표기되었다. 이러한 'ㅎ + ㅅ > ㅆ'의 표기는 'ㅎ'와 'ㅅ'가 모두 마찰음이라는 공통성을 지닌 것에서 연유한 것으로 볼 수 있다. 따라서 '좇-'의 말음 'ㅊ'가 'ㅎ'와 동일하게 유기음이면서 마찰의 과정을 거쳐 조음된다는 점에서 '좇-'의 'ㅊ'가 '-ᅀᆞᆸ-'의 'ㅅ'와 연음되어 'ㅆ'으로 표기된 것으로 추측할 수 있다. 그러나 '좇-'이 말음 'ㅊ'를 포함하여 표기되는 용례(예: 좇ᄌᆞᄫᆞ니 <龍歌 55>)가『용비어천가(龍飛御天歌)』에서만 나타난다는 점이 문제가 된다.『용비어천가(龍飛御天歌)』는『훈민정음(訓民正音)』 해례의 표기 원칙인 '종성부용초성'에 따라 어형을 밝혀 적었고,『용비어천가(龍飛御天歌)』를 제외한 다른 문헌에서는 '좇-'의 종성이 'ㅊ'로 나타나지 않는다. 즉,『용비어천가(龍飛御天歌)』를 제외한 다른 문헌에서는 '좇-'이 '졷-, 좃-' 등으로 표기된다는 점을 고려하면, '좃- + -즙- + -(ᄋᆞ)며'의 구성에서 '좃-'의 말음 'ㅅ'가 '즙'의 초성 'ㅈ'와 연음되어 'ㅉ'로 표기된 것으로 이해해야 할 것이다. 남광우·성환갑(1978/1982: 227)과 허웅·이강로(1962/1999: 230)에서는 '조쯔ᄫᆞ며'를 '좇즙ᄋᆞ며'의 표음적 표기로 설명하고 있다.

◎ '좇-'의 대상인 석가모니 부처를 높이기 위해 '-즙-'가 쓰였다. 또한 박영섭(2008)에 따르면 한문에서의 '從'에 대해 언해문에서는 '븥-, 조쯥-, 좇-' 등으로 번역되었다.

② 술·ᄫᅡ·리잇·가

⇒ ᄉᆞᆲ-(동사 어간) + -아-(시상의 선어말어미) + -리잇가(의문형 종결어미)

◎ '-아-'에 대해 남광우·성환갑(1978/1982: 227)에서는 '강세접미사'로 기술하고 있으며, 허웅·이강로(1962/1999: 230)에서는 원래 완결을 뜻하는 형태소이나 여기에서는 힘줌의 의미로 쓰였다고 기술하였다. 그런데 이 책에서는 기123에서 '저프거시뇨'의 '-거-'를 강세접미사가 아닌 시상의 선어말어미로 설명한 바가 있다. 여기에서의 '-아-'도 '-거-'와 동일하게 시

상의 선어말어미를 보기로 한다.

◈ 후기중세국어 시기의 '-거-'의 이형태에 대한 자세한 설명은 p.68을 참조.

[원문]

끠其·ᅙᅵᇙ一·ᄇᆡᆨ百·ᅀᅵ二·씹十·ᄇᆞᇙ八
아·ᄃᆞᆯ:님·반가·ᄫᅵ·보·샤ᅙᅳᆫ恩·ᄒᆡ愛:겨실·씨·경敬심心·이:몯오·ᄋᆞ·더시·니
465)아·바:님·궁救·호리·라·변變·화化·ᄅᆞᆯ:뵈ᅀᆞ·ᄫᆞ신·대무無·쌍上:또ᇢ道:리理·예·버ᇙ發심心·ᄒᆞ시·니

[현대역]

[정반왕이] 아드님(석가모니 부처)을 반갑게 보시어 [옛날 태자 때의] 은혜와 사랑이 계시기 때문에 [석가모니 부처를] 공경하는 마음이 온전하지 못하시더니.
[석가모니 부처께서] 아버님을 구하리라(제도하시려고) [아버님께] 변화를 보이신즉 [아버님도 석가모니 부처의] 무상도리466)에 발심467)하시니.

[배경]

석가모니 부처께서는 이미 성도하시어 사람이나 하늘이 모두 존경하는 부처가 되셨지만, 정반왕은 부처에 대한 공경심보다도 우선 속세의 부자간의 정이 앞서서 석가모니 부처에 대한 말이나 행동을 아들에게 대하는 것처럼 하였다.
석가모니 부처께서 성도하신 후에 아버님을 만나보니 여전히 인간의 고해에서 벗어나지 못하고 있는지라 아버님을 오욕과 괴로움에서 제도하시려고 신기한 여러 가지 변화를 보이시니, 정반왕도 그제야 석가모니 부처의 대자대비에 끌리어 불도를 닦을 마음이 생겼다.

[어절 분석]

아·ᄃᆞᆯ:님#①·반가·ᄫᅵ#·보·샤#ᅙᅳᆫ恩·ᄒᆡ愛#:겨실·씨#·경敬심心·이#:몯#②오·ᄋᆞ·더시·니
아·바:님#·궁救·호리·라#·변變·화化·ᄅᆞᆯ#③:뵈ᅀᆞ·ᄫᆞ신·대#무無·쌍上:또ᇢ道:리理·예#·버ᇙ發심心·ᄒᆞ시·니

---

465) <月印 上:047a>

466) 무상도리(無上道理): 위가 없는 불타(佛陀) 정각(正覺)의 지혜(智慧).

467) 발심(發心): '발보리심(發菩提心)'의 약칭으로, 깨달음을 구하려는 마음을 일으킴. 또는 깨달음의 경지에 이르려는 마음을 냄. 또는 깨달음의 지혜를 갖추려는 마음을 냄. 또는 불문(佛門)에 들고자 하는 마음을 일으킴.

[주석]

① ·반가·ᄫᅵ

⇒ 반갑-(어근) + -이(부사 파생 접사)

◎ '반가ᄫᅵ'는 '반갑-'의 파생 부사이다.

② 오·ᄋᆞ·더시·니

⇒ 오ᄋᆞᆯ-(형용사 어간) + -더-(시상의 선어말어미) + -시-(주체 높임의 선어말어미) + -니(평서형 종결어미)

◎ '오ᄋᆞᆯ-'은 '온전하다'를 의미하며, 어간말 종성 'ㄹ'가 '-더-'의 'ㄷ' 앞에서 탈락하였다.

③ :뵈ᅀᆞ·ᄫᆞ신·대

⇒ [보-(어근) + -이(사동 접사)]- + -ᅀᆞᆸ-(객체 높임의 선어말어미) + -(ᄋᆞ)시-(주체 높임의 선어말어미) + -(ᄋᆞ)ㄴ대(연결어미)

◎ '뵈-'는 '보-'의 사동형이다. '-ᅀᆞᆸ-'은 석가모니 부처의 입장에서 아버지인 정반왕을 높이기 위해 쓰였고, '-(ᄋᆞ)시-'는 『월인천강지곡(月印千江之曲)』의 작자의 입장에서 '뵈-'의 주어인 석가모니 부처를 높이기 위해 사용되었다.

◎ 허웅(1975/1995: 539~540)에 따르면 어미 '-ㄴ대'는 어떤 일에 대한 반응을 다음에 오게 하는 것으로 '-시-', '-ᅀᆞᆸ-' 및 그 연결체를 앞세울 수 있다. 후기중세국어에서의 '-ㄴ대'와 '-ㄴ딕'는 그 기능이 유사하나 '-ㄴ딕'의 용례 수는 매우 적은 편이다.

[원문]

끠其·힗一·빅百·ᅀᅵ二·씹十:궇九
부텻:말ᄊᆞᆷ듣ᄌᆞ·ᄫᅡ아·바:님·췌出·령令·으·로:겨집·ᄃᆞᆯ·토·법法:안眼·ᄋᆞᆯ·득得ᄒᆞ·니
·뻠梵·지志:즁·ᄋᆞᆯ·보·샤아·바:닚:긔·걸·로종宗친親·ᄃᆞᆯ·토사沙몬門·이ᄃᆞ외·니

[현대역]

[정반왕이 석가모니] 부처의 말씀을 듣고 아버님(정반왕)의 출령으로 계집들도 [출가하여] 법안을 얻으니.

범지의 모양(모습)을 보시어 아버님의 명령으로 종친들도 사문이 되니.

[배경]

정반왕이 석가모니 부처의 높은 공덕과 세상 이치를 깨닫고 남자는 물론 여자들도 뜻이 있다면 삼보에 귀의하여 법안을 열게 하였다.
한편, 정반왕은 석가모니 부처를 모시고 있는 비구들이 석가 씨와는 종교나 계통이 다른 바라문 출신이 대부분인 것을 부끄럽게 생각하고, 왕권과 종족 어른의 위엄으로 종친 중에서도 의무적으로 출가하여 석가모니 부처를 모시는 비구가 되게 하였다.

[어절 분석]

부텻#:말ᄊᆞᆷ#듣ᄌᆞ·ᄫᆞᆫ#아·바:님#①·취出·령令·으·로#②:겨집·ᄃᆞᆯ·토#·법法:안眼·ᄋᆞᆯ#·득得ᄒᆞ·니
·뻠梵·지志#③:ᄌᆞᇫ·ᄋᆞᆯ#·보·샤#④아·바:닚#:긔·걸·로#종宗친親·ᄃᆞᆯ·토#사沙ᄆᆞᆫ門·이#ᄃᆞ외·니

[주석]

① ·취出·령令·으·로
⇒ 취령(명사) + 으로(부사격조사)

◎ 『월인천강지곡(月印千江之曲)』에서 한자 '出'의 한자음은 대부분 'ᄎᆔᇙ出가家'의 경우처럼 'ᄎᆔᇙ'로 쓰여 있는데, 유독 '出令'의 경우에는 '出'의 한자음이 '취'로 제시되어있다.

② :겨집·ᄃᆞᆯ·토
⇒ [겨집(명사) + -ᄃᆞᆶ(복수 접사)] + 도(보조사)

◎ 현대국어에서 '계집'은 비하된 의미를 가지지만 후기중세국어에서 '겨집'은 '계집, 여자, 아내'를 의미하였고, 비하된 의미로 쓰이지 않았다.

◎ '-ᄃᆞᆶ'은 'ㅎ' 말음체언처럼 뒤에 모음으로 시작하는 형태소가 올 경우, 기저형의 'ㅎ'가 표기에 반영되었다. 후기중세국어 시기에 '-ᄃᆞᆶ'을 제외하고는 파생 접사 중에 이러한 기저형을 가진 것은 없다. 이러한 사실로 미루어 보아 '-ᄃᆞᆶ'은 'ㅎ' 말음체언이 접사화한 것으로 추정할 수 있다. 한편 '-ᄃᆞᆶ'은 평칭어의 복수를 표시하며, 존칭어에 복수를 의미하는 접사로는 '-내'가 있다.

③ :즈·을
⇒즛(명사) + 을(목적격조사)

◎ 현대국어 '짓'의 후기중세국어 어형인 '즛'은 15세기 문헌에서부터 나타나는데, 자음으로 시작하는 조사나 휴지 앞에서는 '즛'으로, 모음으로 시작하는 어미 앞에서는 '즈'으로 교체되었다. 16세기 후반부터는 모음으로 시작하는 어미 앞에서도 '즛'으로 나타났으며, 19세기에 전설모음화를 겪으면서 '짓'의 형태가 등장하였고, 현재에 이르고 있다.

④ 아·바:닚#:긔·걸·로
⇒[{아비(명사) + 아(호격조사)} + -님(명사 파생 접사)] + ㅅ(관형격조사) # 긔걸(명사) + 로(부사격조사)

◎ '긔걸'은 '명령, 분부'를 의미한다.

[원문]

468)끵其·힗一·빅百삼三·씹十
뚈調·땋達·인곳·갈·올밧·고:오五·역逆ᄆᆞᅀᆞᆷ·올계·와하阿·삐鼻·띠地·옥獄·애·드러가·니
홯和리離·ᄂᆞᆫ:썅象·이:몯:건·고·샤舍·리利·붏弗킈欺·롱弄·ᄒᆞ·야련蓮화花·띠地·옥獄·애·드러가·니

[현대역]

조달이는 고깔을 벗고 오역469)의 마음을 이기지 못하여 [마침내] 아비지옥470)에 들어가니. 화리471)는 코끼리가 못 걷고(못 걷게 하고), 사리불을 기롱472)하여 [그 죄로] 연화지옥473)에

---

468) <月印 上:047b>

469) 오역(五逆): 불교에서 말하는 다섯 가지 무거운 죄. 무간지옥에 떨어진다 해서 '오무간업(五無間業)'이라고도 함. 소승불교에서의 오역은 '어머니를 살해하는 것, 아버지를 살해하는 것, 아라한을 죽이는 것, 악심을 품고 부처의 몸에서 피가 나게 하는 것, 승가의 화합을 깨뜨리는 것'이며, 석가모니 부처 생존시 화합 승단을 파괴하려 하고 고의로 부처에게 상해를 입힌 제바달다와 소승부파 분열을 꾀한 대천이 이 죄를 저질렀다고 함. 대승불교에서의 오역은 '첫째, 탑을 파괴하고 경전과 불상을 불태우며 삼보의 물건을 빼앗거나, 그와 같은 짓을 시키는 행위, 또는 그 행위를 보고 기뻐하는 것. 둘째, 성문이나 연각의 법과 대승불교의 법을 비방하는 것. 셋째, 출가자가 불법을 닦는 것을 방해하거나 죽이는 것. 넷째, 소승의 오역 중 한 가지 죄를 범하는 것. 다섯째, 모든 업보는 없다고 생각하고 열 가지 악한 일을 하거나, 타인에게 가르치는 것'임.

470) 아비지옥(阿鼻地獄): 팔열지옥(八熱地獄)의 하나. 아비(阿鼻)는 범어 'Avīci'의 음사로, 고통의 '간격이 없다'는 것을 의미하며, 즉 그곳에서 받는 고통이 간극(間隙)이 없이 계속됨을 의미함. 이런 이유로 무간지옥(無間地獄)이라 하며, 불교에서 말하는 여러 지옥 중 고통이 가장 극심한 지옥이라고 함.

471) 화리(和離): 조달의 친구로 나쁜 짓을 많이 하여 지옥으로 간 사람.

들어가니.

[배경]

석가모니 부처의 사촌인 조달은 본래부터 성질이 나빠 석가모니 부처와는 어려서부터 경쟁 상대였다. 실달 태자께서 세존이 되매 정반왕의 위엄으로 많은 석가 씨들이 출가하게 되자 이때 조달도 출가를 결심하게 되었다. 그러나 조달은 부처가 되어 세상을 제도하겠다는 것이 아니라, 석가모니 부처와 같은 재주를 배워서 석가모니 부처를 이기겠다는 불순한 마음을 가지고 있었다. 조달이 성문을 나가자 바람이 갑자기 불어 쓰고 있던 고깔이 벗겨지니 관상쟁이가 조달을 보고는 이 사람은 오역을 범하였으므로 아비지옥에 떨어질 것이라고 하였다.

조달의 친구 화리는 마음씨 나쁘기가 조달과 비슷하였다. 화리가 미리 여러 코끼리에게 술을 먹여 취하게 하고, 사나운 코끼리의 힘으로 석가모니 부처 일행을 해하고자 하여 석가모니 부처를 수행한 사리불에게 위협을 가했다. 그러나 사리불은 워낙 인내심이 강하여 화리의 욕설을 모르는 체 하고, 자기 할 일만을 하는 한편 술 취한 코끼리를 모두 물리쳐 석가모니 부처를 안전하게 모셨다. 이 화리는 그 죄보로 조달처럼 나중에 연화지옥에 떨어졌다.

[어절 분석]

뚀ᇹ調·따ᇙ達·인#①곳·갈·ᄋᆞᆯ#밧·고#:ᅌᅩ五·ᅌᅧᆨ逆#ᄆᆞᅀᆞᆷ·ᄋᆞᆯ#②계·와#ᅙᅡ阿·삐鼻·띠地·ᅌᅩᆨ獄·애#·드러가·니
ᅘᅪᆼ和리離·ᄂᆞᆫ#:썅象·이#:몯#:걷·고#·샤舍·리利·붏弗#킈欺·롱弄·ᄒᆞ·야#련蓮화花·띠地·ᅌᅩᆨ獄·애#·드러가·니

[주석]

① 곳·갈·ᄋᆞᆯ

⇒ 곳갈(명사) + ᄋᆞᆯ(목적격조사)

◎ 현대국어 '고깔'의 후기중세국어 어형인 '곳갈'은 15세기 문헌에서부터 나타난다. 『우리말샘』에 따르면, 16세기 이후 종성의 'ㅅ'가 'ㄷ'와 발음이 같아지면서 제2음절의 첫소리인 'ㄱ'

472) 기롱(欺弄): 속이어 농락함.

473) 연화지옥(蓮花地獄): 몹시 추워서 살가죽이 얼어 터지어 연꽃처럼 된다는 지옥.

가 경음이 된 것으로 보인다. 19세기의 '고ᄶᅡᆯ' 형태는 제2음절의 초성 'ㅺ'가 경음임을 보여준다. 이후 초성의 합용병서가 각자병서로 그 표기 방식이 바뀌면서 '고깔'의 형태가 되었다.

② 계·와

⇒ 계오-(동사 어간) + -아(연결어미)

◎ '계오-'는 '이기지 못하다'를 의미하며, 후기중세국어 시기에는 일반적으로 다음과 같이 '계우-'의 형태로 쓰였다.

예) 貪欲 계워 목숨 催促ᄒᆞ고 <月釋 10:2b>

[원문]

끵其·ᅙᅵᇙ一·ᄇᆡᆨ百삼三·씹十·ᅙᅵᇙ一

474)뚀ᇢ調·따ᇙ達·이·휘慰·로ᇢ勞·ᄅᆞᆯ·목目련連·이·니거·늘·띠地·옥獄·애잇·부·미:업·다ᄒᆞ·니

뚀ᇢ調·따ᇙ達·ᄋᆡᅌᅡᆫ安:부ᇢ否·ᄅᆞᆯ·세世존尊·이물·여시·놀삼三썬禪텬天·에·즐거·ᄫᅮᆷ·ᄀᆞᆮ·다ᄒᆞ·니

[현대역]

조달이(조달을) 위로를 [하기 위해 지옥에] 목련이 가거늘 [조달은] 지옥에(지옥에서 지내는데) 고단함이 없다 하니.

조달의 안부를 세존이 [목련에게] 묻게 하시거늘 [조달은 지옥에서 지내는 것이] 삼선천475)에(삼선천에서의) 즐거움 같다 하니.

[배경]

조달이 이승에서 석가모니 부처의 말씀을 듣지 않고 끝까지 나쁜 짓만 골라서 하다가 기어코 지옥으로 떨어져서 고생하게 되었다.

석가모니 부처께서는 조달의 행동은 미우나 그의 업보로 치르는 지옥살이를 불쌍하게 생각하시어 사리불과 목련의 두 제자를 보내어 조달을 위로하게 하셨다.

---

474) <月印 上:048a>

475) 삼선천(三禪天): 사선천(四禪天)의 하나. 욕계육천(欲界六天) 위에 있는 색계(色界) 사선천(四禪天) 가운데 셋째 선천(禪天).

[어절 분석]

뚕調·딿達·이#·휘慰·룽勞·롤#·목目련連·이#·니거·늘#·띠地·옥獄·애#①잇·부·미#:업·다#ᄒᆞ·니

뚕調·딿達·ᄋᆡ#한安:붕否·를#·셰世존尊·이#②물·여시·늘#삼三쎤禪텬天·에#③·즐거·붐#·ᄀᆞᆮ·다#ᄒᆞ·니

[주석]

① 잇·부·미

⇒ [잇브-(형용사 어간) + -움(명사형 어미)] + 이(주격조사)

◎ '잇브-'는 '勞'에 대한 대역으로 '고단하다'를 의미한다. 어간말 모음이 음성모음 'ㅡ'이므로 모음조화를 고려하여 명사형 어미로는 '-움'이 쓰였다.

② 물·여시·늘

⇒ [묻-(어근) + -이(사동 접사)]- + -시-(주체 높임의 선어말어미) + -어늘(연결어미)

◎ '물이-'는 '묻-'의 사동형으로, '묻-'에 모음으로 시작하는 사동 접사 '-이-'가 결합하여 'ㄷ' 불규칙으로 인해 '묻-'이 '물-'로 교체되었다. 또한 '물이-'의 '이'와 '-어시늘'의 '어'가 음절 축약을 거쳐 '여'로 표기되었다.

③ ·즐거·붐#·ᄀᆞᆮ·다#ᄒᆞ·니

⇒ 즐겁-(형용사 어간) + -움(명사형 어미) # ᄀᆞᆮ-(형용사 어간) + -다(평서형 종결어미) # ᄒᆞ-(동사 어간) + -니(평서형 종결어미)

◎ '즐겁-'의 어간말 모음이 음성모음 'ㅓ'이므로 모음조화를 고려하여 명사형 어미로는 '-움'이 쓰였다. '즐겁-'의 명사형 '즐거붐'은 'ㅸ'의 소멸 이후 'ㅸ > 오/우'의 과정을 겪으면서 '즐거움'의 형태가 되었다.

[원문]

끠其·힗一·빅百삼三·씹十·ᅀᅵ二

나·고·져식브·녀하阿난難·일·브·리신·대·오샤·ᅀᅡ·내:나·리이·다

476):엇뎨·오·시리·오하阿난難·이·되對·답答ᄒᆞᆫ·대아·니·오시·면·내이·쇼리·라

476) <月印 上:048b>

[현대역]

[아난이 조달에게 물었다.] "나가고 싶으냐?" [석가모니 부처께서] 아난이를 [조달에게 보내려] 부리신즉, [조달이 답하기를] "[석가모니 부처께서] 오셔야 내가 나가겠습니다."[라고 하였다.]

"[석가모니 부처께서 이곳에] 어찌 오시리오?"[라고] 아난이 대답한즉, "[석가모니 부처께서] 아니 오시면 나는 [나가지 않고 이곳에] 있으리라."[라고 조달이 답하였다.]

[배경]

지옥에 있는 조달을 구제하기 위하여 석가모니 부처께서 제자 아난을 지옥에 보내셨다. 이 장은 지옥에서의 아난과 조달의 문답을 다루고 있다.

[어절 분석]

①나·고·져#식브·녀#하阿난難·일#·브·리신·대#·오샤·ᅀᅡ#·내#②:나·리이·다
:엇데#③·오·시리·오#하阿난難·이#·되對·답答ᄒᆞᆫ·대#아·니#·오시·면#·내#④이·쇼리·라

[주석]

① 나·고·져#식브·녀

⇒ 나-(동사 어간) + -고져(연결어미) # 식브-(형용사 어간) + -녀(의문형 종결어미)

◎ 후기중세국어에서 '희망' 등을 나타내는 어미로는 '-고져, 고자, -과뎌, -긧고, -게끔, -라, -오려/-우려' 등이 있다.

예) 그 사ᄅᆞ미 먹고 吐ᄒᆞ면 어듸던 다시 먹고옷 ᄒᆞ료 <月釋 20:90a>

박용찬(2008)에서는 위 예문의 '-고옷'을 '원망형 연결어미'로 지칭하는데, 박용찬(2008)에 따르면 이 예는 『월인석보(月印釋譜)』 권20에서만 보이며, 문맥상 "그 사람이 먹고 토하면 어찌 [그것을] 다시 먹고자 하겠는가?" 정도로 해석되어 [원망]의 의미를 나타낸다. 이때의 '-고옷'은 고려시대의 석독구결 자료인 『금광명경(金光明經)』에 보이는 '-ロロ七(고곳)'의 후대형으로 추정된다.

◎ 현대국어 '싶-'의 후기중세국어 어형인 '식브-'는 15세기 문헌에서부터 보인다. 『우리말샘』

에 따르면, 16세기에는 '식브-'의 제1음절 종성 'ㄱ'가 'ㅂ'로 바뀐 '십브-' 형태가 나타나며, 17세기에는 연속되는 동일 자음 'ㅂ' 중에서 제1음절의 종성 'ㅂ'가 탈락한 '시브-'의 형태가 등장하였고, 또한 '시브-'의 'ㅂ'가 'ㅍ'로 유기음화한 '시프-' 형태도 보인다. 19세기에는 '시프-'에서 제2음절의 모음 'ㅡ'가 탈락한 '싶-' 형태가 등장하였는데, 다만 실제 문헌상으로는 자음으로 시작하는 어미 앞에서 어간말 자음이 'ㅂ'로 표기된 '십-'의 예만 보인다. 한편 근대국어 후기 문헌에서는 원순모음화를 겪은 '시부-, 시푸-'의 형태도 발견된다.

◎ '-녀'계 의문형 종결어미들은 주로 1·3인칭 판정의문문에 주로 사용되는데, 주어가 2인칭인 의문문에 사용된 경우도 나타난다.

② :나·리이·다
⇒ 나-(동사 어간) + -오-(의도의 선어말어미) + -리이다(평서형 종결어미)

◎ 거성인 어간 '·나-'에 역시 거성인 의도의 선어말어미 '-오-'가 축약되어 상성의 ':나-'로 표기되었다.

③ ·오·시리·오
⇒ 오-(동사 어간) + -시-(주체 높임의 선어말어미) + -리-(추측의 선어말어미) + -고(의문형 종결어미)

◎ '오시리오' 앞에 소위 의문사인 '엇뎨'가 쓰였으므로 '엇뎨 오시리오'는 설명의문문이며, 의문형 종결어미로 '-고'가 쓰였으나 '-리-' 뒤에서 '-고'의 'ㄱ'가 약화되어 '-오'로 교체되었다.

④ 이·쇼리·라
⇒ 이시-(동사 어간) + -오-(의도의 선어말어미) + -리-(의지의 선어말어미) + -다(평서형 종결어미)

◎ '이시-'의 '시'와 '-오-'가 음절 축약을 거쳐 '쇼'로 표기되었으며, '-리-' 뒤에서 '-다'가 '-라'로 교체되었다.

[원문]

끠其·ᄒᆞᇙ一·ᄇᆡᆨ百삼三·씹十삼三
·ᄂᆞᆷ·위爲ᄒᆞᆫᄆᆞᅀᆞᆷ·ᄋᆞᆫ·먼萬·복福·이몯ᄂᆞ·니끼耆빠婆:됴ᇰ鳥·ᄋᆡ:됴ᄒᆞᆫ:일ᄉᆞᆯ·ᄫᅩ·리
ᄆᆞᆫ·졈머·근ᄆᆞᅀᆞᆷ·ᄋᆞᆫᄒᆞᆫ·복福·도:업ᄂᆞ·니끼耆빠婆:됴ᇰ鳥·ᄋᆡ:모딘:일ᄉᆞᆯ·ᄫᅩ·리

[현대역]

남 위한 마음은 만복이 모이니 기바조477)의 좋은 일을 말씀드리리(말씀드리겠습니다).
원한 먹은 마음은 한 개의 복도 없으니, 기바조의 모진 일을 말씀드리리(말씀드리겠습니다).

[배경]

이 장의 내용은 석가모니 부처와 조달(제바달다)의 전생 연기478)에 대해 석가모니 부처께서 비구들에게 말씀하신 이야기를 다루고 있다.
전세겁에 설산 아래에 기바조란 이름의 새 두 마리가 있었는데, 사실은 머리만 둘이지 몸뚱이는 하나였다. 그 한 머리의 이름은 가루다이고, 다른 하나의 새는 우바가루다였다. 그때 마두가(摩頭迦)라는 과일나무가 있었는데, 한 번은 두 머리 중 가루다만 혼자 깨어 있다가, 마두가 열매를 보고 다른 머리(우바가루다)를 깨워 함께 먹으려고 하였다. 그런데 머리만 둘이지 몸뚱이는 하나이니 굳이 자는 머리까지 깨울 것이 아니라 내가 먹음으로써 몸뚱이를 배부르게 하리라 생각하여, 혼자 마두가 열매를 맛있게 먹었다. 뒤에 우바가루다가 이것을 알고 매우 못마땅하게 생각하였다. 한 번은 반대로 우바가루다만 혼자 깨어 있다가 독이 있는 꽃을 보자 이왕이면 이 꽃을 먹고 두 머리를 다 죽게 하리라 생각하여 그 꽃을 먹고 죽었다.
그 뒤에 가루다는 석가모니 부처가 되고 악독한 우바가루다는 조달로 태어나서, 이 세상에서도 조달은 석가모니 부처의 말을 듣지 않고 심술만 부리는 사람이 되었다.

[어절 분석]

·ᄂᆞᆷ#·위爲ᄒᆞᆫ#ᄆᆞᅀᆞᆷ·ᄋᆞᆫ#·먼萬·복福·이#①몯ᄂᆞ·니#끼耆빠婆:됴ᇰ鳥·ᄋᆡ#:됴ᄒᆞᆫ#:일#②ᄉᆞᆯ·ᄫᅩ·리

477) 기바조(耆婆鳥): 머리는 둘이고 몸뚱이가 하나인 새. 두 개의 머리 중에서 좋은 마음을 가진 머리를 '가루다(迦嘍茶)'라고 하며 후대에 석가모니 부처가 되었다고 함. 두 개의 머리 중에서 나쁜 마음을 가진 머리를 '우바가루다(優婆迦嘍茶)'라고 하는데 후세에 조달(調達)이 되었다고 함.

478) 연기(緣起): 모든 현상은 독립·자존적인 것은 하나도 없고, 모든 조건·원인이 없으면 결과도 없다는 불교 교리. 즉, 여러 가지 원인으로 생긴다는 인연의 이치를 의미하는 것으로 연기(緣起)는 인연의 이치를 말함.

③문·졈#머·근#ᄆᆞᅀᆞᆷ·ᄋᆞᆫ#ᄒᆞᆫ#·복福·도#:업ᄂᆞ·니#끼耆빠婆:둏鳥·ᄋᆡ#:모딘#:일#ᄉᆞᆯ·ᄫᅩ·리

[주석]

① 몯ᄂᆞ·니
⇒ 몯-(동사 어간) + -ᄂᆞ-(시상의 선어말어미) + -니(연결어미)

◎ '몯ᄂᆞ니'는 'ᄃᆞ니-'와 비교할 수 있을 듯하다. 현대국어 '다니-'의 후기중세국어 어형인 'ᄃᆞᆮ니-'는 15세기에 'ᄃᆞᆮ'의 종성 'ㄷ'가 후행하는 '니'의 초성 'ㄴ'에 의해 'ㄷ > ㄴ'의 비음화를 겪으면서 'ᄃᆞ니-'의 형태가 되었다. 동일한 음성 환경에 놓인 '몯ᄂᆞ니'는 'ᄃᆞ니'에 비해 비음화가 형태에 반영되지 않았다고 볼 수 있다.

② ᄉᆞᆯ·ᄫᅩ·리
⇒ ᄉᆞᆲ-(동사 어간) + -오-(의도의 선어말어미) + -리(평서형 종결어미)

◎ 기1에서 'ᄉᆞᆯᄫᆞ리'의 표기를 확인할 수 있는데 여기에서의 'ᄉᆞᆯᄫᅩ리'와의 차이점은 우선 전자는 의문문이고, 후자는 평서문이며 의도의 선어말어미 '-오-'가 쓰였다는 것이다.

◈ 후기중세국어 시기의 종결형 문장에서의 '-니', '-리'에 대한 자세한 설명은 p.25를 참조.

③ 문·졈
⇒ 문졈(부사)

◎ 『고어사전』에서는 '문졈'의 의미를 '먼저'로 제시하고 있으며, 허웅·이강로(1962/1999: 239)에서는 '독하게'로, 남광우·성환갑(1978/1982: 236)에서는 '원한 품어'로 문맥상 그 의미를 추정하고 있다. 여기에서는 『고어사전』의 풀이대로 '문졈'의 의미를 '먼저'로 보기로 한다.

[원문]

끠其·ᅙᅵᇙ一·ᄇᆡᆨ百삼三·씹十·ᄉᆞ四
479)·몸·이어·울오·도머·리제여·고밀·쎠ᄆᆞᅀᆞᆷ머·굼·도제여·고·미러·니
머·리:둘·히라·도·몸·이ᄒᆞ나·힐·씨·비블·옴·도ᄒᆞᆫ·가·지러·니

479) <月印 上:049a>

[현대역]

몸이 [하나로] 어울려도(합하여 있어도) 머리가 제각기이므로 마음먹음도 제각기이더니(제각기 다르더니).
머리가 둘이라도 몸이 하나이므로 배부름도 한가지이더니.

[배경]

기바조는 몸뚱이는 하나이지만 머리가 둘인 까닭에 마음씨는 언제나 서로 달랐다. 또한 머리가 둘이지만 몸이 하나이므로 한 머리가 먹어도 배부르기는 한가지였다.

[어절 분석]

·몸·이#①어·울오·도#머·리#②제여·고밀·씨#ᄆᆞᅀᆞᆷ#머·굼·도#③제여·고·미러·니
머·리#:둘·히라·도#·몸·이#ᄒᆞ나·힐·씨#④·비블·옴·도#③ᄒᆞᆫ·가·지러·니

[주석]

① 어·울오·도
⇒ 어울-(동사 어간) + -고도(연결어미)

◎ 연결어미 '-고도'는 어떠한 사실이나 느낌을 나타내면서, 뒤이어 이에 상반되거나 또 다른 특성이 있음을 나타내는, 양보의 의미 기능을 수행한다. '어울-'의 어간말 종성 'ㄹ' 뒤에서 '-고도'의 'ㄱ'가 약화되어 '-오도'로 교체되었다.

② 제여·고밀·씨
⇒ [제여곰(명사) + 이(서술격조사)]- + -ㄹ씨(연결어미)

◎ 이덕흥(1991: 83)에서는 'ᄢᅳ 제여고밀씨 <月釋 13:37b>'의 예와 같이 '제여곰' 다음에 '이다'가 오는 것으로 보아 체언으로 보는 것이 타당하다고 하였다. 그러나 고영근(1987/2010: 167)에서 기술한 바와 같이 단어 가운데에는 하나 이상의 문법적 성질을 함께 지니고 있는 것이 있으며 이를 '품사의 통용'이라 한다. 후기중세국어 시기에도 이런 사실이 발견된다는 점에서 후기중세국어 어휘 '제여곰'도 명사류와 부사의 기능을 모두 지닌 것으로 볼 수 있을 것이다. 여기에서는 '제여곰' 뒤에 서술격조사가 후접한다는 점을 고려하여 명사로 판단하고자 한다.

◎ 박용찬(2008: 116)에 따르면, 연결어미 '-어'와 보조사 '곰'의 통합형인 '-어곰'과 관련되는 형태로는 '시러곰(얻어, 능히)', '뼈곰(써)', '히여곰(ᄒᆞ여곰, 하여금)' 등이 있다. 하귀녀(2005)에서 지적한 바처럼 '시러곰, 뼈곰, 히여곰' 등은 주로 『두시언해(杜詩諺解)』에서 집중적으로 나타나는데, 15세기에 공시적으로 완전히 어휘화한 것으로서 의미적으로 '반복'의 보조사 '곰'과는 별 관련성이 없으며, 문법 범주상으로는 더 이상의 분석이 불가능한 별개의 부사로 봐야 한다. '제여곰/저여곰'도 완전히 화석화된 부사로서 15세기 공시적으로 봤을 때, 보조사 '곰'과는 아무런 관련이 없는 것으로 보이며, '제여곰/저여곰'의 형성에는 어떠한 연결어미도 관여하지 않았다.

③ 제여·고·미러·니 / ᄒᆞᆫ·가·지러·니
⇒ [제여곰(명사) + 이(서술격조사)]- + -더-(시상의 선어말어미) + -니(평서형 종결어미)
⇒ [{ᄒᆞᆫ(어근) + 가지(어근)} + 이(서술격조사)]- + -더-(시상의 선어말어미) + -니(평서형 종결어미)

◎ '제여고미러니'와 'ᄒᆞᆫ가지러니' 모두 서술격조사 '이-' 뒤에서 시상의 선어말어미 '-더-'가 '-러-'로 교체되었다.

◎ 『표준국어대사전』에서 '한가지'를 합성어로 제시하고 있기 때문에 이의 후기중세국어 어형인 'ᄒᆞᆫ가지'도 합성어로 분석하고자 한다.

④ ·ᄇᆡ블·옴·도
⇒ [{ᄇᆡ(어근) + 브르-(어근)}- + -옴(명사형 어미)] + 도(보조사)

◎ 현대국어 '배부르-'의 후기중세국어 어형인 'ᄇᆡ브르-'는 15세기 문헌에서부터 보인다. 『우리말샘』에 따르면, 형용사 'ᄇᆡ부르-'는 명사 'ᄇᆡ'와 동사 '브르-'가 결합한 합성어로, 'ᄇᆡ브르-'는 모음으로 시작하는 어미와 결합할 때에는 'ᄇᆡ블어'와 같이 'ᄇᆡ블ㅇ-'로 이형태 교체를 하였다. 16세기 이후 유성후두마찰음 'ㅇ[ɦ]'이 사라지면서 17세기에는 'ᄇᆡ블ㅇ-' 대신 'ᄇᆡ블ㄹ-'이 쓰인 예가 등장하기 시작하였고, 18세기에는 원순모음화를 겪은 'ᄇᆡ부르-'의 형태가 등장하였다. 이후 모음 'ㆍ'의 어두에서의 2차 소실로 인해 이중모음 'ㆎ'가 'ㅐ[ay]'와 소리가 같아진 후, 'ㅐ[ay] > ㅐ[ɛ]'의 단모음화로 인해 'ᄇᆡ > 배'의 형태 변화가 발생하였으나, '배부르-'의 형태는 20세기부터 보이기 시작하였다.

[원문]

ᄭᅴ其·ᄒᆞᇙ一·ᄇᆡᆨ百삼三·ᄰᅵᆸ十:오五
ᄒᆞᆫ머·리·자거·늘ᄒᆞᆫ머·리ᄀᆞ·ᄫᅡ이·샤:됴ᄒᆞᆫ곶머·거·ᄂᆞᆷ·ᄋᆞᆯ·위爲ᄒᆞ·니
:두머·리ᄀᆞ·ᄫᅡ이·셔ᄒᆞᆫ머·릴자·라·ᄒᆞ·야:모[480]딘곶먹·고저·도주·그·니

[현대역]

한(한쪽) 머리(우바가루다)가 자거늘 [다른] 한 머리(가루다)가 괴어(잠겨) 있어 좋은 꽃을 먹어 남(자고 있는 머리 우바가루다)을 위하니.
두 머리가 [모두 잠들지 않고] 괴어(잠겨) 있어, [우바가루다가] 한 머리(가루다)를 자라고 하여 모진(독이 있는) 꽃 먹고 저(우바가루다)도 죽으니.

[배경]

이 장의 내용은 기133과 동일하다.
깨어 있던 한쪽 머리 가루다가, 공연히 자는 머리인 우바가루다를 깨워서 잠을 방해할 필요 없이, 이 머리가 먹으나 저 머리가 먹으나 하나의 몸이 배부르기는 마찬가지라는 생각에서 맛있는 과실을 혼자 먹었는데, 뒤에 이것을 안 우바가루다가 앙심을 품었다. 그래서 우바가루다는 언제나 가루다에게 앙갚음을 하려고 벼르고 있다가, 하루는 독이 있는 꽃을 먹고 모두 함께 죽으려고 생각에 잠겨 있는 가루다를 재우고 독이 있는 꽃을 먹었다. 마침내 가루다, 우바가루다 두 머리의 한 몸뚱이가 죽게 되고 말았다.

[어절 분석]

ᄒᆞᆫ#머·리#·자거·늘#ᄒᆞᆫ#머·리#①ᄀᆞ·ᄫᅡ#이·샤#:됴ᄒᆞᆫ#곶#머·거#·ᄂᆞᆷ·ᄋᆞᆯ#·위爲ᄒᆞ·니
:두#머·리#ᄀᆞ·ᄫᅡ#이·셔#ᄒᆞᆫ#머·릴#②자·라#·ᄒᆞ·야#:모딘#곶#먹·고#저·도#주·그·니

[주석]

① ᄀᆞ·ᄫᅡ#이·샤
⇒ ᄀᆞᇦ-(동사 어간) + -아(연결어미) # 이시-(동사 어간) + -아(연결어미)

480) <月印 上:049b>

◎ 허웅·이강로(1962/1999: 241)에서는 여기에서의 'ᄀᆞᄫᆞ'와 기118의 'ᄀᆞᄫᆞ'는 다른 말로 판단하면서 여기에서의 'ᄀᆞᄫᆞ'의 의미를 '가루다'로 추정하였다. 이에 비해 남광우·성환갑(1978/1982: 238)에서는 여기에서의 'ᄀᆞᄫᆞ'와 기118의 'ᄀᆞᄫᆞ'를 동일한 어휘로 판단하고 있으며, 어간의 형태를 'ᄀᆞᆸ-'으로 제시하고 있다. 다만, 의미를 '괴다'로 제시하는 점이 특이하다. 『고어사전』에서는 남광우·성환갑(1978/1982)와 동일한 풀이를 제시하고 있다. 한편 김태곤(2002)에서는 'ᄀᆞᆲ-'에 대해 그 의미를 '병(竝)' 또는 '대적(對敵)'으로 설명하면서, 현대국어에서는 이러한 어형은 쓰이지 않고, 대신 '아우르-, 대적하-, 겨루-' 등의 다른 말이 사용되고 있다고 하였다. 또한 'ᄀᆞᆲ-'은 15세기까지만 쓰이고, 대신 'ᄀᆞᆯ오-'의 형태가 『원각경언해(圓覺經諺解)』에서부터 쓰이기 시작하여 후에 보편화 되었다고 기술하였다. 16세기와 17세기에는 'ᄀᆞᆯ오-'와 '결우-/결오-'가 공존하였으나, 'ᄀᆞᆯ오-'는 '병(竝)'과 '대적(對敵)'의 의미로 쓰이고, '결우-/결오-'는 '대적'의 의미로만 쓰인 점이 다르다고 하였다. 18세기부터는 '결우-/결오-'만 쓰이고, 'ᄀᆞᆯ오-'는 쓰이지 않았다고 한다. 『고어사전』에서 제시한 'ᄀᆞᆸ-'과 김태곤(2002)에서 설명한 'ᄀᆞᆲ-'은 15세기에 그 의미상 쌍형어 관계를 맺고 있었다고 볼 수도 있을 듯하다.

② 자·라#·ᄒᆞ·야
⇒ 자-(동사 어간) + -라(명령형 종결어미) # ᄒᆞ-(동사 어간) + -아(연결어미)

◎ 안주호(2003)에서는 후기중세국어의 인용문 형식을 다음과 같이 세 가지로 분류하였다.

예) ㉮ 1형식: 주어 + 인용동사 + (피인용문)
須達이 舍利弗ᄭᅴ ᄭᅮ러 닐오ᄃᆡ 大德하 사ᄅᆞ미 다 모다 잇ᄂᆞ니 오쇼셔 <釋譜 6:29b>
㉯ 2형식: 주어 + 인용동사 + (피인용문) + ᄒᆞ-
王이 ᄒᆞ샤ᄃᆡ 내 아ᄃᆞ리 어딜쎠 ᄒᆞ시니 <月釋 2:7a>
㉰ 3형식: 주어 + (피인용문) + 인용동사
如來 샹녜 우리ᄅᆞᆯ 아ᄃᆞ리라 니ᄅᆞ시니이다 <月釋 13:32b>

여기에서의 '자라 ᄒᆞ야'는 위 3형식의 구조를 띠고 있는 것으로 보인다. 한편 이현희(1994)에서는 '-아 ᄒᆞ-'의 구성에 대해 '-아' 앞에 통합되는 용언의 의미를 강화하여 표현한다고 기술하였다.

[원문]

끠其·힗一·빅百삼三·씹十·륙六
:됴ᄒᆞᆫ곶머·근머·리·ᄂᆞᆫ일·훔·이가迦:룽嘍따茶ㅣ러·니·셰世존尊ㅅ·몸·이·이넉·시·러시·니
:모·딘곶머·근머·리·ᄂᆞᆫ훙優빠婆가迦:룽嘍따茶ㅣ러·니뚈調·땷達·ᄋᆡ·몸·이·뎌넉·시러·니

[현대역]

좋은 꽃을 먹은 머리는 이름이 가루다이더니 [이 세상의] 세존의 몸이 [바로] 이 넋이시더니. [독이 있는] 모진 꽃을 먹은 머리는 우바가루다이더니 [이 세상의] 조달의 몸이 [바로] 저 넋이더니.

[배경]

좋은 마음씨로 좋은 꽃을 먹은 머리는 죽어서 이 세상에 세존으로 태어났다.
악한 마음씨로 독이 있는 꽃을 먹은 머리는 죽어서 이 세상에 심술쟁이 조달로 태어났다.

[어절 분석]

:됴ᄒᆞᆫ#곶#머·근#머·리·ᄂᆞᆫ#일·훔·이#①가迦:룽嘍따茶ㅣ러·니#·셰世존尊ㅅ#·몸·이#②·이#①넉·시·러시·니
:모·딘#곶#머·근#머·리·ᄂᆞᆫ#훙優빠婆가迦:룽嘍따茶ㅣ러·니#뚈調·땷達·ᄋᆡ#·몸·이#②·뎌#넉·시러·니

[주석]

① 가迦:룽嘍따茶ㅣ러·니 / 넉·시·러시·니
⇒ [가룽따(명사) + 이(서술격조사)]- + -더-(시상의 선어말어미) + -니(연결어미)
⇒ [넋(명사) + 이(서술격조사)]- + -더-(시상의 선어말어미) + -시-(주체 높임의 선어말어미) + -니(평서형 종결어미)

◎ '가룽따'의 마지막 음절 모음이 非 'i'계 모음이므로 서술격조사로 'ㅣ'가 쓰였다. '넋'은 자음으로 끝나기 때문에 서술격조사로 '이'가 쓰였다.

◎ 서술격조사 뒤에서 '-더-'가 '-러-'로 교체되었다.

◈ 후기중세국어 시기의 서술격조사에 대한 자세한 설명은 p.185를 참조.

② ·이 / ·뎌

⇒ 이(관형사) / 뎌(관형사)

◎ 후기중세국어의 지시 관형사 '이'와 '뎌'는 대명사로도 쓰였다. 한편 후기중세국어 문헌에서 발견되는 '이어긔, 뎌어긔, 그어긔'에 대해 기존 논의들에서는 이들 어휘의 형태소 분석 과정에서 '억'을 장소 명사로 파악하였다.

예1) 이/그/뎌 + 억 + 의 > 이/그/뎌어긔

이들 논의의 공통점은 첫째 '억'을 장소 명사로 파악하며, 둘째 대명사 '이/그/뎌'와 부사격조사 '의'를 추출한다는 점이다. 이들 연구가 '이/그/뎌어긔'에서 '억'을 추출한 근거는 '이/그/뎌'와 '의'가 15세기에 생산적으로 쓰였기 때문인 것으로 추측된다. 즉, 예1)에서 볼 수 있듯이 '이/그/뎌어긔'에서 '이/그/뎌'와 '의'를 제외하면 '억'이 남기 때문이다. 그러나 조재형(2010: 107)에서는 『두시언해(杜詩諺解)』 초간본에서 '是中, 於此間, 於～此, 於～是'를 '잉어긔'로 언해했다는 점을 근거로 기존 논의에서의 '이/그/뎌 + 억 + 의'로의 형태소 분석을 비판하였고, 조재형(2010: 108)에서는 고려시대 이두와 구결에서 부사격조사 '良中(㇋ +)'가 발견되며, '잉, 긍, 뎡'이 '이, 그, 뎌'의 선대형으로 판단된다는 점을 근거로 이들 어휘에 대해 다음과 같은 형태소 분석을 제시하였다.

예2) 잉/긍/뎡 + 어긔 > 이/그/뎌어긔

조재형(2010: 108～111)에서는 이숭녕(1956)에서 제시한 'i-gŏ-gŭi(이거긔 : 此處, 此處에)', 'kŭ-gŏ-gŭi(그거긔 : 其處, 其處에)', 'cŏ-gŏ-gŭi(저거긔 : 彼處, 彼處에)'를 고려할 경우, '(*익/극/뎍 >) 잉/긍/뎡 > 이/그/뎌'의 변천과정을 추론할 수 있으며, 특히, 『두시언해(杜詩諺解)』 초간본의 '이어긔, 뎌어긔'가 『두시언해(杜詩諺解)』 중간본에서 각각 '이어긔, 져(< 뎌)어긔'로 형태가 변했다는 점에서 '잉, 긍, 뎡 > 이, 그, 뎌'의 변화 과정을 추정하였다.

예3) ㉮ 영기르 해방난 해 왓지. ㉯ 영거 곡식이 잘못됩니다.
㉰ 정기르 가려면 ㉱ 긍기 가치가 있수꾸마
㉲ 단판 정그겔 찾다나니 ㉳ 정겔 없소꼬마

예3)은 한진건(2000/2003: 248～250)에서 제시하는 육진방언의 예로, 한진건(2000/2003)에서는 '여기'의 육진방언형으로 '영기, 영거, 영거게, 영그게, 잉기, 잉거기, 잉게, 용기'를, '거기'의 육진방언형으로는 '겅기, 긍기, 겅그게, 겅게'를, '저기'의 육진방언형으로는 '뎌기, 뎡기, 정거게, 정그게, 정게'를 제시하고 있다. 조재형(2010)에서는 이들 육진방언형들은 각각 '영/잉 + 문법 형태소', '겅/긍 + 문법 형태소', '뎌/뎡/정 + 문법 형태소'로 분석이 가능하며, 이는 '이/그/뎌어긔'를 '잉/긍/뎡 + 어긔'로의 분석과 '이 = 잉', '뎌 = 뎡'의 근거가 된다고 보았다.

[원문]

481)끠其·힗一·빅百삼三·씹十·칧七
한종宗친親ㅅ알·픠련蓮ㅅ고·지안·자:뵈실·씨·귁國신人ㅅ의疑심心·이ᄒᆞ·마:업·서니·와
한부텻·서리·예아·바:님아·라·보실·씨·귁國신人ㅅ의疑심心·이더·욱:업ᄉᆞ·니이·다

[현대역]

많은 종친들이 [모인] 앞에 [석가모니 부처께서] 연꽃에 앉아 [계시니, 아들 나운이 서슴지 않고 석가모니 부처께로 가] 보이시므로 국인(모든 나라 사람)의 의심이 이미 없어졌거니와, 많은 부처(비구)의 사이에서 [나운이] 아버님(석가모니 부처)을 알아보시므로 국인의 의심이 더욱 없어졌습니다.

[배경]

태자비 야수타라가 태자(석가모니 부처)께서 정반왕궁에서 출가하신 뒤 6년 만에 아들 나운을 낳았으므로, 모두 나운이 태자의 아들이 아니라고 의심하였다. <기59, 기60 배경 참조>
그런데 석가모니 부처께서 정각을 이루시고 돌아오셔서 여러 석가 씨 종족들과 함께 연화좌에 앉아 계실 때에 그 자리에 참석한 나운이 한 번도 아버님(석가모니 부처)의 얼굴을 본 일이 없는데도 아버지를 알아보고 아무 말 없이 석가모니 부처의 무릎에 올라앉으니, 이것을 본 모든 사람들은 나운이 석가모니 부처의 아들임을 의심하지 않았다.
또 한번은 야수다라가 모든 사람에게서 의심받은 것을 억울하게 생각하여, 나운의 손에

481) <月印 上:050a>

환희환[482]을 쥐어주며 아버지께 갖다 드리라 하니, 나운은 수많은 비구가 앉아 있는 자리에서 서슴지 않고 아버지 석가모니 부처를 찾아서 드리므로 모두 탄복하고 다시는 의심하지 않았다.

[어절 분석]

①한#종宗친親ㅅ#알·핑#련蓮ㅅ고·지#안·자#:뵈실·씨#·귁國신人ㅅ#의疑심心·이#②ᄒᆞ·마#:업·서니·와

한#부텨#·서리·예#아·바:님#아·라·보실·씨#·귁國신人ㅅ#의疑심心·이#더·욱#③:업ᄉᆞ·니이·다

[주석]

① 한#종宗친親ㅅ#알·핑

⇒ 하-(형용사 어간) + -ㄴ(관형사형 어미) # 종친(명사) + ㅅ(관형격조사) # 앒(명사) + ᄋᆡ(부사격조사)

◎ '종친'은 석가모니 부처의 '종친'이기에 높임의 유정물에 붙는 관형격조사 'ㅅ'가 쓰인 것으로 보인다.

② ᄒᆞ·마#:업·서니·와

⇒ ᄒᆞ마(부사) # 없-(동사 어간) + -어니와(연결어미)

◎ 'ᄒᆞ마'는 부사로 여기에서는 '이미, 벌써'를 의미한다. 그런데 다음의 용례에서는 '장차, 곧'을 의미하기도 하였다.

예) ᄒᆞ마 주글 내어니 子孫ᄋᆞᆯ 議論ᄒᆞ리여 <月釋 1:7a>

◎ 여기에서의 '없-'은 '없어지다'를 의미하는 동사로 쓰였다. 한편 허웅·이강로(1962/1999: 243~244)에서는 '-어니와'를 '-어- + -니와'로 분석하는 듯이 보인다. '-니와'에 대한 직접적 언급 없이 '-어-'를 '완결(힘줌)'을 뜻하는 형태소로 기술하고 있다. 이에 반해 남광우·성환갑(1978/1982)와: 241)에서는 '-어니와'를 사실의 완결을 뜻하는 연결어미로 기술하고 있다. '-시거늘'과 '-거늘' 그리고 '-거시니와'와 '-거니와'의 관계를 고려하면 '-어니와'를 하나

482) 환희환(歡喜丸): 밀가루·과일·우유·꿀 등을 혼합하여 둥글게 환(丸)으로 만든 음식. 주로 의식 때 공물로 사용함.

의 연결어미로 볼 수 있을 듯하다.

③ :업ᄉᆞ·니이·다
⇒ 없-(동사 어간) + -(ᄋᆞ)니이다(평서형 종결어미)

◎ '-니이다'는 ᄒᆞ쇼셔체의 종결어미이다.

[원문]

끠其·ᅙᅵᇙ一·빅百삼三·씹十·밣八
483)·목目련連·일보·내·샤야耶슈輸ㅅ·긔:유무·ᄒᆞ·샤라羅운雲·이·ᄅᆞᆯ:모·ᄃᆡ보·내·라
·목目련連·이·오ᄂᆞᆫ·ᄃᆞᆯ야耶슈輸ㅣ드르·실·ᄊᆡ라羅운雲·이·ᄅᆞᆯ기·피ᄀᆞ·초시·니

[현대역]

[석가모니 부처께서 제자] 목련이를 보내시어 [부인] 야수(야수다라)께 유무(기별)하시어 "나운이를 반드시 보내라."[라고 말씀하시니.]
목련이 오는 것을 야수(야수다라)께서 들으셨으므로 [남편인 석가모니 부처께 보내지 않으려고] 나운이를 깊이 감추시니.

[배경]

기138의 내용은 기137에서 많은 시간이 흐른 뒤의 일이다.
석가모니 부처께서 정각을 얻어 성도하신 뒤에 여러 비구를 얻고 이제는 자기의 아들 나운이도 출가 성불시켜야 할 때라고 생각하셨다. 이에 제자 목련에게 가비라국에 가서 자신의 부인 야수다라를 달래어 나운을 데리고 오라고 말씀하셨다.
이때 태자비 야수다라는 남편이 부처가 된 후, 아홉 살 된 아들 나운을 데리고 쓸쓸히 살고 있다가, 석가모니 부처의 제자 목련이 왔다는 소식을 듣고 불길한 예감이 들어서 궁녀를 시켜 목련이 온 이유를 알아보았다. 목련이 나운을 출가시키기 위해 데리러 왔다는 이야기를 듣고, 남편을 잃고 아들마저 빼앗길까 겁이 난 야수다라는 나운을 데리고 높은 누각으로 올라가 사다리를 없애고 자물쇠를 잠가 목련이 나운을 찾으러 오지 못하게 하였다.

483) <月印 上:050b>

[어절 분석]

·목目련連·일#보·내·샤#야耶슈輸ㅅ·긔#:유무·ᄒᆞ·샤#라羅운雲·이·롤#①:모·ᄃᆡ#보·내·라

·목目련連·이#②·오ᄂᆞᆫ#·ᄃᆞᆯ#야耶슈輸ㅣ#드르·실·씨#라羅운雲·이·롤#기·피#③ᄀᆞ·초시·니

[주석]

① :모·ᄃᆡ

⇒ 모ᄃᆡ(부사)

◎ '모ᄃᆡ'는 '반드시, 꼭'을 의미하던 부사였다.

② ·오ᄂᆞᆫ#·ᄃᆞᆯ

⇒ 오-(동사 어간) + -ᄂᆞ-(시상의 선어말어미) + -ㄴ(관형사형 어미) # ᄃᆞ(의존명사) + ᄋᆞᆯ(목적격조사)

◎ 『월인천강지곡(月印千江之曲)』에서 사용된 '-ㄴᄃᆞᆯ'은 일반적으로 통합형 연결어미로서 양보의 접속 기능을 가진 것으로 보인다. 그러나 여기에서의 '오ᄂᆞᆫ ᄃᆞᆯ'은 기109의 '노ᄑᆞ신 ᄃᆞᆯ'과 기115의 '드르샨 ᄃᆞᆯ'과 기167의 '거스ᄂᆞᆫ ᄃᆞᆯ', '겻구던 ᄃᆞᆯ'과 기170의 '모ᄅᆞᄂᆞᆫ ᄃᆞᆯ', 기180의 '궁ᄒᆞ신 ᄃᆞᆯ'과 마찬가지로 '-ㅭᄃᆞᆯ'처럼 그 의미상 명사구 보문 구성을 하며 상위문 서술어의 목적어로 사용된다고 판단된다.

③ ᄀᆞ·초시·니

⇒ ᄀᆞ초-(동사 어간) + -시-(주체 높임의 선어말어미) + -니(평서형 종결어미)

◎ 후기중세국어의 'ᄀᆞ초-'는 '갖추다'와 '감추다'의 두 가지 뜻을 다 가지고 있었다. '갖추다'의 의미를 가진 후기중세국어 어휘로는 'ᄀᆞ초-'와 'ᄀᆞ초ᄒᆞ-'가 있었는데, 'ᄀᆞ초-'는 'ᄀᆞ초- > 갖추-'로 형태가 바뀌었다. 한편 후기중세국어 시기에 '감추다'의 의미를 가진 후기중세국어 어휘로는 'ᄀᆞ초-' 뿐만 아니라 'ᄀᆞᆫ초-', 'ᄀᆞᆷ초-'의 형태도 있었다. 이 어휘들 중에서 'ᄀᆞᆷ초-'가 'ᄀᆞᆷ초- > 감추-'로 어형이 변하였다. 기41에서의 '뎐쌍탑애 ᄀᆞ초아'에서는 '갖추다'의 의미로 사용되었는데 여기에서의 'ᄀᆞ초-'는 '감추다'의 의미로 사용되었다. 한편 후기중세국어 시기에 'ᄀᆞᆲ-'은 '감추다, 저장하다'의 뜻을 의미하였다는 점에서 'ᄀᆞ초-'와 'ᄀᆞᆲ-'은 유의관계에 있었던 것으로 보인다.

[원문]

끠其·ᅙᅵᇙ一·ᄇᆡᆨ百삼三·씹十:궇九

·목目련連·의씬神통通·륵力·이·눈알·ᄑᆡ:뵈ᅀᆞᆸ·고:웡永·셰世·쾡快·락樂·ᄋᆞᆯ ᄀᆞ·장ᄉᆞᆯ·ᄫᆞ·도

484)야耶슈輸ㅅ ᄍᆞ慈비悲심心·에:먼:혜·미:업·스실·ᄊᆡ·ᅙᅵᇙ一싱生:셜본·ᄠᅳᆮ ᄀᆞ·장니ᄅᆞ·시·니

[현대역]

[야수다라가 나운과 함께 숨었지만] 목련의 신통력이 [야수다라와 나운을 찾아] 눈앞에서 뵙고 [아들 나운의] 영세[485] 쾌락을 모두 말씀드려도,

야수(야수다라)의 [자식을 사랑하는] 자비심에 먼 [미래의] 헤아림이 없으시므로 [남편 없이 혼자 아이를 키워온] 일생의 서러운 뜻을 모두 말씀하시니.

[배경]

목련이 신통력으로 야수다라가 나운과 함께 누각 위에 숨은 것을 알고 누각 위로 날아올라 야수다라 앞으로 갔다. 목련은 나운의 나이 이제 아홉인데 어버이가 자식 사랑함은 마땅하나 한때 헤어지는 슬픔은 괴롭지만 하루아침에 죽으면 어버이와 자식이 서로 모르니, 이것을 벗어나 영세동안 쾌락을 누리는 길은 오직 출가 성도하여 다시 돌아와 어머님을 제도하여 열반을 얻게 하는 것밖에 없음을 야수다라에게 설명하였다.
그러나 야수다라는 실달 태자의 아내가 된 지 3년도 못 되어 태자께서는 출가하시고 6년이나 고행하시어 부처가 되신 후 성으로 돌아오셨지만 아내인 자신을 전혀 돌보지 않고 다시 떠나가셨으니 자신은 외롭고 쓸쓸함을 이루 말할 수 없는 정도이며, 또 이제 아들까지 데려가시어 모자를 떼어 놓으려 하시니, 서러운 일 중에서 이별 같은 것이 없거늘 석가모니 부처께서 무슨 자비가 있으시며, 성도 후의 쾌락은 다 무슨 소용이냐고 반문하였다.
그리고 목련에게 석가모니 부처께 돌아가서 자신의 뜻을 전하라고 하소연하였다.

[어절 분석]

·목目련連·의#씬神통通·륵力·이#·눈#알·ᄑᆡ#:뵈ᅀᆞᆸ·고#:웡永·셰世#·쾡快·락樂·ᄋᆞᆯ#①ᄀᆞ·장#ᄉᆞᆯ·ᄫᆞ·도
야耶슈輸ㅅ#ᄍᆞ慈비悲심心·에#:먼#②:혜·미#:업·스실·ᄊᆡ#·ᅙᅵᇙ一싱生#③:셜본#·ᄠᅳᆮ#ᄀᆞ·장#니ᄅᆞ·시·니

---

484) <月印 上:051a>

485) 영세(永世): 영원한 세월. 한없이 무궁한 세월.

[주석]

① ᄀᆞ·장#ᄉᆞᆯ·ᄫᅡ·도

⇒ ᄀᆞ장(부사) # ᄉᆞᆲ-(동사 어간) + -아도(연결어미)

◎ 국어사 자료에서 현대국어 어휘 '가장'이 소급하는 최초의 형태는 15세기의 'ᄀᆞ장'이다. 15세기와 16세기 문헌에서는 '자'와 '쟈'가 거의 엄격하게 구별되었다는 점에서, 후기중세국어 문헌에서 발견되는 'ᄀᆞ쟝'은 'ᄀᆞ장'과 비교하여 그 의미가 정확히 어떻게 다른지를 설명하기가 쉽지 않다. 한편 선행 연구들에서 15세기의 'ᄀᆞ장'을 'ᄀᆞᆽ/ᄀᆞᇫ(邊) + -앙'으로 분석하고 있다. 그러나 이러한 견해는 '*ᄀᆞᆾ > ᄀᆞᆽ~ᄀᆞᇫ'의 변화를 상정하는 것인데, 이 변화 과정이 합리적으로 설명되어야 할 필요가 있다는 점에서 재고할 필요가 있다고 생각한다. 16세기 자료인 『훈몽자회(訓蒙字會)』에서 'ᄀᆞᆽ(邊)'의 성조는 상성인데, '극(極)'의 뜻을 갖는 'ᄀᆞ재'는 '평성 + 거성'이며, 15세기의 'ᄀᆞ장'의 성조도 '평성 + 거성'이다. 따라서 상술한 기존 논의에서의 견해가 타당성을 획득하기 위해서는 이러한 성조의 대응 관계도 설명을 할 수 있어야 할 것이다. 한편 후기중세국어 시기의 'ᄀᆞ장'은 '가장, 모두, 다, 매우'의 뜻과 보조사 '까지'를 의미하였던 것으로 보인다.

예) ㉮ 가장: 旋嵐風ᄋᆞᆫ <u>ᄀᆞ장</u> ᄆᆡ본 ᄇᆞᄅᆞ미라 <釋詳 6:30b>

㉯ 까지: 오ᄂᆞᆳ<u>ᄀᆞ장</u> 혜면 <釋詳 6:37b>

'가장'이 소급하는 형태들의 의미는 현대어와 같았던 것이 아니라 '매우, 충분히'의 뜻도 아울러 가지고 있었다. 현대어와 같은 의미를 가지게 된 것은 18세기 이후의 일로 보인다.

◎ 고영근(1987/2010: 153)에서는 후기중세국어 시기의 각종 보조사가 붙어 기능이 구체화되는 경우를 예로 들고 있으며, 윤평현(1992: 58)에서는 양보의 어미 '-아도, -더라도, -ㄹ지라도'를 언급하면서, 추가로 첨가의 의미를 지닌 보조사 '도'를 다루었다. 윤평현(1992)에 따르면 양보의 어미 '-아도, -더라도, -ㄹ지라도'에서 '-도'만을 분리하는 데에는 형태론적으로 무리가 있는데, 그렇다 하더라도 보조사 '도'와 양보의 어미에 포함된 '-도' 사이에는 '첨가'라는 의미상의 공통점이 있음을 언급한다는 점에서 보조사 '도'와 어미 '-도' 사이에 어느 정도 연관성이 있음을 시사하였다. 따라서 고영근(1987/2010)과 윤평현(1992)의 언급을 참고하면, 이미 15세기부터 연결어미에 첨가의 보조사 '도'가 덧붙어 양보의 어미를 형성하는 일이 있으며, 이를 통해 형성된 결합체가 하나로 굳어져 현대국어의 '-고도', '-아도/-어도'와 같이 더이상 형태소 분석이 어려운 양보의 어미를 형성하였을 가능성을 추정할 수 있을 것이

다. 다만, 여기에서는 『표준국어대사전』과 『우리말샘』에서의 분석 방법대로 '-아도/-어도'를 하나의 어미로 보기로 한다.

② :혜·미
⇒ [혜-(어근) + -ㅁ(명사 파생 접사)] + 이(주격조사)

◎ 후기중세국어 시기의 '혜-'는 '생각하다, 세다'를 의미하였다. 여기에서는 문맥상 '헤아리다'로 해석할 수 있다.

③ :셜본
⇒ 셟-(형용사 어간) + -(으)ㄴ(관형사형 어미)

◎ 현대국어 '섧-'의 후기중세국어 어형인 '셟-'은 15세기 문헌에서부터 나타나며, 이 단어는 19세기까지 형태 변화 없이 쓰이는 한편 'ㅂ'가 탈락하고 단모음화 된 형태가 19세기에도 나타난다. 한편 유의 관계에 있는 현대국어 어휘 '서럽-'은 『우리말샘』에 따르면 '셟- > 셜- > 설-'의 형태 변화를 겪은 어근 '설-'에 형용사 파생 접사 '-업-'이 결합하여 형성된 것으로 보인다.

[원문]

끵其·힗一·빅百·ᄉᆞ四·씹十
쳬妻·권眷·이ᄃᆞ외ᅀᆞ·ᄫᅡ하·ᄂᆞᆯ·ᄀᆞᆮ셤·기·ᅀᆞᆸ다·니삼三년年·이:몯·차·셰世간間ᄇᆞ·리시·니
챠車·닉匿·이돌·아보·내·샤명盟·쎼誓·로486)알·외샤·ᄃᆡ:뚷道:리理일·워도·라:오려·ᄒᆞ시·니

[현대역]

[태자의] 처권487)(아내)이 되어 [태자를] 하늘과 같이 섬기더니 3년이 못 차 [태자께서] 세간을 버리시니(세속을 버리시고 출가하시더니).
[태자께서] 차익이를 돌려보내시어 맹서로 알리시되 도리 이루어 돌아오려(돌아오신다고) 하시니.

486) <月印 上:051b>
487) 처권(妻眷): 아내와 친족을 통틀어 이르는 말. 여기에서는 '아내'를 의미함.

[배경]

기140의 내용은 태자비 야수다라가 아들 나운을 출가시키려고 데리러 온 목련에게 그간의 설움을 하소연하는 대목을 다루고 있다. 이에 대한 자세한 내용은 『석보상절(釋譜詳節)』 '6:4a～6:5b'에서 참고할 수 있다, 다음은 『석보상절(釋譜詳節)』에서의 해당 내용을 현대역한 것이다.
야수다라가 말하기를 "석가모니 부처께서 태자 시절에 나를 아내 삼으시니 내가 태자를 섬기되 하늘을 섬기듯 하여 한 번도 잘못한 일이 없으니 처권이 된 지 삼 년이 채 안되어 속세를 버리시고 성(城)을 넘어 도망하시어 차익이를 돌려보내시며 맹서하시되 '도리를 이루어야 돌아오겠다.'라고 하셨습니다."

[어절 분석]

쳬妻·권眷·이#ᄃᆞ외ᅀᆞ·ᄫᅡ#①하·ᄂᆞᆯ#·ᄀᆞᆮ#셤·기·ᄉᆞᆸ다·니#삼三#년年·이#:몯#·차#·셰世간間#ᄇᆞ·리시·니
차車·닉匿·이#돌·아#보·내·샤#명盟·쎼誓·로#②알·외샤·ᄃᆡ#:ᄯᅩᇢ道:리理#일·워#③도·라:오려#·ᄒᆞ시·니

[주석]

① 히·ᄂᆞᆯ#·ᄀᆞᆮ#셤·기·ᄉᆞᆸ나·니
⇒ 하ᄂᆞᆯ(명사) # ᄀᆞᆮ(부사) # 셤기-(동사 어간) + -ᄉᆞᆸ-(객체 높임의 선어말어미) + -더-(시상의 선어말어미) + -오-(의도의 선어말어미) + -니(연결어미)

◎ 후기중세국어 시기의 'ᄀᆞᆮ'은 'ᄀᆞᆮ-'의 어간이 부사로 쓰인 것이다. 현대국어 어휘 '같-'은 15세기의 'ᄀᆞᆮᄒᆞ-'에 소급된다. 'ᄀᆞᆮᄒᆞ-'는 '같이'의 뜻인 부사 'ᄀᆞᆮ'에 형용사 파생 접사 '-ᄒᆞ-'가 결합되어 파생된 것으로 보인다. 즉 15세기는 'ᄀᆞᆮᄒᆞ-'라는 파생어에서 'ᄀᆞᇀ-'이라는 단일어로 바뀌는 시기로 볼 수 있다. 이러한 분석의 근거는 15세기의 'ᄀᆞᆮᄒᆞ- + -(ᄋᆞ)니라'로 구성된 'ᄀᆞᄐᆞ니라'를 'ᄀᆞᇀ- + -(ᄋᆞ)니라'로 형태 분석이 가능했기 때문이다. 『우리말샘』에 따르면, 'ᄀᆞᆮᄒᆞ-'와 'ᄀᆞᇀ-'은 근대국어 시기를 거치면서 'ᄀᆞᆮᄒᆞ-'가 축약되어 'ᄀᆞᇀ-'으로 그 형태가 단일화한 후, 18세기에 제1음절의 'ㆍ'가 'ㅏ'로 변하여 '같-'의 형태가 형성되면서 현재에 이르고 있다. 16세기 이후 나타나는 'ᄀᆞᆾㅌ-, ᄀᆞᆮㅌ-'은 'ㅌ'를 부분적으로 이중으로 표기한 중철 표기이고, 'ᄀᆞᆾㅎ-, ᄀᆞᆮㅎ-'는 'ㅌ'를 'ㄷ'와 'ㅎ'로 나누어 표기한 재음소화 표기이다.

◎ '셤기-'의 대상이 훗날 석가모니 부처가 되는 '태자'이므로 '-숩-'가 쓰였고, 시상의 선어말어미 '-더-'와 의도의 선어말어미 '-오-'가 음절 축약을 거쳐 '더'로 표기되었다.

② 알·외샤·딕
⇒ [{알-(어근) + -고(사동 접사)}- + -이(사동 접사)]- + -시-(주체 높임의 선어말어미) + -오딕(연결어미)

◎ '알외-'가 연철 표기가 되지 않았다는 점과 후대형이 '아뢰-'라는 점에서 그 선대형으로 '*알괴-'를 재구할 수 있다. 다만, '알외-'가 의미상 사동의 의미가 있다는 점에서 '괴'는 사동 접사로 파악할 수 있다. 한편 고영근(1987/2010: 184~185)에 따르면, 후기중세국어의 사동 접사 중에 '-오-/-우-', '-호-/-후-'와 '-고-'가 있다. 또 다른 사동 접사 '-기-', '-히-', '-이-'의 관계와 사동 접사 '-고-'의 모음조화 형태를 고려하면 사동 접사 '*-구-'를 재구할 수 있는데, 이미 '일구-'에서 사동 접사 '-구-'를 확인한 바가 있다. 한편, '괴'의 'ㅣ'가 문제인데 '괴'를 이중 사동의 형태로 파악할 가능성도 있다. 즉, '세우-' 등의 이중 사동형이 후기중세국어 시기에 이미 발견된다는 점에서 '-괴-'를 이중 사동 접사로 볼 가능성이 있다. 다만, '세우-'와 마찬가지로 형태로는 이중 사동이지만 의미적으로는 단일 사동의 의미로 보는 것이 적절할 듯하며, '알외-'는 '알게 하다'의 의미를 지닌 것으로 보인다.

③ 도·라:오려
⇒ [{돌-(동사 어간) + -아(연결어미)} + 오-(동사 어간)]- + -오려(연결어미)

◎ 의도를 나타내는 '-려'는 항상 단독으로 쓰이지 못하고 '-오-/-우-'가 선접된다. 그런데 여기에서는 '-오-/-우-'가 표기상 보이지 않는다. 한편 동사 어간 '오-'는 '-오-/-우-'가 후접할 때는 '-오-/-우-'가 표기에 반영되지 않고, 동사 어간 '오-'의 성조가 ':오-'와 같이 상성으로 변한다. 한편 '돌아가-'는 '[돌- + -아] + 가-'의 통사적 합성어로 분석된다. '-아'는 통사적 합성어를 만들 때 자주 쓰이는 어미로, '빌어먹-', '나아가-', '돌아오-', '알아보-', '잡아먹-', '일어서-', '뛰어나-' 등의 통사적 합성어에서 보이는 '-아/-어'가 바로 이 어미이다. 후기중세국어의 '도라가-'를 현대국어에서 '돌아가-'로 표기하는 이유는, 두 개의 용언이 어울려 하나의 용언이 될 적에, 앞말의 본뜻이 유지되고 있는 것은 그 원형을 밝혀 적고, 그 본뜻에서 멀어진 것은 밝혀 적지 않는다는 '한글맞춤법의' 규정에 의해서다. 즉, '넘어지-', '늘어나-', '들어가-', '엎어지-', '접어들-', '흩어지-', '떨어지-' 등에서는 앞말의 본뜻이 유지되고 있기 때문에 그 원형을 밝혀 적는 것이다. 반면 앞말의 본뜻에서 멀어진 '드러나-', '사라지-', '쓰러지-' 등은 그 원형을 밝혀 적지 않는다.

[원문]

끠其·ᅙᅵᇙ一·ᄇᆡᆨ百·ᄉᆞ四·씹十·ᅙᅵᇙ一
·록鹿ᄈᆡ皮·옷니브·샤묏:골·애:코苦·ᅘᆡᆼ行·ᄒᆞ·샤·륙六년年·에도·라·오샤·ᄃᆡ
ᅙᅳᆫ恩·ᅘᆐ惠·ᄅᆞᆯ니ᄌᆞ·샤친親:끈近·히아·니·ᄒᆞ·샤·로路ᅀᅵᆫ人·ᄋᆞᆯ·ᄀᆞᄐᆡ·ᄒᆞ시·니

[현대역]

[석가모니 부처께서] 녹비488) 옷을 입으시고 산골에서 고행하시어 육 년에(육 년만에) 돌아오시되,
[석가모니 부처께서] 은혜를 잊으시어 [부인인 야수다라에게] 친근히 아니 하시어 [마치 야수다라를] 노인489) 같이 하시니(대하시니).

[배경]

기141의 내용은 기140에 이어서 야수다라가 목련에게 하소연하는 내용을 다루고 있다. 이에 대한 자세한 내용은 『석보상절(釋譜詳節)』 '6:4a~6:5b'에서 참고할 수 있다, 다음은 『석보상절(釋譜詳節)』에서의 해당 내용을 현대역 한 것이다.
"태자께서 녹비 옷 입으시어 미친 사람 같이 산골에 숨어 계시어 여섯 해를 고행하시어 부처가 되어 나라에 돌아오시어도 내게 친밀하게 아니 하시어 예전의 은혜를 잊어버리시어 나를 길 다닐 사람(길거리에 있는 남)과 같이 여기셨습니다."

[어절 분석]

·록鹿ᄈᆡ皮·옷#니브·샤#①묏:골·애#:코苦·ᅘᆡᆼ行·ᄒᆞ·샤#·륙六#년年·에#도·라·오샤·ᄃᆡ
ᅙᅳᆫ恩·ᅘᆐ惠·ᄅᆞᆯ#니ᄌᆞ·샤#친親:끈近·히#아·니·ᄒᆞ·샤#②·로路ᅀᅵᆫ人·ᄋᆞᆯ#·ᄀᆞᄐᆡ#·ᄒᆞ시·니

[주석]

① 묏:골·애
⇒ [뫼(어근) + 골(어근)] + 애(부사격조사)

◎ '묏골'은 합성어로 '묏'의 'ㅅ'는 사잇소리이다. 한편 '묏골애'의 부사격조사 '애'는 '에셔'의

488) 녹비(鹿皮): 사슴의 가죽.
489) 노인(路人): 길거리에 오가는 사람.

기능을 수행하고 있다. 조재형(2016: 184~185)에서는 후기중세국어 문헌에서의 부사격조사 '애, 에, 예'의 문헌별 용례수를 분석하면서, 후기중세국어 시기의 '에'가 '에셔'의 기능을 가졌음을 확인하였고, '에셔'의 기능이 이 시기 '에'의 주된 기능 중의 하나라고 기술하였다.

◈ 후기중세국어 시기의 사잇소리에 대한 자세한 설명은 p.191을 참조.

② ·로路신人·ᄋᆞᆯ
⇒ 로신(명사) + ᄋᆞᆯ(목적격조사)

◎ '로신(路人)'에 대한 정확한 의미를 확인할 수 없다. 다만, 여기에서의 내용과 동일한 내용을 다루는 『석보상절(釋譜詳節)』에서의 '길 녏 사ᄅᆞᆷ <釋詳 6:5a>'을 참고하면 '길거리에 다니는 사람' 정도로 그 의미를 파악할 수 있다.

[원문]

끠其·힗一·빅百·ᄉᆞ四·씹十·ᅀᅵ二
490)어버·ᅀᅵ여·희ᄉᆞᆸ·고·ᄂᆞᆷ·ᄋᆞᆯ브·터이·쇼·ᄃᆡ어·ᅀᅵ아·ᄃᆞᆯ·이:입·게:사·노이·다
신人싱生·ᄋᆞᆯ·즐기·리잇·가주·구·믈기·드·리노·니목:숨·므거·ᄫᅥ·손ᄉᆞ:몯죽·노이·다

[현대역]

어버이 여희고 남에게 붙어 있되(의지하되) 어이아들[491]이 고달프게 살고 있습니다.
[이런 처지에서] 인생을 즐기겠습니까? 죽음만을 기다리고 있으니 목숨이 무거워(귀하여) [내가] 손수 [목숨을 끊지 못하여] 못 죽고 있습니다.

[배경]

기142의 내용은 기141에 이어서 야수다라가 목련에게 하소연하는 내용을 다루고 있다. 이에 대한 자세한 내용은 『석보상절(釋譜詳節)』 '6:4a~6:5b'에서 참고할 수 있다, 다음은 『석보상절(釋譜詳節)』에서의 해당 내용을 현대역 한 것이다.
"나(야수다라)는 어버이 여의고 남에게 붙어(의지하여) 살되 우리 어이아들이 외롭고 고달프게 되어 인생에 즐거운 뜻이 없고 죽음을 기다리니 목숨이 무거운(귀한) 것이므로 손수(스스로) 죽지 못하여 서럽고 원통한 뜻을 먹어 가까스로 살아갑니다."

490) <月印 上:052a>
491) 어이아들: 어미와 아들을 아울러 이르는 말.

[어절 분석]

어버·ᅀᅵ#여·희ᅀᆞᆸ·고#①·ᄂᆞᆷ·ᄋᆞᆯ#브·터#이·쇼·ᄃᆡ#②어·ᅀᅵ아·ᄃᆞᆯ·이#:입·게#:사·ᄂᆞ이·다 ᅀᅵᆫ人ᄉᆡᇰ生·ᄋᆞᆯ#③·즐기·리잇·가#주·구·믈#④기·드·리ᄂᆞ·니#목:숨#·므거·ᄫᅥ#⑤·손소#:몸#죽·ᄂᆞ이·다

[주석]

① ·ᄂᆞᆷ·ᄋᆞᆯ#브·터#이·쇼·ᄃᆡ

⇒ ᄂᆞᆷ(명사) + ᄋᆞᆯ(목적격조사) # 븥-(동사 어간) + -어(연결어미) # 이시-(형용사 어간) + -오ᄃᆡ(연결어미)

◎ 여기에서의 ‘ᄂᆞᆷᄋᆞᆯ’은 소위 간접 목적어이다. 현대국어 문장에서 일반적으로 간접 목적어는 부사격조사를 취한다. 동일한 내용을 다루고 있는 『석보상절(釋譜詳節)』의 문장은 다음과 같다.

예) 나는 어버ᅀᅵ 여희오 ᄂᆞᄆᆡ 그에 브터 사로ᄃᆡ <釋詳 6:5a>

즉, 『석보상절(釋譜詳節)』의 ‘ᄂᆞᄆᆡ 그에’가 『월인천강지곡(月印千江之曲)』에서는 ‘ᄂᆞᆷᄋᆞᆯ’로 표기된 것이다. 한편 성환갑·조재형(2011: 74～75)에서는 후기중세국어 시기의 ‘에게’형의 변천 과정에 대해 다음과 같이 정리하였다.

예2) ㉮ NP + ᄋᆡ/의 + 그에(‘ᇰ + 에’의 축약, NP + 에)
㉯ NP + ᄋᆡ/의 + 게(‘그 + 에’의 축약, NP + 에’의 형태)

위 과정에서 중요한 점은 ‘ᄋᆡ/의그에’와 ‘ᄋᆡ/의게’가 조사화한 형태가 아닌 통사적 구조체의 단계에 머무르고 있다는 것이다. 이현희(1994: 43～44)에서도 ‘의게’가 이 시기에서는 완전히 조사화하지 못하고 여전히 ‘속격조사(의) # 형식명사(그)’의 성격을 지니고 있는 것으로 파악하였다. 후기중세국어 시기를 지나면서 ‘ᄋᆡ/의게’의 ‘ᄋᆡ/의’는 ‘에’로 대체되고, ‘게’는 허사화되면서 ‘ᄋᆡ/의게 > 에게’의 과정을 거쳐서 현대국어와 동일한 ‘에게’로 그 형태가 굳어진 것으로 보인다.

◎ 여기에서의 ‘븥-’은 ‘의지하다’ 정도로 해석할 수 있다.

② 어·ᅀᅵ아·ᄃᆞᆯ·이#:입·게#:사·ᄂᆞ이·다

⇒ [어ᅀᅵ(어근) + 아ᄃᆞᆯ(어근)] + 이(주격조사) # 입-(형용사 어간) + -게(연결어미) # 살-

(동사 어간) + -ᄂᆞ-(시상의 선어말어미) + -오-(의도의 선어말어미) + -이-(상대 높임의 선어말어미) + -다(평서형 종결어미)

◎ '어ᅀᅵ'는 본디 '어미'를 가리키는 말이었으나 '부모'를 아울러 가리키는 '어버이'를 의미하기도 하였다. 그러나 『표준국어대사전』에서는 '어ᅀᅵ'의 현대 어형 '어이'의 의미에 대해 '짐승의 어미'라고 제시하고 있다. 즉 '어ᅀᅵ > 어이'의 형태 변화를 거치면서 '어ᅀᅵ'의 의미 영역이 축소된 것으로 보인다.

◎ '입-'은 '괴롭다, 고달프다, 혼미하다' 등을 의미하였다.

◎ '사-'는 '살-'의 종성 'ㄹ'가 '-노-'의 'ㄴ' 앞에서 탈락한 형태이다. '-노-'는 '-ᄂᆞ- + -오-'로 분석되며, 따라서 '-노이다'는 주체가 말할이 자신임을 말하는 것인데, 이 대목은 야수다라가 자신의 서러운 이야기를 말하고 있는 장면이다. 따라서 '어ᅀᅵ아ᄃᆞᆯ'은 야수다라 자신과 그 아들 나운을 가리키는 말임을 알 수 있다.

③ ·즐기·리잇·가
⇒ 즐기-(동사 어간) + -리잇가(의문형 종결어미)

◎ 이현희(1982: 86~87)에서는 후기중세국어에서도 유독 ᄒᆞ쇼셔체에서만 설명의문문이 '-니잇가'나 '-리잇가'로 된 예가 많았는데, 근대국어에서 '-니잇가'계가 판정의문문과 설명의문문에서의 형태적 차이가 없게 거의 통일된 점을 고려하면 후기중세국어는 그 이전의 판정의문문과 설명의문문에 의한 형태적 차이가 뚜렷했던 단계에서 통일화된 근대국어 단계로 이행되는 과도기의 성격을 보인다고 기술하였다.

④ 기·드·리노·니
⇒ 기드리-(동사 어간) + -ᄂᆞ-(시상의 선어말어미) + -오-(의도의 선어말어미) + -니(연결어미)

◎ 현대국어 '기다리-'의 후기중세국어 어형인 '기드리-'는 15세기 문헌에서부터 나타난다. 『우리말샘』에 따르면, 16세기 후반에 제2음절 이하에서 'ㆍ'의 소실에 따른 'ㆍ > ㅡ'로의 변화가 있었다. 그런데 '기드리-'의 제2음절 모음 'ㅡ'를 'ㆍ'에서 변한 것으로 잘못 이해하여 과도 교정하면서 '기ᄃᆞ리-'의 형태가 나타나게 되었다. 18세기에서는 어두음절에서 'ㆍ'의 소실에 따른 'ㆍ > ㅏ'의 변화로 인해, 과도 교정된 '기ᄃᆞ리-'의 제2음절 모음 'ㆍ'도 'ㅏ'로 변하

여 ‘기다리-’의 형태가 출현하게 되었다. 19세기까지 ‘기ᄃᆞ리-, 기다리-’의 형태가 공존하다가 ‘기다리-’로 정착하였다.

⑤ ·손ᅀᅩ

⇒ 손소(부사)

◎ ‘손ᅀᅩ’는 현대국어 ‘손수’의 후기중세국어 어형이다. 『우리말샘』에 따르면, 16세기 이후 중앙 방언에서 ‘ᅀ’가 소실되어 중앙 방언에서는 ‘*손오’가 되었을 것으로 추정되나, 남부 방언에서는 ‘ᅀ’가 ‘ㅅ’로 변하여 ‘손소’가 되었다. 19세기에 ‘손수’와 ‘손슈’의 형태가 만들어졌고, ‘손수’의 형태가 현대국어로 이어졌다.

[원문]

끠其·ᅙᅵᇙ一·ᄇᆡᆨ百·ᄉᆞ四·씹十삼三

:셟·고:애ᄫᆞᆯᄇᆞᆫ·ᄠᅳ디·여:누·를가·ᄌᆞᆯᄫᆞᇙ·가:사ᄅᆞᆷ·이라·도즁ᄉᆡᆼ·만:몯·ᄒᆞ이·다

사·로·미·이·러커·늘·ᅀ아·ᄃᆞᆯ·ᄋᆞᆯ여·희·리잇492)·가쳬妻·권眷ᄃᆞ외·여:셜ᄫᅮ·미·이·러ᄒᆞᆯ·쎠

[현대역]

섧고 원통한 뜻이여! 누구를 비교할 것인가? [나는] 사람이라도 짐승만도 못합니다.
사는 것이 이러하거늘 [여기에다가] 또 아들을 여의어야 되겠습니까? 처권이 되어 설움이 이렇구나.

[배경]

기143의 내용은 기142에 이어서 야수다라가 목련에게 하소연하는 내용을 다루고 있다. 이에 대한 자세한 내용은 『석보상절(釋譜詳節)』 ‘6:4a∼6:5b’에서 참고할 수 있다, 다음은 『석보상절(釋譜詳節)』에서의 해당 내용을 현대역 한 것이다.
“[스스로] 죽지 못하여 서럽고 원통한 뜻을 먹어 가까스로 살아가니 비록 사람의 무리에 살아가고도 짐승만도 못합니다. 서러운 인생이 어디 있던 이 같은 사람이(어디 이 같은 사람이) 있겠습니까? 이제 또 내 아들을 데려가려 하시니 권속493)이 되어서 서러운 일도 이러하군요.”

492) <月印 上:052b>

493) 권속(眷屬): 한집에 거느리고 사는 식구.

[어절 분석]

:쉽·고#①:애받븐#·쁘디·여#:누·를#②가·줄빓·가#:사롬·이라·도#즁싱·만#:몯·호이·다
③사·로·미#·이·러커·늘·사#아·둘·올#여·희·리잇·가#쳬妻·권眷#드외·여#:셜부·미#·이·러
홀·쎠

[주석]

① :애받븐#·쁘디·여
⇒ 애받브-(형용사 어간) + -ㄴ(관형사형 어미) # 쁟(명사) + 이여(호격조사)

◎ '애받브-'는 '원통하다, 분하다'를 의미한다. 후기중세국어 시기의 다른 문헌에는 모두 '애완브-'로 적혀 있다. 따라서 '애받브-'의 선대형으로 '*애받브-'를 재구할 수 있을 듯하다.

② 가·줄빓·가
⇒ 가줄비-(동사 어간) + -ㅉ가(의문형 종결어미)

◎ '가줄비-'는 '비교하다, 비유하다'를 의미한다. 한편 후기중세국어에는 가부의 판정을 요구하는 판정의문문과 '누, 므슴, 엇데, 엇던, 몇' 등 소위 의문사를 제시하여 그 의문사에 대한 설명을 요구하는 설명의문문이 있다. 전자의 경우 의문문의 종결어미로 '-가'가, 후자의 경우 '-고'가 그 기능을 담당하였다. 그러나 여기에서의 '누를 가줄빓가'처럼 15세기 국어의 설명의문문에 '-가'가 드물지만 쓰였다.

③ 사·로·미#·이·러커·늘·사
⇒ [살-(동사 어간) + -옴(명사형 어미)] + 이(주격조사) # [이러(어근) + -ㅎ(형용사 파생 접사)]- + -거늘(연결어미) + 사(보조사)

◎ 『표준국어대사전』에 따르면, '이러ᄒ-'는 파생 형용사이다.

[원문]

끠其·힗一·빅百·ᄉ四·씹十·ᄉ四
:셜본:잀듕中·에리離·뼗別·이·씸甚ᄒ·니어·ᅀ아·둘리離·뼗別·이:엇던·고
:뜡道:리理·롤일·우·샤쫑慈비悲·롤·펴·시ᄂ·니·이런:일·이쫑慈비悲어·늬신·고

[현대역]

[여러] 설운 일 중에서 이별이 [가장] 심하니 어이아들의 이별이 어떠한가?

[태자께서] 도리를 이루시어 자비를 펴시니 [모자간의 이별을 하게 하시려는] 이런 일은 자비의 어느 것이신가(어느 자비에 속하는 것인가)?

[배경]

태자비 야수다라의 하소연 중 마지막 대목으로 남편인 석가모니 부처를 원망하는 내용을 담고 있다.

"이제 또 아들마저 출가시키려 하니 모자간의 이별이 어떤 것인가를 알 수 있는가? 자비는 중생을 편안하게 하는 것이거늘 모자의 정까지 끊게 하며 아들을 빼앗아 가려는 것은 무슨 자비에 속하는 것인가?"

[어절 분석]

:셜본#:잀#듕中·에#리離·뼈ᇙ別·이#·씸甚ᄒᆞ·니#어·ᅀᅵ아·ᄃᆞᆯ#리離·뼈ᇙ別·이#①:엇던·고

:ᄠᅩᇢ道:리理·ᄅᆞᆯ#일·우·샤#ᄍᆞ慈비悲·ᄅᆞᆯ#·펴·시ᄂᆞ·니#·이런#:일·이#ᄍᆞ慈비悲#②어·ᄂᆡ신·고

[주석]

① :엇던·고

⇒ [{엇더(어근) + -ᄒᆞ(형용사 파생 접사)}- + -ㄴ(동명사형 어미)] + 고(보조사)

◎ 『표준국어대사전』에서는 '엇던'에 대해 '엇더ᄒᆞ-'는 파생 형용사이며, 여기에 동명사형 어미 '-ㄴ'가 붙어 '엇더ᄒᆞᆫ'이 명사적 용법으로 쓰인 것으로 보고 있다. 다만, 이 과정에서 'ᄒᆞ'는 생략된 표기로 설명하는 듯하다.

② 어·ᄂᆡ신·고

⇒ [어느(대명사) + 이(서술격조사)]- + -시-(주체 높임의 선어말어미) + -ㄴ고(의문형 종결어미)

◎ 후기중세국어의 '어느'는 '어ᄂᆞ, 어ᄂᆡ, 어누' 등의 형태로도 사용되었다. 현대국어에서는 관형사로만 쓰이지만, 후기중세국어에서는 관형사뿐만 아니라 부사, 명사로도 사용되었다. 여기에서는 대명사로 쓰였다.

[원문]

끠其·힗一·ᄇᆡᆨ百·ᄉᆞ四·씹十:오五

·쪙淨·뻔飯왕王:말ᄊᆞ·ᄆᆞᆯ·때大·ᅙᆡ愛:또ᇢ道494) ㅣ ᄉᆞᆯ·ᄫᅩ·ᄃᆡ순·지모·ᄅᆞ·샤구·틔여·ᄃᆡᆺ·더시·니

·셰世존尊:말ᄊᆞ·ᄆᆞᆯ·화化ᅀᅵᆫ人·이ᄉᆞᆯ·ᄫᅡ·ᄂᆞᆯ고·대:아ᄅᆞ·샤·ᄂᆞᆫ·믈·로여·ᄒᆡ시·니

[현대역]

정반왕의 말씀을 대애도495)가 [태자비 야수다라에게] 말씀드리되 [정반왕의 뜻을] 아직도 모르시어 굳이 [나운을 목련에게 내어 주지 않고] 곁에 두고 있으시더니.

세존의 말씀을 화인496)이 [야수다라께] 말씀드리거늘 즉시 [야수다라께서 전세의 일을] 아시어 눈물로 [나운과] 이별하시니.

[배경]

목련이 아무리 달래도 태자비 야수다라는 전혀 귀담아 들으려 하지 않았다. 이에 목련은 하는 수 없이 정반왕에게 나운을 데려가야 하는 사정을 아뢰니, 정반왕은 계비인 대애도에게 며느리 야수다라를 달래어 보라 하였다. 대애도가 야수다라를 찾아 목련이 나운을 데려가야 하는 사정을 전하고 나운을 내어 주라고 청하자 야수다라는 "우리 부모가 나를 실달 태자께 시집보낼 때에는 태자의 재주가 뛰어나시므로 좋은 임금이 되실 것이니 아들 딸을 낳아 후사를 끊게 하는 짓은 절대로 못하겠다."하고 고집을 피우니 대애도로서도 더 할 말이 없었다.

이때 석가모니 부처께서 야수다라의 고집을 알고 즉시 신통력으로 화인을 만들어 보내셨다. 그 화인이 허공에서 야수다라에게 "네가 수만 겁 전세상에서 맹서하고 발원한 일을 기억하지 못하는가? 세존께서 그때 보광불께 도리를 다하시려고 너에게서 다섯 줄기 꽃을 사서 보광불께 바칠 때, 네가 발원하기를 '세세에 세존의 아내가 되고 싶다.'하므로, 세존께서 너에게 다짐하시되 '후에 보살이 되어 무슨 어려움이 있더라도 내 뜻을 거역하지 않고 순종하겠느냐?'고 물으셨을 때에 너는 '자식이나 내 몸까지 보시하여 세존의 뜻에 어긋

---

494) <月印 上:053a>

495) 대애도(大愛道): '파사파제(波闍波提)' 또는 '파도파제(波闍波提)'. 석가모니의 어머니인 마야부인의 자매로, 마야부인이 석가모니를 낳은 지 7일 만에 세상을 떠나자 그를 양육하였고, 석가모니의 부친인 정반왕과 결혼하여 난타(難陀)를 낳았고, 왕이 죽자 석가모니의 아내 야쇼다라와 함께 출가하여 최초의 비구니가 되었다고 함.

496) 화인(化人): 부처님의 신력으로 만든 사람.

남이 없겠노라.'라고 맹서하더니 이제는 어찌하여 세존의 말씀을 듣지 않고 나운을 보내지 않는가?"하고 꾸짖었다. <기5, 기6, 기8의 배경 참조>
이 말을 들은 야수다라는 전세의 일을 기억해 내어 곧 참회하고 나운의 손을 잡아 목련에게 인도하고 울며 아들 나운과 이별하였다.

[어절 분석]

·쪙淨·뻔飯왕王#:말ᄊᆞ·ᄆᆞᆯ#·때大·ᄒᆡ愛:ᄠᅳᆮ道ㅣ#ᄉᆞᆯ·ᄫᆞ·ᄃᆡ#①ᄉᆞᆫ·지#모·ᄅᆞ·샤#②구·틔여#③·뒷·더시·니

·셰世존尊#:말ᄊᆞ·ᄆᆞᆯ#·화化신人·이#ᄉᆞᆯ·ᄫᆞ·ᄂᆞᆯ#④고·대#:아ᄅᆞ·샤#·눉·믈·로#여·희시·니

[주석]

① ᄉᆞᆫ·지
⇒ ᄉᆞᆫ지(부사)

◎ 'ᄉᆞᆫ지'는 '아직, 오히려'를 의미한다.

② 구·틔여
⇒ 구틔-(동사 어간) + -어(연결어미)

◎ 『표준국어대사전』에서는 부사 '구태여'를 어휘 목록에 포함시키고 있다. 따라서 여기에서의 '구틔여'를 현대국어 어휘 '구태여'의 후기중세국어 어형으로 판단하면 '구틔여'는 부사로 볼 수 있을 듯하다. 『고어사전』에서는 '구틔여'를 부사로 설명하고 있다. 그러나 후기중세국어 시기에 동사 '구틔-'가 존재하며 동시기에 '구틔-'의 부사형이 부사로 화석화 되었는지를 확인할 방법이 없다는 점에서, 여기에서는 '구틔여'를 '구틔-'의 부사형으로 보기로 한다.

◎ '구틔-'의 반모음 'y'로 인해 '-어'에 반모음 'y'가 삽입되어 '-여'로 교체되었다.

③ ·뒷·더시·니
⇒ 두-(동사 어간) + -어(연결어미) # 잇-(동사 어간) + -더-(시상의 선어말어미) + -시-(주체 높임의 선어말어미) + -니(평서형 종결어미)

◎ 고영근(1987/2010: 134∼135)에 따르면, 연결어미 '-어'와 보조용언 '잇-'의 결합형은 '-엣-'이다. 그런데 동사 '두-' 뒤에서 이 '-엣-'이 'ㅅ'으로 바뀌어 '뒷-'의 형태(예: 뒷더시니, 뒷논)로 나타나기도 하고, 또는 '잇-'의 '이'가 탈락한 '둣'의 형태(예: 둣더시니, 둣논)로 나타나기도 하였다. 한편, '우'로 끝난 '드리우-'는 '-엣-'이 붙으면 '드리웻-'의 형태가 되었다.

④ 고·대

⇒ 고대(부사)

◎ '고대'는 '이제 막' 또는 '바로 곧'을 의미한다.

[원문]

끠其·힗一·빅百·ᄉᆞ四·씹十·륙六

야耶슈輸·를깃·교리·라:쉰아·히·츌出가家ᄒᆞ·니:뿌父왕王ㅅ:쎤善심心·이:엇더·ᄒᆞ시·니

497)라羅운雲·이ᄌᆞᆯ·외·어시·늘다·시·ᄻᅧᇙ設·법法·ᄒᆞ시·니·셰世존尊ㅅᄍᆞ慈심心·이:엇더·ᄒᆞ시·니

[현대역]

[정반왕이] "야수다라를 기쁘게 하리라."[하고 석가 씨 문중에서] 50명의 아이들이 출가하니(출가하게 하니) 부왕의 선심이 어떠하시니(어떠하십니까)?

나운이 [수행을 제대로 하지 않고] 덤비시거늘 [석가모니 부처께서] 다시 [나운이 알아듣도록] 설법하시니 세존의 자비심이 어떠하시니(어떠하십니까)?

[배경]

나운이 출가하기로 결정된 뒤에, 정반왕이 아들을 보내는 며느리 야수다라를 위로하고자 하여, 석가 씨 문중에서 영리한 자제 쉰 명을 가려 뽑아 나운과 함께 출가하게 함으로써, 나운의 말벗도 되고 야수다라의 괴로움도 덜게 하였다.

석가모니 부처께서는 사리불을 이들의 스승으로 삼아 이들에게 십계[498]를 가르치도록 하

---

497) <月印 上:053b>

498) 십계(十戒): '사미십계(沙彌十戒)' 또는 '십선계(十善戒)'라고도 함. 어린 남자 중인 사미(沙彌)가 지켜야 할 열 가지 계율(戒律)로, 곧 중생을 죽이지 말 것, 도둑질 말 것, 음란한 짓 말 것, 거짓말 말 것, 술과 고기 먹지 말 것, 몸에 향(香)기름을 바르며 화만(花鬘)과 영락(瓔珞)으로 꾸미게 하지 말 것, 노래와 춤을 말 것, 높은 평상에 앉지 말 것, 때 아닌 밥을 먹지 말 것, 금은보배를 잡지 말 것의 열 가지를 말함.

셨다. 그러나 나운은 본디 궁중에서 호화롭게 자란 몸이라 수행을 괴로워하고 장난만 심하였다. 이에 석가모니 부처께서 자주 타이르셔도 듣지 않고 오히려 "불법이 너무 정미하고 아직은 나이가 어려 알아듣기 힘이 드니 좀 더 나이가 차서 스스로 깨달을 때까지 즐겁게 놀기를 원합니다."라고 반항하였다. 이에 석가모니 부처께서는 세상이 무상하여 제 몸을 못 믿을 것이라 하고 불법의 참된 이치를 자세히 설명하시니, 그제야 나운이 깨닫고 수행을 열심히 하였다.

[어절 분석]

야耶슈輸·를#①깃·교리·라#:쉰#아·히#·ᄎᆑᇙ出가家ᄒᆞ·니#:ᄲᅮ父왕王ㅅ#:쎤善심心·이#:엇더·ᄒᆞ시·니라羅운雲·이#②ᄀᆞᆯ·외·어시·늘#다·시#·ᄉᆑᇙ設·법法·ᄒᆞ시·니#·셰世존尊ㅅ#ᄍᆞ慈심心·이#:엇더·ᄒᆞ시·니

[주석]

① 깃·교리·라
⇒ [ᄀᆡᇧ-(어근) + -이(사동 접사)]- + -오-(의도의 선어말어미) + -리-(의지의 선어말어미) + -다(평서형 종결어미)

◎ '야슈를 깃교리라'는 정반왕의 마음속 말을 직접 인용한 것이다. '깃기-'는 '기뻐하다'를 의미하는 'ᄀᆡᇧ-'의 사동형이다. 모음으로 시작하는 어미 앞에서는 'ᄀᆡᇧ-'으로, 단독형이거나 자음으로 시작하는 어미 앞에서는 '깃-'으로 교체되었다. 여기에서는 사동 접사 '-이-' 앞에서 'ᄀᆡᇧ-'으로 교체되었다.

② ᄀᆞᆯ·외·어시·늘
⇒ *ᄀᆞᆯ괴-(동사 어간) + -시-(주체 높임의 선어말어미) + -거늘(연결어미)

◎ '*ᄀᆞᆯ괴-'는 '겨루다, 맞서 덤비다, 침범하다'를 의미하던 후기중세국어 시기의 어휘였다. 후기중세국어 시기에는 'ㄹ' 뒤에서 'ㄱ'가 약화되는 것이 일반적이었고, 따라서 'ᄀᆞᆯ외-'는 '*ᄀᆞᆯ괴-'의 '괴'의 'ㄱ'가 약화된 형태로 볼 수 있다. 한편 '-거늘'의 'ㄱ'는 'ᄀᆞᆯ외-'의 반모음 'y' 뒤에서 약화되어 '-어늘'로 교체되었다.

[원문]

끠其·힗一·빅百·ᄉᆞ四·씹十·칧七

가迦·셥葉·의:됴ᄒᆞᆫ·ᄠᅳᆮ아·라허虛콩空·이:말·로들·이·니·듁竹원園ㅅ·길·ᄒᆞᆯ·즉卽씨時·예·향向ᄒᆞ·니

가迦·셥葉·의옳·ᄃᆞᆯ:아ᄅᆞ·샤부:톄·나·아·보[499]시·니라羅·한漢:과果·ᄅᆞᆯ·즉卽·ᅀᅵᇙ日·에·득得ᄒᆞ·니

[현대역]

[하늘이] 가섭의 좋은 뜻을 알아 허공이 말로 [가섭을] 듣게 하니 [가섭이] 듣고 죽원(죽원으로 가는) 길을 즉시에 향하니.

[세존께서] 가섭이 올 것을 아시어 부처(세존)께서 나와 보시니(마중을 하시니) [가섭이] 나한과[500]를 그날에 [즉시] 득하니.

[배경]

투라국(偸羅國)의 바라문 가섭[501]은 삼십이상(三十二相)을 갖추었으며 글을 잘하고 집안도 부유하여 보시도 많이 할 뿐 아니라 그 부인이 또한 상(相)이 좋고 세간의 속된 품이 없었다. 하루는 가섭이 출가할 생각이 간절하여 손수 제 머리를 깎고 산골에서 홀로 부처의 도리를 생각하고 있었는데, 허공에서 "부처가 이 세상에 나 계시니라."라는 소리가 들렸다. 이에 가섭이 그 소리를 듣고 바로 일어나서 세존께서 설법하시고 있는 죽원으로 갔다. 가섭이 오는 것을 미리 아신 세존께서 몸소 마중 나오셔서 서로 공경하여 죽원으로 들어가 불법을 설하시니, 가섭은 곧 아라한을 알게 되었다. 가섭은 위엄이 있고 덕이 높아 천인이 모두 공경하는 분으로 대가섭이라고 불렸다. 세존께서 열반하신 뒤에 세존의 뜻을 받들어 불법을 후세에 떨치게 하는 데 크게 공헌하였다.

[어절 분석]

가迦·셥葉·의#:됴ᄒᆞᆫ#·ᄠᅳᆮ#아·라#허虛콩空·이#:말·로#①들·이·니#·듁竹원園ㅅ#·길·ᄒᆞᆯ#·즉卽씨時·예#·향向ᄒᆞ·니

---

499) <月印 上:054a>

500) 나한과(羅漢果): 아라한(阿羅漢)이 될 수 있는 과보(果報).

501) 가섭(迦葉): 범어 'Kāśyapa'의 음역으로, '마하가섭(摩訶迦葉)' 또는 한역으로 '대음광(大飮光)·대구씨(大龜氏)'라고도 함. 석가모니의 십대 제자 중 한 사람으로, 석가모니가 죽은 뒤 제자들의 집단을 이끌어 가는 영도자 역할을 해냄으로써 '두타제일'이라 불림.

②가迦·셥葉·의#옳#·ᄃᆞᆯ#:아ᄅᆞ·샤#부:톄#·나·아#·보시·니#라羅·한漢:과果·ᄅᆞᆯ#·즉卽·ᅀᅵᇙ日·에#·득得ᄒᆞ·니

[주석]

① 들·이·니

⇒ [듣-(어근) + -이(사동 접사)]- + -니(연결어미)

◎ '들이-'는 '듣-'의 사동형으로 '듣게 하다'를 의미한다.

② 가迦·셥葉·의#옳#·ᄃᆞᆯ

⇒ 가셥(명사) + 의(관형격조사) # 오-(동사 어간) + -ᅙᅘ(관형사형 어미) # ᄃᆞ(의존명사) + ᄋᆞᆯ(목적격조사)

◎ 다음은 후기중세국어의 관형사절과 명사절의 주어가 관형격 표지 'ᄋᆡ/의'를 취하는 예이다.

예) ㉮ 沙門ᄋᆞᆫ ᄂᆞᄆᆡ 지ᅀᅮᆫ 녀르믈 먹ᄂᆞ니이다 <釋譜 24:22a>
㉯ 迦葉의 能히 信受호ᄆᆞᆯ 讚歎ᄒᆞ시니라 <月釋 13:57a>

고영근(1987/2010: 47)에 따르면, 현대국어에서는 ㉮와 마찬가지로 '나의 살던 고향'처럼 관형사절의 주어가 관형격으로 표지되는 일은 있을 수 있어도 ㉯와 같이 명사절의 주어가 관형격으로 표지되는 일은 흔하지 않다.

◈ 후기중세국어 시기의 '-ㄴ돌, -ᅙᅘ돌'에 대한 자세한 설명은 p.51을 참조.

[원문]

끵其·ᅙᅵᇙ一·ᄇᆡᆨ百·ᄉᆞ四·씹十·밣八
·샤舍·위衛·귁國슈須·땋達·이빠婆라羅몬門·ᄋᆞᆯ·브·려·아기아·ᄃᆞᆯ·ᄋᆡ각·시·ᄅᆞᆯ꿓求·ᄒᆞ더·니
왕王·샤舍쎵城·ᅘᅩ護미彌빠婆라羅몬門·ᄋᆞᆯ:알·오·아기·ᄯᆞᆯ·이·보布·시施ᄒᆞ·게ᄒᆞ[502]·니

502) <月印 上:054b>

[현대역]

사위국503)의 수달504)이 바라문을 부려(시켜) 미혼인 아들의 각시를 구하더니.
왕사성의 호미505)가 바라문을 알고 미혼인 딸이 [바라문에게] 보시하게 하니.

[배경]

사위국의 대신 수달은 재산이 많고 보시를 즐겨, 어려운 사람을 많이 구제하므로 급고독(給孤獨)이라 불렸다. 수달의 일곱째인 막내아들이 얼굴이 곱고 마음씨가 착하여 수달이 가장 예뻐하였는데 며느리를 구하고자 바라문을 시켜 마땅한 사람을 찾아보라 하였다. 바라문이 구걸하면서 마갈타국의 왕사성에 가니, 대신 호미라 하는 이가 재산이 많고 깨달음을 구하려는 마음이 있었다. 마침 바라문이 그 집에 와서 구걸하였는데, 호미는 왕사성 풍속에 무엇이든지 보시를 하려면 반드시 어린 여자가 내어주게 되어 있어, 자기의 딸을 시켜 바라문에게 양식을 내어 보냈다. 바라문이 이 처녀를 보고 “내가 구하던 사람이다.”라고 기뻐하며 호미의 딸에 대해 묻기 시작하였다.

[어절 분석]

·샤舍·위衛·귁國#슈須·땷達·이#빠婆라羅몬門·ᄋᆞᆯ#·브·려#①·아기아·ᄃᆞᆯ·ᄋᆡ#각·시·ᄅᆞᆯ#꾸ᇢ求·ᄒᆞ더·니
왕王·샤舍쎵城#·ᅘᅩᆼ護미彌#빠婆라羅몬門·ᄋᆞᆯ#②:알·오#③·아기·ᄯᆞᆯ·이#·보布·시施ᄒᆞ·게#ᄒᆞ·니

[주석]

① ·아기아·ᄃᆞᆯ·ᄋᆡ

⇒ [아기(어근) + 아ᄃᆞᆯ(어근)] + ᄋᆡ(관형격조사)

◎ ‘아기아ᄃᆞᆯ’에 대해 남광우·성환갑(1978/1982: 255)와 허웅·이강로(1962/1999: 261)에서는 ‘미혼의 아들’로 그 의미를 설명하고 있으나 『우리말샘』에서는 ‘막내아들’로 설명하고 있다.

---

503) 사위국(舍衛國): 범어 ‘Śrāvasti’의 한역으로 ‘사위성(舍衛城)’라고도 함. 중인도(中印度) 가비라위국(迦毘羅衛國)의 서북에 위치하고 있으며, 석가모니가 25년간 설법하고 중생을 교화한 기원정사(祇園精舍)가 있는 땅으로, 바사익왕(波斯匿王) 및 비유리왕(毘瑠璃王)의 도성(都城)이었음. 지금의 인도 곤다주(Gonda州)의 세트마헤트(Setmahet)에 해당함.

504) 수달(須達): 범어 ‘Sudatta’의 음사로, ‘선시(善施)’라고 한역되기도 함. 가난한 사람에게 많이 베푸므로 호를 ‘급고독(給孤獨)’ 또는 ‘급고독장자(給孤獨長者)’라고도 함. 사위성(舍衛城)의 부호이며 바사닉왕(波斯匿王)의 신하로 기타(祇陀) 태자에게 황금을 주고 구입한 동산에 기원정사(祇園精舍)를 지어 석가모니에게 바침.

505) 호미(護彌): 사위국(舍衛國)에 살았던 부호(富豪)로, 수달(須達)의 일곱 번째 며느리의 아버지임. 이 집에서 석가모니가 공양을 받았음.

여기에서는 남광우·성환갑(1978/1982)와 허웅·이강로(1962/1999)의 설명을 수용하여 '미혼의 아들'로 보고자 한다.

② :알·오

⇒ 알-(동사 어간) + -고(연결어미)

◎ 최태영(2001)에서는 'ㄱ'가 유성후두마찰음 'ㅇ[ɦ]'으로 교체를 보이는 경우를 다음과 같이 활용어미, 조사, 파생접사, 복합어 등으로 나누어 그 교체양상을 기술하였다.

예) ㉮ 활용어미: 'ㄹ'와 반모음 'y' 아래에서 'ㄱ'를 어두로 하는 나열형 '-고', 부사형 '-게', 추상의 선어말어미 '-거-'등이 '-오, -에, -어-'로 교체됨

㉯ 조사: 체언에 연결되는 공동의 부사격조사 '과'와 첨사 '곳', '곰'은 'ㄹ, ㅣ(y)' 및 모음 아래서 각각 '와, 옷, 옴' 등으로 교체됨.

㉰ 파생접사: 사동 접사 '-기-' 및 '-고-/-구-'는 'ㄹ, ㅿ' 아래서는 '-이-' 및 '-오-/-우-'로 교체됨. 명사 파생 접사 '-개/-게'는 'ㄹ, ㅿ' 아래에서 '-애/-에'로 교체되며, 동사 파생 접사 '-거리-'도 'ㄹ' 아래에서 '-어리-'로 교체됨.

㉱ 복합어: '가마괴(鴉), 괴(猫), 그믈(罟), 것(物), ᄀᆞ티(共), 고개(峴), 골(谷), 굳-(强), 가리-(分)' 등의 형태들이 'ㄹ, ㅣ(y)'로 끝난 말에 이어질 때, 이들의 두음 'ㄱ'가 'ㅇ'으로 교체됨.

최태영(2001)에서는 모음 '예, 위, ㅢ' 뒤에서 'ㄱ'가 약화되는 것은 반모음 'y' 때문이며, 서술격조사 '이-' 뒤에서 'ㄱ'가 약화되는 것은 서술격조사가 'i'가 아닌 'iy'로 판단한다. 이러한 최태영(2001)의 관점은 어간이 'i'로 끝나는 '니거시드 <龍歌 38>', '저지게 <初杜解 15:44b>', 'ᄒᆞ시고 <月釋 10:97a>' 등에서 '-고, -게, -거' 등이 'ㄱ'를 그대로 유지한다는 점을 설명할 수 있다는 장점이 있다.

③ ·아기·ᄯᆞᆯ·이

⇒ [아기(어근) + ᄯᆞᆯ(어근)] + 이(주격조사)

◎ '아기ᄯᆞᆯ'에 대해 남광우·성환갑(1978/1982: 256)와 허웅·이강로(1962/1999: 261)에서는 '어린 딸', 또는 '미혼의 딸'로 그 의미를 설명하고 있으나 『우리말샘』에서는 '막내딸'로 설명하고 있다. 여기에서는 남광우·성환갑(1978/1982)와 허웅·이강로(1962/1999)의 설명을 수용하여 '미혼의 딸'로 보고자 한다.

[원문]

ᄁᆡ其·ᅙᅵᇙ一·ᄇᆡᆨ百·ᄉᆞ四·씹十:궁九
빠婆라羅몬門·ᄋᆡ:말·ᄋᆞᆯ·ᅘᅩ護미彌듣·고깃·거슈須·ᄄᆞᇙ達·ᄋᆡ아·ᄃᆞᆯ·ᄋᆞᆯ·ᄯᆞᆯ·ᄋᆞᆯ얼·유·려터·니
빠婆라羅몬門·ᄋᆡ:유무·를슈須·ᄄᆞᇙ達·이보·고깃·거·ᅘᅩ護미彌·ᄯᆞᆯ·ᄋᆞᆯ아·ᄃᆞᆯ얼·이·라가·니

[현대역]

[수달이 며느리를 구한다는] 바라문의 말을 호미가 듣고 기뻐하여 수달의 아들에게 딸을 시집보내려 하더니.

[호미가 자신의 딸을 수달의 아들과 혼인시키려 한다는] 바라문의 소식(서신)을 수달이 보고 기뻐하여 호미의 딸에게 아들을 장가들이러 [호미에게] 가니.

[배경]

바라문이 공양할 쌀을 가지고 나온 처녀(호미의 딸)에게 아버님을 뵙고 싶다 하여 호미를 만나서 급고독장자 수달의 막내아들과 호미의 딸을 혼인시킬 것을 청하였다. 호미도 수달의 막내아들이 훌륭하다는 소문을 들어 알고 있다면서 쾌히 승낙하였다.
바라문이 사위국에 돌아와, 호미의 딸이 덕성스러워 그녀와 수달의 아들을 혼인시킬 것을 호미와 약속하게 된 내용을 수달에게 설명하니, 수달도 매우 기뻐하며 곧 차비를 차려 아들을 호미의 집으로 장가들이러 호미에게 갔다.

[어절 분석]

빠婆라羅몬門·ᄋᆡ#:말·ᄋᆞᆯ#·ᅘᅩ護미彌#듣·고#깃·거#슈須·ᄄᆞᇙ達·ᄋᆡ#①아·ᄃᆞᆯ·ᄋᆞᆯ#·ᄯᆞᆯ·ᄋᆞᆯ#②얼·유·려#터·니
빠婆라羅몬門·ᄋᆡ#:유무·를#슈須·ᄄᆞᇙ達·이#보·고#깃·거#·ᅘᅩ護미彌#·ᄯᆞᆯ·ᄋᆞᆯ#아·ᄃᆞᆯ#얼·이·라#가·니

[주석]

① 아·ᄃᆞᆯ·ᄋᆞᆯ#·ᄯᆞᆯ·ᄋᆞᆯ
⇒ 아ᄃᆞᆯ(명사) + ᄋᆞᆯ(목적격조사) # ᄯᆞᆯ(명사) + ᄋᆞᆯ(목적격조사)

◎ 여기에서의 '아ᄃᆞᆯ'과 'ᄯᆞᆯ' 모두 목적어이나, '아ᄃᆞᆯ'은 소위 간접 목적어이고 'ᄯᆞᆯ'은 직접 목적어이다. 현대국어에서는 간접 목적어의 경우 일반적으로 부사격조사를 취한다.

② 얼·유·려#터·니

⇒ [얼-(어근) + -이(사동 접사)]- + -오려(연결어미) # ᄒᆞ-(동사 어간) + -더-(시상의 선어말어미) + -니(평서형 종결어미)

◎ '얼-'에 의미에 대해 남광우·성환갑(1978/1982: 257)에서는 '교합하다, 교배하다, 혼인하다'를 제시하고 있다. '얼-'의 용례는 다음과 같다.

예) 즁과 숭과 어러 子息 나하 <釋詳 23:35a>

'얼이-'는 '얼-'의 사동형으로 『고어사전』에서는 '시집보내다, 장가들이다'로 그 의미를 설명하고 있다.

[원문]

506)끠其·힗一·빅百:오五·씹十

이바·딜듣·고그·ᄠᅳ·들무·러·늘부텻공功·득德·을·호護미彌ᄀᆞ·장니ᄅᆞ·니

·졔祭딴壇·올·보다·가제·눈·이어·듭거·늘부텨공恭·경敬·을:버·디다·시알·외·니

[현대역]

[어수선하게] 이바지(음식 만드는 소리)를 [수달이] 듣고 뜻을(이유를) 묻거늘 부처의 공덕을 호미가 매우 [상세히] 말하니.

[호미의 말을 듣고 수달이 세존을 뵈러 가는 도중에] 제단을 보다가 자기의 눈이 어두워지거늘 [돌아서려 하니] 부처 공경을(세존 공경할 것을) [이미 죽은 수달의] 벗이 다시 알리니.

[배경]

수달이 아들을 장가들이려고 호미의 집에 와서 머무는데, 밤에 음식 장만하는 소리가 매우 요란하게 들리므로, 수달이 이상하게 생각하여 사돈이 될 호미에게 물었다. "무슨 반찬과 음식을 이리도 야단스럽게 만드시니, 혹시 이 나라의 태자나 대신들을 청하여 대접하려 하십니까?" 호미가 대답하되 "태자나 대신이 아니라 가비라국의 실달 태자께서 성도하시어 우민(愚民)을 제도하시는바, 그 부처와 승려들에게 공양하려 합니다."라고 대답하였

---

506) <月印 上:055a>

다. 수달이 다시 부처의 내력을 물으니 호미가 세존의 넓고 큰 공덕을 소상하게 설명하자 수달이 듣고 기뻐하며, 자기 스스로 세존을 만나 뵙고 싶은 생각이 간절하여, 그날 밤에 세존을 찾아 나섰다. 수달은 세존을 뵈러 가는데, 부처를 생각할 때마다 앞이 어두워지므로, 스스로 생각하기를 '이것은 반드시 잡귀가 내 앞을 가로막았다 비켰다 하는 것이니 내일 날이 밝은 후에 세존을 만나 뵈리라.'하고 오던 길로 돌아서려 하였다. 그때 며칠 전에 죽어 하늘에 가 있던 수달의 친구가 하늘에서 내려와 말하기를 "내가 부처의 법을 들은 덕으로 하늘에 나서 문신(門神)이 되었는데, 너도 부처를 뵈면 좋은 일이 그지없을 것이니 안심하고 부처님을 찾아가라."라고 하였다. 이 말은 들은 수달이 다시 세존을 생각하니 도로 눈이 밝아져 세존께 갈 수 있었다.

[어절 분석]

이바·딜#듣·고#그#·ᄠᅳ·들#①무·러·늘#부텻#공功·득德·을#·ᅘᅩᆼ護미彌#ᄀᆞ·장#니ᄅᆞ·니
·졩祭딴壇·ᄋᆞᆯ#·보다·가#제#·눈·이#②어·듭거·늘#부텨#공恭·경敬·을#③:버·디#다·시#알·외·니

[주석]

① 무·러·늘
⇒ 묻-(동사 어간) + -어늘(연결어미)

◎ 타동사 '묻-'에 타동사 표지 '-어늘'이 후접하였다. 김유범(2007: 128)에서는 15세기 국어의 문법형태소 중 선어말어미 '-거-', 그리고 통시적으로 이 선어말어미 '-거-'가 통합되어 발달한 일련의 어말어미 '-거X'들의 경우에는 '타동성'과 '비타동성'이라는 용언의 문법 범주가 이형태 교체의 주된 조건으로 작용하고 있다고 보았다. 여기에서의 '주된 조건'은 이러한 교체 조건이 절대적이지 않다는 점을 의미한다. 그리고 '타동성'과 '비타동성'을 선어말어미 '-거-'와 어말어미 '-거X'의 이형태교체 조건으로 처음 언급한 고영근(1980: 95~98)에서는 교체 조건의 예외들에 대해 15세기 이후에 '-거X'형 어미들이 어느 형태 쪽으로 변화하는가를 고려하는 교체 양상의 동적 측면에서 설명하였다. 예를 들어, '-거ᅀᅡ'와 '-어ᅀᅡ'는 '-어ᅀᅡ' 쪽으로 합류되는 양상을 보이므로 자동사류에도 '-어ᅀᅡ'가 결합된 예들이 많이 나타나지만 반면, '-거늘'과 '-어늘'의 경우에는 '-거늘' 쪽으로 합류되는 양상을 보이므로 타동사류에도 '-거늘'이 결합된 예들이 많이 나타난다는 것이다. 그렇더라도 선어말어미 '-거-'와 어말어미 '-거X'의 이형태 교체는 비록 완전하지는 않지만 1차적으로 그것이 통합되는 용언 어간의 문법 범주, 즉 '타동성'과 '비타동성'이라는 조건에 의한 것으로 보았다.

② 어·듭거·늘
⇒ 어듭-(형용사 어간) + -거늘(연결어미)

◎ 현대국어 어휘 '어둡-'의 후기중세국어 어형인 '어듭-'은 15세기 문헌에서부터 나타나며, 자음으로 시작하는 어미 앞에서는 '어듭-', 모음으로 시작하는 어미 앞에서는 '어듷-'으로 교체되었다. 『우리말샘』에 따르면, 15세기 중엽에 'ㅸ'가 'ㅣ'를 제외한 다른 모음 앞에서 'ㅗ/ㅜ'로 변화하면서 '어듷-'의 형태는 '어드우-'로 변화하였고, 이후 '어듭-/어두우-'의 교체를 보이는 불규칙 용언이 되었다. '어듭-'에서 제2음절의 모음 'ㅡ'가 'ㅂ'의 영향으로 역행동화를 겪으면서 원순성을 갖는 모음 'ㅜ'로 바뀐 '어둡-'의 형태도 15세기 문헌에서부터 발견된다.

③ :버·디
⇒ 벋(명사) + 이(주격조사)

◎ '벗'은 한자어 '친구(親舊)'의 뜻을 가진 고유어로서, '비슷한 또래로서 서로 친하게 사귀는 사람'을 가리킨다. 현대국어에서 '벗'은 좀 문어적인 표현으로 쓰여, '친구'에 그 세력을 많이 빼앗긴 것으로 보인다.
현대국어 '벗'의 후기중세국어 어형인 '벋'은 15세기 문헌에서부터 나타난다. 『우리말샘』에 따르면, 이 단어는 15세기에서부터 18세기까지 그 용례를 보이고 있는데 종성 'ㄷ'가 'ㅅ'로 바뀌는 현싱은 일반석으로 17세기에 광범위하게 일어나지만 '벗'의 경우에는 16세기에 이미 'ㄷ'가 'ㅅ'로 바뀐 '벗'의 형태가 광범위하게 쓰였다. 17세기 자료에서 '벋'은 '-님'과 결합하여 비음 동화된 '번님'의 형태로 나타나며, '버지'의 형태는 '벋' 다음에 조사 '이'가 왔을 때의 '버디'에 구개음화가 적용된 형태이다. 구개음화된 '버지'에서 어간 '벚'이 형성되어 국어사 자료에는 '버즐'과 같은 어형도 보인다.

[원문]

끵其·힗一·빅百:오五·씹十·힗一
슝須·땅達·이:례禮·를:몰·라혼번·도아·니도·라·놀·쪙淨거居텬天·이ᄀᆞᄅᆞ·쵸·려ᄒᆞ[507]·니
·쪙淨거居텬天·이:례禮·를아·라:세·볼·올갌도·라·놀슝須·땅達·이·보·아비·호·니

507) <月印 上:055b>

[현대역]

수달이 [세존을 대하는] 예를 몰라서 한 번도 [세존의 주위를] 아니 돌거늘(감돌거늘) 정거천이 [네 명의 사람으로 변해 예로서 세존을 대해 수달을] 가르치려 하니.

정거천이 [세존을 뵙는] 예를 알아 [세존의 주위를] 세 번을 감돌거늘 수달이 [이를] 보아 배우니.

[배경]

세존께서 수달이 오는 것을 미리 아시고 밖에 나와 거닐다가 수달을 만나셨다. 수달이 세존을 뵙고 그 위엄과 풍모를 접하며 속으로 매우 감탄하였으나 부처를 처음 뵙는 예절을 몰라 세존께서 기거하시는 방으로 들어가 "구담(瞿曇)은 안부 편안하신가?"라고 물었다. 세존께서는 이러한 수달의 무례함을 조금도 탓하지 않으시고 수달에게 방석을 주며 앉으라고 권하셨다.

그래서 정거천이 재주를 부려 네 명의 사람이 되어 차례로 세존께서 기거하시는 방으로 들어와 세존께 절을 하고 꿇어앉아 안부를 여쭙고, 오른쪽으로 세 번을 감돌고 한편에 가서 조용히 앉았다. 그제야 수달이 부처 공경하는 법을 깨닫고, 자신의 무례함을 뉘우치고 다시 일어나 정거천이 하던 대로 세존께 예를 다해 인사를 드리고 부처의 옆에 공손히 앉아서 가르침을 받았다.

[어절 분석]

슈須·땋達·이#:례禮·ᄅᆞᆯ#:몰·라#ᄒᆞᆫ#번·도#아·니#①<u>도·라·ᄂᆞᆯ</u>#·쪙淨거居텬天·이#②<u>ᄀᆞᄅᆞ·쵸·려#ᄒᆞ·니</u>

·쪙淨거居텬天·이#:례禮·ᄅᆞᆯ#아·라#③<u>:세#·ᄇᆞᆯ·ᄋᆞᆯ</u>#④<u>값도·라·ᄂᆞᆯ</u>#슈須·땋達·이#·보·아#ᄇᆡ·호·니

[주석]

① 도·라·ᄂᆞᆯ

⇒ 돌-(동사 어간) + -아ᄂᆞᆯ(연결어미)

◎ 남광우·성환갑(1978/1982: 259)에서는 '돌거늘'에서 '돌-'의 종성 'ㄹ'로 인해 '-거늘'의 'ㄱ'가 탈락한 것으로 설명하고 있다. 그러나 여기에서의 '돌-'은 생략된 '석가모니 부처를'을 목적어로 삼는 타동사이며, 따라서 타동사 표지 '-어늘'이 쓰인 것으로 보아야 한다. 만약 '-거늘'이 쓰여 'ㄱ'가 약화되었다면 '돌어늘'로 표기되었을 것이다.

② ᄀᆞᄅᆞ·쵸·려#ᄒᆞ·니

⇒ ᄀᆞᄅᆞ치-(동사 어간) + -오려(연결어미) # ᄒᆞ-(동사 어간) + -니(평서형 종결어미)

◎ 현대국어 'ᄀᆞ리치-'의 후기중세국어 어형은 'ᄀᆞᄅᆞ치-'이다. 이 시기의 'ᄀᆞᄅᆞ치-'는 '가리키다'와 '가르치다'를 모두 의미하였다. 'ᄀᆞᄅᆞ치-'는 15세기 문헌에서부터 나타나며 『우리말샘』에 따르면, 16세기 후반에 제2음절 이하에서의 'ㆍ'의 소멸에 따라 주로 'ㆍ > ㅡ'의 변화로 인해 'ᄀᆞ르치-'의 형태가 되었다. 16세기 이후 나타나는 'ᄀᆞᆯᄋᆞ치-'의 형태는 'ᄀᆞᄅᆞ치-'를, 'ᄀᆞᆯ으치-'는 'ᄀᆞ르치-'를 과잉분철표기 한 것이다. 18세기에는 제1음절 이하에서의 'ㆍ'의 소멸에 따라 주로 제1음절의 'ㆍ'가 'ㅏ'로 변하여 '가르치-'의 형태가 되어 현재에 이르고 있다.

③ :세#·ᄇᆞᆯ·ᄋᆞᆯ

⇒ 세(수관형사) # ᄇᆞᆯ(의존명사) + ᄋᆞᆯ(목적격조사)

◎ 후기중세국어 시기의 'ᄇᆞᆯ'은 현대국어에서의 의존명사 '번', '겹', '곱'을 의미하는 의존명사였다. 여기에서는 '번'을 의미한다.

④ 가ᇝ도·라·ᄂᆞᆯ

⇒ [감-(어근) + 돌-(어근)]- + -아ᄂᆞᆯ(연결어미)

◎ 현대국어 어휘 '감돌-'의 후기중세국어 어형은 '가ᇝ돌-, 감ᄯᅩᆯ-'이다. '가ᇝ돌-, 감ᄯᅩᆯ-'은 '감-'과 '돌-'이 결합한 비통사적 합성동사이다. 이들 어형은 16세기 이후로 문헌에 등장하지 않다가 19세기에 '감돌-' 형태로 나타나 현대국어에 이르고 있다. '감돌-'의 통시적 변화상을 논하는 데 있어 문제인 점은 후기중세국어 어형인 '가ᇝ돌-'은 동사 '감-'과 '돌-'의 결합한 것인데 '감돌-'이 되지 않고 '가ᇝ돌-'이 된 이유를 설명할 수 없다는 데 있다. '가ᇝ돌-, 감ᄯᅩᆯ-'의 'ㅅ'에 대해 일종의 사잇소리로 파악하는 견해도 있지만 동사 어간끼리의 결합에서 왜 사잇소리가 결합했는지를 설명하지 못한다.

[원문]

끠其·ᅙᅵᇙ一·ᄇᆡᆨ百:오五·씹十·ᅀᅵ二

쪙情쎵誠·으·로:뵈·ᅀᆞᄫᆞᆯ·씨·ᄉᆞ四·뎨諦·ᄅᆞᆯ닐·어시·ᄂᆞᆯ슈須따陁환洹·ᄋᆞᆯ·곧일·우ᅀᆞ·ᄫᆞ·니

쪙情쎵誠·으·로:청請·ᄒᆞᅀᆞᆸ·고졍精·샤舍[508]지·수·려커·늘·샤舍·리利·뿛弗·을·곧보·내시·니

508) <月印 上:056a>

[현대역]

[수달이 세존을] 정성으로 뵈므로(모시므로) [세존께서 수달에게] 사제[509]를 말씀해주시니 [수달이] 수타환[510]을 곧 이루니.

[수달이 세존께] 정성으로 청하고 정사(기원정사)를 지으려 하거늘 [세존께서] 사리불을 [수달에게] 곧 보내시니.

[배경]

수달이 세존을 정성껏 받들어 모시다가 세존께서 사제법을 일러주시니, 수달이 이를 듣고 기뻐하여 수타원을 이루었다.

그때 수달이 사위국 사람들은 사곡한 도리를 믿어 불법을 모르니 부디 이 나라에도 오셔서 중생을 구제해 달라고 세존께 청하였다. 이에 세존께서는 출가한 사람은 속인과 달라서 정사가 있어야 하니 정사를 지으라고 말씀하셨다. 수달이 막내아들의 혼사를 마치고 사위국으로 돌아갈 때에 정사 짓는 일을 감독할 제자를 보내주시기를 세존께 청하여 사리불과 동행하게 되었다.

[어절 분석]

쪙情쎵誠·으·로#①:뵈·ᅀᆞᄫᆞᆯ·씨#·ᄉᆞ四·뎨諦·ᄅᆞᆯ#닐·어시·ᄂᆞᆯ#슈須따陁환洹·ᄋᆞᆯ#·곧#②일·우ᅀᆞ·ᄫᆞ·니

쪙情쎵誠·으·로#③:청請·ᄒᆞᅀᆞᇦ·고#졍精·샤舍#④지·수·려#커·늘#·샤舍·리利·붏弗·을#·곧#보·내시·니

[주석]

① :뵈·ᅀᆞᄫᆞᆯ·씨

⇒ [보-(어근) + -이(사동 접사)]- + -ᅀᆞᆸ-(객체 높임의 선어말어미) + -(ᄋᆞ)ㄹ씨(연결어미)

◎ '-ᅀᆞᆸ-'가 사용된 이유는 '뵈-'의 대상인 '세존'을 높이기 위해서이다.

509) 사제(四諦): 인생문제와 그 해결방법에 관한 4가지의 진리, 즉 '고·집·멸·도'의 네 가지 진리를 의미하는 불교 교리.

510) 수타환(須陁洹): 사제(四諦)를 깨달아 욕계(欲界)의 '탐(貪)·진(瞋)·치(癡)'의 삼독(三毒)을 버리고 성자(聖者)의 무리에 들어가는 성문(聲聞)의 지위. '수타원(須陁洹)' 또는 '수다원(須陁洹)'이라고도 함.

② 일·우ᅀᆞ·ᄫᆞ·니

⇒ [일-(어근) + -구(사동 접사)]- + -ᅀᆞᆸ-(객체 높임의 선어말어미) + -(ᄋᆞ)니(평서형 종결어미)

◎ '-ᅀᆞᇦ-'가 사용된 이유는 '일우-'의 대상인 '슈따훤'을 높이기 위해서이다.

③ :쳥請·ᄒᆞᅀᆞᆸ·고

⇒ [쳥(어근) + -ᄒᆞ(동사 파생 접사)]- + -ᅀᆞᆸ-(객체 높임의 선어말어미) + -고(연결어미)

◎ '-ᅀᆞᆸ-'이 사용된 이유는 '쳥ᄒᆞ-' 대상인 '세존'을 높이기 위해서이다.

④ 지·수·려#커·늘

⇒ 짓-(동사 어간) + -오려(연결어미) # ᄒᆞ-(동사 어간) + -거늘(연결어미)

◎ 남광우·성환갑(1978/1982: 156)에 따르면, 현대국어에서는 중성모음 'ㅣ'가 음성모음과만 조화되어 '지어, 이어, 기어…'와 같이 실현되지만, 후기중세국어 시기에는 중성모음 'ㅣ'가 양성·음성모음과 두루 조화되어 쓰였다고 한다. 기76에서는 '짓-'이 양성모음의 연결어미 '-아'와 어울려 '지ᅀᅡ'로 표기되었으나 여기에서는 '짓-'이 음성모음의 '-우려'와 어울려 '지수려'로 표기되었다. 한편 'ᄒᆞ-'와 '-거늘'의 연결에서 'ᄒᆞ-'의 'ㆍ'가 탈락되고 'ㅎ'와 '-거늘'의 '거'가 축약되어 '커'로 표기되었다.

[원문]

끠其·힗一·빅百:오五·씹十삼三

·샹舍·리利·붏弗·의그에무·라:두즘·겟·길:마·다뗭亭·샹舍·ᄅᆞᆯ:세·콤지·ᅀᅳ·니

끼祇따陁·ᄋᆡ그에:쳥請·ᄒᆞ·야·밣八·씹十:큥頃동東산山·애황黃금金·을:채·ᄭᆞ로·려ᄒᆞ·니

[현대역]

[수달이 세존께서 하루에 얼마나 걸으시는지를] 사리불에게 물어 60리마다 정사를 셋씩(하나씩 세 개를) 지으니.

[수달이] 기타(기타 태자)에게 [동산을 팔 것을] 청하여 [기타 태자가 요구한 대로] 팔십 경[이나 되는] 동산에 황금을 [가득] 차게 깔려 하니.

[배경]

수달이 사위국으로 가는 길에 세존께서 하루에 몇 리나 걷는가를 사리불에게 물었다. 사리불의 대답을 들은 후에 출발지, 첫 노정이 다다른 곳, 두 번째 노정의 종점에 각각 하나씩 정자 세 개를 지어 세존의 왕래와 유숙에 불편이 없으시도록 하였다.
수달이 사위국에 돌아와 정사 지을 곳을 물색하여 보니 기타 태자(祈陀太子) 소유의 동산이 땅이 좋고 수풀이 무성하여 정사를 지을 곳으로 알맞아 기타 태자에게 그 땅을 팔기를 청하였다. 처음에는 기타 태자에게 거절을 당했는데, 다시 간청하니 기타 태자는 이를 귀찮게 생각하여 응하지 못할 요구를 하면 수달이 포기할 것으로 생각하였다. 이에 수달에게 정사 지으려는 동산을 금으로 덮어 깔되 빈틈이 없게 하면 동산을 팔겠다고 하였다. 기타 태자의 무리한 요구에 수달이 응낙하고 팔십 경[511]이나 되는 동산에 황금을 깔려고 계획하였다.

[어절 분석]

·샤舍·리利·붏弗·의#그에#무·라#①:두#즘·겟#·길:마·다#뗭亭·샤舍·롤#②:세·콤#지·스·니 끼祇따陁·이#그에#:청請·ᄒᆞ·야#·밣八·씹十#:큉頃#동東산山·애#(황)黃금金·을#③:채#④·ᄭᆞ로·려#ᄒᆞ·니

[주석]

① 두#즘·겟#·길:마·다
⇒ 두(수관형사) # 즘게(명사) + ㅅ(관형격조사) # 길(명사) + 마다(보조사)

◎ 여기에서의 '즘게'에 대해 남광우·성환갑(1978/1982: 262)에서는 '즘게'는 '큰나무' 외에도 '끝, 한계, 노정' 등의 거리를 뜻한다면서 여기에서의 '즘게'는 후자의 의미로 쓰였다고 설명하고 있다. 한편 『우리말샘』에서는 '30리가량의 거리' 또는 '거리'의 옛말로 그 의미를 풀이하고 있다. 한편 다음의 내용을 고려할 필요가 있다.

예) 須達이 舍利弗 더브러 무로ᄃᆡ 世尊이 ᄒᆞᄅᆞ 몃 里롤 녀시ᄂᆞ니잇고 對答호ᄃᆡ ᄒᆞᄅᆞ 二十里롤 녀시ᄂᆞ니 <釋詳 6:23a>

위 『석보상절(釋譜詳節)』의 내용은 기153의 내용과 동일한 내용을 다루고 있으면 세존께서

511) 경(頃): 땅 넓이의 단위. 정(町)으로 끝나고 우수리가 없을 때 쓰며, 1경은 3,000평으로 약 9,917.4㎡에 해당함.

하루에 20리를 걸으신다고 설명하고 있다. 따라서 상술한 『우리말샘』과 위 『석보상절(釋譜詳節)』의 내용을 고려하면 '두 즘겟 길'은 약 60리 길을 표현한 것으로 볼 수 있다.

② :세·콤
⇒ 셓(수사) + 곰(보조사)

◎ '셓'은 'ㅎ' 말음체언으로, 말음 'ㅎ'와 '곰'이 축약 과정을 거쳐 '콤'으로 표기되었다. 보조사 '곰'은 '씩'을 의미한다.

③ :채
⇒ 채(부사)

◎ '채'는 '차게'를 의미하며, 그 의미상 동사 '차-'에 사동 접사 '-이-'가 결합한 파생어로 볼 가능성이 있다. 그러나 현대국어 '차-'의 후기중세국어 어형은 'ᄎᆞ-'로 15세기 문헌에서부터 나타나며, 18세기에 제1음절의 모음 'ᆞ'의 소실에 따른 'ᆞ > ㅏ'의 변화로 인해 '차-'의 형태가 등장하여 현재에 이르고 있다. 따라서 '차- + -이- > 채'의 변화 과정을 상정할 수 없다. 여기에서는 이러한 이유로 '채'를 하나의 형태소로 판단하고자 한다.

④ ·ᄭᆞ로·려#ᄒᆞ·니
⇒ ᄭᆞᆯ-(동사 어간) + -오려(연결어미) # ᄒᆞ-(동사 어간) + -니(평서형 종결어미)

◎ 'ᄭᆞᆯ-'의 현대국어 어형 '깔-'은 뒤에 주체 높임의 선어말어미 '-시-'가 오면 '-시-'의 'ㅅ' 앞에서 '깔-'의 'ㄹ'가 탈락되어 '까시-'가 된다. 그러나 후기중세국어에서는 'ᄭᆞᆯ-' 뒤에 주체 높임의 선어말어미 '-시-'가 오면 매개모음 또는 조모음 'ᄋᆞ'가 먼저 붙고 그 뒤에 '-시-'가 붙은 형태가 연철된 'ᄭᆞᄅᆞ시-'의 모습으로 활용을 하였다.

[원문]

512)끠其·ᅙᅵᇙ一·빅百:오五·씹十·ᄉᆞ四
끼祇따陁ㅣ관官·쑝訟·이러·니·쪙淨거居텬天·의:말듣·고동東산山·ᄋᆞᆯ구·쳐:내·야·ᄑᆞ·니
끼祇따陁ㅣ빈받·더·니슈須·ᄄᆞᇙ達·ᅌᅵ·ᄠᅳ·들:알·오즘·게·를부·러아·니·ᄑᆞ·니

512) <月印 上:056b>

[현대역]

기타(기타 태자)가 관송이더니(관청에 송사하더니) [판사로 변신한] 정거천의 말을 듣고 동산을 마지못하여 [수달에게] 내어 파니.

기타(기타 태자)가 값을 받더니 수달의 [부처 섬기는 깊은] 뜻을 알고 나무를 일부러 아니 파니.

[배경]

수달이 두 번씩이나 동산을 팔라는 청에 기타 태자는 수달이 수긍하기 불가능한 요구라 생각하고 금으로 그 동산을 덮으라고 하였다. 그러나 의외로 수달이 응낙하자 기타 태자는 "내가 농담으로 한 말이다."라고 하며 동산을 팔지 않으려 하였다. 이에 수달이 "임금은 거짓말을 하지 않는 법이니 이 동산은 틀림없이 내게 팔아야 한다."고 말하며 서로 다투었다. 이들은 결국 관청으로 가 이 문제를 해결하고자 하였다. 이때 하늘에서 정거천이 신통력으로 이를 알고 관청의 신하들이 기타 태자 편을 들 염려가 있으므로 자신이 판관으로 변하여 이 문제에 대해 "태자는 거짓말을 해서는 안 되니 처음에 말한 대로 동산을 수달에게 팔라."고 판결을 내렸다. 이에 기타 태자는 마지못하여 판결을 따를 수밖에 없었다.
수달은 기타 태자의 말대로 동산에 황금을 거의 다 깔았고 일부분만이 남아 며칠이면 동산 전부에 금을 다 깔 수 있게 되었다. 이 모습을 본 기타 태자는 '세존을 위하여 수달이 저렇게 보배를 아끼지 않는구나.'라고 생각하고 수달에게 "이제는 황금을 더 깔지 말고, 땅은 수달의 몫으로 하고 동산의 나무만은 내 몫으로 하여 둘이서 정사를 만들어 부처께 바치자."고 수달에게 제안하였다. 수달이 이 제안을 기꺼이 허락하고 정사 지을 준비에 착수하였다.

[어절 분석]

끼祇따陁ㅣ#관官·쑝訟·이러·니#·쪙淨거居텬天·의#:말#듣·고#동東산山·ᄋᆞᆯ#①구·쳐#:내·야#·ᄑᆞ·니

끼祇따陁ㅣ#②빋#받·더·니#슈須·ᄄᆞᇙ達·ᄋᆡ#·ᄠᅳ·들#:알·오#즘·게·를#③부·러#아·니#·ᄑᆞ·니

[주석]

① 구·쳐#:내·야#·ᄑᆞ·니

⇒ 구치-(동사 어간) + -어(연결어미) # [나-(어근) + -이(사동 접사)]- + -아(연결어미) # ᄑᆞ-(동사 어간) + -니(평서형 종결어미)

◎ 후기중세국어 어휘 '구치-'는 '마지못하다, 굽히다' 또는 '상하게 하다'를 의미하였다. 여기에서는 전자의 의미를 뜻한다.

◎ '내-'의 반모음 'y'로 인해 '-아'에 반모음 'y'가 삽입되어 '-야'로 교체되었다.

◎ '풀-'의 종성 'ㄹ'가 '-니'의 'ㄴ' 앞에서 탈락하였다.

② 빋
⇒ 빋(명사)

◎ 현대국어 어휘 '빚'의 후기중세국어 어형인 '빋'은 15세기 문헌에서부터 나타난다. 『우리말샘』에 따르면, 근대국어 시기에 'ㅣ' 모음 앞에서 'ㄷ, ㅌ'가 'ㅈ, ㅊ'로 변하는 'ㄷ' 구개음화에 의해, '빋'에 주격조사 '이'나 서술격조사 '이-'가 결합한 '비디, 비디-'가 '비지, 비지-'로 나타나게 되었다. 이때 '비지, 비지-'를 명사 '빚'에 조사 '이, 이-'가 결합한 것으로 분석하게 되어, 18세기에 '빚'의 형태가 등장하여 현재에 이르고 있다. 한편 16세기 이후로 종성 위치에서 'ㅅ'가 'ㄷ'로 중화되면서 17세기 이후로 '빋'이 '빗'으로 표기된 예가 발견된다.

③ 부·러
⇒ 부러(부사)

◎ 15세기 문헌에서 '부러'의 형태가 처음으로 보인다. 국어사 문헌에서 '부러'의 이형태로 '브러, 부로' 등이 발견된다. '브러'는 원순자음 'ㅂ' 뒤에서 원순모음 'ㅜ'가 이화되어 'ㅡ'로 나타난 것이고, '부로'는 원순모음 'ㅜ' 뒤에 오는 'ㅓ'가 'ㅜ'에 동화되어 원순모음으로 바뀐 것이다. 이 '부러'는 20세기에 들어서 '일'이 붙어 '일부러'가 생긴 후 오늘날에는 '부러'보다 더 많은 빈도를 가지고 쓰이고 있으나, '일'의 의미는 알기 어렵다. 현재 전북방언에서 '부러'의 형태가 발견된다.

[원문]

끠其·힗一·빅百:오五·씹十:오五
·륙六ᄉᆞ師ㅣ왕王ㅅ·긔닐·어·샤舍·리利[513]·붏弗·을:업시·바·새집지·실:몯·게·호·려터·니
슈須·땷達·이왕王ㅅ·긔드·러·샤舍·리利·붏弗·을:몯미·다ᄂᆞᆯ·곤·옷니·버시·름ᄀᆞ·장ᄒᆞ·니

513) <月印 上:057a>

[현대역]

[외도인] 육사가 임금께 말씀드려 사리불을 업신여겨 새 집(정사) 짓기를 못하게 하려 하더니. 수달이 임금께 [육사가 세존의 제자와 재주를 겨루려 한다는 말을] 들어 사리불(사리불의 능력)을 못 믿어 낡은 옷 입어 시름을 심히 하니.

[배경]

불도를 믿지 않는 사위국의 외도인 육사가 임금을 찾아가서, 수달이 기타 태자의 동산을 사서 세존을 위해 정사를 지으려 한다는 점을 지적하였다. 그러면서 자신들이 세존의 무리와 재주를 겨루어 지면 정사를 짓게 하되 자신들이 이기면 정사를 못 짓게 하겠다며 사리불을 비롯하여 세존의 무리를 업신여겼다.
임금이 수달을 불러 외도인 육사의 말을 전하고, 세존의 제자가 이들 육사와 겨룰 것인지를 물어보았다. 이에 수달이 깜짝 놀라 집에 돌아와서 때 묻은 옷을 입고 시름이 가득하여 어찌할 바를 몰라 했다. 이튿날 사리불이 수달의 거동이 이상함을 알고 그 까닭을 물으니, 수달이 사리불을 속이지 못하고 사실을 토로하였다.

[어절 분석]

·륙_六ᄉᆞ_師ㅣ#①<u>왕_王ㅅ·긔</u>#닐·어#·샤_舍·리_利·ᄫᅮᇙ_弗·을#②<u>:업시·ᄫᅡ</u>#·새#집#③<u>지·실</u>#④<u>:몯·게#·ᄒᆞ·려#터·니</u>

슈_須·ᄹᅡᇙ_達·이#왕_王ㅅ·긔#드·러#·샤_舍·리_利·ᄫᅮᇙ_弗·을#:몯#미·다#ᄂᆞᆯ·ᄀᆞᆫ#·옷#니·버#시·름#ᄀᆞ·장#ᄒᆞ·니

[주석]

① 왕_王ㅅ·긔

⇒ 왕(명사) + ㅅ긔(부사격조사)

◎ 현대국어의 '에게'에 해당하는 후기중세국어의 조사에는 'ᄭᅴ'가 있다. 'ᄭᅴ'는 다음과 같은 용례를 보인다.

예) ㉮ 世尊<u>ᄭᅴ</u> 저ᄉᆞᆸ다 ᄒᆞᆫ 말도 <月釋 01:36b>

㉯ 世尊<u>ㅅ긔</u> ᄉᆞᆯᄫᆞ샤ᄃᆡ <月釋 01:17a>

㉰ 부텨ᄭᅴ 브튼 거실씨 <月釋 02:16a>
㉱ 부텻긔 받ᄌᆞᄫᆞᆯ 고지라 몯ᄒᆞ리라 <月釋 01:10a>

위 예를 통해 알 수 있는 것은 'ᄭᅴ, ㅅ긔'는 표기법상의 차이일 뿐, 같은 형태라는 것이다. ㉯의 'ㅅ긔'는 후기중세국어 시기에 선행 체언이 주로 한자 표기일 때 사용된 것으로 보이고, ㉱의 'ㅅ긔'는 선행 체언이 훈민정음 표기이면서 선행 체언이 모음으로 끝날 때 사용되었다. ㉮, ㉰의 'ᄭᅴ'는 선행 체언이 한자 표기이거나 훈민정음 표기일 때 모두 사용되었고 선행 체언이 자음이나 모음으로 끝날 때도 가리지 않고 사용되었다.

② :업시·ᄫᅡ
⇒ 업시ᄫᅳ-(동사 어간) + -아(연결어미)

◎ '업시ᄫᅳ-'는 '업신여기다'를 의미한다. 허웅·이강로(1962/1999: 271)에 따르면, '업시ᄫᅳ-'는 다음과 같이 '업시오-' 또는 '업시우-'의 형태로도 나타난다.

예) ㉮ 내 너희ᄃᆞᆯᄒᆞᆯ... 업시오ᄃᆞᆯ 아니ᄒᆞ노니 <釋詳 19:29b>
㉯ 내 너희ᄃᆞᆯᄒᆞᆯ 업시우디 아니ᄒᆞ노니 <釋詳 19:30a>

③ 지·ᅀᅵᆯ
⇒ [짓-(어근) + -이(명사 파생 접사)] + ㄹ(목적격조사)

◎ '짓-'이 모음으로 시작하는 형태소 앞에서 '지ᇫ-'으로 교체되었다.

④ :몯·게#·ᄒᆞ·려#터·니
⇒ [몯-(어근) + -ᄒᆞ(동사 파생 접사)]- + -게(연결어미) # ᄒᆞ-(동사 어간) + -오려(연결어미) # ᄒᆞ-(동사 어간) + -더-(시상의 선어말어미) + -니(평서형 종결어미)

◎ '몯-'의 형태에 대해 다음의 용례를 고려할 수 있다.

예) 法流水예 븓디 몯고 <月釋 2:62b>

위의 예문에서 '몯-'이 보조용언으로 쓰이며 연결어미 '-고'를 취하는데 '못하고'로 그 의미를 파악할 수 있다. 다만, 『표준국어대사전』에서는 현대국어 '못하-'의 통시적 분석으로 '몯- + -ᄒᆞ-'의 분석을 제시하고 있다. 따라서 여기에서의 '몯게'와 위 예문의 '몯고'는 각각 '몯

ᄒᆞ게'와 '몯ᄒᆞ고'에서 'ᄒᆞ'가 생략된 표기로 보기로 한다. 남광우·성환갑(1978/1982: 265)에 따르면, '몯게'는 '몯ᄒᆞ-'의 사동형으로 'ᄒᆞ'가 소실된 예는 자주 나타난다고 한다.

[원문]

끠其·ᅙᅵᇙ一·빅百:오五·씹十·륙六
염閻뿡浮뗴提ᄀᆞ득ᄒᆞᆫ·외外:똫道ㅣ ᄒᆞᆫ터럭:몯무ᅀᅳᆶ·ᄃᆞᆯ슈須·ᄄᆞᇙ達·이ᄃᆞᆮ·고·목沐[514]·욕浴·ᄀᆞᆷ·아나·니
내지·븨·왯ᄂᆞᆫ사沙몬門·이·륙六ᄉᆞ師·와겻·ᄀᆞᇙ·ᄃᆞᆯ왕王ㅅ·긔닐·어·늘·부·플·텨뫼·호·니

[현대역]

염부제에 가득한 외도인이 [사리불의] 한 터럭도 못 흔들 것을 수달이 [사리불에게] 듣고 [비로소] 목욕 감고 나오니.
[수달이] 내 집에 와 있는 사문(사리불)이 육사와 겨룰 것을 임금께 말하거늘 [임금의 명으로] 북을 쳐 [온 나라의 사람들을] 모으니.

[배경]

수달이 시름하는 까닭을 안 사리불이 수달에게 "아무 걱정 말라. 육사의 무리가 염부제에 가득하더라도 내 발에 있는 털끝 하나도 건드리지 못하게 할 터이니 그들이 하자는 대로 허락하라."고 말했다. 이에 수달이 크게 기뻐하여 향탕에서 목욕하고 새 옷으로 갈아입은 후, 임금께 가서 자기 집에 와 있는 중(사리불)이 육사의 도전을 달게 받아들인다는 뜻을 전하였다.
임금이 이를 육사에게 전하고 7일 후에 금북을 쳐서 온 국민을 모으고, 성 밖에 있는 벌판에서 사리불과 육사 간의 재주 겨룸을 시작하였다.

[어절 분석]

염閻뿡浮뗴提#ᄀᆞ득ᄒᆞᆫ#·외外:똫道ㅣ#ᄒᆞᆫ#터럭#:몯#①무ᅀᅳᆶ#·ᄃᆞᆯ#슈須·ᄄᆞᇙ達·이#ᄃᆞᆮ·고#·목沐·욕浴#②·ᄀᆞᆷ·아#나·니
내#지·븨#③·왯ᄂᆞᆫ#사沙몬門·이#·륙六ᄉᆞ師·와#④겻·ᄀᆞᇙ#·ᄃᆞᆯ#왕王ㅅ·긔#닐·어·늘#·부·플#·텨#뫼·호·니

514) <月印 上:057b>

[주석]

① 무욶#·둘

⇒ 무으-(동사 어간) + -오-(대상 활용의 선어말어미) + -ㅭ(관형사형 어미) # ᄃᆞ(의존명사) + ㄹ(목적격조사)

◎ 『우리말샘』에서는 다음과 같은 용례를 근거로 기본형으로 '무으-'를 제시하고 있다.

예1) 내 바랫 ᄒᆞᆫ 터리롤 몯 무으리니 <釋詳 6:27a>

한편 안병희·이광호(1990/2005: 254)와 고영근(1987/2010: 308~309)에서는 연결어미 '-려'는 홀로 사용되지 못하고 반드시 '-오-'가 선접한다고 기술하고 있으며, 허웅·이강로(1962/1999: 138)에서도 이러한 점을 근거로 '무우-'의 '우'를 '삽입모음'으로 설명하고 있다.
한편 형용사 '다ᄋᆞ-'에 연결어미 '-아'가 붙은 '다ᄋᆞ아'는 모음 사이에서 'ᄋᆞ'가 탈락되고, '다아'가 음절 축약되어 '다'가 되는 형태 변화를 겪었다. '더으- + -어'도 동일한 변화를 겪었는데, 이는 모음 간에서 'ᄋᆞ/으'가 탈락할 가능성을 입증하는 근거라 할 수 있다. 따라서 기본형으로 '무으-'를 상정하면, 어간말의 '으'는 '-우려' 앞에서 탈락하여 '무우려'의 형태로 활용한 것으로 볼 수 있다. 그런데 다음 문장에서는 성조가 다른 '무우-'를 확인할 수 있다.

예2) 무수ᄒᆞᆫ 군이 쪙뼁을 몯 무우니 <月印 上:26a>

'무우려'의 '·우'는 거성점이 표기되어 있는데 예2)의 '무우니'의 '우'는 평성으로 방점이 표기되어 있지 않다. 그러나 예2)의 '무우니'는 문맥상 '무으-'에 사동 접사 '-우-'가 붙은 것으로 파악할 수 있다.

② ·ᄀᆞᆷ·아#나·니

⇒ ᄀᆞᆷ-(동사 어간) + -아(연결어미) # 나-(동사 어간) + -니(평서형 종결어미)

◎ 현대국어에서 '머리나 몸을 물로 씻다'를 의미하는 '감-'의 후기중세국어 어형은 'ᄀᆞᆷ-'으로, 15세기 문헌에서부터 나타나며, 18세기의 'ㆍ'의 2차 소실로 인해 'ᄀᆞᆷ- > 감-'의 형태 변화가 일어났다. 18세기에 'ᄀᆞᆷ-'과 '감-'이 공존하다가 19세기에 '감-'의 형태로 단일화되면서 현재에 이르고 있다.

③ ·왯ᄂᆞᆫ
⇒ 오-(동사 어간) + -아(연결어미) # 잇-(동사 어간) + -ᄂᆞ-(시상의 선어말어미) + -ㄴ(관형사형 어미)

◎ '-아 # 잇-'은 후기중세국어에서 '잇-'이 원래 가졌던 '존재'의 의미에서 변화한 '지속'(상태의 지속, 결과 상황의 지속) 또는 '진행'의 의미로 사용되었다. 또한, 문맥에 따라 과거를 나타내는 것으로 해석되는 경우도 있었다. 이들은 문법화가 진행됨에 따라 근대국어 시기에 동작의 완료와 과거 시제를 표시하는 형태소로 발전하였고, 형태적으로는 현대국어의 과거 시제의 선어말어미 '-았-/-었-'에 이르게 되었다. 한편 고영근(2004)에서는 후기중세국어의 상 체계가 '본동사 + 연결어미 # 보조동사'로 구성되었다는 점에서 현대국어와 큰 차이가 없다고 하였다. 그러나 '-어 잇-'의 경우, 현대국어에서는 결과의 지속을 나타내는 '완료상'의 기능만을 하지만, 후기중세국어에서는 '(결과 지속의) 완료상'과 '진행상'으로 두루 쓰였고, 진행상의 구성 '-고 잇-'과 '-어 ᄒᆞ-'를 부분적으로 대체하는 경우가 있다고 하였다.

④ 겻·구ᇙ#·ᄃᆞᆯ
⇒ 겻구-(동사 어간) + -ㅭ(관형사형 어미) # ᄃᆞ(의존명사) + ㄹ(목적격조사)

◎ 현대국어 '겨루-'의 후기중세국어 어형인 '결우-'는 16세기 문헌에서부터 나타난다. 16세기 이후 'ㄹ' 뒤에 오는 유성후두마찰음 'ㅇ[ɦ]'이 탈락하였는데 '결우-'도 이러한 변화를 경험하였을 것으로 추정된다. 단 '결우-'에서 유성후두마찰음 'ㅇ[ɦ]'이 탈락한 형태가 나타나는 시기는 19세기이다. 19세기에 'ㅇ'이 탈락한 '겨루-'의 형태가 나타나 현재에 이르고 있다. 다만, 후기중세국어 시기에 'ㄹ' 뒤에서 'ㄱ > ㅇ'의 'ㄱ' 약화가 일반적인 현상이었다는 점을 감안하면 현대국어 어휘 '겨루'는 '*결구- > 결우- > 겨루-'의 통시적 변천 과정을 거친 것으로 추정할 수 있다. 한편 15세기에는 '겨루다'를 의미하는 어휘로 '겻고-', '겻구-'도 있었다. 일부 선행연구에서는 '겻고-'와 '겻구-'를 각각 '*겻- + -고-', '*겻- + -구-'로 분석하며, 이들은 '겻-'의 사동형으로 보기도 한다. 다만, 이러한 의견들은 후기중세국어 시기에 '*겻-'의 활용형이 문증되지 않는다는 점을 설명하지 못한다는 문제점을 내포하고 있다.
15세기에는 '겨루-'와 관련된 형태가 거의 보이지 않고 '겻고-/겻구-'의 형태가 압도적으로 많이 나타나지만, 16세기에서는 '결오-/결우-'가 많이 쓰여 '겻고-/겻구-'의 자리를 대신하기 시작한 것으로 보인다.

◈ 후기중세국어 시기의 '-ㄴᄃᆞᆯ, -ㅭᄃᆞᆯ'에 대한 자세한 설명은 p.51을 참조.

[원문]

끠其·ᅙᅵᇙ一·ᄇᆡᆨ百:ᅌᅩᆼ五·씹十·치ᇙ七

·샤舍·리利·부ᇙ弗ᄒᆞᆫ·몸·이즘·게미·틔안·자·ᅀᅵᆸ入·뗘ᇰ定·ᄒᆞ·야괴외·ᄒᆞ더·니

·외外:또ᇢ道삼三·ᅙᅳᆨ億·먼萬·이왕王ㅅ알515)·ᄑᆡ·ᄃᆞ·라:말·이재·야ᄉᆞᆺ두ᄫᅥ·리더·니

[현대역]

사리불 한 사람이 나무 밑에 앉아 입정하여 고요하더니.

외도 삼억만이(삼억만 명이) 왕의 앞에 와 말이 많아 시끄럽게 굴더니.

[배경]

재주 시합을 하던 날, 육사의 무리는 수많은 사람이 모여서 소란스러운 가운데 왕과 육사를 위하여 높은 자리를 만들어 놓았고, 수달은 사리불을 위하여 높은 자리를 만들어 놓았다. 이때 사리불은 한 나무 밑에 앉아 입정하여 고요히 생각에 잠겨 사곡한 도리로 중생을 벌레 여기듯 하는 무리에게서 반드시 항복을 받아야겠다고 마음먹고 있었다.
한편 육사와 임금을 비롯하여 육사의 무리들은 모두 사리불이 육사를 두려워하여 벌판으로 나오지 못한다고 수군대고 있었다.

[어절 분석]

·샤舍·리利·부ᇙ弗#ᄒᆞᆫ#·몸·이#즘·게#미·틔#안·자#·ᅀᅵᆸ入·뗘ᇰ定·ᄒᆞ·야#①괴외·ᄒᆞ더·니

·외外:또ᇢ道#삼三·ᅙᅳᆨ億·먼萬·이#왕王ㅅ#알·ᄑᆡ#·ᄃᆞ·라#:말·이#②재·야#③ᄉᆞᆺ두ᄫᅥ·리더·니

[주석]

① 괴외·ᄒᆞ더·니

⇒ [괴외(어근) + -ᄒᆞ(형용사 파생 접사)]- + -더-(시상의 선어말어미) + -니(평서형 종결어미)

◎ 현대국어 어휘 '고요하-'의 후기중세국어 어형인 '괴외ᄒᆞ-'는 15세기 문헌에서부터 나타난다. 『우리말샘』에 따르면 '괴외ᄒᆞ-'는 16세기에 '괴오ᄒᆞ-'의 형태로 나타나기도 하는데, 이

515) <月印 上:058a>

는 제2음절의 반모음 'y'가 탈락한 것이다. 16세기에는 '괴오ᄒᆞ-'와 함께 '고요ᄒᆞ-'의 형태도 함께 보이는데 '괴오ᄒᆞ-'와 '고요ᄒᆞ-'의 실제 발음은 동일한 것으로 추정된다. 즉, 음절 경계에 있는 반모음 'y'가 제1음절에 속하는 것으로 표기된 형태가 '괴오ᄒᆞ-'이며 반모음 'y'가 제2음절에 속하는 것으로 표기된 형태가 '고요ᄒᆞ-'이다. '괴오ᄒᆞ-'와 '고요ᄒᆞ-'는 17세기까지 공존하다가 이후 '고요ᄒᆞ-'의 형태로 통일되었다. 20세기 초에 'ㆍ'가 'ㅏ'로 표기된 '고요하-'의 형태가 나타나면서 현재에 이르고 있다.

② 재·야
⇒ 재-(동사 어간) + -아(연결어미)

◎ 남광우·성환갑(1978/1982: 269)에서는 '말이 재야'의 의미에 대해 '말이 능하여' 정도를 제시하고 있다.

③ 숫두버·리더·니
⇒ 숫두버리-(동사 어간) + -더-(시상의 선어말어미) + -니(평서형 종결어미)

◎ '숫두버리-'는 '몹시 수다스럽게 떠들거나 과장하여 늘어놓다'를 의미한다. 이 어휘는 『두시언해』 중간본에서는 '숫두워리-'의 형태로 나타난다.

[원문]

끠其·힗一·빅百:오五·씹十·밣八
롷勞·또度차差ㅣ열·본·ᄠᅳ디·라ᄒᆞᆫ남·ᄀᆞᆯ:내·니곶·니피·펴·즁衆신人·ᄋᆞᆯ:다두·프·니
·샤舍·리利·붏弗씬神·륵力·이·라쒄旋람嵐봉風·이:부·니불·휘·ᄲᅡ·ᅘᅧ따·해:다ᄇᆞ·ᅀᅡ디·니

[현대역]

노도차516)가 [본디] 엷은(천박한) 뜻이라 한 나무를 내니(만들어 내니) 꽃잎이 피어 중인(사람들)을 다 덮으니.
사리불은 신력이라 선람풍517)이 부니 [노도차가 만든 나무의] 뿌리가 뽑히어 땅에 [떨어져] 모두 부서지니.

516) 노도차(勞度差): 외도인으로 환술에 매우 능했으며, 석가모니의 제자 가운데 '지혜제일(智慧第一)'이라 불리는 사리불과의 재주 겨룸에서 진 뒤에 그의 제자가 되었음.
517) 선람풍(旋嵐風): 거세게 소용돌이치는 바람.

[배경]

불제자인 사리불과 불교를 믿지 않는 외도인 간에 본격적인 재주 겨룸이 시작되었다. 먼저 육사의 제자 노도차가 많은 사람의 앞에 나와 재주를 부려 나무 한 그루를 만들었다. 노도차가 만든 나무는 금방 가지가 펴져 모든 사람을 덮는데 가지마다 꽃과 열매가 달렸다. 이것을 본 사리불이 신력으로 거센 돌개바람을 일으키니 그 나무의 뿌리가 뽑히고 가지가 꺾여 떨어지며 먼지가 되어 부서지므로 모든 사람이 사리불의 승리라고 소리쳤다.

[어절 분석]

로ᇢ勞·또度차差ᅵ#열·본#·ᄠᅳ디·라#ᄒᆞᆫ#①남·ᄀᆞᆯ#:내·니#곶·니피#②·퍼#·쥬ᇰ衆ᅀᅵᆫ人·ᄋᆞᆯ#:다#③두·프·니

·샤舍·리利·붏弗#ᄴᅵᆫ神·륵力·이·라#ᄊᆑᆫ旋람嵐봉風·이#:부·니#불·휘#④·ᄡᅡ·ᅘᅧ#ᄧᅡ·해#:다#⑤ᄇᆞᇫ·아디·니

[주석]

① 남·ᄀᆞᆯ#:내·니

⇒ 낡(명사) + ᄋᆞᆯ(목적격조사) # [나-(어근) + -이(사동 접사)]- + -니(연결어미)

◎ 현대국어 어휘 '나무'의 후기중세국어 어형인 '나모'는 후기중세국어 시기 명사의 비사동적 교체를 보여 주는 대표적인 어휘이다. 휴지나 자음(반모음 포함) 앞에서는 '나모'로, 모음으로 시작되는 격조사 앞에서는 '낡'(남기, 남ᄀᆞᆫ, 남ᄀᆞᆯ 등)으로 교체되었다. 이러한 교체는 20세기 문헌에도 나타나는데, 모음 앞에서 '낡'으로 실현되지 않는 예는 19세기부터 나타난다.

◎ '내-'는 '나-'의 사동형으로, 여기서의 의미는 '만들어 내다'이다.

② ·퍼

⇒ 프-(동사 어간) + -어(연결어미)

◎ 여기에서의 '퍼'의 기본형을 확정하는 것에 어려움이 있다. 일반적으로 '퍼'를 '프- + -어'로 분석하고 있다. 그런데 여기에서의 '·퍼'는 거성점이 찍혀있지만, 'ᄃᆡ주ᅀᅮᆷᄢᅴ 지ᅀᅮᆫ 그·를 퍼 보니 <初杜解 20:34a>'에서는 평성으로 되어 있다. '·나- + -·오·ᄃᆡ > :나·ᄃᆡ'에서 각각 거성인 '나-'와 '오'가 축약되어 상성의 ':나-'가 되었다는 점을 고려할 수 있을 듯하다. 만약

'프-'의 성조가 거성이라면 '-어'가 축약된 ':펴'는 상성점이 찍혀야 한다. 이러한 이유로 '프-(동사 어간) + -어(연결어미)'의 분석에는 어려움이 있다. 후기중세국어 문헌에서 일반적으로 '프- + -어 > 펴-'의 용례가 많이 발견된다는 점에서 여기에서는 기존의 의견을 수용하여 위의 분석을 따르고자 한다.

③ 두·프·니
⇒ 둪-(동사 어간) + -(으)니(평서형 종결어미)

◎ 현대국어 '덮-'의 후기중세국어 어형으로는 '덮-'과 '둪-'이 있으며, 이들은 쌍형어 관계로 보인다. '둪-'의 형태와 '덮-'의 형태는 17세기까지 공존하다가, 18세기 이후 '둪-'의 형태는 사라지고 '덮-'의 형태만이 남아 현재에 이르고 있다.

④ ·ᄡᅡ·ᅘᅧ
⇒ 다음과 같이 네 가지의 형태 분석이 가능하다.

예) ㉮ [ᄡᅡ-(어근) + -히(피동접사)]- + -어(연결어미)
㉯ [{ᄡᅢ-(동사 어간) + -아(연결어미)} + ᅘᅧ-(동사 어간)]- + -어(연결어미)
㉰ ᄡᅡᅘᅧ-(동사 어간) + -어(연결어미)
㉱ [ᄡᅡ-(어근) + ᅘᅧ-(어근)]- + -어(연결어미)

◎ 남광우·성환갑(1977: 270)과 허웅·이강로(1962/1999: 276)에서는 15세기 자료에 나타나는 형태가 'ᄡᅡᅘᅧ-'로만 나타나는 것에 근거하여 기본형을 'ᄡᅡᅘᅧ-'로 보고 있는 듯하다.
현대국어 '빼-'의 후기중세국어 어형인 'ᄡᅡᅘᅵ-/ᄡᅢᅘᅵ-'는 15세기 문헌에서부터 나타난다. 『우리말샘』에 따르면, 'ㆅ'가 15세기에 소멸되자 'ᄡᅡ히-/ᄡᅢ히-'의 형태로 나타났을 것으로 보이나 16세기 문헌에서 'ᄡᅢ히-'의 형태만 보인다. 'ᄡᅢ히-'는 둘째 음절의 'ㅎ'가 탈락하고, 첫음절의 'ㅄ'가 'ㅃ'로 표기되면서 '빼이-'의 형태로 쓰였으며, '빼이-'의 둘째 음절 '이'가 탈락되면서 '빼-'의 형태가 형성되었다. '히'나 '이'가 완전히 탈락한 'ᄡᅢ-'는 17세기부터 보이기 시작하나 활발하게 쓰인 것은 19세기일 것으로 추정되며 이 어형이 현대 맞춤법에 따라 '빼-'가 되었다.

◎ 한편 'ᄡᅡᅘᅧ'의 형태소 분석에는 많은 어려움이 있다. 우선 ㉮의 분석은 형태적으로 'ᄡᅡ혀'의 분석인데, 'ᅘᅧ'와 '혀'의 차이점을 설명할 길이 없다. ㉯의 분석은 'ᄡᅡᅘᅧ'를 통사적 합성어 'ᄡᅡᅘᅧ-'의 부사형으로 보는 관점인데, 'ᅘᅧ-'가 평성의 성조를 가지고 있고 후행하는 '-어'가

거성점이므로 'ᅘᅧ- + -어'가 상성의 ':ᅘᅧ'가 되어야 한다는 점에서 문제가 된다. 더군다나 'ᄲᆡ-'는 '선발하다'를 의미하며 18세기 문헌인 『동문유해(同文類解)』, 『한청문감(漢淸文鑑)』에서 그 용례가 보인다는 문제점도 내포하고 있다. 일반적으로 ㉰의 분석이 통용되는 듯하나, 'ᄲᅡᅘᅧ'의 'ᅘᅧ'가 거성인 점을 설명할 방법이 없다. 만약 'ᄲᅡᅘᅧ-'의 'ᅘᅧ'가 평성이면 후행하는 거성의 '-어'가 축약하여 상성으로 나타나야 하며, 만약 거성이라면 '거성불연삼' 규칙에 의거하여 'ᅘᅧ'가 평성이어야 하기 때문이다. ㉱의 경우도 'ᅘᅧ-'의 성조가 평성이라는 점에서 후행하는 '-어'와의 축약으로 상성이어야 하는데 그렇지 않다는 문제점이 있다. 여기에서는 일반적으로 통용되는 ㉰의 분석을 따르고자 한다.

⑤ 브ᇫ·아디·니
⇒ [{브ᅀᅳ-(동사 어간) + -아(연결어미)} + 디-(동사 어간)]- + -니(평서형 종결어미)

◎ 『표준국어대사전』에서는 '부서지-'를 통사적 합성어로 설명하고 있으므로, 여기에서는 '부서지-'의 후기중세국어 어형인 '브ᇫ아디-'도 통사적 합성어로 다루기로 한다.
한편 현대국어 '부수-'의 후기중세국어 어형인 '브ᅀᅳ-'는 15세기 문헌에서부터 나타나며, 자음이나 매개모음으로 시작하는 어미와 결합할 때에는 '브ᅀᅳ-', 모음으로 시작하는 어미와 결합할 때에는 '브ᇫㅇ-'으로 이형태 교체를 하였다. 『우리말샘』에 따르면, 16세기 이후로 'ㅿ'은 대개 'ㅿ > ㅇ'으로 변화하였으나 간혹 'ㅿ > ㅅ'으로 변화한 경우도 있었는데, '브ᅀᅳ-'는 후자의 경우에 속하여 '브ᅀᅳ- > *브스-'로 변화하였을 것으로 추정된다. 근대국어 시기에 원순모음화를 겪으면서 '*브스- > *부스-'의 형태 변화를 겪고, 이어서 제1음절의 원순모음 'ㅜ'의 영향으로 제2음절의 모음 'ㅡ'가 'ㅜ'로 변하는 모음동화를 겪으면서 19세기에 '부수-'의 형태가 등장하여 현재에 이르고 있다.

[원문]

끵其·ᅙᅵᇙ一·빅百:오五·씹十:궁九
518)ᄒᆞᆫ·모·ᄉᆞᆯ:내·니·ᄉᆞ四·면面·이:다·치ᇙ七:봉寶ㅣ·오그가·온·ᄃᆡ:죵種:죵種고·지러·니
·륙六아牙·ᄈᆡᆨ白:썅象·이나·니:엄:마·다곳·과·옥玉:녀女ㅣ·오·믈·을:다마·셔그·모·시·스·러디·니

518) <月印 上:058b>

[현대역]

[노도차가] 못 하나를 [만들어] 내니 사면이 모두 칠보이고 그 가운데 종종(여러 가지) 꽃이 더니(꽃이 피었더니).

[사리불이] 여섯 어금니를 가진 흰 코끼리를 [만들어] 내니 어금니마다 꽃과 옥녀이고, [그 코끼리가 노도차가 만든 못의] 물을 다 마셔 그 못이 없어지니.

[배경]

노도차가 또 재주를 부려 하나의 연못을 만들어 내니 사면이 모두 칠보요, 그 가운데 여러 가지 꽃이 피어 있었다.

이것을 본 사리불이 어금니 여섯이 달린 흰 코끼리를 만들어 내니 어금니마다 연꽃이 달려 있고 연꽃 위마다 옥녀가 앉아 있었는데, 그 코끼리가 노도차가 만든 못의 물을 모두 마셔버려 못이 없어졌다. 이리하여 또 사리불이 이겼다.

[어절 분석]

ᄒᆞᆫ#·모·ᄉᆞᆯ#:내·니#·ᄉᆞ四·면面·이#:다#①·칧七:봉寶ㅣ·오#그#가·온·ᄃᆡ#:죵種:죵種#고·지러·니 ·륙六아牙·ᄈᆡᆨ白:ᄽᅣᇰ象·이#나·니#②:엄:마·다#곶·과#·옥玉:녀女ㅣ·오#·믈·을#:다#마·셔#그#·모·시#③·스·러디·니

[주석]

① ·칧七:봉寶ㅣ·오

⇒ [칧봉(명사) + 이(서술격조사)]- + -고(연결어미)

◎ '칧봉'의 마지막 음절에 非 'i'계 모음이 쓰였기에 서술격조사로 'ㅣ'가 쓰였다. 또한 서술격조사 뒤에서 '-고'의 'ㄱ'가 약화되어 '-오'로 교체되었다.

② :엄:마·다

⇒ 엄(명사) + 마다(보조사)

◎ 현대국어 '어금니'의 후기중세국어 어형인 '엄'은 15세기 문헌에서부터 나타나며, 이 시기에 '엄'과 함께 '엄니'도 발견된다. '엄니'는 '엄' 자체가 '이(齒)'의 의미를 가지고 있는데 여기에 다시 '이(齒)'를 의미하는 '니'가 결합된 것이다. 이 '엄니'는 19세기까지 나타난다. '어금니'

는 18세기 문헌에서부터 나타나며, '아금니'의 형태도 함께 나타난다. '어금니'의 형태를 '엄니'와 연결시켜 설명할 방법은 현재로서는 없다. '아금니'는 현재 경남, 전라, 충청 지역에서 방언형으로 쓰이고 있다. 한편 15세기의 '엄'은 '어금니' 외에 '뻐드렁니'를 의미하기도 하였다. '뻐드렁니'를 의미하는 '엄'도 '어금니'를 의미하는 '엄'과 같은 이형태를 보이며 20세기까지 쓰였다. 현대어에서 '어금니, 아금니'는 '뻐드렁니'를 의미하지는 않고 '아(牙)'의 의미로만 쓰인다.

③ ·ᄉᆞ·러디·니
⇒ [{슬-(동사 어간) + -어(연결어미)} + 디-(동사 어간)]- + -니(평서형 종결어미)

◎ 『표준국어대사전』에서는 '스러지-'를 통사적 합성어로 설명하고 있으므로, 여기에서는 '스러지-'의 후기중세국어 어형인 '스러디-'도 통사적 합성어로 다루기로 한다. 후기중세국어 시기에 '슬-'은 '없어지다, 사라지다'를 의미하였다.

[원문]

끵其·힗一·빅百·륙六·씹十
·칧七:봉寶산山·ᄋᆞᆯ:내·니·믈·와남·기이시·며곶·과여·름·이:다ᄀᆞ·초잇·더·니
519)금金강剛·륵力:ᄊᆞᆼ士ㅣ나·니금金강剛:쳐杵·를자·바머·리견·지·니고·ᄃᆡ믈·어디·니

[현대역]

[노도차가] 칠보산520)을 [만들어] 내니 [그 산에] 물과 나무가 있으며, 꽃과 열매가 다 갖추어 있더니.
[사리불의 신력으로] 금강역사521)가 만들어지니 [금강역사가] 금강저522)를 잡아 멀리에서 겨누니 [칠보산이] 곧 무너지니.

---

519) <月印 上:059a>
520) 칠보산(七寶山): 칠보로 된 산.
521) 금강역사(金剛力士): 금강저를 손에 들고 불법을 수호하는 신. '금강신(金剛神)·집금강(執金剛)·금강야차(金剛夜叉)'라고도 하며, 사찰 문의 좌우에 서서 수문신장(守門神將)의 역할을 함.
522) 금강저(金剛杵): 불교의식에 사용되는 불교 용구의 하나. 범어 'Vajra'의 한역으로, '저(杵)'는 인도 고대의 무기 가운데 하나. 제석천이 아수라와 싸울 때 코끼리를 타고 금강저를 무기로 삼아 아수라의 무리를 쳐부순다고 한 신화에서 그 신비한 힘이 유래되었고 인도의 여러 신과 역사(力士)들이 이 무기로써 적을 항복시킨다고 함. 뒤에 밀교에서 적을 쳐부수는 의미로 이 무기를 불구(佛具)로 채용하여 여러 존상의 지물(持物)로, 또는 수행의 도구로 사용하게 되었음.

[배경]

노도차가 산 하나를 만들어 내었는데, 산이 일곱 보배로 장엄하게 꾸며져 있고, 못과 꽃과 과실이 모두 갖추어 있었다.
사리불이 금강역사를 시키어 금강저로 멀리서 겨누어 치니 노도차가 만든 산이 흔적도 없이 무너졌다. 그래서 이번에도 또 사리불이 이겼다.

[어절 분석]

·칧七:봉寶산山·올#:내·니#①·믈·와#남·기#이시·며#곶·과#여·름·이#:다#②ᄀᆞ·초#잇·더·니
금金강剛·륵力:ᄊᆞ士ㅣ#나·니#금金강剛:쳐杵·를#자·바#③머·리#④견·지·니#고·대#⑤믈·어디·니

[주석]

① ·믈·와
⇒ 믈(명사) + 과(접속조사)

◎ 후기중세국어의 접속조사 '과/와'는 현대국어의 접속조사 '과/와'처럼 쓰이기도 하였지만 후기중세국어의 경우에는 마지막 체언에도 접속조사가 쓰이고 그 뒤에 격조사가 붙는 경우도 있었다. 이를 가리켜 소위 집단 곡용이라고 한다.

◎ '믈'의 'ㄹ' 뒤에서 '과'의 'ㄱ'가 약화되어 '와'로 교체되었다. 이렇게 'ㄹ' 뒤에서 'ㄱ'가 약화되는 현상은 후기중세국어 시기에 일반적이었다. 그러나 『계초심학인문(誡初心學人文)』(1577), 『소학언해(小學諺解)』(1586) 등에서 '힝실과', '말과', '솔과', '글월과' 등의 용례가 발견된다는 점을 통해 'ㄹ' 뒤 'ㄱ' 약화 현상이 16세기 후반에는 사라졌다는 것을 알 수 있다.

◎ '믈 > 물'의 형태 변화는 근대국어 시기의 원순모음화에 의한 것이다.

② ᄀᆞ·초
⇒ ᄀᆞ초(부사)

◎ 'ᄀᆞ초'는 'ᄀᆞ초-'의 어간이 영파생의 과정을 거쳐 부사로 품사가 전환된 것이다. 'ᄀᆞ초-'는 'ᄀᆞᆽ-(어근) + -호-(사동 접사)'로 분석을 할 수 있다.

③ 머·리

⇒ 멀-(어근) + -이(부사 파생 접사)

◎ 현대국어 '멀리'의 후기중세국어 어형인 '머리'는 15세기 문헌에서부터 나타난다. '머리'는 '멀-'에 부사 파생 접사 '-이'가 결합한 형태를 연철표기 한 것이다. 16세기 이후 'ㄹ'가 추가된 '멀리'의 형태가 생성돼서 현재에 이르고 있다. 16세기의 '멀니'는 '멀리'의 어중 'ㄹㄹ'를 'ㄹㄴ'로 표기한 것이고, 17세기의 '멀이'는 '머리'를 분철표기 한 것이다.

④ 견·지·니

⇒ 견지-(동사 어간) + -니(연결어미)

◎ 현대국어 '겨누-'의 직접적 소급형인 '견호-'는 17세기 문헌에서부터 나타나며, 후기중세국어 시기에 쓰인 어휘는 '견지-'이다. '견지-'가 어떤 이유로 '견호-'로 바뀌었는지를 설명할 방법이 없다. 한편 근대국어 시기에 'ㄴ, ㄹ' 등의 자음이나 모음과 모음 사이에 존재하는 'ㅎ'가 약화되어 탈락되었는데 '견호-' 또한 이러한 변화를 겪어 '*겨노-' 정도가 되었을 것으로 추정된다. 'ㅎ'의 탈락과 함께 제2음절 이하에서 'ㅗ'가 'ㅜ'로 변하는 경향이 강했는데 이러한 변화로 인하여 19세기에 '겨누-'의 형태가 등장하였다. 19세기까지 '견호-'와 '겨누-'의 형태가 공존하였는데 '겨누-'의 형태로 정착되면서 현재에 이르고 있다.

⑤ 믈·어디·니

⇒ [{므르-(동사 어간) + -어(연결어미)} + 디-(동사 어간)]- + -니(평서형 종결어미)

◎ '믈어디-'는 통사적 합성어이다. '므르-'는 현대국어 '르' 불규칙 활용의 직접적 소급형으로, 모음으로 시작하는 어미 앞에서 어간 2음절의 'ㅡ'가 줄고 대신 2음절의 초성 'ㄹ'가 앞음절에 붙고 뒷음절의 초성에는 후두유성마찰음 'ㅇ'가 와서 '믈-'의 형태가 되었다. '므르-'의 현대국어 어형은 '무르-'이다. 『우리말샘』에 따르면 15세기의 '믈어디-'는 원인은 정확히 알 수 없으나 16세기에 와서 제2음절에 'ㅎ'가 첨가된 '믈허디-'의 형태로 나타났다. 음운 변천의 과정에서 모음 사이에 'ㅎ'가 첨가되는 현상은 극히 드문 현상이다. 만약 'ㅎ' 첨가가 되지 않는 음운 변천 과정을 감안하면, '믉- + -어 + 디-'의 통사적 합성어의 생성을 고려할 수 있다. 즉, '*믈거디-'의 연철 표기된 형태를 고려할 수 있는데, 'ㄹ' 뒤에서 'ㄱ'의 약화 과정을 고려하면 '믈어디-'와 '믈허디-'의 두 가지 교체 형태를 상정할 수 있을 것이다. '믉-'은 현대국어 '묽-'의 후기중세국어 어형인데, '묽-'의 의미에는 '무르다'의 의미가 포함되어 있다. 따

라서 후기중세국어 시기에 '므르- + -어 + 디-'와 '믈- + -어 + 디-'에 의해 생겨난 두 가지 통사적 합성어를 고려할 수 있을 것이다. 한편 근대국어 시기에 '믈허디-'의 제1음절의 말음 'ㄹ'가 'ㄴ'로 바뀌어 '믄허디-'가 되고, 원순모음화를 겪으면서 '문허디-'가 되었다. 이와 함께 'ㅎ'가 탈락한 형태인 '문어디-'도 생성되었다. 이후 구개음화를 거치면서 '문어지-'가 되었고, 동시에 'ㅎ'가 탈락하지 않은 형태인 '문허지-'가 확인되기도 하였다. '문어지-'의 형태가 연철 표기되면서 현대국어 어형 '무너지-'가 생성되었다.

[원문]

끠其·힗一·ᄇᆡᆨ百·륙六·씹十·힗一

·열머·리룡龍·ᄋᆞᆯ:내·니:죵種:죵種:보·ᄇᆡ·비·와텬天:똥動·번·게·를:사ᄅᆞᆷ·이:놀·라더·니

금金·시翅:됴鳥ㅣ나·니그룡龍·ᄋᆞᆯ자·바:올:오·리·ᄧᅳ·저:다머·거ᄇᆞ·리·니

[현대역]

[노도차가] 열 개의 머리를 가진 용을 [만들어] 내니 종종(여러 가지) 보배 비와 천둥 번개에 사람이 놀라더니.

[사리불의 신력으로] 금시조[523]가 나와(만들어지니) [금시조가] 그 용을 잡아 올올이(가닥가닥) 찢어 다 먹어 버리니.

[배경]

노도차가 또 용 한 마리를 만들어 내니, 이 용은 머리가 열 개이고, 하늘을 나니 허공에서 비가 오며 여러 가지 보배가 계속 떨어지고 우레와 번개가 진동하니 사람이 모두 놀래었다. 이를 본 사리불이 금시조 한 마리를 만들어 내니, 금시조는 엄청나게 큰 새임에도 하늘을 날고, 그 용을 잡아서 갈기갈기 찢어 먹으므로 모두 사리불의 재주에 탄복하여 이번에도 사리불의 승리라고 외쳤다.

[어절 분석]

·열#머·리#룡龍·ᄋᆞᆯ#:내·니#:죵種:죵種#:보·ᄇᆡ#①·비·와#텬天:똥動#·번·게·를#:사ᄅᆞᆷ·이#:놀·라더·니

523) 금시조(迦樓羅): 범어 'Garuda'의 한역으로, 인도 신화에 나오는 상상의 새 가루라(迦樓羅). 인도 신화에 등장하는 큰 새로 금빛 날개를 가졌으며, 날개의 길이가 삼백육만 리이며 용을 잡아먹는다 함.

금金·시翅:됴ᇢ鳥ㅣ#나·니#그#룡龍·올#자·바#②:올:오·리#③·ᄡᅳ·저#:다#④머·거#ᄇᆞ·리·니

[주석]

① ·비·와#텬天:똥動#·번·게·를

⇒ [비(명사) + 와(접속조사) # 텬똥(명사) # 번게(명사)] + 를(목적격조사)

◎ 후기중세국어 시기에 보이는 소위 집단 곡용을 고려하면, '텬똥'과 '번게' 뒤에 접속조사가 생략된 것으로 추정할 수 있다.

◎ 현대국어 어휘 '천둥'의 후기중세국어 어형인 '텬똥'은 15세기 문헌에서부터 보이며, 이는 '天動'을 동국정운식 한자음으로 읽어 표기한 것이다. 16세기 문헌에서는 '텬동'의 형태가 보이는데, 이는 '天動'을 당시의 속음으로 읽어 표기한 것이다. '텬동'의 제1음절 '텬'은 근대국어 시기에 구개음화를 겪으면서 '쳔'이 되고 치음이었던 'ㅊ'가 구개음으로 바뀌어 '쳐'와 '처'의 발음이 구별되지 않게 되면서 '천'으로 나타나게 되었다. '텬동'의 제2음절 '동'은 '벼록 > 벼룩', '앵도 > 앵두', '자도 > 자두'와 같이 제2음절의 모음 'ㅗ'가 'ㅜ'로 변하여 '둥'이 되었다. 이러한 과정을 통해 20세기 이후 '천둥'의 형태가 등장하여 현재에 이르고 있다.

◎ 현대국어 어휘 '번개'의 후기중세국어 어형인 '번게'는 15세기 문헌에서 나타난다. 일부 선행연구에서 '번게'를 '번ᄒᆞ-', '번득ᄒᆞ-', '번드기'의 '번'과 의미적으로 관련이 있는 것으로 보고 '번 + -게'로 분석될 가능성을 제기한 바가 있다. 그러나 명사 파생 접사 '-게'는 '집게', '벼게(베개)', '둡게(덮개)' 등과 같이 용언의 어근에 붙는다는 점에서 이러한 논의는 수용할 수 없을 듯하다. 17세기부터 '번개'의 형태가 나타나 현재에 이르고 있다.

② :올:오·리

⇒ [올(어근) + 올(어근)] + -이(부사 파생 접사)

◎『표준국어대사전』에서는 '올올이'의 의미에 대해 '올마다'로 설명하고 있다. 여기에서는 '한 가닥 한 가닥' 정도로 의역할 수 있다.

③ ·ᄡᅳ·저

⇒ ᄡᅳᆽ-(동사 어간) + -어(연결어미)

◎ 현대국어 어휘 '찢-'의 후기중세국어 어형인 'ᄡᅳᆽ-'은 15세기 문헌에서부터 나타난다.『우

리말샘』에 따르면, ‘쁫-’은 자음으로 시작하는 어미와 결합할 때에는 8종성법에 따라 ‘뿟-’으로 나타났다. 16세기 이래로 종성의 ‘ㅅ’가 ‘ㄷ’로 중화되면서 근대국어 시기에는 간혹 ‘쁟-’으로 표기된 예도 보인다. 한편 후기중세국어 시기에 ‘ㅶ’는 어두자음군으로 어두에서 ‘ㅂ’와 ‘ㅈ’가 모두 발음되었는데, 근대국어 시기에 어두자음군이 사라지고, 경음의 표기로 쓰였다. 어두자음군의 표기가 ‘ㅅ-’계 어두자음군으로 통일되면서 18세기에는 ‘쯪-’의 형태가 등장하였고, 근대국어 후기에 치찰음 ‘ㅈ, ㅊ, ㅉ’ 아래에서 모음 ‘ㅡ’가 ‘ㅣ’로 바뀌는 구개모음화 또는 전설모음화 현상에 따라 19세기에 ‘찢-’의 형태가 등장하였다. 이후 초성에서의 어두자음군의 표기가 각자병서 표기로 바뀌면서 ‘찢-’으로 표기하게 되었다.

④ 머·거#ᄇᆞ·리·니
⇒ 먹-(동사 어간) + -어(연결어미) # ᄇᆞ리-(동사 어간) + -니(평서형 종결어미)

◎ 고영근(1987/2010: 118~121)에서는 다음과 같이 후기중세국어에서의 보조동사를 분류하여 제시하고 있다.

예) ㉮ 진행 ① (-아/-어) 가다
② (-아/-어) 오다
③ (-고) 잇다
㉯ 종결 ① (-아/-어) 나다
② (-아/-어) 내다
③ (-아/-어) ᄇᆞ리다
㉰ 시행 ① (-아/-어) 보다
㉱ 보유 ① (-아/-어) 두다
② (-아/-어) 놓다
㉲ 피동 ① (-게) ᄃᆞ외다
② (-아/-어) 디다
㉳ 사동 ① (-게/-긔) ᄒᆞ다
㉴ 부정 ① (-디/-둘) 아니ᄒᆞ다
② (-디) 몯ᄒᆞ다
③ (-디, -게, -아/-어) 말다
㉵ 당위 ① (-아ᅀᅡ/-어ᅀᅡ) ᄒᆞ다

현대국어의 보조동사 중에는 본동사로 쓰이지 않는 것이 있는데, 고영근(1987/2010)에 따르면 위의 보조동사들은 전부 본동사로도 쓰인다. 또한 후기중세국어의 'ᄒᆞ-'는 소위 대동사나 형식동사의 기능을 띠는 경우가 많다.

[원문]

524)끠其·ᅙᅵᇙ一·빅百·륙六·씹十·ᅀᅵ二

·한·쇼·ᄅᆞᆯ:내·니·몸·크·고다리·크·고:두·ᄲᅳᆯ·이·갈·ᄀᆞᆮ·ᄂᆞᆯ캅·고

소·리·코·ᄯᅡ허·위·여·드·리ᄃᆞ·라·오더·니ᄉᆞ獅:ᄌᆞ子ㅣ·나·아자·바:다머·그·니

[현대역]

[노도차가] 큰 소를 [만들어] 내니 [그 큰 소는] 몸이 크고 다리가 크고 두 뿔이 칼 같이 날카롭고,

[노도차가 만든 큰 소가] 소리를 지르며 땅을 후비며 [사리불에게] 달려들더니, [사리불의 신통력으로] 사자가 나와(만들어지니) [그 소를] 잡아 다 먹으니.

[배경]

노도차가 또 재주를 부리어 한 마리의 큰 소를 만들어 냈는데, 이 소는 몸이 굉장히 크고 다리가 매우 굵고 뿔이 날카로웠다. 그런데 이 소가 뿔로 땅을 후비며, 큰 소리를 내며 사리불에게 달려들었다.

사리불이 이것을 보고 한 마리의 사자를 만들어 냈는데, 이 사자가 그 큰 소를 잡아먹었다. 그리하여 구경하던 모든 사람들은 이번에도 사리불이 승리했다고 외쳤다.

[어절 분석]

①·한#·쇼·ᄅᆞᆯ#:내·니#·몸#·크·고#다리#·크·고#:두#·ᄲᅳᆯ·이#②·갈#·ᄀᆞᆮ#·ᄂᆞᆯ캅·고

③소·리#·코#·ᄯᅡ#④허·위·여#·드·리ᄃᆞ·라#·오더·니#ᄉᆞ獅:ᄌᆞ子ㅣ#·나·아#자·바#:다#머·그·니

[주석]

① ·한#·쇼·ᄅᆞᆯ

⇒ 하-(형용사 어간) + -ㄴ(관형사형 어미) # 쇼(명사) + ᄅᆞᆯ(목적격조사)

524) <月印 上:059b>

◎ 후기중세국어 시기의 '하-'는 '많다'와 '크다'를 의미하였고, 여기에서는 '크다'를 의미한다.

◎ 현대국어 '소'의 후기중세국어 어형인 '쇼'는 15세기 문헌에서부터 나타나며, 근대국어 후기에 자음 'ㅅ' 뒤에서 모음 'ㅑ, ㅕ, ㅛ, ㅠ'가 'ㅏ, ㅓ, ㅗ, ㅜ'로 바뀌는 현상에 따라 19세기에 '소'의 형태가 등장하여 현재에 이르고 있다.

② ·갈#·ᄀᆞᆮ
⇒ 갏(명사) # ᄀᆞᆮ(부사)

◎ 현대국어 '칼'의 후기중세국어 어형인 '갏'은 'ㅎ' 말음체언이다.

◎『우리말샘』에서는 여기에서의 'ᄀᆞᆮ'을 조사로 설명하고 있다. 그러나 후기중세국어 시기의 동사의 어간은 영파생을 통해 부사로 쓰이는 경우가 많았다. 또한 국어사의 통시적인 면에서 과거로 갈수록 형용사는 동사의 하위 범주로 볼 수 있다는 점을 고려하여, 여기에서의 'ᄀᆞᆮ'은 형용사 'ᄀᆞᆮᄒᆞ-'의 어근 'ᄀᆞᆮ'이 영파생을 통해 부사화 한 것으로 보고자 한다.

③ 소·리#·코
⇒ 소리(명사) # ᄒᆞ-(동사 어간) + -고(연결어미)

◎『표준국어대사전』에 '소리를 내다'를 의미하는 '*소리하다'가 존재하지 않다는 점에서 여기에서의 '소리코'를 '*소리ᄒᆞ고'의 축약 형태로 판단하기가 어렵다. 다만 다음의 용례를 고려할 필요가 있다.

예) ㉮ 머리 여희여 어즐코 <釋譜 6:3b>
㉯ 하ᄂᆞᄅᆞᆯ 셤기디 아니코 <釋譜 9:25a>
㉰ 두 ᄇᆞᄅᆞᆯ 곱게 供養코져 ᄒᆞ논 ᄠᅳ디러니 <釋譜 24:47a>
㉱ 믈읫 有情을 利樂긔 코져 ᄒᆞ노이다 <釋譜 9:02b>
㉲ 아ᄃᆞᆯ 나하ᄃᆞᆫ 나랏 位ᄅᆞᆯ 닛긔 코져 ᄒᆞ더시니 <釋譜 11:30b>
㉳ 日月을 자바다가 귀옛 구슬 호리라 코 <釋譜 13:10a>

위 용례들은 모두『석보상절(釋譜詳節)』에서 발견한 것으로, ㉮~㉰는 '[어근 + -ᄒᆞ]- + -고'의 '-ᄒᆞ-'와 '-고'가 축약되어 '코'로 표기된 예들이다. 그런데 ㉱~㉲의 경우는 보조동사로 쓰인 'ᄒᆞ-'와 후행하는 '-고'가 축약되어 '코'로 표기되었다는 점에서 ㉮~㉰의 경우와 다르다. 그런데 더 특이한 것은 ㉳의 경우는 인용동사 'ᄒᆞ-'가 후행하는 '-고'와 축약되어 '코'로 표기되었다는 것이다. 즉, ㉮~㉰의 경우는 형태소 내부의 'ᄒᆞ'가 후행하는 '-고'와 축약된 경우라면 ㉱~㉳의 경우는 어간 'ᄒᆞ-'가 후행하는 '-고'와 축약되었다는 것이다. ㉱~㉳의 경우를 고려하고, 『표준국어대사전』에 '소리를 내다'를 의미하는 '*소리하다'가 존재하지 않다는 점을 감안하여 여기에서의 '소리 코'를 '소리 ᄒᆞ고'의 축약 형태로 보기로 한다.

④ 허·위·여#·드·리ᄃᆞ·라
⇒ 허위-(동사 어간) + -어(연결어미) # [드리-(접사) + ᄃᆞᆮ-(어근)]- + -아(연결어미)

◎ 현대국어 어휘 '허비-'의 후기중세국어 어형은 '허위-'이다. '허위-'는 19세기 문헌에서 '허뷔-'로 바뀌고, 20세기에 '허비-'의 형태가 되었다. 즉, '허위- > 허뷔- > 허비-'의 변천 과정을 겪은 것이 되는데, 이는 일반적으로 모음 간에서 'ㅂ > ㅸ > w'의 변화 과정에 위배되는 현상이다. 그런데 이와 관련하여 '우비-'의 형태 변천 과정을 참고할 수 있다. '우비-'의 경우도 '우의- > 우뷔-/우븨- > 우비-'의 과정을 거쳐 현대에 이르고 있는데, '우의-'의 출현 시기나 '우의- > 우뷔-'의 변화 시기 등이 '허비-'와 비슷하다. 또한 표준어 '새우'와 방언형 '새비'의 비교를 감안하면, 후기중세국어 어형 '허위-'와 '우의-'는 방언형에 남아 있던 'ㅂ'에 유추되어 18·9세기에 각각 '후뷔-', '우뷔-'가 되었다가 현대국어에 이르러 '후비-', '우비-'의 형태로 정착된 것이 아닌가 한다.

◎ 현대국어 '들이닫-'의 후기중세국어 어형인 '드리ᄃᆞᆮ-'은 15세기 문헌에서부터 나타난다. 『우리말샘』에 따르면, '드리ᄃᆞᆮ-'은 '들입다, 몹시'를 의미하는 접두사 '드리-'와 '달리다'를 의미하는 'ᄃᆞᆮ-'이 결합한 것이다. '드리ᄃᆞᆮ-'의 '드리'가 '들어가다' 혹은 '들어오다'의 의미인 '들-'과 접미사 '-이'가 결합되어 형성된 것으로 볼 수도 있으나 '드리ᄃᆞᆮ-'의 '드리'에는 이러한 방향성과 관련된 의미가 보이지 않는다는 점에서 15세기부터 이미 접두사가 된 것으로 추정된다. '드리ᄃᆞᆮ-'은 'ᄃᆞᆮ-'과 마찬가지로 모음으로 시작하는 어미와 결합할 때 '드리ᄃᆞᆯ-'로, 자음으로 시작하는 어미와 결합할 때 '드리ᄃᆞᆮ-'으로 나타나는 'ㄷ' 불규칙 용언이지만, 문헌에서는 '드리ᄃᆞᆯ-'의 용례만 확인할 수 있다. 18세기에 어두음절에서의 'ㆍ'의 소실에 따른 'ㆍ > ㅏ'의 변화를 겪으면서 '드리닫-'의 형태가 출현하고, 20세기 이후 분철표기로 인해 '들이닫-'의 형태가 되었다.

[원문]

끠其·힗一·빅百·륙六·씹十삼三

롷勞·또度차差·ᄋᆡ·ᅘᅪᆫ幻·쓔ᇙ術·이:쪔漸:쪔漸외·야갈·ᄊᆡ·돗가·비·ᄅᆞᆯ제·몸·이ᄃᆞ외·니

[525]·샤舍·리利·붏弗씬神·륵力·이:쪔漸:쪔漸:ᅌᅮᇢ有여餘ᄒᆞᆯ·ᄊᆡ삐毗사沙몬門·ᄋᆞᆯ:ᄌᆞ·내ᄃᆞ외·니

[현대역]

[계속 사리불과의 재주 겨룸에서 지던] 노도차의 환술이 점점 글러 가므로 도깨비를 제 몸이 되니(노도차의 몸이 스스로 도깨비가 되니).

사리불의 신력이 점점 유여하므로(넉넉하므로) 비사문[526]을 자기 자신이 되니(사리불이 비사문이 되니).

[배경]

노도차가 몇 번을 계속하여 사리불에게 패하고 난 뒤에는 그의 환술이 점점 무디어져서 최후의 발악으로 스스로 야차[527]가 되어 사리불에게 달려들었다.

이를 본 사리불은 스스로 변하여 비사문왕이 되어 야차를 상대하였다. 그러자 야차가 된 노도차는 비사문왕이 된 사리불을 무서워하여 달아나려 하다가 이도 저도 못하고 쩔쩔매었다.

[어절 분석]

롷勞·또度차差·ᄋᆡ#·ᅘᅪᆫ幻·쓔ᇙ術·이#:쪔漸:쪔漸#①외·야#갈·ᄊᆡ#②·돗가·비·ᄅᆞᆯ#제#·몸·이#ᄃᆞ외·니

·샤舍·리利·붏弗#씬神·륵力·이#:쪔漸:쪔漸#③:ᅌᅮᇢ有여餘ᄒᆞᆯ·ᄊᆡ#삐毗사沙몬門·ᄋᆞᆯ#④:ᄌᆞ·내#ᄃᆞ외·니

[주석]

① 외·야#갈·ᄊᆡ

⇒ 외-(형용사 어간) + -아(연결어미) # 가-(동사 어간) + -ㄹᄊᆡ(연결어미)

525) <月印 上:060a>

526) 비사문(毘沙門): 범어 'Vaiśravaṇa'의 음사. 사천왕의 하나로 늘 부처의 도량을 수호하면서 불법을 들었으므로 '다문천(多聞天)'이라고도 함.

527) 야차(夜叉): 범어 'Yakṣa'의 음사. 팔부중(八部衆)의 하나이며 수미산 중턱의 북쪽을 지키는 비사문천왕(毘沙門天王)의 권속으로, 땅이나 공중에 살면서 여러 신들과 불법을 수호한다는 신. 또는 하늘을 날아다니며 사람을 잡아먹고 상해를 입힌다는 사나운 귀신의 하나. 여기에서는 후자를 의미함.

◎ '외-'는 '그르다'를 의미한다. '외-'의 반모음 'y'로 인해 '-아'에 반모음 'y'가 삽입되어 '-야'로 교체되었다.

② ·돗가·비·ᄅᆞᆯ
⇒ 돗가비(명사) + ᄅᆞᆯ(목적격조사)

◎ 현대국어 어휘 '도깨비'의 후기중세국어 어형인 '돗가비'는 15세기 문헌에서부터 나타난다. 『우리말샘』에 따르면, 16세기에 음절말의 'ㅅ'가 'ㄷ'로 중화되면서 '돗가비 > 돋가비'의 형태 변화를 겪은 후 17세기에 제1음절 말음 'ㄷ'가 제2음절의 초성 'ㄱ'에 동화되어 '독갑이'의 형태가 출현하였다. 19세기 이후 제1음절의 말음 'ㄱ'의 영향으로 제2음절의 초성 'ㄱ'가 경음화 되면서 제1음절의 말음 'ㄱ'는 탈락하여 '도까비'의 형태가 되었고, 제3음절의 모음 'ㅣ'의 영향으로 제2음절의 'ㅏ'가 단모음 'ㅐ'로 바뀌는 'ㅣ' 모음 역행동화가 일어남에 따라 '도까비 > 도깨비'의 형태 변화를 겪은 후에 현재에 이르고 있다.

③ :ᅌᅲᇢ有여餘ᄒᆞᆯ·씨
⇒ [ᅌᅲᇢ여(어근) + -ᄒᆞ(형용사 파생 접사)]- + -ㄹ씨(연결어미)

◎ 'ᅌᅲᇢ여ᄒᆞ-'는 '여유가 있다' 또는 '넉넉하다'를 의미한다.

④ :자·내#ᄃᆞ외·니
⇒ 자내(대명사) # ᄃᆞ외-(동사 어간) + -니(평서형 종결어미)

◎ 후기중세국어의 '자내'는 대명사로 쓰이면 '자기'를, 부사로 쓰이면 '몸소, 스스로'를 의미하였다. 여기에서의 '자내'에 대해 남광우·성환갑(1978/1982: 276)에서는 부사로, 허웅·이강로(1962/1999: 283)에서는 대명사로 보고 있다. 한편 '쎄사몬올 자내 ᄃᆞ외니'에 대응하는 앞 문장은 '돗가비ᄅᆞᆯ 제 몸이 ᄃᆞ외니'이며 'O + S + V'의 구조를 보인다. 따라서 '쎄사몬올 자내 ᄃᆞ외니'의 '자내'는 'S'이어야 하므로 여기에서의 '자내'를 대명사로 판단하고자 한다.

[원문]

끵其·힗一·빅百·륙六·씹十·ᄉᆞ四
머·리·와·입·괘·블이·며·톱:길·며:엄·이:길·오·피·ᄀᆞᆮᄒᆞᆫ·눈·이므·싀·엽고·도
·ᄉᆞ四·면面·에·블·이니·러:ᄀᆞᇙ·길·히이·ᄫᆞᆯ·씨업·더·디·여사ᄅᆞ·쇼·셔ᄒᆞ·니

[현대역]

[노도차가 변신한 야차의] 머리와 입이 불이며(불이 나오고) 손톱 발톱이 길며 어금니가 길고 피 같은 눈이 무섭지마는,
[사리불의 신력으로] 사면(사방)에 불이 일어나 갈 길이 혼미하므로 [야차가 사리불이 변신한 비사문왕 앞에] 엎드려져 살리소서(살려주소서) 하니.

[배경]

사리불이 신력으로 사방에 불을 놓아 달려드는 야차를 꼼짝 못하게 하였다. 야차가 돌아보니 사방이 온통 불바다인데 오직 사리불이 변신한 비사문왕이 있는 곳만 불이 없으므로 덮어놓고 그리로 달려가 엎드려 항복하고 "살려 주소서."라고 말을 하니, 그제야 불이 꺼졌다. 이에 재주 겨룸을 구경하던 모든 사람들이 사리불의 승리를 축하하였다.

[어절 분석]

①머·리·와#·입·괘#·블이·며#·톱#:길·며#:엄·이#:길·오#·피#·ᄀᆞᆮᄒᆞᆫ#·눈·이#②므·싀·엽고·도·ᄉᆞ四·면面·에#·블·이#니·러#:갏#·길·히#③이·ᄇᆞᆯ·ᄊᆡ#④업·더·디·여#사ᄅᆞ·쇼·셔#ᄒᆞ·니

[주석]

① 머·리·와#·입·괘
⇒ [머리(명사) + 와(접속조사) # 입(명사) + 과(접속조사)] + 이(주격조사)

◎ '와'와 '과'는 접속조사이며, 후기중세국어에서는 조사들이 '입괘'처럼 마지막 체언에까지 붙어, 소위 집단곡용의 모습을 보여주는 경우가 있었다.

② 므·싀·엽고·도
⇒ 므싀엽-(형용사 어간) + -고도(연결어미)

◎ '므싀엽-'은 '무섭다'를 의미하였으며, 모음으로 시작하는 어미 앞에서는 '므싀엽-'이나 '므싀여우-'로 나타난다. 한편 '-고도'는 '-더라도, -아도, -다 하더라도, -을지라도'와 같은 양보의 뜻을 가졌으며, 어원적으로는 나열의 뜻을 가진 '-고'에 보조사 '도'가 연결된 것으로 보인다. 아래의 경우처럼 이 두 형태소의 뜻을 그대로 지닌 예가 보인다.

예) 듣고도 몯 드른 ᄃᆞ시 ᄒᆞ며 보고도 몯 본 ᄃᆞ시 홀씨오 <月釋 10:20b>

③ 이·ᄫᅳᆯ·ᄊᆡ
⇒ 입-(형용사 어간) + -(으)ㄹᄊᆡ(연결어미)

◎ 후기중세국어 시기의 ‘입-’은 ‘괴롭다, 고달프다, 혼미하다’를 의미하며, 모음으로 시작하는 어미 앞에서 ‘이ᇦ-’으로 교체되었다.

④ 업·더·디·여#사ᄅᆞ·쇼·셔
⇒ [업더-(어근) + 디-(어근)]- + -어(연결어미) # [살-(어근) + -ᄋᆞ(사동 접사)]- + -쇼셔(명령형 종결어미)

◎ 기72에서 ‘업더디-’를 비통사적 합성어로 분석한 바가 있다. 이러한 분석의 이유에 대해 간단히 다시 약술하면 다음과 같다.

예) ㉮ 주근 사ᄅᆞᄆᆡ ᄇᆡᄅᆞᆯ 독 우희 업더이고 <救簡 1:70a>
㉯ 반드시 머리를 ᄡᅡ해 두드리고 업더여셔 <飜小 9:84b>

위 ㉮와 ㉯에서는 문맥상 ‘업더이-’가 사동사로 쓰였음을 확인할 수 있다. 이럴 경우, ‘업더이-’가 소위 능격동사로 쓰였다고 생각할 수 있지만, ‘*업너-’에 사동 접사 ‘-이-’가 붙어 형성된 ‘업더이-’가 능격동사로 쓰였다고 볼 수도 있다. 이렇게 볼 경우, ‘업더디니’는 ‘*업더- + 디-’의 형성 과정을 겪은 비통사적 합성동사로 볼 수 있을 듯하다.

◎ ‘사ᄅᆞ-’는 ‘살-’에 사동 접사 ‘-ᄋᆞ-’가 붙어 형성된 사동사로 ‘살리다’를 의미한다.

[원문]

528)끠其·ᅙᅵᇙ一·ᄇᆡᆨ百·륙六·씹十:오五
ᄃᆞᆫ·니·며머·믈·며안ᄌᆞ·며누·ᄫᅮ·믈콩空듕中·에쳔千·먼萬·변變·화化ㅣ러·니
슈須따陁ᅘᅪᆫ洹ᄉᆞ斯따陁ᅘᅡᆷ含하阿나那ᅘᅡᆷ含하阿라羅·한漢·올·즉卽·ᅀᅵᇙ日·에쳔千·먼萬ᅀᅵᆫ人·이일·우·니

528) <月印 上:060b>

[현대역]

[사리불이 신력으로 허공에] 다니며 머무르며 앉으며 누움을(눕는 여러 가지 모양을) 공중에서 [지어 공중에] 천만 변화이더니(천만 가지의 변화가 일어나더니).
수타환, 사타함[529], 아나함[530], 아라한을(수타환, 사타함, 아나함, 아라한의 성문사과[531]를) 즉일(당일)에 천만 인이 이루니.

[배경]

노도차의 항복을 받은 사리불이 재주 겨룸을 보는 사람들에게 신통력을 보이기 위하여 허공에 올라 다니며, 앉으며 누우며, 또 몸 위로는 물을 뿜고 몸 아래로 불을 토했다. 또한 동서남북으로 내닫기도 하고 몸이 허공을 덮도록 커졌다가 또 작아지고 수만의 몸뚱이가 되었다가 다시 한 몸이 되기도 하며, 갖가지 변화를 보이고 돌아와 자리에 앉았다.
이에 모여 있던 많은 사람이 이를 보고 모두 사리불에게 항복하고 불도에 귀의하니 그제야 사리불이 이들에게 설법하였다. 사리불의 설법을 들은 이들은 제각기 전생에 닦은 인연에 따라 수타환을 얻는 이도 있고, 혹은 사타함을, 혹은 아나함을, 혹은 아라한을 얻기도 하였다. 사리불은 그날 하루에 천만 명의 사람들을 제도하였으며, 외도 육사의 제자들이 모두 사리불의 제자가 되었다.

[어절 분석]

①ᄃᆞᆮ·니·며#머·믈·며#안ᄌᆞ·며#②누·ᄫᅳ·믈#콩空듕中·에#쳔千·먼萬#③·변變·화化ㅣ러·니
슈須ᄯᅡ陁ᅘᅪᆫ洹#ᄉᆞ斯ᄯᅡ陁ᅘᅡᆷ含#ᅙᅡ阿나那ᅘᅡᆷ含#ᅙᅡ阿라羅·한漢·ᄋᆞᆯ#·즉卽·ᅀᅵᇙ日·에#쳔千·먼萬#ᅀᅵᆫ人·이#일·우·니

[주석]

① ᄃᆞᆮ·니·며
⇒ [ᄃᆞᆮ-(어근) + 니-(어근)]- + -며(연결어미)

---

529) 사타함(斯陁含): '성문사과(聲聞四果)'의 둘째. 욕계(欲界)의 수혹구품(修惑九品) 중 위의 육품(六品)을 끊은 이가 얻는 증과(證果). '사다함(斯陁含)'이라고도 함.

530) 아나함(阿那含): 범어 'Anāgāmin'의 음사로, '불환(不還)·불래(不來)'라고 한역됨. 불교에서 욕계의 번뇌를 끊어버린 성자를 일컫는 말. '성문사과(聲聞四果)'의 셋째로, 욕계(欲界)에서 죽어 색계(色界)·무색계(無色界)에 태어나고는 번뇌가 없어져서 욕계에는 다시 돌아오지 아니한다는 뜻.

531) 성문사과(聲聞四果): 불법 수행의 정도에 따라 얻는 지위를 수타환(須陁洹)·사타함(斯陁含)·아나함(阿那含)·아라한(阿羅漢)이라 하는데, 이것을 '성문사과(聲聞四果)'라 함.

◎ 현대국어 '다니-'의 후기중세국어 어형인 'ᄃᆞᆮ니-'는 15세기 문헌에서부터 나타난다. 'ᄃᆞᆮ-'은 '빨리 뛰어가다'를 의미하였고, '니-'는 '가다, 다니다'를 의미하였기에 'ᄃᆞᆮ니-'는 '뛰어 다니다' 정도로 그 의미를 파악할 수 있으며, 'ᄃᆞᆮ니-'는 'ᄃᆞᆮ-'과 '니-'가 결합한 비통사적 합성어이다. 『우리말샘』에 따르면, 15세기부터 'ᄃᆞᆮ'의 종성 'ㄷ'가 후행하는 '니'의 초성 'ㄴ'에 동화된 'ᄃᆞᆫ니-'의 형태가 보인다. 16세기 이후 'ᄃᆞᆫ니-'에서 제1음절 종성 'ㄴ'가 탈락한 'ᄃᆞ니-'의 형태가 쓰이기 시작했고, 18세기 이후 제1음절의 'ㆍ'의 소실에 따른 'ㆍ > ㅏ'의 변화로 인해 19세기 이후 '다니-'의 형태가 생성되어 현재에 이르고 있다.

② 누·ᄫᅮ·믈
⇒ [눕-(동사 어간) + -움(명사형 어미)] + 을(목적격조사)

◎ '눕-'의 종성 'ㅂ'가 모음 간에서 약화되어 'ㅂ > ㅸ'의 변화를 겪었다.

③ ·변變·화化ㅣ러·니
⇒ [변화(명사) + 이(서술격조사)]- + -더-(시상의 선어말어미) + -니(평서형 종결어미)

◎ '변화'의 마지막 음절에 非 'i'계 모음이 쓰여 서술격조사로 'ㅣ'가 선택되었고, 서술격조사 뒤에서 '-더-'가 '-러-'로 교체되었다.

[원문]

끠其·힗一·빅百·륙六·씹十·륙六
씬神·륵力·이:웋有여餘홀·씨·환幻·숧術[532]이·길:쑨아·니·라·졩濟·또渡·즁衆싱生·이:긔幾쳔千·먼萬·이어·뇨
·환幻·숧術·이:입·게ᄃᆞ욀·씨씬神·륵力향降·뽁服:쑨아·니·라·원願위爲사沙몬門·이:긔幾쳔千·먼萬·이어·뇨

[현대역]

[사리불의] 신력이 유여하므로(넉넉하므로) [노도차의] 환술을 이길 뿐 아니라 제도(제도한) 중생이 기천만(몇 천만)이었는가?

---

532) <月印 上:061a>

[노도차가] 환술이 혼미하게 되므로 [사리불의] 신력에 항복할 뿐 아니라 원위사문(사문[533]이 되기를 원하는 사람)이 기천만(몇 천만)이었는가?

[배경]

한이 없는 사리불의 신력에 감탄한 육사의 제자와 그 나라 사람들이 모두 사리불의 제자가 되어 출가하니 그 수가 헤아릴 수 없었다.
짤막한 환술을 믿고 덤볐던 노도차가 마침내 사리불의 신력을 알고 항복하여 그의 제자가 되었으며, 그 뒤를 따르는 사람의 수를 헤아릴 수 없었다.

[어절 분석]

씬神·륵力·이#:웋有여餘홀·씨#·환幻·쓣術#[534]이·길#:뿐#아·니·라#·졩濟·또渡#·즁衆싱生·이#①:긩幾쳔千·먼萬·이어·뇨

·환幻·쓣術·이#②:입·게#드욀·씨#씬神·륵力#항降·뽁服:뿐#아·니·라#·원願윙爲사沙몬門·이#:긩幾쳔千·먼萬·이어·뇨

[주석]

① :긩幾쳔千·먼萬·이어·뇨

⇒ ⟦[기-(접사) + {쳔(어근) + 먼(어근)}] + 이(서술격조사)⟧- + -거-(시상의 선어말어미) + -뇨(의문형 종결어미)

◎ '기-'는 접두사로 십, 백, 천, 만 따위 수 단위를 나타내는 일부 명사나 수효를 나타내는 일부 의존명사 앞에 붙어, '여럿' 또는 '몇'의 뜻을 더한다. '기-'로 인해 의문형 종결어미로 '-뇨'가 선택되었다.

◎ 서술격조사 뒤에서 '-거-'의 'ㄱ'가 약화되어 '-어-'로 교체되었다.

533) 사문(沙門): '노력하는 사람'이라는 뜻의 범어 'Śamaṇa'의 음사로, 출가하여 수행하는 사람을 통틀어 일컫는 말. '상문(桑門·喪門)·사문나(沙門那)·사라마나(舍羅摩拏)' 등으로 음사하며, '식심(息心)·정지(靜志:淨志)·빈도(貧道)·근식(勤息)' 등으로 한역하기도 함. 또는 '부지런히 모든 좋은 일을 닦고 나쁜 일을 일으키지 않는다'는 뜻으로, 불문에 들어가서 도를 닦는 사람을 이르는 말.

534) <月印 上:061a>

② :입·게#ᄃᆞ욀·씨

⇒ 입-(형용사 어간) + -게(연결어미) # ᄃᆞ외-(동사 어간) + -ㄹ씨(연결어미)

◎ 고영근(1987/2010: 257~262)에서는 후기중세국어의 피동법을 설명하면서 피동사에 기댄 피동문과 보조적 연결어미와 보조동사에 기댄 피동문을 제시하고 있다. 다만, 보조적 연결어미와 보조동사에 기댄 피동문으로는 '-어 디다'에 기댄 피동문만을 제시하고 있으나, 고영근(1987/2010: 120)에서는 '-게 ᄃᆞ외다'와 '-아/-어 디다'를 보조적 연결어미와 보조동사에 기댄 피동문으로 제시하고 있다.

[원문]

끠其·ᅙᅵᇙ一·빅百·륙六·씹十·칧七

·ᄃᆞᆼ·ᄋᆡ아·지벌·에술·위·ᄢᅵ거·스ᄂᆞᆫ·ᄃᆞᆯ·셰世간間ㅅ:사ᄅᆞᆷ·이:다:우ᇫᄂᆞ·니이·다

[535]로ᇢ勞·또度차差·외外:ᄯᅩᇢ道ㅣ·샤舍·리利·ᄫᅮᇙ弗겻·구던·ᄃᆞᆯ·이내ᄆᆞᅀᆞᆷ·애더·욱:우ᇫ·노이·다

[현대역]

[노도차가 사리불의 신력에 맞서는 것은 마치] 사마귀 벌레가 수레바퀴를 거스르는 것임(거스르는 것과 같은 것임)을 세간의 사람들이 다 웃습니다.

노도차(노도차와 같은) 외도인이 사리불과 겨루던 것을 이 내 마음에 더욱 웃습니다.

[배경]

정도의 사리불과 외도의 노도차 간의 재주 겨룸은 마치 사마귀가 수레바퀴와 싸우려는 것과 같아서 처음부터 무모한 짓으로, 결국 비웃음의 대상이 되고 말았다.

[어절 분석]

①·ᄃᆞᆼ·ᄋᆡ아·지#벌·에#②술·위·ᄢᅵ#③거·스ᄂᆞᆫ#·ᄃᆞᆯ#·셰世간間ㅅ#:사ᄅᆞᆷ·이#:다#④:우ᇫᄂᆞ·니이·다

로ᇢ勞·또度차差#·외外:ᄯᅩᇢ道ㅣ#·샤舍·리利·ᄫᅮᇙ弗#③겻·구던#·ᄃᆞᆯ#⑤·이#내#ᄆᆞᅀᆞᆷ·애#더·욱#④:우ᇫ·노이·다

535) <月印 上:061b>

[주석]

① ·당·ᄋᆡ아·지

⇒ 당ᄋᆡ아지(명사)

◎ '당ᄋᆡ아지'는 '버마재비, 사마귀'를 의미한다.

② 술·위·ᄢᅵ

⇒ *술귀(어근) + ᄢᅵ(어근)

◎ '술위'는 '수레'를 의미한다. 후기중세국어에서는 'ㄹ' 뒤 'ㄱ' 약화 현상을 쉽게 찾을 수 있다. 16세기에는 후두유성마찰음 'ㅇ[ɦ]'이 사라지면서 '술위 > 수뤼'의 변화가 일어났다. '술개(경남, 중국 흑룡강성)', '술구(평안)', '술기(함경)' 등의 '수레'의 방언형들을 고려하면 15세기에 '*술귀 > 술위', 즉 '*술귀'가 '술'의 'ㄹ' 뒤에서 '귀'의 'ㄱ'가 약화되어 후두유성마찰음 'ㅇ[ɦ]'으로 변화하여 '술위'의 형태가 된 것임을 추정할 수 있다.

◎ '술위ᄢᅵ'는 '수레바퀴'를 의미한다. 한편 현대국어 '바퀴'의 후기중세국어 어형인 '바회'는 15세기 문헌에서부터 나타난다. 『우리말샘』에 따르면, 근대국어 시기에 '술윗박회'의 예를 통해 제1음절 종성에 'ㄱ'가 첨가된 '박회'의 형태가 생성된 것으로 보이고, '술윗바쾨'의 예를 통해 'ㄱ'가 후행 음절의 초성 'ㅎ'와 축약된 '바쾨'의 형태가 생성된 것으로 보인다. 19세기에는 제2음절의 모음이 'ㅚ'에서 'ㅟ'로 바뀐 '박휘' 형태가 등장하였는데, 이 형태에서 'ㄱ'와 'ㅎ'가 축약되어 '바퀴'의 형태가 만들어졌다.

③ 거·스ᄂᆞᆫ#·ᄃᆞᆯ / 겻·구던#·ᄃᆞᆯ

⇒ 거슬-(동사 어간) + -ᄂᆞ-(시상의 선어말어미) + -ㄴ(관형사형 어미) # ᄃᆞ(의존명사) + ᄋᆞᆯ(목적격조사)

⇒ 겻구-(동사 어간) + -더-(시상의 선어말어미) + -ㄴ(관형사형 어미) # ᄃᆞ(의존명사) + ᄋᆞᆯ(목적격조사)

◎ 『월인천강지곡(月印千江之曲)』에서의 '-ㄴ ᄃᆞᆯ'은 일반적으로 통합형 연결어미로서 양보의 접속 기능을 가진 것으로 판단된다. 그러나 여기에서의 '거스ᄂᆞᆫ ᄃᆞᆯ', '겻구던 ᄃᆞᆯ'과 기109의 '노ᄑᆞ신 ᄃᆞᆯ'과 기115의 '드르샨 ᄃᆞᆯ'과 기138의 '오ᄂᆞᆫ ᄃᆞᆯ'과 기170의 '모ᄅᆞᄂᆞᆫ ᄃᆞᆯ', 기180의 '궁ᄒᆞ신 ᄃᆞᆯ'은 예외적으로 관형사형 어미 '-ㄴ'가 후행하는 목적격조사 'ᄋᆞᆯ'과 통합한 'ᄃᆞ' 명사구 보문을 수식하는 것으로 판단하고자 한다.

④ :웃ᄂᆞ·니이·다 / :웃·노이·다

⇒ 웃-(동사 어간) + -ᄂᆞ-(시상의 선어말어미) + -니이다(평서형 종결어미)

⇒ 웃-(동사 어간) + -ᄂᆞ-(시상의 선어말어미) + -오-(의도의 선어말어미) + -이-(상대높임의 선어말어미) + -다(평서형 종결어미)

◎ 허웅·이강로(1962/1999: 288)에 따르면, '웃ᄂᆞ니이다'에는 의도의 선어말어미 '-오-'가 쓰이지 않았는데, 이는 주어가 화자가 아닌 '셰간ㅅ 사ᄅᆞᆷ'이기 때문이다. 이와 달리 '웃노이다'에 의도의 선어말어미 '-오-'가 쓰인 것은 주어가 화자 즉, 이 글의 작자가 '나'이기 때문이다.

◈ 후기중세국어 시기의 '-니이다'의 형태소 분석에 대한 자세한 설명은 p.49를 참조.

⑤ ·이#내#ᄆᆞ숌·애

⇒ 이(관형사) # 나(대명사) + ㅣ(관형격조사) # ᄆᆞ숌(명사) + 애(부사격조사)

◎ 후기중세국어 시기의 1인칭 대명사 '나', 2인칭 대명사 '너', 3인칭 대명사 '저', 3인칭 미지칭 대명사 '누' 뒤에는 'ㅣ' 형태의 격조사가 붙었다. 그런데 이 시기의 주격조사 'ㅣ'와 관형격조사 'ㅣ'의 형태가 동일하였다. 따라서 형태로는 격을 구분할 수 없고, 방점에 따라 구분할 수 있었다. '내, 네, 제'와 같이 평성의 방점이 사용된 경우의 격조사 'ㅣ'는 관형격의 기능을 수행하였고, '·내, :네, :제'와 같이 거성점이나 상성점이 사용된 경우의 격조사 'ㅣ'는 주격의 기능을 수행하였다. 다만, '뉘'는 'ㅣ'가 관형격일 때는 ':뉘'처럼 상성점이 쓰였고, 주격일 경우에는 '·뉘'처럼 거성점이 쓰였다. 이러한 성조에 의한 구별은 15세기 말부터 무너지기 시작하여 16세기 말 무렵에는 완전히 없어진 것으로 보인다.

◎ 'ᄆᆞ숌'의 마지막 음절에 양성모음이 쓰였으므로 부사격조사로 '애'가 선택되었다.

[원문]

끵其·힗一·빅百·륙六·씹十·밣八

마·조·줄·을자·바쪙精·샹舍·터·흘·되더·니·륙六텬天·에지·블지·스·니

ᄒᆞ오·ᅀᅡ우·수·믈우·ᅀᅡ쪙精·샹舍ㅅ공功·득德니ᄅᆞ·고듕中텬天·에지·블두게ᄒᆞ[536]·니

536) <月印 上:062a>

[현대역]

[수달과 사리불이] 마주 줄을 잡아 정사 터를 재더니 [그때에 이미] 육천[537]에 집을 지으니. [사리불이] 혼자 웃음을 웃어 정사의 공덕을 말하고 중천에 집을 두게 하니.

[배경]

사리불이 육사 무리와의 재주 겨룸을 통해 이들을 모두 부처에 귀의시켰다. 이후 수달과 사리불이 같이 정사를 지으려고 손수 줄을 마주 잡고 터를 재는데 사리불이 까닭 없이 웃었다. 이에 수달이 그 이유를 물으니 사리불이 "그대는 이제야 정사를 지으려고 터를 닦고 있으나, 그대가 다음에 들 집이 벌써 육천에 이루어져 있다."라고 대답하고 수달에게 도안[538]을 빌려주었다. 수달이 도안을 통하여 보니 육천에 궁전이 들어차 있었다. 수달이 육천 가운데 어느 하늘이 가장 좋은가를 물으니, 사리불이 "가운데 있는 넷째 하늘이 가장 좋아 일생보처 보살에게 와 계시어 법훈(法訓)이 끊기지 아니한다."라고 대답하였다.

[어절 분석]

①마·조#·줄·을#자·바#졍精·샤舍#·터·흘#②·되더·니#·륙六텬天·에#지·블#지·ᅀᅳ·니
ᄒᆞ오·ᅀᅡ#③우·ᅀᅮ·믈#우·ᅀᅡ#졍精·샤舍ㅅ#공功·득德#니ᄅᆞ·고#듕中텬天·에#지·블#두게#ᄒᆞ·니

[주석]

① 마·조

⇒ 맞-(어근) + -오(부사 파생 접사)

◎ 현대국어 어휘 '마주'의 후기중세국어 어형인 '마조'는 '오는 사람이나 물건을 받아들이다'의 의미를 지닌 동사 '맞-'에 부사 파생 접사 '-오'가 결합한 파생어로, 15세기 문헌에서부터 나타난다. 19세기에는 제2음절의 모음 'ㅗ'가 'ㅜ'로 바뀌는 음성모음화를 겪으면서 현대국어 어형과 같은 '마주'가 되었다.

② ·되더·니

⇒ 되-(동사 어간) + -더-(시상의 선어말어미) + -니(연결어미)

537) 육천(六天): 욕계육천(欲界六天) 또는 육욕천(六欲天). 삼계(三界) 가운데에 욕계(欲界)에 딸린 여섯 가지의 하늘을 말하며, '사왕천(四王天)·도리천(忉利天)·야마천(夜摩天)·도솔타천(兜率陁天)·화락천(化樂天)·타화자재천(他化自在天)'을 가리킴.

538) 도안(道眼): 진리를 분명히 가려내는 눈. 또는 수행을 통해 얻은 안식(眼識). 여기에서는 전자를 의미함.

◎ 남광우·성환갑(1978/1982: 282)에서는 후기중세국어 어휘 '되-'에 대해 15세기에는 '되로 부피를 되다539)'의 뜻에 국한되지 않고 '측량하다'의 뜻으로 쓰였다고 하였고, 허웅·이강로(1962/1999: 289)에서는 지금 말의 '되-'는 되로 되는 일에 국한되어 사용되지만 후기중세국어 시기의 '되-'는 측량하는 일까지를 포함한다고 기술하였다. 한편 현대국어 어휘 '재-'의 후기중세국어 어형인 '자히-'는 15세기 문헌에서부터 나타나며, 근대국어 후기에 모음 사이에 존재하는 자음 'ㅎ'가 탈락하여 '자이-'의 형태가 되었고, 모음 축약과 단모음화를 거쳐 19세기에는 현대국어 어형과 같은 '재-' 형태가 등장하였다.

③ 우·수·믈#우·ᅀᅡ
⇒ [웃-(동사 어간) + -움(명사형 어미)] + 을(목적격조사) # 웃-(동사 어간) + -어(연결어미)

◎ 후기중세국어 시기의 '웃-'은 자음으로 시작하는 어미 앞에서는 '웃-'으로, 모음으로 시작하는 어미 앞에서는 '우ᇫ-'으로 교체하였고, 17세기부터는 모음으로 시작하는 어미 앞에서도 '웃-'으로 그 형태가 통일되었다.

◎ '우ᅀᅡ'에서는 모음조화가 지켜지지 않고 있다. 이진호 외(2015: 778)에 따르면, 15세기에 '우ᅀᅡ'의 활용양상이 『월인천강지곡(月印千江之曲)』에서만 보이고, 다른 문헌에서는 '우ᅀᅥ <月釋 25:125a>', '우ᅀᅥ <楞解 9:75b>'와 같이 '우ᅀᅥ'의 형태로 표기되어있음을 확인할 수 있다. '우ᅀᅡ'와 같은 용례들은 15세기부터 모음조화의 규칙성이 상당히 약해졌음을 보여주는 증거로 사용될 수도 있다. 이와 관련하여 이기문(1977: 130)에서는 15세기 중엽의 문헌 자료에서 모음조화 현상을 분명하게 확인할 수 있으나, 이 자료들도 모음조화가 상당히 문란한 상태에 있음을 지적한 바가 있다.

[원문]

끵其·ᅙᅵᇙ一·빅百·륙六·씹十:궁九
아·ᄒᆞᆫᄒᆞᆫ·겁劫·을브·터·이:댱長:쟈者ㅣ·벓發심心너·버어·느·겁劫·에공功·득德·이:져긇·가
닐·굽부터·위爲·ᄒᆞᅀᆞ·ᄫᅡ·이ᄶᅡ·해졍精·샤舍지·ᅀᅥ어·느부텻·긔공恭·경敬·이:덜·리잇·가

[현대역]

[지나간] 아흔 한 겁으로부터 이 장자540)가 발심이 넓어 어느 겁에(겁엔들) 공덕이 적을까?

539) 남광우·성환갑(1978/1982: 282)에서의 '되로 부피를 되다'는 '되로 부피를 재다'의 오타로 추정된다.

(적지 않다)

[수달이 지난 겁의] 일곱 부처541)를 위하여 이 땅에 정사를 지어 어느 부처께(부처껜들) 공덕이 덜하겠습니까?(덜하지 않습니다)

[배경]

사리불과 수달이 다시 줄을 옮겨 터를 잴 때, 사리불이 문득 슬퍼하는 낯빛을 보여 수달이 그 이유를 물었다. 사리불이 대답하기를 "그대는 이 구멍의 개미를 보라. 그대가 전 세상에서 비바시불542)을 위하여 이 땅에 정사를 지었을 때에도 이 개미는 여기서 살았고, 그 다음 시기불543) 때에도, 비사불544) 때에도, 구류손불545) 때에도, 가나함모니불546) 때에도, 그리고 가섭불547) 때 정사를 지을 적에도 이 개미는 여기서 살았으니, 처음부터 지금까지

---

540) 장자(長者): 점잖고 너그러운 사람. 곧 덕망이 뛰어나고 노성한 사람. 또는 사람 해치기 좋아하지 않는 이를 말하기도 함.

541) 부처: 부처님을 의미하는 '불(佛)'은 일반적으로는 '진리를 깨달은 사람'을 의미하며, 일반적으로 석가모니 부처만을 한정해 쓰임. 이 외에도 석가모니 부처와 동격으로 과거와 현재, 미래에 있다는 부처를 가리킴. 과거에는 유명한 일곱 부처인 '비바시불, 시기불, 비사부불, 구류손불, 가나함모니불, 가섭불, 석가모니불'이 있었다고 하며 미래에는 미륵불이 있음. 불교에서는 우주의 시간을 3대겁(三大劫)으로 나누어 과거의 대겁을 '장엄겁(莊嚴劫)', 현재의 대겁을 '현겁(賢劫)', 미래의 대겁을 '성숙겁(星宿劫)'이라 하는데, 각 대겁은 20겁 동안씩 성립되고(成), 머물고(住), 무너지고(壞), 비어 있는(空) 네 과정을 거친다고 함. 그 중 현겁의 주겁(住劫) 기간 동안, 즉 현재 우리가 살고 있는 이 기간 동안 1,000명의 부처가 탄생한다고 하며, 과거의 7불 중 석가모니 부처가 그 중 일곱 번째 부처임.

542) 비바시불(毘婆尸佛): 불교의 과거칠불 중 첫 번째 부처. 범어 'Vipaśyin-buddha'를 음역하여 '비바시불(毘婆尸佛)·비발시(毘鉢尸)·빈바시(頻婆尸)'라 하고, 의역하여 '승관불(勝觀佛)·정관불(淨觀佛)·변견불(遍見佛)·종종견불(種種見佛)'이라 부름. 석가모니 이전에 나타난 과거칠불 중 '비사부불·시기불'과 함께 과거 장엄겁(莊嚴劫)의 제998위 부처임.

543) 시기불(尸棄佛): 불교에서 말하는 과거 7불 중의 두 번째 부처로, 범어 'Śikhi-Buddha'의 음사. '식불·식힐불·식기·시힐·식기나' 등으로 음사하며, 의역하여 '정계·유계·지계·화수·최상'이라고 함.

544) 비사불(毘舍佛): 불교의 과거칠불 중 세 번째 부처로, 범어 'Visvabhi-Buddha' 또는 'Visvabhuk-Buddha'를 음역하여 '비사부불(毘舍浮佛)·비습바부(毘濕婆部)·비사바·비사' 등으로 부르고, 의역하여 '변일체자재(遍一切自在)·일체승(一切勝)·종종변현(種種變現)·변승(遍勝)·광생(廣生)'이라 함. 석가모니 이전에 나타난 과거칠불 중 '비바시불·시기불'과 함께 과거 장엄겁(莊嚴劫)의 부처이며, 장엄겁의 천불 중에서 맨 뒤에 나타난 부처임. 나머지 네 부처는 현겁에 나타났다고 함.

545) 구루손불(拘樓孫佛): 범어 'Krakucchanda-Buddha'의 음사. 석가의 전생에 있어서의 과거칠불의 한 부처로, 현겁 천불의 제1불이며 시리사수(尸利沙樹) 아래에서 성불하였다고 함. 인간의 평균 수명이 4만 세일 때 안화성(安和城)에서 태어나 시리수(尸利樹) 아래서 성불(成佛)하였고 제1회 설법에서 4만 명의 비구를 교화하였다고 함.

546) 가나함모니불(迦那含牟尼佛): 범어 'Kunakamuni-Buddha'를 음역하여 '나함(那含)·구나함(拘那含)·가나가(迦那伽)·가나가모니(迦那伽牟尼)·갈락가모니(羯諾迦牟尼)'라 하고, 의역하여 '금선인(金仙人)·금색선(金色仙)·금유(金儒)·금적(金寂)·금적정(金寂靜)'이라 함. 과거칠불 중 다섯 번째 부처이며, 현겁 천불 중 두 번째 부처. 인간의 평균 수명이 2만 세일 때 출현한 부처.

547) 가섭불(迦葉佛): 범어 'Kasyapa-Buddha'의 음사로, 이를 의역한 '음광불(飮光佛)'이라는 이름으로 잘 알려져

아흔 한 겁이 되고, 부처로는 일곱 부처가 번갈아 났으되 이 개미는 아직도 생사를 해탈하지 못하여 그대로 중생계에 남아 있는 것을 보면 공덕을 닦는 것도 참으로 어려운 일인가 싶다."라고 하였다.

[어절 분석]

①아·ᄒᆞᆫᄒᆞᆫ#·겁劫·을브·터#·이#:댱長:쟈者ㅣ#·벓發심心#너·버#어·느#·겁劫·에#공功·득德·이#②:져긇·가

닐·굽#부텨#③·위爲·ᄒᆞᅀᆞ·ᄫᅡ#·이#ᄶᅡ·해#졍精·샤舍#지·ᅀᅥ#어·느#부텻·긔#공恭·경敬·이#④:뎔·리잇·가

[주석]

① 아·ᄒᆞᆫᄒᆞᆫ#·겁劫·을브·터

⇒ [아ᄒᆞᆫ(어근) + ᄒᆞᆫ(어근)] # 겁(명사) + 을(목적격조사) + 브터(보조사)

◎ '아ᄒᆞᆫᄒᆞᆫ'은 수관형사끼리의 합성어이다.

◎ 목적격조사와 보조사가 결합한 '을브터'는 '으로부터'로 해석할 수 있다.

◎ 현대국어 보조사 '부터'의 후기중세국어 어형인 '브터'는 15세기 문헌에서부터 나타난다. 이 조사는 원래 동사 '븥-'에 연결어미 '-어'가 결합한 '븥-'의 부사형으로 15세기의 '브터'는 '븥-'의 부사형은 물론이고 조사로도 쓰인 용례가 많이 보인다. 'ㅂ' 아래의 'ㅡ'가 'ㅜ'로 바뀌는 원순모음화는 일반적으로 18세기에 광범위하게 일어나는데, '부터'는 15세기부터 그 용례가 확인된다는 점이 특이하다.

② :져긇·가

⇒ 젹-(형용사 어간) + -(으)ㅭ가(의문형 종결어미)

◎ 이진호 외(2015: 825)에 따르면, 15세기에 ':젹-'의 활용형에서 ':적-'과 같은 단모음 표기

있음. 과거칠불 중 여섯 번째 부처이고 현겁(賢劫) 천불(千佛) 중 세 번째 부처로 인간의 평균 수명이 2만 세일 때 출현한 부처이며, 이때부터 백 년마다 평균 수명이 한 살씩 줄어 100세가 될 때 석가모니가 태어났으므로, 지금부터 약 200만 년 전의 부처임.

형을 발견할 수 없기에 기본형은 'y'계 상향 이중모음을 지닌 형태로 추정된다. 한편 '젹- > 적-'의 형태 변화에는 구개음화와 'ㅈ'의 구개음화로 인한 'ㅕ > ㅓ'의 단모음화가 영향을 미친 것으로 보인다.

③ ·위爲·ᄒᆞᅀᆞ·ᄫᅡ
⇒ [위(어근) + -ᄒᆞ(동사 파생 접사)]- + -ᅀᆞᆸ-(객체 높임의 선어말어미) + -아(연결어미)

◎ '위ᄒᆞ-'의 대상인 '닐굽 부텨'를 높이기 위해 '-ᅀᆞᇦ-'가 쓰였다.

④ :덜·리잇·가
⇒ 덜-(동사 어간) + -리잇가(의문형 종결어미)

◎ '덜-'의 의미는 '수량이나 정도를 줄여서 적게 하는 것'이다. 이 단어는 어간 '덜-'이 직접 부사로 쓰일 수 있는 이른바 영파생 어간 부사이기도 하며, 부사로 쓰일 때는 '덜 먹다', '덜 익다'처럼 정도부사로서 기준이 되는 양이나 질에서 모자람을 뜻한다. 후기중세국어 시기와 근대국어 시기에는 어간 '덜-'의 받침 'ㄹ'가 'ㄷ', 'ㅈ' 등 치찰음 앞에서 탈락되어, '더디'(덜- + -디), '더다가'(덜- + -다가)와 같은 활용형으로 나타났다. 그러나 현대국어에서 이러한 'ㄹ' 탈락은 사라졌는데, 그 원인은 어간의 기본형을 보존하려는 어형 변화 틀의 통일화 경향 때문으로 추정된다.

[원문]

548)끠其·ᄒᆡᇙ一·ᄇᆡᆨ百·ᄎᆡᇙ七·씹十
가야·ᄆᆡ사·리오·라·고·몸ᄃᆞᆺ·기모·ᄅᆞ는·ᄃᆞᆯ·샤舍·리利·ᄇᆞᇙ弗·이슬·피너·기·니
가야·ᄆᆡ사·릴:뵈·오·몸ᄃᆞᆺ·길·퀀勸·ᄒᆞ야·ᄂᆞᆯ슈須·ᄄᆞᇙ達·이·도슬·피너·기·니

[현대역]

개미의 생애가 오래고도 몸 닦기를 모르는 것을 사리불이 슬피 여기니.
개미의 생애를 [수달에게] 보이고 몸 닦기를 권하거늘 수달이도 슬피 여기니.

548) <月印 上:062b>

[배경]

생사를 해탈하지 못한 개미가 중생고를 겪은 지가 오래되면서도 몸을 닦아 괴로운 겁을 벗어나지 못하는 것을 보고 사리불과 수달이 함께 슬퍼하였다.
이런 이치로 미루어 두 사람도 몸을 닦아 이런 괴로움을 벗어날 것을 다짐하였다.

[어절 분석]

①가야·ᄆᆡ#사·리#②오·라·고#·몸#③닷·기#④모·ᄅᆞ논#·ᄃᆞᆯ#·샤舍·리利·붏弗·이#슬·피#너·기·니
가야·ᄆᆡ#사·릴#⑤:뵈·오#·몸#닷·길#·퀀勸·ᄒᆞ야·ᄂᆞᆯ#슈須·ᄄᆞᇙ達·이·도#슬·피#너·기·니

[주석]

① 가야·ᄆᆡ#사·리
⇒ 가야미(명사) + ᄋᆡ(관형격조사) # 살-(어근) + -이(명사 파생 접사)

◎ 관형격조사 'ᄋᆡ/의'는 선행 체언이 유정물의 평칭일 경우에 사용되었고, 이때 선행 체언의 말음절 모음이 양성모음일 때는 'ᄋᆡ'가, 음성모음일 때는 '의'가 사용되었고, 중성모음일 때는 '의'가 주로 사용되었다. 특히 선행 체언의 말음이 '이'일 때는 '이'가 탈락되었다.

예) ㉮ 도ᄌᆞ기 알ᄑᆞᆯ <龍歌 60>
㉯ 가야ᄆᆡ(가야미 + ᄋᆡ) 맛나ᄆᆞᆯ <初杜解 17:13b>

◈ 후기중세국어 시기의 관형격조사에 대한 자세한 설명은 p.29를 참조.

◎ '사리'는 파생 명사로, '생활, 살이' 정도를 의미하였다.

② 오·라·고
⇒ 오라-(형용사 어간) + -고(연결어미)

◎ 현대국어 '오래-'의 후기중세국어 어형인 '오라-'는 15세기 문헌에서부터 나타난다. 『우리말샘』에 따르면, 17세기부터 '오라-'는 '오래-'의 형태로 나타나는데, 그 이유는 '오라-'가 주로 '오라디 아니ᄒᆞ-'와 같은 구성에서 많이 쓰여 활용형 '오라디'의 빈도가 매우 높게 나타난 것에서 찾을 수 있을 듯하다. 근대국어 이후에 후행하는 'ㅣ'모음에 의해 앞 음절의 모음이 전설 모음으로 바뀌는 현상이 나타나게 되었는데 '오라-' 역시 그러한 현상을 겪어 '오래-'

가 되었을 것으로 보인다. 17세기부터 나타난 '오래-'의 형태는 현재까지 이어지고 있다.

◎ 남광우·성환갑(1978/1982: 284)에서는 여기에서의 '-고'를 양보의 연결어미로 분석하였다. 즉, 현대국어의 '-고도'에 해당한다는 것으로, 고영근(1987/2010: 153)에서는 각종 보조사가 붙어 기능이 구체화되는 경우를 예로 들고 있는데, 여기에서 양보의 어미에 해당하는 '-고'를 발견할 수 있다. 고영근(1987/2010: 153)의 설명대로라면 '-고'를 어미로, '도'를 보조사로 분석할 수 있다. 한편 윤평현(1992: 58)에서는 양보의 어미 '-아도, -더라도, -ㄹ지라도'를 언급하면서, 추가로 첨가의 의미를 지닌 보조사 '도'를 다루었다. 윤평현(1992)에 따르면 양보의 어미 '-아도, -더라도, -ㄹ지라도'에서 '-도'만을 분리하는 데에는 형태론적으로 무리가 있지만, 그렇다고 하더라도 보조사 '도'와 양보의 어미에 포함된 '-도' 사이에는 '첨가'라는 의미상의 공통점이 있음을 언급하면서 어느 정도 연관성이 있음을 시사하였다. 다만, 여기에서는 『표준국어대사전』과 『우리말샘』에서의 분석 방법대로 '-고도'를 하나의 어미로 보기로 한다.

③ 닷·기
⇒ 닭-(어근) + -이(명사 파생 접사)

◎ 현대국어 '닦-'의 후기중세국어 어형인 '닸-'은 15세기 문헌에서부터 나타난다. '닸-'은 자음으로 시작하는 어미 앞에서는 '닷-'으로, 그 외의 어미 앞에서는 '닸-'으로 교체되었다. 17세기에 종성의 'ㅅㄱ'가 'ㄲ'로 바뀐 '닦-'이 처음 등장하였는데, 문헌상으로는 자음 어미 앞에서 '닥-'으로 표기된 예만 보인다. 19세기까지 '닸-'과 '닦-'이 공존하다가 20세기에 'ㅅㄱ' 표기가 폐지되면서 모두 '닦-'의 형태로 통일되었다.

④ 모·ᄅᆞ는#·ᄃᆞᆯ
⇒ 모ᄅᆞ-(동사 어간) + -ᄂᆞ-(시상의 선어말어미) + -ㄴ(관형사형 어미) # ᄃᆞ(의존명사) + ᄋᆞᆯ(목적격조사)

◎ 여기에서의 '모ᄅᆞᄂᆞᆫ ᄃᆞᆯ'은 기109의 '노ᄑᆞ신 ᄃᆞᆯ'과 기115의 '드르샨 ᄃᆞᆯ'과 기138의 '오ᄂᆞᆫ ᄃᆞᆯ'과 기167의 '거스ᄂᆞᆫ ᄃᆞᆯ', '겻구던 ᄃᆞᆯ', 기180의 '굴ᄒᆞ신 ᄃᆞᆯ'과 동일하게 관형사형 어미 '-ㄴ'가 후행하는 목적격조사 'ᄋᆞᆯ'과 통합한 'ᄃᆞ' 명사구 보문을 수식하고 있다.

⑤ :뵈·오
⇒ [보-(어근) + -이(사동 접사)]- + -고(연결어미)

◎ ‘뵈-’는 ‘보-’의 사동형이며, ‘뵈-’의 반모음 ‘y’ 뒤에서 ‘-고’의 ‘ㄱ’가 약화되어 ‘-오’로 교체되었다.

[원문]

끠其·ᅙᅵᇙ一·ᄇᆡᆨ百·치ᇙ七·씹十·ᅙᅵᇙ一

쳔千·뼈ᇙ別·시ᇙ室·ᄇᆡᆨ百조ᇰ鐘·시ᇙ室·ᄋᆞᆯ장莊ᅌᅥᆷ嚴·을:다ᄒᆞ·고ᅌᅪᆼ王·샤舍ᄶᅧᆼ城·에:님·금549):말·로ᄉᆞᆯ·ᄫᆞ·니

듀ᇰ中쳔千·개界·ᄄᆡ大쳔千·개界·예과ᇰ光며ᇰ明·이비·취시·고·샤舍·ᅌᅱᆼ衛·궉國·에:님·금:말·로·오시·니

[현대역]

[수달이 정사를 지으면서] 천 개의 별실550)과 백 개의 종실551)을 장엄을 다하고(장식 등을 꾸미고) 왕사성552)에 [임금에게] 임금의 말로 [세존께 정사로 오시라고 청할 것을] 말씀드리니. 중천계553)와 대천계554)에 광명이 비치시고, [정사를 지어놓은] 사위국에 임금의 말로(말을 듣고) [세존께서] 오시니.

[배경]

수달이 세존을 위해 정사를 짓고 굴을 만들어 벽을 전단향555) 가루로 바르니, 그 별실이 천이백이요 종(쇠북)을 단 집이 백이십이나 되었다. 수달이 정사를 완성하고 왕께 세존을 모셔올 것을 청하였다. 이에 임금이 사자를 왕사성에 보내어 세존께 정사로 오실 것을 청하였다.

그때 세존은 사부대중556)이 둘러 모신 가운데 큰 광명을 펴시며 왕사성에서 사위국으로 오셔서 수달이 지은 정자에 들어가시어 중생을 제도하셨으며, 마침내 사위국에 도착하시니 큰 광명이 펴져서 삼천대천세계를 다 비추었다.

---

549) <月印 上:063a>

550) 별실(別室): 따로따로 떨어져 있는 방.

551) 종실(鍾室): 종을 달아 두는 집.

552) 왕사성(王舍城): 중인도 마갈타국의 도성. 이 성 밖에 죽원정사(竹園精舍)가 있었음. 석가모니가 중생을 제도한 중심지로, 불교에 관한 유적이 많음.

553) 중천계(中千界): 중천세계(中千世界). 수미산을 중심으로 하여 주위에 둘러 있는 7산 8해와 4주를 일세계(一世界)라 하고, 그 천 개를 일소세계(一小世界)라 하며, 이 소천세계를 천 개 합한 것을 중천세계라고 함.

554) 대천계(大千界): 중천세계를 천 개 합한 세계.

555) 전단향(栴檀香): 인도에서 나는 향나무의 하나. 목재는 불상을 만드는 재료로 쓰고 뿌리는 가루로 만들어 단향으로 씀.

[어절 분석]

쳔千#·볋別·싫室#·빅百#쭁鍾·싫室·ᄋᆞᆯ#①장莊엄嚴·을#:다#ᄒᆞ·고#왕王·샤舍쎵城·에#:님·금#:말·로#②ᄉᆞᆯ·ᄫᆞ·니

듕中쳔千·개界#·때大쳔千·개界·예#광光명明·이#비·취시·고#·샤舍·위衛·귁國·에#:님·금#:말·로#·오시·니

[주석]

① 장莊엄嚴·을#:다#ᄒᆞ·고

⇒ 장엄(명사) + 을(목적격조사) # 다(부사) # ᄒᆞ-(동사 어간) + -고(연결어미)

◎ 불교에서의 '장엄'의 의미는 '아름다운 것으로 국토를 꾸미고, 훌륭한 공덕을 쌓아 몸을 장식하고, 향이나 꽃 따위를 부처에게 올려 장식하는 일'이다. 따라서 '장엄을 다 ᄒᆞ고'는 '장식 등의 꾸밈을 다하고' 정도로 해석할 수 있다.

◎ 현대국어 어휘 '다하-'의 후기중세국어 어형인 '다ᄒᆞ-'는 15세기 문헌에서부터 나타난다. 『우리말샘』에 따르면, '다ᄒᆞ-'는 부사 '다'와 동사 'ᄒᆞ-'가 결합한 합성어이다. 『우리말샘』에서의 이러한 분석은 『표준국어대사전』에서 현대국어 어형 '다하-'를 합성어로 분석하는 것에 기인한 것으로 보인다. 그러나 후기중세국어 문헌에 부사 '다'가 생산적으로 쓰였다는 점과 '다'와 'ᄒᆞ-'가 어느 시기에 합성어가 된 것인지 명확히 논할 수 없다는 점과 후기중세국어 시기에 '다ᄒᆞ-'와 의미가 같은 동사 '다ᄋᆞ-'가 존재하였다는 점을 이유로 여기에서는 '다ᄒᆞ-'를 합성어로 보지 않고자 한다.

② ᄉᆞᆯ·ᄫᆞ·니

⇒ ᄉᆞᆲ-(동사 어간) + -(ᄋᆞ)니(평서형 종결어미)

◎ 'ᄉᆞᆲ-'은 일반적으로 윗사람에게 '말씀을 드리다'의 의미로 사용되었다. 그런데 여기에서는 문맥상 의미를 고려하면 청자는 '님금'이다 따라서 '님금 말로 ᄉᆞᆯᄫᆞ니'의 의미는 '세존께 오시라고 청할 것을 수달이 임금에게 말씀드리니' 정도로 해석해야 한다.

---

556) 사부대중(四部大衆): 석가모니의 가르침을 따르는 네 부류의 사람들을 통틀어 이르는 말로, '사부중(四部衆)·사중(四衆)·사부제자(四部弟子)'라고도 함. 출가한 남녀 수행승인 '비구·비구니'와 재가(在家)의 남녀 신도인 '우바새(優婆塞: 거사)·우바이(優婆夷: 보살)'를 통틀어 가리키는 말로, '비구'는 출가한 남자 수행승을 말하며, '비구니'는 출가한 여자 수행승을, '우바새'는 남자 재가신도를, '우바이'는 여자 재가신도를 말함.

[원문]

끠其·읈一·빅百·칧七·씹十·싀二
하·늘·토:뮈·며·짜·토:뮈더·니·셰世·개界ㅅ썅祥·쒸瑞·를어·느:다솔·ᄫ·리
봉風륳流ㅅ소·리·도:닐·며·뼝病ᄒᆞ·니·도[557]):됴터·니·즁衆싱生·리利·혁益·을어·느:다솔·ᄫ·리

[현대역]

[세존께서 사위국에 도착하시니] 하늘도 움직이며 땅도 움직이더니 세계의 상서를 어찌 다 말씀드리리(말씀드릴 수 있겠습니까)?
풍류 소리도 일어나며 아픈 사람도 좋아지더니(병이 낫더니) 중생의 이익을 어찌 다 말씀드리리(말씀드릴 수 있겠습니까)?

[배경]

세존께서 수달이 지은 사위국의 정사에 도착하시니 큰 광명이 삼천대천세계를 다 비추고, 세존께서 발가락으로 땅을 누르시니 땅이 온통 흔들리며 그 성 안에 있는 모든 악기가 저절로 소리가 나고, 병을 앓던 모든 사람이 모두 나아 병상에서 일어났다.
이런 크고 넓은 부처의 공덕은 이 세상에서 다시 볼 수 없는 장관이었다.

[어절 분석]

①하·늘·토#:뮈·며#·짜·토#:뮈더·니#·셰世·개界ㅅ#썅祥·쒸瑞·를#어·느#:다#솔·ᄫ·리
봉風륳流ㅅ#소·리·도#:닐·며#②·뼝病ᄒᆞ·니·도#③:됴터·니#·즁衆싱生#·리利·혁益·을#어·느#:다#솔·ᄫ·리

[주석]

① 하·늘·토
⇒ 하ᄂᆶ(명사) + 도(보조사)

◎ '하ᄂᆶ'은 'ㅎ' 말음체언이며, 말음 'ㅎ'와 보조사 '도'가 축약되어 '토'로 표기되었다.

557) <月印 上:063b>

② ·뼝病ᄒᆞ·니·도

⇒ [뼝(어근) + -ᄒᆞ(동사 파생 접사)]- + -ㄴ(관형사형 어미) # 이(대명사) + 도(보조사)

◎ '뼝ᄒᆞ니도'를 띄어쓰기로 표기하면 '뼝ᄒᆞᆫ 이도'로 정리할 수 있다. 'ᄒᆞᆫ'과 '이'가 연철 표기되어 'ᄒᆞ니'로 표기되었다.

③ :됴터·니

⇒ 둏-(형용사 어간) + -더-(시상의 선어말어미) + -니(연결어미)

◎ 현대국어 '좋-'의 후기중세국어 어형인 '둏-'은 15세기 문헌에서부터 나타난다. 『우리말샘』에 따르면, 16세기 문헌에 연결어미 '-아'와 결합할 때 '됴ᄒᆞ야'로 나타난 예가 있다는 점을 고려하면 16세기까지는 '둏-'와 '됴ᄒᆞ-'의 형태가 쌍형어 관계로 존재하였음을 알 수 있다. 근대국어 시기에 'ㄷ' 구개음화를 겪으면서 18세기에 '죻-'의 형태가 등장하였고, 이 시기에 치경음이었던 'ㅈ, ㅊ'가 경구개음으로 변하여 '죠'와 '조'의 발음이 같아지면서 19세기에는 '좋-'의 형태가 나타나 현재에 이르고 있다. 15세기 형태인 '둏-'은 표기상으로는 20세기 문헌에까지 나타나지만 근대국어 시기에는 구개음화로 인해 '둏-'와 '죻-'의 발음이 동일했을 것으로 추정되며, 20세기 문헌에 나타나는 '죻-'의 형태도 '좋-'와 발음이 동일한 것으로 보인다. '죻-'의 형태는 20세기에서도 신소설에만 보이고 그 이후의 자료에서는 모두 '좋-'의 형태만이 쓰였다.

[원문]

끠其·히ᇙ一·빅百·치ᇙ七·씹十삼三

슈須·따ᇙ達·이쪙情쎵誠·일·씨·씹十·ᄇᆞᇙ八·ᅙᅳᆨ億·즁衆·위爲·ᄒᆞ·샤·묳妙·법法·을니ᄅᆞ·시·니

공公:쥬主ㅣ쪙情쎵誠·일·씨무無:비比신身·이:뵈·샤·싱勝만鬘경經·을니ᄅᆞ·시558)·니

[현대역]

수달이 [세존을 위한 정사를 짓는 데 지극한] 정성이므로 [세존께서] 십팔억(이나 되는) 중생을 위하시어 묘법을 말씀하시니(설법하시니).

[사위국 바사닉559)왕의] 공주가 [불도를 배우는 데] 정성이므로 [세존께서] 무비신이(무비신

558) <月印 上:064a>

559) 바사닉(波斯匿): 범어 'Prasenajit'의 음사로, 석가모니와 같은 시대의 중인도 사위국의 왕. 불교를 믿고 보호

으로) 보이시어 [공주에게] 승만경560)을 말씀하시니(설법하시니).

[배경]

수달이 정성으로 정사를 지음으로 말미암아 그지없는 공을 쌓아, 사위국의 18억이나 되는 중생을 위하여 세존이 묘법을 설법하셨다.
이때 사위국의 바사닉왕과 왕비 말리부인이 세존을 뵙고 "딸 승만이 총명하니 부처님을 뵙기만 하면 쉽게 득도할 것인 바, 잘 가르쳐 주소서."라고 진심으로 청하였다. 세존께서 그 뜻을 가상하게 여기시고 사람을 보내시어 공주에게 경문을 가르치게 하셨다. 또한 세존께서 몸소 무비신561)으로 현신하시어 공주에게 승만경을 설법하셨다.

[어절 분석]

슈須·땋達·이#쪙情쎵誠·일·씨#·씹十·밣八·흑億#①·즁衆#·위爲·ᄒᆞ·샤#·묳妙·법法·을#니ᄅᆞ·시·니
공公:쥬主ㅣ#쪙情쎵誠·일·씨#무無:비比신身·이#②:뵈·샤#·싱勝만鬘경經·을#니ᄅᆞ·시·니

[주석]

① ·즁衆
⇒ 즁(명사)

◎ '즁'은 '중생(衆生)'의 약어이다.

② :뵈·샤
⇒ [보-(어근) + -이(피동 접사)]- + -시-(주체 높임의 선어말어미) + -아(연결어미)

◎ '뵈-'는 '보-'의 피동형이다.

(保護)했음. 석가모니를 존경하여 기원정사까지 찾아와 가르침을 얻고 귀의하였으며, 석가모니와 같은 석가족 출신의 여자를 아내로 맞이하였음.

560) 승만경(勝鬘經): 불교의 대승경전 가운데 여래장사상(如來藏思想: 모든 중생이 여래의 성품을 갖추고 있다는 사상)을 천명하는 대표적인 경전. '승만사자후일편대방편방광경(勝鬘獅子喉一乘大方便方廣經)'의 약칭으로, '승만부인이 일승(一乘)의 대방편을 널리 전개시키기 위하여 사자후 한 것을 수록한 경'이라는 뜻. 바사익왕의 딸로서 아유사국으로 시집간 승만부인이 세존께 대하여 자기 사상을 여쭙고 세존이 이를 기쁘게 받아들인 것을 내용으로 한 불경.

561) 무비신(無比身): 부처의 이칭(異稱). 무비신은 비교할 데가 없는 몸이니, 세존은 워낙 거룩하여 세간에 비교할 대상이 없다는 뜻에서 이르는 말.

[원문]

ᄁᆈ其·ᅙᅵᇙ一·ᄇᆡᆨ百·치ᇙ七·씹十·ᄉᆞ四
슈須·따ᇙ達·이·그리:ᄉᆞᆸ더·니·셰世존尊ㅅ·긔ᄉᆞᆯ·ᄫᅡ·톱·과터·리·ᄅᆞᆯ바·다ᄀᆞ·초ᅀᆞ·ᄫᆞ·니
슈須·따ᇙ達·이·뼈ᇰ病·ᄒᆞ·얫더·니·셰世존尊·이·가·보·샤하阿나那ᅘᅡᆷ含·ᄋᆞᆯ·쓔ᇢ授·긔記·ᄒᆞ시·니

[현대역]

수달이 [세존을] 그리워하더니 [이를 아시고 세존께서 수달을 찾아오시니 수달이] 세존께 말씀드리어 [세존의] 손톱과 머리털을 받아서 [탑 속에] 갖추니(보관하니).
수달이 아파 있더니 세존께서 [수달에게] 가 보시어 [수달이] 아나함을 [얻을 것임을] 수기하시니.

[배경]

세존께서 사위국 수달이 지은 정사를 떠나시어 여러 나라를 돌아다니시며 설법하시던 동안에 수달은 늘 세존을 그리워하고 있었다. 때마침 세존께서 이를 아시고 수달을 찾아오셨다. 이에 수달이 세존께 청하기를 "아무 것이나 하나 주시면 그것을 기념을 삼아 공양하겠습니다."라고 말씀드렸다. 이에 세존께서 자신의 머리털과 손톱을 주시니, 수달이 탑을 세우고 굴을 뚫어 이를 받들어 모시고 공양하였다.
또한 후에 수달이 병들어 앓고 있거늘 세존께서 수달을 찾아오시어 "이 사람은 공덕이 크므로 반드시 아나함을 얻을 것이다."라고 수기하셨다.

[어절 분석]

슈須·따ᇙ達·이#①·그리:ᄉᆞᆸ더·니#·셰世존尊ㅅ·긔#ᄉᆞᆯ·ᄫᅡ#·톱·과#터·리·ᄅᆞᆯ#바·다#②ᄀᆞ·초ᅀᆞ·ᄫᆞ·니
슈須·따ᇙ達·이#③·뼈ᇰ病·ᄒᆞ·얫더·니#·셰世존尊·이#·가#·보·샤#하阿나那ᅘᅡᆷ含·ᄋᆞᆯ#·쓔ᇢ授·긔記·ᄒᆞ시·니

[주석]

① ·그리:ᄉᆞᆸ더·니
⇒ 그리-(동사 어간) + -ᄉᆞᆸ-(객체 높임의 선어말어미) + -더-(시상의 선어말어미) + -니(연결어미)

◎ '그리-'의 대상인 '셰존'을 높이기 위해 '-ᄉᆞᆸ-'이 쓰였다. 한편 '수달'은 화자보다 높은 대상이지만 '셰존'보다는 위상이 낮기 때문에 '-시-'가 쓰이지 않았다.

② ᄀᆞ·초ᅀᆞ·ᄫᆞ·니
⇒ ᄀᆞ초-(동사 어간) + -ᅀᆞᆸ-(객체 높임의 선어말어미) + -(ᄋᆞ)니(평서형 종결어미)

◎ 'ᄀᆞ초-'의 대상인 세존의 '톱과 터리'를 높이기 위해 '-ᅀᆞᆸ-'가 쓰였다. 한편 후기중세국어의 'ᄀᆞ초-'는 '갖추다'와 '감추다'의 두 가지 뜻을 다 가지고 있었는데, 남광우·성환갑(1978/1982: 289)과 허웅·이강로(1962/1999: 297)에서는 여기에서의 'ᄀᆞ초-'의 의미를 '감추다'로 보고 있다. 그런데 문맥상 공양의 대상인 세존의 손톱과 머리털을 탑에 넣어 두는 행위를 '감추다'로 볼 수 있을지 의문이다. 기41에서도 실달 태자가 쏘신 화살을 천인들이 천상탑에 넣어 영세 동안 전하는 내용이 있는데, 이때도 'ᄀᆞ초-'의 의미를 '감추다'가 아닌 '(탑에) 갖추다'로 보았다. 기56, 기64도 동일하다. 따라서 여기에서의 'ᄀᆞ초-'의 의미도 '갖추다'로 보고자 한다.

③ ·뼝病·ᄒᆞ·얫더·니
⇒ [뼝(어근) + -ᄒᆞ(동사 파생 접사)]- + -아(연결어미) # 잇-(동사 어간) + -더-(시상의 선어말어미) + -니(연결어미)

◎ '뼝ᄒᆞ- + -아'의 과정에서 '-아'는 '-야'로 교체되었고, '뼝ᄒᆞ야 # 잇- > 뼝ᄒᆞ얫-'의 과정에서 '잇-'의 '이'는 활음화를 통해 반모음 'y'가 되었다.

[원문]

끠其·ᅙᅵᇙ一·빅百·치ᇙ七·씹十:오五
562)두ᇹ兜·소ᇙ率텬天·에올·아·가·몸·이텬天:ᄌᆞ子ㅣ ᄃᆞ외·오·득德·을·그·려·보·ᅀᆞᆸ고·져ᄒᆞ·니
·셰世존尊ㅅ·긔ᄂᆞ·려·와몸·애·방放광光ᄒᆞ·고·꼐偈·ᄅᆞᆯ지·ᅀᅥ·잔讚·탄歎·ᄒᆞ·ᅀᆞᄫᆞ·니

[현대역]

[수달이 죽은 후에] 도솔천에 올라 몸이 천자563)가 되고 [세존의] 덕을 그리워하여 [세존을] 뵙고자 하니.
[도솔천의 천자 수달이] 세존께 내려와 몸에서 방광하고 게를 지어 [세존을] 찬탄하니.

562) <月印 上:064b>
563) 천자(天子): 천계에 사는 신. 또는 천제(天帝)의 명을 받아서 천하를 다스리는 사람.

[배경]

아나함을 얻을 것이라는 세존의 수기를 받은 수달이 이 세상을 떠난 뒤, 도솔천에 올라 도솔천자가 되었다. 이에 수달은 모두 세존의 공덕이라 생각하고 다시 부처를 뵙고자 하였다.
그리하여 눈 깜짝할 사이에 세상에 내려와 세존을 뵙고 머리를 조아려 세존 옆에 앉으니, 몸에서 광채가 나고 그 빛이 그가 이룩한 기원정사가 있는 기수급고독원[564]을 모두 비추거늘 게를 지어 세존의 공덕을 찬탄하고 바로 다시 하늘로 올라갔다.

[어절 분석]

둫兜·소ᇙ率텬天·에#①올·아·가#·몸·이#②텬天:ᄌᆞ子ㅣ#ᄃᆞ외·오#·득德·을#③·그·려#·보·ᅀᆞᆸ고·져#ᄒᆞ·니

·셰世존尊ㅅ·긔#ᄂᆞ·려·와#몸·애#·방放광光ᄒᆞ·고#·꼥偈·룰#지·석#④·잔讚·탄歎·ᄒᆞ·ᅀᆞᄫᆞ·니

[주석]

① 올·아·가

⇒ [{오ᄅᆞ-(동사 어간) + -아(연결어미)} + 가-(동사 어간)]- + -아(연결어미)

◎ 『표준국어대사전』에서는 현대국어 어휘 '올라가-'를 통사적 합성어로 제시하고 있으므로 후기중세국어 어형 '올아가-'를 통사적 합성어로 보고자 한다.
고영근(1987/2010: 125~126)에 따르면, 15세기의 'ᄅᆞ/르'로 끝나는 용언이 활용할 때에는 두 가지 양상으로 보인다. '다ᄅᆞ-'와 '그르-' 같은 경우, 모음이 탈락하고 후두유성음 'ㅇ'가 얹혀서 '다ᄅᆞ-~달ㅇ-', '그르-~글ㅇ-'로 교체되었다. 이와 달리 '모ᄅᆞ-'와 '브르-' 같은 경우, 'ᄅᆞ/르'의 'ㆍ/ㅡ'가 탈락하고 'ㄹ'가 첨가되어 '모ᄅᆞ-~몰ㄹ-', '브르-~블ㄹ'로 교체되었다. 이후에 'ㄹ'를 첨가하는 활용형이 우세해지면서 현대국어의 '르' 불규칙 활용에서처럼 'ㄹ'가 덧생기는 쪽으로 통일되었다.

◎ 『우리말샘』에 따르면, 현대국어 '오르-'의 후기중세국어 어형인 '오ᄅᆞ-'는 자음이나 매개모음으로 시작하는 어미가 결합할 때에는 '오ᄅᆞ거늘, 오ᄅᆞ시고'와 같이 '오ᄅᆞ-'로, 모음으로

564) 기수급고독원(祇樹給孤獨園): 범어 'Jetavana Anāthapiṇḍadasyārāma'의 음역. 사위성 남쪽에 인접해 있는 동산으로, 수달이 기타 태자에게 황금을 주고 매입하여 이곳에 기원정사(祇園精舍)를 지어 석가모니에게 바침.

시작하는 어미가 결합할 때에는 '올아'와 같이 '올ㅇ-'으로 실현되어 '오ᄅᆞ-/올ㅇ-'의 교체를 보였다. 16세기에 모음 'ㆍ'의 1차 소실로 인해 2음절 이하의 'ㆍ'가 'ㅡ'로 변하였는데, '오ᄅᆞ-'도 이로 인해 '오르-'의 형태가 되었다. 한편 16세기에 'ㄹ' 뒤에 오던 유성후두마찰음 'ㅇ[ɦ]'이 탈락하면서 'ㄹ'가 첨가되어 모음으로 시작하는 어미가 결합할 때에도 '올라'와 같이 '올ㄹ-'의 형태로 활용하게 되었으며, 17세기까지 '올ㅇ-'과 '올ㄹ-'이 공존하다가 18세기부터 '올ㄹ-'로 통일되어 자음이나 매개모음으로 시작하는 어미가 결합할 때에는 '오르-', 모음으로 시작하는 어미가 결합할 때에는 '올ㄹ-'이 일반화되었다.

◎ 현대국어 어휘 '올라가-'의 후기중세국어 어형인 '올아가-'는 15세기 문헌에서부터 나타난다. 상술한 바와 같이 15세기 국어에서 '오ᄅᆞ-'는 모음으로 시작되는 어미 앞에서 '올ㅇ-'으로 어간이 변하기 때문에 '올아가-'의 형태로 나타난다. 16세기에 'ㄹ' 뒤에 오던 유성후두마찰음 'ㅇ[ɦ]'이 탈락하면서 'ㄹ'가 첨가되어 모음으로 시작하는 어미가 결합할 때에도 '올라'와 같이 '올ㄹ-'의 형태로 활용하여 '올아가-'의 형태가 '올라가-'의 형태를 가지게 되어 현대에 이르고 있다.

② 텬天:ᄌᆞ子ㅣ#ᄃᆞ외·오
⇒ 텬ᄌᆞ(명사) + 이(보격조사) # ᄃᆞ외-(동사 어간) + -고(연결어미)

◎ '텬ᄌᆞ'의 마지막 음절에 非 'i'계 모음이 쓰였기에 보격조사 '이'가 'ㅣ'로 교체되었다.

◎ 'ᄃᆞ외-'의 반모음 'y'로 인해 '-고'의 'ㄱ'가 약화되어 '-오'로 교체되었다.

③ ·그·려#·보·ᅀᆞᆸ고·져#ᄒᆞ·니
⇒ 그리-(동사 어간) + -어(연결어미) # 보-(동사 어간) + -ᅀᆞᆸ-(객체 높임의 선어말어미) + -고져(연결어미) # ᄒᆞ-(동사 어간) + -니(평서형 종결어미)

◎ '그리-'와 '보-'의 대상은 '세존'이다. '세존'을 높이기 위해 '-ᅀᆞᆸ-'이 쓰였다.

④ ·잔讚·탄歎·ᄒᆞ·ᅀᆞᄫᆞ·니
⇒ [잔탄(어근) + -ᄒᆞ(동사 파생 접사)]- + -ᅀᆞᆸ-(객체 높임의 선어말어미) + -(ᄋᆞ)니(평서형 종결어미)

◎ '잔탄ᄒᆞ-'의 대상인 '세존'을 높이기 위해 '-ᅀᆞᆸ-'가 쓰였다.

[원문]

끵其·힗一·빅百·칧七·씹十·륙六

·칧七년年·을믈·리져·ᄒᆞ·야·츓出가家·룰거·스·니·빯跋뗴提:말·이:긔아·니:웃ᄫᅳ·니

565)·칧七·싏日·올믈·리져·ᄒᆞ·야·츓出가家·룰일·우·니하阿나那·륧律:말·이:긔아·니·올ᄒᆞ·니

[현대역]

칠 년을 미루고자 하여 출가를 거스르니 발제566)의 말이 그것이 아니 우스우니(우스운가).
칠 일을 미루고자 하여 출가를 이루니 아나율567)의 말이 그것이 아니 옳으니(옳은가).

[배경]

세존께서 미니수국(彌尼捜國)에 계실 때, 석가 씨의 자제들이 출가하여 수도하려 하였다. 그때 발제라는 사람이 아나율에게 말하기를 "너무 급히 출가하지 말고 앞으로 7년 동안 인간의 모든 욕망과 세상 재미를 실컷 누리고 나서 출가하자."라고 하였다. 이에 아나율이 대답하기를 "사람의 목숨은 무상한 것이니, 7년은 너무 길다."라고 하였다, 이후 7년이 6년으로, 다시 5년으로 차차 내려가 마침내 7일을 기한으로 출가하기로 하였다.

[어절 분석]

·칧七#년年·을#①믈·리져#·ᄒᆞ·야#·츓出가家·룰#거·스·니#·빯跋뗴提#:말·이#②:긔#아·니#③:웃ᄫᅳ·니

·칧七#·싏日·올#믈·리져#·ᄒᆞ·야#·츓出가家·룰#일·우·니#하阿나那·륧律#:말·이#:긔#아·니#④·올ᄒᆞ·니

[주석]

① 믈·리져#·ᄒᆞ·야

⇒ 믈리-(동사 어간) + -져(연결어미) # ᄒᆞ-(동사 어간) + -아(연결어미)

---

565) <月印 上:065a>

566) 발제(跋提): 석가모니의 사촌동생으로, 출가하여 석가모니의 5대 비구 중의 하나가 된 사람.

567) 아나율(阿那律): 범어 'Aniruddha'의 음사로, '아루타(阿樓陀)·아누타(阿耨馱)·아누루타(阿耨樓馱)·아니루타(阿尼樓陀)·아니율타(阿泥律陀)' 등으로 음역하며, '무멸(無滅)·여의(如意)·무탐(無貪)·무장(無障)·선의(善意)·수순의인(隨順義人)·부쟁유무(不爭有無)' 등으로 한역함. 석가모니의 10대 제자 중 한 사람으로 육안을 못 쓰는 대신 천안(天眼)이 열려 '천안제일'이라 불렸고, 석가모니가 입적하던 해, 경전을 결집할 때 그 자리에 참석하여 일익을 담당하였다고 함.

◎ '믈리-'는 '물리다, 물리치다'를 의미한다. '-져'는 남광우·성환갑(1978/1982: 291)에서는 원망을 의미하는 연결어미로, 허웅·이강로(1962/1999: 299)에서는 함께함을 나타내는 씨끝 즉, 청유형 어미 '-자'로 설명하고 있다. 여기에서는 남광우·성환갑(1978/1982)의 의견을 수용하기로 한다.

② :긔
⇒ 그(대명사) + ㅣ(주격조사)

◎ 주격조사 'ㅣ'는 체언 말음절에 받침이 없고 체언 말음절의 모음이 일반 모음(非 'i'계모음인 '아, 어, 오, 우' 등)일 때 쓰이며, 독립된 음절을 형성하지 못하고 체언 말음절의 모음에 융합되어 나타난다. 다만 한자(漢字)로 표기된 체언 아래에서는 'ㅣ'가 독립되어 표기된다. 한편 '그'는 성조가 [L]이고 주격조사 'ㅣ'는 [H]인데, 상술한 바와 같이 'ㅣ'는 체언 말음절에 융합되어 나타나므로 '긔'는 성조가 [R]로 나타나고 있다.

③ :웃ᄫᅳ·니
⇒ [웃-(어근) + -브(형용사 파생 접사)]- + -니(평서형 종결어미)

◎ '웃ᄫᅳ니'에서는 특이하게 형용사 파생 접사로 '-브-'를 취하지 않고 '-ᄫᅳ-'를 취하고 있다. 허웅·이강로(1962/1999: 299)에서는 '우ᇫᄫᅳ-'를 취하고 있는 다음의 용례를 제시하고 있다[568].

예) ㉮ 오ᄂᆞᆳ나래 내내 우ᇫᄫᅳ리 <龍歌 16>
㉯ 世尊ㅅ 말ᄋᆞᆯ 우ᇫᄫᅵ 너기니 <月釋 7:6b>
㉰ 그낤 말이 내내 우ᇫᄫᅳ리 <月釋 20:61a>

위 용례에서의 '우ᇫᄫᅳ-'의 경우와 같이 유성음과 유성음 사이에 놓인 'ㅂ'가 'ㅸ'로 변하는 예를 15세기 문헌에서 확인할 수 있다. 특히 『용비어천가(龍飛御天歌)』에서는 이러한 변이가 규칙적으로 일어남을 '셔ᄫᅳᆯ(京), ᄉᆞᄀᆞᄫᆞᆯ(鄕), ᄒᆞᄫᆞᅀᅡ(獨), 대ᄫᅥᆷ(虎), 열ᄫᅳᆫ(薄), 우ᇫᄫᅳ-(笑)' 등에서 확인할 수 있다. 김완진(1973: 43)에서는 15세기의 문헌에는 '웃-(笑)'의 어간이 분명히 'ㅿ'을 가지고 있었고, 그 뒤에는 'ㅿ'의 음운변화의 통례에 어긋남이 없이 그 탈락형을 보이던 것인데도 불구하고 현대어의 어형은 '웃-'으로 분명히 'ㅅ' 말음을 가진 모습이 되어 있다면서

568) 허웅·이강로(1962/1999: 299)에서는 '우ᇫᄫᅳ-'를 취하고 있는 용례로 '跋提 말이 긔 아니 우ᇫᄫᅳ니 <月釋 7:1a>'를 제시하고 있으나 실제 원문을 살피면 '웃ᄫᅳ니'로 쓰여 있다. 따라서 해당 용례를 제외하고 '㉰ 그낤 말이 내내 우ᇫᄫᅳ리 <月釋 20:61a>'를 추가하였다.

이런 특이한 발달을 방언형의 틈입(闖入)으로 설명하였다. 즉 'ㅿ'의 소멸 이후에 '웃-'의 모음 앞에서의 형태가 '우-'로 변했다는 점은 수많은 예(우음, 우움, 우으니, 우어라, 우읍다 등)를 통해 뒷받침이 되는데, 이 시기의 언중들에게는 종종 곤혹스럽기 그지없는 동음의 경우가 발생했을 것이라고 짐작하였다. 가령 '웃-'에 '-으니'라는 어미를 붙였을 때 일단은 '우으니'라는 형태가 나오지만, 흔히는 축약의 결과로 '우니'로 발음되는 것인데, 이 형태는 '울-(泣)'에 '-으니'가 붙어 이루어지는 '우니'와 발음상으로 완전히 일치됨으로써 동음이 되어서는 안 될 이들 두 동사 어간의 형태소의 음운론적 외형을 혼동이 생기지 않도록 조정하는 것이 필요했는데, 가장 알맞은 수순으로 '웃-'의 방언형인 '웃으니'를 끌어들이는 일이었다고 보았다. 한편 조규태(2007/2010: 63)에서는 '웃ᄫᅳ리'의 형태소 분석과 관련하여 다음과 같이 두 가지 측면에서 살피고 있다. 첫째, '웃-'의 기본 형태를 '웃-'로 보는 경우, 어간 '웃-'이 모음 어미 앞에서는 '우수믈, 우ᅀᅥ늘' 등에서처럼 기본 형태로 쓰이지만, 자음 어미 앞에서는 '웃게, 웃디' 등과 같이 '웃-'으로 변이되어 쓰이므로 기본 형태인 '웃-'에 파생접미사 '-브-'가 결합되어 '-브-'가 유성음 사이라는 환경에서 '-ᄫᅳ-'로 바뀌게 되어, '웃ᄫᅳ리'와 같은 형태가 생기게 되었다는 것이다. 둘째, 과잉수정형의 관점에서 '웃-'의 기본형을 '웃-'으로 보고, '웃-'에 '-브-'가 결합되면 '웃브-'가 되어야 하는데, 유성음 사이에서 '웃-, -ᄫᅳ-'로 표기해야 한다는 의식이 지나쳐 과잉수정형 '웃ᄫᅳ-'로 표기하게 되었다는 것이다.
남광우·성환갑(1978/1982: 291~292)에서는 기본적으로 '웃- + -브- + -니'로 분석하였다. 또한 다른 문헌에서 '웃ᄫᅳ니, 웃ᄫᅳ리, 웃ᄫᅵ' 등으로 표기된 예를 들면서, 여기에서의 '웃ᄫᅳ니'는 '웃브니, 우ᅀᅳᄫᅳ니'의 양형태에서 뽑아낸 이상적 표기였을 것으로 보고 있다.

④ ·올ᄒᆞ·니
⇒ 올ᄒᆞ-(형용사 어간) + -니(평서형 종결어미)

◎ 현대국어 어휘 '옳-'의 후기중세국어 어형인 '올ᄒᆞ-'는 15세기 문헌에서부터 나타나는데, 이후 '올ᄒᆞ-'에서 'ㆍ'가 탈락하면서 어간이 '옳-'로 재구조화가 되어 현재의 '옳-'의 형태로 이어진다.

[원문]

끵其·읧一·빅百·칧七·씹十·칧七
난難땅陁·ᄅᆞᆯ·귷救·호리·라·삐比쿻丘밍·ᄀᆞ·ᄅᆞ시·고:뷘빵房·올ᄃᆡᄒᆞ·라·ᄒᆞ시·니
가·시·그·리ᄫᅳᆯ·씨·솅世존尊·나신ᄉᆞ·ᄫᅵ·로:녯지·븨:가리·라ᄒᆞ·니

[현대역]

[세존께서] 난타를 구하리라 [하셔서 난타를] 비구로 만드시고, [세존께서 머무시는] 빈방을 지키라 하시니.
[난타는] 아내가 그리우므로 세존께서 [밖에] 나가신 사이에 옛집에 가리라 하니.

[배경]

세존의 이복 아우 난타는 제 아내와 떨어지기 싫어 출가를 꺼리고 있었다. 마침 이때 세존께서 가비라국에 오셔서 난타의 집에 걸식하러 가셨다. 난타가 나와 세존께 절하고 바리를 받아 안에 들어가 밥을 담아 가지고 와서 세존께 바쳤다. 그러나 세존께서 받지 않으시므로 할 수 없이 바리를 들고 세존의 뒤를 따라 이구루(尼拘屢) 정사까지 왔는데, 세존께서 난타의 머리를 깎으시어 중으로 만드셨다.
난타가 머리를 깎여 중이 되고도 늘 집에 가고자 하였다. 세존께서 이를 미리 아시고 언제나 난타와 함께 계시어, 난타는 뜻을 이루지 못하고 항상 세존께서 외출하시기만을 고대하였다.

[어절 분석]

난難따陁·ᄅᆞᆯ#·구ᇹ救·호리·라#·삐比쿻丘#밍·ᄀᆞ·ᄅᆞ시·고#①:뷘#ᄈᆞᆼ房·ᄋᆞᆯ#딕ᄒᆞ·라#·ᄒᆞ시·니
②가·시#·그·리ᄫᅳᆯ·씨#·셰世존尊#·나신#ᄉᆞ·ᅀᅵ·로#:녯#지·븨#③:가리·라#ᄒᆞ·니

[주석]

① :뷘#ᄈᆞᆼ房·ᄋᆞᆯ#딕ᄒᆞ·라
⇒ 뷔-(동사 어간) + -ㄴ(관형사형 어미) # ᄈᆞᆼ(명사) + ᄋᆞᆯ(목적격조사) # [딕(어근) + -ᄒᆞ(동사 파생 접사)]- + -라(명령형 종결어미)

◎ 현대국어 어휘 '비-'의 후기중세국어 어형은 '뷔-'이며, '븨-'의 형태는 드물게 발견된다. 그런데 일반적으로 근대국어 후기의 단모음화로 인해 19세기 문헌에서는 '비-'의 형태가 보일 것이 예상되나 19세기까지는 '뷔-'와 '븨-'의 용례가 확인된다.

◎ 현대국어 '지키-'의 후기중세국어 어형인 '딕ᄒᆞ-'는 15세기 문헌에서부터 나타난다. '딕ᄒᆞ-'는 한자 어근 '딕(直)'과 동사 파생 접사 'ᄒᆞ-'가 결합된 것으로, '직(直)'을 당시 한자음 '딕'으

로 읽어 표기한 것이다. 후기중세국어 문헌에서는 '딕희-'의 제1음절 종성 'ㄱ'와 제2음절 초성 'ㅎ'가 축약되어 'ㅋ'로 소리 나는데 이를 반영한 '딕킈-', '디킈-'가 발견되며, '딕희-'의 형태도 발견된다. '딕희-', '딕킈-', '디킈-'의 제1음절 '디'는 근대국어 시기에 구개음화를 겪으면서 '지'가 되고 제2음절의 모음 'ㅢ'는 자음 뒤에서 'ㅣ'로 변하여 18세기와 19세기 문헌에서는 '직히-', '직키-'의 형태가 나타난다. '직히-', '직키-'를 소리 나는 대로 표기한 '지키-'의 형태가 19세기 문헌에서부터 나타나 현재까지 이어진다.

② 가·시
⇒ 갓(명사) + 이(주격조사)

◎ '처(妻)'의 의미를 갖는 후기중세국어의 어휘로는 '갓, 안해, 겨집, 마누라' 등이 있다. 이 중에서 '갓'은 15세기 문헌에서부터 보이지만 16세기 이후로는 발견되지 않는다. 아마도 의미상 경쟁 관계였던 '안해'에 그 자리를 물려주고 사라진 것으로 추정된다. 현대국어 경상 방언과 전남 방언에서 쓰이고 있는 '가시나, 가시내'는 이 '갓'에서 기원한 것이다.

③ :가리·라
⇒ 가-(동사 어간) + -오-(의도의 선어말어미) + -리-(의지의 선어말어미) + -다(평서형 종결어미)

◎ 한편 '가-'의 성조는 [L]인데 후행하는 '-오-'와 축약되어 상성의 ':가-'로 표기되었다. 또한 '-리-' 뒤에서 '-다'가 '-라'로 교체되었다.

[원문]

569)끠其·ᅙᅵᇙ一·ᄇᆡᆨ百·ᄎᆶ七·씹十·ᄇᆶ八
뼝甁·읫·믈·이ᄢᅵ·며다·돈·이·피:열어·늘부·러:뷘·길·ᄒᆞᆯ·ᄎᆞ·자·가더·니
·셰世존尊·올맞·나ᅀᆞ·ᄫᆡ·며즘·게남·기들·여·늘구·쳐:뵈ᅀᆞᆸ·고조ᄍᆞ·ᄫᆞ오·니

[현대역]
[난타가 물을 담은] 병에 있는 물이 넘치며 닫은 문이 열리거늘 일부러 [세존께서 다니시지 않는] 빈 길을 찾아가더니.

569) <月印 上:065b>

[세존께서 다니시지 않는 빈 길로 가다가] 세존을 [길에서] 만나며 [큰 나무 뒤에 숨거늘] 큰 나무가 [저절로 공중으로] 들리거늘 하는 수 없이 [세존을] 뵙고 좇으니(뒤따르니).

[배경]

난타는 기회만 있으면 아내를 만나러 집으로 가려고 하였다. 하루는 세존께서 제자와 외출하셨다. 난타가 어서 나가고 싶으나 자신이 해야 할 일을 다 하고 가려고 병에 물을 담는데, 한 병에 물을 채우면 다른 병의 물이 넘쳐 없어지고, 그 병에 물을 다 담으면 물을 먼저 담은 병의 물이 없어지는 등, 얼마 동안 계속 물 담기를 반복하다가 하는 수 없이 그냥 가려고 집을 나오면서 문을 닫았다. 그런데 한쪽 문을 닫으면 다른 문이 열리고 열린 문을 닫으면 또 다른 문이 열려 문 닫기를 반복하다가, 이도 별다른 수가 없다고 생각하여 내버려 두고, 세존께서 다니시지 않는 길을 택하여 도망쳐 나왔다.
난타가 신이 나서 길을 내려가는데 하필 세존께서 그 길로 올라오시고 계시므로, 급한 김에 나무 뒤에 들어가 숨었다. 그런데 그 나무가 저절로 공중에 번쩍 들렸다. 난타는 어쩔 수 없이 세존께 인사드리고 다시 정사로 돌아왔다.

[어절 분석]

①뼈ᇰ瓶·읫#·믈·이#②ᄢᅵ·며#③다·ᄃᆞᆫ#·이·피#④:열어·늘#부·러#:뷘#·길·ᄒᆞᆯ#·ᄎᆞ·자·가더·니
·셰世존尊·ᄋᆞᆯ#⑤맛·나ᅀᆞ·ᄫᆞ·며#즘·게#님·기#⑥들·여·늘#구·쳐#⑦:뵈ᅀᆞᆸ·고#조ᄍᆞ·ᄫᅡ#오·니

[주석]

① 뼈ᇰ瓶·읫

⇒ 뼈ᇰ(명사) + 읫(관형격조사)

◎ '읫'은 부사격조사 '의'와 관형격조사 'ㅅ'가 결합한 복합조사이다. 현대국어에서 조사끼리 결합할 때에는 반드시 '의미격 + 구조격'의 순서를 갖는다. 구조격조사가 의미격조사에 후행한다는 논의는 이미 1990년대 초반의 생성문법 기반의 연구에서 다루어졌다. 대표적으로 고창수(1992)에서는 구조격조사가 통사적 구조를 폐쇄하며 의미격조사에 후행한다는 것을 기본 논의로 다루고 있다. 황화상(2003: 133)에서는 구조격조사가 선행할 경우, 명사구 전체를 작용역으로 하지 못하므로 늘 구조격조사가 후행한다고 하였다. 임동훈(2004: 124)에서도 문법격과 의미격이 중첩될 때에는 항상 문법격이 의미격에 후행한다고 기술하였다.

② 삐·며
⇒ 삐-(동사 어간) + -며(연결어미)

◎ 후기중세국어의 '삐-'는 '넘치다'를 의미한다. 현대국어 어휘 '넘치-'는 통시적으로 '넘-'과 '삐-'가 결합한 비통사적 합성어이다.

③ 다·돈#·이·피
⇒ 닫-(동사 어간) + -오-(대상 활용의 선어말어미) + -ㄴ(관형사형 어미) # 잎(명사) + 이(주격조사)

◎ 허웅·이강로(1962/1999: 74)에 따르면, 관형사형에 삽입되는 '-오-/-우-'는 주체가 화자가 자신임을 나타냄이 아니라, 그 다음에 오는 수식을 받는 말이, 이 동사의 의미상의 목적어가 됨을 나타낸다. 즉, '다돈'의 피수식어 '잎'은 이 '돋-'의 의미상 목적어이며, 이것을 '대상활용'이라 한다. 이 문장에서는 주어가 나타나 있지 않지만 의미상 주어는 '난타'이다. 한편 '잎'은 '문호(門戶)', 즉 '출입구'를 의미하며, 8종성법에 의한 '입(예: 입홀 <初杜解 3:36a>)'의 형태도 사용되었다.

④ :열어·늘
⇒ 열-(동사 어간) + -거늘(연결어미)

◎ '열-'은 주로 타동사로 쓰이지만 여기에서는 자동사로 쓰였다. 만약 타동사로 쓰였다면 어간에 '-어늘'이 결합하여 '여러늘'로 표기되었어야 하지만, 자동사로 쓰였으므로 자동사 표지 '-거늘'이 후행하였다. '열-'의 종성 'ㄹ' 아래에서 '-거늘'의 'ㄱ'가 약화되어 '열어늘'로 표기되었다.

⑤ 맛·나숙·ᄫᆞ·며
⇒ [맞-(어근) + 나-(어근)]- + -숩-(객체 높임의 선어말어미) + -(ᄋᆞ)며(연결어미)

◎ 현대국어 어휘 '만나-'의 후기중세국어 어형인 '맛나-'는 15세기 문헌에서부터 나타난다. '맛나-'는 동사 '맞-'과 '나-'가 결합한 비통사적 합성어로, 8종성법에 따라 '맛나-'로 표기되었고, 『우리말샘』에 따르면, 15세기 문헌 중 『월인천강지곡(月印千江之曲)』에서만 '맞나-'로 표기되었다. 16세기에 종성의 'ㅅ'가 'ㄷ'로 중화되어 '맛나-'의 실제 발음은 [맏나]가 되었고, 여기에서 '나-'의 'ㄴ'의 영향으로 'ㄷ'가 비음 'ㄴ'가 되는 비음화로 인해 '만나-'의 형태가 생

성되었다. 19세기까지 '맞나-'와 '만나-'의 형태가 공존하다가 '만나-'로 통일되어 현재에 이르고 있다.

◎ '맞나-'의 대상인 세존을 높이기 위해 '-ᄉᆞᄫ-'가 쓰였다.

⑥ 들·여·늘
⇒ [들-(어근) + -이(사동 접사)]- + -어늘(연결어미)

◎ '들이-'는 '아래에 있는 것을 위로 올리다'를 의미하는 '들-'의 사동형이다. 문맥상 '즘게 남기'가 들리는 것이므로 피동형으로 보아야 하지만 타동사 표지 '-어늘'이 쓰였다는 점이 문제이다. '들이-' 뒤에서 '-거늘'의 'ㄱ'가 약화되어 '-어늘'의 형태로 교체되었다고 생각할 수 있다. 실제로 허웅·이강로(1962/1999: 303)과 남광우·성환갑(1978/1982: 294)에서는 '들이-'를 피동형으로 설명하고 있다. 그러나 자동사 표지 '-거늘'의 'ㄱ'가 약화되어 '-어늘'의 형태로 교체되었다면 '들이어늘'로 표기되어야 한다. 'ㄱ'가 약화되어 유성후두마찰음 'ㅇ[ɦ]'으로 교체되면 '-거늘'의 교체형 '-어늘'에 반모음 'y'가 삽입될 수 없기 때문이다. 문맥상 '난타가 큰 나무 뒤에 숨은 행위'가 '큰 나무'를 들리게 하는 것으로 이해해야 하므로 여기에서의 '들이-'는 '들-'의 사동형이 맞다. 따라서 사동형 '들이-' 뒤에 타동사 표지 '-어늘'이 쓰였고, '들이-'의 '이' 때문에 '-어늘'에 반모음 'y'가 삽입되어 '-여늘'로 교체되었다.

⑦ :뵈ᄉᆞᆸ·고#조ᅏᆞ·ᄫᅡ
⇒ [보-(어근) + -이(사동 접사)]- + -ᄉᆞᆸ-(객체 높임의 선어말어미) + -고(연결어미) # 좇-(동사 어간) + -ᄉᆞᆸ-(객체 높임의 선어말어미) + -아(연결어미)

◎ '뵈-'와 '좇-'의 대상인 세존을 높이기 위해 각각 '-ᄉᆞᆸ-'과 '-ᄌᆞᆸ-'가 쓰였다.

◎ 『고어사전』에서는 '좇ᄌᆞᆸ-'을 하나의 동사 어간으로 제시하고 있다. 그러나 후기중세국어 시기에 '좇-'과 '-ᄌᆞᆸ-'이 생산적으로 쓰였다는 점에서 '좇ᄌᆞᆸ-'을 하나의 어간으로 볼 수는 없다. '좇ᄌᆞᆸ- > 조ᅏᆞ-'으로의 표기를 설명하기 어렵다는 점에서 연유하는 듯하다. 그러나 이와 관련하여 '노ᄊᆞᆸ고 <釋譜 9:22b>, 저ᄊᆞᄫᅡ늘 <龍歌 61>'를 참고할 수 있다. 각각은 '놓- + -ᄉᆞᆸ- + -고', '젛- + -ᄉᆞᆸ- + -고'로 분석되는데, 어간 말음 'ㅎ'가 '-ᄉᆞᆸ-'의 초성에 연음되어 'ㅆ'로 표기되었다. 이러한 'ㅎ + ㅅ > ㅆ'의 표기는 'ㅎ'와 'ㅅ'가 모두 마찰음이라는 공통성을 지닌 것에서 연유한 것으로 볼 수

있다. 따라서 '좇-'의 말음 'ㅊ'가 'ㅎ'와 동일하게 유기음이면서 마찰의 과정을 거쳐 조음된다는 점에서 '좇-'의 'ㅊ'가 '-ᄉᆞᆸ-'의 'ㅅ'와 연음되어 'ㅆ'으로 표기된 것으로 추측할 수 있다. 그러나 '좇-'이 말음 'ㅊ'를 포함하여 표기되는 용례(예: 좇ᄌᆞᄫᆞ니 <龍歌 55>)가 『용비어천가(龍飛御天歌)』에서만 나타난다는 점이 문제이다. 『용비어천가(龍飛御天歌)』는 『훈민정음(訓民正音)』 해례의 표기 원칙인 '종성부용초성'에 따라 어형을 밝혀 적었고, 『용비어천가(龍飛御天歌)』를 제외한 다른 문헌에서는 '좇-'의 종성이 'ㅊ'로 나타나지 않는다. 즉, 『용비어천가(龍飛御天歌)』를 제외한 다른 문헌에서는 '좇-'이 '졷-, 좃-' 등으로 표기된다는 점을 고려하면, '좃- + -ᄌᆞᆸ- + -(ᄋᆞ)니'의 구성에서 '좃-'의 말음 'ㅅ'가 '-ᄌᆞᆸ-'의 초성 'ㅈ'와 연음되어 'ㅉ'로 표기된 것으로 이해해야 할 것이다. 허웅·이강로(1962/1999: 49)에서는 본문의 '조ᄍᆞᄫᆞ니'에 대해 '좇ᄌᆞᄫᆞ니'의 표음적 표기로 설명하고 있다.

[원문]

끠其·힗一·ᄇᆡᆨ百·칧七·씹十:궇九
가·싀·양樣:무·르시·고·눈:먼납무·러시·ᄂᆞᆯ·셰世존尊ㅅ:말·ᄊᆞᆯ:우ᇫ·ᄫᅵ너·기·니
570)도ᇰ忉·리利텬天·을:뵈시·고·띠地·옥獄·ᄋᆞᆯ:뵈·여시·ᄂᆞᆯ·셰世존尊ㅅ:말·ᄊᆞᆯ깃·비너·기·니

[현대역]

[세존께서 난타에게] 아내의 모습을 물으시고, [다음으로] 눈먼 원숭이를 [비교하여 아내의 모습을] 물으시거늘 [난타가] 세존의 말을 우습게 여기니.
[세존께서 난타에게] 도리천을 보이시고 [다음으로] 지옥을 보이시거늘 [그제야 난타가] 세존의 말을 기쁘게 여기니.

[배경]

세존께서 난타를 데리고 정사로 돌아오시어, "네 아내가 보고 싶어 갔던 것이냐?"하고 물으시니 난타가 "그렇습니다."라고 솔직히 대답하였다. 세존께서 다시 "네 아내가 예쁘냐?" 라고 물으시니 난타는 "네, 예쁩니다."라고 대답하였다. 이에 세존께서 난타를 아나바나(阿那波那) 산으로 데리고 가시어 늙고 눈먼 원숭이를 가리키며 "네 아내의 모습이 이 원숭이와 비교하면 어떠냐?"라고 물으셨다. 난타가 어이없어 "사람 중에서도 가장 곱다고 정

570) <月印 上:066a>

평이 나 있는 제 아내를 어찌 저런 추한 원숭이에 비교하십니까?"라고 대답하며, 세존의 질문을 우습게 생각하였다.
이에 세존께서는 다시 난타를 데리고 도리천으로 올라가시어 난타에게 천궁을 구경시키셨다. 그런데 한 천궁에는 오백 천녀만 있고 천자가 없었다. 난타가 그 이유를 물으니 한 천녀가 대답하기를 "염부제에 부처의 아우 난타가 있어 출가한 인연으로 장차 여기에 와서 우리의 천자가 될 것이다."라고 대답하였다. 세존께서 난타에게 "저 천녀와 네 아내를 비교하면 어떤가?"라고 물으시니, 난타는 "제 아내는 저 천녀들에 비하면 원숭이와 같습니다."라고 대답하였다. 세존께서 또 난타를 데리고 지옥을 구경시키시는데, 한 곳에 가니 가마솥에 물이 없이 끓이거늘 그 이유를 물으니, 옥졸이 말하기를 "염부제에 석가여래의 아우 난타가 있는데 출가한 공으로 하늘에 갔다가, 불도를 따르지 않고 딴 짓을 하므로 목숨이 끊어진 뒤에는 이 지옥을 찾아올 것이라 물을 끓이며 기다리고 있다."라고 대답하였다. 이 말을 들은 난타가 심히 두려워하여 세존께 살려달라고 비니 세존께서는 "너는 계를 지켜 부지런히 공덕을 닦아 하늘로 가도록 하라."고 설법하시자, 그제야 난타는 잘못을 뉘우치고 참된 부처의 제자가 되었다.

[어절 분석]

①가·ᄉᆡ#·양樣#:무·르시·고#②·눈:먼#납#무·러시·늘#·셰世존尊ㅅ#:말·ᄋᆞᆯ#③:웃·ᄫᅵ#너·기·니 도ᇰ忉·리利텬天·을#:뵈시·고#·띠地·옥獄·ᄋᆞᆯ#:뵈·여시·늘#·셰世존尊ㅅ#:말·ᄋᆞᆯ#④깃·비#너·기·니

[주석]

① 가·ᄉᆡ#·양樣

⇒ 갓(명사) + ᄋᆡ(관형격조사) # 양(명사)

◎ '갓'이 '난타의 아내'이므로 평칭의 유정명사에 붙는 관형격조사 'ᄋᆡ/의' 중에서 모음조화를 고려하여 'ᄋᆡ'가 선택되었다. 또한 후기중세국어 어휘 '양'은 '모양, 모습'을 의미한다.

② ·눈:먼#납

⇒ [눈(어근) + 멀-(어근)]- + -ㄴ(관형사형 어미) # 납(명사)

◎ 현대국어 어휘 '눈멀-'은 15세기 문헌에서부터 나타나 현재까지 이어진다. '눈멀-'은 '눈'과 '멀-'이 결합한 합성어이다. 후기중세국어의 '멀-'은 'ㄴ, ㅅ, ㄷ' 앞에서 제2음절 종성 'ㄹ'

가 탈락하여 '눈머-'의 형태로 활용하며, 그 외의 경우에는 '눈멀-'의 형태로 활용한다. 현대국어에서는 '멀-'은 'ㄴ, ㅅ' 앞에서 제2음절 종성 'ㄹ'가 탈락하여 '눈머-'의 형태로 활용하며, 그 외의 경우에는 '눈멀-'의 형태로 활용한다.

◎ 현대국어 어휘 '원숭이'는 17세기까지도 문헌에서 나타나지 않는다. 그 이전에는 '원숭이'를 '납'이라고 하였는데, 『훈민정음 해례본(訓民正音 解例本)』에 '납 爲猿'이라는 최초의 용례가 보인다. '납'은 16세기말까지 쓰였지만, 17세기 초에 와서 '납'은 사라지고 대개 18세기 이후부터는 '진나비'의 형태가 쓰였다. '진나비'는 '납'에 접미사 '-이'가 붙어 '진납이' 또는 '진나비'로도 쓰였는데, '진납이'('진나비' 또는 '진납이')는 '진'과 '납'('나비' 또는 '납이')으로 분석이 가능하다. 그러나 '진'이 동사 어간 '지-'에 관형사형 어미 '-ㄴ'가 통합된 것인지, 아니면 명사 '지'에 관형격조사 'ㅅ'가 붙은 '짓'이 그 뒤에 오는 '납'의 'ㄴ' 때문에 비음화되어 '진'으로 된 것인지는 판단하기 어렵다. 일반적으로 '잰납'은 원숭이를 뜻하는 '납'에 '재빠르-'나 '잽싸-'의 '재'처럼 '민첩하다'는 의미를 가진 '재'의 관형사형 '잰'이 붙어서 이루어진 것으로 여겨왔으나 '민첩하다'는 뜻을 가진 동사 어간은 '지-'가 아니라 '재-'라는 점으로 인해 이러한 분석은 수용하기가 어렵다. 오히려 명사 '지'에 관형격조사 'ㅅ'가 붙은 것으로 해석하는 편이 더 타당할 것으로 보인다. 한편 '지'는 '잿빛'의 '재'로도 볼 수 있다. 즉, 원숭이의 털 색깔을 일컬은 것으로 볼 수 있다. 이러한 주장의 근거는 '진납'이 '짓납'으로도 쓰였기 때문이다. 이 '짓납'은 17세기 초에 간행된 『두시언해(杜詩諺解)』 중간본에서 발견된다.

예) 믌 츨히 몰ᄀᆞ니 <u>짓나븨</u> 소리 섯겟고 <重杜解 5:36a>

이 '지'는 '짓믈, 짓블, 짓빗' 등으로 국어사 문헌에서 많이 발견되므로 이러한 가능성을 높여준다. '진나비' 형태는 오늘날 '잔나비'의 형태로 이어진다.

③ :웃·ᄫᅵ
⇒ [웃-(어근) + -브(형용사 파생 접사)]- + -이(부사 파생 접사)

◎ '웃ᄫᅵ'는 동사 '웃-'에 형용사 파생 접사 '-브-'가 붙어 형용사 '웃브-'가 파생되고, 이에 다시 부사 파생 접사 '-이'가 붙어 파생된 부사로 '우습게' 정도를 의미한다.

④ 깃·비
⇒ [깄-(어근) + -브(형용사 파생 접사)]- + -이(부사 파생 접사)

◎ ‘기뻐하다’를 의미하는 동사 ‘깄-’은 모음으로 시작하는 어미 앞에서는 ‘깄-’으로, 단독형이거나 자음으로 시작하는 어미 앞에서는 ‘깃-’으로 교체되었다. ‘웃비’와 마찬가지로 동사 ‘깄-’에 형용사 파생 접사 ‘-브-’가 붙어 형용사 ‘깃브-’가 파생되고, 이에 다시 부사 파생 접사 ‘-이’가 붙어 파생된 부사로 ‘기쁘게’ 정도를 의미한다.

[원문]

끠其·ᅙᅵᇙ一·ᄇᆡᆨ百·ᄇᆞᇙ八·씹十
닐·웨·ᄎᆞ·디:몯·ᄒᆞ·야라羅·한漢:과果·ᄅᆞᆯ·득得·ᄒᆞ야·ᄂᆞᆯ·삐比ᄏᆖᆼ丘·ᄃᆞᆯ·히·잔歎·탄歎ᄒᆞ·니
오·ᄂᆞᆳ·날:ᄲᅮᆫ아·니·라가迦시尸·귁國·ᄀᆖᆼ救571)·ᄒᆞ신·ᄃᆞᆯ·삐比ᄏᆖᆼ丘ᄃᆞ·려니ᄅᆞ·시·니

[현대역]

[난타가 세존의 설법을 듣고] 이레가 차지(되지) 못하여 나한과를 얻거늘 비구들이 찬탄하니. [세존께서] 오늘날뿐 아니라 [전세의] 가시국572)에서 [난타를] 구하신 것을 비구에게 말씀하시니.

[배경]

난타가 마음을 고쳐먹고 수행에 정진하니 이레 안에 나한과를 얻었고, 이에 모든 비구가 감탄하였다. 여러 비구들이 난타를 마침내 설복하여 아라한을 얻게 한 세존을 칭찬하니 세존께서는 난타는 이 세상에서만이 아니고 전세에서도 나의 구원을 받았다고 말씀하시며 이와 관련된 이야기를 들려주셨다.
전세겁에 비제희국(比提希國)에 예쁘고 음란한 여인이 있었는데, 이웃 가시국(迦尸國)의 왕이 비제희국의 왕에게 그 여인을 보내 달라고 조르니, 비제희국의 왕이 닷새 기한으로 그 여인을 보내주었다. 닷새가 되어 그 여인이 비제희국으로 돌아간 뒤, 며칠이 안 되어 가시국의 왕이 다시 보내 달라고 졸랐으나 비제희국의 왕이 끝내 거절하므로 가시국의 왕이 위험을 무릅쓰고 몸소 비제희국으로 가려 하자 괴이한 일이 발생했다. 선인산중(仙人山中)에 한 원숭이가 암컷이 죽은 뒤에 다른 암컷을 데리고 살았는데, 그 암컷의 수컷이 성이 나서 제 암컷을 내어놓으라고 을러대자 홀아비 원숭이가 새로 얻은 암컷을 데리고

571) <月印 上:066b>
572) 가시국(迦尸國): 고대 인도 16개국 중 하나.

가시국의 국왕 집으로 가 숨었다. 그 뒤를 따라서 원숭이 떼가 몰려와 숨어 있는 원숭이 두 마리를 내놓으라고 소란을 피웠다. 국왕이 이를 보고 원숭이 떼를 몰아내려 하니, 모든 원숭이가 발악하며, "너는 수천 궁녀를 두고도 남의 나라 계집을 탐내어 죽을 곳에도 뛰어 들려고 하면서 나의 암컷을 다른 수컷이 빼앗아 갔는데 나더러는 가만히 있으란 말이냐?" 라고 소리 지르며 반항하였다. 가시국의 왕이 그제야 자기 잘못을 깨닫고 비제희국으로 가는 일을 중지함으로써 무사하였다.
이어서 세존께서는 "이 가시국의 왕이 이 세상에 난타로 태어나고, 그 여인은 바로 난타의 부인 손타리[573]요, 원숭이는 바로 나의 전신이었으니, 난타는 전세에도 내 구원을 얻었던 것이다."라고 말씀하셨다.

[어절 분석]

닐·웨#·ᄎᆞ·디#:몯·ᄒᆞ·야#라羅·한漢:과果·롤#·득得·ᄒᆞ야·ᄂᆞᆯ#·삐比쿵丘·ᄃᆞᆯ·히#①·잔歎·탄讚ᄒᆞ·니
오·ᄂᆞᆳ·날:샌#아·니·라#가迦시尸·귁國#②·굼救·ᄒᆞ신#·ᄃᆞᆯ#③·삐比쿵丘ᄃᆞ·려#니ᄅᆞ·시·니

[주석]

① ·잔歎·탄讚ᄒᆞ·니
⇒ [잔탄(어근) + -ᄒᆞ(동사 파생 접사)]- + -니(평서형 종결어미)

◎ 여기에서는 '잔탄'의 한자가 잘못 부기되었다. 『월인천강지곡(月印千江之曲)』에서의 '잔탄'의 용례를 살펴보면 다음과 같다.

예) ㉮ ·잔讚·탄嘆 <月印 上:3a>
㉯ ·잔讚·탄歎 <月印 上:31a>
㉰ ·잔讚·탄歎 <月印 上:35b>
㉱ ·잔讚·탄歎 <月印 上:64b>
㉲ ·잔歎·탄歎 <月印 上:066a>

일반적으로 '어떠한 대상을 대단하다고 여겨 감탄함'의 의미를 지닌 한자어는 ㉯와 ㉰와 ㉱의 '讚歎'인데, ㉮에서는 '讚嘆'으로 표기되었다. '讚歎'과 '讚嘆'이 유의어 관계라는 점에서

573) 손타리(孫陁利): 석가모니의 이복동생 난타(難陁)의 아내. 어릴 때 바사닉왕(波斯匿王)과 함께 석가모니에게 사제법(四諦法)을 듣고 도를 깨달았다 함.

㉮에서의 '讚嘆'은 일반적인 표기는 아니나 이해할 수 있다. 그런데 ㉶에서는 '歎歎'으로 표기되어 있다. 이는 '讚歎'의 오기이다.

② ·구ᇹ救·ᄒᆞ신#·ᄃᆞᆯ
⇒ [구ᇹ(어근) + -ᄒᆞ(동사 파생 접사)]- + -시-(주체 높임의 선어말어미) + -ㄴ(관형사형 어미) # ᄃᆞ(의존명사) + ᄋᆞᆯ(목적격조사)

◎ 후기중세국어 시기의 '-ㄴᄃᆞᆯ'은 통합형 연결어미로서 양보의 접속 기능을 수행한다. 그러나 『월인천강지곡(月印千江之曲)』에서의 '-ㄴᄃᆞᆯ'은 몇몇 용례에서는 여기에서의 '구ᇹᄒᆞ신 ᄃᆞᆯ'과 마찬가지로 관형사형 어미가 후행하는 목적격조사 'ᄋᆞᆯ'과 통합한 'ᄃᆞ' 명사구 보문을 수식하고 있다.

③ ·삐比쿻丘ᄃᆞ·려
⇒ 삐쿻(명사) + ᄃᆞ려(보조사)

◎ 성환갑·조재형(2011: 74～75)에서는 다음과 같이 후기중세국어 시기의 '에게'형의 변천 과정에 대해 정리하였다.

예) ㉮ NP + ᄋᆡ/의 + 그에('궁 + 에'의 축약, NP + 에)
㉯ NP + ᄋᆡ/의 + 게('그 + 에'의 축약, NP + 에'의 형태)

위 과정에서 중요한 점은 'ᄋᆡ/의그에'와 'ᄋᆡ/의게'가 조사화한 형태가 아닌 통사적 구조체의 단계에 머무르고 있다는 것이다. 이현희(1994: 43～44)에서도 '의게'가 이 시기에서는 완전히 조사화 하지 못하고 여전히 '속격조사(의) # 형식명사(그)'의 성격을 지니고 있는 것으로 파악하였다. 그런데 이 시기의 보조사 'ᄃᆞ려'는 주로 유정 체언류 뒤에 붙어 여격조사의 기능을 수행하고 있다.

[원문]

끠其·히ᇙ一·빅百·바ᇙ八·씹十·히ᇙ一
나那껀乾하訶라羅·귁國·이·똑毒룡龍라羅·차ᇙ刹·ᄋᆞᆯ계·위방方샹攘·앳·쓔ᇙ術·이·쇽·절:업더·니
·뿌ᇙ弗바波뿧浮똉提왕王·이·뻠梵·지志콩空씬神神·ᄋᆡ:말·로졍精쎵誠·엣향香·이금金·개蓋ᄃᆞ외·니

[현대역]

나건하라국574)이 독룡과 나찰575)을 이기지 못하여 방양576)에 대한 술법이 속절없더니(전혀 없더니).

불바부제왕577)이 범지 공신578)의 말로(공신의 말을 듣고 피운) 정성에 있는(정성 어린) 향이 금개579)가 되니.

[배경]

나건하라국 고선산(古仙山)에 있는 독룡지(毒龍池) 가에는 다섯 나찰이 있는 나찰혈580)이 있었다. 이 나찰 중 한 나찰이 암룡이 되어 수컷 독룡을 얻었다. 이 독룡들은 우박을 오게 하여 4년이나 흉년이 들게 하고 나쁜 전염병도 계속 돌게 하는 등 나라를 어지럽혔다. 이 나라 임금이 백방으로 이 나찰과 독룡을 없애려고 신령께 빌기도 하고, 주사581)를 시켜 술책을 부리는 등 많은 노력을 했으나 도무지 없앨 수가 없었다.

이때 범지 한 명이 가비라국 정반왕의 아들 실달 태자께서 부처가 되시어 그 모습이 진금산(眞金山) 같으시니 그분의 제도를 받으라고 권하였다. 이 말을 들은 나건하라국 임금이 기뻐하여 부처께서 태어나신 땅을 향하여 절하고 향을 피우며 정성껏 빌었더니, 그 향내가 세존께서 계시는 정사로 날아가는데 마치 향기가 흰 유리 구름 같고, 세존께 일곱 개의 팔이 어울려 금개가 되고, 금개에 방울이 달려 좋은 소리를 내어 세존과 비구승을 청하였다.

[어절 분석]

나那껀乾하訶라羅·귁國·이#·똑毒룡龍#라羅·찷刹·ᄋᆞᆯ#①계·워#방方샹攘·앳#·쓣術·이#②·쇽·졀:업더·니

·뿛弗바波뿧浮뗴提왕王·이#·뻠梵·지志#콩空씬神神·ᄋᆡ#:말·로#졍精쎵誠·엣#향香·이#금金·개蓋#ᄃᆞ외·니

574) 나건하라국(那乾訶羅國): 인도 토후국의 하나로, 석가모니가 이 나건하라국의 못에 있는 독룡을 항복시켰다고 함.

575) 나찰(羅刹): 범어 'Rākṣasa'의 한역. 남성신은 '나찰사(羅刹娑)' 또는 '나차사(羅叉娑)'로, 여성신은 '나찰사(羅刹斯)' 또는 '나차사(羅叉私)'라고도 음사하며, '식인귀(食人鬼)·속질귀(速疾鬼)·가외(可畏)·호자(護者)' 등으로 번역됨. 원래 고대 인도의 신으로, 불교에서 악귀를 총칭하며, 통력(通力)으로 사람을 매료시켜 잡아먹는다고 알려져 있음.

576) 방양(方攘): 물리쳐 없앨 방법.

577) 불바부제왕(弗波浮提王): 인도 토후국의 하나인 나건하라국(那乾訶羅國)의 임금.

578) 공신: 허공을 맡은 신령.

579) 금개(金蓋): 금으로 만든 개(蓋). '개'는 기(旗)와 같이 생긴 의장(儀仗)의 한 종류.

580) 나찰혈(羅刹穴): 나찰이 있는 구멍.

581) 주사(呪師): 주문을 외우는 사람.

[주석]

① 계·워

⇒ 계우-(동사 어간) + -어(연결어미)

◎ 현대국어 어휘 '겹-'의 후기중세국어 어형인 '계오-' 또는 '계우-'는 '못 이기다'를 의미한다. '겨워'의 현대 제주 방언형이 '제와'라는 점과 '계오-' 형태는 15세기 문헌에서만 발견된다는 점으로 미루어 보아, 15세기가 형태소 내부의 모음조화에 따라 '계오- > 계우-'의 변화가 일어난 시기였던 것으로 추정할 수 있다. 18세기까지는 '계우-'가 모음 앞에서만 나타나기 때문에 이 '계우-'가 'ㅂ' 불규칙동사인지 아닌지를 판단하기가 어려웠는데, 19세기에 비로소 '겹-'의 형태가 자음 앞에서 나타나기 때문에, '겹-'이 'ㅂ' 불규칙동사인 점을 확인할 수 있다. 이 시기에는 현대국어 어형과 같은 '겨우-'의 형태도 나타난다.

② ·쇽·졀:업더·니

⇒ [쇽졀(어근) + 없-(어근)]- + -더-(시상의 선어말어미) + -니(평서형 종결어미)

◎ 『표준국어대사전』에서는 현대국어 어휘 '속절없-'을 합성어로 설명하고 있다. 한편 '속절'의 어원은 알려진 바가 없다.

예) 아마도 내 오래 몯 살 거시니 <u>쇽져론</u> 업다 <순천김씨묘출토간찰>

한편 위 용례를 통해 '쇽졀'이 체언으로 쓰인 것을 확인할 수 있다. '쇽졀'의 어원에 대해 '쇽졀'의 '쇽'을 '內'의 뜻으로 볼 수 있지만, '內'의 15세기 어형은 '솝'이어서 '쇽'을 '內'를 의미하는 어휘로 보기에는 문제가 있다. 또한 '솝(內)'의 성조는 상성이고 '쇽졀'의 '쇽'의 성조는 거성이라는 점도 두 어휘 사이에 특별한 관련성이 없음을 말해 준다.

[원문]

582)끵其·힗一·빅百·밣八·씹十·ᅀᅵ二

륳瑠리璃산山우·흿모·새·칧七:봉寶행行·쓩樹간間·애은銀·콿堀ㅅ가·온·디금金쌍床·이이·렛더·니

금金쌍床·애가迦·셥葉·이았·고:오五·빅百:뗴弟:ᄌᆞ子·돌·히·씹十·ᅀᅵ二뚷頭따陁·ᅘᆡᇰ行·올·쏘닷·ᄀᆡᄒᆞ·니

582) <月印 上:067a>

[현대역]

유리산(유리로 만든 산) 위에 있는 못에, 칠보(칠보로 이루어진) 행수583) 간에 은굴584)의(은굴이 있고) 가운데(그 가운데에) 금상585)이 이루어져(만들어져) 있더니.
금상에 가섭이 앉고, 오백 제자들이 십이 두타행586)을 또 닦게(수행하게) 하니.

[배경]

세존께서 나건하라국 불바부제왕의 청을 받고 여러 비구에게 "육통을 갖춘 사람은 이 부처(가섭)를 따라 나건하라국 불바부제왕의 청을 받아라."라고 말씀하셨다. 마하가섭의 무리 오백 명 비구가 유리로 산을 만드니 산 위마다 샘과 못이 있고 칠보로 이루어진 나무가 늘어서 있으며, 나무 아래마다 금상이 있고 은빛이 비치며 그 광명이 굴이 되었다. 가섭이 그 굴에 앉아서 오백 명 제자들을 데리고 열두 가지 행적의 두타를 수행하게 하였다. 그러자 그 산이 구름처럼 바람을 몰아 고선산으로 달려갔다.

[어절 분석]

류ᇹ瑠리璃산山#우·ᄒᆡᆺ#모·새#·치ᇙ七:보ᇹ寶#ᅘᆡᇰ行·쓩樹#간間·애#은銀·구ᇙ堀ㅅ#가·온·ᄃᆡ#금金쌍床·이#①
이·렛더·니

금金쌍床·애#가迦·셥葉·이#앉·고#:오五·빅百#:뗴弟:ᄌᆞ子·ᄃᆞᆯ·히#·씹十·ᅀᅵ二#뚷頭따陁·ᅘᆡᇰ行·ᄋᆞᆯ#·ᄯᅩ#
②닷·ᄀᆡ#ᄒᆞ·니

[주석]

① 이·렛더·니
⇒ 일-(동사 어간) + -어(연결어미) # 잇-(동사 어간) + -더-(시상의 선어말어미) + -니(평서형 종결어미)

---

583) 행수(行樹): 죽 늘어선 나무.

584) 은굴(銀堀): 은 속으로 뚫린 굴.

585) 금상(金床): 금으로 만든 좌상. 또는 존귀한 사람이 앉는 의자를 이르는 말.

586) 두타행(頭陀行, 頭陁行): 계율을 지키는 고행(苦行). '두타(頭陁)'는 범어 'Dhūta'의 음역으로, '번뇌(煩惱)의 티끌을 떨어 없애고, 의·식·주를 탐하지 않으며 청정하게 불도를 수행하는 것'을 의미하며, '행(行)'은 '실행하는 방법'을 의미하는데 여기에는 12종의 행법이 있음. 이를 '십이두타행(十二頭陁行)'이라 함. '십이두타행(十二頭陁行)'에는 '재아란야처(在阿蘭若處), 상행걸식(常行乞食), 차제걸식(次第乞食), 수일식법(受一食法), 절양식(節量食), 중후부득음장(中後不得飮漿), 착폐납의(著弊衲衣), 단삼의(但三衣), 총간주(塚間住), 수하지(樹下止), 노지좌(露地坐), 단좌불와(但坐不臥)'가 있음.

◎ '일어 # 잇- > 이렛-'의 과정에서 '잇-'의 '이'는 활음화를 통해 반모음 'y'가 되었다.

② 닷·긔#ᄒᆞ·니
⇒ 닶-(동사 어간) + -긔(연결어미) # ᄒᆞ-(동사 어간) + -니(평서형 종결어미)

◎ 후기중세국어의 '닶-'은 자음으로 시작하는 어미 앞에서는 '닷-'으로, 그 외의 어미 앞에서는 '닶-'으로 교체되었다. 여기에서 쓰인 '닶-'은 '두타행을 수행하다'를 의미한다.

[원문]

끠其·힗一·빅百·밣八·씹十·삼三
587)·빅百쳔千룡龍·이서·리·여안·좋거·시ᄃᆞ외·야이·벳·블·이·칧七:봉寶쌍床·이러·니
:봉寶·댱帳·개蓋뙁幢펀幡아·래·때大·목目:껀揵련連·이안·자륭瑠리璃·ᄀᆞᆮ·ᄒᆞ·야·안팟·기비·취·니

[현대역]

백천 [마리의] 용이 서려서 앉을 것이 되어 입에 있는 불(불빛)이 [어울려] 칠보상이더니(칠보상이 되어 있더니).
보장588)과 개당번589) 아래에 대목건련590)이 앉아 [마치] 유리 같아 안팎이 [모두 맑게] 비치니.

[배경]

가섭의 유리산과는 별도로 목련의 오백 제자도 백천 마리의 용이 되어 몸을 서리어 앉을 자리를 꾸미고, 입으로 불을 토하니 금대에 칠보좌가 되었다. 보당과 보개와 당과 번들의 의장이 다 갖추어졌는데, 목련이 그 가운데 앉으니, 마치 유리와 같이 안팎을 환히 비치면서, 이 보좌도 나건하라국으로 날아갔다.

[어절 분석]

·빅百쳔千#룡龍·이#①서·리·여#②안·좋#거·시#ᄃᆞ외·야#이·벳#·블·이#·칧七:봉寶쌍床·이러·니
:봉寶·댱帳·개蓋#뙁幢펀幡#아·래#·때大·목目:껀揵련連·이#안·자#륭瑠리璃#·ᄀᆞᆮ·ᄒᆞ·야#③·안팟·기#비·취·니

---

587) <月印 上:067b>
588) 보장(寶帳): 화려한 장막(帳幕). 또는 휘장(揮帳)
589) 개당번(蓋幢幡): '개·당·번'을 아울러 이른 것으로, 기(깃발)처럼 생긴 의장을 의미함.
590) 대목건련(大目犍連): 목련(目連).

[주석]

① 서·리·여
⇒ 서리-(동사 어간) + -어(연결어미)

◎ 여기에서의 '서리-'는 '뱀 따위가 몸을 똬리처럼 둥그렇게 감다'라는 의미이다. '서리-'의 'ㅣ'로 인해 '-어'에 반모음 'y'가 삽입되어 '-여'로 교체되었다.

② 안·조ᇙ#거·시#ᄃᆞ외·야
⇒ 앉-(동사 어간) + -오-(대상 활용의 선어말어미) + -ㅭ(관형사형 어미) # 것(명사) + 이(보격조사) # ᄃᆞ외-(동사 어간) + -아(연결어미)

◎ 허웅·이강로(1962/1999: 74)에 따르면, 관형사형에 삽입되는 '-오-/-우-'는 주체가 화자가 자신임을 나타냄이 아니라, 그 다음에 오는 수식을 받는 말이 이 동사의 의미상의 목적어가 됨을 나타낸다. 즉, '안조ᇙ'의 피수식어 '것'은 이 '앉-'의 의미상 목적어이며, 이것을 '대상 활용'이라 한다. 이 문장에서의 의미상 주어는 '때목껀련'이다.

③ ·안팟·기#비·취·니
⇒ [않(어근) + 바ᇧ(어근)] + 이(주격조사) # 비취-(동사 어간) + -니(평서형 종결어미)

◎ '않'은 'ㅎ' 말음체언이다. '않'의 말음 'ㅎ'와 '바ᇧ'의 'ㅂ'가 어울려 'ㅍ'가 되었다.

◎ 후기중세국어의 '비취-'는 능격동사로 쓰였다. 현대국어에서도 자동사의 용법이 있지만 현대국어로 올수록 타동사 용법이 강해졌다. 근대국어 시기에는 '비취-'와 '비최-'의 어형이 공존하다가 그 형태가 '비최-'로 통일되었다가 근대국어 시기 후반에 단모음화에 의해 '비치-'의 어형이 만들어지고 현대국어로 그 형태가 이어졌다. 후기중세국어의 '비취-'는 '비치다'와 '비추다'를 모두 뜻하는데, 본문에 쓰인 '비취-'는 '비치다'를 의미한다.

[원문]

끠其·ᅙᅵᇙ一·ᄇᆡᆨ百·바ᇙ八·씹十·ᄉᆞ四
·ᄉᆑᇙ雪산山·ᄈᆡᆨ白·옥玉·쿠ᇙ堀·애·샤舍·리利·부ᇙ弗·이앉·고:오五·ᄇᆡᆨ百사沙미彌·치ᇙ七[591]:봏寶·쿠ᇙ堀·애안ᄌᆞ·니
·샤舍·리利·부ᇙ弗금金·ᄉᆡᆨ色신身·이금金·ᄉᆡᆨ色·방放광光ᄒᆞ·고·법法·을닐·어사沙미彌·ᄅᆞᆯ들·이·니

591) <月印 上:068a>

[현대역]

설산의 백옥굴[592]에 서리불이 앉고 오백 사미가 칠보굴[593]에 앉으니.
사리불의 금색신[594]이 금색을 방광하고 [사리불이] 불법을 일러 사미를 듣게 하니.

[배경]

사리불은 가섭과 목련과는 별도로 설산을 만들고 백옥으로 굴을 만들어, 오백 사미가 칠보굴에 앉아 설산을 둘러싸고 사리불이 백옥굴에 앉았다.
이때 사리불은 마치 금으로 된 사람과 같아서 서리불의 몸에서 금빛이 무지개 비치듯 하고, 불법을 일러 사미들에게 듣게 하였다. 그러자 이 설산도 나건하라국으로 향하였다.

[어절 분석]

·숋雪산山#·ᄈᆡᆨ白·옥玉·콣堀·애#·샤舍·리利·붏弗·이#앉·고#:오五·ᄇᆡᆨ百#사沙미彌#·칧七:봉寶·콣堀·애#안ᄌᆞ·니
·샤舍·리利·붏弗#금金·식色신身·이#금金·식色#·방放광光ᄒᆞ·고#·법法·을#①<u>닐·어</u>#사沙미彌·롤#들·이·니

[주석]

① 닐·어
⇒ 니르-(동사 어간) + -어(연결어미)

◎ 후기중세국어 시기의 '니르-'는 다음과 같이 구분할 수 있다.

예) ㉮ 말하다(言, 이르다): 니르-, 니ᄅᆞ-
㉯ 이르다(至, 도착하다): 니르-, 니ᄅᆞ-, 니를-

[원문]

끠其·힗一·ᄇᆡᆨ百·밣八·씹十:오五
련蓮ㅅ고·지황黃금金ᄯᅵ臺·오우·희금金·개蓋러·니:오五·ᄇᆡᆨ百·삐比쿻丘·를가迦젼旃연延·이ᄃᆞ·리·니
595)ᄯᅵ臺·썅上·애모·다안·자몸·애·믈·이:나·ᄃᆡ화花간間·애흘·러·ᄡᅡ·히아·니저·즈·니

592) 백옥굴(白玉堀): 흰 옥으로 만든 굴.
593) 칠보굴(七寶堀): 칠보로 이루어진 굴.
594) 금색신(金色身): 황금빛으로 된 불상(佛像)의 몸. 여기에서는 금색 서리불의 몸을 의미함.

[현대역]

연꽃이 황금 받침대이고(받침대가 되고) 위에 금개이더니(금개가 덮여 있는데) 오백 비구를 가전연[596]이 데리고 가니.
대(황금 받침대) 위에 [오백 비구가] 모여 앉아(앉으니) 몸에서 물이 나되 꽃 사이에 흘러 땅이 아니 젖으니.

[배경]

가전연이 권속 오백 비구와 함께 연꽃을 만드니 마치 황금대와 같았다.
황금대에 앉은 비구의 몸 아래에서 물이 솟아 꽃 사이로 흐르되 땅에는 떨어지지 않고, 위에는 금대가 비구를 덮고 또한 나건하라국으로 향하였다.

[어절 분석]

련蓮ㅅ고·지#①ᅘᅪᆼ黃금金ᄄᆡ臺·오#우·희#금金·개蓋러·니#:오五·ᄇᆡᆨ百#·ᄈᆡ比쿠ᇰ丘·ᄅᆞᆯ#가迦젼旃연延·이#
②ᄃᆞ·리·니
ᄄᆡ臺·쌰ᇰ上·애#③모·다#안·자#몸·애#·믈·이#④:나·ᄃᆡ#화花간間·애#흘·러#·ᄯᆞ·히#아·니#저·
ᄌᆞ·니

[주석]

① ᅘᅪᆼ黃금金ᄄᆡ臺·오
⇒ [{ᅘᅪᆼ금(어근) + ᄄᆡ(어근)} + 이(서술격조사)]- + -고(연결어미)

◎ 'ᅘᅪᆼ금ᄄᆡ'의 말음이 'i'계 모음이기 때문에 서술격조사로 zero형을 취하였으며, 'ㅣ'모음 아래에서 연결어미 '-고'의 'ㄱ'가 약화되어 '-오'로 교체되었다.

② ᄃᆞ·리·니
⇒ ᄃᆞ리-(동사 어간) + -니(평서형 종결어미)

---

595) <月印 上:068b>
596) 가전연(迦旃延): 범어 'Kātyāyana'의 음사로, 석가모니의 십대제자(十大弟子)의 하나. 인도의 서쪽에 있던 아반티국의 크샤트리아 출신으로, 왕의 명령에 따라 석가모니를 그 나라로 초청하기 위해 찾아갔다가 출가함. 깨달음을 얻은 후 귀국하여 석가모니의 가르침을 전파하였고, 교리에 밝아 '논의제일(論議第一)'이라 불림.

◎ 현대국어의 '데리-'는 '아랫사람이나 동물 따위를 몸 가까이 하다'를 의미한다. 따라서 '데리-'의 목적어는 '아이'나 '개' 등이 된다. 또한 이것은 거의 '데려', '데리고', '데리러' 정도로만 활용하는 경향을 보여, 활용면에서도 제약이 크다. '데리-'는 단독으로 쓰이지 못하고 그 뒤에 반드시 '오-'나 '가-'가 오는 경우가 대부분이다. 그러나 국어사 문헌에서 '데리-'의 활용과 쓰임은 현대국어와는 많이 다르다. '데리-'의 후기중세국어 어형은 'ᄃᆞ리-'이며, '데리-'와 마찬가지로 'ᄃᆞ리-'도 아랫사람을 목적어로 취하기도 하지만 '어버이' 같은 존칭어를 목적어로 취하는 경우도 있다. 또한 'ᄃᆞ리-'가 단독으로 쓰인 예도 많이 찾아볼 수 있다. 'ᄃᆞ리-'와 '데리-'의 사용 양상을 비교하면, 'ᄃᆞ리-'는 후대로 올수록 그 활용형과 사용 양상이 제한적으로 바뀌었음을 알 수 있다. 현대국어 어휘 '데리-'는 'ᄃᆞ리- > 더리- > 데리-'의 변천 과정을 겪었다.

◎ 현대국어의 '데리-'는 대표적인 불완전 동사(불구 동사)이다. 불완전 동사는 활용상의 제약을 받아 몇 개의 국한된 활용형만을 가지는 동사를 말한다. 불완전 동사는 다음의 세 가지 유형으로 분류된다.

예) ㉮ 연결어미 '-아/-어'를 취하여 거의 부사와 같은 기능을 가지는 부류
　　예: 더불어, 아울러, 시러 등
　㉯ 연결어미 '-아/-어'와 연결되어 후행 용언과 통합되는 부류
　　예: 다려, 다가, 바래 등
　㉰ '-아라/어라', '-아/-어', '-오/우'를 취하는 부류
　　예: 달라, 다오, 다고 / 아서, 아서라 등

불완전 동사의 생성 원인은 첫째, 완전 동사가 허사화(虛辭化)가 되는 과정에서 점차 특정 활용형이 화석화되는 경우(예: 더불어 등)와 둘째, 문어적 표현으로만 사용되어 제한된 활용형만이 남게 된 경우(예: 가로되, 가라사대 등)로 정리할 수 있다.

③ 모·다
⇒ 몯-(동사 어간) + -아(연결어미)

◎ 현대국어 '모이-'의 후기중세국어 어형은 '몯-'이다. 이 형태는 17세기까지 변함없이 쓰이다가 18세기에 '뫼히-, 모도이-, 모히-, 모이-' 등 여러 형태가 나타난다. 한편 '모이-'의 직접적인 소급 형태인 '모히-'는 '모ᄋᆞ-'의 이형태 '모ᄒᆞ-'에 피동 접사 '-이-'가 붙어 형성되었고, 18세기에 모음 사이에서 'ㅎ'가 탈락한 '모이-'의 형태가 등장하여 현재에 이르고 있다.

④ :나·ᄃᆡ
⇒ 나-(동사 어간) + -오ᄃᆡ(연결어미)

◎ '·나- + -·오·ᄃᆡ > :나·ᄃᆡ'에서 각각 거성인 '나-'와 '오'가 축약되어 상성의 ':나-'가 되었다.

[원문]

끠其·ᅙᅵᇙ一·ᄇᆡᆨ百·ᄇᆞᇙ八·씹十·륙六
·이:네:ᄠᅨ弟:ᄌᆞ子·ᄃᆞᆯ·히:오五·ᄇᆡᆨ百·삐比쿠ᇢ丘·옴ᄃᆞ·려·이·리안·자ᄂᆞ·라가·니
쳔千·ᅀᅵ二·ᄇᆡᆨ百:오五·씹十:ᄠᅨ弟:ᄌᆞ子ᅵ·ᄯᅩ씬神·륵力·을:내·여·안鴈왕王·ᄀᆞ티ᄂᆞ·라가·니

[현대역]

[세존의] 이 네 제자들이 오백 비구씩을 데리고 이리 앉아서 [나건하라국으로] 날아가니. [그밖에 또] 천이백오십 제자가 또 신력을 내어 [마치] 안왕[597] 같이 날아가니.

[배경]

이렇게 기182에서 기185까지는 네 명의 불제자들이 각각 오백 명씩의 비구를 데리고 허공에서 여러 가지 신통력을 부리며 나건하라국으로 독룡과 나찰을 없애러 날아갔다.
또 그 외에도 천이백오십 명의 제자들이 각각 신통력을 부려 허공에 솟아 마치 기러기 떼처럼 날아갔다.

[어절 분석]

·이#:네#:ᄠᅨ弟:ᄌᆞ子·ᄃᆞᆯ·히#:오五·ᄇᆡᆨ百#①·삐比쿠ᇢ丘·옴#ᄃᆞ·려#·이·리#안·자#ᄂᆞ·라가·니
쳔千·ᅀᅵ二·ᄇᆡᆨ百:오五·씹十#:ᄠᅨ弟:ᄌᆞ子ᅵ#·ᄯᅩ#씬神·륵力·을#②:내·여#·안鴈왕王#·ᄀᆞ티#ᄂᆞ·라가·니

[주석]

① ·삐比쿠ᇢ丘·옴
⇒ 삐쿠ᇢ(명사) + 곰(보조사)

597) 안왕(鴈王): 기러기의 별칭.

◎ 허웅·이강로(1962/1999: 186)에서는 여기에서의 '옴'을 모음과 'ㄹ' 뒤에서의 '-곰'의 변이 형태로, 즉 접미사로 설명하고 있다. 남광우·성환갑(1978/1982: 305~306)에서는 강세의 보조사로, '씩'의 의미를 가지는 것으로 설명하고 있다. 또한 이형태로 '곰, 옴, 콤'을 제시하면서, 일반적으로는 '곰'이 모음과 'ㄹ' 뒤에서는 '곰'의 'ㄱ' 약화로 '옴'이, 'ㅎ' 말음 체언 뒤에서는 '콤'이 쓰인다고 설명하고 있다. 그런데 다음의 용례를 고려할 필요가 있다.

예) ㉮ 그쁴 目連이 種種方便으로 다시곰 숣바 <釋詳 6:6a>
㉯ 아ᄃᆞ리 아비 나해셔 곱기곰 사라 <月釋 1:47b>
㉰ 여듧 번짜히ᅀᅡ ᄯᅩ 水災ᄒᆞ리니 이리곰 水災호ᄆᆞᆯ <月釋 1:49b>
㉱ 네히 아ᄂᆞᆫ 金ᄋᆞᆯ 시러곰 相近호라 <初杜解 3:16b>

위 용례들을 보면 모두 모음 뒤에서 '곰'의 형태가 쓰이고 있음을 확인할 수 있다. 따라서 이전 시기까지 '곰, 옴, 콤'이 상보적 분포를 보이다가 15세기에서는 특히 '곰'과 '옴'의 분포 환경의 경계가 무너지고 있음을 추정할 수 있다.

② :내·여
⇒ [나-(어근) + -이(사동 접사)]- + -어(연결어미)

◎ '내-'는 '나-'의 사동형이며, '내-'의 반모음 'y'로 인해 '-어'에 반모음 'y'가 삽입되어 '-여'로 교체되었다.

[원문]

598)끠其·읧一·빅百·밣八·씹十·칧七
:뎨弟:ᄌᆞ子·돌보·내시·고희衣·밣鉢·올디·니·샤하阿난難·이·룰더·브러·가시·니
져諸텬天·돌조:쫍거·늘광光명明·을너·피·샤져諸·뿛佛·이혼·쁴·가시·니

[현대역]

[세존께서] 제자들을 보내시고 의발[599]을 지니시어 아난이를 데리고 가시니.

598) <月印 上:069a>
599) 의발(衣鉢): 승려들의 중요한 지참물인 가사(袈裟, 법의)와 바리때(鉢). 또는 선종(禪宗)에서는 주지(住持) 소유의 재산을 의미함. 또는 불교에서는 스승이 제자에게 법을 전수·인가하는 것을 '가사와 철발(鐵鉢)'을 주는 것에 비유하여 '의발을 전한다'고 표현함.

제천[600]이 [세존의 뒤를] 따르거늘, [세존께서] 광명을 넓히시어 제불(여러 부처)이 함께 가시니.

[배경]

세존께서 제자들을 먼저 나건하라국으로 보내시고 나서 옷을 입으시고 바리를 지니시고 아난과 이사단을 데리고 허공을 밟으시며 나건하라국으로 날아가셨다. 이때 사천왕과 제석과 범천이며, 무수한 천자와 천녀가 세존을 호위하였다. 세존께서 날아가실 때, 세존의 정수리에서 금빛이 방광하고 일만팔천 화불[601]을 지으시니, 화불마다 머리에서 빛을 내며 차례로 허공에 가득히 날아 나건하라국으로 가고, 임금이 나와 절하며 맞아들였다.

[어절 분석]

:뗴弟:ᄌᆞ子·ᄃᆞᆯ#보·내시·고#ᄒᆡ衣·밠鉢·ᄋᆞᆯ#①디·니·샤#하阿난難·이·ᄅᆞᆯ#더·브러#·가시·니
져諸텬天·ᄃᆞᆯ#②조:ᄍᆞᆸ거·늘#광光명明·을#③너·피·샤#져諸·뿛佛·이#ᄒᆞᆫ·ᄢᅴ#·가시·니

[주석]

① 디·니·샤
⇒ 디니-(동사 어간) + -시-(주체 높임의 선어말어미) + -어(연결어미)

◎ '디니-'는 근대국어 시기에 구개음화를 겪으면서 '지니-'의 형태가 되어 현재에 이르고 있다.

② 조:ᄍᆞᆸ거·늘
⇒ 좇-(동사 어간) + -ᄉᆞᆸ-(객체 높임의 선어말어미) + -거늘(연결어미)

◎ '좇-'의 대상인 세존을 높이기 위해 '-ᄌᆞᆸ-'이 사용되었다.

③ 너·피·샤
⇒ [넙-(어근) + -히(사동 접사)]- + -시-(주체 높임의 선어말어미) + -아(연결어미)

600) 제천(諸天): 모든 하늘, 불교에서는 하늘이 여덟으로 되어 있으며 이 여덟의 모든 하늘을 말할 때 제천이라 함. 여기에서는 '모든 하늘의 부처'라는 의미로 쓰였음.

601) 화불(化佛): 변화한 부처, 곧 변화불(變化佛). 중생의 근기와 소질에 따라 갖가지로 형상을 변하여 나타내는 불신(佛身).

◎ 현대국어 '넓-'의 후기중세국어 어형인 '넙-'은 15세기 문헌에서부터 나타난다. 국어사 자료에서 '넓-'과 관련이 있는 형태는 '넙-, 너르-, 널르-, 넓-'이다. '넙-'은 15세기부터 19세기까지 나타나고, '너르-'는 15세기부터 20세기까지 나타나며, '널르-'는 18세기와 19세기에 나타난다. 그리고 '넓-'은 18세기부터 20세기까지 나타난다. 『우리말샘』에 따르면, '넙-'이 '넓-'으로 변화한 것은 15세기에 '넙-'과 공존하였던 '너르-'와 관련된 것으로 보기도 한다. 즉 모음으로 시작하는 어미, 예를 들면 '-어'가 결합하는 경우 '너르-'는 '널어/너러'로 실현되고 '넙-'은 '너버'로 실현된다. '넓-'의 경우 '널버'로 활용하는데 이때 제1음절의 '널'은 '너르-'의 활용형에서, 제2음절의 '버'는 '넙-'의 활용형에서 취하여 '널버'로 나타나게 되면서 '넓-'이 형성되었다는 것이다.

[원문]

끠其·힗一·빅百·밣八·씹十·밣八

·열여·ᄉᆞᆺ·똑毒롱龍·이:모ᄃᆡᆫ·셩性·을·펴·아몸·애·블나·고·무뤼·ᄅᆞᆯ비ᄒᆞ·니

602)다·ᄉᆞᆺ라羅·찷刹:녀女ㅣ 골:업슨:즛·을지·ᅀᅡ눈·에·블·나·아·번게·ᄀᆞᆮᄒᆞ·니

[현대역]

[나건하라국의] 열여섯 마리의 독룡이 악독한 본성을 펴(나타내어) 몸에 불이 나고(몸에서 불을 내뿜고) 우박을 뿌리니.

다섯 나찰녀가 꼴사나운 모습을 지어 [나찰녀의] 눈에서 불이 나와 [마치] 번개 같으니.

[배경]

세존께서 여러 제자를 데리고 나타나신 것을 본 독룡이 깜짝 놀라 열여섯 마리의 독룡을 동원하여 세존께 달려들었다. 이때 독룡들은 큰 구름을 일게 하고, 벼락을 내리며, 우박을 뿌리고, 입으로 불을 토하며, 비늘과 터럭 사이마다 불과 연기를 내뿜었다.

또 한편으로는 나찰녀 다섯이 꼴사나운 모양을 하고 번개처럼 눈에서 불을 뿜으며 세존 앞에 버티고 섰다.

---

602) <月印 上:069b>

[어절 분석]

·열여·슷#·똑毒룡龍·이#:모딘#·셩性·을#①·펴·아#②몸·애#·블#나·고#③·무뤼·롤#비ᄒᆞ·니다·ᄉᆞᆺ#라羅·찷刹:녀女ㅣ#④골:업슨#:증·을#지·사#②눈·에#·블#·나·아#·번게#·ᄀᆞᆮᄒᆞ·니

[주석]

① ·펴·아
⇒ 펴-(동사 어간) + -어(연결어미)

◎ 후기중세국어 시기에는 '체언 + 조사'와 '용언 어간 + 어미'의 결합에서 모음조화가 철저히 지켜진 편이다. 그런데 '펴아'는 이런 모음조화에 적합하지 않은 양상을 보여준다. 모음조화에 맞게 수정한다면 '펴- + -어'가 될 것이다.

② 몸·애#·블#나·고 / 눈·에#·블#·나·아
⇒ 몸(명사) + 애(부사격조사) # 블(명사) # 나-(동사 어간) + -고(연결어미)
⇒ 눈(명사) + 에(부사격조사) # 블(명사) # 나-(동사 어간) + -아(연결어미)

◎ 조재형(2016: 184~185)에서는 후기중세국어 문헌에서의 부사격조사 '애, 에, 예'의 문헌별 용례수를 분석하면서, 후기중세국어 시기의 '에'가 '에셔'의 기능을 가졌음을 확인하였고, '에셔'의 기능이 이 시기 '에'의 주된 기능 중의 하나라고 기술하고 있다. 여기에서 '몸애'는 '몸애셔'로, '눈에'는 '눈에셔'의 의미로 해석하는 것이 적절하다.

◈ 후기중세국어 시기의 '에'의 '에셔' 기능에 대한 자세한 설명은 p.215를 참조.

③ ·무뤼·롤#비ᄒᆞ·니
⇒ 무뤼(명사) + 롤(목적격조사) # 빟-(동사 어간) + -(ᄋᆞ)니(평서형 연결어미)

◎ '무뤼'는 '우박'의 후기중세국어 어형이며, 현재 함남방언에서 이 형태를 발견할 수 있다.

◎ 권혁량(2005)에서는 '빟-'의 어원에 대한 선행 논의를 다음과 같이 정리하여 제시하고 있다. 첫째, 허웅(1975/1995)에서는 '빟-'의 '-ㅎ-'를 용언 파생 접사로 보고 '비 + -ㅎ-'의 과정을 거쳐 동사 '빟-'이 형성된 것으로 추정하였다. 즉, 허웅(1975/1995)에서는 '빟-'을 파생어로 보았다. 둘째, 『우리말큰사전』에서는 '비(雨)'를 '빟-'의 어원과 관계가 있다고 보고 있다. 셋째, 구본관(1998)에서는 타동사 '빟-'이 '비(雨)'와 의미적으로 관련이 있음을 인정하면

서도 '빙-'의 성조는 평성이고 '비(雨)'는 거성이라는 점에서 허웅(1975/1995)에서 제시한 '비 + -ㅎ- > 빙-'의 형성 과정을 비판하였다. 또한, 이러한 형성이 가능하더라도 동시기에 용언을 파생시키는 접사 '-ㅎ-'를 발견할 수 없기 때문에 형식적인 의미는 가지면서 일정한 계열을 이루어 새로운 단어가 만들어진다고 볼 수 없다고 비판하였다. 즉, 구본관(1998)에서는 '빙-'을 단일어로 보았다.

④ 골:업슨
⇒ [골(어근) + 없-(어근)]- + -(으)ㄴ(관형사형 어미)

◎ '골없-'은 '꼴 없는, 꼴사나운, 상스러운, 추한'을 의미한다. 한편 '골'은 어두경음화를 거쳐 '꼴'이 되었다. 어두경음화 현상의 원인에 대해서는 아직 명확하게 밝혀지지 않았다. 이기문(1961/1998: 139)에서는 격렬성을 띤 동작을 보다 인상적으로 나타내기 위하여 어두음이 된소리화된 것으로 보았다. 한명숙(2013)에서는 언어 외적 접근에 대하여 비판하면서, 음운사적으로 볼 때 15세기 국어에서 불안전했던 경음의 음소적 가치가 분명해지면서 어두 경음형의 영역이 확장되었다고 주장하였다.

[원문]

끵其·힗一·빅百·밣八·씹十:궇九
금金강剛씬神금金강剛:쳐杵·에·블·이·나거·늘·똑毒룡龍·이두·리·여터·니
·셰世존尊ㅅ그르·메·예감甘·로露·롤쁘·리어·늘·똑毒룡龍·이사·라·나·ᄉᆞᄫᆞ·니

[현대역]

금강신603)의 금강저에서 불이 나거늘 독룡이 [이를] 무서워하더니.
세존의 그림자에 감로를 뿌리거늘 독룡이 살아나니.

[배경]

세존을 옆에서 모시고 있던 금강신이 무수히 많은 몸이 되어 모두 금강저를 들고 내려오는데 그 금강저의 머리마다 불이 수레바퀴 두른 듯하여 차례차례 내려왔다. 그 불의 힘이 어찌나 센지 독룡들이 뜨거워 견딜 수 없어 무서워하며 갈팡질팡하였다. 독룡이 급한 김

603) 금강신(金剛神): 금강역사(金剛力士). 금강저를 손에 들고 불법을 수호하는 신.

에 불을 피하기 위해 세존의 그림자로 몰려들었는데, 그 그림자 아래는 마치 감로를 뿌린 듯 서늘하여, 독룡이 그제야 불의 뜨거움을 잊고 주위를 우러러보았다.

[어절 분석]

금金강剛씬神#금金강剛:쳐杵·에#·블·이#·나거·늘#·똑毒룡龍·이#①두·리·여터·니
·셰世존尊ㅅ#②그르·메·예#감甘·로露·ᄅᆞᆯ#③ᄲᅳ·리어·늘#·똑毒룡龍·이#④사·라·나·ᅀᆞᄫᆞ·니

[주석]

① 두·리·여터·니
⇒ [{두리-(동사 어간) + -어(연결어미)} + ᄒᆞ-(동사 어간)]- + -더-(시상의 선어말어미) + -니(평서형 종결어미)

◎ 『우리말샘』에 따르면, 현대국어 '두렵-'의 후기중세국어 어형인 '두렵-'은 15세기 문헌에서부터 그 용례를 찾을 수 있으며, '두렵-'은 '두려워하다'를 의미하는 동사 '두리-'에 형용사 파생 접미사 '-ㅸ-'가 결합한 것이다. 다만, 동사 '두리-'는 소멸되었는데, 『우리말샘』에서는 '두려ᄒᆞ-'를 합성어로 제시하고 있다. 따라서 여기에서는 『우리말샘』을 좇아 '두리여터니'를 합성어의 활용형으로 보기로 한다.

◎ 남광우·성환갑(1978/1982: 309)에 따르면, 어미 '두리여'의 '-여'는 '두리-'의 'ㅣ'모음에 동화한 형태이다. 또 '-터니'는 'ᄒᆞ- + -더- + -니'에서 'ᄒᆞ-'의 'ㆍ'가 탈락되고, 남은 'ㅎ'와 '-더-'가 축약된 형태이다.

② 그르·메·예
⇒ 그르메(명사) + 에(부사격조사)

◎ '그르메'는 '그림자'를 뜻한다. '그르메'가 'i'계 모음으로 끝나기 때문에 부사격조사가 '예'로 교체되었다. 한편 현대국어 '그림자'의 후기중세국어 어형인 '그림제'는 15세기 문헌에서부터 나타난다. 『우리말샘』에 따르면, 16세기에 '그림제'의 제3음절의 이중모음 'ㅔ[əy]'가 양성모음화 되어 'ㅐ[ay]'로 변하면서 '그림재'의 형태가 되었다. 이후 18세기에 이중모음 'ㅐ[ay]'에서 반모음 'y'가 탈락하여 '그림자'가 되면서 현재에 이르고 있다. 18세기부터 나타나는 '그림ᄌᆞ'의 형태는 근대국어 시기에 'ㆍ'가 'ㅏ'로 변한 것을 의식하여 '그림자'가 '그림ᄌᆞ'에서

온 것으로 잘못 이해하여 과도 교정된 결과이다.

③ ᄡᅧ·리어·늘
⇒ ᄡᅧ리-(동사 어간) + -어늘(연결어미)

◎ 고영근(1987/2010: 133~134)에 따르면, '-거늘'은 'ㄹ'와 하향 이중모음의 부음 'y', 서술격조사, 선어말어미 '-리-' 아래에서는 '-거늘'의 'ㄱ'가 약화되어 '-어늘'로 활용하지만, 부음이 아닌 어간말음 'ㅣ' 아래에서는 '-거늘'로 쓰인다. 여기에서 '-어늘'이 쓰인 이유는 어간인 'ᄡᅧ리-'가 타동사이기 때문이다.

④ 사·라·나·ᄉᆞᄫᆞ·니
⇒ [{살-(동사 어간) + -아(연결어미)} + 나-(동사 어간)]- + -ᅀᆞᆸ-(객체 높임의 선어말어미) + -(ᄋᆞ)니(평서형 종결어미)

◎ 남광우·성환갑(1978/1982: 309)에 따르면, 객체 높임의 선어말어미 '-ᅀᆞᆸ-'는 세존의 그림자에 대하여 독룡의 위치를 나타낸 것이다. 한편 허웅·이강로(1962/1999: 166)에서는 여기에서 '-ᅀᆞᆸ-'가 쓰인 이유는 독룡이 세존의 그림자에 대하여 살아났기 때문이라고 기술하고 있다.

[원문]

끠其·힗一·빅百:궇九·씹十
604):만滿허虛콩空금金강剛씬神·이·각各·각各금金강剛:쳐杵ㅣ어·니:모딘·ᄃᆞᆯ아·니저ᄊᆞ·ᄫᆞ·리
:만滿허虛콩空·셰世존尊·이·각各·각各·방放광光·이·어시·니:모딘·ᄃᆞᆯ아·니깃ᄉᆞ·ᄫᆞ·리

[현대역]

만허공605) 금강신이(허공에 가득한 금강신들이) 각각 금강저이거니(금강저를 가졌으니) [독룡이 제 아무리] 모진들 아니 무서워하리(무서워하겠는가)?
만허공 세존께서(허공에 가득한, 세존께서 변하신 무수한 화불께서) 각각 방광이시거니(방광하시니) [독룡이 제 아무리] 모진들 아니 기뻐하리(기뻐하겠는가)?

---

604) <月印 上:070a>
605) 만허공(滿虛空): 허공에 가득함.

[배경]

독룡이 부처의 그림자 아래에서 주위를 돌아보니 무수한 화불이 뿜는 방광과 금강신이 든 금강저가 허공을 가득히 덮었으니, 아무리 악독한 독룡인들 무서워하지 않을 수 없어 항복하였다.
또한 온 하늘이 모두 세존의 몸이 되어 금빛이 온 세상을 뒤덮었으니, 아무리 악독한 독룡인들 기쁘게 뒤따르지 않을 수 없었다.

[어절 분석]

:만滿허虛쿵空#금金강剛씬神·이#·각各·각各#①금金강剛:쳐杵ㅣ어·니#②:모딘·ᄃᆞᆯ#아·니#③저쓰·ᄫᆞ·리

:만滿허虛쿵空#·셰世존尊·이#·각各·각各#①·방放광光·이·어시·니#:모딘·ᄃᆞᆯ#아·니#④깃ᄉᆞ·ᄫᆞ·리

[주석]

① 금金강剛:쳐杵ㅣ어·니 / ·방放광光·이·어시·니
⇒ [금강쳐(명사) + 이(서술격조사)]- + -거-(시상의 선어말어미) + -니(연결어미)
⇒ [방광(명사) + 이(서술격조사)]- + -거-(시상의 선어말어미) + -시-(주체 높임의 선어말어미) + -니(연결어미)

◎ '금강쳐'가 非 'i'계 모음으로 끝나기 때문에 서술격조사로 'ㅣ'가 선택되었는데, 'ㅣ'는 선행 음절 '쳐'에 융합되어 독립된 음절을 이루지 못한다.

◈ 후기중세국어 시기의 서술격조사에 대한 자세한 설명은 p.185를 참조.

◎ '금강쳐ㅣ어니'와 '방광이어시니'에서 서술격조사 'ㅣ' 뒤에서 '-거-'의 'ㄱ'가 약화되어 '-어-'로 교체되었다.

② :모딘·ᄃᆞᆯ
⇒ 모딜-(형용사 어간) + -ㄴᄃᆞᆯ(연결어미)

◎ 후기중세국어 시기의 '-ㄴᄃᆞᆯ'은 일반적으로 통합형 연결어미로서 양보의 접속 기능을 수행한다.

◎ '-ㄴ돌'의 'ㄴ' 앞에서 '모딜-'의 'ㄹ'가 탈락하였다. 국어 음소 배열 제약에서 예외가 없는 강력한 음소 배열 제약은 주로 자음의 연쇄에서 발견되며, 그중 하나는 'ㄹ' 뒤에는 'ㄴ'가 올 수 없다. 만약 이 제약을 어기는 형태가 만들어지면 'ㄴ'를 'ㄹ'로 바꾸거나 'ㄹ'를 탈락시킨다.

③ 저쓰·ᄫᆞ·리
⇒ 젛-(동사 어간) + -ᄉᆞᆸ-(객체 높임의 선어말어미) + -(ᄋᆞ)리(의문형 종결어미)

◎ '젛- + -ᄉᆞᆸ- + -(ᄋᆞ)리'의 구성에서 '젛-'의 말음 'ㅎ'가 '-ᄉᆞᆸ-'의 초성 'ㅅ'와 연음되어 'ㅆ'로 표기된 것으로 이해해야 한다. 김주필(1988: 215~216)에 따르면, 어간 말음 'ㅎ'는 'ㄷ'로 중화될 것이 예상되지만, '-ᄌᆞᆸ-'이 아닌 '-ᄉᆞᆸ-'을 취하고 'ㅅ'로 표기된다. 또한 김주필(1988)에서는 후기중세국어 음절말의 'ㅈ, ㅊ'가 'ㅅ'와 달리 [t˺]로 중화되었을 것으로 가정하면서, 이러한 가정은 'ㅈ, ㅊ'로 끝나는 용언의 어간에 '-ᅐᆞᆸ-'가 통합된다는 사실과 이들의 통합에서 'ㅅ'와 'ㄷ'의 혼기도 하나의 근거가 된다고 보고 있다. 한편 15세기 문헌에서 음절말 표기 'ㅅ'와 'ㄷ'는 엄격하게 구별되었지만 'ㅎ'로 끝나는 용언 어간은 'ㅅ' 앞에서는 'ㅅ'로, 'ㄴ' 앞에서는 'ㄷ'나 'ㄴ'로 표기되는데, 이러한 모습은 음절말 'ㅎ'의 음성적 특성 즉, 8종성법 내에서 음절말 'ㅎ'에 대한 표기가 고정되지 않았고, 뒤에 오는 음에 따라 다양하게 변이하는 'ㅎ'의 음성적 특징과 관련지어야 한다고 보았다. 남광우·성환갑(1978/1982: 310)에서와 허웅·이강로(1962/1999: 319)에서는 '저쓰ᄫᆞ리'를 음소적 표기로 보고 있다.

◎ 세존의 법력에 의한 '금강씬의 금강쳐'를 높이기 위해 '-ᅀᆞᆸ-'가 쓰였다.

④ 깃ᄉᆞ·ᄫᆞ·리
⇒ 깄-(동사 어간) + -ᄉᆞᆸ-(객체 높임의 선어말어미) + -(ᄋᆞ)리(의문형 종결어미)

◎ 후기중세국어의 '깃-'은 동사로 '기뻐하다'를 의미한다. 후기중세국어 시기에 '기뻐하다'를 의미하는 동사 '깃-'에 형용사 파생 접사 '-브-'가 붙어 형용사 '깃브-'가 만들어졌다. 동사 '깃-'은 현대국어로 오면서 소멸되었고, '깃브-'는 '깃브- > 기ᄲᅳ- > 기쁘-'의 과정을 거치면서 '기쁘-'의 형태가 되었고, '기쁘- + -어 # 하-'의 구성에 의해 새로운 동사 '기뻐하-'가 만들어졌다. '깄-'은 모음으로 시작하는 어미 앞에서는 '깄-'으로, 단독형이거나 자음으로 시작하는 어미 앞에서는 '깃-'으로 교체되었다.

◎ '셰존의 방광'을 높이기 위해 '-ᅀᆞᆸ-'가 쓰였다.

[원문]

끠其·힗一·빅百:궇九·씹十·힗一
룡龍왕王·이두·리ᅀᆞ·ᄫᅡ·칧七:볼寶뼝平606)쌍床·쫘座노:ᅀᆞᆸ·고부텨·하·궇救·ᄒᆞ쇼·셔ᄒᆞ·니
·귁國왕王·이공恭·경敬·ᄒᆞᅀᆞ·ᄫᅡ·뼥白·뗩氎진眞쥬珠:망網·펴ᅀᆞᆸ·고부텨·하·드·르쇼·셔ᄒᆞ·니

[현대역]

용왕(독룡의 우두머리)이 [세존을] 두려워하여 칠보(칠보로 꾸민) 평상좌607)를 놓고 "부처님이시여 [저희를] 구하소서." 하니.
[나건하라국의] 국왕이 [세존을] 공경하여 백첩608) 진주망609)을 펴고 "부처님이시여 들어오소서." 하니.

[배경]

독룡들과 나찰들이 세존을 무서워하여, 독룡의 왕이 못에 있는 칠보로 꾸며진 평상좌를 내놓고 세존께 앉도록 권하고 살려달라고 빌었다.
이를 본 나건하라국의 왕도 기뻐하여 높은 상 위에 흰 담요를 깔고 진주 그물로 된 휘장을 치고, 부처께 청하여 휘장 안에 들어앉으시게 하였다.

[어절 분석]

룡龍왕王·이#①<u>두·리ᅀᆞ·ᄫᅡ</u>#·칧七:볼寶#뼝平쌍床·쫘座#②<u>노:ᅀᆞᆸ·고</u>#③<u>부텨·하</u>#·궇救·ᄒᆞ쇼·셔#ᄒᆞ·니

·귁國왕王·이#④<u>공恭·경敬·ᄒᆞᅀᆞ·ᄫᅡ</u>#·뼥白·뗩氎#진眞쥬珠:망網#⑤<u>·펴ᅀᆞᆸ·고</u>#부텨·하#·드·르쇼·셔#ᄒᆞ·니

606) <月印 上:070b>
607) 평상좌(平床座): 평상으로 된 좌상.
608) 백첩(白氎): 흰 털로 짠 담요.
609) 진주망(眞珠網): 진주를 꿰어 만든 그물.

[주석]

① 두·리ᅀᆞ·ᄫᅡ
⇒ 두리-(동사 어간) + -ᄉᆞᆸ-(객체 높임의 선어말어미) + -아(연결어미)

◎ '두리-'의 대상인 세존을 높이기 위해 '-ᅀᆞᆸ-'가 쓰였다

② 노:ᄊᆞᆸ·고
⇒ 놓-(동사 어간) + -ᄉᆞᆸ-(객체 높임의 선어말어미) + -고(연결어미)

◎ 기190의 '저ᄊᆞᄫᆞ리'와 마찬가지로, '놓- + -ᄉᆞᆸ- + -고'의 구성에서 '놓-'의 말음 'ㅎ'가 '-ᄉᆞᆸ-'의 초성 'ㅅ'와 연음되어 'ㅆ'로 표기된 것으로 이해해야 한다. 김주필(1988: 215~216)에 따르면, 이러한 모습은 음절말 'ㅎ'의 음성적 특성 즉, 8종성법 내에서 음절말 'ㅎ'에 대한 표기가 고정되지 않았고, 뒤에 오는 음에 따라 다양하게 변이하는 'ㅎ'의 음성적 특징과 관련지어야 보아야 한다. 남광우·성환갑(1978/1982: 311)에서와 허웅·이강로(1962/1999: 320)에서는 '노ᄊᆞᆸ고'를 음소적 표기로 보고 있다.

◎ '놓-'의 대상인, 세존이 앉을 '뻥쌍쫘'를 높이기 위해 '-ᄉᆞᆸ-'이 쓰였다

③ 부텨·하
⇒ 부텨(명사) + 하(호격조사)

◎ '부텨'가 높임의 대상이므로 호격조사로 '하'가 선택되었다.

※ 후기중세국어 시기의 호격조사

호격조사는 한 문장에서 독립어를 표시하는 조사로 15세기에는 '아, 야, 하, 여/이여/ㅣ여' 등이 사용되었다.

1) 아: 가장 널리 쓰인 형태로 선행 체언의 받침 유무에 관계없이 쓰였고, 다만 'i'계 모음 뒤에서는 쓰이지 않았다.

예1) 文殊<u>아</u>, 善男子<u>아</u>

2) 야: 선행 체언이 모음으로 끝날 경우에만 사용되었고 특히 'i'계 모음 뒤에서만 쓰였다. 『용비어천가(龍飛御天歌)』나 『석보상절(釋譜詳節)』에서는 사용된 용례가 발견되지 않는다는 점에서 '야'는 모음충돌을 피하기 위해 15세기 중엽부터 발전된 어형으로 보인다.

예2) 須菩提<u>야</u>, 得大勢<u>야</u>

3) 하: 호칭의 대상이 존대의 대상일 경우에 사용되었다

예3) 님금<u>하</u>, 부텨<u>하</u>

4) 여/이여/ㅣ여: '아'나 '야'에 비해 사랑과 감탄의 뜻을 나타내는 형태로 '이여'는 선행 체언이 자음으로 끝날 때, 非 'i'계 모음 뒤에서는 'ㅣ여'가 주로 쓰였고, '무표기(zero)여'는 선행 체언이 'i'계 모음으로 끝날 때 사용되었다.

예4) 大雄世尊<u>이여</u>, 聖女<u>ㅣ여</u>, 文殊師利<u>여</u>

④ 공恭·경敬·ᄒᆞᅀᆞ·ᄫᅡ
⇒ [공경(어근) + -ᄒᆞ(동사 파생 접사)]- + -ᄉᆞᆸ-(객체 높임의 선어말어미) + -아(연결어미)

◎ '공경ᄒᆞ-'의 대상인 세존을 높이기 위해 '-ᅀᆞᇦ-'가 쓰였다

⑤ ·펴ᄉᆞᆸ·고
⇒ 펴-(동사 어간) + -ᄉᆞᆸ-(객체 높임의 선어말어미) + -고(연결어미)

◎ '펴-'의 대상인, 세존이 머무르실 '삑뗩 진쥬망'을 높이기 위해 '-ᄉᆞᆸ-'이 쓰였다

[원문]

끵其·ᅙᅵᇙ一·빅百:궁九·씹十·ᅀᅵ二
·발·올드르·시·니:오五·식色광光명明·이·나·샤고·지·프·고뽀菩·삻薩·이·나시·니
610)블·흘드르·시·니:보·비·옛고·지드·라금金·시翅ᄃᆞ외·야룡龍·울저·킈ᄒᆞ·니

610) <月印 上:071a>

[현대역]

[세존께서] 발을 드시니 [세존의 장딴지에서] 오색 광명이 나시어 꽃이 피고 [그 꽃 사이에서] 보살이 나시니.

[세존께서] 팔을 드시니 보배의 꽃이 들어(떨어져) 금시611)가 되어 용을 두렵게 하니.

[배경]

세존께서 국왕의 청을 들어 휘장 안에 들어가시려고 발을 드시니 오색 빛이 찬란하여 세존을 감싸니, 마치 하늘의 고운 꽃과 같이 저절로 휘장을 이루고 그 꽃잎 사이에서 무수한 보살이 나와 합장하고 찬탄하며, 허공에 있던 여러 화불이 모두 함께 방광하였다.

세존께서 또 금빛 팔을 내어 손을 펴시니 손가락 사이에서 굵은 보배의 꽃비가 내리는데, 대중들의 눈에는 그 꽃비가 화불이 되어 보이고 독룡들의 눈에는 모두 금시조로 보여 독룡들을 잡아먹으려 하였다. 이에 독룡들이 두려워하여 세존의 그림자 아래에 매달려 살려 달라고 애걸하였다.

[어절 분석]

·발·ᄋᆞᆯ#드르·시·니#:오五·식色#광光명明·이#·나·샤#고·지#①·프·고#뽀菩·삻薩·이#·나시·니

②ᄇᆞᆯ·ᄒᆞᆯ#드르·시·니#:보·ᄇᆡ·옛#고·지#③드·라#금金·시翅#ᄃᆞ외·야#룡龍·ᄋᆞᆯ#④저·킈#ᄒᆞ·니

[주석]

① ·프·고

⇒ 프-(동사 어간) + -고(연결어미)

◎ 현대국어 '피-'의 후기중세국어 어형으로는 '프-'와 '픠-'와 '퓌-'가 있었다. 후기중세국어 문헌에서는 주로 '프-'의 형태가 쓰였고, 후기중세국어 문헌 중 『분류두공부시언해(分類杜工部詩諺解)』에서 '픠-(예: 곧 고ᄌᆞ로 ᄒᆡ여 픠게 ᄒᆞ몰 <初杜解 10:7a>)'의 형태가 보이고, 16세기 문헌인 『번역박통사(飜譯朴通事)』에서 '퓌-(예: 수울 이시며 고지 퓌여신 저기어든 <飜朴上 7b>)'의 형태가 보인다. 『우리말샘』에 따르면 근대국어 시기 이후로는 '프-'가 사라지고 '픠-'와 '퓌-'가 남았으나, 19세기에 자음 뒤에서 모음 'ㅢ'가 'ㅣ'로 발음되는 경향에 따라

611) 금시(金翅): '금시조(金翅鳥)' 또는 '가루라(迦樓羅)'라고도 하며, 인도 신화에 등장하는 큰 새로 용을 잡아먹는다 함.

‘픠- > 피-’의 형태 변화를 겪으면서 ‘픠-, 퓌-, 피-’가 공존하다가 현대국어로 오면서 ‘피-’로 형태가 통일되었다.

② ᄇᆞᆯ·ᄒᆞᆯ
⇒ ᄇᆞᆶ(명사) + ᄋᆞᆯ(목적격조사)

◎ 현대국어 어휘 ‘팔’의 후기중세국어 어형은 ‘ᄇᆞᆶ’로 ‘ㅎ’ 말음체언이며, 15세기 문헌에서부터 나타난다. 『우리말샘』에 따르면, ‘ᄇᆞᆶ’은 모음으로 시작하는 조사나 조사 ‘과, 도’와 결합할 때에는 말음인 ‘ㅎ’가 나타나지만, 그 밖의 조사와 결합하거나 단독으로 쓰일 때에는 말음 ‘ㅎ’가 나타나지 않는, ‘ᄇᆞᆶ/ᄇᆞᆯ’의 이형태 교체를 보였다. 이미 15세기에도 어두 유기음화를 거친 ‘ᄑᆞᆯ’의 형태가 나타났으나, 17세기까지는 ‘ᄇᆞᆶ/ᄇᆞᆯ’과 ‘ᄑᆞᆶ/ᄑᆞᆯ’의 두 형태가 공존하였다. 말음 ‘ㅎ’가 완전히 탈락한 ‘ᄑᆞᆯ’의 예는 이미 15세기 ‘ᄑᆞᆯ왜’와 같은 예에서 찾아볼 수 있다. 그러나 19세기까지는 ‘ᄑᆞᆶ’의 예도 여전히 문헌에 나타난다. 근대국어 후기에 ‘ㆍ’의 2차 소실로 인해 19세기에는 현대국어와 같은 ‘팔’의 형태가 나타났다.

③ 드·라
⇒ 듣-(동사 어간) + -어(연결어미)

◎ ‘듣-’은 ‘눈물, 빗물 따위의 액체가 방울져 떨어지다’를 의미하며, 현대국어에서도 단어로서의 자격을 유지하고 있다. 한편 ‘드라(< 듣- + -아)’는 모음조화 규칙에서 어긋난 활용형이다.

④ 저·킈
⇒ 젛-(동사 어간) + -긔(연결어미)

◎ ‘젛-’의 말음 ‘ㅎ’와 ‘-긔’의 초성 ‘ㄱ’가 축약되어 ‘ㅋ’가 되었다.

[원문]

끠其·힗一·빅百:궇九·씹十삼三
·칧七:봉寶금金띡臺·예·칧七:봉寶련蓮화花ㅣ:일어·늘·현·맛부:톄가加부趺·쫘坐ㅣ·어시·뇨
륳瑠리璃·큻堀ㅅ가·온·딕륳瑠리璃·쫘座ㅣ·나거·늘·현·맛·삐比쿻丘ㅣ:화火광612)光삼三·밍昧어·뇨

612) <月印 上:071b>

[현대역]

칠보(칠보로 꾸민) 금대에 칠보(칠보로 꾸민) 연꽃이 일거늘(피거늘) 얼마나 [많은] 부처가 가부좌이시거냐(가부좌를 하시었느냐)?
유리굴 가운데 유리좌[613]가 나거늘 얼마나 [많은] 비구가 화광삼매[614]이거냐(화광삼매에 들어갔느냐)?

[배경]

부처께서 휘장 앞으로 가 아난에게 담요를 깔라고 하셨다. 아난이 휘장 안에 들어가 담요를 드니 그 담요가 금방 칠보로 꾸민, 오백억이나 되는 금받침이 되고, 담요를 깔려고 하니 또 금방 칠보로 꾸민, 오백억의 연꽃이 되어 줄을 지어 차례로 휘장 안에 가득 찼다. 이에 세존께서 칠보상에 들어가시어 가부좌하시니, 다른 연꽃 위에는 모두 다른 부처가 앉았다.
그때 모든 비구들도 모두 부처께 절하고 각각 자리를 까니, 비구의 자리도 모두 유리좌가 되었다. 비구들이 들어앉으니 유리좌에서 유리의 광채가 퍼져 유리굴이 되고, 비구들이 화광삼매에 드니 몸이 모두 금빛이었다.

[어절 분석]

·칧七:봉寶#금金띵臺·예#·칧七:봉寶#련蓮화花ㅣ#:일어·늘#·현·맛#부:톄#①가加부趺·쫘坐ㅣ·어시·뇨
륭瑠리璃·쿯堀ㅅ#가·온·딕#륭瑠리璃·쫘座ㅣ#·나거·늘#·현·맛#·삐比쿵丘ㅣ#②:화火광光삼三·밍味어·뇨

[주석]

① 가加부趺·쫘坐ㅣ·어시·뇨
⇒ [가부쫘(명사) + 이(서술격조사)]- + -거-(시상의 선어말어미) + -시-(주체 높임의 선어말어미) + -뇨(의문형 종결어미)

◎ '가부쫘'가 非 'i'계 모음으로 끝나 서술격조사로 'ㅣ'가 쓰였으나, 선행 음절에 융합되어

613) 유리좌(瑠璃座): 유리로 만든 좌상.
614) 화광삼매(火光三昧): 불을 일으키며 하는 선정으로, '화광정'이라고도 함.

독립된 음절을 이루지 못했다. 서술격조사 뒤에서 '-거-'의 'ㄱ'가 약화되어 '-어-'로 교체되었다. 소위 의문사 '현마'가 쓰인 이 문장은 설명의문문이며, 의문형 종결어미로 '-뇨'가 쓰였다.

② :화火광光삼三·ᄆᆡ味어·뇨
⇒ [화광삼ᄆᆡ(명사) + 이(서술격조사)]- + -거-(시상의 선어말어미) + -뇨(의문형 종결어미)

◎ '화광삼ᄆᆡ'의 마지막 음절이 'i'계 모음으로 끝나 서술격조사로 zero형의 서술격조사가 쓰였다. 또한 '화광삼ᄆᆡ'의 반모음 'y'로 인해 '-거-'의 'ㄱ'가 약화되어 '-어-'로 교체되었다. 소위 의문사 '현마'가 쓰인 이 문장은 설명의문문이며, 의문형 종결어미로 '-뇨'가 쓰였다.

[원문]

끠其·ᅙᅵᇙ一·ᄇᆡᆨ百:궇九·씹十·ᄉᆞ四
·귁國왕王·이·변變·화化·보ᅀᆞ·바:됴ᄒᆞᆫᄆᆞᅀᆞᆷ:내·니씬臣:ᅘᅡ下·도·ᄯᅩ:내·니이·다
룡龍왕王·이금金강剛:ᄎᆑ杵저·허:모딘ᄆᆞᅀᆞᆷ고·티·니라羅·ᄎᆞᇙ刹·도·ᄯᅩ고·티·니이·다

[현대역]

[나건하라국의] 국왕이 [세존의 신통한] 변화를 보고 좋은 마음을 내니 신하들도 또한 [좋은 마음을] 내었습니다.
[독룡들의] 용왕이 금강저를 두려워하여 모진 마음을 고치니 나찰도 또 [모진 마음을] 고쳤습니다.

[배경]

나건하라국의 불바부제왕이 세존의 여러 가지 신기한 변화를 보고 곧 참된 정각을 믿고자 하는 보리심이 생겼으며, 자기는 물론 신하들에게도 모두 발심하라고 권유하였다. 한편 독룡들의 용왕은 금강신이 가진 금강저가 무서워서 참된 마음을 닦으려는 생각이 마음에서 일어나고, 나찰도 따라서 발심하여 세존을 따랐다.

[어절 분석]

·귁國왕王·이#·변變·화化#①·보ᅀᆞ·ᄫᅡ#:됴ᄒᆞᆫ#ᄆᆞᅀᆞᆷ#:내·니#씬臣:ᅘᅡ下·도#·ᄯᅩ#②:내·니이·다
룡龍왕王·이#금金강剛:쳐杵#③저·허#:모딘#ᄆᆞᅀᆞᆷ#고·티·니#라羅·ᄎᆞᆶ刹·도#·ᄯᅩ#고·티·니이·다

[주석]

① ·보ᅀᆞ·ᄫᅡ
⇒ 보-(동사 어간) + -ᅀᆞᆸ-(객체 높임의 선어말어미) + -아(연결어미)

◎ '보-'의 대상인 세존의 신통한 '변화'를 높이기 위해 '-ᅀᆞᇦ-'가 쓰였다.

② :내·니이·다
⇒ [나-(어근) + -이(사동 접사)]- + -니이다(평서형 종결어미)

◎ ᄒᆞ쇼셔체는 후기중세국어에서 상대편을 매우 높이는 상대 높임의 하나로, 평서형어미 '-다' 앞에서는 '-ᅌᅵ-'로 표시되지만 의문형어미 '-니 … 가' 사이에서는 '-ᅌᅵᆺ-'으로 표시되었다. 학자에 따라서는 의문형을 'ᅌᅵ + ᄭᅡ'로 분석하기도 하지만 'ᅌᅵᆺ + 가'로 보는 것이 일반적이다. ᄒᆞ쇼셔체보다 한 등급 낮은 ᄒᆞ야쎠체에서는 'ㅣ' 모음 뒤에서는 'ㆁ'으로, 그 밖의 모음 뒤에서는 'ᅌᅵ(예: ᄒᆞ뇡다, ᄒᆞ댕다, ᄒᆞᄂᆞ닝다)'으로 실현되었다.

◎ '내-'는 '나-'의 사동형으로, 여기서의 의미는 '만들어 내다'이다.

◈ 후기중세국어 시기의 '-니이다'의 형태소 분석에 대한 자세한 설명은 p.49를 참조.

③ 저·허
⇒ 젛-(동사 어간) + -어(연결어미)

◎ 안병희·이광호(1990/2005: 313～314)에서는 후기중세국어의 '-아/-어'에 의한 접속을 종속 접속과 보조적 접속으로 나누어 설명하였다. 안병희·이광호(1990/2005)에 의하면 선행한 동작의 양태를 나타내는 종속적 연결어미로 '-아/-어', '-악/-억', '-암/-엄'이 있는데 이들은 앞 문장의 내용에 의해 후행 문장의 내용이 일어남을 나타내면서 두 문장을 연결한다. 보조적 연결어미는 엄격하게 말하면 동사구를 구성하는 것으로 볼 수 있다.
대등적 연결어미의 구실을 하는 '-고'를 보조적 연결어미인 '-고'와, 종속적 연결어미의 구실을 하는 '-아/-어'를 보조적 연결어미인 '-아/-어'와 비교하면 각각의 차이를 쉽게 알 수 있

다. ‘부텨 나아 ᄃᆞᆫ니시며, 피 무든 ᄒᆞᆯᄀᆞᆯ 파’의 ‘나아’와 ‘파’의 ‘-아/-어’는 ‘ᄒᆞᆯᄀᆞᆯ 파가져 精舍애 도라와’의 ‘파가져, 도라와’의 ‘-아/-어’와 기능이 다르다. 전자의 ‘-아/-어’는 비슷한 성격의 동사구를 이루지만, 후자의 ‘-아/-어’는 분명히 두 문장을 접속시키는 기능을 수행한다. 따라서 후기중세국어의 ‘-아/-어’는 동일한 형태소가 종속적 연결어미와 보조적 연결어미의 두 기능을 갖는 것으로 파악할 수 있다.

·ᅌᅯᇙ月·ᅙᅵᆫ印쳔千강江지之·콕曲·썅上

참고문헌

고영근(1980), 「중세어의 어미활용에 나타나는 '거/어'의 교체에 대하여」, 『국어학』 9, 국어학회, 55～99쪽.

______(1981/2011), 『중세국어의 시상과 서법』, 집문당.

______(1987/2010), 『표준 중세 국어문법론(제3판)』, 집문당.

______(2004), 『한국어의 시제 서법 동작상』, 태학사.

______(2005), 「형태소의 교체와 형태론의 범위」, 『국어학』 46, 국어학회, 19～51쪽.

고영근·박금자·고성환·윤석민(2003), 「월인천강지곡의 운율성」, 『<월인천강지곡>의 텍스트 분석』, 텍스트언어학 총서 5, 집문당.

고창수(1992), 「고대국어의 구조격 연구」, 고려대학교 박사학위논문.

구본관(1996ㄱ), 『15세기 국어 파생법에 대한 연구』, 서울대학교 박사학위논문.

______(1996ㄴ), 「중세 국어 형태」, 『국어의 시대별 변천·실태 연구 1』, 국립국어원, 56～113쪽.

구재희(1994), 「중세 국어 선어말어미 '-거-'에 대한 연구」, 이화여자대학교 석사학위논문.

권혁량(2005), 「중세국어 '빙-'(흩뿌리다)의 어원에 대하여」, 『대동문화연구』 49, 성균관대학교 동아시아학술원, 419～452쪽.

김동소(2003), 『중세한국어개설』, 한국문화사.

김무림(2004), 『국어의 역사』, 한국문화사.

김사협(1956), 『이조 시대의 가요 연구』, 대양출판사.

김상억(1975), 『용비어천가』, 을유문화사.

김성주·안양규(2018), 『석보상절 권3』, 동국대학교 출판부.

김소희(1996), 「16세기 국어의 '-거/어-' 연구」, 서울대학교 석사학위논문.

김승곤(1982), 「한국어 조사의 어원 연구(Ⅱ)」, 『건대학술지』 26, 건국대학교, 25～56쪽.

김영욱(1989), 「중세국어 원칙법 '-니-'와 둘째설명법어미 '-니라'의 설정에 따른 문제점 해결을 위하여 : 공형태소의 설정과 비문법화」, 『관악어문연구』, 서울대학교 국어국문학과, 27～36쪽.

______(1995), 『문법형태의 역사적 연구 : 변화의 이론과 실제』, 박이정.

김영일(2004), 「어형 '나무[木]'의 원형과 형태 변화 -『계림유사』의 표기를 중심으로-」, 『한글』 264, 5～24쪽.

김완진(1971), 「音韻現象과 形態論的 제약」, 『學術院論文集』(人文·社會科學篇) 10, 大韓民國學術院, 91～115쪽.

______(1973),『중세국어성조의 연구』, 서울대학교출판부.

김유범(2002),「한국어 음운과정의 형태론화에 대한 연구」『한국어학』 17, 225~241쪽.

______(2007),『중세국어 문법형태소의 형태론과 음운론』, 월인.

김주필(1988),「중세국어 음절말 치음의 음성적 실현과 표기」,『국어학』 17, 국어학회, 203~228쪽.

김진규(1995),「조선시대 향약의 사회교육적 연구」, 성균관대학교 박사학위논문.

김진형(1995),「중세국어 보조사에 대한 연구 -목록 설정을 중심으로-」, 서울대학교 석사학위논문.

김충회(1990),「겸양법」,『국어연구 어디까지 왔나: 주제별 국어학 연구사』, 동아출판사, 409~434쪽.

김태곤(2002),『중세국어 다의어와 어휘변천』, 박이정.

______(2008),『국어 어휘의 통시적 연구』, 박이정.

김현주(2005),「존대법 {-숩-}의 역사적 변화」, 고려대학교 석사학위논문.

______(2010),「국어 대우법 어미의 형태화 연구」, 고려대학교 박사학위논문.

김형규(1950),「용가 월인에 있는 '니'에 대하여」,『어문』 2-1.

______(1975),「국어 경어법 연구」,『동양학』 5, 단국대학교 동양학연구원, 29~41쪽.

나진석(1971),『우리말의 때매김 연구』, 과학사.

나카니시 교코(2005),「한국어 '에게'류 소급형에 대한 통시적 연구」, 서울대학교 박사학위논문.

남광우(1962),「月印千江之曲 上에 나타난 稀貴語에 대하여」,『國語學論文集』, 春潮社.

______(1975),『국어학연구』, 宣明文化社.

남광우·성환갑 역주(1978/1982),『월인천강지곡』, 형설출판사.

남기탁·조재형(2014),「후기중세국어시기의 '-에셔'의 형성 과정에 대한 고찰」,『어문논집』 58, 중앙어문학회, 7~29쪽.

남풍현(1977),「국어 처격조사의 발달」,『국어국문학논총(이숭녕선생 고희 기념)』, 탑출판사. [남풍현(1999)에 재수록]

______(1998),「직지심체요절의 구결에 대한 고찰」,『불교학논총』, 동국대학교부설 동국역경원. [남풍현(1999)에 '『직지심체요절』의 구결'로 재수록]

______(1999),『국어사를 위한 구결연구』, 태학사.

도정업(2007),「어간말 'ㄹ'탈락에 대한 통시적 고찰」. 서울대학교 대학원 언어학과 석사학위논문.

류　렬(1983),『세나라시기의 리두에 대한연구』, 과학백과사전출판사.

박병채(1965),「고대국어의 격형연구: 향가 표기를 중심으로」,『기념논문집』, 고려대학교, 119~181쪽.

______(1968),「고대삼국의 지명어휘고」,『백산학보』 5, 백산학회, 51~134쪽.

______(1974/1991),『논주 월인천강지곡 상』, 정음사.

박부자(2006),「한국어 선어말어미 통합순서의 역사적 변화에 대한 연구」, 한국학중앙연구원 박사학위논문.

______(2011),「선어말어미 {숩} 이형태의 분포 변화」,『구결연구』 26, 구결학회, 289~343쪽.

박영섭(2008), 『능엄경언해 어휘연구』, 박이정.

박용찬(1996), 「'마란', '건마란', '컨마란'에 대하여」, 『관악어문연구』 21, 서울대학교 국어국문학과, 161～189쪽.

______(2008), 『중세국어 연결어미와 보조사의 통합형』, 태학사.

박종희(2003), 「중세국어 공동격 조사 '-와/과'의 교체 현상」, 『한글』 261, 5～32쪽.

박진호(1995), 「현대국어 '만', '뿐', '따름'과 중세국어 '만', '뿐', 'ᄯᆞ룸'의 문법적 지위에 대하여」, 『국어학 논집』 2, 태학사.

______(1997), 「차자표기 자료에 대한 통사론적 검토」, 『새국어생활』 7-4, 국립국어원, 117～145쪽.

______(1998), 「고대 국어 문법」, 『국어의 시대별 변천 연구 3』, 국립국어연구원. 121～205쪽.

______(2015), 「보조사의 역사적 연구」, 『국어학』 73, 국어학회, 375～435쪽.

박창원(1997), 「사잇소리와 사이시옷(Ⅰ)」, 『이화어문논집』 15, 이화어문학회, 461～482쪽.

박형우(2010), 「15세기 특이처격어에 대한 연구」, 『한민족어문학』 57, 한민족어문학회, 163～188쪽.

방종현(1949), 「용비어천가 강의(5)」, 『한글』 13-3, 한글학회, 225～236쪽.

배석범(1994), 「용비어천가의 문체에 대한 일고찰 -종결법을 중심으로-」, 『국어학』 24, 국어학회, 111～142쪽.

서정목(1984), 「후치사 '-서'의 의미에 대하여 -'명사구 구성의 경우'-」, 『언어』 9-1, 한국언어학회, 155～186쪽.

석주연(2003), 『노걸대와 박통사의 언어』, 태학사.

성기철(1985), 『현대 국어 대우법 연구』, 개문사.

성환갑(1976), 「위치표시의 부사격 '-이/의'의 논고」, 『어문학』 34, 한국어문학회, 127～164쪽.

성환갑·조재형(2011), 「'-에게'형(形)의 변천과정에 대한 통시적 고찰-중세국어(中世國語)를 중심(中心)으로-」, 『어문연구』 39-2, 한국어문교육연구회, 63～86쪽.

소신애(2010), 「파찰음 앞 /ㄴ/ 삽입 현상에 관하여」, 『국어국문학』 154, 국어국문학회, 5～32쪽.

신승용(2007), 「'-ㅭ평음'과 '-ㄹ+각자병서', '-ㄹ+평음' 재론」, 『동아인문학』 12, 동아인문학회, 411～438쪽.

안병희(1961), 「주체겸양법의 접미사 '-ᅀᆞᆸ-'에 대하여」, 『진단학보』 22, 진단학회, 103～126쪽.

______(1963), 「'ᄌᆞ갸' 어고」, 『국어국문학』 26, 국어국문학회, 455～463쪽.

______(1965), 「후기 중세국어의 의문법에 대하여」, 『학술지』 6-1, 건국대학교, 59～82쪽.

______(1967). 「한국어 발달사(중) : 문법사」, 『한국문화사 대체Ⅴ』, 고려대학교 민족문화 연구소.

______(1982), 「중세국어 겸양법 연구에 대한 반성」, 『국어학』 11, 국어학회, 1～23쪽.

______(1992ㄱ), 『월인천강지곡해제』, 문화재관리국.

______(1992ㄴ), 『국어사자료연구』, 문학과지성사.

안병희·이광호(1990/2005), 『중세국어문법론』, 학연사.

안승준·유학영(2014), 「『월인천강지곡』의 부안 실상사 소장 경위와 그 전래 과정」, 『장서각』 32, 한국학중앙연구원, 48～74쪽.

안주호(2003), 「인용문과 인용표지의 문법화에 대한 연구」, 『담화와 인지』 10-1, 담화·인지언어학회, 145～165쪽.

양주동(1949), 「고가전차의」, 『학풍』 2권 2～3호, 을유문화사.

______(1975), 『정보판 고가연구』, 일조각.

유창균(1980), 『한국 고대 한자음의 연구(1)』, 계명대학교 출판부.

유창돈(1961), 『국어변천사』, 통문관.

______(1963), 「선행어미 "-가/거-, -아/어-, -나-" 고찰」, 『한글』 132, 한글학회, 7～39쪽.

윤평현(1992), 「국어의 시간관계 접속어미에 대한 연구」, 『언어』 17-1, 한국언어학회, 163～202쪽.

이건식(1996), 「고려시대 석독구결의 조사에 대한 연구」, 단국대학교 박사학위논문.

이광호(1972), 「중세국어의 대격연구 -대격주제화의 시론으로-」, 서울대학교 석사학위논문.

이금영(2000), 「선어말어미 '-거/어-'의 통시적 연구」, 충남대학교 박사학위논문.

이기문(1961/1998), 『국어사개설』, 태학사.

______(1977), 『국어 음운사 연구』, 국어학회.

이덕흥(1991), 「韓國 사이시옷의 文獻的 硏究」. 단국대학교 대학원 박사논문.

이동석(2002), 「15세기의 ㄷ구개음화 현상 고찰」, 『한국어학』 15(0), 143～160쪽.

이병기(2008), 「중세국어 '강세접미사'와 '보조용언'의 상관성」, 『국어학』 53, 국어학회, 87～111쪽.

______(2014), 「선어말어미 {-거-}의 연구 성과와 쟁점」, 『국어사연구』 19, 국어사학회, 31～63쪽.

이상훈(2012), 「중세한국어의 '현마'」 『국어사연구』 15, 국어사학회, 295～319쪽.

이숭녕(1956), 「接尾辭-k(g), -ŋ에 對하여 -特히 古代七耳其語와의 比較에서-」, <論文集> 4, 서울대학교, pp.79-200.

______(1959), 「어간형성과 활용어미에서의 '-(오/우)-'의 개재에 대하여」, 『논문집』 8, 서울대학교, 3～70쪽.

______(1960), 「Volitive form으로서의 Prefinal ending '-(O/U)-'의 개재에 대하여」, 『진단학보』 21, 진단학회, 107～178쪽.

______(1961/1997), 『중세국어문법』, 을유문화사.

______(1962), 「겸양법 연구」, 『아세아연구』 5-2, 고려대학교 아세아연구소, 133～184쪽.

______(1964ㄱ), 「'-(오/우)-' 논고: 주로 허 웅씨의 기본태도의 일대변모에 대하여」, 『국어국문학』 27, 국어국문학회, 3～20쪽.

______(1964ㄴ), 「십오세기의 활용에서의 성조의 고찰」, 『아세아연구』 7, 고려대학교 아세아문제연구소, 49～92쪽.

______(1976), 「15세기 국어의 관형사형 /-논/계 어미에 대하여」, 『진단학보』 41, 진단학회, 113～

137쪽.
이승욱(1967), 「15세기 국어의 선어말접미사 '-가/거-'」, 『국문학논집』 1, 단국대학교 국어국문학과, 33～44쪽.
______(1973), 『국어문법체계의 사적연구』, 일조각.
이유기(2005), 「현대국어의 불규칙적 현상과 국어사」, 『한국언어문화학』 2(1), 207～225쪽.
이익섭(1974), 「국어 경어법의 체계화 문제」, 『국어학』 2, 국어학회, 39～64쪽.
______(1992), 『국어표기법연구』, 서울대학교 출판부.
이진호(2003), 「국어 ㅎ-말음 어간의 음운론」, 『국어국문학』 133, 167～195쪽.
______(2017), 「'훈민정음'의 모음」, 『관악어문학회』 42, 서울대학교 국어국문학과, 195～238쪽.
이진호 외(2015), 『15세기 국어 활용형 사전』, 박이정.
이현규(1995), 『국어 형태 변화의 원리』, 영남대학교 출판부.
이현희(1982), 「國語의 疑問法에 대한 通時的 硏究」, 서울대학교 석사학위논문.
______(1994), 『중세국어 구문연구』, 신구문화사.
______(1995), 「'-아져'와 '-良結'」, 『국어사와 차자표기』, 태학사.
이호권(2001), 『석보상절의 서지와 언어』, 태학사.
임동훈(1994), 「중세 국어 선어말어미 {-시-}의 형태론」, 『국어학』 24, 국어학회, 143～172쪽.
______(2004), 「한국어 조사의 하위 부류와 결합 유형」, 『국어학』 43, 국어학회. 119～154쪽.
임홍빈(1977), 「선어말 -거- 와 대상성」, 『논문집』 11, 국민대학교, 23～40쪽. [임홍빈(1998)에 재수록.]
______(1980), 「선어말 {-오/우-}와 확실성」, 『한국학논총』, 국민대학교 한국학연구소, 91～134쪽.
장윤희(1997), 「중세국어 종결어미 '-(으)이'의 분석과 그 문법사적 의의」, 『국어학』 30, 국어학회, 103～140쪽.
______(2002), 『중세국어 종결어미 연구』, 태학사.
______(2015), 「중세국어 피·사동사 파생법 연구의 성과와 쟁점」, 『국어사연구』 21, 국어사학회, 33～68쪽.
전병용(1995), 「中世國語의 語尾 '-니'에 대한 硏究」, 단국대학교 박사학위논문.
정윤자(2007), 「자음말음 체언 어간의 재구조화 연구 : 마찰음과 파찰음으로 끝나는 어간을 중심으로」. 단국대학교 박사학위논문.
전정례(1994), 「'-오딕' 구문 연구」, 『국어교육』 85, 한국국어교육연구회, 125～139쪽.
전재관(1958), 「습 따위 敬讓詞의 散考」, 『論文集』 2, 경북대학교, 115～137쪽.
정경재(2015), 「한국어 용언활용 체계의 통시적 변화」, 고려대학교 박사학위논문.
정렬모(1946), 『(신편)고등국어문법』, 한국문화사.
정병욱(1980), 「용비어천가의 결미법에 대한 고찰」, 『도남학보』 3, 도남학회, 11～17쪽. [정병욱

(2000)에 재수록]
조규태(2007/2010), 『용비어천가』, 한국문화사.
조재형(2009), 「'-에'형 부사격조사의 통시적 연구」. 중앙대학교 박사학위논문.
______(2010), 「'이어긔, 그어긔, 뎌어긔'에 대한 고찰」, 『어문연구』 38, 한국어문교육연구회, 103~129쪽.
______(2012), 「'-良中'의 형성과 변천과정에 대한 통시적 고찰 -중세국어를 중심으로-」, 『어문연구』 154, 한국어문교육연구회, 9~116쪽.
______(2013), 「소위 특이처격조사의 통시적 변천 고찰」, 『한말연구』 32, 한말연구학회, 311~338쪽.
______(2016), 「후기중세국어 시기의 부사격조사 '-에'와 서술어의 관계 고찰」, 『인문과학연구』 49, 강원대 인문과학연구소, 173~200쪽.
______(2019), 『중세국어 문장의 분석과 이해』, 국학자료원.
조재형 외(2018), 『용비어천가의 국어학적 분석과 현대역』, 국학자료원.
조창규(1994), 「15세기 국어의 'ㄱ-탈락, ㄷ→ㄹ 교체, 이-역행동화'」, 『어문연구』 30, 서울대학교 어학연구소, 517~533쪽.
차재은(1992), 「선어말어미 {-거-}의 변천 연구」, 고려대학교 석사학위논문.
차현실(2000), 「월인천강지곡의 장르와 통사구조의 상관성」, 『2000 한국어문학연구소 학술대회 발표집』, 이화여자대학교 한국어문학연구소, 27~39쪽.
최동주(1995), 「국어 시상체계의 통시적 변화에 대한 연구」, 서울대학교 박사학위논문.
______(1996), 「중세 국어 문법」, 『국어의 시대별 변천·실태 연구 1』, 국립국어연구원, 152~209쪽.
최명옥(2017), 「15세기 한국어 의문법 종결어미의 형태론」, 『진단학보』 129, 진단학회, 123~152쪽.
최세화(1964), 「처격의 변천 -'이·의'를 중심으로-」, 『국어국문학문집』 5, 동국대학교 국어국문학부, 21~49쪽.
최태영(1965), 「중세국어의 Prefinal ending {-거-}에 관한 연구」, 서울대학교 석사학위논문.
하귀녀(2005), 「국어 보조사의 역사적 연구」, 서울대학교 박사학위논문.
한명숙(2013), 「한국어 용언의 어두 경음화 현상 연구」, 『겨레어문학』 51, 겨레어문학회, 639~672쪽.
한재영(2002), 「중세국어 선어말어미 거/어의 문법」, 『문법과 텍스트』, 서울대학교 출판부, 363~383쪽.
한진건(2000/2003), 『륙진방언연구』, 도서출판 역락.
허　웅(1954), 「존대법사」, 『성균학보』 1, 성균관대학교.
______(1955/1984), 『국어음운학』, 정음사.
______(1958), 「삽입모음고: 15세기 국어의 일인칭 활용과 대상 활용에 대하여」, 『서울대학교 논문집』 7, 서울대학교, 85~152쪽.
______(1959), 「삽입 모음 재고」, 『한글』 125, 한글학회, 349~373쪽.

_____(1961), 「서기 15세기 국어의 '존대법'과 그 변천」, 『한글』 128, 한글학회, 133～190쪽.
_____(1963), 「중세국어연구」 서울대학교 박사학위논문.
_____(1964), 「이숭녕 박사의 '중세국어 mood론'에 대한 비판 1, 2」, 『한글』 133, 한글학회, 179～212, 213～243쪽.
_____(1965), 「인칭어미설에 대한 다섯번째의 논고」, 『한글』 135, 한글학회, 536～543쪽.
_____(1973), 「15세기 국어의 주체-대상 활용」, 『한글』 152, 한글학회, 309～366쪽.
_____(1975/1995), 『우리 옛말본-15세기 국어 형태론』, 샘문화사.
_____(1977), 『용비어천가』, 형설출판사.
_____(1989), 『16세기 우리 옛말본』, 샘문화사.
허웅·이강로(1962/1999), 『주해 월인천강지곡상』, 신구문화사.
홍사만(1998), 「중세, 근대어 어휘의미 연구(5)-생각하다[ᄉᆞ랑ᄒᆞ다], 생각하다[ᄉᆡᆼ각ᄒᆞ다], 여기다[너기다]의 의미」, 『어문논총』 32, 한국문학언어학회, 179～203쪽.
홍윤표(1969), 「십오세기국어의 격연구」, 서울대학교 석사학위논문.
_____(1978), 「방향성 표시의 격」, 『국어학』 6, 국어학회, 111～132쪽.
홍종선(1984), 「속격·처격의 발달」, 『국어국문학』 91, 국어국문학회, 281～284쪽.
황화상(2003), 「조사의 작용역과 조사 중첩」, 『국어학』 42, 국어학회, 115～140쪽.

※ 참고 인터넷 사이트
규장각 한국학연구원 (www.kyujanggak.snu.ac.kr)
두산백과 (http://www.doopedia.co.kr)
디지털한글박물관 (www.hangeulmuseum.org)
문화콘텐츠닷컴 (http://www.culturecontent.com)
시공 불교사전 (http://www.sigongsa.com)
한국고전용어사전 (http://www.sejongkorea.org)
한국민족문화대백과 (http://encykorea.aks.ac.kr)

※ 참고 사전
곽철환(2003), 『불교사전』, 시공사.
남광우 편저(1997/2008), 『교학 고어사전』, (주)교학사.
한국사전연구사 편집부(1998), 『미술대사전』, 한국사전연구사.
원불교사상연구원 편(2013), 『원불교대사전』, 원광대학교.
유창돈(1964/1995), 『이조어사전』, 연세대학교 출판부.
이광호(2015), 『중세국어 문법용어사전』, 역락.

한국고전용어사전 편찬위원회·한국겨레문화연구원 편(1991), 『한국고전용어사전』, 세종대왕기념사업회.
한글학회(1992), 『우리말 큰사전』, 4 옛말과 이두, 어문각.